K·I·S·S



DK

# Alles, was Sie wissen müssen

Die Einsteigerhandbücher aus dem Verlag Dorling Kindersley bieten fundiertes Sachwissen zu einer Vielzahl von Lebensbereichen und Interessengebieten. Ob Sie sich einen Hund anschaffen oder das Internet entdecken wollen, ob Sie sich für Astrologie interessieren oder für Golf – schlagen Sie einfach das entsprechende K·I·S·S-Handbuch auf und steigen Sie ein.

Jeder Titel der Reihe wird von Experten für das jeweilige Thema verfasst, die gleichzeitig erfahrene Sachbuchautoren sind. Sie führen die Leserin oder den Leser Schritt für Schritt, vom Einfachen zum Anspruchsvollen, an das Thema heran. Die übersichtliche Gliederung ermöglicht es, sich selbstständig in bequemen Etappen fundierte Kenntnisse anzueignen; nach längeren Pausen erlaubt sie einen problemlosen Wiedereinstieg.

Mit den Einsteigerhandbüchern von Dorling Kindersley macht Wissen Spaß. Wenn Sie entdecken wollen, welche Themen die Reihe noch zu bieten hat, fragen Sie in Ihrer Buchhandlung oder besuchen Sie uns im Internet unter www.dk.com.

K·I·S·S

DAS EINSTEIGER-HANDBUCH

# Astrologie

JULIA AND DEREK PARKER

Vorwort von Eric Francis

DK

Dorling Kindersley

Dorling Kindersley

**Redaktionsleitung** Valerie Buckingham
**Lektorat** Bridget Hopkinson
**Chefbildlektorat** Stephen Knowlden
**Umschlaggestaltung** Neal Cobourne

**Dorling Kindersley Publishing, Inc.**
**Redaktionsleitung** LaVonne Carlson
**Reihenbetreuung** Beth Adelman
**Redaktion** Nancy Burke

Für Dorling Kindersley produziert von:
THE FOUNDRY, Fulham, London

**Projektteam** Frances Banfield, Lucy Bradbury, Josephine Cutts, Sue Evans, Karen Fitzpatrick, Douglas Hall, Dave Jones, Jennifer Kenna, Lee Matthews, Ian Powling, Graham Stride, Bridget Tily, Nick Wells, Polly Willis. Dank an Sasha Hesetine.

Die Deutsche Bilbiothek – CIP-Einheitsaufnahme

Ein Titeldatensatz für diese Publikation ist bei Der Deutschen Bibliothek erhältlich.

Titel der englischen Originalausgabe:
KISS Guide to Astrology



**Übersetzung** Matthias Haus, Dagmar Mallett, Julia Nunes, Antje Lücke
**Koordination und Producing** Meidenbauer • Martin Verlagsbüro, München

ISBN 3-8310-0133-2

Printed and bound in Spain

**Besuchen Sie uns im Internet**
**www.dk.com**

# Auf einen Blick

## Teil Eins

### *Was Sie über Astrologie wissen sollten*



## Teil Zwei

### *Einfach Sonn-sationell*



## Teil Drei

### *Einfache Horoskope*



## Teil Vier

### *Die Einflüsse der Planeten*



## Teil Fünf

### *Glauben Sie's oder nicht!*

# Inhalt



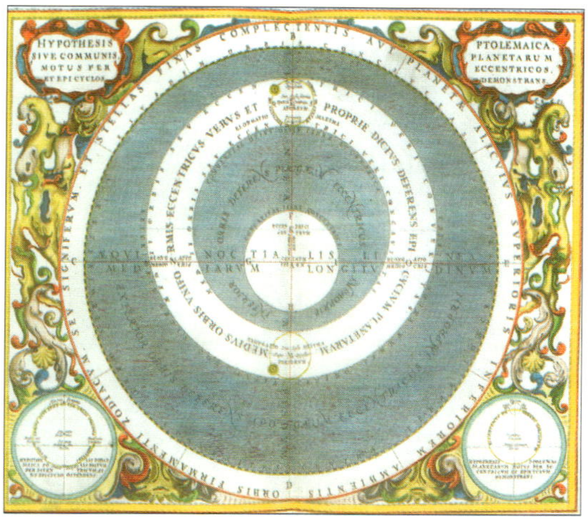

HYPOTHESIS SIVE COMMUNIS MOTUS PER ET EPICYCLOS
PTOLEMAICA PLANETARUM ECCENTRICOS DEMONSTRANS

COELI CHRISTIANI HAEMISPHAERIUM POSTERIUS

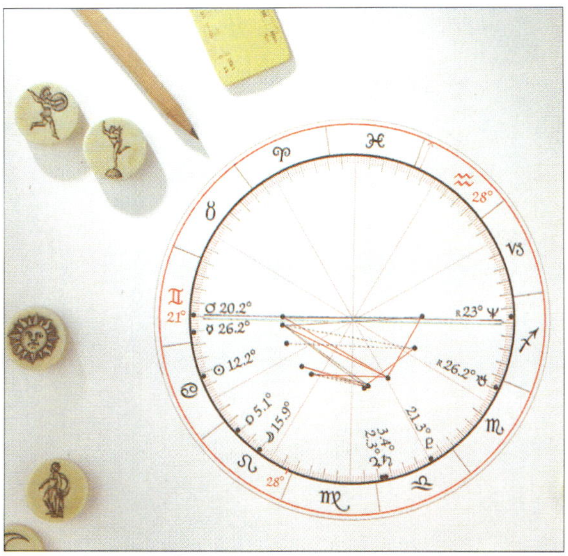

# ANHANG 402

# Vorwort

JEDES NEU VERÖFFENTLICHTE ASTROLOGIEBUCH *ist ein kleiner Sieg über Engstirnigkeit und Ignoranz. Das hängt nicht mit den jeweiligen Autoren zusammen, sondern mit der Natur der Astrologie: Wer sich mit ihr beschäftigt, muss sich für Neues öffnen und unkonventionelle Ansichten akzeptieren. In der Astrologie denkt man nämlich nicht in streng mathematischer Logik und auch nicht in Schubladen, sondern in Symbolen, Kreisen und Spiralen.*

*Wenn ich mit einem Klienten einige Stunden gesprochen habe, rufe ich ihm (und mir selbst) manchmal in Erinnerung, dass die Tabellen, mit denen ich arbeite, so viele verschiedene Zeichen enthalten wie die Anzahl der Buchstaben, die er bis jetzt gelesen hat. Es ist wirklich ein kleines Wunder: Wenn man die Grenzen der mathematischen Logik und der linearen Realität überschreitet, entdeckt man ungeahnte Reichtümer.*

*Derek und Julia Parker haben ihr ganzes Leben der Aufgabe gewidmet, uns diese Reichtümer näher zu bringen. Julia Parker ist Schirmherrin des Instituts für Astrologische Studien, einer der ältesten astrologischen Bildungseinrichtungen weltweit. Zusammen mit Derek hat sie über 40 Bücher geschrieben. Die Qualifikation der beiden ist über jeden Zweifel erhaben – ungeachtet der Tatsache, dass sie sich in die Welt der populären Astrologie begeben haben. Damit aber tun sie etwas Ähnliches wie Prometheus: sie bringen den Menschen das Feuer der astrologischen Vernunft, und sie bringen es den Leuten, die davon am meisten profitieren, nämlich den ganz gewöhnlichen Menschen wie mir und dir.*

*Sie haben dieses Buch wahrscheinlich in einem ganz gewöhnlichen Buchladen gekauft. Vielleicht haben Sie es auch im Internet bestellt oder geschenkt bekommen. Seine Informationen der Öffentlichkeit zugänglich zu machen, erforderte von den beiden Autoren mehr Mut, als es auf den ersten Blick scheinen mag. Denn die Astrologie sieht sich nicht nur den Angriffen der anerkannten Religionen und der Wissenschaft ausgesetzt, die populäre Astrologie ist darüber hinaus auch noch das vernachlässigte Stiefkind der »richtigen«, wissenschaftlichen Astrologie. Julia und Derek Parker gehören zu den Leuten, die nicht nur dafür gearbeitet haben, dass auch der Mond, die Sterne und die Planeten in unserer Welt zu ihrem Recht kommen; sie haben auch dafür gesorgt, dass die Beschäftigung damit Spaß macht und möglichst vielen Menschen zugänglich wird.*

*Das Erscheinen dieses Buches ist Teil einer länger andauernden Renaissance der Astrologie, die in Großbritannien Anfang des 20. Jahrhunderts einsetzte. Diese Wiedergeburt geht letztlich auf die Tradition vorchristlicher Religionen zurück, wie immer man sie im Einzelnen benennen will – Keltisches Schamanentum oder die Überlieferung der Roma.*

*Dank der Introvertiertheit der Briten hat diese Tradition im Verborgenen weiterbestehen können. So überlebte sie nicht nur den Siegeszug des Christentums und der Wissenschaft, sondern auch die grausame Verfolgung im Mittelalter. Man kann also sagen, dass die esoterische Tradition nie wirklich unterbrochen wurde, und Derek und Julia Parker sind ein neues Glied in dieser Kette esoterischen Wissens.*

*In einer solchen Kette ist kein Glied dem anderen untergeordnet. Alle zusammen haben zu dem Wissen beigetragen, das wir im Augenblick zur Verfügung haben und Anlass zur Freude ist. Viele der alten Texte, die lange vergessen waren oder nur in fehlerhaften Übersetzungen vorlagen, sind heute in preiswerten Ausgaben zugänglich. Das Internet hat Unschätzbares geleistet, indem nun Astrologen auf der ganzen Welt miteinander kommunizieren können und für jeden, der einen Computer hat, eine ungeheure Fülle an Wissen bereitstellen. Gleichzeitig erforscht die Astronomie das Weltall immer besser und fördert viele neue Erkenntnisse zu Tage, die von Astrologen auf ihre Bedeutung sowohl für Individuen als auch für die gesamte Menschheit befragt werden. Außerdem erleben wir in diesen Tagen eine Wiederbelebung dessen, was man ›Naturreligion‹ nennen könnte. Diese Naturreligion erkennt in der Astrologie genau das, was sie ist: ein Studium der Zyklen und der Archetypen der Natur.*

*Derek und Julia Parker lassen keinen Zweifel daran, dass es unsinnig ist, wenn Astrologen darauf hoffen, von der Wissenschaft anerkannt zu werden. Es besteht aber kein Zweifel, dass neue Entwicklungen wie Chaostheorie, Fraktale, Quantenphysik oder Einsteins Relativitätstheorie – allesamt hochwissenschaftlich und dennoch in einem Grenzbereich zwischen Vernunft und Mystizismus angesiedelt – neue Denkweisen geschaffen haben, in denen das Numinose seinen Platz hat und die Möglichkeit akzeptiert wird, dass zwischen Menschen und Planeten eine bedeutsame Beziehung besteht. Schließlich gibt es Dinge, die weit merkwürdiger und unglaublicher sind als die Astrologie.*

*Aus den genannten neuen Entwicklungen müssen wir die Lehre ziehen, dass man immer für Neues aufgeschlossen bleiben sollte. Ob Wissenschaftler, Philosoph oder Mystiker: Alle sollten mit einer Vielfalt von Möglichkeiten rechnen und dem Unbekannten mit Aufmerksamkeit und Respekt begegnen. Wenn wir neue Ideen kritisch prüfen, sollten wir zunächst einfach die Frage stellen: Funktioniert das? Bringt das etwas? Wenn wir so denken, können wir uns die reiche Tradition zu Eigen machen, die durch irgendeine gnädige Macht (und die hingebungsvolle Arbeit von Derek und Julia Parker) über viele Jahrhunderte und unzählige Generationen hinweg an uns weitergegeben worden ist.*

ERIC FRANCIS

# Einleitung

GIBT ES EIGENTLICH LEUTE, *die Einleitungskapitel tatsächlich lesen? Wahrscheinlich nicht. Die meisten stürzen sich gleich in die Arbeit – beispielsweise die Installation eines neuen Computerprogramms – und lassen die Anleitung links liegen. Nach spätestens einer halben Stunde bekommen sie dann einen Frust- oder Wutanfall und rufen: »Irgendetwas funktioniert hier doch nicht!« Erst dann schauen sie sich vielleicht die Anleitung an.*

*Haben Sie es vielleicht auch so gemacht? Haben Sie als Erstes die Beschreibung Ihres »Sternzeichens« (Astrologen sprechen korrekterweise vom »Sonnenzeichen«) in Teil 2 angesehen? Danach beim Durchblättern vielleicht einen Abschnitt mit der Überschrift »Merkurs Einfluss auf Venus« entdeckt? In Ihrer Verwirrung haben Sie weitergeblättert und eine Stelle zur »Konjunktion« von Venus und Saturn gefunden. Ihre Ratlosigkeit wurde immer schlimmer, und nachdem Sie dann auch noch die seitenlangen Tabellen mit Zahlen, Daten und rätselhaften Symbolen am Ende des Buches entdeckt haben, fragen Sie sich jetzt, ob dieses Buch Ihnen wenigstens als Unterlage für das zu kurze Bein Ihres Küchentischs nützlich sein könnte.*

*Wenn es dazu käme, wäre es wirklich ein Jammer. Wir haben uns 30 Jahre lang und in über 40 Büchern (von The Complete Astrologer von 1971 bis zu Parker's Astrology Pack von 1997) darum bemüht, Leute davon zu überzeugen, dass echte Astrologie, bei der man Zeit und Ort der Geburt zugrunde legt, wesentlich interessanter und lohnender ist als die in Magazinen und Zeitungen abgedruckten »Horoskope«. Richtig gelungen ist uns das bisher nicht.*

*Das Problem war, dass das Verständnis der »richtigen« Astrologie eine anstrengende Arbeit ist. Das heißt, es war eine anstrengende Arbeit. Das hat sich jetzt geändert.*

*Jeder angehende Astrologe braucht eine bei den Grundlagen beginnende, klare, praxisbezogene Einführung, einen Grundkurs, der kein Vorwissen voraussetzt, der Sie nicht entweder mit zu viel Wissen überhäuft oder Ihnen zu wenig beibringt; einen Grundkurs, der Sie Schritt für Schritt an Ihr Ziel führt. Dieses Ziel wird wohl sein (und das ist das Einzige, was wir bei diesem ganzen Buch voraussetzen!), dass Sie über Astrologie Bescheid wissen und in der Lage sein werden, Ihr eigenes Geburtshoroskop zu erstellen.*

*Was Sie hier in Händen halten, ist der beste Anfängerkurs in Astrologie, den es je gab. Keine Frage! Wir fangen mit dem Einfachsten an und gehen Schritt für Schritt voran, um Ihnen das astrologische Grundwissen nahe zu bringen. Am Anfang steht eine kleine Geschichtsstunde, und am Ende lernen Sie Ihr eigenes Geburtshoroskop zu interpretieren. Bis Sie in diesem Buch auf das erste Sonnenzeichen stoßen, wird einige Zeit vergehen.*

WIDDER

*Wir haben uns die größte Mühe gegeben, alles möglichst klar und einfach auszudrücken. Zu diesem Zweck verwenden wir auch ein System von kleinen Symbolen, die im Text und den Kästen am Rand erscheinen, wenn etwas besonders Wichtiges oder Interessantes gesagt wird. Achten Sie also auf diese Symbole, die umseitig vorgestellt werden.*

*Interessante Informationen finden Sie ferner in den Textkästen am Seitenrand. Dort liefern wir Definitionen, zusätzliche Hintergrundinformationen und weisen auf Internet-Seiten hin.*

*Wir hoffen, dass dieses Buch Ihnen unterhaltsame Stunden bereitet und Sie vielleicht dazu anregt, noch tiefer in die Geheimnisse der Astrologie einzudringen. Wenn wir Sie auf diesem Weg auch nur ein Stück weit voranbringen, dann haben wir unser Ziel erreicht … und schätzen uns glücklich.*

*Viel Spaß bei der Entdeckungsreise …*

DEREK UND JULIA PARKER

# Was steht drin?

DER STOFF IN DIESEM BUCH *ist so angeordnet, dass er mit dem Einfachen beginnt und langsam zu den etwas schwierigeren Dingen fortschreitet; es ist daher empfehlenswert, ganz am Anfang zu beginnen und sich langsam zu den etwas komplexeren Kapiteln voranzuarbeiten.*

## TEIL EINS

Hier finden Sie eine erste Einführung in die Astrologie – was sie eigentlich ist, was ihre Anfänge waren, wie sie sich im Laufe der Zeit entwickelte. Außerdem informieren wir Sie über die grundlegenden Fakten und Methoden, die Sie brauchen, um mit der Erstellung und Deutung Ihres individuellen Geburtshoroskops zu beginnen.

## TEIL ZWEI

In diesem Abschnitt gehen wir detailliert auf die Eigenschaften der zwölf Sonnenzeichen ein und untersuchen, wie sie sich auf Ihre persönlichen Beziehungen, Ihre Familie, Ihre berufliche Karriere und Ihre Gesundheit auswirken.

## TEIL DREI

Hier geht es an den schwierigen Teil der Übung: Wir zeigen Ihnen Schritt für Schritt, wie Sie Ihr individuelles Geburtshoroskop erstellen. Keine Angst, es wird ganz einfach gehen. Das 13. Kapitel enthält das Basiswissen, das Sie brauchen, um sich an die Interpretation Ihres Geburtshoroskops zu wagen.

## TEIL VIER

Sie haben nun das Handwerkszeug, um Ihr Geburtshoroskop etwas detaillierter zu deuten. In diesem Abschnitt besprechen wir die spezifischen Einflüsse jedes Planeten auf seinem Weg durch die verschiedenen Tierkreiszeichen und Häuser sowie seine wichtigsten Aspekte zu anderen Planeten, zum Aszendenten und dem Medium Coeli.

## TEIL FÜNF

Im Schlussteil wenden wir die Astrologie auf das alltägliche Leben an und zeigen Ihnen, wie Sie Ihr Geburtshoroskop benutzen können, um gesund zu bleiben und im Beruf und im Privatleben erfolgreich zu sein.

# Die Extras

IN DIESEM BUCH *werden Sie immer wieder besonders hervorgehobene Textabschnitte finden, die für das Verständnis des Themas wichtig sind und die Sie deshalb besonders beachten sollten. Sie sind mit folgenden Symbolen gekennzeichnet:*

### Very Important Point

Dieses Symbol weist auf Sachverhalte hin, die Sie sich genau ansehen sollten. Was hier steht, müssen Sie wissen, um das Folgende zu verstehen.

### Gewusst, wie ...

Etwas theoretischere Informationen sind mit diesem Zeichen markiert. So können Sie sich darauf einstellen und diese Abschnitte besonders langsam und gründlich lesen.

### Bloß nicht!

Dieses Zeichen warnt Sie vor Dingen, die Sie unbedingt vermeiden sollten.

### Insidertipp

Hier erhalten Sie wertvolle Tipps und Informationen, die auf langjähriger Praxiserfahrung beruhen.

Außerdem werden Sie verschiedene Textkästen vorfinden, die nützliche und unterhaltsame Zusatzinformationen enthalten.

**Übrigens ...**

*Hier stehen amüsante oder kuriose Dinge und Anekdoten zum Thema.*

**DEFINITION**

*Hier werden Begriffe in klar verständlicher Sprache* **definiert.** *Ein alphabetisches Glossar der Fachbegriffe findet sich am Ende des Buchs.*

**INTERNET**

**www.internet.com**

*Damit Sie sich im Internet gezielt zum Thema informieren können, werden hier besonders empfehlenswerte Websites vorgestellt.*

# Teil Eins



DIE MILCHSTRASSE IST UNSERE HEIMATGALAXIE.

# Was Sie über Astrologie wissen sollten

WENN SIE DENKEN, Sie wüssten schon mehr als genug über Astrologie, aber das Einzige, was Sie kennen, sind die Sonnenzeichen, dann glauben Sie uns: Sie haben noch nicht einmal die Spitze des astrologischen Eisbergs entdeckt!

Wissen Sie zum Beispiel, welcher Planet Ihr Sonnenzeichen regiert? Wissen Sie, wer die ersten Astrologen waren? Was ein Aspekt ist oder ein Aszendent?

Haben wir Ihr Interesse geweckt? Gut! Teil 1 enthält die Antworten auf diese Fragen – und noch einiges mehr. Sie werden etwas über die Geschichte der Astrologie erfahren, einen Schnellkurs in Astronomie bekommen, sich gründlich mit den Planeten befassen, die Eigenschaften der Zeichen kennen lernen und feststellen, dass ein »Haus« in der Astrologie kein Gebäude ist.

Viel Spaß dabei!

Kapitel 1

# Sonne, Mond und Planeten

Die Mühe, sich astrologisches Wissen anzueignen, ähnelt der eines Sprachstudiums: Man muss klein anfangen und zunächst die Grundbausteine verstehen lernen. Um zu begreifen, wie die Energie der Gestirne das Leben auf der Erde beeinflusst, schadet es nicht, auch über die Geschichte der Astrologie Bescheid zu wissen; mehr Einblick in die Materie trägt dazu bei, Fakten von Fiktionen unterscheiden zu können. Zunächst bringen wir Ihnen die Ursprünge der Astrologie, ihre lange Geschichte und das, was in ihr Dichtung und Wahrheit ist näher und werfen dann einen Blick auf das, was sie zu leisten vermag.

Inhalt dieses Kapitels:

# Zwischen Himmel und Erde

*IN PRÄHISTORISCHER ZEIT sitzt an einem nebligen Flussufer der Neandertaler Ug in seiner feuchten, rauchigen Höhle und zerkleinert mit der Keule sein Sonntagsessen zu Hackfleisch – seine Frau hat das Mastodonsteak wieder einmal zu lange gebraten! Nach dem Essen begibt er sich nach draußen, um für Montag einen Pterodactylus zu erlegen. Ug geht nie auf die Jagd, wenn es dunkel ist – auf keinen Fall! Er jagt nur, wenn seine Freundin, die Sonne, am Himmel steht, er seine Beute sieht und nicht ständig mit Bäumen kollidiert.*

Was hat diese Geschichte mit Astrologie zu tun?

## Und es ward Licht

**DEFINITION**

*Die* **Astrologie** *beschäftigt sich mit den Auswirkungen der Sonne, des Mondes und der Planeten auf die Erde.*

Ug und seine Freunde entdeckten einen einfachen Sachverhalt: Die Sonne bringt Licht und Wärme und den Vorteil, dass man viele Dinge im warmen Sonnenlicht einfacher und ungefährlicher erledigen kann als in der Dunkelheit. Es fiel ihnen außerdem auf, dass die Sonne zu bestimmten Jahreszeiten länger scheint als zu anderen, und sie stellten sich bei der Planung ihrer Aktivitäten darauf ein.

Wenn die Tage lang waren, war es wärmer, die Pflanzen grüner, die Früchte größer, die Tiere träger – Speisen in Hülle und Fülle! Wenn die Tage aber kürzer wurden, kam auch die Kälte, das Grün verschwand, die Früchte wurden ungenießbar und die Tiere flinker; es kam die Zeit, in der man sich am besten in die warme Höhle zurückzog. Die Sonne bestimmte entscheidend den Lebensrhythmus von Ug und seinen Freunden.

Die Auswirkung des Tageslichts auf die Natur und damit die Handlungsweise des Menschen ist ein einfaches Beispiel für einen astrologischen Einfluss. Freilich war es noch ein gewaltiger Schritt von der Einsicht, dass das Leben bei Ausnutzung des Tageslichts einfacher ist, bis zur Entwicklung eines ausgefeilten astrologischen Systems. Wie kam es aber zu den Unmengen komplexer Theorien, die ganze Bibliotheken zu füllen imstande sind?

## Mondschein

Wir können vermuten, dass intelligenteren Höhlenbewohnern auffiel, dass die große weiße Scheibe, die am Nachthimmel zu sehen war, fast ebenso starke Auswirkungen hatte wie die Sonne. Wenn Vollmond war, gab es auch in der Nacht genug Licht. Aber nicht nur das: Auch der Einfluss des Mondes auf Flüsse und Meere machte sich bemerkbar. Mit dem Mond veränderte sich der Wasserstand des Meeres und der Flüsse; das Wasser ging in regelmäßigen Abständen zurück, und dann war es leicht, Muscheln

■ **Der Mond** *hat auf die Menschheit schon immer eine besondere Faszination ausgeübt.*

oder Seetang zu sammeln. Wenn das Wasser aber anstieg, die Höhlen überschwemmte und die Feuer löschte, war es Zeit, in höher gelegenen Gegenden eine neue Heimat zu suchen.

Man kann annehmen, dass die Frauen nicht nur den Zusammenhang zwischen Mondphasen und Menstruationszyklus wahrnahmen, sondern auch die emotionalen Veränderungen der Höhlenbewohner zur Vollmondzeit.

## Das rote und das blaue Licht

Am Himmel gab es neben Mond und Sonne aber noch andere helle Lichter (die wir heute Planeten nennen): der feurig-rot leuchtende Mars und die in kühl-bläulichem Licht schimmernde Venus. Es kann nicht lange gedauert haben, bis die Männer und Frauen der Vorzeit bemerkten, dass sich die Luft stürmisch bewegte und die Menschen verstärkt zu Gewalt neigten, wenn Mars am Himmel herrschte. Erstrahlte dagegen Venus in ihrem hellen Schein, waren die Leute glücklicher und neigten zu romantischen Gefühlen. Man kann also annehmen, dass Venus und Mars bereits damals eine – wenn auch rudimentäre – Rolle spielten.

*Da wir schon bei den Planeten sind: Die Sonne und der Mond werden in der Astrologie wie Planeten betrachtet, obwohl sie streng genommen in genauer astrologischer Terminologie als »Lichter« zu bezeichnen sind. Mehr dazu erfahren Sie in Kapitel 2.*

Sonne? Mond? Planeten? Schön und gut, aber Sie fragen sich sicher, wann wir endlich zu den Sternen kommen! Schließlich liest man in vielen Büchern und Zeitungen immer wieder davon, »was die Sterne sagen« oder welches Schicksal »in den Sternen steht«.

## Es steht nicht in den Sternen geschrieben

Von den Fixsternen bzw. ihren verschiedenen Sternbildern kommen die Namen, die man den verschiedenen Sonnenzeichen gab, und sie sind wichtig, wenn man die Sonne auf ihrem Weg um die Erde den verschiedenen Zeichen zuordnet. Die Fixsterne spielen aber in der heutigen Astrologie bei weitem keine so große Rolle, wie viele Leute zu glauben scheinen. Seit 30 Jahren versuchen wir, Redakteure und Herausgeber davon zu überzeugen, dass wir über Sonnenzeichen und nicht über Sterne schreiben sollten.

■ **Unsere Vorfahren** *sahen genau den gleichen Sternenhimmel wie wir.*

Dieses Buch handelt von ernsthafter Astrologie. Das ist etwas ganz anderes als die Allzweck-Horoskope, die man in Zeitschriften findet; es ist auch etwas ganz anderes als die beliebten *Sonnenzeichen*-Bücher (auch wir haben solche verfasst). Die Sonnenzeichen-Astrologie ist aber, offen gesagt, die Ramschware des Astrologie-Marktes: sie ist zwar sehr unterhaltsam, aber von ernsthafter Astrologie ungefähr so weit entfernt wie ein Charlie-Brown-Cartoon von einem Tolstoi-Roman.

**DEFINITION**

*Was ist ein* ***Sonnenzeichen****? Ihr Sonnenzeichen (z.B. Zwilling) ist das Zeichen im Tierkreis, in dem von der Erde aus gesehen die Sonne stand, als Sie zur Welt kamen. Genauere Erläuterungen hierzu und zu ihrer Geschichte finden Sie in Kapitel 3.*

■ **Die Sonne** *bildet den Mittelpunkt unseres Sonnensystems.*

Das heißt nicht, dass die Beschäftigung mit den Sonnenzeichen überflüssig wäre. Wenn dieser Eindruck entstanden ist, dann deshalb, weil wir provokant formulieren wollten, um das Bewusstsein dafür zu wecken, dass hinter der Astrologie mehr steckt. Die Wirkung der Sonnenzeichen ist keine Nebensache, weshalb wir uns auch in Teil 2 dieses Buches eingehend mit ihnen beschäftigen. Viele Menschen sind über die Sonnenzeichen zur Astrologie gekommen. Wenn man Astrologen befragt, stellt sich fast immer heraus, dass ihnen irgendwann einmal ein Buch über die Sonnenzeichen in die Hände fiel und dadurch ihr Interesse geweckt wurde. Lesen Sie in Teil 2 einmal die Beschreibung Ihres Zeichens nach, Sie werden sehen, dass mindestens 15 von 20 beschriebenen Eigenschaften genau auf Sie zutreffen. Und dennoch: Die Bedeutung der Sonnenzeichen wird im Allgemeinen überschätzt.

*Tatsache ist: Die entscheidenden Kräfte in der Astrologie sind Sonne, Mond und Planeten, nicht die Sterne und »Sternzeichen«. Zur Veranschaulichung kann man sich unser Sonnensystem wie eine Opernbühne vorstellen. Sonne, Mond und Planeten spielen die Hauptrollen, sie schreiten majestätisch über die Bühne und lassen Melodien ertönen, die das Publikum tief berühren. Die Sterne und Sternzeichen sind die Statisten; sie bilden die Kulisse, die zwar wunderschön aussieht, aber bei weitem nicht so wichtig ist.*

*Von den Millionen Fixsternen sind in der jahrtausendealten Geschichte der Astrologie nur etwa hundert beachtet worden. Auch heute gibt es nur wenige Astrologen, die ihnen Beachtung schenken; das war früher nicht anders, als Sonne und Mond zu mächtigen Gottheiten erklärt wurden, die Fixsterne hingegen als weniger wichtig galten.*

# Schein und Wissenschaft

*WIE KAMEN DIE MENSCHEN vom bloßen Betrachten des Himmels zu einer wissenschaftlichen Theorie? Eine schwierige Frage, aber auch nicht schwieriger als auf anderen Gebieten, in denen die Menschen allmählich den Zusammenhang von Ursache und Wirkung durchschauten.*

## Astrologische Lagerfeuergeschichten

Ugs Urenkel erinnerten sich vielleicht an Abenteuer und Gefahren, die ihr Urgroßvater unter der Herrschaft der Sonne und des Mondes bestanden hatte. Wahrscheinlich begann man daraufhin, die Bewegungen der Himmelskörper genauer zu beobachten und sie mit den Ereignissen auf der Erde in Verbindung zu bringen. Möglicherweise bemerkten sie, dass sich ein Kind, bei dessen Geburt Mars am Himmel zu sehen war, ganz anders entwickelte als eines, das unter der hell leuchtenden Venus geboren wurde. Vielleicht waren es schon Ugs Urenkel, die die Vorgänge am Himmel auf Steintafeln festhielten und damit die ersten (freilich noch sehr primitiven) astrologischen Tabellen schufen.

■ **Seit vielen Jahrhunderten** *schreibt man dem Mond einen großen Einfluss auf unser Leben zu.*

Bevor man aber ein regelrechtes astrologisches System aufbauen und ausarbeiten konnte, mussten erst die Schrift und die Mathematik erfunden und ein präziser Kalender erstellt werden. Erst dann konnte man den Himmel mehr als nur bewundern. Die Menschen konnten die Sterne zählen, ihre Position auf einer Karte eintragen und mit ihr die Bewegungen von Sonne, Mond und Planeten mathematisch genau beschreiben. Und damit war es auch möglich, Vorkommnisse auf der Erde zu ganz speziellen Vorgängen am Himmel in Beziehung zu setzen.

### Übrigens …

*In Abbildungen des Altertums wurde der Mond oft als Königin des Himmels dargestellt, die eine kleine Sternenkrone auf dem Kopf trug (auch heute noch wird er mit dem »Weiblichen« assoziiert, während die Sonne als »männlich« gilt). Dies sollte symbolisieren, dass die Sterne Untergebene und Diener der unumschränkten Herrscher Mond und Sonne waren. Die Darstellung des Mondes als Himmelskönigin mit Sternenkrone ist ein Motiv, das viele Jahrhunderte später in verwandelter Form in den Madonnengemälden des Christentums wieder auftaucht.*

*Wir wissen, dass die alten Babylonier bereits im 7. Jahrhundert v. Chr. über ein vollständig ausgearbeitetes astrologisches System verfügten und Geburtshoroskope aus mehreren Jahrhunderten gesammelt hatten; diese Geburtshoroskope wurden auf Steintafeln (den so genannten* Enuma An Enlil*) festgehalten und in der königlichen Bibliothek in Ninive aufbewahrt. Nur weniges von diesem Wissen hatten die Babylonier selbst hervorgebracht, das meiste übernahmen sie von den Sumerern, die über tausend Jahre zuvor das Land der Babylonier erobert hatten.*

### Übrigens ...

*Eines der ältesten uns erhaltenen astrologischen Werke sind die* Tetrabiblos, *auch bekannt als die* Vier Bücher über den Einfluss der Sterne, *die der griechische Mathematiker und Astronom Claudius Ptolemäus im 2. Jahrhundert n. Chr. verfasste. Dabei gab Ptolemäus eigentlich nur weiter, was die Astronomen des Mittleren Ostens bereits 800 Jahre zuvor aufgezeichnet hatten! Ptolemäus sammelte dieses umfangreiche Wissen, stellte es neu zusammen und entwickelte darüber hinaus eigene, originelle Theorien dazu; sein Werk ist die Grundlage aller neuzeitlichen Astrologie.*

Schauen wir doch einmal, wie das Oxford Dictionary »Wissenschaft« definiert: »Ein Wissensgebiet, das auf der objektiven und systematischen Beobachtung von Phänomenen und Experimenten beruht, wobei das Erkenntnisinteresse vor allem der Beschaffenheit und den Funktionsweisen der materiellen Welt gilt.« Das heißt: Wissenschaftler beobachten die Welt und stellen Theorien darüber auf, was die Ursache eines beobachteten Vorgangs sein könnte; sie versuchen, möglichst viele Beweise für ihre Theorie zu finden und teilen diese anschließend der Öffentlichkeit mit. Nichts anderes haben Astrologen seit Jahrtausenden

**INTERNET**

**www.astrology.net/parker**

*Wenn Sie sich näher für die Geschichte der Astrologie interessieren, können Sie im Internet unser Buch anschauen. Dort finden Sie alles zum Thema.*

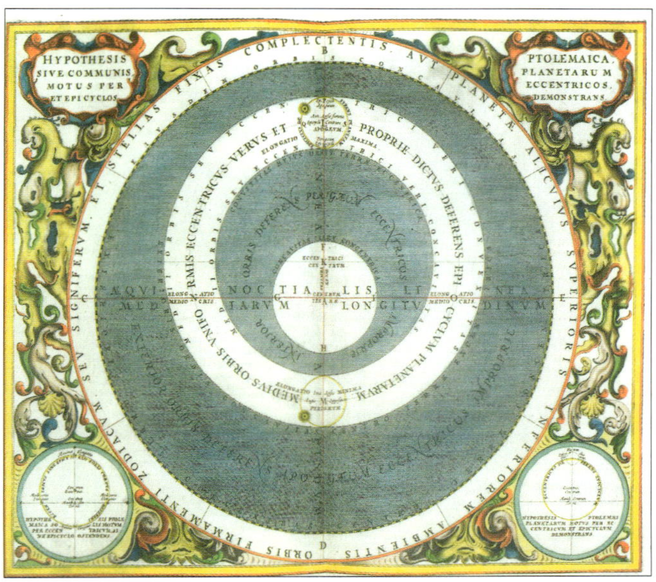


■ **Eine Seite** *aus dem Himmelsatlas von 1660–61: handkolorierter Stich von Andreas Cellarius.*

getan, und wenn wir hier von Jahrtausenden sprechen, dann ist das ganz wörtlich gemeint. Den Babyloniern war es möglich, den **Tierkreis** zu entwickeln, wie wir ihn heute kennen. 235 v. Chr. konnte ein Astrologe einer schwangeren Frau voraussagen: »Wenn bei der Geburt deines Kindes Venus im Aufgehen und Jupiter schon untergegangen ist, wird er einmal eine Frau nehmen, die stärker ist als er.«

## Übrigens ...

*»Tierkreis« ist eine deutsche Übersetzung des lateinischen Wortes* zodiacus, *hergeleitet aus dem griechischen Wort* zodion, *und bedeutet »lebende Geschöpfe«. Unter* zodiac *verstand man ursprünglich eine Gruppe von Wesen, die von vielen Menschen mit den Cherubim in Verbindung gebracht wurden. Die Cherubim (oder Engel) sind biblische Geschöpfe und leben außerhalb von Zeit und Raum.*

Wir können die Geschichte des Tierkreises hier nicht im Detail darstellen, wollen aber darauf hinweisen, dass es ein Prozess war, der in vielen Kulturen gleichzeitig stattfand. In vielen Sprachen finden die Tierkreiszeichen Beachtung, bei den alten Babyloniern nannte man zum Beispiel die Zwillinge »Mas.tab.ba.gal.gal.«, auf Iranisch heißen sie »Do-parkar«, im Altgriechischen »Didemoi«, im Sanskrit »Mithuna«.

Im Lauf der Jahrhunderte wurde die Astrologie immer komplizierter und anspruchsvoller. Sie verbreitete sich von Babylonien nach Griechenland. Einen gewaltigen Entwicklungsschub gab es, als die Astrologie den Römern überliefert wurde; sie war dort bei den einfachen Leuten ebenso verbreitet wie bei Kaisern, die sich bei privaten wie politischen Entscheidungen am Tierkreis orientierten.

**DEFINITION**

*Obwohl sich die Erde um die Sonne dreht, scheint es von der Erde aus, als würde die Sonne die Erde in einem Kreis von 360° umrunden. Diese (scheinbare) Kreisbahn der Sonne um die Erde nennt man Ekliptik. Der* **Tierkreis** *nun folgt dieser Kreisbahn, er ist nur etwas breiter (etwa 8°–9° nach jeder Seite). Dieses kreisförmige Band unterteilten die alten Astrologen in Segmente von jeweils 30° (12 x 30° = 360°, also einen vollen Kreis). In jedem dieser Segmente befindet sich jeweils eines der zwölf Tierkreiszeichen.*

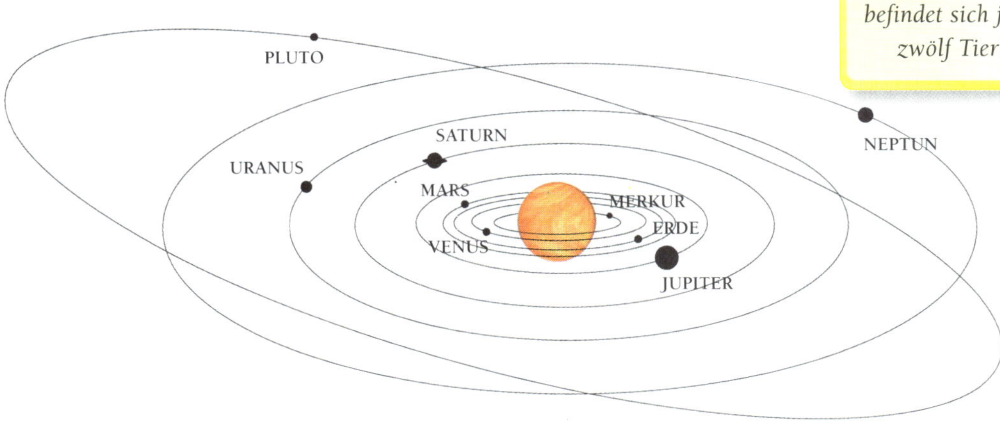


■ **So wie wir heute** *die Umlaufbahnen der Planeten um die Sonne darstellen, sahen die alten Astrologen die Bewegung der Sonne um die Erde auf der Bahn des Tierkreises.*

Es gab kaum ein Land, in dem die Astrologie nicht ein wesentlicher Bereich des Lebens war. An den Höfen der Herrscher warteten Astrologen auf den ersten Schrei eines neugeborenen Thronfolgers; die Päpste in Rom konsultierten die Astrologie bei der Ernennung ihrer Kardinäle, die Kardinäle wiederum benutzten sie, um bei der Planung einer neuen Kathedrale den günstigsten Zeitpunkt für den Baubeginn zu ermitteln.

Auch die gewöhnlichen Leute nahmen den Tierkreis bei allen möglichen Fragen zu Hilfe: wann man heiraten sollte, wann der günstigste Zeitpunkt für die Aussaat war, oder wo man ein neues Haus errichten sollte. Man ermittelte die richtige Entscheidung aus dem Geburtshoroskop, in dem die Planeten (inklusive Sonne und Mond) in bestimmten Zeichen des Tierkreises stehen. In Kapitel 12 lernen Sie eigene Geburtshoroskope zu erstellen; zuvor aber brauchen Sie noch ein bisschen Grundwissen in Astronomie und Astrologie.

**DEFINITION**

*Das* **Geburtshoroskop** *eines Menschen ist eine Grafik, auf der der Himmel dargestellt ist, mit den Planeten in genau den Positionen, in denen sie sich zum Zeitpunkt der Geburt, vom Ort der Geburt aus gesehen, befanden. Die Wörter »Horoskop« und »Geburtshoroskop« bedeuten genau dasselbe. Viele Nicht-Astrologen denken beim Wort »Horoskop« allerdings an die dreizeiligen Allzweckaussagen über die Tierkreiszeichen, die man in Zeitungen und Zeitschriften findet.*

■ **Der Bretonische Kalender** *von 1546 stellt die Bahn dar, auf der der Mond durch den Himmel wandert.*

## Astronomie contra Astrologie

Heutzutage gerät man schnell in den anscheinend unlösbaren Konflikt zwischen Astrologie und Astronomie. Zu Ptolemäus' Zeiten gab es diese Unterscheidung nicht; jeder Astronom war zugleich Astrologe und umgekehrt. Zur strikten Trennung zwischen den beiden Disziplinen kam es erst, als sich die Astronomie zu einer eigenen Wissenschaft entwickelte und ihre Vertreter heftig reagierten, wenn man sie mit ihrer Schwesterdisziplin in Zusammenhang brachte.

In den Jahrhunderten zuvor hätte man es für geradezu engstirnig und dumm gehalten, die Positionen und Bewegungen von Planeten und Sternen zu studieren, ohne ihre Auswirkungen auf die Menschen mit zu bedenken. Beide Bereiche isoliert voneinander zu betrachten, war völlig unvorstellbar, was sich schon daran zeigt, dass die Wörter »Astrologe« und »Astronom« identische Bedeutung hatten: beide bezeichneten eine Person, die sich mit den Himmelserscheinungen und deren Auswirkungen auf die Erde befasste.

Davon kann heute keine Rede mehr sein: Jeder gute Astrologe ist auch in der Astronomie einigermaßen bewandert; umgekehrt gilt dies nicht. Über das offen zur Schau getragene Desinteresse hinaus sind die meisten Astronomen erklärte Gegner der Astrologie. Als ein britischer Astronom vor einigen Jahren ein Buch schrieb, in dem er Überlegungen darüber anstellte, wie die Planeten die Erde beeinflussen könnten, wurde er über mehrere Monate hin von seinen Fachkollegen förmlich geschnitten.

**Übrigens ...**

*Die Astrologen der Vergangenheit hatten ein Motto, das sie manches Mal ihren Werken voranschickten: »Die Sterne erzeugen Neigungen, keinen Zwang.« Anders ausgedrückt: Die Wirkung der Planeten auf den Menschen kann sich in Müdigkeit äußern; kein Mensch aber wird von den Planeten gezwungen, sich in diesem Zustand ins Auto zu setzen, am Steuer einzuschlafen und zu verunglücken.*

# Astrologie und Praxis

FUNKTIONIERT DIE ASTROLOGIE *in der Praxis? Man könnte mit einer Gegenfrage antworten: Hätte sich eine Theorie 3000 Jahre lang gehalten, wenn sie sich nicht bewährt hätte? Freilich ist diese Antwort nicht ganz befriedigend, denn die Menschen sind durchaus in der Lage, über Tausende von Jahren hinweg an das unsinnigste Zeug zu glauben, bis das Gegenteil bewiesen ist – und selbst dann halten manche noch an ihren alten Überzeugungen fest.*

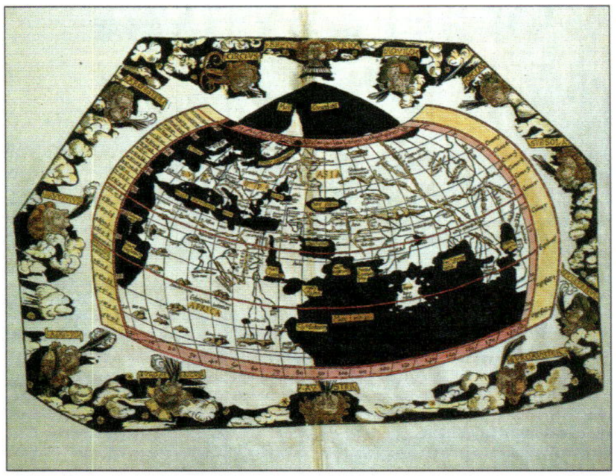

■ **Eine Weltkarte** *mit Koordinatensystem, das in Anlehnung an die Geographia des Claudius Ptolemäus (90–168 n.Chr.) entwickelt wurde.*

Astrologie funktioniert in der Praxis anders, als die meisten Menschen meinen. Es ist ein Missverständnis zu glauben, die Astrologie könne Unmögliches möglich machen.

Was!?! Das Wesen der Astrologie ist nicht die Prophezeiung!?! Wofür ist sie dann gut?!?

*Die Astrologie kann sehr wohl etwas über die Zukunft sagen – allerdings nicht hinsichtlich konkreter Ereignisse. Vielleicht ist es irgendwann in ferner Zukunft einmal möglich, exakt vorherzusagen, was Ihnen an einem bestimmten Tag um 16:30 passieren wird – bisher jedenfalls hat noch niemand ein Verfahren entdeckt, mit dem man solch konkrete Aussagen machen könnte. Kein seriöser Astrologe wird behaupten, seine Disziplin könne Derartiges leisten.*

## Astrologie funktioniert – in Grenzen

Man kann darüber streiten, wie genau Astrologen in die Zukunft blicken können; unstrittig hingegen ist, dass sie Ihnen sagen können, wann Ihre Energie an Grenzen gerät, Sie erschöpft und (deshalb) womöglich besonders anfällig für eine Erkältung sein werden, wann Sie dazu neigen sich zu verlieben oder in welchem Zeitraum Sie Gefahr laufen, durch Unachtsamkeit und Konzentrationsschwäche in einen Unfall zu geraten. Ganz anders verhält es sich bei der Frage nach genauer Art und Schwere Ihrer Erkrankung; an welchem Tag und zu welcher Stunde Sie Ihre neue Liebe treffen werden; was genau es für ein Unfall ist, der Ihnen droht: All dies mit solcher Exaktheit vorauszusagen, liegt nicht in den Möglichkeiten der Astrologie.

## Der Himmel setzt die Grenzen

Nachdem wir auf die Grenzen der Astrologie hingewiesen haben, möchten wir aber auch betonen, dass es keinen Lebensbereich und Lebensabschnitt gibt, in dem die Astrologie nicht hilfreich sein kann. Sie findet ihre Anwendung von der Wiege bis ins Rentenalter, und sie kann für alle menschlichen Belange nützlich sein. Nach der Lektüre dieses Buches werden Sie davon überzeugter sein denn je.

Dennoch muss man sich immer bewusst machen, dass die Möglichkeiten der Astrologie begrenzt sind, was selbst Astrologen, denen ein besonderes prophetisches Talent gegeben ist, einräumen, und auch die spektakulären Fälle, in denen astrologische Voraussagen exakt eingetroffen sind, beweisen nicht das Gegenteil. Ein solches Beispiel war die Voraussage des britischen Astrologen Dennis Elwell, der mehrere Schifffahrtslinien davor warnte, dass am 6. März 1987 ein großes Schiffsunglück drohe. Genau an diesem Tag kenterte die britische Autofähre *Herald of Free Enterprise* vor der belgischen Küste, und 188 Menschen ertranken.

EIN FRÜHER STERNDEUTER

Professor Friedrich Krittelmeier*, ein scharfer Kritiker der Astrologie, würde dazu sagen, dass es kaum einen Tag gibt, an dem sich nicht irgendwo auf der Welt ein Schiffsunglück ereignet. Es war aber nicht irgendein Unglück, sondern ein besonders schweres! Ein zu großer Zufall!

Leider kann man daraus nur wenig praktischen Nutzen ziehen. So lange man nicht sagen kann, welches Schiff zu welcher Zeit an welchem Ort genau untergehen wird, kann man kaum hilfreich einschreiten.

**Friedrich Krittelmeier, Professor am Institut für Engstirnigkeitsforschung der Universität Dumpfing, wird in diesem Buch immer wieder einmal zu Wort kommen. Er wird die typischen Fragen und Einwände formulieren, die die Wissenschaft immer wieder gegen die Astrologie vorbringt. Ähnlichkeiten mit lebenden Wissenschaftlern sind vollkommen beabsichtigt.*

# Was kann Astrologie leisten?

DIE LEISTUNG DER ASTROLOGIE *ist es, dass sie (mit Shakespeares Hamlet gesprochen) »der Natur den Spiegel vorhält«. Die Astrologie enthüllt das wahre Gesicht eines Menschen. Sie offenbart seine Stärken und Schwächen, seine Neigungen und Vorurteile, seine Begabung und seine Erfolgschancen. Ob diese Wahrheiten einem Menschen nützen oder ihn eher blockieren, liegt ganz daran, wie er mit ihnen umgeht. Ihre positive Kraft liegt darin, die Menschen anzuregen, sich mit ihrem wahren Selbst auseinanderzusetzen. Schon die Konfrontation mit ihr kann, auch dann wenn man sie nicht akzeptieren mag, der Keim positiver Veränderungen sein.*

Die Astrologie lügt nicht! Die Erkenntnisse, die sie vermittelt, haben den Effekt, immer weiteres Nachdenken in Gang zu setzen: Wenn sich herausstellt, dass Sie zu Geiz neigen, dann denken Sie zunächst einmal über Ihre Einstellung zum Geld nach. Hier sollten Sie aber nicht stehen bleiben. Wer geizt, neigt oft auch zu knauserigem Umgang mit Gefühlen.

Professor Krittelmeier treibt die Frage um, wie die Astrologie beweisen will, dass die Phänomene, mit denen sie sich befasst, tatsächlich existieren. Es sei auf ein berühmtes Experiment verwiesen, das die britische Sonntagszeitung *News of the World* 1975 durchgeführt hat. Für diesen Versuch wählte man zwölf, jeweils unter einem anderen Sonnenzeichen geborene Personen aus und stellte sie vier bekannten Astrologen vor. Die Astrologen, die die Probanden nie zuvor gesehen hatten, befragten sie nun über alles – außer über ihr Geburtsdatum; die Versuchspersonen waren angewiesen worden, möglichst wortkarg zu sein. Wann immer es mög-

■ **Die weibliche Anatomie** *aus den* Très Riches Heures du Duc de Berry *zeigt, welche Körperregionen von welchem Sonnenzeichen beeinflusst werden.*

lich war, antworteten sie nur mit »Ja« oder »Nein«. Anschließend legten sich die Astrologen für jede Person auf ein bestimmtes Sonnenzeichen fest. Durch Zufall hätten sie in zwei oder drei Fällen richtig liegen können, tatsächlich aber gab es acht Treffer.

Vielleicht wird Professor Krittelmeier einmal einsehen, dass es sinnvoll ist, sich mit der Astrologie ernsthaft zu beschäftigen. Nur auf diesem konstruktiven Weg nähert man sich der Möglichkeit, astrologische Zusammenhänge wissenschaftlich erklären zu können. Wir sind fest davon überzeugt, dass sich die Wirksamkeit dieser Zusammenhänge nicht nur auf einer esoterischen, sondern auch auf einer naturwissenschaftlich überprüfbaren Ebene abspielt.

TELESKOP AUS DEM 18. JAHRHUNDERT

Es ist doch eigentlich absurd zu glauben, dass es in unserem Sonnensystem, in dem Sonne, Mond und neun Planeten durch ihre Anziehungskräfte ständig aufeinander einwirken, keine bedeutsamen Wechselwirkungen zwischen ihnen und uns geben sollte.

Im nächsten Kapitel werden wir Astrologie und Astronomie hinter uns lassen und uns den Planeten zuwenden. Sie nämlich bilden das eigentliche Fundament der Astrologie.

## Kurze Zusammenfassung

- ✓ Die Astrologie befasst sich mit den Auswirkungen der Sonne, des Mondes und der Planeten auf die Erde.
- ✓ »Sonne«, »Mond« und »Planeten« sind nicht einfach wissenschaftliche Bezeichnungen für bestimmte Himmelskörper. Die Astrologie geht davon aus, dass ihnen eine Energie innewohnt, die auf das menschliche Leben einwirkt; sie bilden das Fundament jeder Astrologie.
- ✓ Sonne und Mond werden in der Astrologie wie Planeten behandelt; in korrekter astrologischer Terminologie müssten sie als Lichter bezeichnet werden. Die Fixsterne spielen in der echten Astrologie kaum eine Rolle, auch wenn dieser Eindruck immer wieder entsteht.
- ✓ Die Anfänge der Astrologie gehen wahrscheinlich bis in vorgeschichtliche Zeit zurück, als unseren Vorfahren auffiel, dass

Sonne und Mond gravierende Veränderungen zu Lande und zu Wasser hervorrufen.

✓ Bereits im 7. Jahrhundert v. Chr. gab es bei den Babyloniern eine hoch entwickelte astrologische Wissenschaft, einen zuverlässigen Kalender und ein Archiv mit Geburtshoroskopen. Seither spielt die Astrologie eine wichtige Rolle.

✓ Ein Geburtshoroskop ist eine Grafik, die die Positionen der Planeten in Bezug auf Zeitpunkt und Ort der Geburt eines Individuums darstellt.

✓ Aus der Perspektive der Erdenbewohner scheint sich die Sonne um die Erde zu bewegen. Diese Kreisbahn der Sonne heißt Ekliptik. Auch der Tierkreis ist eine (etwas breitere) Kreisbahn, die genau auf der Sonnenekliptik liegt. Die Astrologen des Altertums teilten diese Kreisbahn in zwölf Segmente von je 30° ein und schrieben jedem dieser Segmente ein »Zeichen« zu. Diese zwölf Zeichen sollte man korrekterweise nicht Sonnenzeichen, sondern Tierkreiszeichen nennen.

✓ Das Sonnenzeichen eines Menschen ist dasjenige Zeichen, in dem die Sonne vom Ort der Geburt aus gesehen und zum Zeitpunkt seiner Geburt stand. Die Beschäftigung mit den Sonnenzeichen ist sehr beliebt – die »Horoskope« in Zeitungen und Magazinen sowie viele Bücher beschäftigen sich fast ausschließlich mit ihnen. Nicht allein die Sonne, sondern alle Planeten haben einen Einfluss auf das Leben des Einzelnen.

✓ Es ist ein Irrtum zu glauben, die Astrologie könne die Zukunft voraussagen. Lediglich Aussagen über die Tendenz zukünftiger Ereignisse sind möglich.

✓ Die Stärke der Astrologie liegt darin, dass sie unser »wahres« Gesicht zeigt, das wir vor der Welt (und manchmal vor uns selbst) verbergen. Lügen gibt es in der Astrologie nicht; sie enthüllt die Wahrheit über unsere Stärken und Schwächen.

Orrery invented by Graham 1700
Improved by Rowley, and presented
by him to John Earl of Orrery,
after whom it was named at
the suggestion of Richard Steele

Kapitel 2

# Einfach astronomisch!

Die Erde ist Teil eines Sonnensystems, zu dem auch der Mond, die anderen Planeten, die Asteroide sowie die Kometen gehören; im Mittelpunkt steht natürlich die Sonne, deren Anziehungskraft die sie umgebenden Himmelskörper auf ihren Bahnen hält. In diesem Gefüge steht alles mit allem in Beziehung, daher ist auch der einzelne Mensch auf der Erde ein nicht unbedeutender Teil dieses Gesamtgebildes.

## Inhalt dieses Kapitels:

Eine Erfindung aus dem 18. Jahrhundert, bekannt als Teleskop, um die Sterne zu beobachten.

# Die Sonne ganz simpel

DIE SONNE SOLL EIN STERN SEIN? *Viele Leute runzeln die Stirn, wenn sie das hören – während Astronomen in Gelächter ausbrechen, sobald die Astrologen von der Sonne als einem Planeten sprechen. Tatsächlich: Die Sonne ist »ein ganz gewöhnlicher Stern«, wie der* Astronom *Patrick Moore sagt.*

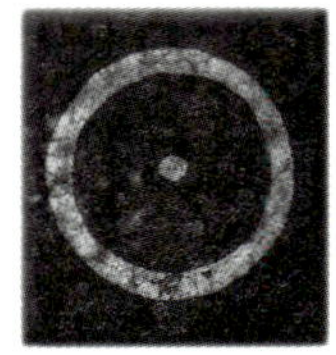

SONNE

**DEFINITION**

**Astronomen** *untersuchen physikalische Beschaffenheit, chemische Zusammensetzung und Bewegung von Himmelskörpern außerhalb der Erdatmosphäre.*

Wie bereits im 1. Kapitel gesagt, spielen Fixsterne in der astrologischen Praxis keine große Rolle, außer der Sonne, die in der Tat ein gewaltiger, wichtiger Stern ist.

*In der Mitte unseres Sonnensystems, 150 Millionen Kilometer von der Erde entfernt, steht sie, ohne deren Hitze von 6.000 °C es auf der Erde kein Leben gäbe. Verglichen mit ihr sind die Ausmaße der Sonne gigantisch: mit einem Durchmesser von fast 1,4 Millionen Kilometern ist sie über 109-mal so groß wie die Erde; vom Rauminhalt her hätte die Erde in der Sonne mehr als eine Million Mal Platz.*

Dass die Sonne in der Astrologie so wichtig ist, liegt allerdings nicht an ihrer Größe, sondern daran, dass die Astrologen ihr einen großen Einfluss auf die Ausprägung des individuellen Charakters zuschreiben. Seit den Anfängen der Sonnenzeichen-Astrologie in den 1920er Jahren ist bei Laien oftmals der Eindruck entstanden, die Sonne sei das A und O der astrologischen Wissenschaft.

*Für den Moment soll die Feststellung genügen, dass die Sonne für Selbstverwirklichung und Kreativität steht und eine besondere Beziehung zum Zeichen Löwe hat. (Die astrologische Bedeutung der Planeten wird in Kapitel 5 dargestellt.)*

■ **Moderne, leistungsstarke Teleskope** *haben neue Erkenntnisse über die Sterne erbracht.*

# Einfach verrückt: Der Mond

MOND

PLANETEN BEWEGEN SICH UM DIE SONNE; *einige von ihnen werden dabei selbst von kleineren Himmelskörpern umkreist: den Monden. Der Mond der Erde ist lediglich ein Mond unter vielen in unserem Sonnensystem. Die Astrologie hat den Mond (genauso wie die Sonne) auf den Ehrenrang eines Planeten gehoben. Den meisten Astrologen gilt er als zweitwichtigster Planet. Obwohl der Mond im Vergleich zur Erde winzig ist – er passt 81-mal in die Erde! –, erscheint er aufgrund seiner Erdnähe so groß, strahlend schön und beeindruckend, dass ihn die meisten alten Kulturen neben der Sonne als Gottheit verehrten.*

Im Vergleich zum gesamten Sonnensystem ist die Entfernung zwischen Mond und Erde eher klein. Der der Erde nächste Punkt seiner Umlaufbahn ist nur 363.300 Kilometer entfernt, der weiteste 405.000. Für eine Erdumrundung braucht der Mond 27,32 Tage.

# Ein alter Hut

DAS WORT »PLANET« *bedeutet »Wanderstern«. Schon vor Tausenden von Jahren, noch bevor die Planeten Merkur, Venus, Mars, Jupiter und Saturn durch Teleskope überhaupt zu sehen waren, wussten Astronomen, dass diese Planeten der Erde näher waren als die Sterne. Sie konnten sich nicht erklären, wie Planeten, Sonne und Mond zusammengehalten wurden, weil sie davon ausgingen, dass die Erde der Mittelpunkt des Universums sei.*

Als Galileo 1610 in Übereinstimmung mit der kopernikanischen Theorie die Behauptung aufstellte, dass sich die Erde, der Mond und die Planeten um die Sonne drehen, wurde er von der katholischen Kirche der Ketzerei beschuldigt und zum Schweigen verurteilt. Heute wissen wir nicht nur, dass Galileo Recht hatte, sondern dass sich in unserem Sonnensystem mehr als fünf Planeten befinden; die anderen drei, Uranus, Neptun und Pluto, wurden erst Jahrhunderte später entdeckt. Wir wissen, dass sich inklusive der Erde neun Planeten um die Sonne drehen.

GALILEO GALILEI, DER BERÜHMTE ASTRONOM DER RENAISSANCE

## Merkur

Der Merkur ist von allen Planeten der Sonne am nächsten und wird in der Astronomie (und Astrologie) als *innerer* Planet bezeichnet. Mit einem Durchmesser von 4.840 Kilometern ist er der kleinste unter den seit dem Altertum bekannten Planeten – bei einem Sturz auf die Erde würde er ziemlich genau in den Atlantik passen. Er umkreist auf seiner elliptischen (d.h. ovalen) Umlaufbahn die Sonne in 88 Tagen – nur der Mond ist ihm an Schnelligkeit überlegen.

MERKUR

**DEFINITION**

*Von »**inneren** Planeten« spricht man, wenn ihre Umlaufbahn zwischen Erde und Sonne liegt. Dies ist bei Merkur und Venus der Fall.*

*Die Entfernung des Merkur zur Sonne variiert zwischen 46 und 70 Millionen Kilometern, je nach Position auf der Ellipse. Seine Maximaldistanz von der Erde beträgt 220 Millionen Kilometer.*

## Venus

Die Venus mit ihrer strahlenden Leuchtkraft – nach dem Mond ist sie das hellste Licht am Nachthimmel – hat die Menschheit von jeher fasziniert. Namenspatron dieses Planeten ist die römische Liebesgöttin Venus, die auch bei den Griechen (als Aphrodite), den Assyrern und Babyloniern (als Ischtar) und den Phönikern (als Astarte) verehrt wurde. Die Umlaufbahn der Venus liegt, wie beim Merkur, zwischen Sonne und Erde; sie zählt also zu den inneren Planeten. Sie ist, von der Erde aus gesehen, nie weiter als 48° von der Sonne entfernt. Im Unterschied zu Merkur, den man mit dem bloßen Auge nur unter günstigen Umständen erkennen kann, ist die Venus am Nachthimmel oft ganz deutlich zu sehen.

VENUS

*Die Venus ist mit ihrem 12.000 Kilometer großen Durchmesser etwa so groß wie die Erde: Ihre geringste Entfernung von unserem Planeten beträgt 42 Millionen Kilometer. Das mag uns noch ziemlich weit vorkommen, ist aber immerhin 13 Millionen Kilometer näher als der Mars uns jemals kommen kann. Die Venus bewegt sich in 108 Millionen Kilometer Entfernung von der Sonne auf einer fast kreisförmigen Umlaufbahn; eine Sonnenumrundung dauert rund 225 Tage.*

*Wie in den Kulturen der Antike bringt die Astrologie die Venus mit der Liebe in Zusammenhang (womit weniger Sexualität als vielmehr Emotionalität gemeint ist) sowie mit Geld und Besitz. Sie steht in besonderer Beziehung zu den Zeichen Stier und Waage.*

**DEFINITION**

*Die Planeten, die sich auf der sonnenabgewandten Seite der Erde befinden, nennt man in der Astronomie und Astrologie die* **äußeren** *Planeten. Die Umlaufbahnen der inneren Planeten liegen räumlich zur Sonne gesehen innerhalb der Erdumlaufbahn. Die Umlaufbahnen der äußeren Planeten (Mars, Jupiter, Saturn, Neptun und Pluto) dagegen umschließen die Umlaufbahn der Erde.*

## Mars

MARS

Die Venus übertrifft den Mars an Leuchtkraft, der Mars ist jedoch durch sein feurig-rot glühendes Licht die vielleicht beeindruckendste Erscheinung unter den Planeten. Dieses zornesrote Glühen ist sicher der Grund, weshalb man ihm im Altertum den Namen des Kriegsgottes Ares bzw. Mars gab. Mars (als vierter Planet von der Sonne gesehen) ist übrigens der erste, der weiter von der Sonne entfernt ist als die Erde, also der erste *»äußere«* Planet.

Der Mars ist wesentlich kleiner als die Erde und kommt ihr nie näher als 55 Millionen Kilometer. Er umkreist die Sonne auf einer unregelmäßigen Bahn und braucht für eine Umrundung 687 Tage. Seine Entfernung zur Sonne beträgt ca. 207 bis 249 Millionen Kilometer.

Der Mars steht in der Astrologie für körperliches Befinden, Lebensenergie, Sexualtrieb und in enger Beziehung zum Widder. Bis in die 1930er Jahre sah man ihn auch eng mit dem Skorpion verbunden.

## Jupiter

JUPITER

Mit einem Durchmesser von 143.650 Kilometern ist Jupiter der Gigant unter den Planeten. Trotz seiner Größe (alle übrigen Planeten fänden in ihm Platz) wirkt er fast zerbrechlich und seine warmen, erdfarbenen Streifen lassen ihn aussehen wie einen kostbaren Edelstein. Jupiter wird von 16 Monden umkreist; die größten und bekanntesten unter ihnen, wie Ganymed oder Europa, kann man mit einem mittelstarken Fernrohr erkennen.

Aufgrund seiner immensen Größe ist Jupiter (nach Venus und dem Mond) das dritthellste Licht an unserem Himmel – und das, obwohl er fast 600 Millionen Kilometer von uns entfernt ist! Die Distanz zwischen ihm und der Sonne ist mit fast 780 Millionen Kilometern noch um etliches größer, und so braucht er fast zwölf Jahre, um eine Sonnenumrundung zu vollenden.

In der Astrologie ist Jupiter für Wissen, Weisheit, Philosophie und Religion zuständig. Er steht in enger Verbindung zum Zeichen Schütze; früher brachte man ihn auch mit den Fischen in Verbindung.

## Saturn

Saturn, benannt nach dem römischen Gott des Ackerbaus, ist nach Jupiter der zweite Riese unter den Planeten. Sein trüb-gelbliches Licht ist zwar nicht sehr hell, die vielen klar erkennbaren Ringe, die ihn umgeben, machen ihn aber zum Extravagantesten unter den Planeten. Die drei größten dieser Ringe, bestehend aus umherwirbelnden Eis- und Felsbrocken, sind schon 1655 beobachtet und studiert worden. Der Saturn hat 21 Monde, deren größter und berühmtester der Titan ist.

SATURN

*Der Saturn misst im Durchmesser über 120.000 Kilometer und sein geringster Abstand von der Erde misst 1.190 Millionen Kilometer. Für eine Umrundung der Sonne, von der er 1.427 Millionen Kilometer entfernt ist, braucht der Saturn fast 30 Jahre.*

# Mal was Neues

*VON 1930 AN wurden die Astrologen mit der Entdeckung drei weiterer Planeten konfrontiert (Uranus, Neptun und Pluto, oft auch »neue« Planeten genannt), was Professor Krittelmeier und seine Kollegen einmal mehr zum Anlass nahmen, sich über die Astrologie lustig zu machen: Da diese Planeten ja wohl schon mindestens seit den Anfängen der Menschheit existent waren, stand die Astrologie von Beginn an auf wackligen Füßen. Entweder ist diese so genannte Wissenschaft barer Unsinn oder sie muss völlig neu überdacht werden! Krittelmeier und seine Freunde liegen damit aber falsch. Ihrer Logik zufolge wäre auch die Medizingeschichte durch die Entdeckung des Blutkreislaufs wertlos geworden. Das ist natürlich Humbug: Neue Entdeckungen mindern nicht den Wert bisheriger Forschungsbemühungen, im Gegenteil, sie bereichern unser Wissen.*

**INTERNET**

**www.egroups.com/group/all_ancient**

*Der amerikanische Astrologe Robert Hand beschäftigte sich mit alten astrologischen Verfahren und brachte sie mit der modernen Astrologie in Einklang. Seine ausgezeichneten Arbeiten finden sich auf dieser Website.*

Dies wird deutlich, wenn man sich alte Geburtshoroskope anschaut und die neuen Planeten mit einbezieht. Einige der Unstimmigkeiten konnten die Astrologen, die noch nichts von Uranus, Neptun und Pluto wussten, nicht auflösen, weshalb sie sich ab und an gezwungen sahen, unerklärliche Einflüsse den alten Planeten zuzuschreiben.

Für die alten Astrologen lag Saturn am äußersten Rand des Universums. Seither wird er mit »Grenzen« und Beschränkungen aller Art assoziiert. Er steht für psychische Hemmungen und Intoleranz. Er hat eine enge Beziehung zum Steinbock. Bis zur Entdeckung des Uranus sah man ihn auch in Verbindung mit dem Wassermann.

## Uranus

SIR WILLIAM HERSCHEL (1738–1822).

Der grünliche Uranus ist wie Saturn von Ringen umgeben. Der Planet, der viermal so groß ist wie die Erde, wurde 1781 durch Zufall von dem englischen Astronomen William Herschel entdeckt. Seine Forscherleistung wird im Symbol des Uranus – eine Kugel mit einem H darüber – gewürdigt.

URANUS

Uranus ist 2.570 Millionen Kilometer von der Erde entfernt und hat einen Durchmesser von 47.100 Kilometern. Für eine Umrundung der Sonne, von der ihn fast 2.900 Millionen Kilometer trennen, braucht er 84 Jahre; damit gehört er, neben Pluto und Neptun, zu den »langsamsten« Planeten unseres Sonnensystems.

In der Astrologie gilt Uranus als der Planet der Veränderung, der Angst, des Aufruhrs und der Perversion; er ist eng mit dem Zeichen des Wassermanns assoziiert.

## Neptun

Uranus' unregelmäßige Umlaufbahn und die Vermutung, nur die Anziehungskraft eines anderen Himmelskörpers könne der Grund für dieses merkwürdige Phänomen sein, ließ den Forschern keine Ruhe: 55 Jahre später (1846) hatte man den Verursacher endlich gefunden: Neptun.

NEPTUN

Neptun ist weiter von der Sonne entfernt als Uranus und mit 50.000 Kilometern Durchmesser etwas größer als er. In 4.500 Millionen Kilometern Entfernung umkreist er das Zentralgestirn und braucht dafür knapp 165 Jahre. Er ist der zweitlangsamste Planet unseres Sonnensystems. Triton, einer der zwei Neptunmonde, zählt zu den größten Monden in unserem Sonnensystem; er umrundet den Planeten in sechs Tagen.

Der Neptun steht in der Astrologie für Verwirrung, Täuschung und Betrug, aber auch für Kreativität, Fantasie und Idealismus. Er steht in enger Beziehung zu den Fischen.

## Pluto

PLUTO

Nach der Entdeckung des Uranus waren sich die Astronomen sicher, alles über das Sonnensystem zu wissen – bis Neptun entdeckt wurde. Jetzt aber, so dachte man, kannte man wirklich alle Planeten – wieder zu früh gefreut: Der amerikanische Astronom Percival Lowell (Bruder der Lyrikerin Amy Lowell) kam bereits um die Jahrhundertwende 1900 aufgrund von Berechnungen zu dem Schluss, dass es noch einen weiteren Planeten geben müsse. Clyde Tombaugh, ein amerikanischer Astronom, entdeckte ihn 1930: Es war Pluto.

*Der Durchmesser des Pluto beträgt etwa 2.284 Kilometer; damit gehört er mit Merkur zu den kleinsten Planeten. Von allen Planeten ist Pluto der sonnenfernste: er umrundet sie in einer Entfernung von über 5.900 Millionen Kilometern und braucht dafür 248 Jahre.*

## Der jüngste Fund: Planet Chiron

CHIRON

Die für Astrologen wichtigste Neuentdeckung ist Chiron, ein kleiner Planet, der 1977 zwischen Saturn und Uranus entdeckt wurde und dessen Umlaufbahn die der beiden Planeten schneidet.

Zwischen 1977 und 1981 gab es einen regelrechten Boom von Büchern, in denen Astrologen die Bedeutung Chirons für das Geburtshoroskop erörterten. Einige bringen den Planeten in Verbindung mit den Eigenschaften des griechischen Zentauren Chiron, nach dem er benannt ist. Ein Zentaur ist ein Fabelwesen mit dem Unterleib eines Pferdes und dem Oberkörper eines Menschen. In Anlehnung an diese Zwittergestalt sind einige Astrologen der Meinung, dass sich unter dem Einfluss Chirons grobe animalische Instinkte mit menschlicher Kultiviertheit verbinden. Man hat den Planeten auch mit der Astrologie an sich, der Kunst des Weissagens, mit Heilkräften und Ökologie in Verbindung gebracht. Wir glauben, dass das letzte Wort über die Bedeutung Chirons in der Astrologie noch nicht gesprochen ist; es lohnt sich, das Augenmerk auf diesen kleinen, noch relativ unerforschten Planeten zu richten, um seinen astrologischen Stellenwert besser bestimmen zu können.

# Mal was Kleines

DER ASTROLOGIE *zufolge geht der größte und wichtigste Einfluss auf den Menschen von den Planeten aus, kleinere Himmelskörper – Asteroide und Kometen – spielen dabei zwar ebenfalls eine Rolle, aber eine untergeordnete. Im Folgenden wollen wir einen kurzen Blick auf diese faszinierenden Gebilde werfen.*

# Asteroide

Der Raum zwischen Mars und Jupiter umfasst etwa fünf Millionen Kilometer, in ihm herrscht aber beileibe keine gähnende Leere. Dort befinden sich unzählige kleinere Himmelskörper. Einige davon werden von manchen Astrologen bei der Erstellung von Geburtshoroskopen mit einbezogen.

Einige Zeit vermuteten Astronomen, dass sich in den unendlichen Weiten zwischen Mars und Jupiter noch ein weiterer Planet befinden müsse. Am 1. Januar 1801 war es dann so weit: Ein italienischer Astronom entdeckte einen Planetoiden (d. h. »Planetenähnlicher«), den er Ceres nannte. Ceres ist zu klein, um als richtiger Planet zu gelten; mit einem Durchmesser von nur 690 Kilometern könnte man ihn höchstens als »Kleinplaneten« bezeichnen. In der Folgezeit wurden mit Pallas, Juno und Vesta sehr bald drei weitere solcher Planetoiden (oder Asteroiden) entdeckt, 1845 kam mit Astraea noch ein vierter hinzu. Bis heute hat man über 40.000 solcher Kleinplaneten entdeckt und sich auf die Bezeichnung **Asteroide** geeinigt. Der hellste dieser Asteroide ist Vesta, die einen Durchmesser von 392 Kilometern hat und die Sonne alle vier Jahre umrundet.

**DEFINITION**

***Asteroide** sind kleine Himmelskörper, die an Sterne erinnern und oft zwischen Mars und Jupiter entdeckt werden können.*

■ **Asteroide** *befinden sich zwischen Mars und Jupiter.*

Während die meisten Astrologen den Asteroiden keine Beachtung schenken, haben einige ihre Bewegung am Himmel und ihre Wirkung auf den Menschen in Tabellen festgehalten. Es handelt sich dabei um eine Spezialdisziplin. Der Vollständigkeit halber führen wir die zwölf wichtigsten auf.

## Die Asteroide

| NAME | ENTDECKUNGSJAHR | DURCHMESSER (IN KM) | DAUER EINER SONNENUMRUNDUNG |
|---|---|---|---|
| Ceres | 1801 | 429 | 4,60 |
| Pallas | 1802 | 281 | 4,61 |
| Juno | 1804 | 150 | 4,36 |
| Vesta | 1807 | 244 | 3,63 |
| Astraea | 1845 | 112 | 4,14 |
| Hebe | 1847 | 106 | 3,78 |
| Iris | 1847 | 94 | 3,68 |
| Flora | 1847 | 77 | 3,27 |
| Metis | 1848 | 133 | 3,69 |
| Hygieia | 1849 | 222 | 5,60 |
| Parthenope | 1850 | 75 | 3,84 |
| Victoria | 1850 | 94 | 3,56 |

## Kometen

**DEFINITION**

**Kometen** *sind Himmelskörper, die auf einer unregelmäßigen Bahn um die Sonne kreisen. Sie haben meist eine längliche Form: Der runde, hellere Kern ist von einer wabernden Hülle umgeben und zieht einen langen Schweif hinter sich her. Der Schweif besteht aus Eispartikeln und Gasen. Er zeigt immer von der Sonne weg.*

Zu allen Zeiten glaubten die Menschen, die **Kometen** seien Vorboten von Unglück und Katastrophen. Häufig genug fiel ihr Erscheinen am Himmel mit Aufsehen erregenden Ereignissen auf der Erde zusammen.

Für Geburtshoroskope jedoch, bei denen es um den Charakter und das Verhalten einzelner Menschen geht, werden die Kometen als Informationsquelle kaum benutzt. Kometen mögen am Himmel noch so spektakulär aussehen, mit einem Durchmesser von meist nur zwei bis drei Kilometern sind sie einfach zu klein, um einen spürbaren astrologischen Einfluss auszuüben.

**Übrigens ...**

*Manche Kometen passieren die Erde in regelmäßigen Abständen, so z. B. der Halleysche Komet, der schon in der Antike beobachtet wurde und zum letzten Mal 1910 und 1986 gesichtet wurde. Allerdings ist der Halleysche Komet der einzige, der sich in solch relativ kurzen Abständen zur Erde blicken lässt.*

# Einfach nicht hier!

EINES DER UMSTRITTENSTEN THEMEN *in der Astrologie sind die von einigen Astrologen erfundenen »hypothetischen Planeten« – Planeten also, die es gar nicht gibt! Wie man diese unsichtbaren Planeten bewertet, hängt davon ab, ob man generell an die Existenz übersinnlicher Kräfte glaubt oder nicht; jedenfalls sind diese »hypothetischen Planeten« (z. B. Admetos, Cupido, Polyhymnia und Kronos) Teil der so genannten »parapsychologischen Astrologie«. Die Theosophin Helena Blavatsky wollte gleich sechs von ihnen entdeckt haben, die sie »ätherische Planeten« nannte, andere behaupten, es gebe mehr als tausend solcher Planeten.*

■ **Helena Petrovna Blavatsky** *(1831–91), russische Schriftstellerin und Mystikerin.*

Es macht sicher Spaß, sich Planeten auszudenken, sie zu systematisieren, astrologische Eigenschaften für sie zu erfinden und dicke Bücher über ihren Einfluss zu verfassen. Wir sind aber der Meinung, dass hypothetische Planeten, eben weil sie auf unbewiesenen Annahmen beruhen, in die Irre führen.

## Kurze Zusammenfassung

- ✓ Die Astronomie befasst sich mit der Erforschung der Planeten, Fixsterne und anderer Himmelskörper außerhalb der Erdatmosphäre.
- ✓ Die Fixsterne sind in der Astrologie von geringem Interesse. Eine Ausnahme bilden Sonne und Mond; sie haben in der Astrologie den Status eines Planeten, obwohl sie astronomisch gesehen Gestirne sind.
- ✓ Die Astrologie stützt sich auf die in unserem Sonnensystem befindlichen Himmelskörper und deren Beziehungen zueinander.
- ✓ Zu unserem Sonnensystem gehören Sonne und Mond sowie die Planeten Merkur, Venus, Mars, Jupiter, Saturn, Uranus, Neptun und Pluto.
- ✓ Merkur, Venus, Mars, Jupiter und Saturn werden »alte Planeten« genannt, weil nur sie den Astrologen des Altertums und Mittelalters neben Sonne und Mond bekannt waren.
- ✓ Uranus, Neptun und Pluto wurden erst in den letzten fünfhundert Jahren entdeckt. Sie heißen »neue« Planeten.
- ✓ Dem 1977 entdeckten Planeten Chiron messen einige Astrologen Bedeutung zu, die meisten berücksichtigen ihn bei der Erstellung von Horoskopen nicht.
- ✓ In unserem Sonnensystem gibt es Asteroide und Kometen. Asteroide werden von vielen Astrologen auf ihre Wirkung auf die Erde hin erforscht. Kometen wie z. B. der Halleysche verführen durch die Auffälligkeit, mit der sie am Himmel erscheinen, dazu, ihnen astrologische Relevanz zuzumessen, tatsächlich aber gelten sie als zu klein, um in Horoskopen eine signifikante Rolle zu spielen.
- ✓ Eine kleine Gruppe von »parapsychologischen« Astrologen hat eine Anzahl von unsichtbaren, »hypothetischen« Planeten erfunden. Diese haben für die traditionelle Astrologie keinerlei Bedeutung.

SAGITTARIUS
Serpentarius
Ophiuchus
SCORPIO
SCORPIUS
LIBRA
CAPRI CORNUS
AQUARIUS
Corvus
Corax
VIRGO
Crater
Vas
LEO
Zodi
CANCER
GEMINI
Orion
TAURUS
Pavo
Indus
Grus
Phœnix
Toucan
Cetus
Dorado
Hydra
Centaurus
PISCES
ARIES

Kapitel 3

# Eine Fibel der Sonnenzeichen

Die Anzahl der Tierkreissternbilder war nicht zu allen Zeiten gleich. In den letzten Jahrhunderten hat es sich eingebürgert, mit den zwölf bekannten Tierkreiszeichen zu arbeiten. In diesem Kapitel geht es um ihre historischen Wurzeln, ihren mythologischen Ursprung und darum, für welche Charaktereigenschaften sie stehen.

## Inhalt dieses Kapitels:

- ✓ Bescheidene Anfänge
- ✓ Widder
- ✓ Stier
- ✓ Zwillinge
- ✓ Krebs
- ✓ Löwe
- ✓ Jungfrau
- ✓ Waage
- ✓ Skorpion
- ✓ Schütze
- ✓ Steinbock
- ✓ Wassermann
- ✓ Fische

Die Himmelskarte des Andreas Cellarius aus dem 17. Jahrhundert zeigt die südliche Hemisphäre.

# Bescheidene Anfänge

*DIE STERNBILDER, die in je einem der 30°-Segmente des Tierkreises liegen, wurden vor Urzeiten nach Tieren oder Dingen benannt, an die man sich durch ihre Gestalt erinnert fühlte. Die Einteilung des Tierkreises hat mit den Sternbildern nichts zu tun. Sie bezieht sich auf die beiden Äquinoktialpunkte. Das sind die Punkte, an denen sich die Sonne zum Zeitpunkt der Frühlings- und Herbst-Tagundnachtgleiche befindet. Die Teilung beginnt im Frühlingspunkt mit 0° Widder; der Herbstpunkt liegt bei 0° Waage. Die Äquinoktialpunkte verschieben sich jährlich geringfügig gegenüber den Sternbildern des Tierkreises. Die Verschiebung beträgt in ca. 2.150 Jahren etwa 30°. Deshalb befinden sich die Tierkreiszeichen heute nicht mehr im entsprechenden Sternbild, sondern sind um ungefähr ein Sternbild versetzt.*

Astronomen weisen gern auf diese Tatsache hin, um zu beweisen, dass die ganze Astrologie Unsinn sei. Sie ignorieren dabei aber den Unterschied zwischen einem Tierkreiszeichen und einem Sternbild. Ein Zeichen bezieht sich auf ein bestimmtes 30°-Segment des Tierkreises. Ein Sternbild ist eine Sternengruppe, die ursprünglich für den Namen eines bestimmten Zeichens Pate stand. Die Zeichen können sich in den letzten tausend Jahren noch so viel gegen die Sternbilder bewegt haben, Position und astrologische Bedeutung der Zeichen sind davon unberührt.

Zunächst ein kleiner Exkurs über die Eigenschaften und mythologischen Wurzeln der Tierkreiszeichen; eine ausführliche Beschreibung folgt in Teil 2.

## Die zwölf Zeichen des Tierkreises

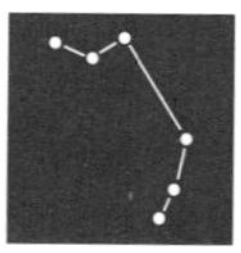
WIDDER

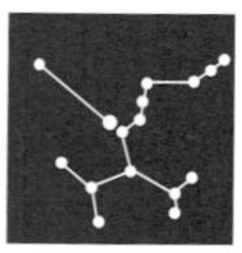
STIER

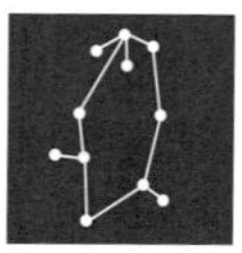
ZWILLINGE

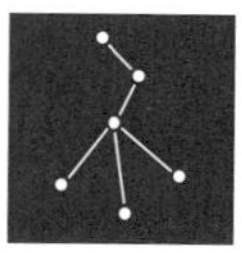
KREBS

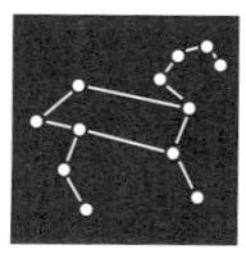
LÖWE

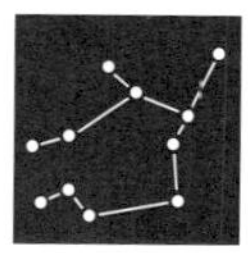
JUNGFRAU

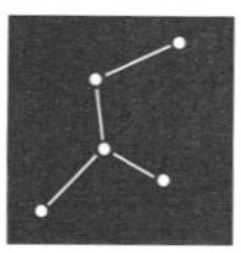
WAAGE

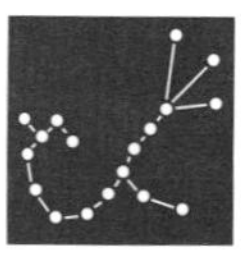
SKORPION

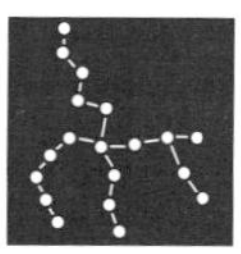
SCHÜTZE

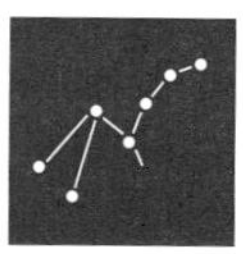
STEINBOCK

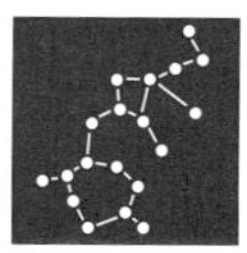
WASSERMANN

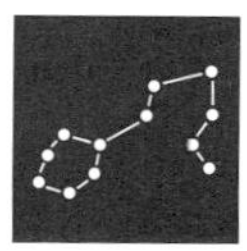
FISCHE

# Widder

21. MÄRZ – 20. APRIL

SCHLÜSSELWÖRTER: dominant, ungeduldig, kraftvoll, aufrichtig, egoistisch, begeisterungsfähig

■ *Darstellungen zum Widder aus* The Bedford Hours *(ca. 1423).*

## Die Persönlichkeit:

Widder sind optimistische, extrovertierte und manchmal ungestüme Charaktere. Sie sind begeisterungsfähig, haben viel Energie und einen oft rasanten Lebensstil. Sie sind ehrlich und direkt, ehrgeizig und risikofreudig. Die wilde Entschlossenheit, zuweilen auch Unbesonnenheit, mit der sie ihre Ziele zu erreichen versuchen, birgt die Gefahr, dass sie anderen gegenüber wenig Sensibilität aufbringen und sie grob überfahren. In der Unbeirrbarkeit und Trittsicherheit, mit der sie, allen Widerständen zum Trotz, ihre Interessen verfolgen, ähneln sie ihrem Symbolzeichen, dem Widder, der mit leichtfüßiger Eleganz und Behändigkeit die schroffsten Felswände erklimmt.

## Der Mythos:

Das astrologische Symbol des goldenen Widders findet sich erstmals in den Tierkreisdarstellungen der alten Ägypter. Auch in der Mythologie der alten Griechen taucht er auf. Der Meergott Poseidon verwandelte die schöne sterbliche Nephele in ein Schaf, um – selbst in Gestalt eines Widders – mit ihr seine Gattin Amphitrite zu betrügen. Ergebnis dieser Affäre war ein goldener Widder. Der irrte umher und fiel einer anderen Nephele, der Königin von Böotien, in die Hände. Diese befahl ihren Kindern Phrixus und Helle, den Widder nach Colchis zu bringen und dem Kriegsgott Ares zu opfern. Sie töteten ihn, zogen ihm das goldene Fell ab und hängten es – das berühmte goldene Vlies – im Arestempel auf, wo es von einem Drachen bewacht, später von Jason und seinen Argonauten geraubt wurde. Zeus erwies dem geopferten Widder seine Achtung, indem er ihm seinen verdienten Platz am Himmelszelt gab.

# Stier

21. APRIL – 21. MAI

SCHLÜSSELWÖRTER: geduldig, Besitz ergreifend, zuverlässig, von wenig ausgeprägter Selbstdisziplin, beharrlich, warmherzig

## Die Persönlichkeit:

Stiere sind bekannt für ihr reiches Gefühlsleben, ihre Zuverlässigkeit und ihren Charme; viele halten sie für die schönsten Charaktere im Tierkreis. Sie sind warmherzig, gefühlsbetont und aufrichtig und erwecken bei ihren Mitmenschen Zutrauen und Loyalität. Sie haben oft ein großes Sicherheitsbedürfnis, vor allem in finanzieller Hinsicht. Da sie edle und luxuriöse Dinge über alle Maßen schätzen, kann ihr Besitzstreben obsessiven Charakter annehmen. Die Stiere gleichen ihrem Symboltier vor allem darin, dass sie nicht leicht aus der Ruhe zu bringen sind; gelingt das aber, kann ihr Zorn fürchterlich sein.

■ *Darstellungen zum Stier aus* The Bedford Hours *(ca. 1423).*

## Der Mythos:

Der Stier ist ein Tier, das widersprüchliche Eigenschaften in sich vereinigt: Kraft und leidenschaftliche Sexualität auf der einen, Noblesse, Anmut auf der anderen Seite. Er kommt in der Mythologie sowohl der Babylonier als auch der alten Römer vor, am bekanntesten aber ist eine Geschichte aus der griechischen Mythologie. Zeus, der oberste der griechischen Götter, verliebte sich in die sagenhaft schöne Europa, Tochter des phönizischen Königs. Um sie für sich zu gewinnen, verwandelte sich Zeus in einen wunderschönen Stier und mischte sich unter die Herde ihres Vaters. Als Europa das prächtige Tier erblickte, konnte sie seiner Schönheit nicht widerstehen und setzte sich auf seinen Rücken, worauf Zeus davonstürmte und sie über das Meer nach Kreta trug. Dort zeigte er sich ihr in seiner wahren Gestalt und vereinte sich mit ihr; drei Kinder gingen aus dieser Verbindung hervor. Da die Stiergestalt dem Zeus so gute Dienste geleistet hatte, verewigte er sie in einem aus 14 Sternen bestehenden Sternbild.

# Zwillinge

22. MAI – 21. JUNI

SCHLÜSSELWÖRTER: kommunikativ, vielseitig, rastlos, schlagfertig, intellektuell, scharfsinnig

■ *Darstellungen zu den Zwillingen aus* The Bedford Hours *(ca. 1423).*

## Die Persönlichkeit:

Zwillinge sind lebhaft, immer in Bewegung – rastlose Wesen, die selten lange an einem Ort oder auf einem Standpunkt verharren. Sie verfügen über eine erstaunliche Kommunikationsfähigkeit und können andere mit Leichtigkeit von ihrer Meinung überzeugen. Das Schlimmste für sie ist Langeweile. Die Fähigkeit, sich mehreren Dingen gleichzeitig zu widmen, ist Ausdruck der für den Zwilling typischen, in seinem Zeichen symbolisierten Doppelnatur. Die andere Seite dieser Begabung ist aber die Unfähigkeit, sich auf eine Aufgabe oder eine Person zu konzentrieren: Oberflächlichkeit und leichtfertiges Übergehen wichtiger Kleinigkeiten können das Ergebnis sein.

## Der Mythos:

Das Zeichen der Zwillinge geht auf die Astrologie der alten Babylonier zurück, die in Bezug auf die zwei größten und hellsten Sterne im siebenteiligen Sternbild der Gemini (lat. für Zwillinge) von den »Großen Zwillingen« sprachen. Auch hier stammt der bekannteste und in vielen Erzählungen und Gedichten überlieferte Mythos aus der griechischen Mythologie. Der Sage nach verführte der Göttervater Zeus in Gestalt eines Schwans das schöne Menschenkind Leda. Leda gebar zwei Eier, aus dem einen Ei entsprangen zwei Götter, Pollux und Helena; aus dem anderen ein Paar Sterblicher, Castor und Klytämnestra. Castor und Pollux wuchsen zusammen auf, wurden unzertrennliche Freunde und treue Kampfgefährten. In einer ihrer gemeinsamen Schlachten kam der sterbliche Castor zu Tode. Pollux war untröstlich, und Zeus, der angesichts so großer Bruderliebe tief bewegt war, hob die beiden an den Sternenhimmel, wo sie ewig beieinander bleiben.

# Krebs

22. JUNI – 22. JULI

SCHLÜSSELWÖRTER: sensibel, gefühlsbetont, fürsorglich, launisch, fantasievoll, liebevoll

■ *Darstellungen zum Krebs aus* The Bedford Hours *(ca. 1423).*

## Die Persönlichkeit:

Krebse sind sensibel, fantasievoll, kreativ und künstlerisch begabt, aber auch von pedantischer Detailversessenheit. Sich mit einem Krebs anzufreunden ist ein schwieriges Unterfangen. Sie wirken auf ihre Umgebung kühl, reserviert und abweisend; unter der harten, rauen, scheinbar undurchdringlichen Schale aber liegt eine sensible, mitfühlende Persönlichkeit verborgen. Den Krebstieren gleichen sie in der Hartnäckigkeit und Ausdauer, mit der sie ihr Revier gegen Eindringlinge verteidigen; sie sind fürsorgliche Eltern und treue Freunde.

## Der Mythos:

In den mythologischen Erzählungen Griechenlands tauchen im Zusammenhang mit dem großen Helden Herkules gleich drei Tierkreiszeichen auf: Krebs, Löwe und Schütze. Hier die Geschichte vom Krebs: Weil Herkules Frau und Kinder des Königs Eurystheus umgebracht hatte, befahl dieser ihm als Sühne zwölf gefährliche Aufgaben zu bewältigen. Als Erstes sollte er den allseits gefürchteten Löwen von Nemea töten und dem König sein Fell bringen (siehe Löwe), dann die Hydra töten, ein fürchterliches Ungeheuer mit dem Körper eines Hundes und neun Schlangenköpfen, deren scheußlicher Atem jeden vergiftete, der ihr zu nahe kam. Herkules hatte einen schweren Stand im Kampf gegen die Hydra, denn jedes Mal, wenn er ihr einen Kopf abschlug, wuchsen zwei neue nach, und zu allem Überfluss schickte die Göttin Hera einen zusätzlichen Gegner, einen riesigen Krebs. Dem Helden aber gelang es, ihn mit dem Fuß zu zertreten und anschließend die Hydra zu erledigen. Hera würdigte den gegen Herkules unterlegenen Krebs, indem sie ihn ins Firmament hinaufhob. Dort ist er im sechsteiligen Sternbild zu sehen.

# Löwe

23. JULI – 23. AUGUST

SCHLÜSSELWÖRTER: großzügig, mitteilsam, liebevoll, herrisch, kreativ, imposant

■ *Darstellungen zum Löwen aus* The Bedford Hours *(ca. 1423).*

## Die Persönlichkeit:

Die unter dem Zeichen des Löwen Geborenen sind, ganz in Übereinstimmung mit ihrem majestätischen Symboltier, die Könige im Tierkreis. Sie leben intensiv, stecken andere mit ihrem Enthusiasmus an, versprühen Charme, sind liebevoll, bis zur Selbstherrlichkeit selbstbewusst und stolz. Sie stellen ihre Fähigkeiten gerne in den Dienst anderer, erwarten, ja bestehen darauf, überall das Sagen zu haben – bei der Arbeit, zu Hause, beim Sport. Löwen sind kreativ (meist begabte Schauspieler) – im Bereich der darstellenden Künste sind sie deshalb besonders oft anzutreffen. Engstirnigkeit und Pedanterie sind ihnen zuwider, sie neigen allerdings selbst gelegentlich dazu, stur und dogmatisch zu sein.

## Der Mythos:

Weil Herkules Frau und Kinder des griechischen Königs Eurystheus umgebracht hatte, befahl der ihm, seine Tat mit zwölf gefährlichen Aufgaben zu sühnen. Zuerst musste er den gefürchteten Löwen von Nemea töten und ihm sein Fell abziehen. Dieser Löwe war kein gewöhnlicher Löwe, sondern ein nahezu unsterbliches Fabeltier, das der missgestaltete Titan Typhon und unermüdliche Feind der Götter, mit der Schlangenfrau Echidna gezeugt hatte. Herkules versuchte, den Löwen mit Pfeil, Schwert und Keule zu erlegen, was dem Löwen jeweils nur ein gelangweiltes Gähnen entlockte. Da versuchte es Herkules mit bloßen Händen. Tatsächlich gelang es ihm, den Löwen zu erwürgen, er trennte ihm den Kopf vom Rumpf, zog ihm das Fell ab und schnitt seine Klauen ab. Mit diesen Beutestücken, zu Helm und Rüstung umfunktioniert, bestand er die folgenden elf Kämpfe. Zeus erwies dem Löwen seinen Respekt, indem er ihn im 14-teiligen Sternbild des Löwen verewigte.

# Jungfrau

24. AUGUST – 23. SEPTEMBER

SCHLÜSSELWÖRTER: kopfbetont, kritisch, bescheiden, intelligent, pingelig

■ *Darstellungen zur Jungfrau aus* The Bedford Hours *(ca. 1423)*.

## Die Persönlichkeit:

Jungfrauen sind zurückhaltend und fleißig. Sie sind praktisch veranlagt, doch unter der pragmatischen Oberfläche liegt oft auch eine sehr warmherzige Art verborgen und die Fähigkeit, die sinnlichen Seiten des Lebens zu geniessen. Jungfrauen denken schnell und systematisch; ihre geistige Energie, ihr Perfektionismus, ihre Bereitschaft, sich auch körperlich alles abzuverlangen, hat nicht nur zur Folge, dass sie oft angespannt und gestresst sind, sondern auch, dass sie anderen gegenüber, die sich nicht ebenso engagieren, unnachsichtig sein können. Das Zeichen Jungfrau wird von Merkur, dem Planeten der Kommunikation, regiert, weshalb Jungfrauen ein außerordentliches Talent besitzen, sich in Diskussionen durchzusetzen.

## Der Mythos:

Die Vorgängerin der Jungfrau bei den Babyloniern war Nidaba oder Shala, die Göttin des Getreides, die in bildlichen Darstellungen eine Peitsche in der Hand hält, deren Schnur den Schwanz eines Löwen berührt. Bei den alten Ägyptern hält die Jungfrau den Schwanz des Löwen in der Hand. Die griechische Mythologie kennt zwei Figuren, die als Vorbild der Jungfrau in Frage kommen. Die eine ist Erigone, die Tochter Icarius'. Als Icarius, König von Attica und Erfinder des Weins, von betrunkenen Schäfern ermordet wurde, beklagte die Tochter seinen Tod so sehr, dass Zeus, von Mitleid bewegt, sie ans Firmament heraufhob, wo sie gemeinsam mit ihrem treuen Hund Maera zu sehen ist. Andere meinen hingegen, die Vorläuferin der Jungfrau sei Astraea (die »Sternenjungfrau«), Göttin der Unschuld und Reinheit, die lange auch als für die Gerechtigkeit zuständig galt.

# Waage

24. SEPTEMBER – 23. OKTOBER

SCHLÜSSELWÖRTER: charmant, gelassen, diplomatisch, kontaktfreudig, leichtgläubig, nachtragend

■ *Darstellungen zur Waage aus* The Bedford Hours *(ca. 1423).*

## Die Persönlichkeit:

Waagen sind aufgeschlossen, umgänglich und warmherzig. Sie sind stets darauf bedacht, dass in ihrer Umgebung Harmonie, Frieden und Gerechtigkeit herrscht; es ist der Wunsch nach Gleichgewicht, wie er in den beiden Schalen der sie symbolisierenden Waage zum Ausdruck kommt. Mit ihrem Charme, ihrer Klugheit, ihrer Offenheit und ihrer Diplomatie sind sie mit allen Eigenschaften ausgestattet, die sie zur Verwirklichung ihres Harmoniebedürfnisses benötigen. Die ruhige Art der Waagen kann den Eindruck erzeugen, sie seien träge oder faul, sie sind aber harte Arbeiter und erreichen in ihrem Tätigkeitsbereich oft führende Stellungen. Für Aufgaben, in denen es um die Aussöhnung zerstrittener Parteien oder die Vermittlung gegensätzlicher Interessen geht, sind Waagen besonders geeignet, da sie das seltene Talent haben, bei Konflikten nicht nur beide Positionen zu verstehen, sondern auch miteinander zu versöhnen.

## Der Mythos:

Die Waage, traditionelles Symbol für Ausgleich und Gerechtigkeit, ist das einzige Zeichen des Tierkreises, das nicht von einem Tier oder einem Menschen repräsentiert wird. Ihr mythischer Ursprung liegt in der alten, bis ins Totenbuch der Ägypter zurückverfolgbaren religiösen Vorstellung, dass am Tag des Jüngsten Gerichts die Seelen der Menschen gewogen werden. Am Ende aller Zeiten wird die Seele eines Menschen auf ihren Wert hin beurteilt, indem man sein Herz gegen eine die Wahrheit symbolisierende Feder aufwiegt. Das aus vier Sternen bestehende Sternbild liegt neben dem Skorpion und überschneidet sich mit der Jungfrau.

# Skorpion

24. OKTOBER – 22. NOVEMBER

SCHLÜSSELWÖRTER: leidenschaftlich, ernsthaft, intuitiv, von magnetischer Anziehungskraft, eifersüchtig, getrieben

■ *Darstellungen zum Skorpion aus* The Bedford Hours *(ca. 1423).*

## Die Persönlichkeit:

Eine Aura des Geheimnisvollen umgibt die Skorpione, sie sind verschlossen und abweisend. Da sie alles sehr ernst nehmen und ihre privaten Bereiche verteidigen, wirken sie oft grüblerisch und bedrohlich – der tödliche Stich ihres Symboltiers versinnbildlicht dies. Die komplexe Persönlichkeit der Skorpione hat aber noch viele andere Facetten. Sie können sich ganz in ihre Arbeit vertiefen, großen Ehrgeiz entwickeln und auf dem Weg an ein Ziel enorme Hindernisse überwinden. Sexualität ist ihnen ebenso wichtig wie enge Freundschaften. Sie haben die Gabe, gute Eigenschaften geliebter Menschen zu fördern.

## Der Mythos:

Der Riese Orion, selbst in einem Sternbild verewigt, galt in der griechischen Mythologie nicht nur als legendärer Jäger, sondern auch als schönster Mann der Welt. Eos, Göttin der Morgenröte, war in Liebe zu ihm entbrannt. Bei einer leidenschaftlichen Begegnung mit der Göttin ließ sich Orion zu der prahlerischen Behauptung hinreißen, er sei ein so großartiger Jäger, dass er alle Wildherden der Welt erlegen könne. Darüber war der Gott Apoll, zu dessen Aufgaben das Hüten der Wildtiere gehörte, so erzürnt, dass er einen Riesenskorpion losschickte, um Orion zu töten. Apolls Schwester Artemis, die selbst eine Schwäche für Orion hatte, wollte den Helden retten und den Skorpion mit einem ihrer Pfeile erlegen. Unglücklicherweise schoss sie daneben und traf Orion. Als Erinnerung an den schönen Riesen hob Artemis ihn in das Sternbild des Orion; auch der Skorpion wurde in einen Stern verwandelt. Man sieht ihn in wilder Jagd auf Orion im siebenteiligen Sternbild der Waage.

# Schütze

23. NOVEMBER – 21. DEZEMBER

SCHLÜSSELWÖRTER: philosophisch, von Forscherdrang beseelt, optimistisch, taktlos

■ *Darstellungen zum Schützen aus* The Bedford Hours *(ca. 1423).*

## Die Persönlichkeit:

Schützen lieben Herausforderungen aller Art. Sie scheuen weder geistige noch körperliche Anstrengungen und stürzen sich in anstehende Aufgaben mit solch unerschöpflicher Energie, dass sie sogar andere mitreißen. Die für Schützen typische psychische und physische Vielseitigkeit entspricht der Doppelgesichtigkeit ihres Zeichens. Dieses stellt nämlich nicht irgendeinen Schützen dar, sondern den Zentauren Chiron, einen Gott, der, halb Mensch halb Pferd, für seine Weisheit ebenso berühmt war wie für seine Kühnheit. Schützen sind extrovertierte Menschen von unerschütterlichem Optimismus, die schnell die Bewunderung und Zuneigung anderer gewinnen.

## Der Mythos:

Der Zentaur Chiron, Sohn des Gottes Saturn, war für sein freundliches Wesen und seine Weisheit bekannt – seltene Qualitäten für Zentauren, die sonst eher als lüsterne und streitlustige Gesellen bekannt waren. Er war der Lehrer großer Helden, darunter Herkules, Achilles und Jason, die ihren Meister alle sehr verehrten und schätzten. Eines Tages verwundete Herkules ihn aus Versehen mit einem vergifteten Pfeil, und Chiron, der als Gott unsterblich war, litt fortan die Tortur eines unendlichen Todes. Da trat er seine Unsterblichkeit an Prometheus ab, der von Zeus zu ewiger Folter verurteilt an die Felsen des Kaukasus geschmiedet worden war und wie Chiron unsägliche Qualen leiden musste. Chiron nahm nun seinen Platz ein und fand den erlösenden Tod. Um das Gedenken an sein Opfer wach zu halten, hob Zeus den Zentauren in ein zehnteiliges Sternbild, das ihn mit demselben Pfeil zeigt, der ihn vergiftet hatte.

# Steinbock

22. DEZEMBER – 20. JANUAR

SCHLÜSSELWÖRTER: umsichtig, berechnend, praktisch veranlagt, ehrgeizig, diszipliniert

■ *Darstellungen zum Steinbock aus* The Bedford Hours *(ca. 1423).*

## Die Persönlichkeit:

Das Symboltier dieses Sternzeichens wurde ursprünglich als ein Mischwesen aus Ziegenbock und Fisch dargestellt. Dies verweist auf die komplexe Persönlichkeit des Steinbocks, eine der widersprüchlichsten im ganzen Tierkreis. Steinböcke vereinen zwei gegensätzliche Persönlichkeiten. Auf der einen Seite sind sie lebenslustig, ehrgeizig, motiviert, zielstrebig und fleißig. Auf der anderen Seite finden sie sich in einer Welt voller (echter oder nur eingebildeter) Hindernisse nicht zurecht und neigen zu Antriebsschwäche und Passivität. Selbst erfolgreiche Steinböcke jammern viel, beklagen sich über ihr unverdient schweres Los und tendieren dazu, sich von der Welt zurückzuziehen

## Der Mythos:

Der Steinbock – in Darstellungen oft halb Mensch halb Ziege – hat in den astrologischen Werken des Altertums die Gestalt eines Ziegen-Fisches. Bei den Babyloniern war Ea, Gott des Wissens, ein Mensch in einem Fischmantel, mit Fischkopf und Flosse. Seine Heimat war ein Ozean im Tal von Mesopotamien, aus dem er von Zeit zu Zeit emporstieg, um den Menschen sein reiches Wissen weiterzugeben. In der griechischen Mythologie verbirgt sich hinter dem Steinbock Pan, der Gott der Natur. Als es wieder einmal zu einem Krieg zwischen Göttern und Titanen kam, trieb Typhon, der unerbittlichste der Titanen, die griechischen Götter bis nach Ägypten. Dort konnten sie dem Zorn des Titanen nur entgehen, indem sie andere Gestalten annahmen. Pan verwandelte seinen Oberkörper in eine Ziege, seinen Unterleib in einen Fisch, sprang in den Nil und schwamm davon. Zeus war von dieser Gestalt Pans so beeindruckt, dass er sie in einem achtteiligen Sternbild verewigte.

# Wassermann

21. JANUAR – 18. FEBRUAR

SCHLÜSSELWÖRTER: selbständig, menschlich, originell, aufrichtig, erfinderisch, distanziert

■ *Darstellungen zum Wassermann aus* The Bedford Hours *(ca. 1423).*

## Die Persönlichkeit:

Die Wassermänner gelten vielen als die rätselhaftesten Kinder des Tierkreises. Sie sind eigenwillige Denker und entschiedene Individualisten, die selten dauerhafte Beziehungen oder Freundschaften eingehen. Sie sind daneben aber durchaus freundlich, gutmütig und hilfsbereit, zu tiefem menschlichem Mitgefühl fähig und ausgesprochen verantwortungsbewusst. Dennoch bleiben sie ihrem Wesen nach immer zurückgezogene Einzelgänger. Zu ihren größten Gaben zählen Einfallsreichtum, Originalität und Vielseitigkeit, die es ihnen erlauben, sich in den verschiedensten Berufszweigen zurechtzufinden.

## Der Mythos:

Die Ursprünge des Wassermanns sind in verschiedenen alten Kulturen auszumachen. Die Babylonier stellten ihren Gott der Weisheit mit Händen dar, aus denen Wasserströme fließen. Im alten Ägypten findet man Darstellungen des Nilgottes Hap, der in zwei großen Gefäßen das Leben spendende Wasser trägt. Die griechische Mythologie erzählt die Geschichte von Ganymed, dem trojanischen Prinzen, der so außergewöhnlich schön war, dass Zeus in Liebe zu ihm entbrannte und beschloss, niemand außer ihm selbst, sei es Gott oder Mensch, dürfe den schönen Jüngling besitzen. Er verwandelte sich in einen Adler und trug den schönen Knaben in den Himmel, wo er ihn zum Mundschenk der Götter machte. Seitdem ist Ganymed als Stern in der Zwölferkonstellation des Wassermanns zu sehen, wo er den Göttern den Wein ausschenkt und den Regen auf die Erde fallen lässt.

# Fische

19. FEBRUAR – 20. MÄRZ

SCHLÜSSELWÖRTER: sensibel, fantasievoll, geistesabwesend, liebenswürdig, beeinflussbar

■ *Darstellungen zu den Fischen aus* The Bedford Hours *(ca. 1423).*

## Die Persönlichkeit:

Fische sind die weltfremden Träumer und Poeten des Tierkreises. Sie sind sensibel, sinnlich, haben ein reiches Gefühlsleben, viel Fantasie und schöpferisches Talent, leiden aber unter einer Gespaltenheit, die auch in ihrem Zeichen symbolisiert ist: zwei in entgegengesetzte Richtungen schwimmende Fische. Zum einen wollen sie einen konkreten oder ideellen Beitrag zur Welt leisten, zum anderen möchten sie der Welt den Rücken kehren und sich ins Reich ihrer Fantasien und Träume zurückziehen. Diese gegenläufigen Kräfte und die daraus resultierende Spannung auszuhalten, ist alles andere als leicht: Fische sind daher häufig entweder sehr nervöse Mitglieder der Gesellschaft oder »Aussteiger«; im schlimmsten Fall flüchten sie in den Alkohol oder in die Drogenabhängigkeit. Meist ist die Wurzel des Problems mangelndes Selbstbewusstsein; wenn sie dem entgegenwirken, können sie auf dem Gebiet der Kunst und im Bereich des Humanitären Großes leisten.

## Der Mythos:

Die griechische Liebesgöttin Aphrodite ging eines Tages mit ihrem Sohn Eros am Ufer des Euphrat spazieren, als ihnen unvermittelt der missgestaltete Typhon in den Weg trat. Typhon war der jüngste Spross aus dem Geschlecht der Titanen, das einst aus der Verbindung von Uranus mit Gaia hervorgegangen war und sich mit den Göttern in erbittertem Streit befand. Aphrodite rief in ihrer Angst nach Zeus, der ihr zu Hilfe kam, indem er sie und ihren Sohn in Fische verwandelte, damit sie in den Euphrat springen und sich schwimmend in Sicherheit bringen konnten. Um an diesen Vorfall zu erinnern, setzte Zeus zwei Fische ans Firmament. Es entstand das elfteilige Sternbild der Fische.

# Kurze Zusammenfassung

✓ Die Zeichen des Tierkreises wurden nach Sternbildern benannt, die sich an den entsprechenden Stellen des Tierkreises befanden. Die Teilung beginnt mit 0° Widder im Äquinoktialpunkt der Frühlings-Tagundnachtgleiche.

✓ Die rückläufige Verschiebung der Fixsterne ist so beträchtlich, dass sich die Tierkreiszeichen heute nicht mehr an der Stelle der entsprechenden Sternbilder befinden. Die astrologische Bedeutung der Zeichen ist davon nicht berührt.

♈ Widder sind energisch, begeisterungsfähig und direkt. Ihr Symbol ist der goldene Widder.

♉ Stiere sind warmherzig, zuverlässig und Besitz ergreifend. Ihr Symbol ist der Stier, in den sich Zeus verwandelte, um Europa zu verführen.

♊ Zwillinge sind scharfsinnig, rastlos und vielseitig. Das Symbol geht auf die Zwillingsbrüder Castor und Pollux zurück.

♋ Krebse sind fürsorglich, liebevoll und launisch. Das Symbol geht auf den riesigen Krebs zurück, der Herkules während seines Kampfes gegen die Hydra angriff.

♌ Löwen sind großzügig und mitteilsam. Das Zeichen geht auf den Löwen zurück, der von Herkules erdrosselt wurde.

♍ Jungfrauen sind bescheiden, intelligent und kopfbetont. Ihr Zeichen geht auf Astraea sowie auf jungfräuliche Erd- und Erntegöttinnen zurück.

♎ Waagen sind charmant, gelassen und gesellig. Das Zeichen geht auf das ägyptische Motiv der Waage zurück.

♏ Skorpione sind ernsthaft, intuitiv und besitzen eine dunkle Anziehungskraft. Ihr Zeichen ist der tödliche Skorpion, der von Apoll geschickt wurde, um den riesenhaften Jäger Orion zu töten.

♐ Schützen sind philosophisch, optimistisch und wissbegierig. Ihr Zeichen ist Chiron, der Zentaur, der wegen seiner Weisheit und Kühnheit sehr geschätzt wurde.

♑ Steinböcke sind berechnend, ehrgeizig und praktisch veranlagt. Ihr Symbol ist der babylonische Gott Ea und der griechische Gott Pan.

♒ Wassermänner sind unabhängig, kreativ und originell. Symbolisiert werden sie von Ganymed, der den Göttern den Wein und der Erde den Regen bringt.

♓ Fische sind fantasievoll, sensibel und weltvergessen. Symbolisiert werden sie von zwei in entgegengesetzte Richtung schwimmenden Fischen (dem Mythos zufolge die Göttin Aphrodite und ihr Sohn Eros).

SEPTE NTRIO
POLVS ARCTICVS
CIRCVLVS ARCTICVS
TROPICVS ÆSTIVVS SEV TROPICVS CANCRI.
SATVRNVS
IVPITER
MARS
SOL
LVNA
VENVS
MERCVRIVS
OCCIDENS
ORIENS
TROPICVS HYBERNVS SIVE TROPICVS CAPRICORNI.
CIRCVLVS ANTARCTICVS.
POLVS ANTARCTICVS
MERI DIES

Kapitel 4

# Das aufsteigende Zeichen: Ihr Aszendent

Aus unserem Blickwinkel sieht es so aus, als umkreise die Sonne die Erde. Mit dem Tierkreis verhält es sich genauso: In den 24 Stunden eines Tages steigt jedes Tierkreiszeichen am östlichen Horizont auf, überquert den Himmel und geht im Westen wieder unter. Durch die Neigung der Erdachse scheint es je Standort außerdem so, als ob manche Zeichen schneller aufgehen als andere. Auf der Nordhalbkugel steigen einige Zeichen schneller empor, auf der Südhalbkugel hingegen langsamer. So kommt es, dass beispielsweise in Australien weniger Leute unter dem Zeichen Skorpion geboren werden, weil der Skorpion dort schneller aufsteigt als etwa in England; je langsamer ein Zeichen aufsteigt, desto mehr Leute können in der Zeit seines Aufstiegs zur Welt kommen und haben dann dieses Zeichen als Aszendenten.

## Inhalt dieses Kapitels:

✓ Der Aszendent



Die Druckgraphik aus dem 17. Jahrhundert von Andreas Cellarius zeigt die Position des Tierkreises.

# Der Aszendent

WAHRSCHEINLICH HABEN SIE *schon nachgelesen, was in Teil 2 unter Ihrem Sonnenzeichen steht. Wir sollten uns aber zunächst den Faktoren zuwenden, die für das Verständnis der eigenen Persönlichkeit und Verhaltensweisen nicht weniger wichtig (vielleicht sogar wichtiger) sind. Der bedeutendste dieser Faktoren ist Ihr* Aszendent.

Wahrscheinlich wissen Sie nicht, unter welchem Aszendenten Sie geboren sind. Der Aszendent ist nicht einfach zu ermitteln. Sein Sonnenzeichen hingegen kennt wohl jeder, und auch mit dem persönlichen Sonnenzeichen verbundene Eigenschaften zu kennen, ist keine Kunst, da sie einem fast überall begegnen, z. B. in Zeitungen und Zeitschriften. Sie haben das Persönlichkeitsbild Ihres Sonnenzeichens wahrscheinlich schon so oft beschreiben hören, dass Sie die entsprechenden Eigenschaften vielleicht unwillkürlich übernommen haben.

**DEFINITION**

*Ihr* **Aszendent** *ist der Punkt im Tierkreis, der zum Zeitpunkt Ihrer Geburt im Osten aufging. Das aufsteigende Zeichen enthält den Aszendenten.*

*Früher glaubten die Astrologen, das Sonnenzeichen entspreche dem »verborgenen Ich«, also jener Identität, die wir nur vertrauten Menschen offenbaren, während der Aszendent die Identität repräsentiere, die wir in der Öffentlichkeit zeigen. Heute nimmt man das Gegenteil an: Das Sonnenzeichen prägt die Seite unserer Persönlichkeit, die wir nach außen tragen, der Aszendent hingegen unser inneres Wesen. Nur wenn man Sonnenzeichen und Aszendenten zusammen betrachtet, erkennt man den Menschen in seiner Gänze.*

## Widder

Wenn Widder Ihr Aszendent ist, dann wollen Sie andere ständig übertreffen – auf allen Gebieten! Was auch immer Sie tun, Sie tun es mit großer Entschlossenheit und Energie, die Ihnen auch leicht außer Kontrolle geraten kann. Sie sind getrieben von dem Wunsch, immer und überall Erfolg zu haben, den Ton anzugeben und bewundert zu werden. Innerhalb der Familie kann es hierbei zu Konflikten kommen, wenn z. B. Kinder mit Aszendent Widder ihre Geschwister und

■ **Der Widder.** *Glasmalerei aus dem Tierkreiszyklus in den Fenstern der Kathedrale von Chartres.*

selbst ihre Eltern dominieren wollen. Solche Konflikte spielen sich vor allem in der frühen Kindheit ab, werden im Laufe der weiteren Entwicklung dann aber überwunden.

Es gehört zu den Stärken eines Menschen mit Aszendent Widder, seine guten und schlechten Seiten genau zu kennen und darüber hinaus sehr anpassungsfähig zu sein. Wenn er es schafft, seine Energien zu kontrollieren und auf ein geeignetes Ziel zu richten, kann er alles erreichen, was er will.

*Während Sonnenzeichen-Widder typischerweise anfällig für Unfälle sind und sich durch Unachtsamkeit immer wieder leichte Kopfverletzungen zuziehen, leiden Aszendenten-Widder häufig unter Kopfschmerzen, deren Ursache meist Sorgen und innere Anspannung sind.*

*Obwohl Personen mit aufsteigendem Widder häufig dazu neigen, oberflächliche Affären einzugehen, ist ihnen aber eine dauerhafte Beziehung durchaus auch sehr wichtig. Bei Seitensprüngen leiden sie hinterher meist unter Schuldgefühlen, da der andere Teil ihrer Persönlichkeit dem Partner Treue und Fairness entgegenbringen möchte. Untreue innerhalb einer Partnerschaft führt meist zu Selbstvorwürfen oder sogar Selbsthass, auch dann wenn es gelingt, diese Gefühle zu unterdrücken.*

## Stier

Besitzstreben und Eifersucht sind die negativen Seiten beim Stier als Sonnenzeichen. Der Stier als Aszendent würde für seine materiellen Interessen sehr weit gehen – borgen, betteln und sogar stehlen! Es genügt ihm nicht, sein Geld auf der Bank zu horten, vielmehr möchte er seinen Reichtum auch zur Schau stellen, sei es mit einem Luxusauto oder exklusiver und kostspieliger Inneneinrichtung. Das Zuhause ist ihm nicht nur wegen seiner auf Außenwirkung bedachten Persönlichkeit wichtig, sondern vor allem, weil er sich nur in den eigenen vier Wänden wirklich geborgen fühlt. Das Bedürfnis nach Sicherheit und die Angst vor Störungen des Gewohnten sind beim Stier besonders stark ausgeprägt. Die Sturheit, eine Eigenschaft, die wir schon als Kennzeichen des Sonnenzeichen-Stiers beschrieben haben, ist beim Aszendenten-Stier noch stärker vorhanden. Er ist felsenfest davon überzeugt, immer Recht zu haben; selbst wenn die Tatsachen noch so sehr gegen ihn sprechen, ist er nur schwer von seiner Meinung abzubringen.

■ **Der Stier.** *Glasmalerei aus dem Tierkreiszyklus in den Fenstern der Kathedrale von Chartres.*

In einer Beziehung sind Sie leidenschaftlich, anspruchsvoll und – natürlich! – Besitz ergreifend. Sie erwarten von einer Beziehung nicht nur freundschaftliches Vertrauen und Romantik, sondern auch ein intensives Sexualleben. Wird Ihnen dies innerhalb der Beziehung nicht zuteil, suchen Sie es sich außerhalb der Beziehung.

*Dies ist ein so wichtiger Aspekt Ihrer Person, dass wir näher darauf eingehen wollen: Sexuelle Befriedigung ist für Sie von so großer Bedeutung, dass Sie, wenn sie fehlt, körperlich und seelisch schwer darunter leiden. Sie sollten das Ihrem Partner klar zu erkennen geben, damit er (oder sie) sich darauf einstellen kann. Er hat es ohnehin schon schwer damit, Ihrer schwierigen Persönlichkeit gerecht zu werden; nicht nur, dass er all Ihre sexuellen Wünsche erfüllen muss, er sollte auch romantischer Liebhaber, Freund und Vertrauter zugleich sein.*

Was die Gesundheit angeht, haben Sonnenzeichen-Stiere oft Probleme im Halsbereich, während beim Aszendenten-Stier eine Tendenz zu Erkrankungen der Schilddrüse zu beobachten ist. Sollten Sie eine plötzliche Gewichtszunahme feststellen, ist ein Arztbesuch ratsam.

## Zwillinge

Während Sonnenzeichen-Zwillinge hundert verschiedene Einfälle haben und sie alle auch gleichzeitig verwirklichen möchten, sind Aszendenten-Zwillinge wesentlich bedächtiger und solider. Jede Idee wird sorgfältig geprüft, bevor man sie in die Tat umsetzt. Die eigene Person bleibt davon nicht verschont, jede Gefühlsregung, Meinung, Reaktion oder Handlung wird genauestens durchleuchtet und analysiert.

*Diese ständige Nabelschau, bei der jeder kleine Gedanke und jede Gefühlsregung zum Gegenstand einer peinlich genauen Untersuchung wird, führt leicht dazu, dass man sich in einem Labyrinth des Grübelns über sich selbst verliert und dass man schließlich völlig handlungsunfähig wird. Um diese permanente geistige Anspannung abbauen zu können, braucht der Aszendenten-Zwillinge als Ausgleich körperliche Anstrengungen.*

Aszendenten-Zwillinge sind gute Beziehungspartner, vor allem für Menschen mit geringem Ehrgeiz oder Selbstbewusstsein. Der Aszendenten-Zwillinge hat nämlich ein echtes Talent dafür, Partner oder Freunde anzustacheln, mehr zu leisten als nötig und sich für höhere Ziele zu begeistern. Es bereitet ihnen große Freude, wenn es gelingt, andere Menschen mit ihrer Begeisterung anzustecken und sie zu ermutigen, sich Dinge zuzutrauen, an die sie sich alleine wahrscheinlich nicht wagen würden.

Was Sie in einer Beziehung überhaupt nicht leiden können, sind Eifersucht und Besitzansprüche des Partners. Sie geben manchmal selbst Anlass zu Eifersüchteleien – nicht etwa, weil Sie viele Affären hätten, sondern weil Sie anderen gegenüber grundsätzlich offen sind und viele Freundschaften pflegen. Sonnenzeichen-Zwillinge arbeiten gerne mit den Händen und sind darin sehr geschickt; Aszendenten-Zwillinge leiden oft unter Arthritis und sollten bei Gelenkschmerzen unbedingt einen Arzt aufsuchen. Es besteht auch erhöhte Asthma-Gefahr, deren Grund meistens nervliche Anspannung ist.

■ **Die Zwillinge.** *Glasmalerei aus dem Tierkreiszyklus in der Kathedrale von Chartres.*

## Krebs

Der Sonnenzeichen-Krebs ist am liebsten zu Hause, der Aszendenten-Krebs erst recht. Sie sollten aber aufpassen, dass Sie über die Konzentration die anderen Aspekte des Lebens nicht vernachlässigen.

*Sie und Ihr Partner können aber beruhigt sein: Ihre enge emotionale Bindung an Haus und Familie äußert sich nicht in erdrückendem Besitzanspruch (wie man ihn bei den »reinen« Krebsen beobachten kann, die ihren Partnern vorwerfen, sie seien ja nie zu Hause), sondern als liebende Fürsorge. Ihre Kinder erfahren viel emotionale Zuwendung, ohne von ihr erdrückt zu werden. Weder sie noch Ihren Partner hindern Sie daran, das Haus zu verlassen, wenn die Zeit dafür reif geworden ist. Sie neigen zwar dazu, sich übertriebene Sorgen zu machen, wenn die Kinder erst einmal ausgezogen sind, nie aber artet das darin aus, dass sie sie in ihrer Bewegungsfreiheit einschränken. (Dies gilt für Männer und Frauen gleichermaßen.)*

Wenn Menschen mit dem Krebs im Aszendenten keine Familie haben, dann kanalisieren sie ihre fürsorglich-mütterlichen Impulse in andere Tätigkeiten: Sie arbeiten zum Beispiel in karitativen Einrichtungen oder entscheiden sich für eine Berufslaufbahn im Pflegebereich. A propos Karriere: Aszendenten-Krebse sind sehr darauf bedacht, einen beruflich erfolgreichen Partner zu haben, und erwecken damit den Eindruck, an ihm als Mensch nicht sonderlich interessiert zu sein. Bisweilen gelten sie sogar als gefühlskalt. Der Partner sollte Sie sofort darauf hinweisen, wenn dies für ihn zu einem Problem wird. Personen mit dem Krebs im Aszendenten sind besonders anfällig für die Einflüsse des Planeten im ersten Haus – behalten Sie ihn deshalb sorgfältig im Auge.

## Löwe

Wenn Ihr Aszendent der Löwe ist, verfügen Sie über hervorragendes Organisationstalent – und sind sich dieses Vorzugs vollkommen bewusst. Sie leiden nicht unter mangelndem Selbstbewusstsein, eher im Gegenteil, Sie sind derart von Ihrem eigenen Wert überzeugt, dass es in Selbstherrlichkeit ausartet. Sie sind davon überzeugt, alles selbst am besten zu wissen, und lassen dies Ihre Umgebung deutlich spüren. Bescheidenheit ist keine Ihrer Stärken; lernen Sie, sich ein wenig zurückzunehmen, andernfalls könnten Sie es sich leicht mit anderen verderben.

■ **Der Löwe.** *Glasmalerei aus dem Tierkreiszyklus in den Fenstern der Kathedrale von Chartres.*

Sie sind süchtig nach Erfolg, für Ihre Karriere machen Sie sich derart stark, dass Sie Gefahr laufen, ihr nicht nur Ihre gesamte Persönlichkeit zu opfern, sondern seelisch zu verkümmern. Bedenken Sie: Ein volles Bankkonto macht noch keinen reichen Menschen.

*Sie sind von Haus aus eine selbstbewusste Persönlichkeit. Sie fügen sich also keinen Schaden zu, wenn Sie bei Gelegenheit auch mal ein wenig Selbstkritik üben. Glücklich, wer so wie Sie nicht zu erschüttern ist, wenn er anderen missfällt, aber Vorsicht: Sie sollten darauf achten, nicht gänzlich immun zu werden gegen wohlmeinende und konstruktive Kritik, denn das kann Ihnen nicht nur als Arroganz und Selbstherrlichkeit ausgelegt werden, sondern tatsächlich auch sein. Hören Sie darauf, was ein Mensch, dem Sie vertrauen können, Ihnen ans Herz legt.*

Sie brauchen unbedingt einen starken, unabhängigen Partner, der Ihnen etwas entgegensetzen kann, Ihnen nicht in allem freie Bahn lässt und jeden Wunsch erfüllt. Auf einen solchen Partner sind Sie stolz und spornen ihn zu immer größeren Leistungen an.

*Angesichts Ihres ausgeprägten Erfolgsstrebens, das oft zu Auseinandersetzungen führt, ist es nicht überraschend, dass es bei Ihnen auch zu psychischen Problemen kommen kann. Diese äußern sich zunächst oft als körperliche Beschwerden, besonders häufig als Rücken- oder Nackenschmerzen. Wenn Sie sich ständig Sorgen machen, wie Sie Beruf, Familie und individuelle Wünsche unter einen Hut bringen können, und diese seelischen Probleme von hartnäckigen Kopf- oder Rückenschmerzen begleitet sind, dann sollten Sie einen Arzt oder Psychologen aufsuchen.*

# Jungfrau

*Das größte Problem für Personen mit der Jungfrau als Aszendenten ist in der Regel ein Mangel an Selbstbewusstsein. Was immer Sie tun oder denken, Sie stellen es unverzüglich in Frage. Nur durch große Anstrengung können Sie sich davon überzeugen, dass auch Sie Ihre Qualitäten haben und der Welt etwas geben können. Diese zwanghafte Selbstkritik führt bei den Aszendenten-Jungfrauen häufig zu chronischer Angst, Anspannung und Gelähmtsein, im schlimmsten Fall sogar zu körperlichen Erkrankungen.*

Wenn Sie als Kind von Ihren Eltern oft kritisiert oder getadelt wurden, leiden Sie als Erwachsener verschärft unter dem Gefühl, ungenügend zu sein. Bei der Deutung Ihres Geburtshoroskops sollten Sie deshalb auf planetarische Kräfte achten, die dem entgegenwirken, Ihr Selbstvertrauen stärken und ein positives Selbstbild fördern.

In Beziehungen fällt es Ihnen im Vergleich zu Sonnenzeichen-Jungfrauen viel leichter, auf den Partner zuzugehen; Sie sind warmherzig, liebevoll und einfühlsam.

Sie neigen dazu, viel zu leicht nachzugeben und Streitigkeiten aus dem Weg zu gehen. Machen Sie sich das bewusst und tragen Sie, wenn nötig, Konflikte auch mal beherzt aus.

Dabei hilft Ihnen die Tatsache, dass sich im Scheitelpunkt eines Geburtshoroskops (der Himmelsmitte) der Aszendenten-Jungfrauen meist die Zwillinge befinden, die (wie die Jungfrau) von Merkur regiert sind. Diese Position der scharfsinnigen und kommunikativen Zwillinge unterstützt Sie darin, gegensätzlichen Standpunkten nicht auszuweichen, sondern Sie miteinander zu versöhnen. Der Einfluss Merkurs macht Ihnen Mut, den Kontakt und den Austausch mit anderen Menschen zu suchen und sich selbst als wertvolles Mitglied der Gesellschaft zu begreifen.

■ **Die Jungfrau.** *Glasmalerei aus dem Tierkreiszyklus in den Fenstern der Kathedrale von Chartres.*

## Waage

*Die traurige Wahrheit ist, dass die positiven Eigenschaften der Waage, wenn sie im Aszendenten steht, fast immer von anderen Einflüssen durchkreuzt, geschwächt oder sogar aufgehoben werden.*

Ein Beispiel: Als Waage-Aszendent haben Sie ein starkes Bedürfnis nach einem Menschen, der Sie stützt und bei dem Sie sich ganz fallen lassen können. Sie stürzen sich kopfüber und gedankenlos in die nächstbeste Beziehung und landen häufig bei einem Partner, der überhaupt nicht zu Ihnen passt. Darüber hinaus forciert das starke Verlangen nach sexueller Erfüllung des Waage-Aszendenten die Gefahr, sich den falschen Partner zu suchen.

Wir legen Ihnen ans Herz, sich immer sorgfältig daraufhin zu prüfen, ob Sie den Menschen, mit dem Sie zusammen sind, wirklich lieben oder vielleicht doch eher das Gefühl, verliebt zu sein, genießen.

Sie sind ein trotz allem mit sich selbst ganz zufriedener Mensch; Ihre Schwächen machen Ihnen kaum zu schaffen, und wenn Sie mit ihnen konfrontiert werden, fällt es Ihnen leicht, über sie hinwegzusehen. Auch Ihre Umgebung sieht Ihnen vieles nach, kein Wunder bei Ihrem Charme – aber das geht nicht immer gut! Hören Sie deshalb auf Ihren Partner oder auf gute Freunde, deren wohlmeinende Kritik Ihnen zu einem besseren Verständnis Ihrer selbst verhelfen kann.

■ **Die Waage.** *Glasmalerei aus dem Tierkreiszyklus der Kathedrale von Chartres.*

Wenn die Waage im Aszendenten steht, befindet sich (für die Altersgruppe der zwischen 1943 und 1957 Geborenen) oft Neptun ganz in der Nähe, manchmal sogar im ersten Haus. Durch seinen Einfluss wird Ihre Tendenz, immer den Weg des geringsten Widerstands zu wählen, noch verstärkt – also Vorsicht! Andererseits geht von Neptun aber auch der positive Impuls aus, dass Ihre Zärtlichkeit und Ihr Mitgefühl stärker hervortreten. Nutzen Sie die letztgenannte Neptun-Kraft: Die Flucht aus der Realität anzutreten, ist weniger sinnvoll, als in ihr konstruktive und menschenfreundliche Arbeit zu leisten.

*Wenn in Ihrem Geburtshoroskop Neptun in der Waage im zwölften Haus auftaucht, laufen Sie Gefahr, in den Drogenmissbrauch abzurutschen. Versuchen Sie, die Verlockung des »Sich-Gehen-Lassens« lieber in kreative Tätigkeit umzuleiten.*

## Skorpion

Wenn der Skorpion im Aszendenten steht, kommen die Kräfte des Zeichens besonders heftig ins Spiel und stehen miteinander in permanentem Widerstreit. So sind Sie einerseits extrem zielstrebig, stellen aber andererseits Ihre Motive ständig in Frage. Sie lassen daran niemanden teilhaben, wie Sie es auch generell nicht leiden können, wenn andere zu viel über Sie wissen. Vielmehr nutzen Sie Ihre Selbsteinschätzung dazu, immer genau zu wissen, welche Stärken Sie wann einsetzen und welche Schwächen Sie bekämpfen müssen, um schwierige Situationen zu meistern.

*Man kann sich auch zu gut kennen. Fangen Sie nicht damit an, über alle Ihre kleinen Fehler und Schwächen Buch zu führen! Von einer kritisch-realistischen Selbsteinschätzung zum irrationalen Selbsthass ist es oft nur ein kleiner Schritt. Menschen mit Skorpion als Aszendenten sind hier besonders gefährdet.*

Ihre Öffentlichkeitsscheu und Zurückgezogenheit wirkt sich auch auf intimere Beziehungen aus. Sie verbergen Ihre Schwächen und Probleme nicht nur vor der Öffentlichkeit, sondern scheuen sich auch davor, Ihren Partner einzuweihen. Bei aller Treue und Zärtlichkeit neigen Sie dazu, den Partner eifersüchtig zu beäugen und ihn mit Ihrem Besitzanspruch zu konfrontieren. Ungelöste Probleme können sich in Form von Angstzuständen niederschlagen.

Wenn der Skorpion im Aszendenten ist und der Löwe gleichzeitig in der Himmelsmitte steht, dann verbinden sich die Energie und der Schwung des Skorpions mit dem Organisations- und Führungstalent des Löwen. Dies ist eine optimale Ergänzung, wenn Sie nicht in Machtgier und Tyrannei ausartet.

■ **Der Skorpion.** *Glasmalerei aus dem Tierkreiszyklus in den Fenstern der Kathedrale von Chartres.*

## Schütze

Die Sonnenzeichen-Schützen brauchen Herausforderungen, und das Gleiche gilt in einem sehr viel höheren Maß für Schützen als Aszendenten. Weil Sie Ihre Talente optimal nutzen, können Sie nahezu in jedem Beruf Karriere machen. Sie sind zwar optimistisch und selbstbewusst, aber nicht überheblich: Davor bewahrt Sie Ihr Bemühen um eine stets realistische Selbsteinschätzung. Sie kennen Ihre Schwächen ganz genau und arbeiten konsequent daran, sie immer weiter zu minimieren. Entscheidungen treffen Sie stark Instinkt gesteuert.

*Im Gegensatz zu Sonnenzeichen-Schützen sind Sie innerlich ausgeglichen und fähig, diese Harmonie auch nach außen zu tragen. So positiv das zunächst klingt, die Annahme, sich bis ins Detail zu kennen, kann trügerisch sein. Der Aszendenten-Schütze maßt sich bisweilen an, jeder denkbaren Herausforderung gewachsen zu sein.*

In Ihrer Partnerschaft wollen Sie freundschaftliche Verbundenheit und sexuelle Erfüllung. Wichtig ist Ihnen, intellektuell gefordert zu sein, in Diskussionen über die »großen Fragen« des Lebens laufen Sie zu Hochform auf, gedankliche Tabus kennen Sie nicht und sind Ihnen bei anderen zuwider. Intellektuelle oder körperliche Herausforderungen sind Ihnen wichtig; fehlen sie, dann sollten Sie Ihrer Unruhe durch eine Reise abhelfen.

■ **Der Schütze.** *Glasmalerei aus dem Tierkreiszyklus in den Fenstern der Kathedrale von Chartres.*

## Steinbock

Menschen mit dem Steinbock als Aszendenten sind seltsam widersprüchlich: mal von grenzenlosem Selbstvertrauen, mal von Minderwertigkeitskomplexen geplagt, optimistisch am einen Tag, pessimistisch am nächsten. Ein Geschäftsmann mit dem Aszendenten Steinbock wird z. B. beherzt und zügig Entscheidungen treffen, bei denen es um Millionenbeträge geht, aber hilflos vor dem Problem stehen, was er auf die Geburtstagskarte für seine Frau schreiben soll.

Die unterschiedlichen Gesichter des Aszendenten-Steinbocks verteilen sich auch auf die verschiedenen Lebensbereiche. So ist er vielleicht im Beruf erfolgreich und selbstbewusst, aber womöglich unfähig, eine funktionierende Beziehung aufzubauen. Das dahinter liegende Problem ist – bei Erfolg und Misserfolg – der fehlende objektive Blick des Aszendenten-Steinbocks auf sich selbst.

*Ganz gleich wie viele Komplimente man Ihnen macht, wie oft man Sie befördert oder Ihr Gehalt erhöht, für wie kompetent und erfolgreich man Sie hält, Sie sind sich selbst nie sicher, es wirklich zu sein.*

■ **Der Steinbock.** *Glasmalerei aus dem Tierkreiszyklus in den Fenstern der Kathedrale von Chartres.*

In Ihrer Beziehung sind Sie warmherziger als ein Sonnenzeichen-Steinbock; Sie nehmen mehr Anteil an Ihrem Partner, sind zärtlicher und können Ihre Gefühle offener zeigen. Sie laufen weniger Gefahr, die Familie als Ihr Eigentum zu betrachten oder interessante Menschen in Ihrem Umfeld zur Aufbesserung Ihres eigenen Images zu missbrauchen.

Gesundheitsprobleme betreffen meist die Verdauung, manchmal bis hin zu Magengeschwüren. Daneben treten Muskelverspannungen gehäuft auf, denen Sie vorbeugen können, indem Sie sich Zeit für Sport und Entspannung nehmen. Ihre eher pessimistische Lebenseinstellung kann zu Depressionen führen, auch hier hilft Sport.

## Wassermann

Mit dem Wassermann als Aszendenten sind Sie ein noch größerer Einzelgänger als der Sonnenzeichen-Wassermann. Selbst in engen Beziehungen haben Ihre Freunde oft das Gefühl, nicht an Sie heranzukommen, was vor allem in Liebesbeziehungen zu starken Irritationen führen kann.

*Mit Ihrer Warmherzigkeit und Zärtlichkeit sind Sie ein Vorbild an Mitmenschlichkeit. Wenn es daran geht, etwas für andere zu tun, können Sie sich schwer zurückhalten und übertreiben es manchmal sogar. Einen Gefallen oder gar Wohlwollen und Liebe anzunehmen, fällt Ihnen schwer, wobei Ihnen vielleicht nicht immer bewusst wird, dass Sie die Ihnen zugetanen Menschen damit unter Umständen vor den Kopf stoßen. Wenn Sie damit konfrontiert werden, sind sie stur und verweisen mit Stolz auf Ihr kaltes und abweisendes Wesen, das Ausdruck Ihrer »Unabhängigkeit« sei. Reißen Sie diesen inneren emotionalen Schutzwall nieder, auch wenn es für Sie harte Arbeit bedeutet.*

In einer intimen Beziehung können Sie mit diesem Verhalten rasch alles zerstören. Untersuchen Sie Ihr Geburtshoroskop, ob es nicht Gegenkräfte gibt, die Sie für die Zuwendung anderer Menschen empfänglicher machen – oder suchen Sie einen Partner, der damit einverstanden ist, immer nur zu nehmen und nie zu geben!

■ **Der Wassermann.** *Glasmalerei aus dem Tierkreiszyklus in den Fenstern der Kathedrale von Chartres.*

*Ihre übermäßige Großzügigkeit kann zu einem Problem werden. Beim Verteilen sind Sie unschlagbar. Ihre Unfähigkeit, die Freigebigkeit anderer Menschen hinzunehmen, ist in jeder Beziehung schwierig. Wenn es Ihnen nicht gelingt, von Zeit zu Zeit nachzugeben, können Sie sich auf steinigem Boden wiederfinden.*

Auf Krankheiten reagieren Sie mit Hypochondrie, also mit unmäßiger und unbegründeter Angst um Ihre Gesundheit, gleichzeitig ist Ihre Aversion gegen Ärzte und die Medizin so groß, dass Sie sogar dann fachmännische Hilfe ablehnen, wenn Sie ernsthaft krank sind. Auf alternative Heilmethoden dagegen schwören Sie; auch wenn die Schulmedizin in manchen Fällen vielleicht die bessere Wahl wäre. Da der Blutkreislauf unter der Herrschaft des Wassermanns steht, ist regelmäßiges, intensives Sporttreiben Ihrer Gesundheit zuträglich.

## Fische

Sicher haben Sie den Film »Der unsichtbare Dritte« gesehen. Wenn ja, wussten Sie sicher noch nicht, dass diese Figur die Fische im Aszendenten hatte.

*Menschen mit diesem Aszendenten passen sich ihrer Umgebung so perfekt an, dass sie sozusagen unsichtbar werden. Im schlimmsten Fall vergisst man sie, im »besten Fall« werden sie einfach ignoriert. Es ist schade, dass in beiden Varianten Ihr Wert als hilfsbereiter und effizient arbeitender Mensch, der in vielen Firmen und Institutionen eine wertvolle Stütze ist, völlig untergeht, weil Sie es vorziehen, hinter Unauffälligkeit zu verschwinden. Lernen Sie Selbstvertrauen und Ihre tatsächlichen Werte zu erkennen.*

Sie sind keine geborene Führungspersönlichkeit, weswegen Ihr Drang, in manchen Situationen einfach unterzutauchen, durchaus sinnvoll sein kann. Ihre wahre Stärke ist die unauffällige Arbeit im Hintergrund. Eine Führungsposition anzunehmen, sollten Sie sich gut überlegen.

■ **Die Fische.** *Glasmalerei aus dem Tierkreiszyklus in den Fenstern der Kathedrale von Chartres.*

*Viele Schauspieler behaupten, dass der Reiz ihres Berufs darin liege, ihre wahre Identität hinter den Figuren verstecken zu können. Wenn Sie die Fische als Aszendenten haben, werden Sie das nachvollziehen können; auch Sie verschanzen sich oft so gut hinter Rollen, dass sogar Sie Ihr wahres Wesen aus den Augen verlieren können.*

Möglich, dass Kollegen, Bekannte, sogar Freunde Ihr eigentliches Selbst nie zu Gesicht bekommen. Das ist nicht weiter tragisch, solange Sie nicht selbst auf Ihr Rollenspiel hereinfallen. Sie sollten Ihre Masken wenigstens privat gelegentlich abnehmen, um für sich herauszufinden, wer Sie in Wahrheit sind und was Sie in Ihrem Leben erreichen wollen.

*Mit den Fischen als Aszendenten begegnen Sie dem Partner oft zu kritisch und zerstören eine eigentlich gute, harmonische Beziehung.*

## Kurze Zusammenfassung

✓ Der Aszendent ist das Tierkreiszeichen, das bei Ihrer Geburt im Osten aufging.

✓ Das Sonnenzeichen beeinflusst Ihre öffentliche Seite, der Aszendent Ihre Innenseite; beide Zeichen zusammen ergeben ein vollständiges Bild Ihrer Persönlichkeit.

Menschen mit dem Aszendenten…

- ♈ Widder sind dominant, energisch und egoistisch.
- ♉ Stier sind geduldig, streben nach Besitz und sind wenig diszipliniert.
- ♊ Zwillinge sind kommunikativ, vielseitig und rastlos.
- ♋ Krebs sind gefühlsbetont, fürsorglich und liebevoll.
- ♌ Löwen sind großzügig, kreativ und herrisch.
- ♍ Jungfrau sind rational, bescheiden und leicht aus der Ruhe zu bringen.
- ♎ Waage sind liebenswürdig, gelassen und leichtgläubig.
- ♏ Skorpion sind leidenschaftlich, eifersüchtig und ernsthaft.
- ♐ Schützen sind nachdenklich, intellektuell und optimistisch.
- ♑ Steinbock sind vorausschauend, berechnend und diszipliniert.
- ♒ Wassermann sind selbständig, distanziert und menschenfreundlich.
- ♓ Fische sind sensibel, fantasievoll und zerstreut.

# Kapitel 5

# Die Planetenfamilie

Das Wissen über die Planeten und ihre Einflüsse ist in der Astrologie nicht weniger wichtig als die Kenntnis der Tierkreiszeichen und Aszendenten. Astrologie ist die Erforschung der Planeten und ihrer Wirkungen auf die Erde und deren Lebewesen (also auch auf Sie!). Sie ist mehr als nur die Beschäftigung mit den Sonnenzeichen. Sich ausschließlich auf sie zu konzentrieren wäre etwa so, als ob man bei einem guten Essen den Hauptgang mit Fleisch und Gemüse ausließe und sich nur über den Nachtisch hermachte. Süßigkeiten sind zwar das pure Vergnügen, auf lange Sicht aber wird man mit einer solchen Ernährung nicht überleben. Wenn Sie Ihr Geburtshoroskop erstellen, werden Sie merken, dass es in den verschiedenen Teilen des Tierkreises eine Menge Planeten gibt, die in bestimmten Zeichen stehen – nicht nur die Sonne.

## Inhalt dieses Kapitels:

✓ Planeten und Astrologie



ORNAMENTALER KREIS MIT DEN ELEMENTEN UND TIERKREISZEICHEN.

# Planeten und Astrologie

**DEFINITION**

*Jeder Planet ist einem Tierkreiszeichen zugeordnet, für das er zuständig ist; er* **regiert** *dann dieses Zeichen. Da es nur zehn Planeten für insgesamt zwölf Zeichen gibt, müssen zwei Planeten (Merkur und Venus) zusätzlich zwei Zeichen übernehmen. Zu Zeiten, als weniger Planeten bekannt waren, hatten mehrere eine solche Doppelaufgabe zu erledigen: So regierte Mars Skorpion und Widder, Jupiter Schütze und Fische, Saturn Steinbock und Wassermann.*

IN KAPITEL 2 HABEN SIE GELERNT, *dass die siebenköpfige Planetenfamilie, die den alten Astrologen bekannt war – Merkur, Venus, Mars, Jupiter, Saturn, die Sonne und der Mond, die als »Planeten« betrachtet werden – sich in den letzten vierhundert Jahren um die drei »neuen« Planeten Uranus, Neptun und Pluto erweiterte. Die Astrologie erfasst in einem Geburtshoroskop die Einflüsse aller zehn Planeten. Sie muss einerseits die der einzelnen Planeten berücksichtigen, andererseits diejenigen untersuchen, die durch die Wechselwirkungen zwischen den Planeten sowie zwischen Planeten und Tierkreiszeichen zustande kommen.*

Das Sonnenzeichen Jungfrau regiert Merkur. Viele der Eigenschaften, die der Jungfrau zugeschrieben werden, gehen eigentlich auf Merkur zurück.

**DEFINITION**

*Der Planet, der in Ihrem Geburtshoroskop den Aszendenten (der wiederum ein regierendes Zeichen darstellt), das Sonnen- oder das Mondzeichen regiert, gilt als Ihr* **persönlicher** *Planet. Sonne und Mond gelten übrigens immer als persönliche Planeten in einem Geburtshoroskop. Die Eigenschaften des persönlichen Planeten – wie besondere Aspekte der Persönlichkeit, Charakter und sonstige Qualitäten – kommen sehr viel deutlicher zur Geltung als die der übrigen Planeten.*

Merkur regiert auch die Zwillinge und wirkt dort anders als bei der Jungfrau.

■ **Der Mond** *gilt in der Astrologie immer als »persönlicher« Planet.*

Das Phänomen, dass ein und derselbe Planet so unterschiedliche Wirkungen hat, kann man mit dem Effekt vergleichen, wenn Sonnenlicht durch bunte Glasfenster fällt. Auch die Planeten nehmen sozusagen unterschiedliche Färbung an, je nachdem in welchem Zeichen sie stehen. (Das Gleiche gilt auch umgekehrt: Die Wirkung der Zeichen wird durch den Einfluss unterschiedlicher Planeten verändert.)

Ein Planet kann in einem Geburtshoroskop auch als persönlicher Planet

**DEFINITION**

*Jedem Planeten kommt nicht nur die Aufgabe zu, ein bestimmtes Sonnenzeichen zu regieren, zusätzlich besitzen sie auch ein bestimmtes Zeichen, das ihre Wirkung positiv beeinflusst. Wenn der Planet in diesem Zeichen steht, befindet er sich in der* **Erhöhung**. *Die Sonne regiert z. B. den Löwen und ist im Widder erhöht (siehe Übersicht zu den Planeten).*

■ **Ein digital aufbereitetes Bild** *von Erde, Mond und Sonne.*

erscheinen, d. h. er hat für das betreffende Individuum besondere Bedeutung. Ferner kann die Wirkung der Planeten maximiert oder minimiert werden, was davon abhängt, in welchem Punkt des Tierkreises sie erscheinen. Der Punkt maximaler Wirkung heißt Erhöhung, der Punkt minimaler Wirkung Erniedrigung.

**DEFINITION**

*Jeder Planet hat nicht nur ein Zeichen, das er regiert, sondern auch eines, das seine Wirkung hemmt. Wenn der Planet in diesem Zeichen steht, befindet er sich im* **Detrimentum**. *Merkur regiert die Zwillinge und die Jungfrau, in den Fischen ist er im Detrimentum (siehe Übersicht zu den Planetenbeziehungen).*

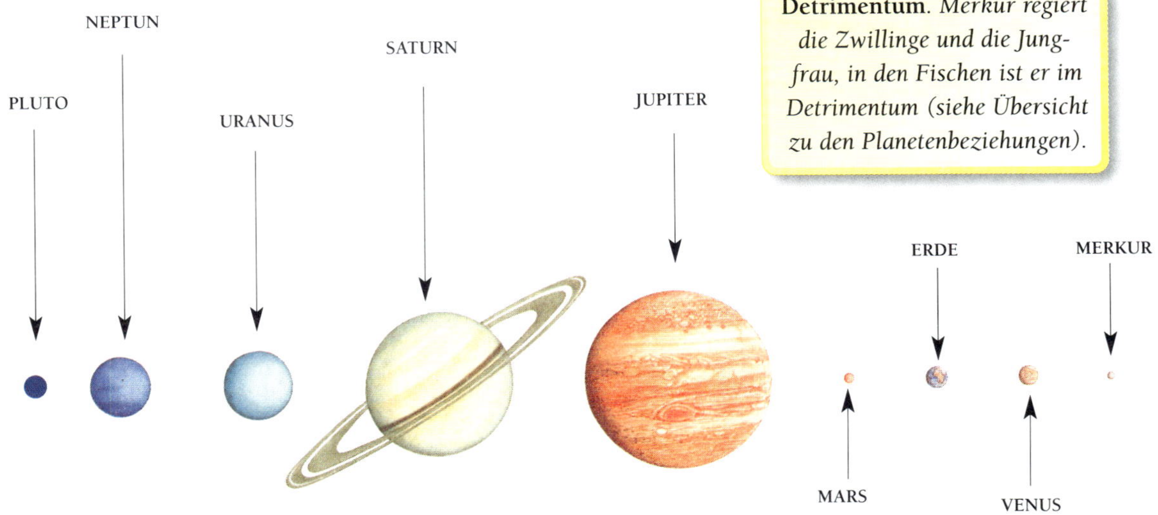


■ **Die Planeten**, *wie sie im Sonnensystem angeordnet sind (Merkur ist der Sonne am nächsten).*

## Die regierenden Planeten

Jeder Planet »regiert« ein bestimmtes Zeichen. Vor der Entdeckung der drei »neuen« Planeten Uranus, Neptun und Pluto regierte außerdem Mars zusätzlich zum Widder auch den Skorpion, Jupiter regierte Schütze und die Fische, Saturn Steinbock und Wassermann. Wenn ein Planet in dem von ihm regierten Zeichen steht, ist sein Einfluss besonders stark.

| Tierkreiszeichen | Regierender Planet | Tierkreiszeichen | Regierender Planet | Tierkreiszeichen | Regierender Planet |
|---|---|---|---|---|---|
| **WIDDER** | Mars | **LÖWE** | Sonne | **SCHÜTZE** | Jupiter |
| **STIER** | Venus | **JUNGFRAU** | Merkur | **STEINBOCK** | Saturn |
| **ZWILLINGE** | Merkur | **WAAGE** | Venus | **WASSERMANN** | Uranus |
| **KREBS** | Mond | **SKORPION** | Pluto | **FISCHE** | Neptun |

## Die Planeten und ihre Symbole

| | | | |
|---|---|---|---|
| ☉ | **SONNE** | ♃ | **JUPITER** |
| ☽ | **MOND** | ♄ | **SATURN** |
| ☿ | **MERKUR** | ♅ | **URANUS** |
| ♀ | **VENUS** | ♆ | **NEPTUN** |
| ♂ | **MARS** | ♇ | **PLUTO** |

## Planeten und ihre Wechselwirkungen

| Planet | Sonnenzeichen | Zeichen der Erhöhung | Zeichen der Erniedrigung |
|---|---|---|---|
| **SONNE** | **Löwe** | Widder | Waage |
| **MOND** | **Krebs** | Stier | Skorpion |
| **MERKUR** | **Zwillinge** und **Jungfrau** | Jungfrau | Fische |
| **VENUS** | **Stier** und **Waage** | Fische | Jungfrau |
| **MARS** | **Widder** | Steinbock | Krebs |
| **JUPITER** | **Schütze** | Krebs | Steinbock |
| **SATURN** | **Steinbock** | Waage | Widder |
| **URANUS** | **Wassermann** | Skorpion | Stier |
| **NEPTUN** | **Fische** | Löwe | Wassermann |
| **PLUTO** | **Skorpion** | Jungfrau | Fische |

Als Nächstes ein kurzer Überblick über alle Planeten (inklusive Sonne und Mond), ihren mythologischen Hintergrund und ihre Bedeutung in der Astrologie.

## Sonne

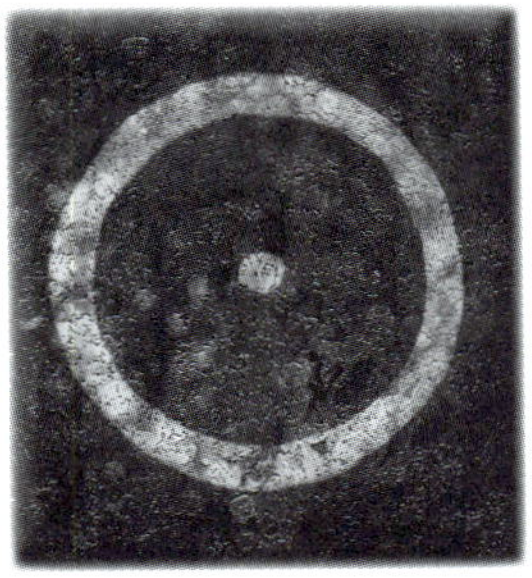

**SCHLÜSSELWÖRTER:** Selbstverwirklichung, Lebensenergie

Die herausragende Bedeutung der Sonne wird schon durch ihre alles überstrahlende Präsenz deutlich; so wurde die Sonne in fast allen alten Kulturen als Gottheit verehrt. Der berühmteste Sonnengott der abendländischen Mythologie ist Apoll, der Sohn Zeus', der in bildlichen Darstellungen als athletisch-kräftiger, schöner, unschuldiger Jüngling erscheint.

Die Sonne, die einer christlichen Tradition zufolge vom Erzengel Michael bewacht wird, regiert den Löwen; erhöht ist sie im Zeichen des Widders, erniedrigt im Zeichen der Waage. Unter den Metallen entspricht sie dem Gold, von den Organen des Körpers regiert sie das Herz. Wenn sie günstig steht, fördert sie Großmut, Kreativität, Lebensfreude, Warmherzigkeit und gesundes Selbstvertrauen; bei ungünstiger Konstellation bewirkt sie Selbstverliebtheit, Egoismus, Arroganz, Angeberei und Selbstherrlichkeit. Menschen mit günstig positionierter Sonne erlangen häufig Einfluss und Macht.

■ **Apoll** *ist der wohl berühmteste Sonnengott.*

■ **Die Sonne** *wird in der Astrologie wie ein Planet behandelt.*

## Mond

**SCHLÜSSELWÖRTER:** Instinkt, Intuition, Gefühl, Unentschlossenheit

Der Mond wurde in allen alten Kulturen als Mutter-Gottheit verehrt und gilt auch heute noch als »weiblich«. In den Mythen des Altertums erscheint der Mond in der Gestalt verschiedener Göttinnen.

*Der Mond regiert den Krebs, ist erhöht im Zeichen des Stiers und erniedrigt im Zeichen des Skorpions. Sein Äquivalent ist das Silber und regiert im körperlichen Bereich die Brust, den Verdauungstrakt und die Lymphdrüsen. Er steht in besonderer Beziehung zum Unterbewusstsein, den Instinkten und hat maßgeblichen Einfluss auf Gefühlsleben, Fantasie und Sensibilität. Wenn er Ihr Geburtshoroskop dominiert, sind Sie eher introvertiert, sensibel, unentschlossen und empfänglich für Eindrücke aller Art.*

Der Mond kann uns geduldig und mitfühlend, aber auch unzuverlässig machen. Unter einem starken Mond geborene Personen bekleiden eher selten hohe öffentliche Ämter, meist leben sie zurückgezogen und fühlen sich am wohlsten in häuslicher Ruhe und Geborgenheit.

## Merkur

**SCHLÜSSELWÖRTER:** Intellekt, Kommunikation

Merkur war der Bote der griechischen Götter und Schutzgott der Reisenden. Statuen stellen den athletischen Gott meist mit geflügelten Sandalen dar, die ihm übermenschliche Geschwindigkeit verleihen, und mit Zauberhelm, der ihn als Überbringer wichtiger Botschaften vor Gefahren schützt.

*Merkur regiert Zwillinge und Jungfrau, ist erhöht im Zeichen der Jungfrau und erniedrigt im Zeichen der Fische. Unter den Metallen entspricht ihm das Quecksilber, beim Körper ist er zuständig für Arme, Lungen und Nervensystem. Er wirkt auf den Intellekt, die Kommunikationsfähigkeit, körperliche und emotionale Energie und steht für Vielseitigkeit.*

Wenn Merkur im Geburtshoroskop in starker Position erscheint, begünstigt er flexibles und analytisches Denken, gute Kommunikationsfähigkeit, scharfe Wahrnehmung und Vorstellungskraft. In schwacher Position führt er oft zu einer übertrieben kritischen Haltung, Streitlust, Sarkasmus und Unaufrichtigkeit. Ein starker Einfluss Merkurs bringt nicht unbedingt große Denker hervor, bewirkt aber Schlagfertigkeit und Reaktionsschnelligkeit. Verbale Auseinandersetzungen und andere geistige Herausforderungen können flink und mit Leichtigkeit bewältigt werden. Menschen mit starkem Merkur reagieren oft ungeduldig oder gelangweilt, wenn andere langsamer sind als sie selbst.

## *Venus*

**SCHLÜSSELWÖRTER:** Liebe, Harmonie, Wunsch nach Verständigung

Die römische Liebesgöttin Venus (bei den Griechen hieß sie Aphrodite) war nicht nur für Sexualität zuständig (wer Venus in einem ihrer Tempel anbeten wollte, fand dort stets versteckte Winkel und Nischen, in denen man sich ungestört den Freuden der Liebe hingeben konnte), sondern auch für die innige Liebe innerhalb der Familie.

*Venus regiert den Stier und die Waage; erhöht ist sie im Zeichen der Fische, erniedrigt im Zeichen der Jungfrau. Unter den Metallen entspricht sie dem Kupfer und ist für den gesamten menschlichen Körper zuständig (unterer Rückenbereich und Schilddrüse). Venus bringt besonders die »feminine« Seite einer Persönlichkeit zum Vorschein und steht in der Liebe weniger für triebhaftes Sexualleben als für Spiritualität und Sinnlichkeit.*

In einer starken Position fördert Venus Freundschaft, Taktgefühl, Sanftheit und Romantik, in ungünstiger Position hingegen Kommunikationsstörungen und Phlegma. Personen mit einer starken Venus sind immer kreativ, arbeitsam, auf ihr Äußeres bedacht und beliebt beim anderen Geschlecht.

### Übrigens …

*Das Symbol der Venus hat sich international als Zeichen für »weiblich« eingebürgert.*

## Mars

**SCHLÜSSELWÖRTER:** körperliche Energie, Entschlusskraft

Der grimmige Mars war der Kriegsgott der alten Römer (bei den Griechen hieß er Ares). Er gewann jede Schlacht, war aber chronisch erfolglos in der Liebe. So wird er in der bildenden Kunst auch stets in voller Rüstung dargestellt, selbst wenn es um eine seiner zahlreichen Liebesaffären geht.

*Mars regiert den Widder; erhöht ist er im Steinbock, erniedrigt im Krebs. Unter den Metallen entspricht er dem Eisen, der in seinen Zuständigkeitsbereich fallende Körperteil ist der Kopf. Ein starker Mars begünstigt Arbeitsmoral, Zuversicht, Dynamik, Mut, Durchsetzungsvermögen und Begeisterung.*

Mars steht für Aggression und ist außerdem nicht nur für die körperliche Seite der Sexualität (insbesondere die Samendrüsen und Fortpflanzungsorgane) zuständig, sondern insgesamt für physische Energie. In starker und schwacher Position begünstigt er Grobheit, Wut und Jähzorn.

### Übrigens ...

*Das Symbol des Mars hat sich international als Zeichen für »männlich« eingebürgert.*

## Jupiter

**SCHLÜSSELWÖRTER:** Ausdehnung, Wachstum, Vergrößerung

Jupiter (bei den Griechen Zeus genannt) war bei den Römern die oberste Gottheit sowie der Schutzgott der Stadt Rom. Wenn römische Soldaten in die Schlacht zogen, erbaten sie zuvor im Jupitertempel den Segen des höchsten Gottes. Er gilt als strafender Gott, aber auch als Schützer des Rechts.

*Jupiter regiert den Schützen. Erhöht ist er im Krebs, erniedrigt im Steinbock. Unter den Metallen entspricht er dem Zinn, die von ihm regierten Körperteile sind Schenkel, Hüfte und Leber. In starker Position begünstigt er eine zuversichtliche, zupackende, idealistische Lebenseinstellung, Gerechtigkeit, Großzügigkeit, Treue, Verlässlichkeit und das Streben nach Höherem.*

Jupiter ist wichtig in Bezug auf Bildung, Sprachen, Philosophie, moralische Fragen und das Lösen von Problemen. Steht er in ungünstiger Position, führt das zu Hemmungslosigkeit, mangelnder Selbstdisziplin, Verantwortungslosigkeit, Amoralität, Leichtsinn und Verwegenheit. Traditionell gilt Jupiter als Planet der Ausdehnung; daher verbindet man ihn auch mit körperlicher Größe.

## Saturn

**SCHLÜSSELWÖRTER:** Stabilität, Beschränkung, Grenzen, Kontrolle

Saturn, römischer Gott des Ackerbaus, war der Mythologie zufolge der Vater von Jupiter. Zu Ehren Saturns wurden im alten Rom Mitte Dezember die Saturnalien gefeiert, ein karnevalistisches Fest, das die katholische Kirche später abschaffte und durch das Weihnachtsfest ersetzte.

*Saturn regiert den Steinbock, ist erhöht in der Waage und erniedrigt im Widder. Unter den Metallen entspricht er dem Blei, die von ihm regierten Körperteile sind die Knochen, insbesondere das Kniegelenk. Traditionell steht er für Grenzen und Einschränkungen aller Art, weshalb man ihm häufig einen blockierenden, hemmenden Einfluss zuschreibt.*

Wenn Saturn in starker Position ist, fördert er praktisches Denken, Nüchternheit beim Lösen von Problemen, Zuverlässigkeit, Ehrlichkeit, Hartnäckigkeit und Durchhaltevermögen. Steht er hingegen ungünstig, so können sich hemmende Einflüsse voll entfalten und alle positiven Impulse blockieren oder bremsen.

## Uranus

**SCHLÜSSELWÖRTER:** Veränderung, Unordnung, Schock

Uranus wurde 1781 von dem britischen Astronom William Herschel entdeckt. Herschel nannte ihn zunächst »Georgsstern«, um damit George III., damaliger König von England, seine Reverenz zu erweisen. Später wurde er in »Ouranus« umgetauft. Er wurde mit dem gleichnamigen Gott Uranus in Verbindung gebracht, dem Gott des Himmels, der sich mit der Mutter Erde vereinigt und die ersten göttlichen Kinder (die Titanen) gezeugt hatte. Schließlich wurde Uranus, weil er seine Kinder im Hass in die Tiefe der Erde zurückstieß, von der neuen Göttergeneration gestürzt und kastriert. Sein Zeugungsglied wurde ins Meer geworfen. Aus dem Schaum, der sich dabei bildete, ging die Liebesgöttin Aphrodite hervor.

*Uranus regiert den Wassermann, ist erhöht im Skorpion und erniedrigt im Stier. Unter den Metallen entspricht ihm das Aluminium, er beeinflusst die Körperteile Schienbein, Knöchel und den Blutkreislauf. Er gilt als Planet der Veränderung. In starker Position begünstigt er Originalität (bis hin zur Überspanntheit), Vielseitigkeit, Flexibilität und Unabhängigkeit.*

Uranus gilt als Planet der revolutionären Veränderung, des Aufruhrs und der Anarchie. In ungünstiger Position fördert er exzentrisches, aufrührerisches oder kriminelles Verhalten, Gewalttätigkeit und sexuelle Perversion. Er steht ferner für die Erkundung des Weltraums und für Science Fiction.

## Neptun

**SCHLÜSSELWÖRTER:** Vagheit, Träumerei

Neptun, der zweite der »neuen« Planeten, wurde 1846 entdeckt. In der römischen Mythologie ist er der Gott der Meere, Seen und Flüsse; in der griechischen Mythologie entspricht ihm Poseidon. Er verliebte sich in Ceres (griechisch Demeter), die römische Göttin des pflanzlichen Wachstums, die in Gestalt eines Pferdes umherwandelte. Um sie zu umwerben, nahm Neptun selbst die Pferdegestalt an.

*Neptun regiert die Fische; erhöht ist er im Löwen, erniedrigt im Wassermann. Das ihm entsprechende Metall ist Platin, der regierte Körperteil ist der Fuß. In starker Position fördert er Vornehmheit und Idealismus, Einbildungskraft, Beobachtungs- und Auffassungsgabe. Er wird mit der Kunst in Verbindung gebracht.*

## Pluto

**SCHLÜSSELWÖRTER:** Auslöschung, Veränderung

Pluto wurde erst 1930 entdeckt und ist damit der jüngste der »neuen« Planeten. Benannt wurde er nicht etwa nach dem Hund von Mickey Mouse, sondern nach dem griechischen Gott des Ackerbaus, der der Herrscher der Unterwelt war, in die die Seelen der Verstorbenen nur über den Styx, den Fluss des finsteren Totenreichs, gelangten. Pluto hatte die Gabe, sich unsichtbar machen zu können.

*Pluto regiert den Skorpion, ist erhöht in der Jungfrau und erniedrigt in den Fischen. Das Metall, das ihm entspricht, ist das Eisen bzw. der Stahl, die regierten Körperteile sind die Geschlechtsorgane. Wenn er in starker Position ist, ermutigt er die Menschen.*

Für Pluto charakteristisch ist das Prinzip der »Elimination« (Auslöschung) sowie die starke Affinität zu den Schichten des Unterbewusstseins, vor allem zu verdrängten oder blockierten Trieben und Wünschen, zur Fortpflanzung und den Geschlechtsorganen. In ungünstiger Position fördert er Verschlossenheit, Krittelei, Grausamkeit, Heimtücke, Verbrechen und zwanghaftes Verhalten. Menschen mit übersinnlichen Fähigkeiten und manische Charaktere unterliegen oft dem starken Einfluss Plutos.

## Kurze Zusammenfassung

✓ Die Planeten sind in der Astrologie genau so wichtig wie die Tierkreiszeichen und der Aszendent.

✓ In einem Geburtshoroskop muss man neben der Sonne auch die neun Planeten beachten, die in den verschiedenen Zeichen des Tierkreises stehen.

✓ Sonne, Mond, Merkur, Venus, Mars, Jupiter und Saturn waren schon den ersten Astrologen bekannt; dazu kamen in den letzten dreihundert Jahren Uranus, Neptun und Pluto.

✓ Jeder Planet regiert ein bestimmtes Zeichen. Er kann in einem Geburtshoroskop als »persönlicher« Planet erscheinen, und er befindet sich, je nach seinem Tierkreiszeichen, in »Erhöhung« oder »Erniedrigung«.

♌ Die Sonne regiert den Löwen; sie steht für Lebensfreude, Selbstverwirklichung und Großzügigkeit.

♋ Der Mond regiert den Krebs; er steht für Gefühlsleben, Instinkte, Intuition und Sensibilität.

♊ Merkur regiert Zwillinge und Jungfrau; er steht für Kommunikation, Intellekt und Flexibilität.

♉ Venus regiert Stier und Waage; sie steht für Schönheit, Sanftheit, Harmonie und Liebe.

♈ Mars regiert den Widder; er steht für Tatkraft, Entschlossenheit, Aggression und körperliche Energie.

♐ Jupiter regiert den Schützen; er steht für Ausdehnung, Extravaganz, Gerechtigkeit und Optimismus.

♑ Saturn regiert den Steinbock; er steht für Behutsamkeit, Kontrolle, Stabilität und Hartnäckigkeit.

♒ Uranus regiert den Wassermann; er steht für Veränderung, Exzentrik, Unabhängigkeit und Originalität.

♓ Neptun regiert die Fische; er steht für Idealismus, Fantasie, Sensibilität und Nachlässigkeit.

♏ Pluto regiert den Skorpion; er steht für Elimination, Revolution, Heimlichkeit und Sexualität.

Kapitel 6

# Wofür hat man Freunde!

Bis hierher haben Sie die Eigenschaften der Tierkreiszeichen und Planeten im Einzelnen kennen gelernt. Die Astrologie teilt diese Zeichen nach vier Kriterien in Gruppen ein und misst den Planeten je nach Entfernung voneinander zusätzliche Bedeutung bei. Diese im Geburtshoroskop ablesbaren Entfernungen ergeben die so genannten Aspekte. Ferner gibt es im Geburtshoroskop vier Punkte, die Kardinalpunkte, die ebenfalls besondere Einflüsse ausüben.

## Inhalt dieses Kapitels:

Der Sextant wurde benutzt, um die Winkel zwischen den Sternen zu messen.

# Die Einteilungen der Zeichen

IM LAUFE DER ZEIT *hat es sich eingebürgert, die zwölf Tierkreiszeichen entsprechend ihren Beziehungen untereinander in vier Gruppen einzuteilen. Die Einteilung erfolgt nach Geschlecht (auch Dualität genannt), Element (auch Triplizität), Qualität (auch Quadruplizität) und Polarität.*

## Einteilung nach Geschlecht

Die erste Einteilung erfolgt nach Geschlecht. Traditionell betrachtete man die Tierkreiszeichen als entweder männlich/positiv oder weiblich/negativ. Auch die moderne Astrologie arbeitet mit dieser Unterscheidung.

*Die männlichen/positiven Zeichen sind Widder, Zwillinge, Löwe, Waage, Schütze und Wassermann, die weiblichen/negativen Stier, Krebs, Jungfrau, Skorpion, Steinbock und Fische. Das Wort »Geschlecht« bezieht sich hier nicht auf das biologische Geschlecht (sowohl Frauen als auch Männer können ein männliches/positives Zeichen haben), sondern auf die archetypischen Eigenschaften, die man mit dem männlichen oder weiblichen Prinzip assoziiert. Männliche Tierkreiszeichen sind eher extrovertiert, gesellig und an ihrer Umgebung interessiert; weibliche Zeichen sind eher introvertiert, zurückgezogen und richten den Blick nach innen.*

### Übrigens…

*Die Vorstellung eines astrologischen Geschlechts oder einer Dualität ist uralt. In der abendländischen Tradition geht sie etwa bis 500 v. Chr. zurück, auf die Zeit, zu der der griechische Mathematiker Pythagoras lebte. Vom symbolischen Gehalt her ähnelt das astrologische Geschlecht/die Dualität der bereits 4000 Jahre alten chinesischen Vorstellung von Yin und Yang als grundlegenden Kräften im Universum. Yin symbolisiert das Weibliche, Dunkle, Verschlossene, Feuchte und Kalte; Yang das Maskuline, Helle, Offene, Trockene und Heiße.*

## Einteilung nach Elementen

Die zweite Einteilung erfolgt nach den vier Elementen: Feuer, Erde, Luft und Wasser. Jedem Element sind drei Zeichen zugeordnet: Widder, Löwe und Schütze sind Feuer-Zeichen; Stier, Jungfrau und Steinbock Erd-Zeichen; Zwillinge, Waage und Wassermann sind Luft-Zeichen; Krebs, Skorpion und Fische sind Wasser-Zeichen. Die Feuer-Zeichen bedeuten Begeisterungsfähigkeit, die Erd-Zeichen praktische Veranlagung, die Luft-Zeichen Intellek-

FEUER

ERDE

LUFT

tualität und die Wasser-Zeichen Emotionalität. Die Elemente werden auch Triplizitäten genannt.

Die verbreitete Überzeugung, dass Menschen mit dem gleichen Sonnenzeichen einfach nicht miteinander auskommen können, halten wir für völlig falsch. In jedem Fall vertragen sich in der Regel zwei Personen, deren Sonnenzeichen dem gleichen Element zugehören (also z. B. zwei Menschen mit Feuer-Zeichen), sehr gut.

WASSER

## Einteilung nach den Qualitäten

Die dritte Einteilung erfolgt nach drei unterschiedlichen Arten von Energie, genannt Qualitäten: kardinal, fest und beweglich (andere Ausdrücke sind auch kardinal, fix und veränderlich). Jeder Qualität werden vier Zeichen zugeordnet. Die kardinalen Zeichen sind Widder, Krebs, Waage und Steinbock; die festen Zeichen sind Stier, Löwe, Skorpion und Wassermann; die beweglichen Zeichen sind Zwillinge, Jungfrau, Schütze und Fische. Die kardinalen Zeichen sind eher spontan und gesellig; die festen Zeichen sind meist resolut und ein bisschen steif und die beweglichen Zeichen sind vielseitig und flexibel. Diese Qualitäten werden auch Quadruplizitäten genannt.

## Einteilung nach Polaritäten

Die vierte Einteilung erfolgt nach der Lage, womit gemeint ist, dass jedes Tierkreiszeichen mit dem direkt gegenüberliegenden Zeichen ein Paar bildet: Widder/Waage, Stier/Skorpion, Zwillinge/Schütze, Krebs/Steinbock, Löwe/Wassermann und Jungfrau/Fische.

*Obwohl sich die Paare auf dem Tierkreis in entgegengesetzter Position befinden, heißt das nicht, dass ihre Charaktere gegensätzlich sein müssen. Vielmehr entwickelt sich zwischen ihnen meist eine besonders innige und verständnisvolle Beziehung, besonders was geschäftliche Partnerschaften oder berufliche Beziehungen betrifft.*

*Mal ganz persönlich gesprochen: Ein Autor dieses Buches hat das Sonnenzeichen Zwillinge, während der andere das entgegensetzte Zeichen, den Schützen, als Aszendenten hat; die beiden sind jetzt schon seit 45 Jahren glücklich verheiratet.*

**INTERNET**

**www.efn.org/~patricia**

*Diese amüsante Website enthält Tipps für Menschen in einer Beziehung – oder die, die gerade eine anfangen möchten. Hier können sie sehen, ob sie zueinander passen.*

# Die Aspekte

*INZWISCHEN WERDEN SIE wahrscheinlich keine großen Schwierigkeiten mehr damit haben, die wichtigsten Komponenten in einem Geburtshoroskop zu erkennen. Es ist tatsächlich relativ leicht festzustellen, in welchen Tierkreiszeichen und Häusern die Planeten stehen.*

Die Beziehungen oder Aspekte zwischen Planeten (sie werden in Grad gemessen) sind etwas schwieriger zu bestimmen, besitzen aber einen großen Einfluss. Es gibt insgesamt neun Aspekte, die anhand ihres Typs (positiv oder negativ) und ihrer Stärke (sehr stark, kräftig, mäßig oder schwach) kategorisiert werden. Im Folgenden geben wir einen Überblick über die neun Aspekte.

**DEFINITION**

*Wenn in einem Geburtshoroskop zwei Planeten eine bestimmte Anzahl an Graden auseinander liegen, sagt man, der eine stehe im* **Aspekt** *zum anderen. Die Grade beziehen sich auf den gesamten Kreis des Geburtshoroskops. Der Gesamtumfang des Kreises beträgt 360°; ein Grad entspricht einem Dreihundertsechzigstel des Kreises.*

## POSITIVE UND NEGATIVE ASPEKTE

| ASPEKT | SYMBOL | TYP | ENTFERNUNG IN GRAD | ORBIS |
|---|---|---|---|---|
| Konjunktion | ☌ | Positiv oder Negativ | 0° | 8°, bei ☉ und ☽ bis zu 10° |
| Trigon | △ | Positiv | 120° | 8° |
| Sextil | ⚹ | Positiv | 60° | 6° |
| Opposition | ☍ | Negativ | 180° | 8°, bei ☉, ☽ oder regierendem Planeten bis zu 10° |
| Quadrat | □ | Negativ | 90° | 8° |
| Semiquadrat | ∠ | Negativ | 45° | 2° |
| Quinkunx | ⚻ | Negativ | 150° | 2°, bei ☉, ☽ oder persönlichem Planeten bis zu 3° |
| Sesquiquadrat | ⚼ | Schwach – Negativ | 135° | 2° |
| Semisextil | ⚺ | Schwach – Negativ | 30° | 2° |

**DEFINITION**

*Damit Planeten zueinander in Aspekt stehen, müssen sie eine gewisse Anzahl von* **Graden** *voneinander* **entfernt** *sein. Ein Sextil liegt vor, wenn mehrere Planeten 60° voneinander entfernt sind. Es kommt selten vor, dass die entsprechenden Entfernungen exakt vorliegen. Die Astrologen haben sich auf einen Spielraum geeinigt, innerhalb dessen der Aspekt gültig ist. Beim Sextil beträgt dieser Spielraum 6° in jede Richtung, d.h. ein Sextil liegt vor, wenn die Planeten zwischen 54° und 66° voneinander entfernt sind. Diesen Toleranzspielraum bezeichnet man als* **Orbis**.

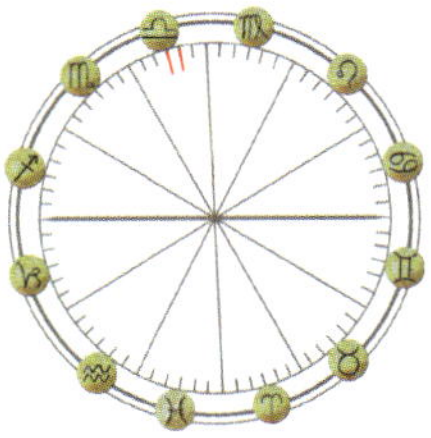

## Die Aspekte

KONJUNKTION: Der einfachste Aspekt von allen ist die Konjunktion. Sie liegt vor, wenn zwei oder mehr Planeten die gleiche – oder fast die gleiche – Position im Geburtshoroskop haben. Wenn z.B. die Sonne und der Mond beide im gleichen Punkt stehen – sagen wir einmal 6° im Kreissegment des Widders –, dann bilden sie eine Konjunktion. Die Konjunktion, die sowohl positiv als auch negativ sein kann, ist der einflussreichste Aspekt. Sie verstärkt den Einfluss sämtlicher beteiligter Planeten.

*Es kommt selten vor, dass Planeten genau die Anzahl von Graden auseinander stehen, die einen Aspekt ausmachen. Zwei Planeten müssen nicht unbedingt auf dem gleichen Punkt des Geburtshoroskops stehen, um eine Konjunktion zu bilden. Sie dürfen jedoch nicht mehr als acht Grad voneinander entfernt sein. Diesen Toleranzrahmen nennt man Orbis.*

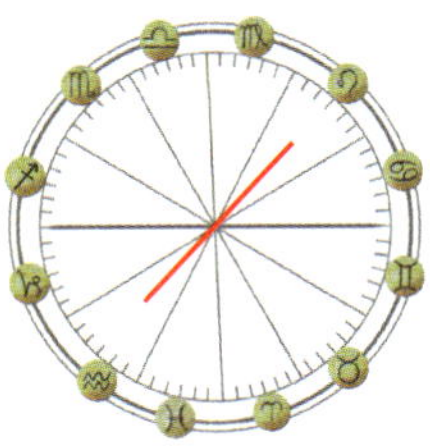

OPPOSITION: Ein Aspekt, der ebenfalls leicht zu erkennen ist, ist die Opposition. Sie tritt auf, wenn zwei Planeten 180° auseinander stehen. Dieser starke, negative Aspekt bedeutet oft Ärger und Konflikt, aber er bringt auch Charakterstärke und den Willen zur positiven Veränderung hervor.

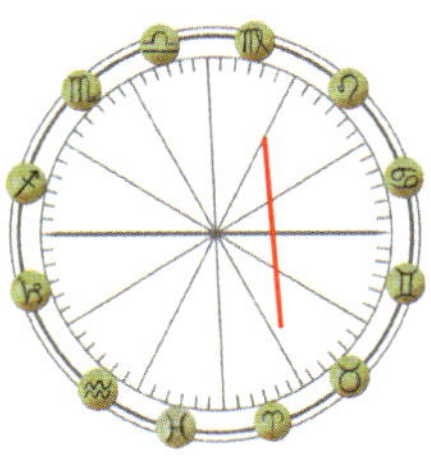

TRIGON: Das Trigon ist einer der mächtigeren positiven Aspekte. Es entsteht, wenn zwei oder mehrere Planeten im Geburtshoroskop 120° auseinander stehen. Das Trigon fördert Ausgeglichenheit und Harmonie und macht das Leben meist leichter.

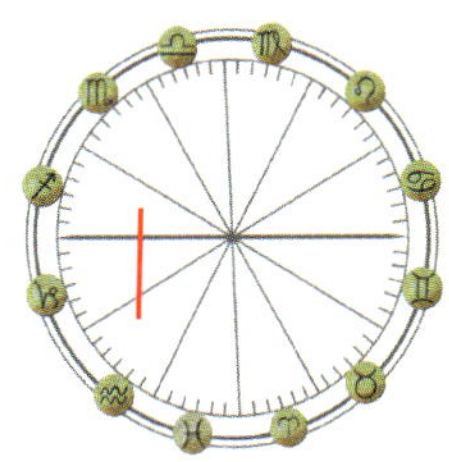

SEXTIL: Das Sextil ist ein weiteres Beispiel für einen einflussreichen positiven Aspekt. Es liegt vor, wenn zwei oder mehrere Planeten 60° auseinander liegen. Das Sextil ähnelt in seinem wohltuenden Einfluss dem Trigon; es verhilft zu einer lockeren Lebenseinstellung und fördert die uneingeschränkte Entfaltung der positiven Qualitäten sämtlicher beteiligter Planeten.

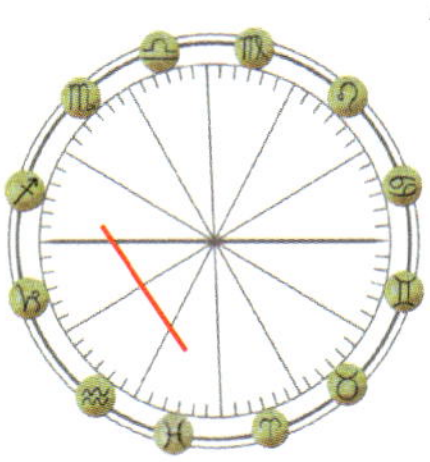

QUADRAT: Das Quadrat ist ein mächtiger negativer Aspekt. Es tritt ein, wenn zwei oder mehrere Planeten 90° auseinander liegen. Es kann für große Hindernisse und Herausforderungen stehen, aber auch für Ausdauer und Kraft.

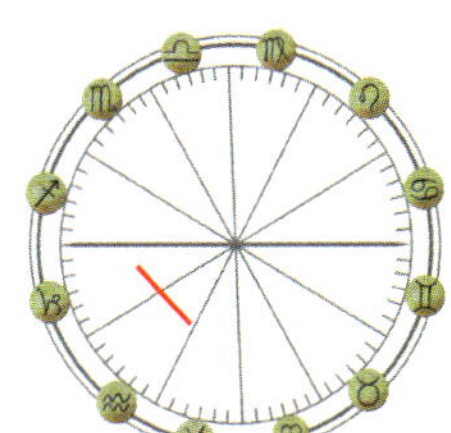

SEMIQUADRAT: Das Semiquadrat ist ebenfalls ein negativer Aspekt. Es liegt vor, wenn zwei oder mehrere Planeten 45° auseinander liegen. Es bedeutet Stress und Spannung.

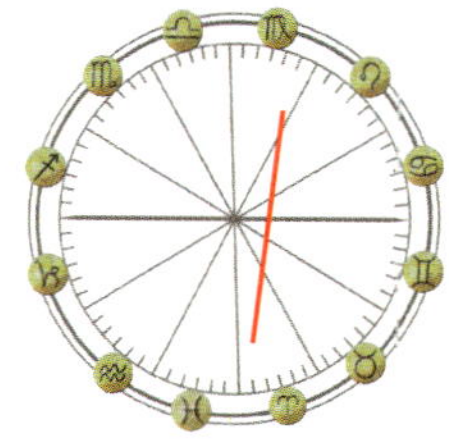

QUINKUNX: Ein weiterer nicht so negativer Aspekt ist der Quinkunx. Er entsteht, wenn zwei oder mehrere Planeten 150° auseinander stehen. Ähnlich, aber weniger stark als das Semiquadrat bringt der Quinkunx Stress und Spannung; darüber hinaus fördert er Unberechenbarkeit.

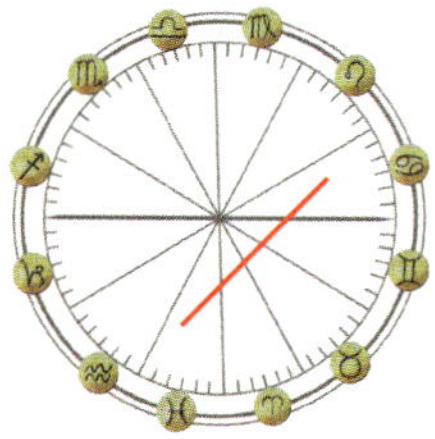

SESQUIQUADRAT: Ein schwacher negativer Aspekt, der dem Semiquadrat ähnelt. Es tritt auf, wenn zwei oder mehrere Planeten 135° auseinander liegen und wird normalerweise mit negativen Einflüssen und Spannungen in Verbindung gebracht.

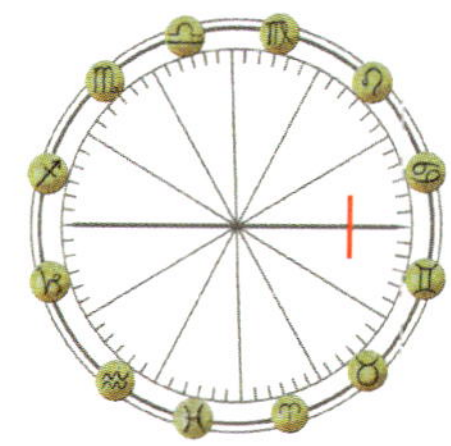

SEMISEXTIL: Ein schwacher positiver Aspekt. Er entsteht, wenn zwei oder mehrere Planeten 30° auseinander liegen. Es wird mit Spannungen und negativen Einflüssen assoziiert, aber nicht in dem Maße wie das Sesquiquadrat.

*Die Tatsache, dass einige Aspekte als »positiv« oder »negativ« bezeichnet werden, hat nichts damit zu tun, dass sie eine positive oder negative Wirkung hätten. Opposition und Quadratur, zwei starke negative Aspekte, bedeuten zwar meist nichts Gutes, können aber unter Umständen auch positive Auswirkungen haben, indem sie Sie dazu bringen, Herausforderungen entschlossen anzugehen.*

# Die Aspektfigurationen

WENN SIE SICH EIN GEBURTSHOROSKOP *anschauen, werden Sie feststellen, dass die Planeten, die zueinander in Aspekt stehen, nicht nur eine ganz bestimmte Anzahl von Graden voneinander entfernt sind, sondern auch geometrische Figuren bilden. Dies sind die so genannten Aspektfigurationen; sie können einen starken – positiven oder negativen – Einfluss auf einen Menschen haben. Wie Sie an unseren Abbildungen erkennen können, sind bei den meisten Aspektfigurationen drei bis vier Planeten beteiligt. Bisweilen bilden auch mehr als vier Planeten eine Aspektfiguration. In diesem Fall ist ihre Wirkung erheblich gesteigert. In der Folge beschreiben wir die wichtigsten Aspektfigurationen: das T-Quadrat, das große Trigon, das große Quadrat, die Yod-Figur und das Stellatium.*

## T-Quadrat

T-QUADRAT

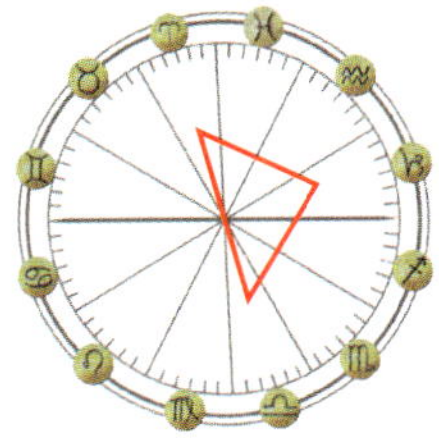

Wenn zwei Planeten in Opposition zueinander stehen und ein dritter Planet steht in Quadratur (90°) zu beiden, dann bilden sie ein so genanntes T-Quadrat. Die Wirkung dieser Figur hängt von den Eigenschaften der beteiligten Planeten ab. So kann sie frischen Schwung, Energie und Entschlossenheit verleihen, aber auch hemmend wirken und die freie Entfaltung positiver Anlagen behindern.

GROSSES TRIGON

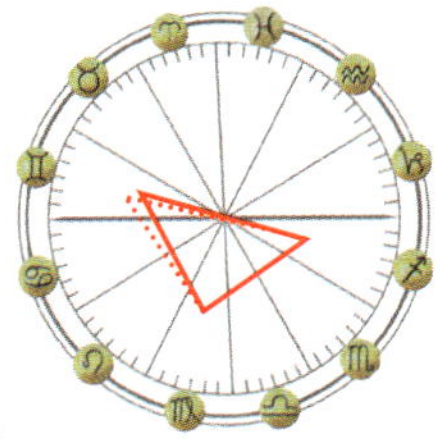

## Großes Trigon

Ein Zusammentreffen von drei Trigonalaspekten in einem Geburtshoroskop könnte man für einen exzellenten Zufall halten – doch Vorsicht: Solche Gruppierungen können auch gegen einen arbeiten! Diese Figur verleiht Ihnen wahrscheinlich großen Charme, kann aber auch Charakterschwächen begünstigen, insbesondere eine zu große Lässigkeit und die Überzeugung, dass Sie sich einfach alles erlauben können (was oft auch stimmt!). Wenn Sie diese Figur haben, schauen Sie sich in Ihrem Geburtshoroskop nach »kernigeren« Einflüssen um, die für Charakterstärke und Festigkeit stehen.

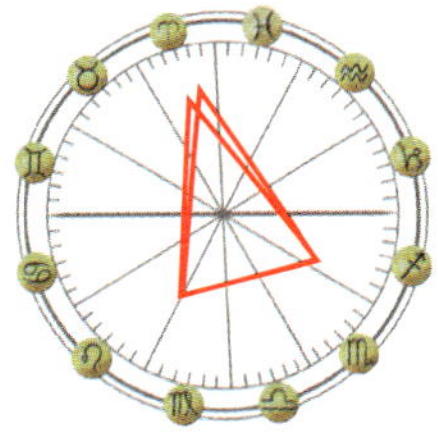

GROSSES QUADRAT

## Großes Quadrat

In dieser Figur befinden sich vier Planeten in einem Abstand von jeweils 90° zueinander, so dass sie ein Kreuz mit gleich langen Balken bilden. Man hat also zwei Oppositionen, die sich überkreuzen; gleichzeitig befindet sich jeder Planet in Quadratur zu zwei anderen. Diese Figur kommt ziemlich selten vor und man sagt, dass sie über Gedeih oder Verderb entscheiden kann. Sie kann einen Menschen außerordentlich mutig, tatkräftig, stark und erfolgreich machen. Manche Menschen aber können mit der von dieser Figur ausgehenden Energie nicht umgehen und zerbrechen an ihrem Einfluss.

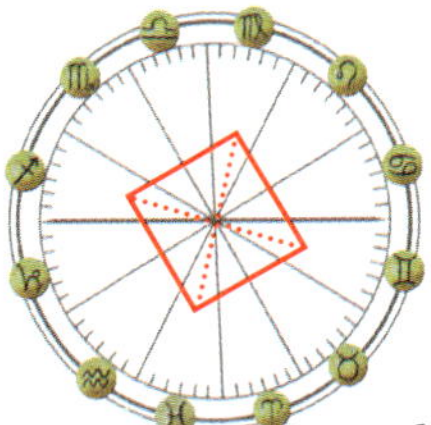

GRAND CROSS

Wegen seiner Einmaligkeit schreibt man dem Großen Quadrat drei verschiedene Qualitäten zu: kardinal, fest und beweglich. Es sind letztlich diese Qualitäten, die darüber entscheiden, wie ein Individuum von einem großen Quadrat beeinflusst wird.

KARDINAL: Ein kardinales großes Quadrat wirkt hemmend. Sie haben vielleicht unendliche Energiereserven, können Sie aber nicht freisetzen. Die Förderung des Selbstbewusstseins ist eine vordringliche Aufgabe.

FEST: Ein festes großes Quadrat sorgt für extreme Sturheit. Oft kann man das darauf zurückführen, dass Eltern oder Lehrer Sie in Ihrer Kindheit zu oft heruntergemacht haben; Selbstvertrauen und Eigeninitiative wurden dadurch schwer beschädigt, so dass auch in diesem Fall der Aufbau von Selbstvertrauen eine wichtige Aufgabe ist.

*BEWEGLICH:* Ein bewegliches großes Quadrat kann Verwirrung erzeugen. Sie sehnen sich vielleicht nach einem erfüllten, klar geordneten Leben, aber irgendwie können Sie Ihre Ziele nie erreichen. Sie handeln wie aus einem starken Pflichtbewusstsein heraus, doch seltsamerweise ist es oft gerade dieses Pflichtbewusstsein, hinter dem Sie Ihr fehlendes Selbstbewusstsein verstecken. Sie haben große Potenziale, aber erst müssen Sie Ihre Minderwertigkeitsgefühle überwinden.

Wenn man die Wirkungen eines Großen Quadrates erkennt, dann hat man schon den ersten Schritt zu ihrer Überwindung getan. Leute, die genügend Energie und Entschlossenheit aufbringen, die Energie zu nutzen, können über sich hinauswachsen.

## Die Yod-Figur

Diese Figur verweist auf Schwierigkeiten. Ein Planet, der in Opposition zu einem anderen steht, befindet sich gleichzeitig in Quinkunx zu zwei weiteren Planeten, so dass eine Figur entsteht, die wie eine Pfeilspitze aussieht. Eine andere Möglichkeit ist, dass die beiden zusätzlichen Planeten Semisextile zu dem ersten Planeten bilden.

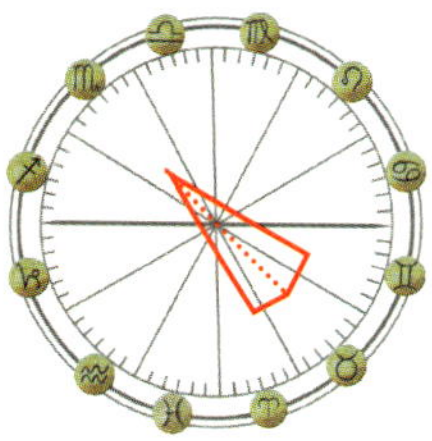

Diese Figur »weist uns den Weg«, könnte man sagen. Indem die »Pfeilspitze« auf ein bestimmtes Haus zeigt, fordert sie einen Menschen auf, sich mit den in diesem Haus thematisierten Problemen auseinander zu setzen. Es gilt als sicher, dass der Pfeil immer auf eine Gegend des Geburtshoroskops weist, in der sich die Probleme konzentrieren, und dass die entsprechenden negativen Einflüsse in der Persönlichkeit zum Ausdruck kommen werden.

## Stellatium

Wenn drei oder mehrere Planeten im selben Haus oder Zeichen erscheinen, dann spricht man von einem Stellatium. Die Wirkungen des Zeichens, in dem das Stellatium vorkommt, werden dadurch sehr verstärkt; in dem Lebensbereich, der von dem betroffenen Haus repräsentiert wird, werden vermehrt Probleme auftreten. In der Regel wird das Sonnenzeichen involviert sein. In diesem Fall werden die Merkmale nicht nur in Ihrem allgemeinen Charakter auftauchen, sondern auch die Art Ihres Denkens und Liebens bestimmen. Wenn zudem noch der Mond in dem Zeichen auftaucht, dann wird es auch die Art und Weise bestimmen, wie Sie in verschiedenen Situationen reagieren.

Der Einfluss des Stellatiums kann die ganze Persönlichkeit aus dem Gleichgewicht bringen. Sowohl postive wie negative Eigenschaften werden so verstärkt, dass Sie nach beruhigenden Einflüssen in Ihrem Geburtshoroskop suchen sollten.

**INTERNET**

**www.astroadvice.com**

*Sie wollen mehr über Aspekte wissen? Auf dieser Website finden Sie umfassende Informationen.*

# Überhaupt keine Aspekte!

*ES IST ZWAR nicht sehr häufig, kommt aber doch immer wieder vor, dass man in seinem Geburtshoroskop einen Planeten entdeckt, der überhaupt keinen Aspekt mit anderen Planeten bildet. Man könnte denken, dass ein solcher »aspektloser« Planet eher unwichtig ist und keine gravierenden Auswirkungen haben kann. Das wäre aber ein großer Irrtum!*

In Wahrheit sind aspektlose Planeten sehr wichtig. Ihre Einflüsse machen sich besonders stark bemerkbar, und zwar auf eine ungewöhnliche, schwer berechenbare Weise, die einem ganz schön zu schaffen machen kann. In der Regel führen aspektlose Planeten zu emotionalen Belastungen und psychischen Problemen.

# Andere Himmelsboten – die Kardinalpunkte des Horoskops

*STELLEN SIE SICH das Zifferblatt einer Uhr vor, auf dem nur vier Punkte markiert sind: 9 Uhr (genau im Westen); 12 Uhr (genau im Süden); 3 Uhr (genau im Osten); und 6 Uhr (genau im Norden).*

Wenn wir dieses Zifferblatt durch die astrologische Brille anschauen, sehen wir eine Darstellung des gesamten Himmels. Der 9-Uhr-Punkt heißt in der Astrologie traditionell »Sonnenaufgang« und ist der Ort des Aszendenten; der 12-Uhr-Punkt heißt »Mittag« und ist der Ort des »Medium Coeli« oder der Himmelsmitte; der 3-Uhr-Punkt heißt »Sonnenuntergang« und ist der Ort des Deszendenten; der 6-Uhr-Punkt schließlich heißt »Mitternacht« und ist der Ort des »Imum Coeli« oder der Himmelstiefe.

Diese verschiedenen Punkte auf dem 360°-Kreis der Ekliptik haben in einem Geburtshoroskop ihre je eigenen Bedeutungen und Wirkungen und können mit bestimmten Planeten auch selbst Aspekte bilden. Besonders wichtig sind Aszendent und Himmelsmitte.

## Der Aszendent

Der Aszendent befindet sich im Geburtshoroskop ganz links außen – auf dem 9-Uhr-Punkt bzw. der Position des »Sonnenaufgangs« in der Astrologie. Der Aszendentenpunkt, den man beim Erstellen eines Horoskops meist als Erstes einzeichnet, markiert den Anfang jenes 30°-Segments auf dem Tierkreis, in dem das dann ebenfalls als »Aszendent« bezeichnete Zeichen steht. Der Aszendent gibt Aufschluss über Ihre verborgene Identität, über Ihr inneres Ich, das Sie nur den engsten Vertrauten – und vielleicht nicht einmal diesen – offenbaren. Er steht ferner für die Grundlagen der Persönlichkeit und zeigt an, wie Sie sich an Ihre Umgebung anpassen können. Alle Planeten, die in der Nähe des Aszendenten stehen oder Aspekte mit ihm bilden, sollte man genau beachten. (In Geburtshoroskopen wird das Wort »Aszendent« oft abgekürzt als »ASZ«.)

## Die Himmelsmitte

Die Himmelsmitte – »Medium Coeli« auf Latein, daher auch oft abgekürzt als MC – befindet sich oben in der Mitte des Geburtshoroskops, in der 12-Uhr- bzw. Mittags-Position. Die Himmelsmitte verweist auf diejenigen Charaktereigenschaften und Lebensbereiche, mit denen wir uns am stärksten und ausdrücklichsten identifizieren.

## Der Deszendent

Der Deszendent liegt genau auf der entgegengesetzten Seite vom Aszendenten, also auf der 3-Uhr- oder Sonnenuntergangs-Position unserer astrologischen Uhr. Er befindet sich stets an der Oberseite des siebten Hauses, welches das Haus der Partnerschaft ist. Dementsprechend hat der Deszendent vor allem mit Beziehungen zu tun.

PTOLEMÄISCHES SYSTEM AUS DEM HIMMELSATLAS.

## Die Himmelstiefe

Die Himmelstiefe – »Imum Coeli« auf Latein, daher häufig abgekürzt als IC – befindet sich gegenüber der Himmelsmitte, am tiefsten Punkt des Geburtshoroskops auf der 6-Uhr- oder Mitternachts-Position der astrologischen Uhr. Die Himmelstiefe symbolisiert unsere Wurzeln, unsere Vorfahren, und steht in enger Verbindung zum vierten Haus, das mit dem Zuhause, der Familie, der Mutter und dem Land zu tun hat.

Hiermit haben wir alle wichtigen Mitspieler der Astrologie kennen gelernt: Tierkreiszeichen, Aszendenten, Planeten, Zeicheneinteilungen, Aspekte und Kardinalpunkte. Nun ist es an der Zeit, die Häuser, in denen sie leben, genauer kennen zu lernen.

## Kurze Zusammenfassung

- ✓ Neben ihren allgemeinen Eigenschaften und Einflüssen haben die Zeichen und Planeten zusätzlich besondere Eigenschaften.
- ✓ Diese besonderen Eigenschaften der Zeichen können nach vier Arten von Kriterien eingeteilt werden.
- ✓ Die erste Einteilung erfolgt nach Geschlecht (männlich/positiv oder weiblich/negativ).
- ✓ Die zweite Einteilung erfolgt nach den Elementen (Feuer, Erde, Luft, Wasser) und wird auch Triplizität genannt.
- ✓ Die dritte Einteilung erfolgt nach Qualität (kardinal, fest, beweglich).
- ✓ Die vierte Einteilung erfolgt nach Lage, indem jedes Zeichen dem im Tierkreis gegenüberliegenden zugeordnet wird.
- ✓ Die Einflüsse der Planeten werden durch den Abstand zu anderen Planeten im Geburtshoroskop bestimmt. Sie bilden so genannte Aspekte mit ihnen: Konjunktion, Opposition, Trigon, Sextil, Quadrat, Semiquadrat, Quinkunx, Sesquiquadrat und Semisextil. Die Wirkung von Aspekten kann positiv oder negativ sein, ihr Einfluss sehr stark, stark, mäßig oder schwach.
- ✓ Aspekte bilden häufig bestimmte Aspektfigurationen, die in einem Geburtshoroskop ebenfalls sehr wirkmächtig sind. Die wichtigsten Aspektfigurationen sind das T-Quadrat, das große Trigon, das große Quadrat und das Stellatium. Die Wirkung dieser Muster kann positiv oder negativ sein, die Intensität ihres Einflusses ist fast immer stark.
- ✓ Man unterscheidet vier spezifische Punkte, die jeweils für unterschiedliche Aspekte der Persönlichkeit stehen. Diese vier Kardinalpunkte sind der Aszendent (in der östlichen oder »Sonnenaufgangs«-Position), die Himmelsmitte (in der südlichen oder »Mittags«-Position), der Deszendent (in der westlichen oder »Sonnenuntergangs«-Position) und die Himmelstiefe (in der nördlichen oder »Sonnenuntergangs«-Position).

10
9
11
8
12
7
1
6
2
5
3
4

Kapitel 7

# Ein »Haus« ist kein Gebäude

Wir haben bereits darauf hingewiesen, dass die Planeten nicht nur bestimmte Tierkreiszeichen (also je ein nach seinem Sternbild benanntes Segment des Tierkreises) regieren, sondern auch mit den zwölf Häusern des Tierkreises in Verbindung stehen. Wenn Sie in Kapitel 12 Ihr Geburtshoroskop erstellen, werden Sie die verschiedenen Häuser von eins bis zwölf durchnummerieren; dabei beginnen Sie immer mit dem ersten Kreissegment unterhalb der Aszendentenlinie (d. h. vor dem »9-Uhr-Punkt«) und gehen dann gegen den Uhrzeigersinn voran. Dabei wird Ihnen sicher gleich auffallen, dass die Tierkreiszeichen und die Häuser sich nicht decken. Das liegt daran, dass das erste Haus immer unterhalb der Aszendentenlinie liegt, während die Tierkreiszeichen in verschiedenen Häusern zu stehen kommen, je nachdem was Ihr Aszendent ist und wo er sich befindet. Der Aszendent befindet sich dann immer im ersten Haus. (Mehr dazu in Kapitel 12.)

## Inhalt dieses Kapitels:

✓ Die Häuserteilung



DER TIERKREIS WIRD IN ZWÖLF UNTERSCHIEDLICHE HÄUSER UNTERTEILT.

# Die Häuserteilung

*ES GIBT UNTERSCHIEDLICHE VERFAHREN zur Häuserteilung. Wir haben uns für das äquale Häusersystem entschieden, das nicht nur das älteste, sondern unserer Meinung nach auch das einfachste Verfahren ist. Das ebenfalls sehr populäre Placidus-System hat gewisse Nachteile; mit ihm kann man z.B. für nördliche Breiten keinen Aszendentengrad berechnen.*

Die Häuser stehen für zwölf unterschiedliche Bereiche des menschlichen Lebens und sind daher bei der Interpretation des Geburtshoroskops ein weiterer wichtiger Faktor. Wenn bei Ihrer Geburt die Sonne in der Jungfrau stand und gleichzeitig Merkur und Waage im fünften Haus standen, dann ist zu vermuten, dass Sie nicht nur einen starken Hang zur Schönheit haben (der Einfluss der Waage) und geschickt mit den Händen sind (der Einfluss der Sonne in der Jungfrau), sondern auch kreativ sehr begabt sind (der Einfluss des fünften Hauses selbst).

## Übersicht über die verschiedenen Häuser

| HAUS | DAMIT VERBUNDENES ZEICHEN/PLANET | SCHLÜSSELWÖRTER |
|---|---|---|
| 1 | Widder, Mars | Körperliche und seelische Gesundheit; Lebenseinstellung; Temperament |
| 2 | Stier, Venus | Sicherheitsbedürfnis; Besitz; Gefühle; Partnerschaft |
| 3 | Zwillinge, Merkur | Geschwister; Kommunikation; Erziehung in der frühen Kindheit; Verkehr |
| 4 | Krebs, Mond | Zuhause, Familie, Eltern (v. a. die Mutter); Land |
| 5 | Löwe, Sonne | Kreativität; Elternschaft; Kinder; Liebesleben; Risikobereitschaft |
| 6 | Jungfrau, Merkur | Allgemeines Wohlbefinden; Ernährung, Sport; Arbeit und Alltagsroutine |
| 7 | Waage, Venus | Beziehungen im privaten und beruflichen Bereich |
| 8 | Skorpion, Pluto | Sexualität; Geldanlage; Erbschaften; Selbsterforschung |
| 9 | Schütze, Jupiter | Reisen; Bildung, Weiterbildung; Ideale; Träume; Gewissen |
| 10 | Steinbock, Saturn | Ambitionen; Fähigkeit zu Autorität; Karriereplanung |
| 11 | Wassermann, Uranus | Gesellschaftliches Leben; Freundschaften; gesellschaftliche Verantwortung; persönliche Ziele |
| 12 | Fische, Neptun | Eskapismus; Zurückgezogenheit; das Unbewusste; Nachdenklichkeit; religiöser Glaube |

# Das erste Haus

WIDDER UND MARS

Dies ist das wichtigste Haus im Horoskop. Da es den Aszendenten enthält, zeigen sich hier Ihre Persönlichkeit, Ihr Temperament und Ihre allgemeine Lebenseinstellung sowie die körperliche Verfassung, Gesundheit und das allgemeine Wohlbefinden. Wenn im ersten Haus zusätzlich ein Planet steht, dann wird dieser Planet – besonders wenn er nicht weiter als 8° bis 10° vom Aszendenten entfernt ist – einen außerordentlich starken Einfluss auf Ihre Persönlichkeit, Ihr Aussehen und Ihr Verhalten ausüben und alle Auswirkungen des Aszendenten modifizieren.

# Das zweite Haus

STIER UND VENUS

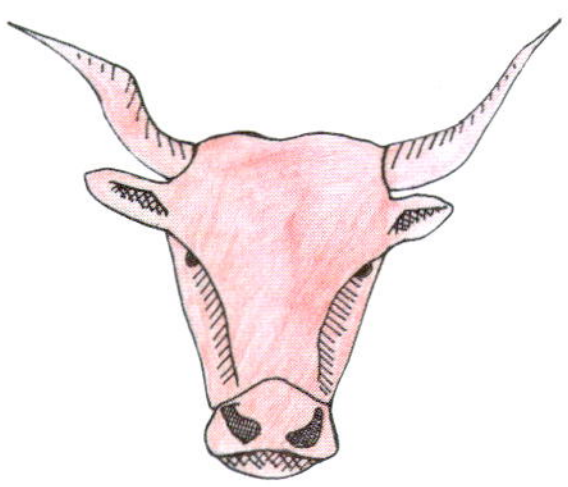

Das zweite Haus entscheidet über Ihr Sicherheitsbedürfnis, Ihre Einstellung zu Besitz und Partnern (nicht aber über Liebesaffären). Hier kann man ablesen, wie wichtig Sicherheit für Sie ist, wie habgierig Sie sind und ob Sie dazu neigen, andere Menschen als Besitz zu betrachten. Der Wunsch nach finanzieller und emotionaler Sicherheit stehen dabei in enger Verbindung – was keineswegs außergewöhnlich ist: Der Zusammenhang zwischen Geld und Liebe taucht in der Astrologie immer wieder auf (siehe z.B. Kapitel 17, »Eigenschaften der Venus«). Die Planeten und Zeichen in diesem Haus werden insbesondere ausschlaggebend dafür sein, ob das Bedürfnis nach finanzieller Sicherheit und der Wunsch nach emotionaler Geborgenheit miteinander im Einklang stehen oder ob das eine auf Kosten des anderen geht.

# Das dritte Haus

ZWILLINGE UND MERKUR

Das dritte Haus gibt Auskunft über die Beziehung zu den nächsten Verwandten (mit Ausnahme der Eltern): Brüder und Schwestern, Großeltern, Onkel, Tanten, Cousins und Cousinen. Hier zeigt sich auch, wie Kinder mit der Schule zurechtkommen und was Eltern bei der Erziehung ihrer Kinder eventuell beachten müssen. Außerdem geht es im dritten Haus um Kommunikation (der Zuständigkeitsbereich sowohl der Zwillinge als auch Merkurs) sowie um Verkehr und die richtige Umgebung. Wenn Sie zum Beispiel umziehen wollen, können Sie im dritten Haus erkennen, welche Umgebung für Sie am besten wäre: Stadt oder Land, Trubel oder Einsamkeit.

# Das vierte Haus

KREBS UND MOND

Das vierte Haus betrifft das Zuhause und die Familie, insbesondere die Beziehung zu den Eltern (die allerdings auch im zehnten Haus eine Rolle spielt, wo es um Autorität geht). Will man die Dynamik einer familiären Situation akkurat erfassen, braucht man allerdings die Geburtshoroskope aller Familienmitglieder; dies gilt vor allem dann, wenn man mit Hilfe der Astrologie die familiären Probleme oder Spannungen lösen möchte. Trotzdem besitzt das vierte Haus die höchste Aussagekraft, wenn es darum geht, ob Sie eine gute oder schlechte, eine gelungene oder gescheiterte Beziehung zu Ihren Eltern haben. Darüber hinaus ist das vierte Haus auch zuständig für Haus und Grundbesitz; das gesamte häusliche Leben kann sich hier abzeichnen. Wenn das vierte Haus im Geburtshoroskop besonders hervortritt, kann es überdies sein, dass die Vergangenheit Sie nicht loslässt, dass Sie sich zwanghaft immer wieder mit ihr beschäftigen müssen.

# Das fünfte Haus

LÖWE UND SONNE

Dies ist das Haus der Kreativität – wobei mit »Kreativität« keineswegs nur künstlerische Fähigkeiten gemeint sind. Für die Entfaltung der Kreativität spielen oft die Eltern eine große Rolle, und so geht es in diesem Haus auch um die Gefühle von Eltern gegenüber ihren Kindern. Das fünfte Haus ist außerdem ganz entscheidend für das Empfinden von Lust und Vergnügen – vor allem in Bezug auf Liebesaffären, Sexualität und das Kinderkriegen; anders ausgedrückt geht es stets um die verschiedenen Arten, wie Sie Gefühle von Liebe und Zuneigung körperlich ausdrücken.

# Das sechste Haus

JUNGFRAU UND MERKUR

Im sechsten Haus geht es, wie auch im ersten, um Gesundheit. Während jedoch das erste Haus die körperliche Gesundheit betrifft, dreht es sich hier eher um Fragen der Hygiene und Ernährung sowie um die Verdauung. Das sechste Haus zeigt auch an, wie Sie mit den Aufgaben des Alltags, ob am Arbeitsplatz oder im Haushalt, zurechtkommen; es verrät, wie diszipliniert Sie mit den alltäglichen Anforderungen umgehen, ob Sie in starrer Routine ersticken oder im Chaos untergehen. In früheren Zeiten ging es im sechsten Haus ferner darum, wie man Hausdiener, Knechte und Mägde behandelt; heute zeigt es eher an, wie wir den Menschen begegnen, die unser tägliches Leben leichter und angenehmer machen – seien es Hausangestellte, Handwerker oder Kellner.

# Das siebte Haus

WAAGE UND VENUS

Dieses Haus wirft ein Licht auf Ihre Einstellung zu Liebesbeziehungen und Partnerschaften. Es erhellt Ihre tiefsten Wünsche und Bedürfnisse in der Liebe; es zeigt, welche Art von Partner Sie brauchen, wie gut es Ihnen gelingt, eine faire und harmonische Beziehung zu führen und wie viel Unabhängigkeit und Distanz Sie in einer Partnerschaft wahren. Das siebte Haus sollte man stets in Verbindung mit dem fünften Haus (Haus der Kreativität und Liebesaffären) betrachten, wo es um den Liebesakt und das Kinderkriegen geht. Die wichtigsten Themen des siebten Hauses sind persönliche Beziehungen und die Verständigung mit anderen; dies betrifft nicht nur Liebe und Partnerschaft, sondern auch andere Arten von Beziehungen.

## Das achte Haus

SKORPION UND PLUTO

Das achte Haus wird bisweilen auch »Haus des Todes« genannt. »Tod« verweist hier aber auf Veränderung, auf Neuanfang, also auf die Bewältigung tief liegender Probleme. Außerdem hat das Haus eine starke Verbindung zu Geldgebern, Erbschaften und Lottogewinnen! Wenn Sie Geld investieren oder eine Lebensversicherung abschließen wollen, sollten Sie zuvor einen Blick auf das achte Haus werfen. Forschung, Verbrechen und Ermittlung sind weitere Themen des achten Hauses. Es ist außerdem das Haus der ursprünglichen Lebensenergie und hat daher auch mit Sexualität zu tun. Dabei geht es nicht einfach um den gewöhnlichen Liebesakt, sondern um tief sitzende sexuelle Triebe.

## Das neunte Haus

SCHÜTZE UND JUPITER

Dieses Haus gibt Hinweise auf Ihre Einstellungen zu Religion, Spiritualität und Weiterbildung. Auch geht es hier um große Reisen; wenn Sie z. B. Ihren Beruf für ein Jahr an den Nagel hängen und sich in der Welt umschauen wollen, dann sollten Sie das neunte Haus zu Rate ziehen, bevor Sie sich entscheiden. Entscheidungshilfe finden Sie hier auch, wenn Sie daran denken, ins Ausland zu ziehen, in der Tourismus- oder Exportbranche zu arbeiten oder eine Laufbahn als Universitätsdozent einzuschlagen. Weitere zentrale Einflussbereiche des neunten Hauses sind Literatur, Jurisprudenz, Verlagswesen, Fremdsprachen, Träume und Inspiration.

## Das zehnte Haus

STEINBOCK UND SATURN

Dies ist das Haus der Hoffnungen, des Fortschritts und des Verantwortungsgefühls. Hier kann man erkennen, wie Sie mit Verantwortung und Autorität umgehen und was Sie über die Familie, traditionelle Werte und Sozialprestige denken. Wenn im zehnten Haus ein persönlicher Planet auftaucht, so weist dies ferner darauf hin, dass Sie eine Karriere brauchen, in die Sie sich emotional voll einbringen können. Dementsprechend lässt es sich oft am zehnten Haus ablesen, wenn Sie sich für eine neue berufliche Laufbahn entscheiden.

## Das elfte Haus

WASSERMANN UND URANUS

Im elften Haus offenbart sich, wie Sie zu anderen Leuten stehen; es geht um Freundschaften sowie vor allem auch um die Beziehung zur Gesellschaft, um das gesellschaftliche Engagement. Ihre Einstellungen zur Umweltproblematik, zu politischer Unterdrückung, sozialer Benachteiligung und Intoleranz werden hier offenbar. Wenn Sie sich fragen, ob und wie viel Energie Sie in gemeinnützige oder humanitäre Angelegenheiten investieren werden; wenn Sie wissen wollen, ob Ihre Motivation dabei wirklich selbstlos ist oder ob Sie mit Ihrem sozialen Engagement nur bei anderen angeben wollen: Im elften Haus können Sie die Antwort auf diese Fragen finden. Außerdem gibt es Aufschluss darüber, ob Sie gut mit anderen (vor allem in großen Gruppen) zusammenarbeiten.

## Das zwölfte Haus

FISCHE UND NEPTUN

Dies ist das Haus des Eskapismus, der Isolation und des Rückzugs aus der Gesellschaft. Traditionell wird es mit Krankenhäusern, Gefängnissen und psychiatrischen Anstalten assoziiert. Es ist aber auch das Haus des Geheimnisvollen und des Unbewussten; man kann hier Aufschluss über die tief liegenden Gründe und Ursachen psychischer Probleme gewinnen. Schauen Sie einmal nach, in welchem Abschnitt des Tierkreises sich Ihr Aszendent befindet. Wenn sich im gleichen Abschnitt auch ein Planet befindet (und vor allem wenn er sich sehr dicht an der Aszendentenlinie befindet), dann ist dies ein starker Hinweis darauf, dass Sie ein tief verborgenes Problem haben, das ans Tageslicht gebracht werden muss. Informieren Sie sich über die Eigenschaften des betreffenden Planeten, um der Natur des Problems auf die Spur zu kommen. Die Idee der Aufopferung spielt im zwölften Haus ebenfalls eine Schlüsselrolle; es handelt sich aber um eine Art der Aufopferung, aus der man mit gestärktem Charakter hervorgeht.

## Kurze Zusammenfassung

✓ Die Planeten regieren nicht nur Tierkreiszeichen, sie sind darüber hinaus auch den zwölf Häusern des Tierkreises zugeordnet.

✓ Jedes Haus steht für einen bestimmten Bereich des menschlichen Lebens. Die Häuser tragen damit entscheidend zu der individuellen psychologischen Bedeutung der Planeten bei.

✓ Es gibt verschiedene Verfahren, nach denen man den Tierkreis in die zwölf Häuser unterteilen kann. In diesem Buch bevorzugen wir das äquale Häusersystem.

NEPTUN

♈ Das erste Haus – von Widder und Mars – bestimmt die seelischen Antriebskräfte und das allgemeine Wohlbefinden.

♉ Das zweite Haus – von Stier und Venus – bestimmt die Einstellung zum Besitz.

♊ Das dritte Haus – von Zwillingen und Merkur – entscheidet über die Erziehung, Beziehungen zu Geschwistern, Umwelt und Verkehr.

♋ Das vierte Haus – von Krebs und Mond – bestimmt das häusliche Leben und die Beziehung zu den Eltern (v. a. der Mutter).

MERKUR

Das fünfte Haus – von Löwe und Sonne – entscheidet über Kreativität, Liebesaffären, Risikobereitschaft, Kinder und das Verhältnis zum Vater.

Das sechste Haus – von Jungfrau und Merkur – bestimmt die Gesundheit, Ernährung, Sport, Hobbys und Arbeit.

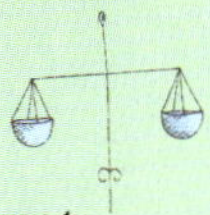

Das siebte Haus – von Waage und Venus – bestimmt Liebesbeziehungen.

Das achte Haus – von Skorpion und Pluto – bestimmt die Sexualität und Erbschaften.

PLUTO

SATURN

Das neunte Haus – von Schütze und Jupiter – entscheidet über Ideale, Bildung, Umgang mit Herausforderungen, Reisen und Träume.

Das zehnte Haus – von Steinbock und Saturn – entscheidet über persönliche Ziele.

Das elfte Haus – von Wassermann und Uranus – entscheidet über Freundschaften und Verantwortungsbewusstsein.

Das zwölfte Haus – von Fischen und Neptun – bestimmt religiösen Glauben, Eskapismus und Absonderung von der Gesellschaft.

# TEIL ZWEI



MITTELALTERLICHE DARSTELLUNG DES SONNENGOTTS

# Einfach Sonn-sationell

So … hier kommt der beliebteste Teil der Astrologie – die Sonnenzeichen, in all ihrem herrlichen und zugleich verwirrenden Glanz. Wir haben uns hier ein wenig von der typischen Darstellung entfernt und unterteilen die zwölf Sonnenzeichen nach ihrem *Element* (Feuer, Erde, Luft und Wasser), mit jeweils drei Zeichen pro Gruppe. (Traditionell weisen Zeichen mit demselben Element eine starke Verbindung auf.)

Zu jedem Zeichen finden Sie umfassende astrologische Aussagen und eine gründliche Erörterung über Auswirkungen auf wichtige Bereiche Ihres Lebens.

Wir garantieren Ihnen, dass Sie viel Neues über Ihr Sonnenzeichen erfahren und dabei sehr viel Spaß haben werden.

Kapitel 8

# Einfach überwältigend: Die Feuerzeichen

WIDDER, LÖWE UND SCHÜTZE – vom bestimmten und dynamischen Mars, von der majestätischen und selbstbezogenen Sonne und vom erhabenen und extravaganten Jupiter regiert – sind die energiegeladensten und enthusiastischsten Zeichen des Tierkreises. Auch einfach die »Feuerzeichen« genannt, sind sie Menschen mit einem starken natürlichen Magnetismus und einem beinahe unstillbaren Lebenshunger. Ihr Lebenselixier ist Arbeit, Action, Innovation und Herausforderung. Unter ihnen findet man manch großen Staatsmann, Forscher, Athleten und Künstler dieser Welt. Sie können andere wohlwollend und selbstlos mitreißen, um mit ihnen die Gaben ihres berauschenden Lichts zu teilen, aber auch nur mit sich selbst beschäftigt, rücksichtslos und desinteressiert sein.

## Inhalt dieses Kapitels:

- ✓ Widder-Persönlichkeit
- ✓ Löwe-Persönlichkeit
- ✓ Schütze-Persönlichkeit



WIDDER, LÖWE UND SCHÜTZE SIND FEUERZEICHEN.

# Widder-Persönlichkeit

DIE ENTSCHLOSSENHEIT ZU SIEGEN, *stets der Erste zu sein, wird viele Bereiche Ihres Lebens beeinflussen. Dies kann eine wunderbare Eigenschaft sein, wenn es Sie dazu bringt, im Beruf eine Führungsposition zu erreichen oder ein hervorragender Athlet zu werden.*

*Doch gerade wegen dieser Eigenschaft haben Sie gleichzeitig auch die Verantwortung, Ihre Siegeslust so weit zu kontrollieren, dass Sie sich nicht einfach rücksichtslos über andere hinwegsetzen.*

Widder denken gerne erst an sich und ihre Stellung in der Welt. Das beinhaltet die Tendenz, Selbstsüchtigkeit in »Karriere« zu verwandeln. Und das wird Sie Ihren Freunden, Ihrer Familie und den Kollegen nicht gerade sympathisch machen. Ihre Entschlossenheit kann im schlimmsten Fall zu Sturheit werden – auch darauf sollten Sie achten. Sie sind gerne beschäftigt und können problemlos in einer lauten, dynamischen Umgebung arbeiten, in der andere sich nicht konzentrieren könnten. Sie haben sehr viel Energie, und wenn Sie nicht rastlos und unzufrieden werden wollen, müssen Sie einen Weg finden, wie Sie diese Energie positiv verwenden. Manche Widder machen dies über Sport oder über Berufe, die mit viel geschäftigem Treiben verbunden sind.

*Wenn Sie jetzt den Eindruck gewinnen, Sie seien ein ernster und verbissener Karrieretyp ohne Zeit für Freundschaften und Spaß, dann täuscht dies. Sie haben Sinn für Humor, oft satirisch und absurd, und Sie werden in einer lustigen Runde oft der Mittelpunkt sein.*

## WIDDER

**(21. MÄRZ – 20. APRIL)**

**SCHLÜSSELWORTE** bestimmt, direkt, selbstsüchtig, eindringlich
**HERRSCHENDER PLANET** Mars
**POSITIV**
**DUALITÄT ODER GESCHLECHT** männlich
**ELEMENT** Feuer
**QUALITÄT** Kardinal
**KÖRPERBEREICH** Kopf
**LÄNDER** Dänemark, England, Frankreich, Deutschland, Japan, Polen, Syrien
**STÄDTE** Birmingham (England), Brunswick, Capua, Florenz, Krakau, Leicester, Marseille, Neapel, Utrecht, Verona
**STEIN** Diamant
**FARBE** Rot
**BÄUME** Stechpalme, Tanne, Dornen tragende Bäume oder Büsche
**BLUMEN UND KRÄUTER** Arnika, Piment, Ginster, Zaunrübe, Stechginster, Geißblatt, Hopfen, Geranie, Wacholder, Lauch, Distel, Senf, Nessel, Zwiebel, Pfefferminze, Rhabarber, Tabak, Virginische Zaubernuss
**SPEISEN** Bier, Lauch, Zwiebeln, Tomaten, Speisen mit intensivem Geschmack

## Liebesleben und Sex

Eine Wahrheit über den Widder ist die Behauptung, dass er sich auf den ersten Blick verliebt – wobei hier die Lust die eigentliche Antriebskraft ist. Widder brauchen in der Tat ein aktives und erfüllendes Sexualleben und stürzen sich schnell auf jeden Menschen, für den sie schwärmen. Das kann vielfach zu einem Desaster führen.

Das Bedürfnis nach Sex ist oft so stark, dass das Werben völlig vernachlässigt wird. Widder vergessen gerne, dass andere Menschen ein paar nette Worte und ein gemütliches Bett dem Quickie auf dem Autositz vorziehen. Der Mann, der nur an seine Befriedigung denkt, sich danach umdreht und einschläft, könnte gut ein Widder sein.

*Es kann ein großer Fehler sein, sich zu schnell in etwas zu stürzen, das anfangs wie eine langfristige Beziehung erscheint. Trotzdem kann eine wirklich tiefe und lang dauernde Verbindung des Widders zu einem – ebenso enthusiastischen, lebhaften und experimentierfreudigen – Partner eine positive Sache sein.*

Ihr Partner wird sich mit einem gewissen Grad an Selbstsucht Ihrerseits abfinden müssen. Doch solange Ihr Partner Sie taktvoll darauf hinweist, ist es für Sie nicht allzu schwer sich zu beherrschen. Doch all dies wird den Spaß nicht mindern, den Sie zusammen haben, denn Ihre Fähigkeit, das Leben zu genießen, ist unvergleichlich.

■ **Mars ist** *der herrschende Planet des Widders.*

## Familie

Auch hier ist Ihre Selbstsucht der wichtigste Faktor, den Sie unter Kontrolle bringen müssen. Sie tendieren dazu, Ihre Hobbys und Interessen an erste Stelle zu setzen, noch vor die Familie. Wenn Ihre Angehörigen nicht einsehen, dass dies in Ihrer Widder-Natur liegt, wird es regelmäßig Krach geben. Widder sind beispielsweise begeisterte Heimwerker mit einer Vorliebe, Dinge zu zerstören und gleichzeitig Neues zu errichten. Das Chaos, das dadurch entsteht, kommt vielleicht zu häufig vor, als dass Ihre Familie darüber einfach hinwegsehen könnte. Ein Interesse, das Sie mit Partner und Kindern teilen können, könnte hierfür eine Lösung sein. Auch Ihre Rastlosigkeit kann problematisch werden. Wenn Sie das Gefühl haben, in einen Alltagstrott zu verfallen, werden Sie schnell das Bedürfnis verspüren, diesem möglichst schnell wieder zu entfliehen. Das kann plötzliche – und umstürzende – Veränderungen für die Familie oder den Partner bedeuten.

*Das Wichtigste, woran Sie in Ihrer Beziehung denken müssen, ist, dass Sie Partner sind und die Dinge teilen müssen.*

Sie sollten sich auch bewusst sein, dass in jedem Widder eine gehörige Portion Aggression steckt. Wenn diese Eigenschaft auch anderswo in Ihrem Geburtshoroskop präsent ist, wird sie sich wahrscheinlich in allen Bereichen ausdrücken. Suchen Sie nach anderen Einflüssen in Ihrem Horoskop, die dies ausgleichen.

*Da Sie mit Ihrer Aggression schnell in die Luft gehen, ist es wichtig, dass Sie Ihr Temperament etwas zügeln.*

Zu guter Letzt haben Sie die Tendenz, mehr Geld auszugeben, als Sie haben. Es wäre gut, für Lebensmittel, Benzin und monatliche Rechnungen etwas auf die Seite zu legen. Für Widder ist es ratsam, mindestens ein Sparkonto zu haben, ansonsten könnte Ihr Geld verschwinden, ohne dass Sie überhaupt wissen, wo es hingelangt ist.

## Karriere

Träumen Sie von einem Beruf in einem netten, angenehmen, eher stickigen Büro mit einem regelmäßigen Tagesablauf? Nein? Das ist verständlich, denn alle Widder müssen in einer offenen Umgebung mit lebendiger Atmosphäre arbeiten. Und Sie müssen eine – körperliche oder geistige – Arbeit verrichten, bei der Sie all Ihren Enthusiasmus und Ihre Energie einsetzen können.

*Sie brauchen eine Arbeit, bei der Sie sich Ihren Weg an die Spitze bahnen können. Manager oder Vorarbeiter zu sein, sind typische Widder-Ziele. Doch Ihr Ehrgeiz macht Sie oft rücksichtslos. Versuchen Sie, das zu kontrollieren. Auch wenn Sie mit Spannungen gut umgehen können, ist es nicht sinnvoll, sie entstehen zu lassen, indem Sie andere verärgern.*

Widder finden es alles andere als einfach, Arbeiten zu verrichten, die ein gewisses Maß an Geduld fordern. Welche Berufe wären also am besten für Sie? Technische Berufe und alles, was mit Metall zu tun hat, sind für Widder reizvoll. Sie sind erstklassige Automechaniker, Feuerwehrleute und Schienenarbeiter.

■ **Lauch und Zwiebeln** *werden mit dem Zeichen Widder assoziiert.*

Künstlerisch begabte Widder fühlen sich oft zum Handwerk hingezogen. Dabei zeigen sich die typischen Merkmale: Der Maler wird eher in großen Zügen und flächig arbeiten, anstatt mit Aquarellfarben zu experimentieren; der Musiker wird lieber Posaune spielen als Violine oder Harfe.

*Es mag überraschen, dass Widder oft auch hervorragende Psychiater, Psychologen, Zahnärzte und Friseure sind.*

## Gesundheit, Ernährung und Sport

Der Schlüssel zu einer guten Gesundheit liegt für Sie darin, die ganze Widder-Energie positiv zu nutzen. Wenn Sie für körperlichen Ausgleich sorgen, haben Sie sicher sehr selten Gesundheitsprobleme – abgesehen von gelegentlichen Kopfschmerzen. Wenn sie häufiger auftreten, sollten Sie sich die Zeit nehmen, zum Arzt zu gehen; ein kleineres Nierenproblem könnte die Ursache sein. Es gibt kaum einen Widder, der nicht schon mindestens einmal auf den Kopf gefallen wäre. Anscheinend genießen sie es geradezu, sich den Kopf zu stoßen oder sich sonst wie zu verletzen – manchmal einfach nur, weil sie zu hastig und unachtsam sind.

*Seien Sie also vorsichtig, wenn Sie in der Küche mit scharfen Messern hantieren. Beim Sport sollten Sie sich auf Muskelüberdehnungen und sogar eingeschlagene Zähne und Knochenbrüche einstellen.*

Ihnen passieren gehäuft Unfälle, ganz abgesehen von den blauen Flecken und Verstauchungen, die Sie sich nicht selten zuziehen. Mars, der Herrscher des Widders, zeichnet hierfür verantwortlich. Wahrscheinlich finden Sie es schwierig, irgendetwas langsam zu tun. Also treffen Sie entsprechende Vorsichtsmaßnahmen: Verwenden Sie immer Topflappen, Schutzhelme und Schutzbrillen, wenn erforderlich. Sie mögen gut gewürzte Speisen und brauchen viel Protein. Deftige Gerichte sind eher nach Ihrem Geschmack als süße Sachen.

■ **Schafe sind** *die Tiere, die man traditionell mit dem Widder assoziiert.*

Sport wird Ihnen stets wichtig sein – idealerweise Wettkampfsportarten, bei denen Sie sich mit anderen messen und siegen können. Boxen, Ringen und andere Kampfsportarten machen Ihnen sicher Spaß, aber auch Aerobic und das Fitness-Training, bei dem Sie Kraft und Muskeln aufbauen können.

## Kind und Eltern

Als Widder stehen bei Ihnen die eigenen Aktivitäten an erster Stelle, und Sie verbringen weniger Zeit mit den Kindern als Sie könnten oder sollten. Sie sollten sich einen Terminplan ausarbeiten, der regelmäßige Freizeit mit den Kindern vorsieht. Wenn nicht, leiden Ihre Kinder – und auch Sie – darunter.

*Es gibt Widder, die von Ihren Hobbys und Vergnügungen so ausgefüllt sind, dass ihre Kinder nur vor dem Fernseher oder vor Video- und Computerspielen sitzen. Das ist schade, denn das Einzige, was Ihnen im Umgang mit Kindern sicher nicht fehlt, ist die Gabe, Sie für etwas zu begeistern.*

*Aber vergessen Sie nicht, dass Geduld nicht Ihre Stärke ist. Ungeduld und Launenhaftigkeit sind die denkbar schlechtesten Eigenschaften im Umgang vor allem mit kleinen Kindern.*

Glücklicherweise legen sich die Stürme bei Ihnen schnell – aber versuchen Sie nicht, sie fortzublasen! Sie genießen es wahrscheinlich, im Elternbeirat zu sitzen. Da Sie selber sehr viel leisten, wollen Sie, dass Ihre Kinder gut in der Schule sind. Widder-Kinder sind laut, oft selbstsüchtig, immer aktiv und voller Energie. Wie Sie bereits wissen, sind Widder vor Unfällen nicht gefeit. Halten Sie also ein Erste-Hilfe-Set und eine liebevolle Umarmung bereit, wenn Ihre Kinder hinfallen, sich stoßen, sich den Kopf anschlagen … Oh ja, sie werden sich sicher den Kopf stoßen!

*Widder-Kinder sind schnell gelangweilt und für die Lehrer ist es oft schwierig, ihre Aufmerksamkeit in den Unterrichtsstunden zu gewinnen, für die sich die Widder kaum begeistern. Beobachten Sie diese Tendenz bei Ihren Widder-Kindern, dann erinnern Sie sie daran, dass das Grundwissen der Schlüssel zum späteren Erfolg ist.*

## Freizeit und Ruhestand

Vielleicht verbringen Sie Ihre Freizeit damit, Ihre Arbeitszeit auszudehnen. Wenn Sie zum Beispiel Automechaniker sind, könnten Sie gut Ihre Wochenenden in der Werkstatt und Ihren Feierabend mit öligen Autoteilen auf dem Küchentisch zubringen! Auch Sport beansprucht sicher einen großen Teil Ihrer Freizeit. Wie wir bereits vorgeschlagen haben, kann Ihnen das Training im Fitnessstudio helfen.

*Wenn Sie sich beim Fitnesstraining langweilen oder einfach die Nase voll davon haben, könnten Sie sich einen Hund anschaffen. Lange Spaziergänge in der Natur oder auch in der Stadt werden Ihnen gut tun.*

Wahrscheinlich werden Sie nie das Interesse am Heimwerken verlieren, und vielleicht können Sie sich für das Brauen von Getränken begeistern. Wenn Sie Erspartes besitzen, das Sie ausgeben können, wollen Sie vielleicht an der Börse spekulieren. Versicherungen, Bergbau oder Stahl wären wahrscheinlich gute Anlagemöglichkeiten für Sie. Was die nachdenklicheren Formen der Entspannung betrifft, macht es Ihnen sicher Spaß, zu diskutieren und zu argumentieren (manchmal etwas zu vehement!). Auch sind Sie gut geeignet, in Ausschüssen mitzuarbeiten, solange Sie dabei ruhig bleiben. Astronomie fasziniert Sie, und wenn Sie sich für Astrologie interessieren, kommt Ihnen astronomische Kenntnis dann nur zugute!

■ **Die Widder-Pflanze** *ist das Geißblatt.*

# Löwe-Persönlichkeit

Jeder Mensch mit Sonnenzeichen Löwe braucht ein Königreich, über das er regieren kann, und Sie werden es auf jeden Fall finden, ob es ein großer Konzern oder ein kleiner Workshop ist. Und Sie werden enorm stolz auf alles sein, was Sie dort tun. Ihre Lebenseinstellung ist im Allgemeinen sehr positiv und glücklich, und depressive Verstimmungen nach einem Rückschlag werden nicht lange anhalten, denn Sie verbringen Ihre Zeit nicht mit unnützen Schuldzuweisungen oder Reue.

*Der größte Fehler des Löwen ist, dass er zwar tatsächlich immer alles besser weiß, aber leider auch immer darauf beharrt. Sie haben oft das Gefühl, dass Sie sich nicht nur um Ihr eigenes Leben kümmern müssten.*

Sie haben großes Organisationstalent, und Sie wollen nicht nur, Sie müssen immer im Mittelpunkt stehen. Sie können andere gut vorantreiben, und wenn Sie es schaffen, taktvoll zu bleiben, dann wird man sich von Ihnen gerne führen lassen. Da Sie aber auch dogmatisch und bestimmend sind – vor allem, wenn Sie es mit überkritischen und negativ eingestellten Menschen zu tun haben, wird die Lage kritisch.

*Im Allgemeinen ist Enthusiasmus Ihre beste und nützlichste Eigenschaft. Unterdrücken Sie ihn nicht, auch nicht bei Kritik, aber denken Sie daran, dass übertriebene Begeisterung auch zum Problem werden kann!*

Sie haben die Tendenz, aus allem eine große Show zu machen und zu übertreiben, zu großen Wert auf Gold und Glamour zu legen. Passen Sie auf, dass Sie sich nicht zu auffällig oder unpassend kleiden, denn Löwen laufen vor allem später im Leben Gefahr, sich zu sehr »aufzumotzen«!

## LÖWE

**(23. JULI – 23. AUGUST)**

**SCHLÜSSELWÖRTER:** kreativ, eindrucksvoll, mächtig, diktatorisch
**HERRSCHENDER PLANET** Sonne
**POSITIV**
**DUALITÄT ODER GESCHLECHT** männlich
**ELEMENT** Feuer
**QUALITÄT** fest
**KÖRPERBEREICHE** Herz, Wirbelsäule, Rücken
**LÄNDER** Alpen, Tschechien und Slowakei, Italien, Libanon, Rumänien, Sizilien, Südfrankreich
**STÄDTE** Bath, Bombay, Bristol, Chicago, Damaskus, Los Angeles, Madrid, Philadelphia, Portsmouth, Prag, Rom, Syrakus
**STEIN** Rubin
**FARBE** die Farbe der Sonne, von der Morgendämmerung bis zum Sonnenuntergang
**BÄUME** Lorbeerbaum, Zitrusgewächs, Olive, Palme, Walnuss
**BLUMEN UND KRÄUTER** Mandel, Schöllkraut, Helianthus, Wacholder, Lorbeer, Ringelblume, Mistel, Passionsblume, Pfefferminze, Gauchheil, Rosmarin, Safran, Sonnenblume
**SPEISEN** Fleisch; Gemüse mit hohem Eisengehalt

## Liebesleben und Sex

Wenn sich ein Löwe verliebt, dann mit Haut und Haar. Wird diese Liebe erwidert, bricht eine Zeit des ganz großen Glücks an. Manchmal hat der Löwe natürlich auch Pech und seine Gefühle werden verletzt oder sein Herz sogar gebrochen. Der Heilungsprozess dauert beim Löwen länger als bei vielen anderen Sonnenzeichen. Sie sollten ein bisschen darauf achten, Ihren Partner nicht mit Liebe zu überschütten. Menschen, die weniger entschieden in ihrer Persönlichkeit sind als Sie, haben vielleicht mehr zu kämpfen, in den Wogen der Emotionen nicht unterzugehen.

*Sie neigen dazu, emotional über das Ziel hinauszuschießen. Das sollten Sie ein wenig kontrollieren, vor allem am Anfang einer Beziehung. Schließlich wollen Sie ihn oder sie nicht abschrecken!*

■ **Die Sonne** *ist der herrschende Planet des Löwen.*

Sie sind sehr treu und erwarten viel von Ihren Partnern – emotional sowie sexuell. Sie fühlen sich vielleicht übers Ohr gehauen, wenn Ihre Bedürfnisse nicht befriedigt werden. Vielleicht erwarten Sie einfach zu viel. Sie brauchen einen aufgeschlossenen Partner, der Ihre Begeisterung teilt.

*Aber vergessen Sie in der Liebe nie, dass Sie und Ihr Partner ein Paar sind – und nicht etwa eine Person, nämlich Sie, mit lockerem Anhang. Statt immer zu bestimmen, wo es langgeht, was zu tun ist und wie man zu fühlen hat, sollten Sie sich bemühen, das A und O jeder Beziehung zu beherzigen: die Gleichberechtigung.*

## Familie

Hüten Sie sich davor, ständig die Führung in Ihren Beziehungen übernehmen zu wollen – gleichgültig ob bei Ihrem Partner oder Ihren Kindern. Wenn Ihr Partner sehr entscheidungsschwach ist, treffen Sie gerne die Entscheidungen. Eine starke Persönlichkeit jedoch wird mit Ihren Entscheidungen nicht immer einverstanden sein.

*Ihre Familienbeziehungen werden darunter leiden, wenn Sie zu herrisch, dogmatisch und stur sind.*

Das Leben mit einem Löwen in Partner- oder Verwandtschaft ist niemals öde, Langeweile gibt es nicht. Egal, wie wenig Geld vorhanden ist – Sie machen das Beste daraus: Eine Tasse Kaffe am Küchentisch können Sie genauso zelebrieren wie einen Brunch im besten Hotel der Stadt!

Sie ermutigen Partner und Kinder dazu, egal was passiert, das Beste aus ihrem Leben zu machen, und wenn sie Erfolg haben, freuen Sie sich ehrlich mit. Wenn sie aber nicht in gleichem Maße darum bemüht sind, eine Stufe nach der anderen zu erklimmen, treten Verstimmungen auf.

Angesichts Ihrer positiven Lebenseinstellung und Ihres selbstbewussten Auftretens ist Ihre Familie überrascht, wenn ihr auffällt, dass Sie leicht verletzbar sind. Wenn Sie von einem Familienmitglied enttäuscht werden, scheint bei Ihnen schnell die ganze Welt zusammenzubrechen. Versuchen Sie, Ihren Partner oder die Kinder weniger zu vergöttern; dann fallen Sie in Ihrer Enttäuschung nicht so tief.

## Karriere

Vor allen Dingen sind Sie Showkünstler oder -künstlerin – und diese Eigenschaft kommt Ihnen in jedem Beruf, den Sie wählen, zugute. Ihr Job kann noch so anspruchslos sein, Sie finden immer eine Gelegenheit, Ihre Talente, Ihr Gespür für das je Richtige und Ihre Begeisterung einzusetzen. Sie sind ehrgeizig, und Sie wollen bis an die Spitze gelangen, aber nicht indem Sie Intrigen spinnen oder anderen auf die Zehen treten. Sie können hart arbeiten, lieben Ihre Arbeit und sind begeisterungsfähig: Diese drei Voraussetzungen sind mehr als nur die halbe Miete auf dem Weg zum Erfolg.

*Wenn Sie beruflich eine Führungsposition bekleiden, erwarten Sie von Ihren Mitarbeitern, dass sie genauso hohe Ansprüche an sich selbst und die Arbeit stellen wie Sie. Wenn das nicht der Fall ist, sind Sie unnachsichtig und werden schnell ungeduldig. Versuchen Sie Toleranz zu üben: Nicht jeder ist so großartig wie Sie!*

Es ist natürlich ein Fehler, zu glauben, dass nur Menschen mit einem bestimmten Sonnenzeichen beruflich erfolgreich sein können. Löwen fühlen sich in Berufen am wohlsten, die Kreativität, Extrovertiertheit und Charme erfordern. Viele Löwen arbeiten in der Modebranche oder als Chefköche in feinen, extravaganten Restaurants oder in Fernseh-Shows. Aber auch im Militär sind sie häufig zu finden, natürlich in hohen Positionen. Löwen sind außerdem eindrucksvolle »Volksredner«, im kirchlichen Bereich emphatische Prediger.

■ **Die Löwen-Blumen** *sind Ringelblume und Schöllkraut.*

## Gesundheit, Ernährung und Sport

Löwen haben für gewöhnlich eine recht robuste Konstitution, doch Sie hassen meist nicht nur kaltes Wetter, sondern leiden auch unter Kreislaufproblemen. Sie gehen oft sehr aufrecht. Trotzdem kann die Wirbelsäule Ihnen Probleme bereiten; Rückenschmerzen treten auf, wenn Sie zum Beispiel zu lange am Schreibtisch sitzen. Yoga oder einfache Dehnübungen sind hervorragende Gegenmittel.

*Das Zeichen Löwe regiert das Herz, und Sie sollten regelmäßig Sport treiben, um es in gutem Gesundheitszustand zu halten. Das fördert den Kreislauf. Auch ein Tanzkurs ist ein hervorragendes Training, weil Sie in kreativen Sportarten sehr begabt sind. Joggen oder Fitnessübungen sind Ihnen wohl eher zu eintönig.*

■ **Löwen sind** *das Symbol des Sternzeichens Löwe.*

Auch Mannschaftssportarten machen Ihnen Spaß, am meisten natürlich, wenn Sie zum Kapitän gewählt werden. Achten Sie aber darauf, dass Sie es nicht übertreiben, alles besser zu können. Neben der Gefahr, sich damit vielleicht unbeliebt zu machen, kann Ihr Ehrgeiz leicht zu Verletzungen führen.

Wenn Sie einmal eine Sportart gefunden haben, die Ihnen Spaß macht, bleiben Sie sicher bis zu Ihrem 90. Lebensjahr dabei. Sie lernen Ihren Körper richtig gut kennen und können Ihre Energien besser kanalisieren. Vermeiden Sie aber, im Fitnessstudio (und an entsprechenden anderen Orten) zu sehr mit Ihrer Kraft zu protzen. Wie schon oben gesagt, gewinnen Sie damit keinen Beliebtheitswettbewerb und ziehen sich leicht Verletzungen zu.

## Kind und Eltern

Der Löwe ist traditionell das Zeichen der Vaterschaft, und Ihre Kinder werden in Ihnen einen Vater oder eine Mutter haben, der oder die immer darum bemüht ist, sie zu ermutigen, das Beste aus ihren Talenten zu machen. Das heißt aber auch: Löwen-Eltern erwarten zu viel von ihnen! In mancher Hinsicht ist diese Tendenz des Löwen eine gute Sache, solange Sie Ihre Kinder nicht überfordern und Sie selbst nicht zu enttäuscht sind, wenn Ihre Kinder Ihren hohen Ansprüchen nicht gerecht werden.

Löwen erinnern sich gewöhnlich gut daran, wie es war, ein Kind zu sein. Das sollte Sie befähigen, Ihren Kindern gerecht zu werden. Vergessen Sie jedoch nie, dass diese vielleicht nicht ansatzweise so viel Selbstvertrauen oder Ehrgeiz besitzen wie Sie.

Sie geben bereitwillig Geld für die Erziehung und die Aktivitäten Ihrer Kinder aus, für Sport, Theater, Museen und Reisen. Sie wollen, dass Ihre Kinder das Beste aus ihren Lehrjahren machen und das Leben so intensiv wie möglich genießen.

*Wenn Sie ein Löwe-Kind haben, sollten Sie es so begeistert wie möglich loben, wenn es etwas erreicht hat – und nur sehr taktvoll kritisieren. Löwe-Kinder sind leicht verletzlich!*

Achten Sie vor allen Dingen darauf, dass sie das Selbstvertrauen der Kinder fördern. Dann können sie auch die unangenehmen Momente besser ertragen, wenn sie bemerken, dass man nicht jedes Ziel erreichen kann.

## Freizeit und Ruhestand

Manchmal heißt es, Löwen hätten keine Hobbys, sondern nur ihren Beruf. Das ist mehr oder weniger wahr. Es ist in der Tat schwierig, bestimmte Aktivitäten vorzuschlagen, die Sie in der Freizeit oder im Rentenalter machen könnten. (Nicht dass Löwen jemals wirklich in Rente gingen, sie verwenden im Gegenteil die jetzt verfügbare Zeit dazu, noch ein oder zwei andere Karrieren zu beginnen!)

*Ein Problem ist – falls man es als Problem betrachten möchte –, dass Sie Ihr Hobby todernst nehmen und auch darin der Beste sein wollen.*

Wenn Sie in Ihrer Freizeit oder im Ruhestand zum Beispiel Archäologie studieren oder Sticken lernen, suchen Sie sich natürlich den besten Lehrer, sind bei den wichtigsten Ausgrabungen dabei, kaufen die teuersten Seidenstoffe. Und Sie werden versuchen, die schwierigsten Techniken zu lernen – ob Sie die zarteste, beschädigte griechische Vase aus dem Altertum restaurieren oder die schönste Bischofsmitra sticken, die man je gesehen hat!

■ **In der Mythologie** *wies Zeus dem Nemeischen Löwen einen Platz am Sternenhimmel zu.*

Im Großen und Ganzen ist »Kreativität« das Schlüsselwort, das für Ihre Freizeitbeschäftigungen gilt. Für Komitees, bei denen es etwas zu organisieren gilt, sind Sie eine Bereicherung, und Sie werden es sicher bald bis zum Vorsitzenden bringen. Sie leisten gerne einen positiven Beitrag zu einer Sache und genießen es, wenn Sie darin von so vielen Menschen wie möglich anerkannt werden. Für einen extrovertierten Menschen, wie Sie es sind, wäre eine Laienschauspielgruppe eine Möglichkeit seine Fähigkeiten auszuleben. Genauso lohnend ist natürlich auch das Studium der Astrologie, das Sie mit diesem Werk ja schon begonnen haben!

# Schütze-Persönlichkeit

*ES KOMMT nicht von ungefähr, dass eines der Schlüsselworte des Schützen »Freiheit« lautet. Dieser Unabhängigkeitsdrang birgt Schwierigkeiten. Ihre Neigung, Ihr Leben auf Ihre eigene Art zu führen, ist oft so stark, dass Ihr unkonventionelles Benehmen Sie manchmal in Verlegenheit bringt!*

Sie können auch ziemlich leichtsinnig sein – zum Beispiel beim Autofahren, wenn Sie Ihre Ungezwungenheit übermannt – Ihr Beifahrer fühlt sich da nicht immer unbedingt sicher. Risiken sind geradezu Ihr Lebenselixier, meistens sogar aus reinem Selbstzweck. Da Sie gerne Sport treiben, sollten Sie sich also auf blaue Flecken gefasst machen.

Doch Sie sind eigentlich nicht nur extrovertiert. Sie haben auch eine philosophische Ader. Intellektuelle Betätigung ist für Sie wahrscheinlich genauso wichtig wie körperliche, deshalb fühlen Sie sich von fernöstlichen Kampfsportarten – mit ihrer Mischung aus Philosophie und kaltem, emotionslosem Einsatz körperlicher Energie – sicherlich angesprochen. Auch die Herausforderung eines Wettkampfes ist für Sie verlockend.

*Sie sind enorm vielseitig, und zwar in einem Maße, dass Sie wirklich versuchen sollten, nicht immer und überall gut sein zu müssen. Oftmals erreicht man, wenn man alles will, das meiste nur halb.*

Da es Ihnen auch wichtig ist, alles zu Ende zu führen, was Sie begonnen haben, sollten Sie vielleicht lernen, sich auf wenige Dinge zu konzentrieren. Ihre Zuversicht, sich alles zutrauen zu können, mag zwar ein großer Vorteil sein, ein blinder Optimismus aber nicht. Genauso wenig wie die für Sie charakteristische Rastlosigkeit und Ihre Überzeugung, dass das Gras auf der anderen Seite des Zaunes grüner ist.

## SCHÜTZE
(23. NOVEMBER – 21. DEZEMBER)

**SCHLÜSSELWORTE** ungezwungen, frei, philosophisch, suchend
**HERRSCHENDER PLANET** Jupiter
**POSITIV**
**DUALITÄT ODER GESCHLECHT** männlich
**ELEMENT** Feuer
**QUALITÄT** beweglich
**KÖRPERBEREICHE** Hüften, Leber, Oberschenkel
**LÄNDER** Arabien, Australien, Ungarn, Spanien, Ex-Jugoslawien
**STÄDTE** Avignon, Bradford, Budapest, Köln, Neapel, Nottingham, Sheffield, Stuttgart, Toledo (in Spanien und in den USA), Toronto
**STEIN** Topas
**FARBE** Dunkelblau, Königspurpur
**BÄUME** Esche, Kastanie, Birke, Limone, Maulbeerbaum, Eiche
**BLUMEN UND KRÄUTER** Melisse, Blaubeere, Borretsch, Zimt, Löwenzahn, Ampfer, Moose, Maulbeeren, Nelken, Salbei, Disteln
**SPEISEN** Spargel, Sellerie, Lauch, Zwiebeln, Tomaten

## Liebesleben und Sex

Man braucht viel Energie, wenn man mit einem Schütze-Liebhaber mithalten will: Sie sind leidenschaftlich und experimentierfreudig. All das ist aber sicher nicht das Richtige für jemanden, der ein beschauliches und eher ruhiges Leben schätzt.

In jungen Jahren folgen Sie gerne den Verlockungen von Liebe und Sex, und Sie sind schnell hin und weg von einem schönen Mädchen oder Jungen. Sie zeigen Ihre Liebe mit einer geradezu aufreizenden Sinnlichkeit, was meist dazu führt, dass auch der oder die Angebetete den Kopf verliert. Wenn Sie aber etwas älter werden, erkennen Sie auch den Wert einer Unterhaltung und von Kameradschaft, und es fällt Ihnen leichter, Ihre Liebe auf ruhige Weise auszudrücken und eine feste Beziehung zu führen.

Allerdings geben Sie Ihrem Partner jedoch ab und an das Gefühl, es mit der Beziehung nicht so sehr ernst zu nehmen. Das Bedürfnis, Ihre Vielseitigkeit auszuleben, kann bei Ihnen von Zeit zu Zeit zu einem »Seitensprung« führen.

*Doch die Tatsache, dass Sie gelegentlich eher zwanglos mit der Liebe umgehen, heißt nicht, dass Sie nicht beständig und langfristig lieben können. Ihr Partner muss sich einfach nur bewusst machen, dass das nur Teil Ihrer freiheitsliebenden Natur ist.*

■ **Jupiter ist** *der herrschende Planet des Schützen.*

Ihre Partnerschaft muss nicht unbedingt »offen«, aber zumindest ein wenig elastisch sein. Jede Form der Einengung führt bei Ihnen zu Klaustrophobie und ist »tödlich« für jeden Schützen – die geringste Andeutung von Eifersucht z. B. bringt Sie zur Weißglut. Sie verstehen überhaupt nicht, was es mit Eifersucht auf sich hat. Versuchen Sie stets daran zu denken, dass Ihr Partner vielleicht nicht dieselbe Einstellung zu Liebe und Sex hat wie Sie, und bemühen Sie sich, ihn ernst zu nehmen.

## Familie

Für einen Schützen ist die Vorstellung, in einem engen Familienkreis gefangen zu sein, so ziemlich das Schlimmste überhaupt. »Sperr mich nicht ein« ist das Motto des Schützen. Sie ertragen es einfach nicht, enge Grenzen gesetzt zu bekommen. Ihr Partner hat die schwierige Aufgabe, diese Tatsache hinzunehmen.

*Auch Langeweile ist für den Schützen nicht auszuhalten. Ein Leben in Routine – 6.30 Uhr aufstehen, den Zug um 7.43 Uhr zum Büro nehmen, um 13.00 Uhr Mittag essen – ist für Ihr Schütze-Herz genauso fatal wie daheim Hausarbeit verrichten zu müssen.*

Das gilt auch für das Familienleben eines Schützen: Solange Sie Ihre Familie motivieren und dazu bringen können, sich an Ihren Aktivitäten zu beteiligen, läuft alles gut. Gemeinsam mit anderen etwas zu unternehmen, ist Ihnen sehr wichtig. In der Schütze-Familie, die sich z. B. häufig zu einem Spieleabend zusammensetzt, herrscht mit großer Wahrscheinlichkeit immer Harmonie.

*Bei Ihrem Partner müssen Sie das Gefühl haben, dass er oder sie Ihnen intellektuell gewachsen ist und umgekehrt. Wenn Sie sich unterlegen fühlen, können Sie das nur sehr schlecht ertragen. Sie werden sich dann umso mehr anstrengen, den anderen einzuholen oder zu überholen. Ein kluger Partner erkennt diesen Zug an Ihnen und ermutigt Sie.*

Denken Sie daran: Sich in einer Partnerschaft gegenseitig herauszufordern, ist für beide Beteiligten produktiv.

## Karriere

Schützen wollen den Weg, den sie vor sich haben, klar und deutlich sehen. Alle Unwägbarkeiten oder Schwierigkeiten, die auf sie lauern, möchten sie am liebsten vorwegnehmen. Ihr Dilemma ist, dass Sie dabei nicht glücklicher werden. Sie brauchen die Freiheit, auf Ihre Art agieren zu können.

*Mit anderen Worten, Sie brauchen Herausforderungen. Wenn Sie trotzdem in einem eher langweiligen Job gelandet sind, sollten Sie sich sehr hohe Ziele setzen und kämpfen. Selbst wenn Sie es nicht schaffen: Der Kampf alleine wird Ihnen gut tun!*

Jeder Beruf, der mit Reisen zu tun hat, ist für Sie geeignet. Sie kommen so aus Ihrem Umfeld heraus und müssen nicht dauernd am Schreibtisch sitzen. Ihre Sprachbegabung und Ihre Fähigkeit, auch größere Unternehmungen gut durchzuplanen, kommt Ihnen dabei zugute. Immer das Große und Ganze im Visier, übersehen Sie schon mal kleine, aber wichtige Details oder werden etwas nachlässig.

Viele Astrologen sagen, Schützen seien die geborenen Athleten des Tierkreises. Tatsächlich kann Ihre Entschlossenheit in diesem Bereich zu großem Erfolg führen. Sie haben kaufmännische Qualitäten und ein Beruf in diesem Bereich wird Ihnen Erfolg bringen.

## Gesundheit, Ernährung und Sport

Sport ist für den Schützen wahrscheinlich wichtiger als für alle anderen Sonnenzeichen. Wenn Sie nicht dazukommen, sich körperlich zu betätigen, wird Ihr gesamter Organismus schwer und träge – sogar Depressionen könnten daraus erwachsen.

*Sie sollten einen Trainingsablauf finden, der Ihnen richtig Spaß macht und für den Sie gerne Ihre Zeit und Energie investieren. Ideal ist ein Fitnessstudio, in dem keine Langeweile aufkommen kann. Ändern Sie Ihr Trainingsprogramm nach den Jahreszeiten – Fitnessgeräte im Herbst und Übungen an der freien Luft im Frühjahr. Auch Schwimmen, Basketball oder Tennis sind Ihnen angemessene Sportarten.*

**■ Der mythologische** *Schütze ist halb Mensch, halb Pferd.*

Hüften und Oberschenkel sind die Körperteile, die dem Schützen zugeordnet sind. Der Zusammenhang dieser Zonen mit einer Gewichtszunahme wird besonders Frauen sicher nicht erstaunen! Auch bei diesem Problem liegt die Lösung in einem Fitnessprogramm, verbunden mit entsprechend gesunder und reduzierter Ernährung. Schade, denn Sie essen – und trinken – sicher mit großem Vergnügen. Gerade das Trinken kann besonders ungesund werden, vor allem wenn Sie es exzessiv tun.

*Sie neigen zu Unfällen auch im Sport, den Sie zu gewaltsam betreiben. Ältere Schützen sollten daher ihr Tempo etwas drosseln, wenn sie aus ihrem Training nicht Muskelzerrungen und Rückenschmerzen davontragen wollen!*

Wenn Sie strenge Diät halten müssen, betrachten Sie es als Herausforderung. Nehmen Sie besonders energiespendende, eiweißreiche Nahrung in Ihre Diät auf. Sich bei Süßigkeiten etwas zu zügeln, schadet Ihnen und Ihrer Figur nicht! Sicher, Zucker bringt Energie – aber er baut auch Fett auf! Fastfood ist besonders schlecht für Sie, aber Zitrusfrüchte, vor allem Grapefruit, sind ganz hervorragend! Und nehmen Sie viel zusätzliches Vitamin C ein!

## Kind und Eltern

Schützen sind wunderbare Eltern. Die Erziehung, in der Sie Ihren Kindern Lebenslust vermitteln, ist für Sie eine faszinierende Aufgabe, der Sie gerne Zeit widmen.

*Allerdings kommen vor allem Schütze-Mütter besser mit Kindern im Baby-Alter zurecht. Wenn Sie aber 24 Stunden mit ihnen eingesperrt sind und keinerlei Abwechslung haben, empfinden sie Kleinkinder mit ihrem endlosen Geplapper als sehr anstrengend.*

Vergessen Sie nicht, Geduld ist nicht gerade Ihre Stärke. Nehmen Sie noch hinzu, dass ein Kind mit drei oder vier Jahren Ihnen nicht den geistigen Reiz bieten kann, den Sie brauchen, ist das Desaster vorprogrammiert: Suchen Sie sich einen guten Babysitter, der Ihnen das Kind mindestens ein bis zwei Stunden am Tag abnimmt, oder spannen Sie Ihren Partner mehr ein. Das wird Ihnen das Freiheitsgefühl zurückgeben, das Sie so dringend brauchen.

*Vermeiden Sie auch, von Ihrem heranwachsenden Kind zu viel zu erwarten. Und achten Sie darauf, nicht verärgert zu sein, wenn Ihr Kind nicht jede sich bietende Gelegenheit gleich am Schopf packt. Kinder wissen noch nichts davon, dass man Zeit verschwenden kann, und man sollte ihnen den Raum geben, einfach zu genießen, was sie gerade tun, ohne daran zu denken, welchen Nutzen es bringt.*

Wenn Sie ein Schütze-Kind haben, sollten Sie ihm erklären, dass es zwar gut ist, sich für etwas Besonders zu begeistern, dass man es aber nicht übertreiben sollte. Ein junger Schütze ist nämlich meist hyperaktiv. Aber verzweifeln Sie nicht. Wenn Sie die Interessen Ihres Kindes entdecken, wird es nicht schwer fallen, seine Energie zu kanalisieren. Manchmal werden Sie Ihr Kind sogar eher etwas bremsen müssen, wenn seine Hobbys ihm die Zeit für schulisches Engagement rauben.

■ **Hirsche werden** *mit dem Schützen assoziiert.*

■ **Dem Zeichen** *Schütze sind die Blaubeeren zugeordnet.*

## Freizeit und Ruhestand

Im Hobby und in Ihrer Freizeit wollen Sie genauso gefordert sein wie bei der Arbeit. Es wäre ratsam, den jeweils einen Bereich als Ausgleich zum anderen zu nutzen: Ist Ihre Arbeit eher intellektueller Natur, sollten Ihre Hobbys Sie körperlich-praktisch beanspruchen, und umgekehrt.

■ **Die Eiche** *wird mit dem Schützen assoziiert.*

Sie sind ein geborener Abenteurer, weswegen Sie besonders gut beim Klettern und Gleitschirmfliegen aufgehoben sind. Auch das Reisen entspricht Ihrer Neugier auf Unbekanntes. Wenn Sie nicht selber reisen können, sind Sie sicher ein begeisterter Leser von Reiseliteratur. Sie gelten als Jäger des Tierkreises, so suchen Sie mit Vorliebe nach Antiquitäten oder seltenen Sammlerstücken.

Sie bilden sich gerne weiter, und zwar bis ins hohe Alter. Fortbildungskurse aller Art betreiben sie mit Spaß an der Sache, großer Ausdauer und Begeisterung.

*Stures Pauken liegt Ihnen aber gar nicht, Sie lernen, wie Ihr polarer Gegensatz im Tierkreis, die Zwillinge, ungern und oberflächlich, so dass Sie am Ende über viele Dinge ein bisschen Bescheid wissen, statt sich in einem Gebiet genauer auszukennen. Daran ist nichts auszusetzen, wenn Sie das zufrieden stellt. Wollen Sie aber Prüfungen bestehen und sich weiter qualifizieren, bringt Sie diese Haltung nicht voran. Sich voll auf eine Sache zu konzentrieren, kann auch Ihnen tiefe Befriedigung bringen!*

■ **Im Tierkreis** *ist Schütze der polare Gegensatz zu den Zwillingen.*

## Kurze Zusammenfassung

✓ Widder, Löwe und Schütze gehören zur Gruppe der Feuerzeichen. Menschen unter diesem Einfluss sind aktiv und dynamisch. Arbeit, Bewegung, Innovation und Herausforderung sind für sie lebenswichtig.

✓ Widder sind entschlossen, aus allem, was sie angehen, als Sieger hervorzugehen, manchmal um jeden Preis. Sie sind voller Energie und Kreativität und brauchen in Beruf und Freizeit Betätigungsfelder, für die sie ihre gesamte Kraft aufwenden können.

✓ Löwen sind glückliche und optimistische Naturen und vergeuden keine Zeit damit, Fehler zu bereuen. Sie sind hervorragende Organisatoren und treue Partner. Ein problematischer Aspekt ist ihr Bestreben, überall die Führung zu übernehmen.

✓ Schützen sind sorglos, vielseitig und leidenschaftlich. Sie lieben Aktivitäten, bei denen sie das Praktische mit dem Philosophischen verbinden können.

## Kapitel 9

# Einfach elementar: Die Erdzeichen

STIER, JUNGFRAU UND STEINBOCK – der Reihe nach von der empfindsamen und sinnlichen Venus, dem anregenden und kommunikativen Merkur und dem praktischen und vorsichtigen Saturn regiert – sind die bodenständigsten und unkompliziertesten Mitglieder der Tierkreisfamilie. Man fasst sie unter dem treffenden Namen »Erdzeichen« zusammen. Sie sind die Planer, Organisatoren und Hüter dieser Welt. Sie arbeiten hart und sind bekannt für ihre Hingabe, Entschlossenheit, ihren Pragmatismus und ihre Verlässlichkeit. Die Erdzeichen sind die unermüdlichen Zuarbeiter, Menschen, von denen die anderen Sonnenzeichen im täglichen Leben abhängig sind, damit die Arbeit vorangeht und das Feuer zu Hause (oder im Büro) weiterbrennt.

### Inhalt dieses Kapitels:

- ✓ Stier-Persönlichkeit
- ✓ Jungfrau-Persönlichkeit
- ✓ Steinbock-Persönlichkeit

STIER, JUNGFRAU UND STEINBOCK SIND ERDZEICHEN.

# Stier-Persönlichkeit

DER GRÖSSTE FEHLER *des Stiers ist sein Besitzdenken. Was Sie haben, das halten Sie auch fest, manchmal viel zu fest. Auch Menschen bekommen das zu spüren, indem sie vom Stier wie sein Eigentum behandelt werden. Dass er nicht loslassen kann, liegt an seinem Sicherheitsbedürfnis.*

*Nur wenn Ihnen Menschen oder Sachen ganz gehören, fühlen Sie sich sicher und geschützt. Dasselbe gilt für das Geld, das Sie verdienen. Sie brauchen die Beruhigung, die von ihm ausgeht, und neigen deshalb dazu, es mit Zähnen und Klauen festzuhalten. Das erweckt den Eindruck, als seien Sie ganz und gar materialistisch eingestellt. In Wirklichkeit sind Sie einfach ein sehr stabiler und »sicherer« Typ. Sie managen Ihren Alltag wie eine gut geölte Maschine, und sind auch in Bezug auf andere Menschen sehr verlässlich.*

Sie nehmen keine Abkürzungen, und das sollten Sie auch nicht. Riskante Geldanlagen sind nichts für Sie, weil Risikofreude Ihrer auf Beständigkeit bedachten Natur zuwiderläuft. So sicher wie Sie scheinen, sind Sie gar nicht, aber Ihre Geduld hilft Ihnen darüber hinweg. Manchmal scheint Ihr Leben etwas festgefahren und Sie etwas langsam – zum Beispiel in der Konversation. Aber wenn die Leute Ihnen wirklich zuhören, werden Sie immer als interessanter Gesprächspartner empfunden.

Ihr Geist arbeitet vorsichtig, bedächtig und methodisch. Ihr größtes Potenzial liegt wahrscheinlich darin, dass Sie stetig an Ihrer Karriere feilen und an neuen Perspektiven für Ihr Leben arbeiten.

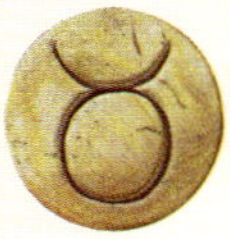

## STIER
(21. APRIL – 21. MAI)

**SCHLÜSSELWORTE** Besitz ergreifend, beständig
**HERRSCHENDER PLANET** Venus
**NEGATIV**
**DUALITÄT ODER GESCHLECHT** weiblich
**ELEMENT** Erde
**QUALITÄT** fest
**KÖRPERBEREICHE** Nacken und Hals, Schilddrüse
**LÄNDER** Capri, Zypern, Ägypten, Griechische Inseln, Iran, Irland, Ischia, Schweiz
**STÄDTE** Bologna, Dublin, Eastbourne, Hastings, Leipzig, Luzern, Mantua, Palermo, St. Louis
**STEIN** Smaragd
**FARBE** Blassblau, Grün, Rosa
**BÄUME** Mandel, Apfel, Esche, Erle, Zypresse, Feige, Birne, Wein
**BLUMEN UND KRÄUTER** Artischocke, Bohne, Brombeere, Nelke, Akelei, Gänseblümchen, Holunder, Fingerhut, Eibisch, Minze, Mohn, Primel, Rose, Sauerampfer, Veilchen
**SPEISEN** Getreide, vor allem Weizen; Äpfel, Beeren, Trauben, Birnen, Gewürze

## Liebesleben und Sex

Der Charme des Stiers und seine schöne äußere Erscheinung sind eine hervorragende Ausgangsbasis, wenn es um persönliche Beziehungen geht.

*Stiere haben nämlich den Ruf, die Bestaussehenden unter den zwölf Tierkreiszeichen zu sein. Selbst in überfüllten Räumen fallen sie auf, und wer einen Stier einmal wahrgenommen hat, setzt alles daran, ihn kennenzulernen.*

■ **Venus ist** *der herrschende Planet des Stiers.*

Sie sind der klassische Romantiker, von dem alle anderen träumen. Sie genießen gutes Essen, guten Wein und all die anderen luxuriösen Annehmlichkeiten des Lebens. Schon in der Anfangsphase einer Liebe ist es für Sie das größte Glück, geben, geben und nochmals geben zu können.

Damit hören Sie aber nicht etwa irgendwann einmal auf. Und nicht nur auf materieller Ebene sind Stiere ausgesprochen freigebig: Sie sind tolle Liebhaber und wollen dem Partner genauso viel Vergnügen bereiten, wie sie selber empfinden.

Doch wenn sich eine Beziehung erst einmal stabilisiert hat, hat sich auch der Stier in ihr gemütlich eingerichtet, was selten, sehr selten bedeutet, dass Sie weniger aufmerksam wären oder weniger darum bemüht, Ihrem Partner ein gemütliches, sogar luxuriöses Heim zu schaffen. Die Lust des Stiers, im Leben und in der Liebe zu schwelgen, bricht aber eigentlich nie ab.

Kein noch so guter Sex, kein noch so gutes Essen wird Ihren Partner jedoch für das Gefühl entschädigen, dass er oder sie ständig bewacht und als Eigentum betrachtet wird.

*Auch Eifersucht kann zum Problem werden, falls Sie das Gefühl haben, dass Ihr Partner Ihnen nicht ganz gehört. Wenn er sich eingeengt oder »festgehalten« fühlt, sind Schwierigkeiten mit ihm vorprogrammiert.*

## Familie

Wenn Sie im Kreise einer Familie leben, fühlen Sie sich emotional stabil und leben in der Gewissheit, dass alles gut wird. Das kann durchaus der Fall sein – vorausgesetzt Sie lassen Ihrem Partner und den Kindern die Freiheit, die sie brauchen, um ihr eigenes Leben zu leben. Vielleicht haben diese beispielsweise andere Interessen als Sie. Ignorieren Sie

das nicht. Versuchen Sie, ein bisschen Neugier für das zu zeigen, was Ihre Familie gerne tut, und nehmen Sie daran teil.

*Lassen Sie vor allem Ihr Bedürfnis, viel Geld zu verdienen, nicht so stark werden, dass Sie keine Zeit mehr für die Familie haben.*

Auch wenn Ihr Denken in Bezug auf die Familie und das Leben im Allgemeinen vielleicht recht traditionell ist, sollten Sie nicht vergessen, dass Ihr Partner und Ihre Kinder das vielleicht anders sehen. Vielleicht wollen sie nicht immer nur auf der sicheren Seite sein und das tun, was alle anderen tun!

Es ist besonders wichtig, dass Sie nie davon ausgehen, Ihr Partner sei genauso konventionell wie Sie. Vielleicht haben Sie einen Ehemann, der sich sehr gerne mit den Kindern beschäftigen würde, während Sie das Geld verdienen. Oder Sie haben eine Ehefrau, die sich lieber um ihre Karriere als um Kinder kümmern möchte. Denken Sie daran: Nur weil Sie Kinder haben wollen und eine gute Mutter oder ein guter Vater wären, heißt das noch lange nicht, dass auch Ihr Partner sich eine Familie wünscht.

Ob Mann oder Frau, Sie wollen bestimmt ein Heim schaffen, damit Sie nicht nur die Sicherheit haben, die Sie so dringend brauchen, sondern auch ihren Gästen Komfort, gutes Essen, teure Weine und einen gemütlichen Sessel bieten können!

■ **Mohn und Fingerhut** *werden mit dem Zeichen Stier assoziiert.*

## Karriere

Stiere streben ehrgeizig nach Erfolg, zum Teil aus dem Grund, weil Erfolg ein stetiges und meist beträchtliches Einkommen – und damit Sicherheit – bedeutet. Sie arbeiten sicher am liebsten in einer großen Firma oder Gesellschaft in einem traditionellen Geschäftsfeld: vielleicht einer Bank oder einem internationalen Pharmakonzern. Ein Beruf mit regelmäßigen Arbeitszeiten ist das Richtige für Sie.

Doch wenn Sie eine risikofreie Möglichkeit finden, Geld in ein Geschäft zu investieren – die finanziellen Details werden Sie bis auf Heller und Pfennig durchkalkulieren –, können Sie sich auch als erfolgreicher Unternehmer entpuppen.

*Wenn Sie Ihre eigene Firma gründen, sollten Sie über eine Geschäftspartnerschaft nachdenken – am besten mit jemandem, der etwas abenteuerlustiger ist und weniger traditionell denkt als Sie! Stiere lassen sich nur ungern günstige Gelegenheiten entgehen, sind aber zögerlich, wenn diese vielleicht mit einem Risiko verbunden sind. Auch wenn es Ihnen schwer fällt, Wagnisse einzugehen – Sie sollten lernen, sich auf eventuelle Veränderungen einzustellen.*

Stiere scheinen sich vor allen in Berufen wohl zu fühlen, die mit Luxus- oder Schönheitsprodukten zu tun haben. Der Beruf des Kosmetikers zum Beispiel liegt Ihnen sehr, und auch die Arbeit hinter dem Verkaufstisch eines großen Kaufhauses ist für Sie attraktiv. Sie arbeiten auch häufig im Bereich der Stadt- und Landschaftsplanung, der Architektur, Buchhaltung und Landwirtschaft. Der Stier gehört zu den musikalischsten Zeichen: Viele erfolgreiche Musiker haben die Sonne im Stier.

■ **Der Stier** *ist das Symbol für dieses Zeichen.*

## Gesundheit, Ernährung und Sport

Wie wir bereits erwähnten, sind die unter dem Stier Geborenen angeblich die schönsten Menschen. Dieser Gottesgabe gegenüber tragen Sie die Verantwortung, Ihr hervorragendes Aussehen und Ihre gute Figur auch zu erhalten. Was nicht leicht ist, denn Sie frönen gern den Gaumenfreuden, vor allem reichhaltigen und süßen Speisen wie Schokolade – Gewichtsprobleme bleiben da nicht aus.

Wenn Sie sich erlauben, hier und da einmal zu sündigen, ist ein gutes Trainingsprogramm ein Muss. Selbiges gilt für eine vernünftige Diät, die Sie zwischen den gelegentlichen Fünf-Gänge-Menüs einlegen sollten.

*Zu Übergewicht kommt es bei vielen Stieren, weil sie einen langsamen Stoffwechsel und eine Abneigung gegen Sport haben. Auf lange Sicht ist Obst besser als Zucker und Ballaststoffe besser als Kuchen.*

Sie sind eigentlich kein Bewegungsmuffel, sondern sogar im tänzerischen Bereich ein regelrechtes Talent. Melden Sie sich in einer Tanzschule an oder in einem Fitnessstudio; anders als die meisten langweilt Sie die Regelmäßigkeit, mit der man an den Geräten trainiert, nicht und eine wohltuende Massage oder ein entspannender Gang in die Sauna hinterher entspricht Ihrem Bedürfnis sich zu verwöhnen.

Die Körperzonen, die man mit dem Zeichen Stier verbindet, sind Hals und Nacken. Sie kennen es sicher schon: Eine Erkältung kündigt sich bei Ihnen fast immer mit Halsschmerzen an. Ihr empfindliches Organ ist die Schilddrüse. Wenn Sie plötzlich stark an Gewicht zunehmen, sollten Sie sie untersuchen lassen.

## Kind und Eltern

Wie wir bereits sagten, ist es sehr wahrscheinlich, dass Sie sich Kinder wünschen und sich liebevoll um sie kümmern wollen. Sie arbeiten sehr hart, um ihnen die Sicherheit zu bieten, die Sie selbst so sehr brauchen – wobei sie den Kindern möglicherweise nicht so viel bedeutet wie Ihnen.

*Sie sind sehr diszipliniert und möchten auch Ihren Kindern den Wert dieser Eigenschaft vermitteln. Vergessen Sie aber nicht, dass sie viel-*

*leicht mehr Freiheit brauchen, als Sie ihnen geben wollen. Wenn Sie Ihre Kinder einmal zurechtweisen müssen, erklären Sie ihnen warum.*

Ihr eigenes Bedürfnis nach Luxus, gutem Essen und Trinken mag vielleicht dazu führen, dass Sie auch Ihre Kinder dafür begeistern wollen, indem Sie sie mit Geschenken überschütten. Ihr sonst eigentlich vorsichtiger Umgang mit Geld kann ein gutes Beispiel für die Kinder sein.

Von klein auf ist das Stier-Kind geduldig, gutmütig und zufrieden. Es ist ziemlich pflegeleicht, weil es alles isst, was auf den Tisch kommt, und man es nicht antreiben muss, ordentlich zu essen. Es ist ein Leichtes, sie mit Süßigkeiten aller Art zu bestechen. Geben Sie dieser Versuchung nicht nach – oder zumindest nicht zu oft.

Sie werden feststellen, dass Stier-Kinder gut organisiert und methodisch (aber auch manchmal etwas zu langsam) an die Dinge herangehen. Hetzen Sie nicht, vor allem nicht, wenn es um die Schule geht. Erlauben Sie Ihrem Kind, sich in dem ihm eigenen Tempo zu entwickeln.

*Denken Sie daran, dass ein Stier-Kind das natürliche Talent besitzt, seinen Charme einzusetzen, wenn es sich vor einer unangenehmen Aufgabe drücken will. Lassen Sie sich davon nicht einwickeln!*

## Freizeit und Ruhestand

Als geduldiger Stier kommen für Sie Hobbys und Freizeitaktivitäten in Frage, bei denen sich andere Sonnenzeichen zu Tode langweilen würden. Sie sind glücklich und zufrieden, wenn Sie ein kompliziertes Modellboot mit aufwendiger Takelage zusammenbauen oder ein großes Petit Point mit 14 Stichen auf drei Zentimetern sticken können!

*Obwohl Sie groß und behäbig genug sind, um regelrecht ungeschickt zu wirken, fühlen Sie sich interessanterweise angezogen von kleinen, Geschicklichkeit erfordernden Aufgaben, die Sie auch erfolgreich meistern. Wenn Sie musikalisch sind (und zeigen Sie uns einen Stier, der das nicht ist), sind Sie sicher gerne Mitglied eines Chors oder einer Operngemeinde.*

Stiere arbeiten auch gerne mit den Händen und sind oft gute Bildhauer, Töpfer, hervorragende Gärtner mit einer besonderen Vorliebe für Blumen. Wahrscheinlich macht es Ihnen besonderen Spaß, selber Wein zu keltern oder Bier zu brauen (und dann natürlich zu trinken), und mit Ihrer Vorliebe für gutes Essen sind Sie auch ein hervorragender Koch.

■ **Artischocken und Trauben** *werden mit dem Zeichen Stier assoziiert.*

# Jungfrau-Persönlichkeit

JUNGFRAUEN HABEN DEN RUF, *bescheiden, prüde, schüchtern, introvertiert und penibel zu sein. Wenn in Ihrem Geburtshoroskop keine anderen starken Einflüsse vorhanden sind, die diese Tendenzen ausgleichen, wird es Ihnen schwer fallen aus sich herauszugehen. Und leider werden viele Ihrer positiven Eigenschaften vielleicht nie eine Chance haben sich zu zeigen.*

Die besten Eigenschaften des Sonnenzeichens Jungfrau – sorgfältiger Umgang mit Details und scharfe Intelligenz – werden Ihnen aber helfen, die weniger positiven Tendenzen zu überwinden und Ihre übervorsichtige Einstellung abzulegen. Ebenso wie Ihr mangelndes Selbstvertrauen stellt Ihnen auch Ihre übertriebene Behutsamkeit häufig ein Bein, wenn es darum geht, auch mal Erfolge einzufahren.

Der intelligenten, analytischen Jungfrau bieten sich dennoch viele Gelegenheiten für persönlichen und beruflichen Erfolg. Sie brillieren in Debatten und Streitgesprächen, denn Sie ordnen die Fakten so schnell und bringen Ihre Argumente so klar und logisch vor, dass Sie die meisten Gegner locker in die Tasche stecken.

Doch Sie sollten darauf achten, dass Sie nicht zu vehement und kritisch argumentieren; andere könnten sich vor den Kopf gestoßen fühlen, bevor sie begriffen haben, was Sie sagen wollen. Vergessen Sie auch nicht, dass Ihr analytisches Talent und Ihr Hang zum Perfektionismus manchmal als Kälte oder Schroffheit aufgefasst werden können.

## JUNGFRAU
**(24. AUGUST – 23. SEPTEMBER)**

**SCHLÜSSELWORTE** analytisch, kritisch, pingelig, bescheiden
**HERRSCHENDER PLANET** Merkur
**NEGATIV**
**DUALITÄT ODER GESCHLECHT** weiblich
**ELEMENT** Erde
**QUALITÄT** beweglich
**KÖRPERBEREICHE** Nervensystem, Magen, Darm
**LÄNDER** Brasilien, Kreta, Griechenland, Irak, Mesopotamien, Türkei, Jungferninseln, Ex-Jugoslawien
**STÄDTE** Athen, Boston, Korinth, Heidelberg, Jerusalem, Lyon, Paris, Reading; Heilquellen und Kurorte
**STEIN** Sardonyx
**FARBE** Braun, Dunkelgrau, Marineblau
**BÄUME** alle Bäume, die Nüsse tragen
**BLUMEN UND KRÄUTER** dieselben wie beim Zeichen Zwillinge: Anis, Azalee, Melisse, Zaunrübe, Kümmel, Farn, Lavendel, Maiglöckchen, Myrte; vor allem hellblaue und gelbe Blumen
**SPEISEN** dieselben wie beim Zeichen Zwillinge: die meisten Nüsse, vor allem Hasel- und Walnuss; die meisten Gemüse, die unter der Erde wachsen, besonders Karotten und Kartoffeln

Sie sind berühmt dafür, dass Sie sich vor harter Arbeit nicht scheuen und auch sehr selbstlos arbeiten können. Viele Jungfrauen verbringen ihr ganzes Leben damit, für andere zu arbeiten – was manchmal auch seine Schattenseiten hat. In gewisser Weise kann die Jungfrau zur Karikatur der altmodischen »kleinen Frau« werden, die ihr ganzes Leben Heim und Herd widmet und alles tut, um dem Partner das Leben leichter zu machen. Überlegen Sie zweimal, bevor Sie diesen Weg einschlagen. Er kann einengend und unproduktiv sein, egal ob bei Mann oder Frau.

## Liebesleben und Sex

Ihr größtes Problem in Sachen Liebe und Sex ist womöglich, dass Sie sich nicht vorstellen können, jemand verliebe sich tatsächlich in Sie. Ihre kritische »innere Stimme« sagt Ihnen oft, dass Sie nicht hübsch, attraktiv, intelligent und interessant genug sind, um auf irgendjemanden anziehend zu wirken.

*Sie müssen unbedingt diese lähmende Selbstkritik überwinden. Bescheidenheit ist eine Zier – doch nur bis zu einem gewissen Grad!*

Es ist wahr, dass manche Jungfrauen unter puritanischen Hemmungen leiden, wenn es um Sex geht. Sie brauchen wahrscheinlich einen Partner, der taktvoll und geduldig ist und ihnen hilft loszulassen und die Freuden körperlicher Liebe zu genießen.

■ **Merkur ist** *der herrschende Planet der Jungfrau.*

Wenn Sie sich auf eine Beziehung eingelassen haben, sind Sie ein treuer Partner. Sie sollten aber auch in einer Liebesbeziehung lernen sich zu entspannen und sich nicht die ganze Zeit darüber Gedanken zu machen, ob das Schlafzimmer auch sauber genug ist!

*Die größte Gefahr für eine verliebte Jungfrau ist es, Ihren Partner zu oft und zu grob – wenn auch nicht mit Absicht – zu kritisieren. So kann es passieren, dass Sie selbst die harmlosesten schlechten Angewohnheiten Ihres Partners unangemessen oft und heftig zum Thema machen.*

Wenn Sie sich über Ihren Partner ständig aufregen, sollten Sie darüber nachdenken, warum Sie so empfinden. Es könnte mehr mit Ihren eigenen Einstellungen und Schwächen zu tun haben als mit den vermeintlichen Fehlern des Partners. Vergessen Sie nicht, es gibt Wichtigeres im Leben als Ihrem Partner beizubringen, den Staubsauger in die Kammer zurückzustellen.

## Familie

Sie sind bereit, Tag und Nacht für Ihre Familie zu arbeiten und ein Zuhause zu schaffen, das Ihren hohen, ehrgeizigen Idealen entspricht. Die meisten Jungfrau-Frauen, die im Beruf Karriere machen, nehmen sich daneben problemlos noch Zeit für Partner, Kinder und Familienleben. Doch manche Frauen beschließen, dass ihnen das Heim wichtiger ist als die Karriere. Wenn Sie zu diesen gehören, sollten Sie sich ganz sicher sein, ob Sie wirklich auf andere Interessen verzichten und sich ausschließlich darum kümmern wollen, dass das Haus blitzblank und die Kinder perfekt angezogen sind!

EICHENBLÄTTER

BUCHENBLÄTTER

Eine hervorragende Eigenschaft der Jungfrau ist, dass sie besonders talentiert ist, die richtigen Worte für das zu finden, was sie meint. Wenn es zu Hause Probleme gibt, analysiert sie schnell die Situation, stellt sie der Familie logisch dar und bietet eine rasche und praktikable Lösung an. Mürrisches Schweigen ist undenkbar für Jungfrauen!

*Doch einmal mehr sei Ihnen angeraten, Ihre typische Jungfrau-Tendenz zu übertriebener Kritik und Pingeligkeit in den Griff zu bekommen. Sie können Ihren Partner und Ihre Kinder damit wirklich verärgern.*

Machen Sie sich bewusst, dass Nicht-Jungfrauen Ihr Gefühl, das Leben sei eine sehr ernste Angelegenheit, vielleicht nicht immer teilen. Es tut auch Ihnen – und Ihrer Familie – einfach mal gut, die Seele baumeln zu lassen und zu entspannen, ohne irgendeinen Terminplan im Kopf zu haben.

Auch ein Hobby kann helfen, vor allem eines, das Ihre Forscherseele fordert. Und selbst wenn Sie vielleicht glauben, dass Sie Ihre Freizeit konstruktiv und mit Gewinn verbringen sollten: Auch Jungfrauen können lernen, einfach mal nur Musik zu hören oder einen Roman zu lesen.

■ **Butterblume und Krokus**
*werden mit der Jungfrau in Verbindung gebracht.*

## Karriere

Sie wollen sicher eine Karriere, die Ihnen ein gewisses Maß an Sicherheit bietet, werden sich aber gleichzeitig immer Sorgen machen, ob Sie Ihren Job auch behalten können. Wenn Sie sich eine Arbeit suchen, die Ihren Geist wirklich beansprucht, haben Sie weniger Zeit, sich schwarze Gedanken über die Zukunft zu machen.

Eine gute Karrieremöglichkeit für Jungfrauen liegt im Sekretariats- oder Verwaltungsbereich. Detailgenauigkeit liegt Ihnen im Blut, und die Arbeit mit einem direkten Vorgesetzten ist für Sie oft leichter als mit einer Gruppe von Kollegen. Die Menschen in dieser Gruppe werden es nämlich schwer haben, mit Ihren hohen Anforderungen mitzuhalten, und Sie werden nicht widerstehen können, sie – wie immer – zu kritisieren.

*Glauben Sie aber nicht, dass Ihre Bestimmung nur in dienenden Tätigkeiten liegt. Es gibt Berufe, in denen Sie fast ohne Anstrengungen die Karriereleiter hinaufklettern können, indem Sie einfach Ihre Jungfrau-Eigenschaften Intelligenz, Umsicht, Zuverlässigkeit und den Sinn für praktisches Lösen von Problemen nutzen. Jungfrauen sind beispielsweise hervorragende Lehrer, doch auch hier müssen Sie wieder versuchen, nicht überkritisch zu sein. Enthüllungsjournalismus und Marktforschung sind ebenfalls geeignete Berufsfelder, genau wie Politik.*

Jungfrauen interessieren sich gewöhnlich auch für Ernährung, Gesundheit und Hygiene. Und Sie haben sicher eine Vorliebe für Natur und die Arbeit im Freien, also kommen auch Landwirtschaft, Landschaftspflege und Gartenbau für Sie in Frage.

Wenn Sie zufällig doch einmal arbeitslos werden sollten, sollten Sie nicht nur herumsitzen und Ihr Schicksal beklagen. Organisieren Sie Ihren Tagesablauf: Lesen Sie Zeitung, schreiben Sie Bewerbungsbriefe und verschicken Sie sie auch. Werden Sie aktiv und sehen Sie die Jobsuche als den notwendigen Weg zur Verbesserung Ihrer Situation. Untätigkeit facht die Angst um Ihr berufliches Abgesichertsein nur noch mehr an.

## Gesundheit, Ernährung und Sport

Ihr Niveau an körperlicher Energie und Nervenstärke ist von Natur aus sehr hoch, diese Energie sollten Sie aber in die richtigen Bahnen lenken. Wenn Sie nicht genügend ausgelastet sind, kann ein physischer und emotionaler Stillstand eintreten.

*Ihr Nervensystem und Ihr Magen werden durch das Zeichen Jungfrau regiert. Das heißt, wenn in Ihrem Leben etwas schief läuft, werden Sie zunächst Magenbeschwerden bekommen und unter Anspannung und Nervosität leiden. Danach kommen die Kopfschmerzen.*

Ihre nervliche und körperliche Energie muss positiv eingesetzt werden: erstere durch ein befriedigendes intellektuelles Leben, letztere durch eine gesunde Ernährung und Sport.

*Sie brauchen vor allem eine Menge Ballaststoffe. Der Stillstand, von dem wir vorher sprachen, kann sich auch auf Ihren Darmtrakt ausweiten, weshalb Sie Vollwert-Nahrungsmittel bevorzugen sollten. Vielleicht entscheiden Sie sich sogar, Vegetarier zu werden. Sie brauchen außerdem viel Bewegung: Joggen oder Rad fahren macht Ihnen sicher mehr Spaß als das Training in einem Fitnessstudio.*

Junge Jungfrauen mögen wahrscheinlich Mannschaftssport und Spiele mit schnellen Bewegungen wie Squash, Tennis und Badminton. Wenn Sie die entsprechende Statur haben, mögen Sie vielleicht auch Gymnastik, Ballett oder Aerobic. Später im Leben könnten Sie sich auch für Golf interessieren oder für Gartenarbeit. Wofür Sie sich auch entscheiden, stellen Sie einen regelmäßigen Zeitplan auf und halten Sie ihn ein. Doch vergessen Sie nicht, Sie brauchen Abwechslung.

## Kind und Eltern

Als Eltern sind Jungfrauen sehr darauf bedacht, das Leben ihrer Kinder mit Aktivitäten zu füllen, in der Überzeugung, dass diese genauso geschäftig durch die Welt laufen müssen wie sie selber. Das ist aber nicht immer wahr. Erinnern Sie sich daran, dass Kinder jeden Tag etwas freie Zeit zum Spielen brauchen.

■ **Jungfrau-Gemüse** *sind zum Beispiel Karotten, Kartoffeln und Kohlrüben.*

*Kritisieren Sie nicht unnötig an Ihrem Kind herum. Bei seinen Klecksereien z. B. handelt es sich nämlich nicht um eine mittelmäßige Arbeit Rembrandts. Kritik kann den Erfolgswillen eines Kindes zerstören, wenn sie nicht taktvoll und vorsichtig vorgebracht wird. Ihr Kind braucht wohl eher eine warmherzige Ermutigung als eine detaillierte Analyse.*

Die meisten Jungfrauen haben etwas Lehrerhaftes an sich – das ist prima, denn, weil Sie sich darum kümmern, Ihrem Kind viel Anregung zu bieten, ist es weniger wahrscheinlich, dass es nur vor dem Fernseher hängt. Im Gegensatz zu anderen Sonnenzeichen hasst das Jungfrau-Kind es, nichts zu tun zu haben. Lange Ferien und Sommerpausen können also zur echten Herausforderung werden, wenn die Eltern keine Freizeitaktivitäten organisieren, die das Jungfrau-Kind in Trab halten. Da es in der Regel sehr vielseitig interessiert ist, brauchen Sie nicht einmal Ihre Fantasie zu überanstrengen.

*Wer glaubt, Jungfrau-Kinder (im Gegensatz zu anderen) hätten nie mehr als zwei oder drei Hobbys gleichzeitig, irrt gewaltig. Sie sind im Gegenteil berühmt dafür, dass sie sehr viele verschiedene Aufgaben mit Erfolg meistern.*

Ein Jungfrau-Kind ist in der Regel ordentlich, reinlich und aufmerksam. Die Schulhefte sind gut organisiert, ohne Flecken und Kleckser, und die Handschrift ist klar und leserlich. Es hält viel von Autoritäten, und es ist vielleicht notwendig, in ihm den Sinn für seine eigene Individualität zu fördern, damit es nicht vor den Klassenkameraden als Musterkind dasteht.

■ **Alle Haustiere**, *auch Katzen, werden vom Zeichen Jungfrau regiert.*

## Freizeit und Ruhestand

Jungfrauen sind oft mehr mit ihren Haustieren beschäftigt als mit den Menschen in ihrer Umgebung. Außerdem brauchen sie eine Vielzahl von Hobbys und Freizeitinteressen, und diese sollten sowohl körperliche als auch intellektuelle Herausforderungen bergen.

■ **Der Stein** *der Jungfrau ist der Sardonyx.*

*Sie brauchen mindestens ein Hobby, dem Sie sich immer dann zuwenden können, wenn Sie merken, dass ein Übermaß an Sorgen in Ihnen Spannungen aufbaut. Dieses Hobby sollte Sie körperlich aktiv halten, aber gleichzeitig auch entspannen. Ein solches (wahrscheinlich das Ihnen angemessenste) ist Gartenarbeit, weil Jungfrauen sich gerne im Freien bewegen und zu Pflanzen eine besondere Beziehung haben.*

**Jungfrau-Kräuter** *sind unter anderem Lavendel und Anis.*

Wenn Sie keinen Garten haben, können Sie auch Topfpflanzen züchten. Unbedingt Erfolg versprechen können wir Ihnen allerdings nicht: Einige Jungfrauen haben einen grünen Daumen, die Pflanzen lächeln förmlich, sobald Sie den Raum betreten. Andere aber scheinen überhaupt kein Händchen dafür zu haben. Finden Sie heraus, zu welcher Kategorie Sie gehören! Ihren Pflanzen sei Glück gewünscht!

Wahrscheinlich liegen Ihnen besonders Hobbys, bei denen die Geschicklichkeit Ihrer Hände gebraucht wird – Nähen, Steppen, Sticken, Häkeln, Stricken. Aber auch fürs Töpfern, Schnitzen oder Modellieren sind Sie geeignet.

*Sie wissen ja, dass Sie gerne Abkürzungen nehmen und die Dinge etwas zu hastig angehen: Geben Sie sich mehr Mühe, damit Sie auch wirklich mit dem Endprodukt zufrieden sind. Denn auch das gehört zu Ihrem Wesen: Sie sind Ihr schärfster Kritiker!*

Da Sie gerne lesen, sollten Sie sich überlegen, die Buchbinderei in die Reihe Ihrer Hobbys aufzunehmen. Sie füllen Ihre Mußestunden damit auf sehr angenehme Weise.

**Das Symbol** *der Jungfrau ist ein junges Mädchen.*

# Steinbock-Persönlichkeit

STEINBÖCKE WERDEN OFT *als streng, unbeugsam, ehrgeizig und selbstsicher charakterisiert – mit sehr wenig Zeit für die einfachen Freuden des Lebens. Nun, diese Einschätzung ist wahrscheinlich ein bisschen übertrieben! Doch Sie sind sicherlich etwas pflichtbewusster und zielstrebiger als der Durchschnitt. Aufgrund dieser Eigenschaften fallen Sie mit Sicherheit unter eine der zwei typischen Steinbock-Kategorien:*

*Entweder Sie haben Erfolg durch Ihre Unbeirrbarkeit und Ihren Ehrgeiz oder scheitern trotzdem aufgrund eines Mangels an Selbstvertrauen.*

Steinböcke, die in das zweite Lager fallen, beschuldigen gerne alles und jeden – außer sich selbst – für ihren Misserfolg: »Ich hatte nicht die richtige Ausbildung; ich hatte nicht dieselben Voraussetzungen; ich war zu belastet mit anderen Dingen.« Selbstsicherere Steinböcke hingegen sind Autodidakten, schaffen sich selbst Ihre Chancen und finden Mittel und Wege, Verantwortung abzugeben, damit sie ihre eigenen Interessen verfolgen können.

Machen Sie sich klar, dass bei Ihnen Selbstvertrauen nicht von selbst entsteht, sondern Nahrung braucht. Sagen Sie sich, dass Sie verlässlich und diszipliniert sind und dass diese Eigenschaften Sie in jeder Hinsicht zum Erfolg führen. Denn in welcher ist das nicht der Fall? Je erfolgreicher Sie im Übrigen sind, desto selbstsicherer werden Sie.

Doch leider sind Sie auch oft ein Querulant, und das kann anderen Menschen wirklich auf die Nerven gehen. Sie wollen auf der sozialen Aufstiegsleiter sehr hoch hinaus, was

## STEINBOCK
**(22. DEZEMBER – 20. JANUAR)**

**SCHLÜSSELWORTE** ehrgeizig, berechnend, vorsichtig, reizbar
**HERRSCHENDER PLANET** Saturn
**NEGATIV**
**DUALITÄT ODER GESCHLECHT** weiblich
**ELEMENT** Erde
**QUALITÄT** kardinal
**KÖRPERBEREICHE** Knochen, Knie, Haut, Zähne
**LÄNDER** Albanien, Bulgarien, Indien, Litauen, Makedonien, Mexiko, Orkney, Shetland, Thrakien
**STÄDTE** Brüssel, Delhi, Gent, Mecklenburg, Mexico City, Oxford, Port Said, Verwaltungszentren von allen Hauptstädten
**STEIN** Amethyst, Türkis
**FARBE** Schwarz, Dunkelbraun, Dunkelgrün, Grau
**BÄUME** Espe, Ulme, Kiefer, Pappel, Weide, Eibe
**BLUMEN UND KRÄUTER** Amaranth, Belladonna, Beinwell, Schierling. Bilsenkraut, Mispel, Zwiebel, Stiefmütterchen, Quitte, Roggen, Eisenhut
**SPEISEN** Malz, Fleisch, stärkehaltige Nahrungsmittel

viele Ihrer Freunde und Arbeitskollegen ebenfalls manchmal etwas befremdet. Sie machen den Fehler zu glauben, das nur das im Leben wirklich weiterhilft.

*Sie haben – diese Meinung teilen nicht alle – einen besonderen Sinn für Humor! Setzen Sie ihn ein, in der Ihnen eigenen überraschenden und ungewöhnlichen Weise. Das kann Ihnen helfen, andere für sich einzunehmen. Und denken Sie daran, nur weil Sie gerne mit gesellschaftlichen Standards übereinstimmen, heißt das noch lange nicht, sklavisch konform mit ihnen gehen zu müssen!*

## Liebesleben und Sex

■ **Saturn** *ist der herrschende Planet des Steinbocks.*

»Wenn ich mich verliebe, dann für immer« – so könnte das Motto des Steinbocks lauten. Überbordende Romantik ist aber Ihre Sache nicht. Statt sich einfach einem Gefühl hinzugeben, analysieren Sie Ihre Gefühle, müssen sich Ihrer Sache sehr sicher sein und brauchen unbedingt die Gewissheit, dass Ihre Gefühle auf Gegenliebe stoßen: Abgelehnt zu werden oder einen Korb zu kriegen, können Sie kaum ertragen, weshalb Sie lieber regungslos bleiben, als dass Sie sich in eine verwundbare Position begäben.

Ihr Partner wird sehr bald bemerken, dass Sie auch mit Geld vorsichtig umgehen. Auch wenn Sie Ihren Partner beeindrucken wollen, Sie wollen auf keinen Fall Geld für superteure Restaurants oder Geschenke zum Fenster hinauswerfen (wie Sie es formulieren würden). Ihr Partner muss erkennen, dass Ihre Kälte zu Ihrer Natur gehört. Doch wenn die Beziehung einmal im Gange ist (und Sie sich entspannen), fehlt es nicht an Spaß.

*Erinnern Sie sich: Es gibt einen starken Zusammenhang zwischen dem Steinbock und Pan, dem ziegenfüßigen griechischen Gott. Und Pan ließ sich keine Gelegenheit für Spaß und Spiele entgehen. Sie sollten das genauso wenig tun!*

Alles läuft gut in der Liebe, wenn Sie begreifen lernen, dass Romantik in einer Beziehung einen genauso wichtigen Platz einnimmt wie Bodenständigkeit. Erinnern Sie sich auch daran, dass Sie Ihre Gefühle vielleicht offener ausdrücken müssen, als es Ihrer Natur entspricht – vor allem im Bett. Versuchen Sie vor allem nicht, Gefühle als etwas zu betrachten, das Sie in kleinen, regelmäßigen Portionen austeilen wie eine finanzielle Zuwendung. Zu lernen, sich »gehen zu lassen« – an allen Fronten –, ist vielleicht das beste Ziel, das Sie sich im Hinblick auf eine Partnerschaft setzen können. Es wird nicht leicht für Sie sein, aber wer sagt, dass das Leben einfach ist?

## Familie

Die größte Gefahr für das Familienleben eines Steinbocks ist seine Tendenz, dass er zu sehr mit dem Geldverdienen beschäftigt ist, weil er Sicherheit schaffen will.

*Ironischerweise bedeutet zu viel Arbeit, dass Sie zu wenig Zeit haben, um die Freuden des Familienlebens zu genießen, für die Sie doch so hart gearbeitet haben!*

Natürlich nehmen Sie Ihre Familienbande sehr ernst, und Sie sind ein bewundernswert beständiger Partner. Doch das rechtfertigt nicht, dass Sie so viel Zeit und Energie in Ihre Karriere stecken. Und auch wenn es wundervoll ist, Ihre Familie mit Geschenken überhäufen zu können – und das werden Sie sicher tun –, sind Geschenke (egal wie großzügig) kein Ersatz für körperliche Zuwendung, vor allem nicht bei Kindern!

Und wenn wir schon von Zuwendung sprechen: Die Tatsache, dass es Ihnen schwer fällt, Gefühle zu zeigen, kann die Beziehung zu Ihren Kindern und auch zu Ihrem Partner gefährden. Erinnern Sie sich daran, dass die Menschen, die Sie lieben, das von Zeit zu Zeit auch hören wollen. Und wenn Ihr Partner sich wünscht, dass Sie mehr Zeit zu Hause verbringen – um Ihre Kinder kennen zu lernen und Spaß mit Ihnen zu haben – sollten Sie diesem Vorschlag nachkommen.

■ **Ziegen und Schweine** *werden mit dem Steinbock assoziiert.*

In Bezug auf Partnerschaft sollten Sie sich vor Ihrer starken Steinbock-Tendenz hüten, einen Partner zu heiraten, der eine Mutter- oder Vaterfigur darstellt. Daran ist an sich nichts auszusetzen; viele Leute sind glücklich mit einem Partner, der die besseren Qualitäten eines Elternteils verkörpert.

Doch Steinböcke haben auch die Tendenz, eine Verbindung nicht nur aus romantischen Gründen einzugehen. Der Mann, der die Tochter des Chefs heiratet, könnte unter dem Einfluss des Zeichens Steinbock stehen.

*Die Erfolgschancen sind gering. Wenn Sie aus Karrieregründen eine solch zynische Partnerschaft in Erwägung ziehen, sollten Sie gut darüber nachdenken, ob es nicht ein zu hoher Preis ist, zwei Menschen ins Unglück zu stürzen, nur um einen Platz im Firmenvorstand zu ergattern!*

## Karriere

Man sagt oft, dass der typische Steinbock und der typische Geschäftsmann perfekt zusammenpassen, und das ist oft auch die Wahrheit. Sie kommen mit Routine gut zurecht, und Ihr Bedürfnis nach Sicherheit führt sie möglicherweise in die Politik oder ins Geschäftsleben. Sie fühlen sich auch in eher einsamen Machtpositionen wohl, und so sind Sie sicher ein guter Vorsitzender oder geschäftsführender Direktor. (Es gibt auch viele Rektoren und Dekane mit Sonnenzeichen Steinbock!) Vermögensverwaltung, Immobilien, Zahnmedizin und Knochenheilkunde sind ebenfalls geeignete Steinbock-Karrieren.

*Sie arbeiten gut unter spartanischen, schwierigen Bedingungen, und viele erfolgreiche Steinböcke haben selbst gebastelte Karrieren, die irgendwo in kleinen Büros begonnen haben.*

Sie haben einen mächtigen, geradezu überwältigenden Ehrgeiz, erfolgreich zu sein, und obwohl Sie sicher kein Risiko eingehen, sind Sie mehr als gerne bereit, Ihre eigene Firma zu gründen. Dies alleine zu tun, entspricht sehr gut Ihrem Temperament, und »Selfmademan« ist nur ein anderes Wort für »Steinbock«.

Wenn Sie expandieren möchten, denken Sie lange und scharf nach, bevor Sie einen Partner hereinnehmen. Das kann ein gefährlicher Schritt für Sie sein. Denken Sie an Ihre starke Tendenz, mit sich selbst beschäftigt, unbeugsam und zielstrebig zu sein. Diese Eigenschaften können Ihnen zwar nützlich sein, wenn Sie mit Untergebenen zu tun haben, aber mit einem gleichgestellten Partner könnten sie zu Problemen führen.

WEIDE

Sie sind durchaus in der Lage, mit anderen zusammenzuarbeiten. Aber Sie arbeiten weitaus besser allein als mit jemandem, dem das Geschäft zum gleichen Teil gehört. Wenn Sie dennoch eine Geschäftspartnerschaft eingehen, denken Sie daran, dass Sie mit ihm oder ihr genauso eine gute Beziehung aufbauen müssen wie mit Ihrem Lebenspartner.

## Gesundheit, Ernährung und Sport

Das größte Problem – wenn Sie älter werden – ist eine Versteifung der Gelenke. Knie und Schienbeine sind die Körperregionen, die dem Steinbock zugeordnet werden. Als Kind ziehen Sie sich lediglich blaue Flecke, Schnitte und Knieverletzungen zu. Aber mit zunehmendem Alter könnte Ihre Beweglichkeit etwas eingeschränkt sein. Wenn Sie viele Stunden am Schreibtisch zubringen müssen, ist Bewegung besonders wichtig.

*»In Bewegung bleiben« ist eigentlich das beste Motto für einen Steinbock, wenn es um Sport geht. Sie gehen sicher lieber zum Joggen als ins Fitnessstudio.*

Steinböcke sind oft hervorragende Athleten; Bergsteigen und Klettern sind die besonderen Favoriten dieses Sonnenzeichens. Wofür Sie sich auch entscheiden, denken Sie daran, regelmäßig zu trainieren und so lange wie möglich in Bewegung zu bleiben. Auf diese Weise halten Sie sich bis ins hohe Alter mobil. Traditionell sind auch Zähne und Knochen mit dem Steinbock verbunden, also sind regelmäßige Zahnarztbesuche ratsam. Auch die Haut wird mit diesem Zeichen assoziiert, und Sie sollten sie besonders pflegen. Verwenden Sie immer guten Sonnenschutz, wenn Sie draußen sind, und gewöhnen Sie sich daran, regelmäßig eine Feuchtigkeitscreme zu benutzen. Das ist besonders wichtig, da es Ihnen nichts ausmacht – vielleicht genießen Sie es sogar – bei extrem kaltem Wetter draußen zu sein.

*Vielleicht mögen Sie es sogar, wenn es bei Ihnen zu Hause kalt ist, oder was andere als kalt bezeichnen würden! Doch die Kälte ist nicht wirklich gut für Sie. Sie kann zu allen Arten rheumatischer Gelenkschmerzen führen, für die Steinböcke besonders anfällig sind.*

Der gesunde Menschenverstand fordert eigentlich, dass Sie am besten in einem warmen Klima leben sollten, selbst in einem künstlich warmen, wenn das nötig ist. Wenn Sie beweglich bleiben wollen, müssen Sie sich wirklich immer schön warm halten.

## Kind und Eltern

Wir hassen es, uns zu wiederholen, aber bei dieser Warnung ist es wirklich nötig: Steinbock-Eltern sind oft so damit beschäftigt, in ihrer Karriere erfolgreich zu sein und Geld zu verdienen, dass sie sich wenig Zeit nehmen, um die Gesellschaft ihrer Kinder zu genießen. Diese Tendenz kann, neben dem Zug, mit Gefühlen sehr sparsam umzugehen und streng auf Disziplin zu achten, in der Eltern-Kind-Beziehung zu einem Desaster führen. Im schlimmsten Fall kann eine Kluft zwischen den Generationen entstehen.

*Es ist wichtig, stets darauf zu achten, dass Ihre Kinder regelmäßige und offene Bekundungen Ihrer Liebe, Zuneigung und Wertschätzung erfahren. Es genügt nicht, dass Sie Ihren Kindern Erfolg wünschen – und alles dafür tun, dass sie dieses Ziel erreichen. Das ist eine feststehende Tatsache, was Steinbock-Eltern betrifft. Sie müssen auch die Fähigkeit kultivieren, die einfachen und nicht zielgerichteten Freuden der Elternschaft zu genießen. Vergessen Sie nie, sich regelmäßig Zeit für Ihre Kinder zu nehmen, um mit ihnen zwanglos zu spielen und zu kommunizieren.*

Denken Sie vor allem daran, Ihre Tendenz zu übermäßiger Strenge und rigider Disziplin zu zügeln. Natürlich haben Sie hohe moralische Ansprüche – und wollen, dass Ihre Kinder dieselben Wertvorstellungen entwickeln –, aber mäßigen Sie Ihre Einstellung

STEINBOCK

zur Disziplin durch Flexibilität, offene Kommunikation und ihren berühmten Sinn für Humor, vor allem, wenn Ihre Kinder im Teenager-Alter sind.

Steinbock-Kinder ihrerseits werden wahrscheinlich nicht viel Sorgen bereiten. Sie gehören zu den loyalsten und konventionellsten des Tierkreises, und sie neigen dazu, das Leben mit einer bemerkenswerten Portion an Geduld, Vorsicht und Selbstdisziplin anzugehen.

*Ihre größte Herausforderung wird wahrscheinlich sein, das Steinbock-Kind zu ermuntern, Spaß zu haben und das Leben an sich zu genießen – während Sie es zugleich mit der Sicherheit und Struktur umgeben, die es so verlangt. Ihr Kind hat vielleicht auch nicht viel Selbstvertrauen, und Sie müssen ständig Wege finden, sein Ego und sein Selbstwertgefühl aufzubauen. Was noch wichtiger ist: Bringen Sie ihm sanft bei, wie es seine Gefühle offener zeigen kann.*

Steinbock-Kinder sind bestrebt, in der Schule gute Fortschritte zu machen, aber sie tun es langsam. Erwarten Sie keine spektakulären akademischen Leistungen, aber ermutigen Sie Ihr Kind, den Lernprozess und alle kleinen Erfolge auf diesem Weg zu genießen.

## Freizeit und Ruhestand

»Sie glauben, ich hätte Zeit für Freizeit?« wird ein Steinbock jetzt vielleicht fragen. Tatsächlich verachten viele Steinböcke die Begriffe Freizeit und Ruhestand. Oft sind Sie so beschäftigt, dass Interessen in den Mußestunden unwichtig sind.

*Wenn Sie andere Interessen haben, dann beziehen sie sich meistens auf die Arbeit. Vielleicht spielen Sie Golf, weil es Sie mit wichtigen Kunden in Kontakt bringt – oder sogar mit Ihrem Boss! Sie genießen sicher auch eine gute Party oder ein Konzert, aber nur, wenn Sie dadurch ein Gesprächsthema haben, über das Sie am nächsten Tag mit Ihren Kollegen und Vorgesetzten sprechen können; oder noch besser, wenn jemand Wichtiges Ihre Anwesenheit bei einer Veranstaltung bemerkt und Ihnen anerkennend zunickt.*

Wenn denn vorhanden, haben Ihre Freizeitinteressen möglicherweise etwas mit Erde und natürlichen Materialien zu tun. Wahrscheinlich mögen Sie Gartenarbeit, Töpfern oder Holzschnitzen. Auch das Studium von Geologie und Geografie könnte Sie interessieren. Das Zeichen Steinbock steht auch in starkem Zusammenhang mit Musik. Ihre Lieblingsbücher sind wahrscheinlich Klassiker oder lange Familiensagas.

## Kurze Zusammenfassung

✓ Stier, Jungfrau und Steinbock werden unter dem Begriff Erdzeichen zusammengefasst. Menschen, die unter dem Einfluss dieser Zeichen stehen, sind ehrgeizig, hingebungsvoll, entschlossen, praktisch veranlagt, bescheiden und konventionell. Sie sind die »Macher« und widmen sich am stärksten der Arbeit und der Familie.

✓ Stiere sind warmherzig, charmant und entschlossen. Sie genießen ihren Erfolg und lieben Luxus und Komfort. Doch Sie sollten ihre Tendenz kontrollieren, besitzergreifend und zu nachgiebig zu sein.

✓ Jungfrauen sind praktisch, bescheiden, intelligent und analytisch. Sie gehören zu den hervorragenden Kommunikationstalenten. Sie sind oft damit zufrieden, »hinter den Kulissen« zu agieren, und sind begabte Lehrer, Wissenschaftler und Heiler. Aber sie können sich und andere allzu vernichtend kritisieren.

✓ Steinböcke sind reserviert, diszipliniert, vorsichtig und praktisch, und sie sind in Liebe und Ehe die treusten Partner. Viele Steinböcke sind für die großen Erfolgsstorys dieser Welt verantwortlich, denn sie sind sehr zielstrebig. Viele vernachlässigen zu Gunsten der Arbeit aber ihre Familien.

Kapitel 10

# Einfach spannend: Die Luftzeichen

ZWILLINGE, WAAGE UND WASSERMANN – der Reihe nach vom intellektuellen und vielseitigen Merkur, von der sympathischen und romantischen Venus und dem originellen und innovativen Uranus regiert – sind die schwungvollsten und idealistischsten Kinder des Tierkreises, einfach und treffend die »Luft«-Zeichen genannt. Sie sind gleichermaßen berühmt für ihre überbordende Energie, ihren lebhaften Geist und ihre aggressive Geselligkeit. Zwillinge, Waage und Wassermann sind die wesentlichen Vermittler, Intellektuellen, Abenteurer, Liebhaber und Rebellen dieser Welt.

## Inhalt dieses Kapitels:

- ✓ Zwillinge-Persönlichkeit
- ✓ Waage-Persönlichkeit
- ✓ Wassermann-Persönlichkeit



ZWILLINGE, WAAGE UND WASSERMANN SIND LUFTZEICHEN.

# Zwillinge-Persönlichkeit

ALLE ZWILLINGE *weisen einen gewissen Grad an Dualität auf. Sie können mehrere Bücher gleichzeitig lesen, beim Fernsehen Kreuzworträtsel lösen, beim Autofahren Musik hören. Sie sind oft in zwei Karrieren gleichzeitig erfolgreich, oder haben mehr als einen Beruf im Leben. Sie könnten innerhalb der Karriere oft den Job oder die Verantwortungsbereiche wechseln.*

Ein Grund für diese Konzentration auf Abwechslung ist Ihre niedrige Toleranzschwelle für Langeweile. Sie hassen Langeweile und würden fast alles tun, um ihr zu entkommen. Die Nachteile Ihrer dualen Natur liegen auf der Hand – die Tendenz zur Oberflächlichkeit und die Unfähigkeit, sich einer Aufgabe oder Person zu widmen. Über all das werden wir noch ausführlicher sprechen.

Sie genießen sicher einen lebendigen Lebensstil, aber Sie neigen dazu, auf Kosten Ihrer Nerven zu leben, und das führt irgendwann zu Spannungen und Stress. Solange Sie sich bewusst sind, dass das passieren kann, können Sie dem entgegenwirken, vielleicht durch Entspannungstechniken. Ihr Verstand ist kinetisch, scharf, positiv und logisch. Sie müssen Wege finden, ihn konstruktiv zu nutzen.

*Wenn Sie keine Möglichkeit finden, Ihre nervöse Energie auszuleben, kann diese sich zum Negativen wenden.*

Sie sind skeptischer Natur und nehmen nicht alles für bare Münze. Sie wollen jede Behauptung untersuchen, hinter jedes Geheimnis blicken, niemandem aufs Wort glauben – außer wenn Sie gelernt haben, anderen zu vertrauen.

## ZWILLINGE
(22. MAI – 21. JUNI)

**SCHLÜSSELWORTE** anpassungsfähig, kommunikativ, rastlos, vielseitig
**HERRSCHENDER PLANET** Merkur
**POSITIV**
**DUALITÄT ODER GESCHLECHT** männlich
**ELEMENT** Luft
**QUALITÄT** beweglich
**KÖRPERBEREICHE** Arme, Nerven, Schultern, Lunge
**LÄNDER** Armenien, Belgien, Unterägypten, Sardinien, USA, Wales
**STÄDTE** Brügge, Cardiff, Cordoba, London, Melbourne, Metz, New York, Nürnberg, Plymouth, San Francisco, Versailles
**STEIN** Achat
**FARBE** alle hellen Farben, aber vor allem Gelb
**BÄUME** alle Bäume, die Nüsse tragen
**BLUMEN UND KRÄUTER** Anis, Azalee, Melisse, Zaunrübe, Kümmel, Farn, Lavendel, Maiglöckchen, Myrte
**SPEISEN** die meisten Nüsse, vor allem Hasel- und Walnuss; die meisten Gemüse (außer Kohl)

## Liebesleben und Sex

Wenn Sie ein Auge auf jemanden geworfen haben, wird es Ihnen nicht schwer fallen, Kontakt zu knüpfen. Im Gegenteil, das Objekt Ihrer Begierde wird überschüttet mit Anrufen, Briefen, E-Mails und Faxen. Kommunikation ist wirklich kein Problem für Sie!

Jedoch wird Ihr Partner – ob in den ersten Stadien der Romantik oder in einer langen Beziehung – sich mit Ihrer Dualität zurechtfinden müssen, und das wird nicht unbedingt einfach sein.

*Sie nicken vielleicht zustimmend, wenn es um Treue geht. Da Zwillinge Langeweile hassen, ist Ihnen aber die Vorstellung von absoluter Treue auf Lebenszeit grundsätzlich fremd. Es ist nur fair, Ihrem Partner das verständlich zu machen.*

■ **Merkur** *ist der herrschende Planet der Zwillinge.*

Sie sollten in der Lage sein, über die Situation zu sprechen. Die intellektuelle Verbindung ist in einer Zwillings-Partnerschaft genauso wichtig wie die sexuelle: Sie brauchen etwas, worüber Sie reden können … hinterher.

Abgesehen von Ihrer Tendenz zur Untreue wird Ihr Partner sich nie beschweren, dass Sie Ihre Liebe nicht mitteilen. Im Gegenteil, Sie fragen ihren Partner ständig nach seinem Wohlbefinden und sagen ihm oder ihr, dass Sie ihn/sie lieben. Sie tun dies, obwohl es Ihnen manchmal schwer fällt, Ihre Liebe auszudrücken, denn Sie finden eine solche Erklärung schnell etwas peinlich.

Sexuell sind Zwillinge vielseitig und erregbar – manchmal zu erregbar. Sie müssen vielleicht lernen, etwas gemächlicher an die Liebe heranzugehen. Zwillinge sind immer neugierig, wenn es um Sexualität geht. Obwohl keine astrologische Signatur gefunden wurde, die Homosexualität anzeigt, kann man sicher sagen, dass Zwillinge am meisten dazu tendieren, alles einmal ausprobieren zu wollen.

## Familie

Ihr Partner muss verstehen, dass jede Untreue Ihrerseits weniger Kritik an ihm/ihr darstellt, sondern ein Ausdruck Ihrer niedrigen Toleranz für Langeweile ist.

*Wenn Ihr Partner wegen Ihrer Untreue verletzt ist, hüten Sie sich davor, etwas zu sagen wie: »Ja, du bist wunderbar, und natürlich liebe ich dich! Aber würdest du nur von Kuchen und nichts anderem leben wollen?« Sie müssen sich bewusst machen, dass Sie Menschen ernstlich verletzen können, wenn Sie eine Beziehung eingehen, in der sich nur der andere verpflichtet.*

Man muss wohl nicht extra betonen, dass das Leben mit Ihnen niemals langweilig wird. Es wird eine Reihe von emotionalen und körperlichen Extremen auf allen Ebenen, mit intensiven Hochs und Tiefs. Wenn Ihre Familie diese Schwankungen als Teil des Lebens mit einem Zwilling akzeptiert, wird sie das Leben mit Ihnen aufregend und voller Überraschungen finden. Wenn Differenzen auftreten, wird es für Ihren Partner – und Ihre Kinder – schwierig, eine Konfrontation oder einen Kampf mit Ihnen auszutragen. Sie können nicht kämpfen, Sie debattieren lieber. Weil Sie ungewöhnlich schlagfertig sind, haben Sie eine gute Chance zu siegen. Denken Sie daran, dass diese Taktik vielleicht nur dazu führt, dass die Menschen, die Sie lieben, danach noch mehr verärgert sind als davor.

■ **Alle Nussbäume** *sind mit dem Sonnenzeichen Zwilling verbunden.*

Freundschaft ist innerhalb der Familie wichtig für Sie, genauso wie sexuelle Anziehung zwischen Ihnen und Ihrem Partner. Sie legen Wert auf gemeinsame Interessen. Vor allem ertragen Sie um keinen Preis Eifersucht, ob auf einen anderen Mann, eine andere Frau oder auf ein Hobby.

## Karriere

Ein sicherer Job mit täglicher Routine und ohne die Chance auf Veränderung ist die zwillingstypische Vorstellung von der Hölle! Wenn Sie sich in einem solchen Job befinden, sollten Sie sich so schnell wie möglich davonmachen.

*Diese Warnung können wir gar nicht genug betonen: Jeder Beruf, der eine regelmäßige Routine, regelmäßige Arbeitszeit und Tag für Tag dieselben Aufgaben beinhaltet, ist NICHT das Richtige für Zwillinge, die etwas auf sich halten. Im Gegenteil, so ein Job kann nur Ärger bringen.*

Auf der anderen Seite passt jeder Beruf zu Ihnen, der etwas mit Kommunikation zu tun hat – ob Sie nun von einem Verkaufs- oder Beratungsgespräch zum nächsten eilen oder Reiserouten für Mitarbeiter planen. Die Arbeit als Reiseführer oder in der Tourismusbranche ist eine gute Möglichkeit, genauso die Telekommunikation, das Internet oder der Journalismus. Viele Zwillinge kommen im Radio oder im Fernsehen unter. Sie sind auch hervorragende Werbeleute und Texter. Berufe, in denen sie täglich Kontakt mit der Öffentlichkeit haben, ziehen Zwillinge am meisten an. Dazu gehört auch die Arbeit in einem Buchladen, am Zeitungsstand oder hinter dem Ladentisch.

Mit Ihren hervorragenden kommunikativen Fähigkeiten ist auch der Beruf des Lehrers eine gute Wahl für Sie. Ihr Bedürfnis, jede Form von Langeweile zu vermeiden, macht Ihre Präsenz im Klassenzimmer lebhaft und anregend. Am besten arbeiten Sie in der höheren Bildung, denn Sie haben wenig Geduld mit kleinen Kindern. Zwillinge sind zudem sehr geschickt mit den Händen – viele Spitzenchirurgen haben die Sonne in den Zwillingen. Auch ihr Kommunikationstalent macht Zwillinge zu hervorragenden Ärzten oder Psychologen.

## Gesundheit, Ernährung und Sport

Sie sind für gewöhnlich ein ziemlich drahtiger und gesunder Typ. Größere Schwierigkeiten tauchen meist nur dann auf, wenn Sie Ihre nervöse Energie nicht richtig kanalisieren – ein weiterer Grund, weshalb ein langweiliger Job nichts für Sie ist.

*Sie müssen ein Ventil für Ihre hohe Stoffwechselaktivität finden, ansonsten werden Sie träge, lustlos, schläfrig und depressiv.*

Intensives tägliches Training ist oft das beste Gegenmittel. Laufen, Rad fahren, Squash und Tennis machen Ihnen sicher Spaß. Vergessen Sie nicht, sich auch etwas Zeit für simple Entspannung zu nehmen. Immer gleiche Trainingsabläufe werden Ihnen sicher nicht liegen. Stundenlang an Fitnessgeräten zu trainieren oder Aerobic-Kurse zu machen, kann Sie zu Tode langweilen. Wenn Sie ein großes Fitnessstudio finden, das eine Vielzahl von Trainingsmöglichkeiten anbietet – am besten mit Squashcenter, Swimmingpool und Aschenbahn –, sind Sie gut aufgehoben. Ansonsten stellen Sie Ihr eigenes Programm zusammen. Versuchen Sie, Ihren Körper täglich zu trainieren – auch wenn das nicht einfach für Sie sein wird!

Schultern, Arme und Hände sind die Körperbereiche, die dem Zeichen Zwillinge zugeordnet sind. Diese Bereiche sind bei Unfällen besonders gefährdet. Passen Sie auf Ihre Hände auf. Tragen Sie Handschuhe und schützen Sie Ihre Hände vor kalten Temperaturen. Das Zeichen Zwillinge regiert auch die Lungen, und Sie haben vielleicht Probleme mit Bronchitis. Für Zwillinge ist Rauchen absolutes Gift. Wenn einer Ihrer Eltern eine Lungenkrankheit hatte, sollten Sie regelmäßig zum Arzt gehen.

## Kind und Eltern

■ **Schmetterlinge sind** *ein Symbol für die Zwillinge.*

Als Zwillings-Elternteil haben Sie kein Problem mit dem Generationsunterschied. Sie sind im Umgang mit Ihren Kindern selbst wie ein Kind, genauso fasziniert vom Neuen und vom Abenteuer. Obwohl es schwierig ist, ein Kind zu stark anzuregen, können Sie – von allen Sonnenzeichen – das noch am ehesten.

*Denken Sie daran, dass andere Sonnenzeichen, und besonders Ihre Nicht-Zwillings-Kinder, nicht mit Ihrer Schnelligkeit ausgestattet sind, was das Erkennen neuer Situationen und Herausforderungen angeht. Erinnern Sie sich, dass Sie langsameren Gemütern erlauben müssen, in ihrem eigenen Tempo zu arbeiten. Sie arbeiten wahrscheinlich gründlicher als Sie!*

Als Mutter mit Sonnenzeichen Zwillinge leiden Sie sicher mehr als andere darunter, ans Haus gefesselt zu sein, solange das Kind noch klein ist. Versuchen Sie, jemanden zu finden, der sich ab und zu um Ihr Kind kümmert, damit Sie mehr geistige Anregungen bekommen, als Ihr sechs Monate altes Kind Ihnen bieten kann! Ein Zwillings-Kind kann für Eltern mit ruhigeren Sonnenzeichen eine richtige Plage sein. Sie werden zu kämpfen haben, um mit seinem lebhaften Geist und Körper mitzuhalten, und es wird eine ständige Herausforderung sein (und eine gute Aufgabe für Sie), immer neue und andere Spiele, Aktivitäten und soziale Anlässe zu finden, die das Interesse des Kindes wirklich wecken.

*Achten Sie bei Zwillings-Kindern auf Oberflächlichkeit und bringen Sie das Kind davon ab: Auf lange Sicht kann sie seine soziale und akademische Entwicklung behindern.*

Bedenken Sie, dass junge Zwillinge oft den Eindruck vermitteln können, Sie wüssten über alles Bescheid, während sie oft meistens ein oberflächliches Wissen mit ihrer zwillingstypischen Show verkaufen.

Eine letzte Warnung: Zwillinge sind wunderbar freundlich und offen und besitzen eine überschäumende Neugier auf die Welt. Mehr als die meisten anderen Sonnenzeichen muss Ihr Zwillings-Kind davor gewarnt werden, Fremden gegenüber zu freundlich zu sein.

■ **Wellensittiche** *werden mit dem Zeichen Zwillinge assoziiert.*

## Freizeit und Ruhestand

»Ruhestand? Und was soll das sein?« fragen Sie vielleicht. Zwillinge gehen nie in Ruhestand. Sie sind vielleicht in fortgeschrittenem Alter gezwungen, den Job aufzugeben, dem Sie sich Ihre ersten 50 Jahre lang gewidmet haben. Aber Sie werden nun Ihren Geist einfach etwas Anderem zuwenden. Und weil Sie immer sorgfältig planen, wie Sie Ihre Freizeit verbringen, sehen Sie den Ruhestand als Grund zur Freude. Jetzt können Sie mehr Zeit mit Ihrem Lieblingshobby verbringen.

*Sie sollten darauf achten, dass Ihre Freizeitaktivitäten sich stark von Ihrer täglichen Arbeit unterscheiden. Das ist die beste Art, den gefürchteten Drachen Langeweile in seinem Versteck zu halten!*

Klubs oder Komitees, bei denen Sie plaudern und argumentieren können, sind gut für Sie. Eine Diskussionsrunde oder ein politischer Klub fördert Ihren Geist und hält Ihre Zunge geölt (was für Sie meistens wirklich kein Problem ist!). Sie lernen sicher gerne neue Sprachen und besuchen Kurse. Zwillinge interessieren sich oft für Mode. Vielleicht lieben Sie es, Kleidung selbst zu entwerfen und herzustellen. Autofahren kann ein Hobby und eine Notwendigkeit sein. Die Fahrkünste durch weitere Kurse, vielleicht sogar einen Rallyekurs, zu verfeinern, kann Ihnen viel Spaß machen.

Eine letzte Warnung für Zwillinge im Ruhestand: Ausdauer ist in Bezug auf Ihr Hobby genauso wichtig wie für alles andere. Wenn Sie keine Ausdauer beweisen, wird Ihr Haus – und Ihr Leben – voll mit halb angefangenen Projekten sein.

# Waage-Persönlichkeit

GUTE UND SOLIDE *persönliche Beziehungen aufzubauen, ist Ihnen sehr wichtig. Manche Waagen scheinen nicht richtig zu funktionieren, wenn sie nicht in harmonischer Beziehung mit einer anderen Person stehen. Wahrscheinlich verspüren Sie ein starkes Bedürfnis, Ihr Leben mit jemandem zu teilen, dies hängt auch damit zusammen, dass Sie nicht alleine sein können. Das heißt nicht, dass Sie sich mit sich alleine nicht auch wohlfühlen können, doch insgesamt sind Sie lieber in Gesellschaft und brauchen Gefährten. Einen guten Freundeskreis zu errichten, fällt Ihnen glücklicherweise nicht schwer, denn Sie sind hilfsbereit, nett und taktvoll und immer da, wenn man Sie braucht.*

Sie stellen harte Bedingungen an Freundschaften. Diese Neigung sollten Sie kontrollieren. Sie erwarten, dass die Leute Ihnen sagen, wie wertvoll Ihre Freundschaft ist, dass sie dafür dankbar sind und dass sie Ihre Wertschätzung jedes Mal bezeugen, wenn Sie auch nur eine Kleinigkeit für sie getan haben. Sie hungern geradezu nach diesen Bezeugungen, und wenn Sie sie nicht bekommen, nehmen Sie das schnell übel: »Schau, was ich für ihn getan habe! Und er hat nicht mal ein Wort des Dankes dafür übrig!«

Der vielleicht größte Nachteil einer starken Waage-Persönlichkeit ist Unentschlossenheit: Sie sind ein hervorragender Zaungast des Lebens! Sie scheinen zu glauben, dass sich Probleme dadurch lösen lassen, dass Sie nur lange genug warten. Dieses Verhalten bringt alle Menschen in Ihrer Umgebung auf die Palme.

## WAAGE

(24. SEPTEMBER – 23. OKTOBER)

**SCHLÜSSELWORTE** ausgeglichen, nachtragend, mitfühlend
**HERRSCHENDER PLANET** Venus
**POSITIV**
**DUALITÄT ODER GESCHLECHT** männlich
**ELEMENT** Luft
**QUALITÄT** Kardinal
**KÖRPERBEREICHE** Nieren
**LÄNDER** Österreich, Burma, China, Indochina, Japan, Tibet, Oberägypten
**STÄDTE** Antwerpen, Kopenhagen, Frankfurt, Freiburg, Leeds, Lissabon, Nottingham, Wien
**STEIN** Saphir
**FARBE** Blassblau, Grün, Rosa
**BÄUME** alle Rankengewächse, Esche, Zypresse
**BLUMEN UND KRÄUTER** dieselben, die mit Stier in Verbindung stehen, außer roten und rosafarbenen Blumen
**SPEISEN** dieselben, die mit Stier assoziiert werden, besonders Obst und Milch, aber kein Alkohol, keine stärkehaltigen Nahrungsmittel und kein Zucker

## Liebesleben und Sex

Wenn es etwas gibt, das Sie wirklich genießen, dann ist es das Verliebtsein – Sie verlieben sich schnell und oft. Das kann natürlich Probleme geben. Es ist allzu leicht für Sie, zu beschließen, dass »er oder sie der/die Richtige ist«, lange bevor es irgendeinen wirklichen Anhaltspunkt dafür gibt.

■ **Venus ist** *der herrschende Planet der Waage.*

*Ein Grund für diese Waage-Tendenz ist die Tatsache, dass Sie Leute nach ihrem äußeren Eindruck beurteilen. Wenn jemand mit Ihnen flirtet, finden Sie es oftmals schwierig, den Unterschied zwischen einem einfachen Flirt und einer echten Liebeserklärung zu bestimmen. Das kann zu einem Desaster führen!*

Genauso sollten Sie, wenn Sie verliebt sind, darauf achten, dass ein Teil Ihres Verstandes kühl und klar bleibt. Auch wenn es Spaß macht, die allerschönste Hochzeitsfeier zu planen, sollten Sie daran denken, was danach kommt!

Sie sind ein echter Romantiker, und es ist immer ein Vergnügen, von Ihnen umworben zu werden. Sie überschütten das Objekt Ihrer Liebe mit Geschenken, treffen die romantischsten Verabredungen und spendieren oft beträchtlich mehr, als Sie sich leisten können. Sie erwarten von Ihrem Partner, dass er diese Liebe erwidert, nicht nur auf romantischer, sondern auch auf sexueller Ebene. Sie neigen sogar dazu, jeden Vorschlag, den Liebesakt einen Abend zu verschieben, als persönliche Kritik aufzufassen. Und auch wenn Sie eine ausgeglichene Beziehung schätzen, kommt Ihre Seite der Waagschale dennoch gelegentlich recht hart am Boden auf!

## Familie

Sobald Sie sich auf eine feste Beziehung einlassen und diese zu funktionieren scheint, sind Sie eigentlich sehr glücklich. Doch Sie müssen daran denken, dass Ihr Partner vielleicht nicht – jeden Moment des Tages – in der Lage ist, Ihnen zu demonstrieren, wie glücklich er/sie mit Ihnen ist und wie dankbar für alles, was Sie für ihn/sie tun. Selbst wenn Ihr Partner seine Wertschätzung zeigt, brauchen Sie immer noch Rückbestätigung. Viele Waagen tendieren dazu, alberne Streitereien zu provozieren, nur um sich danach zu versöhnen. Das kann – ein- oder zweimal – ganz lustig sein. Doch Ihr Partner wird es irgendwann nicht mehr aushalten. Versuchen Sie, diese Tendenz zu erkennen und unter Kontrolle zu halten.

*Wir können nicht genug betonen, dass Sie eine Beziehung gefährden können, wenn Sie immer wieder von Ihrem Partner hören wollen, wie sehr er/sie Sie liebt.*

Natürlich wird es einigen Partnern relativ leicht fallen, Ihr Bedürfnis nach Bestätigung zu befriedigen, aber eben nicht allen. Wenn Sie jemanden ausgewählt haben, der etwas reservierter ist als Sie, machen Sie Zugeständnisse.

Wenn Sie in einer festen Partnerschaft stecken, werden Sie versuchen, Ihr gemeinsames Heim so gemütlich und schön wie möglich einzurichten, ob Sie in einem Schloss oder in einer kleinen Hütte wohnen. Wenn Letzteres der Fall ist, wird es die gemütlichste und besteingerichtete Hütte des ganzen Landes sein. Sie können fast überall leben, wenn Sie mit dem richtigen Menschen zusammen und von netten Nachbarn umgeben sind.

■ **Zypressen** *sind mit dem Zeichen Waage eng verbunden.*

## Karriere

Sie haben schon mitbekommen, dass es das Schlimmste für Sie ist, alleine zu sein. Ein Job als Leuchtturmwärter ist ganz sicher nicht das Richtige für Sie! Aus demselben Grund streben Sie auch nicht allzu gerne Machtpositionen an, die oft einsam und isoliert sind. Sie haben einen Hang zu Glamour. Die Arbeit in Modeindustrie, Haarstyling oder Kosmetik zieht Sie an. Dasselbe gilt für schillernde Berufe in Film, Fernsehen oder Theater – mit dem Nachteil, dass diese Berufe sich oft als extrem unglamourös herausstellen, sobald Sie einmal dorthin gelangt sind!

*Sie sind wahrscheinlich am erfolgreichsten, wenn Sie eine eigene Firma haben. Versuchen Sie, sich einen Partner zu suchen, der mit mehr Sinn fürs Praktische ausgestattet ist als Sie. Sie werden groß herauskommen, wenn Sie mit Kunden zu tun haben, denn Sie sorgen sehr gut dafür, dass andere sich wohlfühlen.*

Waagen sind auch gute Lehrer. Sie sind allerdings am effektivsten mit einem einzelnen Schüler oder in kleinen Klassen; sie kommen mit zu vielen Schülern auf einmal einfach nicht so gut zurecht. Sie sind auch hervorragende Agenten und Schiedsrichter, und der diplomatische Dienst ist die natürliche Heimat für Waagen. Interessanterweise erreichen viele Waagen die höchsten Positionen im Militärdienst.

## Gesundheit, Ernährung und Sport

Waagen brauchen Ausgeglichenheit in jeder Hinsicht, und das gilt auch für Ernährung und Sport. Sie haben Energie im Überfluss, doch sollten Sie sich zum Ziel setzen, diese Energie gleichmäßig zu verwenden; dann können Sie eine Menge leisten.

Da Sie vielleicht zu schnell an Gewicht zunehmen, sollten Sie auf regelmäßige Bewegung achten. Obwohl Ihr herrschender Planet, Venus, Sie mit einer großen Portion Schönheit ausgestattet hat, kann Übergewicht Ihr gutes Aussehen ruinieren. Versuchen Sie, Ihren Waage-typischen Hunger nach Süßem unter Kontrolle zu halten!

Disziplin ist für Waagen kein schönes Wort, aber Ausgewogenheit sollte für Sie natürlich sein. Also halten Sie das richtige Maß.

*Die Waage beherrscht die Nieren, und wenn Sie eine chronisch blasse Gesichtsfarbe – und/oder Kopfschmerzen – feststellen, wäre es nicht verkehrt, einmal zum Arzt zu gehen. Venus, Ihr herrschender Planet, regiert auch die Schilddrüse, die Ihre Körperflüssigkeiten reguliert. Wenn in diesen Flüssigkeiten ein Ungleichgewicht oder ein Problem mit der Ausscheidung besteht, kann Ihre Gesundheit darunter leiden. Wenn Sie sich schwer und langsam fühlen, sollten Sie sich einmal gründlich untersuchen lassen.*

Sie haben wahrscheinlich einen langsamen Stoffwechsel. Sportarten, die Ihren Stoffwechsel auf Trab bringen, können helfen, doch leider haben Sie wahrscheinlich eine starke natürliche Abneigung gegen jede Art von Training. Dennoch sollten Sie eine Sportart finden, die Ihnen Spaß macht – und dabei bleiben. Eine Lösung wäre ein Fitnessstudio oder ein Sportklub, denn dort können Sie auch die entspannenden und/oder gesellschaftlichen Aktivitäten genießen; eine Massage oder ein nettes Gespräch in der Bar bei einem frischen Orangensaft!

■ **Pfefferminze** *ist ein Waage-Kraut.*

## Kind und Eltern

Ihre Kinder finden Sie sicher eher nachlässig. Auch wenn das der Fall ist, bedeutet dies nicht, dass Sie sich nicht um Ihre Kinder kümmern oder zu nachgiebig sind. Vielmehr erscheinen Sie nur nachlässig, weil Sie Ihre üblichen Schwierigkeiten haben, eine Entscheidung zu treffen. Wenn Ihr Kind Sie also um etwas bittet, haben Sie oft zwei (oder mehr) Meinungen darüber, ob er/sie es nun haben soll oder nicht. Diese Neigung kann die Menschen in Ihrer Umgebung, vor allem Ihre Kinder, ziemlich verrückt machen.

Bis Sie z. B. die Erlaubnis für einen Schüleraustausch in Frankreich unterschrieben haben, hat die Klasse Ihres Kindes vielleicht schon eine Woche in Paris verbracht und ist schon vor Tagen wieder zurückgekommen!

*Wenn Sie zu viele Dinge aufschieben, verpassen Sie auch Gelegenheiten, also achten Sie auf diese Waage-Tendenz.*

Auf der anderen Seite geben Sie Ihren Kindern vielleicht auch zu oft nur um des lieben Friedens willen nach, da der Ihnen so wichtig ist. Sie hassen nun mal Aufregungen jeder Art.

Sie sind trotz alledem begierig, Ihren Kindern die Tugenden der Freundlichkeit und Überlegtheit beizubringen, und Sie geben gerne einiges für ihre Kleidung und Freizeitaktivitäten aus.

Es versteht sich von selbst, dass Waage-Kinder schon in frühem Alter dazu ermutigt werden sollten, Entscheidungen zu treffen. Wenn sie fragen, »Was denkst du darüber?«, machen Sie ihnen die Tatsachen klar und bestehen Sie darauf, dass sie selbst entscheiden. Sie haben eine Menge Charme und wollen gefallen – doch Sie sind manchmal auch zu gelassen und vielleicht sogar ausgesprochen faul. Ermutigen Sie das Kind, sich um die Schule und gesellschaftliche Aktivitäten zu kümmern – ansonsten kann es allzu leicht zum Stubenhocker werden.

## Freizeit und Ruhestand

Freizeit ist für Waagen sehr wichtig; sie können geradezu eine Lebensaufgabe daraus machen. Daher freuen Sie sich sicher auf Ihren Ruhestand und verbringen viel Zeit damit, langsam und kontinuierlich auf ein bestimmtes Ziel hinzuarbeiten. Wenn Sie ein Ohr für Musik haben, macht es Ihnen viel Freude, ein Musikinstrument zu erlernen. Da Sie Ihre Freunde gerne unterhalten, ist die Feinschmeckerküche sicher auch ein Betätigungsfeld für Sie. Andererseits brauchen viele nach außen hin sehr charmante Waagen eine intensive körperliche Betätigung, um ihre inneren Aggressionen loszuwerden. Richtig gehört, wir sagten Aggressionen!

*Es ist überraschend, aber wahr: Waagen haben oft eine tief verwurzelte natürliche Tendenz zur Aggression, die Kehrseite ihrer ansonsten sehr charmanten, geselligen und gelassenen Art. Es ist daher gut, diese Aggression durch Freizeitaktivitäten abzubauen, damit sie nicht in Raserei im Verkehr, körperliche oder verbale Gewalt oder andere selbstzerstörerische Angewohnheiten ausartet.*

Männern und Frauen wird Judo bestimmt Freude bereiten. Waage-Frauen lernen gerne – und sind besonders gut in Selbstverteidigungstechniken. Waage-Männer sind oft besonders gute Karatekämpfer. Aggression kann auch durch Spiele mit schnellen Bewegungen wie Fußball, Tennis und Squash kanalisiert werden.

Waagen haben für gewöhnlich eine stark entwickelte Kreativität. Diese kann sehr gut beim Fotografieren ausgedrückt werden – eine Aktivität, für die sich Waagen oft begeistern. Sie lieben es nicht nur, Fotos zu machen (glamouröse Portraits und schöne Landschaften), sondern auch, diese selbst zu entwickeln. Waagen sind ebenfalls gute Kleidermacher und Designer.

■ **Alle Eidechsenarten** *werden mit Waage in Verbindung gebracht.*

# Wassermann-Persönlichkeit

*BEIM WASSERMANN denkt man sofort an Glamour – kühlen, distanzierten Glamour – und an Personen, nach denen man sich umdreht, wenn sie den Raum betreten. Das Problem ist, dass die Leute – sogar Ihre besten Freunde – Sie trotz dieser besonderen Ausstrahlung als ziemlich zurückgezogen und unnahbar empfinden. Die Wahrheit ist, dass es manchmal beinahe unmöglich ist, Sie näher kennen zu lernen.*

*Sie sind jemand, zu dem andere in jeder Notsituation kommen können, denn Sie geben stets bereitwillig Mitgefühl, Ratschläge und praktische Hilfe. Typischerweise ist diese Zugänglichkeit jedoch kein Zeichen von großem emotionalen Einfühlungsvermögen, sondern basiert lediglich darauf, dass Sie Situationen ruhig und logisch einschätzen und daher wissen, was zu welcher Zeit zu tun ist.*

Abgesehen davon, dass Sie kühle und logische Ratschläge geben, wenn man Sie fragt, geben Sie nicht viel von Ihrem Leben preis. Sie entwickeln genau den Lebensstil, den Sie wollen, und erlauben niemandem, ihn zu stören. Sie vermeiden oft emotionale Bindungen, weil Sie den Gedanken nicht ertragen, dass eine solche Beziehung ihren wohlgeplanten Alltag durcheinander bringen könnte.

Trotz Ihrer kühlen und distanzierten Art ist Ihre Lebenseinstellung positiv und optimistisch – Sie gehören vielleicht zu den Menschen, die ihrer Zeit voraus sind. Auf der anderen Seite entwickeln Sie bereits früh im Leben feste Vorstellungen, von denen Sie nicht mehr abweichen. Dadurch vermitteln Sie den Eindruck, verbohrt zu sein.

## WASSERMANN

**(21. JANUAR – 18. FEBRUAR)**

**SCHLÜSSELWORTE** distanziert, exzentrisch, human, unabhängig
**HERRSCHENDER PLANET** Uranus
**POSITIV**
**DUALITÄT ODER GESCHLECHT** männlich
**ELEMENT** Luft
**QUALITÄT** fest
**KÖRPERBEREICHE** Kreislauf, Schienbeine, Knöchel
**LÄNDER** Abessinien, Äthiopien, Iran, Israel, Polen, Russland, Schweden
**STÄDTE** Bremen, Hamburg, Moskau, Salzburg, St. Petersburg
**STEIN** Amethyst, Aquamarin
**FARBE** Stahlblau
**BÄUME** Obstbäume
**BLUMEN UND KRÄUTER** dieselben, die mit Stier und Steinbock assoziiert werden, vor allem Holunder, Goldrute und Sauerampfer
**SPEISEN** dieselben, die beim Stier assoziiert werden, besonders haltbares Obst wie Äpfel und Zitrusfrüchte, Trockenfrüchte und gefrorene Nahrungsmittel

Setzen Sie sich also mit der landläufigen Meinung und sich ändernden Trends auseinander.

■ **Uranus ist** *der herrschende Planet des Wassermanns.*

## Liebesleben und Sex

Wie ein Magnet sind Sie anziehend und abstoßend zugleich. Nur wenige können der fesselnden Kraft Ihrer Wassermann-Persönlichkeit widerstehen, doch wenn sie erst gefangen und zu näherem Hinsehen bereit sind, finden sich viele draußen in der Kälte wieder! In der Tat scheint es, als wären Sie stets bereit, jedem ein Schild mit der Aufschrift »Zutritt verboten« vor die Nase zu halten, sobald er versucht, Ihnen näher zu kommen, als Sie erlauben. Unlogischerweise wünschen Sie vielleicht gleichzeitig insgeheim, der andere möge näher kommen, aber Sie sind sich nicht sicher, wie Sie ihn dazu einladen sollen!

*Es fällt Ihnen schwer, Ihre wahren Gefühle an die Oberfläche zu lassen, also hüten Sie sich davor, zweideutige Signale auszusenden: Sie können es sich damit schwer machen, die Liebe Ihres Lebens zu finden!*

Wenn Sie sich verlieben, dann meinen Sie es ernst. Wenn Sie sich einmal entschieden haben, jemanden in Ihrem Leben willkommen zu heißen, dann werden Sie sicher eine aufregende und erfüllende Beziehung haben. Ihre Partnerwahl kann andere erstaunen. Sie scheinen von Menschen angezogen zu werden, die irgendwie ungewöhnlich sind oder sich stark von Ihnen unterscheiden – zum Beispiel jemand aus einer anderen ethnischen Gruppe.

*Wenn es um die Liebe geht, müssen Sie versuchen, Ihre Gefühle offener zu zeigen als Sie es normalerweise tun – oder zu können glauben. Wie die anderen Luftzeichen neigen die Wassermänner dazu, ihre Gefühle zurückzuhalten. Das macht es schwer, sich in einer körperlichen Beziehung mit dem Genuss und der Begeisterung hinzugeben, die Ihr Partner braucht.*

■ **Zitrusfrüchte** *sind dem Wassermann verbunden.*

## Familie

Wenn Sie sich auf eine Beziehung und eine Familie eingelassen haben, machen Sie sich auf große Veränderungen gefasst!

*Sie müssen einfach ein bisschen geben – vielleicht sogar viel –, wenn Sie eine Familie gründen. Seit den Tagen, in denen Sie als Kleinkind Ihr Spielzeug sorgfältig vor den Nachbarskindern gehütet haben, haben Sie eingefahrene Angewohnheiten und Verhaltensmuster kultiviert, die Ihr tägliches Leben vor Einmischung von außen unangreifbar schützen. Nun ist eine feste Partnerschaft und eine Familie aber eine Aufforderung zur Einmischung.*

Sie müssen nicht nur Ihren Lebensstil ändern und an die neue Situation anpassen, Sie müssen auch akzeptieren, dass Veränderungen notwendig sind, um ein erfolgreiches Familienleben zu führen. Ihr Partner wird sicherlich akzeptieren, dass Sie ein gewisses Maß an Zurückgezogenheit brauchen, aber sprechen Sie zuerst mit ihm darüber, bevor Sie sich auf eine langfristige Beziehung einlassen.

Wenn Sie Ihrer Neigung nachgeben, sich selbst zu schützen und wichtige Lebensbereiche vor Ihrem Partner abzuschirmen, wird es zu Hause einigen Ärger geben. Diese Tendenz wurzelt meist in Ihrer instinktiven Abneigung dagegen, andere Menschen zu nahe an sich heranzulassen. Nähe jedoch ist das A und O einer Beziehung, wenn Sie denn eine erfolgreiche Beziehung wünschen. Das ist schwer zu realisieren für Sie, aber arbeiten Sie daran: Die Belohnung ist eine glückliche Familienatmosphäre.

Sie sind stets bereit, Ihren Partner in allem, was er oder sie erreichen will, zu ermutigen, und Ihre Freundlichkeit und Überlegtheit suchen ihresgleichen. Manchmal reagieren Sie ziemlich unvorhersehbar; das kann aufregend und interessant sein. Andererseits haben Sie die Tendenz, stur zu sein; und das kann in einer Beziehung gelegentlich zu Problemen führen.

STERNFRUCHT

## Karriere

Ihr hervorragender humanitärer Instinkt und Ihr Verständnis für die Probleme anderer wären verschwendet, wenn Sie nicht täglich in direktem Kontakt mit anderen Menschen arbeiten würden. Sie wären zum Beispiel ein erstklassiger Sozialarbeiter. Sie könnten Ihr Mitgefühl und Ihr natürliches Interesse für andere einsetzen, um deren Leben leichter und erträglicher zu gestalten. Sie haben jedoch das Bedürfnis, unabhängig zu arbeiten. Sie sind ziemlich schnell verärgert, wenn Sie mit einem überfüllten Büro und ständigem Geschnatter und Störungen zu kämpfen haben. Sie lassen nicht zu viel Einmischung und Ratschläge zu – egal, wie gut sie gemeint sind. Das heißt jedoch nicht, dass Sie nicht gut mit anderen arbeiten können. Das Gegenteil ist der Fall: Sie spielen hervorragend im Team, wenn Ihnen ein gewisses Maß an Freiheit zugestanden wird.

*Sie sind eines der Sonnenzeichen, die nur gut arbeiten, wenn sie wirklich in dem aufgehen, was sie tun. Wenn Sie einen Job langweilig finden, schalten Sie auf Autopilot um und bringen oft nichts mehr fertig. Eine Arbeit, die Sie fordert und Ihr Engagement verlangt, ist für Sie daher besonders wichtig.*

■ **Alle Raubvögel,** *auch der Falke, werden mit dem Wassermann in Verbindung gebracht.*

Viele Wassermänner haben eine natürliche Begabung für die Wissenschaft, und wenn Sie in der Forschung und Entwicklung arbeiten, können Sie sich durch Erfindergeist und Originalität wirklich hervortun. Auch die Kommunikationstechnologie zieht viele Wassermänner an, genauso wie die Luftfahrt. Ihr ausgeprägter humanitärer Instinkt treibt Sie möglicherweise zu internationalen Organisationen wie die Vereinten Nationen oder Ärzte ohne Grenzen.

Alles in allem besitzen Sie natürliche Originalität und Erfindergeist, und das Wort »brillant« wird oft im Zusammenhang mit Ihnen verwendet – allerdings meist gefolgt von dem Wort »exzentrisch«!

## Gesundheit, Ernährung und Sport

Wassermann und sein herrschender Planet, Uranus, werden mit dem Kreislaufsystem assoziiert. Achten Sie gut auf Ihren Körper, sonst bekommen Sie Gesundheitsprobleme wie Krampfadern und Arterienverkalkung. Ihr polares Tierkreiszeichen beeinflusst auch Ihre Gesundheit, und in Ihrem Fall ist dies von besonderer Bedeutung.

*Der Löwe ist Ihr polares Gegenstück, und er regiert das Herz. Der Zusammenhang zwischen einem gesunden Herzen und einem guten Kreislaufsystem liegt auf der Hand. Deshalb sollten Sie bereits in jungen Jahren eine Lebensweise einhalten, die Ihrem Herzen gut tut: fettarme Ernährung, regelmäßiger Sport und nicht Rauchen sind die besten Vorsichtsmaßnahmen.*

**Der Löwe** *ist das polare Gegenstück des Wassermanns.*

Kalte Temperaturen sind schädlich für Sie, egal wie gerne Sie sie mögen. (Der Löwe regiert auch den Rücken, also sollten Sie sich vor Kreuzschmerzen und Verspannungen schützen.)

Um Ihren Kreislauf in Bewegung zu halten, ist es wichtig, dass Sie in Schwung bleiben. (Sie sind übrigens auch anfällig für Arthritis und Rheuma.) Aerobic und Tanzkurse passen sicher gut zu Ihnen, aber achten Sie auf Ihre Wassermann-Knöchel, die schnell verletzt werden können. Sie schwimmen gerne und fühlen sich, vor allem in jungen Jahren, eigentlich zu den meisten Sportarten hingezogen, bei denen es mehr um Einzelleistungen als um Mannschaften geht.

Wassermänner interessieren sich fast immer für ganzheitliche Medizin und alternative Heilkunde. Obwohl Sie Respekt vor der traditionellen Wissenschaft haben, verspüren Sie ein Misstrauen gegenüber verschreibungspflichtigen Medikamenten. Sie verwenden vielleicht schon seit Jahren natürliche Heilmittel wie zum Beispiel Kräuter. Was die Ernährung angeht, ist eine leichte Diät für Sie am besten (obwohl Sie üppige Gerichte gerne mögen). Es wird Ihnen nicht leicht fallen, eine regelmäßige Diät einzuhalten. Wenn Sie es schaffen, überflüssige Pfunde loszuwerden, widerstehen Sie der Versuchung eines Belohnungs-Festmahls!

## Kind und Eltern

Sie haben selbst einen unabhängigen Geist und ermutigen Ihre Kinder, eigenständig zu denken. Sie gehören sicher nicht zu den Eltern, die darauf bestehen, dass Ihre Kinder genauso denken wie Sie. Vielmehr fänden Sie es langweilig, wenn Ihr Kind Ihr Spiegelbild wäre. Sie lassen Ihren Kindern völlige Meinungsfreiheit und manchmal vielleicht zu viel physische Freiheit.

*Viele Wassermänner machen den Fehler zu glauben, ihre Kinder wären genauso wie sie. Es kann sein, dass Ihr Kind eine konventionellere Natur hat als Sie. Seien Sie nicht betrübt, wenn Ihre Kinder gerne Befehlen folgen, nicht aus der Reihe tanzen oder so sein wollen wie die Kinder von nebenan. Wie sehr sich Ihre Kinder auch von Ihrem Charakter unterscheiden mögen, respektieren Sie es.*

■ **Seevögel werden** *mit der Waage assoziiert.*

Glücklicherweise fällt es Ihnen meistens leicht, andere Ansichten gelten zu lassen. Sie sind bemüht, Ihrem Kind gegenüber fair zu sein, und immer bereit, sich seinen Standpunkt anzuhören. Ein weiterer Pluspunkt des Wassermanns ist seine absolute Ehrlichkeit: Sie werden neugierige Fragen Ihres Kindes nicht mit dummen Bemerkungen übergehen. Wenn eine Frage gestellt wird, geben Sie auch eine Antwort, und das ist wertvoll für die Beziehung zu Ihrem Kind. Genauso wichtig ist das regelmäßige Zeigen von Zuneigung, was Ihnen weitaus schwerer fällt. Arbeiten Sie daran, Ihr Misstrauen gegenüber Gefühlsäußerungen zu überwinden.

Das Wassermann-Kind wird immer irgendwie »anders« sein. Sie sollten ihm erlauben, seine Originalität zu entwickeln. Ein Wassermann-Kind ist für gewöhnlich gut in der Schule, solange dort keine repressiven Methoden oder albernen Regelungen ohne gute Gründe verwendet werden. Sturheit sollte nicht gefördert werden.

## Freizeit und Ruhestand

Wassermänner brauchen Abwechslung und bestehen darauf. Wenn Sie diese in der Arbeit nicht haben, werden Sie sie in der Freizeit suchen. Wahrscheinlich genießen Sie es, andere zu unterhalten, und mit Ihrem angeborenen dramatischen Talent und Glamour werden Sie für jede Theater- oder Operngruppe eine Bereicherung sein. Sie mögen große Anlässe, also werden Sie Konzerte, Vernissagen und andere Feierlichkeiten lieben. Ihrem Bedürfnis, anderen zu helfen, können Sie gut nachkommen, wenn Sie in Wohlfahrtskomitees arbeiten. Sie fühlen sich von Umweltkampagnen und der ökologischen Bewegung im Allgemeinen angezogen.

Es macht Ihnen Freude, den Gastgeber zu spielen. Mit Hilfe des Löwen, Ihres polaren Zeichens, geben Sie tolle Dinner und Abende. Als Koch lieben Sie es zu experimentieren, statt sklavisch Rezepten aus dem Kochbuch zu folgen. Wenn man das Resultat auch oft als … nun ja … ungewöhnlich beschreiben könnte, wird es sicher nicht ungenießbar sein.

All diese Hobbys können im Ruhestand ausgedehnt werden. Es gibt keinen Grund, warum sie nicht so lange ausgeführt werden könnten, wie Sie es wünschen. Ihr Instinkt, aktiv zu bleiben und nicht in Routine zu erstarren, ist nicht nur natürlich, sondern auch sehr gut für Sie.

*Sie müssen sich nicht nur regelmäßig entspannen, Sie lieben es auch, Dinge ganz spontan zu tun. Lassen Sie in Ihrem Terminkalender also immer Platz für Unvorhergesehenes.*

## Kurze Zusammenfassung

✓ Zwillinge, Waage und Wassermann zählen zu den Luftzeichen. Menschen unter dem Einfluss dieser Zeichen sind energiegeladen, intellektuell, exzentrisch, freiheitsliebend, aggressiv, sozial und können hervorragend kommunizieren. Sie lieben intellektuelle Herausforderungen und haben die besondere Fähigkeit, Ideen umzusetzen.

✓ Zwillinge sind lebhaft, nervös, intellektuell und wissbegierig. Sie sind in den Bereichen herausragend, wo es um Kommunikationsfähigkeit und Charme geht – in Medien, Verkauf und Werbung. Sie neigen zu Unberechenbarkeit, vor allem in der Liebe, und dazu, sich mit oberflächlichem Wissen zufrieden zu geben.

✓ Waagen sind diplomatisch, romantisch und gesellig. Sie sind nicht gern allein. Es fällt ihnen leicht, eine harmonische Runde zusammenzubringen. Achten Sie auf Ihre Tendenz, leichtgläubig, unentschlossen und zu gelassen zu sein.

✓ Wassermänner sind kreativ, unabhängig, freundlich und humanitär. Während sie immer gewillt sind, anderen zu helfen, genießen sie im Herzen die Einsamkeit. Sie entscheiden sich oft für eine Karriere – etwa die Wissenschaft –, in der sie unabhängig arbeiten und ihren Erfindergeist walten lassen können. Die Gefahr dabei ist, dass Einsamkeit und Unabhängigkeit leicht in Isolation und soziale Inkompetenz ausarten können.

Kapitel 11

# Einfach seelenvoll: Die Wasserzeichen

Krebs, Skorpion und Fische – der Reihe nach vom mitfühlenden und emotionalen Mond, vom mysteriösen und explosiven Pluto und vom sensiblen und idealistischen Neptun regiert – sind die gefühlsbetontesten und sensibelsten Kinder des Tierkreises, einfach und schön unter dem Namen »Wasser«-Zeichen bekannt. Sie alle stehen für tiefes Mitgefühl, tiefe Liebe, Sinnlichkeit, Intuition und Imagination. Krebs, Skorpion und Fische sind die wesentlichen Freunde, Mütter, Liebenden, Künstler, Forscher und Träumer dieser Welt.

## Inhalt dieses Kapitels:

- ✓ Krebs-Persönlichkeit
- ✓ Skorpion-Persönlichkeit
- ✓ Fische-Persönlichkeit



KREBS, SKORPION UND FISCHE SIND WASSERZEICHEN.

# Krebs-Persönlichkeit

VIELE LEUTE FINDEN, *dass die Krebs-Persönlichkeit äußerst schwer zu definieren ist. Bei der ersten Begegnung wirkt sie oft ziemlich aggressiv und unsympathisch. Es ist leicht, sie mit einer beiläufigen und harmlosen Bemerkung in die Defensive zu bringen. Wenn das geschieht, baut sie sofort eine Barriere auf, die uns zwingt, zurückzuweichen.*

Diese Krebs-Barriere ist gar nicht so stark, wie sie auf den ersten Blick scheint. Wenn wir insistieren, zerbröckelt sie schnell, und es kommt eine aufnahmebereite und sensible Person zum Vorschein, die anderer Leute Probleme sehr gut erkennt und schnell bereit ist zu helfen.

Krebse haben den Ruf, launisch zu sein. Einen Moment lang sind sie geschwätzig und fröhlich, im Moment darauf sind sie still und mürrisch. Oder sie bitten uns zunächst freudig herein, wenn wir sie besuchen, benehmen sie sich aber so, als hätten wir uns besser zweimal überlegen sollen, ob wir vorbeischauen! Diese Krebs-Stürme sind schnell vorüber, und die Krebs-Persönlichkeit bereitet ihrem Gast freudig ein köstliches Omelett oder mixt ihm seinen Lieblingsdrink.

Ihre außergewöhnliche Fantasie ist oft die Ursache für ihre Launenhaftigkeit und abwehrende Haltung. Ihre Einbildungskraft ist lebendig und kann eine ihrer besten Eigenschaften sein, wenn sie positiv verwendet wird. Negativ eingesetzt, kann sie sich gegen sie wenden und sie dazu bringen – auf irrationale Weise – sich über alles und jeden Sorgen zu machen. Diese Tendenz kann zur enormen Belastung werden.

## KREBS
(22. JUNI – 22. JULI)

**SCHLÜSSELWORTE** melancholisch, beschützend, sensibel
**HERRSCHENDER PLANET** Mond
**NEGATIV**
**DUALITÄT ODER GESCHLECHT** weiblich
**ELEMENT** Wasser
**QUALITÄT** Kardinal
**KÖRPERBEREICHE** Speiseröhre, Busen, Brust
**LÄNDER** Algerien, Holland, Neuseeland, Nordafrika, Paraguay, Schottland, Westafrika
**STÄDTE** Algier, Amsterdam, Bern, Cadiz, Genua, Istanbul, Magdeburg, Manchester, Mailand, New York, Stockholm, Tunis, Venedig, York
**STEIN** Perle
**FARBE** Blassblau, Silber, Rauchgrau
**BÄUME** alle Bäume, vor allem die besonders saftreichen
**BLUMEN UND KRÄUTER** Akanthus, Winde, Geranie, Geißblatt, Lilie, Steinbrech, Wasserlilie, weißer Mohn, weiße Rosen
**SPEISEN** Obst und Gemüse mit hohem Wassergehalt wie Kohl, Gurke, Salat, Melone, Pilze, Kürbis, Kohlrübe

Es ist besonders wichtig, dass Sie Ihre imaginative Energie positiv kanalisieren, und am besten, wenn Sie sie mit Ihrer Kreativität verbinden – die wundervoll erfindungsreich und originell sein kann.

■ **Ahornbäume** *werden mit dem Zeichen Krebs assoziiert.*

## Liebesleben und Sex

Ein befriedigendes Liebesleben stellt die Welt des Krebses völlig auf den Kopf: Ihre starken Emotionen fixieren sich auf den Partner. Das kann so weit gehen, dass Sie überfürsorglich sind und den Partner zu sehr beschützen wollen. Als echter Romantiker wird Ihr Werben voller schön ausgedrückter Gefühle und einfallsreicher Momente sein.

Ihre Gefühle können mit Ihnen durchgehen, und wenn ein Partner Ihnen aus irgendeinem Grund nicht genau dieselben Gefühle entgegenbringt, können Schwierigkeiten aufkommen – und das kann zu hochdramatischen Szenen führen!

*Schwierigkeiten kann es auch geben, wenn Sie den Partner mit Zuwendung überschütten und ihn/sie dadurch zu stark einengen.*

Obwohl jedes Sonnenzeichen mit jedem anderen Zeichen eine wundervolle Beziehung führen kann, ist es dennoch naheliegend, dass ein unabhängiger Wassermann oder Schütze mit einem überfürsorglichen Krebs eine harte Zeit vor sich hat. Ihre Neigung, den anderen mit einem Übermaß an Gefühlen und Fürsorge zu überschütten, tritt bei jedem Partner, egal welches Sonnenzeichen er oder sie hat, zutage. Sie müssen daran denken, Ihrem oder Ihrer Geliebten körperliche und emotionale Freiheit zu lassen.

Sexuell haben Krebse eine wundervoll warme Sinnlichkeit, und Sie sind genauso darauf bedacht, Ihren Partner zu befriedigen, wie selbst befriedigt zu werden. Aber! Wenn Ihr Partner nicht sofort Ihren Liebeskünsten huldigt oder Ihre Anstrengungen nicht bemerkt, kontern Sie gerne mit einer spitzen Bemerkung, was die gemeinsame Lust erheblich schmälern kann.

■ **Der Mond** *ist der herrschende Planet des Krebses.*

*Bei Ihnen explodiert jede kleine Spannung im Schlafzimmer, da Sie Ihre hyperaktive Einbildungskraft und Ihre Neigung, sich Sorgen zu machen, auch im Schlafzimmer nicht abschalten können!*

Seien Sie nicht überrascht, wenn Sie von Ihrem Partner eine ebenso scharfe Antwort kassieren. Zügeln Sie Ihre Neigung, sich an die romantische Vergangenheit zu klammern, und den daraus entspringenden Widerwillen, sich in einer Beziehung weiterzubewegen. Versuchen Sie, nicht sentimental zu sein, und bedenken Sie, dass sich auch eine Beziehung entwickeln und verändern muss.

## Familie

Die Familie ist für einen typischen Krebs enorm wichtig. Selbst die ehrgeizigste Krebs-Geschäftsfrau kann sich von Ihrer Karriere weglocken lassen und werden, was sie nie geglaubt hat: eine Hausfrau oder Mutter – schlicht und einfach. Diese Art der Beschäftigung kann auf die Dauer dennoch langweilig werden, und Sie müssen Wege finden, Ihren Geist rege und erfinderisch zu halten.

*Denken Sie gut darüber nach, bevor Sie sich entschließen, sich ganz und gar Heim und Familie zu widmen. Sie benötigen andere äußere Reize vielleicht mehr, als Ihnen bewusst ist.*

Erinnern Sie sich jedoch auch daran, dass Sie immer das Gefühl brauchen werden, irgendwo zu Hause zu sein, sei es im Beruf oder in einer Beziehung. Wenn Sie merken, dass Ihr Lebensstil, zu Hause oder außerhalb, irgendwie bedroht ist, kommen Ihre Krebs-typischen Unsicherheiten und Launen an die Oberfläche.

Abgesehen davon lieben Krebse es, sich in einer festen Beziehung zu engagieren. Männer wie Frauen sind wundervoll fürsorgliche Partner. Sie genießen es, Ihrer Liebe durch eine Heirat Ausdruck zu verleihen, und sie arbeiten hart dafür, dass die Beziehung funktioniert, vor allem wenn sie auf felsigen Grund stoßen. Probleme könnten dann auftauchen, wenn ihr Partner eine Veränderung wie einen Umzug will. Sie hängen an ihrem Lebensalltag und bewegen sich nur widerwillig weiter.

■ **Wasserlilien und Winden** *sind Krebs-Blumen.*

*Das kann zu Schwierigkeiten führen, wenn Ihre Kinder erwachsen werden und ausziehen. Sie halten dann vielleicht an einem großen Haus fest, das Sie gar nicht mehr wirklich brauchen, nur weil Sie den Gedanken an einen Umzug nicht ertragen.*

Sie neigen auch dazu, an Besitztümern festzuhalten; Dachboden, Keller oder Garage eines Krebses sind oft ein Museum nutzloser Gegenstände, von denen jeder in Ihrem Kopf mit einem wichtigen Ereignis Ihres Lebens verbunden ist. Sie sind der Hamsterer des Tierkreises und können sich von nichts trennen.

## Karriere

Sie mögen Abwechslung und Veränderung, und dennoch brauchen Sie Kontinuität in Ihrer täglichen Arbeit. Die Krebs-Persönlichkeit ist so stark mit dem Gedanken der Erziehung und Fürsorge verbunden, dass die sozialen Berufe für Sie besonders in Frage kommen: Krankenpflege, Geburtshilfe oder die Arbeit mit Kindern.

*Krebse haben auch den Ruf, die besten Köche zu sein; eine Karriere als Chefkoch oder im Partyservice – oder, auf einfacherem Niveau, Koch in einer Schule oder Kantine – könnte vielleicht gut zu Ihnen passen.*

Krebse sind allerdings nicht gerade für Ihre Ausgeglichenheit bekannt – diesen Charakterzug scheinen sie mit vielen Chefköchen zu teilen! Wenn Sie Ihren fürsorglichen Instinkt mit Ihrer natürlichen Vorliebe für das Meer verbinden, könnte auch die Arbeit auf einem Schiff, zum Beispiel als Steward, Zahlmeister oder Reiseleiter auf einem großen Luxuskreuzer, für Sie interessant sein. Letzteres bringt eine Menge Aufregung – und einen Hauch Gefahr – mit sich, und beides wird gut zu Ihrer Persönlichkeit passen.

■ **Krebse und Muscheln** *werden mit dem Zeichen Krebs assoziiert.*

Krebse sind oft fasziniert von der Vergangenheit. Der Handel mit Antiquitäten könnte Sie interessieren. Ein Stand auf einem Trödelmarkt ist sicher eine willkommene Abwechslung für Sie. Auch das Reparieren oder Restaurieren von Antiquitäten könnte interessant sein, ebenso wie die Arbeit im Museum. Sie sind scharfsinnig und haben ein Gespür für gute Geschäfte, die Gründung einer eigenen Firma dürfte für Sie nicht schwierig (oder unprofitabel) sein. Eine Karriere in der Unternehmensberatung wäre genauso befriedigend. Bedenken Sie, dass für Krebse die Erfüllung wichtiger ist als das Geld!

## Gesundheit, Ernährung und Sport

Sie sind ziemlich zäh, und Sorgen sind das Einzige, was Ihre Gesundheit durcheinander bringen kann. Krebse sind anfälliger für Sorgen als alle anderen Sonnenzeichen. Bevor Sie überhaupt merken, dass Sie sich über etwas Sorgen machen, haben Sie schon eine Magenverstimmung, und allgemeine Missstimmung kündigt sich an.

*Sie müssen Ihre Neigung zu unnötigen Sorgen in den Griff kriegen. Im harmlosesten Fall können sie zu Juckreiz oder anderen Hautproblemen führen. Auch wenn diese kleinen Leiden psychosomatischen Ursprungs sind, können sie problematisch werden. Im schlimmsten Fall können Ihre Sorgen zu Magengeschwüren führen und Ihr Immunsystem und Ihren Stresslevel völlig durcheinander bringen.*

Sie haben sicher schon einmal einen Freund oder Partner sagen hören »Um Gottes Willen, nimm dich zusammen und hör auf, dir Sorgen zu machen!«. Dieser Rat, wie Sie selbst am besten wissen, hilft überhaupt nichts. Doch zu erkennen, wie anfällig Sie für Sorgen sind – oft ganz irrational –, ist der erste Schritt zur Lösung des Problems. Auf Ihre für gewöhnlich starke Intuition zu hören, ist ebenfalls hilfreich.

Es gibt absolut keinen Zusammenhang zwischen dem Sonnenzeichen Krebs und der gleichnamigen Krankheit. Dennoch ist Vorbeugen immer besser. Der Körperbereich des Krebses ist die Brust. Es ist daher besonders wichtig, dass Krebs-Frauen regelmäßig Ihre Brüste untersuchen lassen. Der Mond, der herrschende Planet des Krebses, wird mit dem Verdauungsapparat assoziiert: Speiseröhre, Magen, Gallenblase, Bauchspeicheldrüse und Darm.

■ **Milch und Kohlrüben** *sind Krebs-Nahrungsmittel.*

Es lohnt sich, diese Bereiche im Auge zu behalten. Und gehen Sie sofort zum Arzt, wenn Sie ein Problem vermuten.

Mit Ihrer natürlichen Zähigkeit erreichen Sie sicher ein hohes Alter, vielleicht mit ein paar Verspannungen, Zerrungen oder Krankheiten. Krebse, die ernsthaft erkranken, kämpfen mutig und entschlossen dagegen an.

## Kind und Eltern

Die meisten Krebse wollen ernsthaft eine Familie gründen. Sie überreden Ihren Partner vielleicht dazu, dies früher zu tun als er oder sie beabsichtigt. Sie sind als Eltern hervorragend. Das einzige Problem, auf das Sie achten müssen, ist Ihre Neigung, zu beschützend zu sein und Ihre Kinder durch zu viel Emotionalität zu erdrücken.

Ihre Emotionen machen es Ihnen schwer, logisch und rational zu bleiben, wenn es um Ihre Kinder und deren Probleme geht. Sie hassen es, wenn sie in den Kindergarten kommen. Sie hassen es noch mehr, wenn sie beschließen, auszuziehen.

*Versuchen Sie, sich bereits früh genug auf diese Momente vorzubereiten, und machen Sie sich nicht zu viele Sorgen. Ansonsten werden Sie Schwierigkeiten und Streitereien heraufbeschwören. Noch schlimmer, eine unüberwindbare Kluft könnte sich zwischen Ihnen und Ihren Kindern öffnen – was für einen Krebs besonders tragisch ist.*

Ihre Vorzüge als Elternteil sind so stark, dass Sie sich bemühen sollten, Ihre Kinder sich in ihrer eigenen Weise entwickeln zu lassen. Sie werden ihnen mit Ihrer Liebe und Fürsorge sowieso einen guten Start ins Leben bieten. Ihre außergewöhnliche Fantasie – die Sie zum hervorragenden Geschichtenerzähler und zum erfinderischen Spielkameraden macht – wird den Geist Ihrer Kinder anregen und die Entwicklung ihrer Interessen fördern.

■ **Die Perle** *steht mit dem Krebs in Zusammenhang.*

Ein Krebs-Kind, egal welchen Geschlechts, wird seine Brüder und Schwestern »bemuttern«. Es ist rührend, wenn man einen sechs Jahre alten Jungen sieht, der sich für seine achtjährige Schwester verantwortlich fühlt. Achten Sie aber darauf, dass Ihre Krebs-Tochter nicht zu früh schon zu mütterlich wird. Fördern Sie ihren Mut, indem Sie ihr Gelegenheit bieten, fernab vom Puppenhaus Abenteuer zu erleben. Dasselbe gilt natürlich auch für Jungen. Krebs-Kinder lieben Haustiere. Das gibt ihnen ein Gefühl der Verantwortung und eine praktische Ausdrucksmöglichkeit für ihren häuslichen Instinkt, der sehr früh zum Vorschein kommt.

## Freizeit und Ruhestand

Sie dürften keine Schwierigkeiten haben, Ideen für Freizeitaktivitäten zu entwickeln. Beschränken Sie sich nicht und seien Sie abenteuerlustig: Sie können alles haben!

■ **Ahorn steht** *reich im Saft und gehört zum Zeichen Krebs.*

Wie wir bereits betont haben, sind Krebse im Tierkreis die Weltmeister im Hamstern, und ein Hobby, das Ihnen typischerweise gefallen könnte, ist das Sammeln. Das ist für Sie nicht nur ein interessanter Zeitvertreib, Ihre Sammlung – Briefmarken, Münzen, Puppen oder antike Küchengeräte, um nur einige Beispiele zu nennen – kann sich auch als äußerst profitabel erweisen.

*Wenn Sie Ihre Sammlung zu einer Zeit beginnen, in der Sie noch arbeiten, könnten Sie diese mit hohem Profit verkaufen, wenn Sie in Rente gehen – und eine neue und noch lukrativere beginnen! Es macht Ihnen nicht nur Spaß, Gegenstände zu suchen und zu erwerben, sondern auch, die Geschichte dahinter zu erforschen und ein Experte auf diesem Gebiet zu werden.*

Krebs-Frauen sind oft hervorragend in Handarbeiten und besonders beim Nähen. Auch die Männer mögen manchmal Petit Point oder Stickerei. Diese Tätigkeiten sprechen im Krebs die Seite an, die friedliche, ruhige Zeiten genießt. Auch das Angeln ist für dieses Wasserzeichen sehr attraktiv. Während manch ein Krebs die Arbeit in einer Restaurantküche etwas zu laut und herausfordernd findet, ist die Arbeit in der eigenen Küche doch etwas ganz Anderes. Ein Kochkurs könnte der Beginn eines Hobbys sein, dass Ihren Freunden genauso viel Genuss bereitet wie Ihnen Freude.

■ **Krebs,** *mit Abbildungen von Elementen, Speisen, Früchten und Blumen in der Tracht.*

# Skorpion-Persönlichkeit

*OH JA – SEX! Es liegt wohl an der starken Assoziation des Zeichens mit den Sexualorganen, die von diesem regiert werden, dass die Leute glauben, Skorpion sei das lustbetonteste Zeichen des Tierkreises. Und tatsächlich wird niemand behaupten können, das sich Skorpione nicht für Sex interessierten. Aber bitte, versuchen Sie nicht auf Teufel komm raus Ihren Ruf als Skorpion zu bestätigen. Manche Leute glauben, dass Skorpione gänzlich vom Sexualtrieb gesteuert sind. Dieser Annahme ist es zu verdanken, dass das Zeichen ausschließlich mit dunklen und unheilvollen Aspekten belegt wurde.*

Was Sie im Überfluss besitzen, ist ein großer Vorrat an emotionaler, mentaler und körperlicher Energie, die auf verschiedene Arten kanalisiert werden muss, wenn Sie ein glückliches Leben führen wollen.

Sie sind der typische Karrieremensch, entschlossen und positiv, und Sie gehen völlig in Ihrer Arbeit auf. Arbeit kann ein hervorragendes Ventil für überschüssige geistige und körperliche Energie sein. Selbst die altmodische Hausfrau, die sich Heim und Kindern widmet, kann der zufriedenste Skorpion sein, vorausgesetzt sie kann ihre geistige und körperliche Energie voll einsetzen. Wenn ein Skorpion keine positiven Wege gefunden hat, seine Energie einzusetzen, kann das böse enden. Die dunklen Seiten dieses Zeichens – nachtragend, eifersüchtig, misstrauisch und unzufrieden mit dem Leben – kann die Skorpion-Persönlichkeit im höchsten Maße dominieren. Der eher schlechte Ruf des Skorpions kann durch diese negativen Eigenschaften gerechtfertigt werden, aber sie sind auf keinen Fall unvermeidlich oder ausschließlich negativ.

## SKORPION

(24. OKTOBER – 22. NOVEMBER)

**SCHLÜSSELWORTE** intensiv, eifersüchtig, leidenschaftlich
**HERRSCHENDER PLANET** Pluto
**NEGATIV**
**DUALITÄT ODER GESCHLECHT** weiblich
**ELEMENT** Wasser
**QUALITÄT** fest
**KÖRPERBEREICHE** Sexualorgane
**LÄNDER** Bayern, Korea, Marokko, Norwegen, Syrien, Uruguay
**STÄDTE** Baltimore, Cincinnati, Dover, Fez, Halifax, Hull, Liverpool, Milwaukee, Newcastle-upon-Tyne, New Orleans, St. John's (Neufundland), Stockport, Valencia, Washington D. C.
**STEIN** Opal
**FARBE** Kastanienbraun, Dunkelrot
**BÄUME** alle buschigen Bäume, Schwarzdorn
**BLUMEN UND KRÄUTER** dieselben, die mit Widder assoziiert werden, besonders dunkelrote Blumen, Pfefferminze, wilde Distel
**SPEISEN** dieselben wie beim Widder, besonders Tomaten, Zwiebeln und Gewürze wie Cayennepfeffer, Paprika und Chili

*Eifersucht kann ein großes Problem für Sie sein – nicht nur in einer Beziehung, sondern auch bei der Arbeit. Eifersucht im Job kann sich zu Ihrem Vorteil auswirken, weil sie Sie antreibt, härter zu arbeiten und denjenigen zu übertreffen, den Sie beneiden. Eifersucht kann Sie aber auch verbittert und frustriert werden lassen.*

Groll und Unzufriedenheit können Alarmzeichen sein, die Ihnen sagen, dass Sie sich öffnen und über Ihre Probleme mit einem geliebten Menschen reden müssen, wodurch Kommunikation und Beziehung verbessert werden.

## Liebesleben und Sex

Die Eifersucht ist, wie bereits erwähnt, die einzige Schwierigkeit für einen verliebten Skorpion. Von dieser Warnung abgesehen sind Sie von allen Sonnenzeichen am begabtesten, Ihre tiefsten und leidenschaftlichsten Gefühle auszudrücken, sowohl körperlich als auch emotional, durch Worte, Geschenke und Einladungen. Von einem Skorpion umworben zu werden, ist mehr als nur eine Erfahrung. In jeder Beziehung mit Ihnen wird es Momente des großen Glücks geben. Doch die Beziehung ist unvermeidlich auch stürmisch, in der einen oder anderen Hinsicht.

■ **Pluto ist** *der herrschende Planet des Skorpions.*

*Sie sind sehr aufgebracht, wenn Ihr Partner nicht so in der Beziehung aufgeht wie Sie.*

Die Beziehung wird sicher nicht lange dauern, wenn Ihr Partner nicht bereit ist, sich mit ganzem Herzen hinzugeben. Wenn Sie diesen Verdacht hegen, wird Ihre berühmte Eifersucht höchstwahrscheinlich zum Vorschein kommen.

Wir wollen nicht sagen, dass Sie nicht einen sexuell kompatiblen Partner brauchen, vielleicht sogar mehr als andere. Doch Sie (und ihr Partner) brauchen auch andere Interessen außerhalb des Schlafzimmers – sowohl gemeinsame Interessen als auch solche, denen jeder für sich nachgeht. Machen Sie nicht den Fehler zu glauben, dass Eifersucht sich immer nur auf Sex bezieht! Wenn Ihr Partner andere Interessen hat, die Sie nicht teilen, kann das zu neuem Ärger führen.

*Wir können Sie gar nicht genug drängen, sich die Gefahren der Eifersucht bewusst zu machen. Lernen Sie zu vertrauen. Ein Partner, der mit anderen zusammenarbeitet oder andere bewundert, muss Sie deshalb nicht gleich fallen lassen. Genauso wenig denkt er oder sie, dass der andere in seinem Beruf besser ist als Sie, oder schlimmer, besser im Bett ist als Sie. Diese Bemerkung ist doch lächerlich – nicht wahr?*

## Familie

Wir müssen uns aufs Neue wiederholen: Egal wie begeistert Sie sich in eine feste Beziehung stürzen, egal wie entschlossen Sie sind, Erfolg zu haben, und egal wie sicher Sie sich der Liebe Ihres Partners sind – was für die Beziehung einen guten Start bedeutet –, die Eifersucht, dieses ungeliebte Gefühl, wird immer wieder ihr hässliches Haupt erheben. Mit Vertrauen können Sie es bekämpfen.

■ **Alle Bäume** *werden mit dem Skorpion assoziiert*

Sie brauchen Interessen außerhalb von zu Hause. Sie haben so viel Energie, dass es schwierig ist, sie ausschließlich in einer engen Familiensituation auszuleben. Wenn möglich, sollten Sie versuchen, ein Hobby zu finden, das Sie mit Ihrem Partner teilen können. Wenn das nicht möglich ist und Ihr Partner sich ein eigenes Hobby sucht, könnte es ziemlich schnell passieren, das Ihre Eifersucht wieder aufflammt. Selbst wenn das Hobby Ihres Partners Ihnen nicht zusagt, sollten Sie zumindest versuchen, interessiert zu wirken. Sie haben die Fähigkeit, andere zu ermutigen, weiterzukommen und Erfolg zu haben. Hier hätten Sie eine Möglichkeit, sie einzusetzen.

## Karriere

Erfüllende Arbeit ist für Sie, sich mit Haut und Haar der Tätigkeit zu widmen, die Sie sich ausgesucht haben. Sie hassen es, jeden Tag mit demselben Zug ins Büro zu fahren, an demselben Tisch zu sitzen und immer den gleichen Job zu machen – tagein, tagaus. Diese Art von Routine wird Sie innerhalb kürzester Zeit langweilen und frustrieren.

*Sie müssen Ihre Fantasie ausdrücken können, selbst wenn Sie in einer Bank oder Versicherung arbeiten. Und das Big Business kann Sie in der Tat faszinieren! Sie haben nämlich einen hervorragenden Geschäftssinn und genießen es, Ihre Karriere aufzubauen und Geld zu verdienen.*

Selbst wenn Sie in eine Laufbahn gezwungen wurden, die Sie eigentlich nicht reizt, wird es Ihnen Spaß machen, dort Ihre imaginativen Fähigkeiten und Ihre mentale Energie einzusetzen und sich den Ruf zu schaffen, effizient zu sein.

Eine Karriere in Armee und Marine (trotz der dortigen Routine) könnte Sie befriedigen. Ihre Fantasie lässt sich auch hervorragend bei der Polizei einsetzen; Sie lieben es, nach Details zu suchen, und sind daher auch ein exzellenter Detektiv. Sie wären auch ein hervorragender Krimineller, obwohl zu viel Erfolg in diesem Bereich auch bedeuten kann, dass Sie in klaustrophobischer Langeweile enden (um nicht zu sagen, im Gefängnis).

## Gesundheit, Ernährung und Sport

Die Verbindung der Geschlechtsteile mit dem Zeichen Skorpion bedeutet, dass besonders Männer regelmäßig und gründlich ihre Hoden untersuchen lassen sollten. Die Gonaden sind Skorpion-Drüsen und mit dem Fortpflanzungssystem verbunden. Probleme in diesem Bereich sollten ärztlich untersucht werden.

Aufgrund Ihres hohen Niveaus an körperlicher und emotionaler Energie liegt es auf der Hand, dass Sport mehr als nur gut für Sie ist – mental und physisch. Doch übertreiben Sie nicht! Passen Sie Ihr Sportprogramm immer Ihrem Alter und Ihrer aktuellen Form an.

*Junge Skorpione lieben Mannschaftssportarten, Boxen und Kampfsport. Diese bieten ein gutes Ventil für die aggressiven Tendenzen, die manchmal unter der Oberfläche der Skorpion-Persönlichkeit liegen. Leider führen diese Sportarten oft zu kleinen Verletzungen wie Beulen, blauen Flecken und Muskelrissen, also geben Sie ein wenig Acht.*

Auch Wassersport ist hervorragend für Skorpione, Turmspringen genauso wie Schnorcheln. Schließlich stellen Sie vielleicht auch fest, dass Sie sehr gut Billard spielen, weil man dafür ein gutes Auge und Geschicklichkeit braucht.

Wenn Skorpione krank werden, liegt es oft an einer Art Blockade – körperlich oder psychisch. Was das Körperliche betrifft, tappen Sie nicht in die Falle, und machen Sie sich nicht zu viele Sorgen über eine Verstopfung. Es ist selten ernst, doch in chronischen Fällen sollten Sie dennoch einen Arzt aufsuchen. Wenn Sie im Beruf lange am Schreibtisch sitzen müssen, können auch Probleme mit Hämorrhoiden auftauchen; diese Symptome sollten Sie ernst nehmen. Genauso kann langes Stehen zu Krampfadern führen, die ebenfalls medizinisch behandelt werden sollten.

## Kind und Eltern

Sie sind ganz wild darauf, dass Ihre Kinder genauso enthusiastisch und arbeitseifrig werden wie Sie selbst, und kümmern sich darum, dass sie immer etwas zu tun haben, ob in Schule oder Freizeit.

*Das ist gut – für manche Kinder, am ehesten für Skorpion-Kinder. Seien Sie vorsichtig mit Ihren Nicht-Skorpion-Kindern. Für sie ist es vielleicht schwierig, Ihre Ansprüche zu erfüllen, und das kann Ihrerseits Unzufriedenheit und Ärger auslösen, was die Kinder wiederum unsicher macht – und Ihre Beziehung zu ihnen beeinträchtigt.*

Seien Sie auch vorsichtig mit Disziplin. Manche Kinder ertragen – oder brauchen – ein hohes Maß an Disziplin, doch bei anderen kann es kontraproduktiv sein.

Was die Zuneigung betrifft: Sie lieben Ihre Kinder, doch vielleicht zu intensiv. Sie müssen lernen, etwas unbeschwerter zu sein und einfach mal Spaß zu haben. Sie haben eine wundervolle Fantasie – setzen Sie sie ein!

■ **Zwiebeln** *gehören zu den Skorpion-Nahrungsmitteln.*

Skorpion-Kinder sind sehr aktiv und energiegeladen, daher brauchen sie viel Beschäftigung. Sport und Bewegung wird wahrscheinlich eine wichtige Rolle in ihrem Leben spielen, und das ist auch gut so! Manchmal jedoch verfällt ein Skorpion-Kind in eine ungewohnte, in sich gekehrte Haltung. Machen Sie sich wegen dieser »Niedergeschlagenheit« keine Sorgen, sondern versuchen Sie, den Grund des Problems zu erforschen. Es kann an Problemen in der Schule liegen oder an den normalen Schwierigkeiten bei der Entwicklung von Geist und Körper. Hier und da haben Skorpion-Kinder auch das Gefühl, dass sie ihre Energie nicht so positiv verwenden, wie sie instinktiv wünschen, und sie brauchen Ihren Rat, damit sie ihre überschäumende Energie besser kanalisieren können.

## Freizeit und Ruhestand

Die Energie und lebendige Einbildungskraft des Skorpions kann natürlich in jedem Sport oder Hobby eingesetzt werden. Wichtig ist nur, dass Sie sich Freizeitaktivitäten aussuchen, für die Sie sich leidenschaftlich interessieren und mit denen Sie Ihre große Energie in sinnvolle Bahnen lenken können.

*Bewegung ist für Sie essenziell, und Sport wird sicher einen großen Teil Ihrer Zeit beanspruchen, solange Sie jung sind. Intellektuelle Energie kann auf viele Ziele gerichtet werden, wenn diese wirkliche Aufmerksamkeit und Lerneifer erfordern und Sie Ihr detektivisches Talent einsetzen können.*

Als Wasserzeichen lieben Skorpione Angeln, Segeln – eigentlich alle Wassersportarten. Auch Motorrad- und Autorennen ziehen Sie an, selbst wenn Sie nur zusehen. Es ist nur fair, wenn wir auf diese Liste auch den Flirt setzen. Egal, wie glücklich Sie mit Ihrem Partner sind, für einen harmlosen Flirt ist immer Zeit – und dafür, Ihrem Partner (endlich einmal!) die Gelegenheit zu geben, eifersüchtig zu sein! Im Ruhestand könnten Sie Ihren Geschäftssinn für einen guten Zweck einsetzen, z.B. in der Leitung einer Wohlfahrtsorganisation. Es gibt immer viele Helfer in diesen Vereinigungen, doch nur wenige haben das Organisationstalent und den Enthusiasmus eines Skorpions.

■ **Skorpione sind** *die Symbole dieses Sternzeichens.*

# Fische-Persönlichkeit

LIEB, GROSSZÜGIG, KREATIV *und aufopferungsvoll, vernachlässigen Sie gerne Ihre Karriere oder Ambitionen, um Ihre Kinder großzuziehen. Die Kehrseite all dieser wunderbaren Eigenschaften ist die Tatsache, dass Sie manchmal dazu angetrieben werden müssen, der Realität ins Auge zu blicken, wenn auch nur zu Ihrem eigenen Besten. Oft brauchen Sie Hilfe, um Ihr Leben zu organisieren und in die Gänge zu bringen. Sie neigen dazu, in einer Traumwelt zu leben, und Sie gehören sicher nicht zu denen, die man fragt, ob sie einen tropfenden Wasserhahn reparieren oder eine Glühbirne auswechseln können.*

Es fällt Ihnen schwer, an sich zu glauben. Zu oft werden Sie von Ihren Gefühlen weggetragen. Wie bei den anderen Wasserzeichen, Krebs und Skorpion, geht Ihre Fantasie oft mit Ihnen durch. Das kann dazu führen, dass Sie sich über nichts und wieder nichts Sorgen machen und Ihre Energie sinnlos damit verschwenden.

Fische sind in ihrem Element, wenn sie ihr beträchtliches kreatives Potenzial anwenden können, obwohl sie manchmal eine stärkere Persönlichkeit brauchen, die ihnen den besten Weg zeigt, wie Sie ihre Talente am besten ausdrücken. Traditionell sind Fische als die Poeten des Tierkreises bekannt – »Poeten« im weitesten Sinne: Menschen, die ihre kreativen Gaben in jedem Lebensbereich anwenden. Auch hier brauchen Sie wieder Anleitung, wenn Sie Ihr Potenzial voll ausschöpfen wollen.

*Das Symbol Ihres Zeichens sind zwei Fische, die miteinander verbunden sind, aber in entgegengesetzte Richtung schwimmen! Die Symbolik der Tierkreiszeichen stimmt in diesem Fall genau.*

## FISCHE

**(19. FEBRUAR – 20. MÄRZ)**

**SCHLÜSSELWORTE** zweideutig, falsch, beeinflussbar
**HERRSCHENDER PLANET** Neptun
**NEGATIV**
**DUALITÄT ODER GESCHLECHT** weiblich
**ELEMENT** Wasser
**QUALITÄT** beweglich
**KÖRPERBEREICHE** Füße
**LÄNDER** Portugal, Sahara, Skandinavien, kleine Mittelmeerinseln
**STÄDTE** Alexandria, Santiago de Compostela, Sevilla
**STEIN** Mondstein
**FARBE** helles Meergrün
**BÄUME** alle Bäume, die an der Küste wachsen; Esche, Birke, Kastanie, Maulbeerbaum, Norfolk-Kiefer, Eiche, Weide
**BLUMEN UND KRÄUTER** Löwenzahn, Flechten, Limonenblüten, Moose, Nelken, Wasserlilien, auch die Kräuter, die mit Krebs und Schütze assoziiert werden, einschließlich Salbei und Steinbrech
**SPEISEN** dieselben wie beim Krebs, einschließlich Gurken und Melonen

So überlegen Sie zum Beispiel, welcher Weg im Leben für Sie der beste ist – der Weg, bei dem Sie Ihre einzigartigen Fähigkeiten voll einbringen können –, um dann entschlossen, aus unerklärlichen Gründen genau die entgegengesetzte Richtung einzuschlagen. Das ist ein schwerer Fehler, wenn es um Ihr persönliches Glück – und das Glück der Menschen in Ihrer Umgebung – geht. Unser Rat, lieber Fisch, ist sich zusammenzunehmen, den eigenen Wert zu erkennen, die Dinge so zu sehen, wie sie sind, und zu lernen, damit zurechtzukommen. Wenn Sie Ihre positiven Eigenschaften nicht erkennen, könnten Sie am Ende versucht sein, den einfachsten Weg einzuschlagen. Das bedeutet in Ihrem Fall, angesichts der Herausforderungen des Lebens den Weg des geringsten Widerstandes zu gehen, oder im schlimmsten Fall, sich für völlige Untätigkeit zu entscheiden. Sie betrügen sich selbst (und schlimmer noch, auch andere), indem Sie glauben, dass Ihre Passivität in schwierigen Situationen der leichteste Ausweg ist. In Wahrheit wird dadurch alles nur schlimmer.

## Liebesleben und Sex

Ihr Partner wird der glückliche Empfänger einer großen Palette von Gefühlen sein. Sie sind ein sinnlicher und fürsorglicher Partner und bereiten genauso gerne Freude, wie Sie diese auch empfangen. Sie können einen geliebten Menschen mit Zuneigung geradezu überwältigen.

*Ihre Gefühle können so in Wallung geraten, dass eine weniger leidenschaftliche Reaktion Ihres Partners – oder eine harmlose Bemerkung – zu heftigen Szenen im Schlafzimmer führen kann.*

■ **Neptun ist** *der herrschende Planet der Fische.*

Und wenn wir schon von Schlafzimmer sprechen, müssen wir auch betonen, dass Ihre körperliche Leidenschaft mehr auf Romantik als auf Sex fixiert ist. Ihr sexuelles Interesse hat seine Grenzen, und während es am Anfang einer Beziehung noch sinnliche Höhepunkte gibt, stellen Sie vielleicht nach den ersten Ekstasen fest, dass Sie ein eher ruhiges Sexleben wünschen. Dass passt sehr gut zu Ihnen und mag Ihre bezaubernde und gefühlsbetonte Seite unterstreichen, aber für Ihren Partner ist es vielleicht nicht allzu aufregend. Vergewissern Sie sich, dass Ihre romantische Einstellung zum Sex einen Partner nicht enttäuscht.

Andererseits hat es entschiedene Vorteile, ein Romantiker zu sein – und Sie gehören zu den allergrößten. Sie umwerben einen potenziellen Partner mit viel Überlegung und Fantasie, und mit etwas Glück bleibt Ihre sanfte Romantik bestehen, wenn Sie eine feste Beziehung eingehen.

*Wenn Sie sich verlieben, setzen Sie sofort eine rosa Brille auf. Leider sehen Sie damit Ihren Partner manchmal nicht besonders klar. Daher könnten Sie sich allzu schnell in skrupellose Menschen verlieben, die Sie bald enttäuschen werden. Oder es fällt Ihnen schwer, die Fehler Ihres Partners zu erkennen – und jeder Mensch hat Fehler!*

## Familie

Genauso wie Romantik die richtige Bezeichnung ist, wenn Sie jemanden umwerben, bleibt diese auch im Vordergrund, wenn Sie sich auf einen Partner und eine Familie einlassen. Sie geben viel, damit die Partnerschaft funktioniert und bis an Ihr Lebensende genährt wird. Weil Sie glauben, dass diese Art lebenslänglicher Romantik sehr wichtig ist, sorgen Sie sich exzessiv, wenn Ihr Partner diese Ansicht nicht teilt – und wenn Sie ihn oder sie darauf ansprechen, kann es zu äußerst unerfreulichen Szenen kommen.

FISCHE-SYMBOL

Umgekehrt haben Sie die angeborene Fähigkeit, Bedürfnisse und Wünsche anderer Menschen zu erspüren, und das sollten Sie voll ausnutzen. Es ist für das Familienleben ein unschätzbarer Wert, denn Sie können ziemlich leicht erraten, was Ihr Partner und Ihre Kinder wirklich wollen, brauchen und meinen, wenn sie sich an Sie wenden. Versuchen Sie gleichzeitig, Ihre Tendenz zu lähmender Unentschlossenheit und übermäßiger Sorge zu kontrollieren. Ein kluger Partner wird Sie ermutigen, auf eigenen Beinen zu stehen, wenn eine Entscheidung getroffen werden muss, ob es um Finanzen, Gesellschaft oder Haushalt geht. Sie müssen lernen, diese Ermutigung sowohl zu begrüßen als auch zu befolgen. Wenn Sie es nicht tun, können die Konsequenzen verheerend sein.

*Erinnern Sie sich, wenn etwas schief läuft, ist Ihre erste Reaktion, ausweichend und geistesabwesend zu sein und sich zu beklagen, dass Sie nicht in der Lage sind, einen Entschluss zu fassen.*

Hier kann Sie ein Partner dazu bringen, Ihre eigene Entscheidung zu treffen. Wenn Sie keinen Partner haben, liegt es an Ihnen zu entscheiden und zu handeln. Hüten Sie sich davor, lange untätig in dem Glauben zu verharren, das Problem werde sich in Luft auflösen. In einer Situation, die Ihrer Beziehung schaden könnte, versuchen Sie die Fische-Tendenz, die Lüge als einfachen Ausweg zu wählen, zu vermeiden! Lügen können kurzfristig funktionieren, bringen aber auf lange Sicht weit größere Probleme. Arbeiten Sie hart daran, Ihr Leben unkompliziert, aufrichtig und ehrlich zu gestalten. Diese Einstellung entspricht nicht Ihrem Instinkt, ist es aber wert, gepflegt zu werden.

## Karriere

Fische arbeiten am besten im Hintergrund – eher hinter als auf der Bühne –, und zwar in vielen Bereichen. Ironischerweise gibt es unter diesem Zeichen auch einige erstklassige Schauspieler, Komiker und Imitatoren. Wie auch bei anderen Sonnenzeichen, die nur mit äußerster Vorsicht ihre übermäßigen emotionalen Reserven enthüllen, erlaubt eine Maske den Fischen, ihre eigene Persönlichkeit zu verstecken und dabei die emotionalen Facetten anderer, vielleicht extrovertierterer Individuen zu erfahren.

*Da instinktive Fürsorge für andere einer der stärksten Vorzüge der Fische ist, haben Sie eine natürliche Begabung für soziale Berufe und sind hervorragende Krankenschwestern, Berater und Seelsorger.*

Es gibt eine traditionelle Verbindung zwischen dem Zeichen Fische und der frühchristlichen Kirche, deren Symbol der Fisch war und die den Dienst am Nächsten betonte. Viele Fische haben einen hervorragenden Sinn für Schönheit und Ästhetik und arbeiten in der Mode- und Textilbranche. Eine flexible Arbeitszeit ist für Sie am besten, und Ihr Job sollte verschiedene Aufgaben beinhalten. Sie sollten sich keine Beschäftigung suchen, bei der Sie sich eingesperrt fühlen. Denken Sie daran, dass Sie Führung brauchen – die Sie gerne annehmen –, wenn Sie einen neuen Job oder eine neue Aufgabe beginnen, und Sie werden unter der Leitung eines guten Mentors aufblühen. Als aufmerksamer Schüler können Sie selbst einen Autoritätsposten bekleiden und als Vorarbeiter, Abteilungsleiter oder Geschäftsführer glänzen.

FISCHE WERDEN MIT DEM CHRISTENTUM ASSOZIIERT.

*Vergessen Sie nicht, dass das Zeichen Fische von Dualität charakterisiert ist (wie auch Zwillinge und Steinbock). Viele Fische können zwei Jobs gleichzeitig haben. Wofür Sie sich auch entscheiden, Sie brauchen unbedingt eine Beschäftigung, die viel Abwechslung und verschiedene Aufgaben bietet. Sie sind erstaunlich vielseitig. Wenn Sie diese Vielseitigkeit positiv einsetzen, kann das für jeden Beruf ein großer Bonus sein.*

Achten Sie schließlich darauf, dass Sie sich Zeit und Raum nehmen, um Ihr kreatives Potenzial auszuschöpfen. Aufgrund Ihrer Neigung zu Unentschlossenheit und Untätigkeit könnten Ihre kreativen Talente allzu leicht unentdeckt bleiben.

## Gesundheit, Ernährung und Sport

Sie haben wahrscheinlich eine empfindliche Konstitution, die leicht von äußeren Einflüssen angegriffen werden kann. Ihr herrschender Planet, Neptun, wird dem Nervensystem zugeordnet, vor allem dem Thalamus, der Reize von und zu den Sinnesorganen überträgt. Daher reagieren Sie stark auf äußere Umstände. Es reicht manchmal schon, dass jemand sagt, Sie sähen blass aus. Schon haben Sie das Gefühl, Sie müssten zum Arzt. Kritik kann zu Kopf- oder Magenschmerzen führen.

Der Körperbereich des Fisches sind die Füße. Die meisten Fische haben gelegentlich Blasen, unförmige Zehen, entzündete Ballen und andere Fußbeschwerden. Sie tragen gerne gemütliche Schuhe und Sandalen – auch bei kalten Temperaturen. Sie mögen keine unbequemen Schuhmoden wie superhohe Absätze und spitze Stiefel. Und das ist gut so!

*Was Ihren allgemeinen Gesundheitszustand angeht, so können wir nicht genug betonen, wie schlecht Fische oft auf Medikamente reagieren. Beobachten Sie besonders Ihre Reaktion auf Antibiotika, und selbst auf harmlose Medikamente wie Aspirin.*

Man muss bemerken, dass viele Fische Medikamente so sehr hassen, dass sie sich weigern, sie einzunehmen. Das kann aber gefährlich sein. Wenn eine schwerere Krankheit vorliegt, sollten Sie mit Ihrem Arzt alle Behandlungsmöglichkeiten besprechen. Seien Sie vorsichtig, was Sie einnehmen, wenn Sie Ihren Stress bekämpfen wollen – und Sie sind sicher versucht, etwas dagegen einzunehmen, da Sie sensibel auf äußere Einflüsse reagieren und geneigt sind, sich zu viele Sorgen zu machen. Stress und Sorgen selbst zu kurieren, indem Sie irgendwelche Mittelchen nehmen, löst nicht den Ursprung des Problems und führt zu Gesundheitsschäden und Medikamentenmissbrauch. Dieses Zeichen steht im Zusammenhang mit Sucht. Fische sollten nicht rauchen und nicht zu viel trinken.

■ **Die Weide** *ist ein Fische-Baum.*

## Kind und Eltern

Sie sind begierig darauf, dass Ihre Kinder Erfolg haben, und Sie werden alles tun, um sie zu ermutigen. Hinter Ihren guten Absichten könnte jedoch ein verstecktes Motiv liegen: Sie wollen, dass Ihre Kinder in einem Bereich herausragend sind, in dem Sie nicht so erfolgreich waren. Nichts ist trauriger als die fehlgeleiteten Handlungen einer Amateurtänzerin, die ihre Tochter dazu zwingt, Profiballerina zu werden, oder eines gescheiterten Medizinstudenten, der seinen Sohn dazu treibt, Chirurg zu werden. Versuchen Sie, dieser Fische-Tendenz nicht nachzugeben. Lenken Sie hingegen alle Liebe und Ermutigung auf das, was Ihr Kind für sich als Weg gefunden hat.

*Erinnern Sie sich, dass Ihre Neigung, keine eigenen Entscheidungen zu treffen, Ihr Kind in den Wahnsinn treiben kann, während Ihr Mangel an Stärke leicht als Mangel an Rückgrat oder Moral aufgefasst werden kann. Kinder brauchen ein Vorbild, und wenn Sie keines sind, könnte es vielleicht ein anderer werden. Und das wäre schade, oder?*

Ihr Fische-Kind will Ihnen gefallen, und das bringt es vielleicht dazu, zu schnell mit allem einverstanden zu sein, was Sie sagen, anstatt eine individuelle und unabhängige Persönlichkeit zu entwickeln. Das Gefühl, zustimmen zu müssen, ermutigt Ihr Kind vielleicht auch zum Lügen, damit Sie sich nicht ärgern. Wenn Sie selber Fische sind, haben Sie vielleicht eine gewisse Sympathie für dieses Verhalten und lassen es durchgehen. Doch das wäre der falsche Weg, also korrigieren Sie es freundlich, aber bestimmt. Die Motive sind richtig, auch wenn es die Mittel nicht sind.

Sie haben einen ausgeprägten Sinn für Schönheit – in Natur und Kunst – und Sie sollten alles tun, um diese Sensibilität auch Ihren Fische-Kindern zu vermitteln. Wenn Ihr Kind etwas Kreatives macht, ermutigen Sie es dazu. Für Fische ist es lebenswichtig, ihr kreatives Potenzial auszudrücken und nicht zu unterdrücken.

*Seien Sie sich auch bewusst, dass diese Kinder in der Schule oft etwas langsam scheinen. Fische-Kinder finden es manchmal schwer, sich auf das wirkliche Leben zu konzentrieren, und ziehen es vor, in ihrer Traumwelt zu versinken. Überzeugen Sie das Kind, dass es zumindest immer ein Bein in der Wirklichkeit behält, denn in dieser muss es leben, lieben und arbeiten.*

## Freizeit und Ruhestand

Ruhestand und Freizeit bieten Fischen die Gelegenheit, ihre kreativen und künstlerischen Interessen auszuleben, die sie in ihre Arbeit nicht einbringen können.

*Achten Sie auf Ihre Neigung, ein Projekt nicht anzufangen, weil Sie glauben, Sie haben nicht die Zeit dafür. In der Sprache der Fische heißt das oft, dass Sie sich für nicht talentiert genug halten.*

Nehmen Sie sich die Zeit, und das Talent wird folgen. Eine kreative, künstlerische Betätigung, der Sie sich ganz widmen können, wird Ihr Leben erstaunlich weit öffnen.

Es wäre gut für Sie, einen Tanz- oder Bewegungskurs zu machen. Yoga ist zum Beispiel vielversprechend, genau wie jede Disziplin, die Ihnen hilft, innere Stärke aufzubauen und ihre Persönlichkeitsmitte zu finden. Kunsthandwerk ist eine hervorragende Freizeitbeschäftigung, da Sie einen starken künstlerischen Drang haben, der ausgelebt werden muss. Fische sind üblicherweise große Leseratten, und als Poeten des Tierkreises gibt es keinen Grund, warum Sie nicht auch Verse schreiben sollten, anstatt sie nur zu lesen.

Es bereitet Ihnen tiefe Befriedigung, für karitative Zwecke oder Gerechtigkeit zu arbeiten. Es ist sicher eine Lebensaufgabe für Sie, den Planeten zu retten. Die Arbeit hinter den Kulissen liegt Ihnen wahrscheinlich eher. Ihre Tendenz, sich von Ihren Gefühlen wegtragen zu lassen, macht es Ihnen oft schwer, andere zu überzeugen.

## Kurze Zusammenfassung

✓ Krebs, Skorpion und Fische werden unter dem Begriff Wasserzeichen zusammengefasst. Menschen unter dem Einfluss dieser Zeichen sind mitfühlend, liebevoll, sinnlich und fantasievoll. Sie gehören zu den größten Freunden, Eltern, Liebhabern, Künstlern, Forschern und Träumern dieser Welt.

✓ Krebse sind liebevoll, fürsorglich, fantasievoll und beschützend. Sie sind die geborenen Eltern und Pfleger und haben eine tiefe Liebe für das Vergangene und die Tradition. Sie gedeihen an Heim und Herd, sind aber auch gut als Geschäftsleute, Lehrer und in sozialen Berufen. Sie können überfürsorglich, launisch und klammernd sein.

✓ Skorpione sind intuitiv, scharfsinnig, leidenschaftlich und magnetisch. Sie sind die berüchtigten Liebhaber des Tierkreises, mit einer mysteriösen Sinnlichkeit. Sie sind oft auch in der »geradlinigen« Geschäftswelt sehr erfolgreich. Der schlechteste Zug des Skorpions ist seine Eifersucht – im Schlafzimmer, im Wohnzimmer, im Fitnessstudio.

✓ Fische sind sensibel, künstlerisch, mitfühlend und leben in ihrer eigenen Welt. Sie sind die Poeten des Tierkreises und wenden ihre beachtlichen kreativen Begabungen in den verschiedensten Situationen und Berufen an. Fische sind von Natur aus fürsorglich und glänzen oft in Medizin, Psychiatrie und Seelsorge. Zu ihnen gehören auch die größten Schauspieler der Welt. Die dunkle Seite dieses dualen Zeichens ist die Neigung zu Weltflucht, Übersensibilität und Falschheit.

# Teil Drei



DAS ERSTELLEN EINES HOROSKOPS IST LEICHT.

# Einfache Horoskope

Dieser Teil ist nicht halb so schwierig wie Sie denken (möglicherweise werden Sie es kompliziert finden, den Mond an der richtigen Stelle in Ihrem Horoskop einzutragen … lassen Sie sich nicht entmutigen!).

Das Erstellen eines *Horoskops* ist in der Tat kein Kunststück. Es ist die anspruchsvollste, aber auch kurzweiligste Herausforderung, der Sie sich in diesem Buch stellen müssen. Alles, was Sie dazu brauchen, ist das Datum, die Uhrzeit und den Ort einer Geburt.

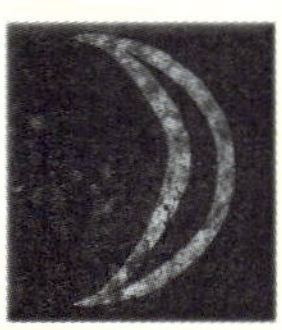

Im Folgenden wird Ihnen die genaue Vorgehensweise in einfachen Schritten erklärt, wobei Sie mit zahlreichen Beispielen und jeder Menge Tipps versorgt werden. Die Tabellen hinten im Buch, die Ihnen beim Erstellen Ihres Geburtsbildes behilflich sein werden, sind leicht zu verstehen. Am Ende werden Sie sich erleichtert zurücklehnen und wieder einmal bestätigt finden, dass nichts so heiß gegessen wird wie gekocht.

SHARP
Scientific calculator EL-553
10 DIGIT
2ndF CNST DRG FSE OFF ON/C
hyp sin cos tan G.C.M. CE
STAT
TAB
EXP
S.CALC
CD
RM
DATA
M+
RND
QUOT/REM

Kapitel 12

# Kleines Einmaleins der Horoskop-Erstellung

An dieser Stelle erfahren Sie Schritt für Schritt, wie Sie ein Horoskop erstellen. Es ist weitgehend unkompliziert – versprochen!

*Inhalt dieses Kapitels:*

- ✓ Was ist ein Horoskop?
- ✓ Max Musters Geburtsbild
- ✓ Zeichnen Ihres Geburtsbildes
- ✓ Eintragen der Tierkreiszeichen
- ✓ Suchen & Eintragen der Himmelsmitte
- ✓ Suchen & Eintragen der Sonne
- ✓ Suchen & Eintragen des Mondes
- ✓ Suchen & Eintragen anderer Planeten
- ✓ Einfügen der Extras

# Was ist ein Horoskop?

NATÜRLICH IST *es bequemer, sich sein Horoskop durch Softwareprogramme und Websites zeichnen zu lassen (wenn man bereit ist, einen kleinen Betrag zu zahlen), als sich selber an die Arbeit zu machen. Diese Alternative ist zwar verlockend, aber auch anonymer und lässt Intuition, Einfühlung und Menschenkenntnis vermissen.*

**DEFINITION**

*Ein* **Horoskop** *ist eine Himmelskarte, in der die Standorte von Sonne, Mond, den Planeten und Tierkreiszeichen zum Zeitpunkt und am Ort Ihrer Geburt verzeichnet sind.*

Um die Grundlagen der Astrologie und der Horoskopdeutung zu lernen, gibt es nichts Besseres als das Zeichnen von Geburtsbildern. Je mehr Geburtsbilder Sie erstellen und interpretieren, desto mehr Erfahrung und Kenntnis gewinnen Sie. Selbst die alten Füchse unter den Astrologen zeichnen Geburtsbilder nach wie vor per Hand, weil auch sie noch immer dazulernen können.

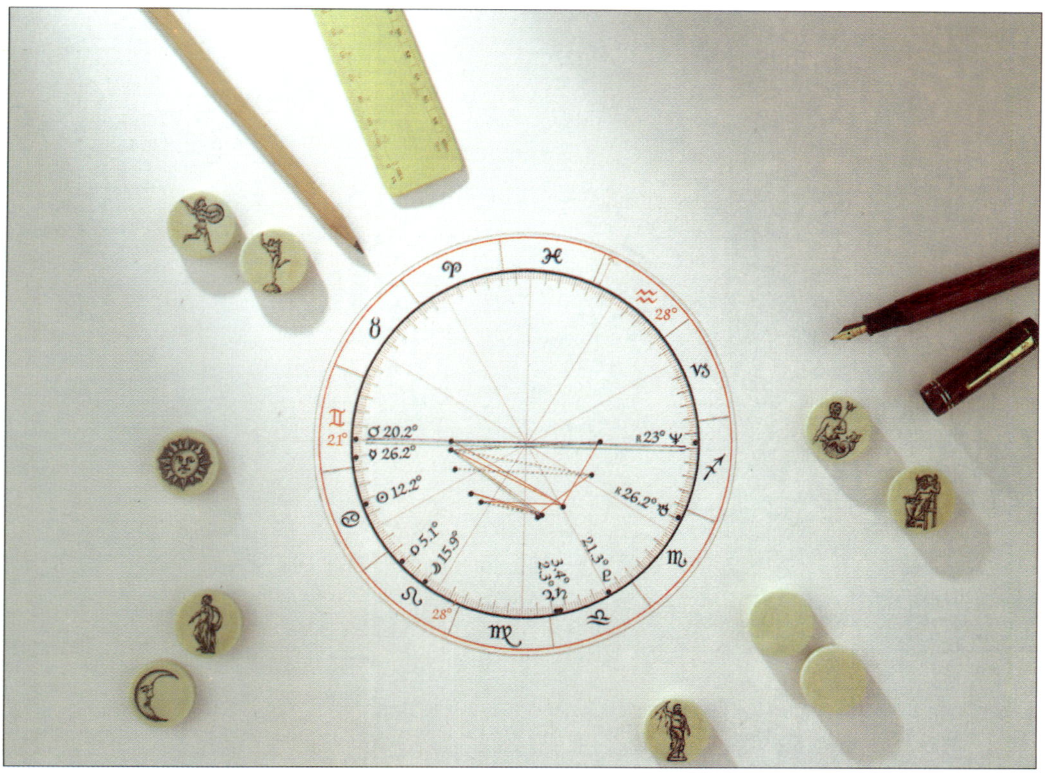


■ **Durch das Erstellen Ihres eigenen Geburtsbildes** *lernen Sie die Grundlagen der Astrologie am besten kennen.*

**Übrigens …**

*Das Wort »Horoskop«, das die gleiche Bedeutung hat wie der Begriff »Geburtsbild«, entstammt dem griechischen »horoskopos« und bedeutet »Betrachtung eines bestimmten Zeitabschnitts«.*

Damit schon Ihr erstes Horoskop so genau wie möglich ausfällt, finden Sie in diesem Abschnitt ein vollständiges Beispiel eines Herrn mit Namen Max Muster, an dem Sie sich orientieren können. Falls Sie beim Zeichnen Ihres eigenen Geburtsbildes nicht weiter- und mit den Tabellen hinten im Buch nicht zurechtkommen, brauchen Sie nur einen Blick auf sein Horoskop zu werfen. Dort finden Sie entsprechende Beispiele zu allen Schritten der Horoskoperstellung – und natürlich auch die richtigen Antworten.

Bevor Sie sich aber an die Arbeit machen, lesen Sie zuerst diese kleine Geschichte, um in die richtige Stimmung zu kommen …

Stellen Sie sich vor, Ihre Mutter habe Sie nachts auf freiem Feld geboren. Sie befand sich dabei mehr oder weniger in der Horizontalen: Als Sie den ersten Schrei taten, hat Ihre Mutter geradewegs in den Himmel geblickt. Dort sah sie alle Planeten und Tierkreiszeichen, dargestellt durch ihre jeweiligen *Symbole*, und zwar an genau derselben Position, an der sie sich in den sechs 30-Grad-Segmenten in der oberen Tierkreishälfte Ihres Geburtsbildes befinden. Auf der rückwärtigen Seite ihrer Mutter, dort, wo sie nichts sehen konnte, befanden sich die anderen sechs 30-Grad-Segmente des Tierkreises. Diese stehen in Ihrem Geburtsbild in der unteren Tierkreishälfte.

■ **Stellen Sie sich den Nachthimmel** *mit der Unterteilung in zwölf Segmente vor.*

Im Osten, also rechts von Ihrer Mutter, befand sich der Aszendent, jener Punkt im Tierkreis, der zum Zeitpunkt Ihrer Geburt über dem Horizont aufstieg, und links, im Westen, der Deszendent, jener Punkt im Tierkreis, der zum Zeitpunkt Ihrer Geburt hinter dem Horizont verschwand. Genau über Ihrer Mutter befand sich die Himmelsmitte (traditionell Medium Coeli genannt); sie liegt ganz oben im Bild. Direkt unterhalb Ihrer Mutter, an einem Punkt auf der anderen Seite des Tierkreises, war der Imum Coeli (der »niedrigste Punkt des Himmels«).

Beim Zeichnen Ihres Geburtsbildes fügen Sie nun den unteren und den oberen Teil des Nachthimmels, der sich bei Ihrer Geburt gezeigt hat, zusammen, d. h. den Teil, den Ihre Mutter sehen konnte und den, den sie nicht sehen konnte. Sie haben – im Unterschied zu Ihrer Mutter damals – jetzt den vollständigen Blick, auch auf das, was sich an den verschiedenen Punkten des Tierkreises abgespielt hat, als Sie Ihren ersten Schrei getan haben. Das finden Sie toll? Ist es auch.

**DEFINITION**

*Zur Erinnerung: Die Zeichen, die von Astrologen zur Darstellung der Planeten, Tierkreiszeichen und Aspekte verwendet werden, werden* **Symbole** *genannt. ☉ ist z. B. das Symbol der Sonne, ♉ entspricht dem Tierkreiszeichen Stier und ☌ steht für den Konjunktionsaspekt von Planeten.*

# Max Musters Geburtsbild

*UM EINEN ERSTEN EINDRUCK ZU BEKOMMEN, wie ein Geburtsbild überhaupt aussieht, schauen Sie sich erst einmal ausgiebig Max Musters Horoskop an. Wenn Sie später Stück für Stück Ihr eigenes Horoskop erstellen, hilft Ihnen ein Blick auf die entsprechenden Teile von Max Musters sicher weiter.*

Max Musters Geburtsbild ist von einem Kreis umgeben, der in zwölf Segmente unterteilt ist. In jedem Segment befindet sich eines der Symbole der zwölf Tierkreiszeichen. Diese sind entgegen dem Uhrzeigersinn im Kreis angeordnet und decken sich mit keinem der nummerierten Keile im Kreis. Diese Keile stellen die Häuser des Geburtsbildes dar.

Die Segmente im Außenkreis stellen die mit der Persönlichkeit des Menschen verbundenen Sternzeichen dar. Die inneren Segmente entsprechen verschiedenen Bereichen des Lebens. Sie werden gegen den Uhrzeigersinn nummeriert, wobei bei einem Segment genau unterhalb des Horizonts begonnen wird. Dieses Segment wird das erste Haus genannt.

Im Innern des Tierkreises werden Segmente von jeweils zehn Grad markiert, und zwar in jedem 30-Grad-Haus. Die Lage der Planeten wird im inneren Kreis durch Punkte gekennzeichnet. Jeder Punkt wird mit dem Symbol des entsprechenden Planeten versehen.

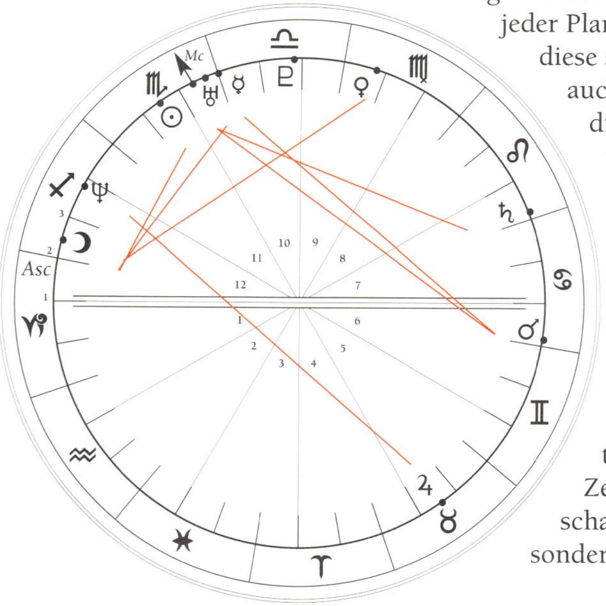


MAX MUSTERS GEBURTSBILD

Aufgrund der Aufteilung des Diagramms befindet sich jeder Planet sowohl in einem der äußeren Segmente – diese stellen den Kreis der Sternzeichen dar – als auch in einem der inneren Segmente des Bildes, die den Häusern entsprechen. Bei der Auswertung des Horoskops müssen Sie daher zuerst schauen, wo sich die Planeten befinden. Beginnen Sie bei der Sonne.

In Max Musters Horoskop beispielsweise befindet sich die Sonne im Zeichen des Skorpions und im zehnten Haus. Wenn Sie nun mit der Auswertung beginnen, nehmen Sie sich als Erstes die Eigenschaften vor, die Max aufgrund der Sonne im Zeichen des Skorpions besitzt. Anschließend schauen Sie, wie sich diese Eigenschaften insbesondere im zehnten Haus darstellen.

Gehen Sie bei der Lage aller anderen Planeten in einem Tierkreiszeichen und/oder Haus genauso vor.

Abgesehen von den Tierkreiszeichen und Häusern müssen Sie auch die Aspekte der Planeten zueinander betrachten (die Aspekte werden in Kapitel 6 ausführlich behandelt und später in diesem Kapitel noch einmal aufgegriffen).

Genug mit Max Musters Geburtsbild! Nun ist es Zeit, dass Sie Ihr eigenes zeichnen.

# Zeichnen Ihres Geburtsbildes

*Das abgebildete Schema können Sie abzeichnen, abpausen oder kopieren.*

## Nummerieren der Häuser

Nummerieren Sie die Häuser von eins bis zwölf gegen den Uhrzeigersinn, wobei Sie beim ersten 30-Grad-Segment unterhalb der durch eine doppelte Linie gekennzeichneten Horizontalen beginnen.

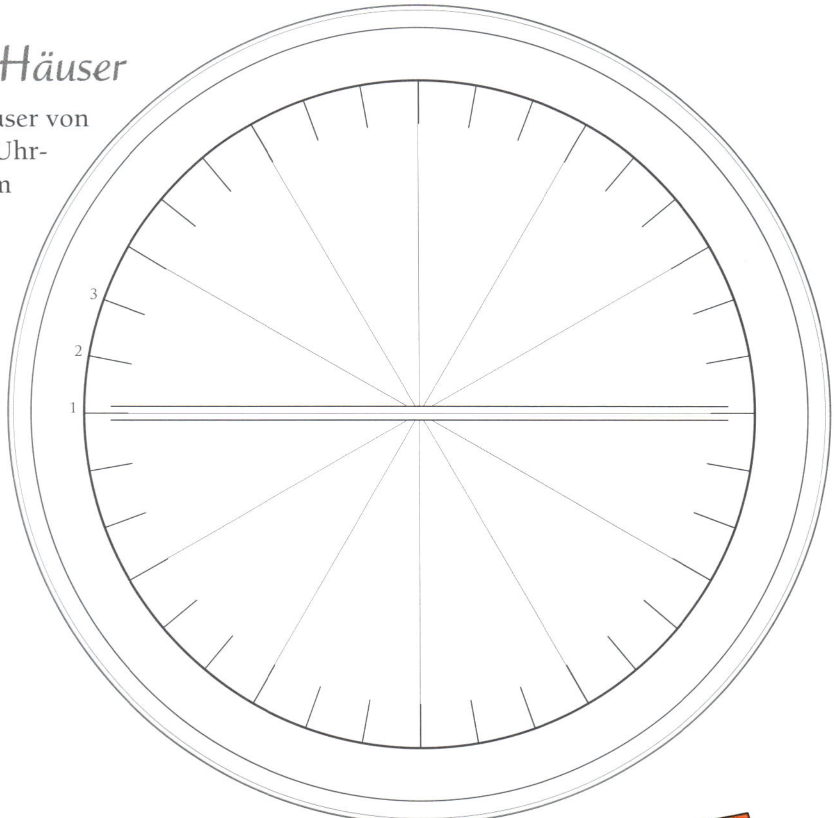


## Ihr Aszendent

Suchen Sie Ihren Aszendenten in den Tabellen auf den Seiten 402–417 heraus.

**INTERNET**

**www.astro.com.atlas**

*Diese Website enthält alle Informationen, die Sie in einem guten Atlas finden.*

*Für diesen Schritt benötigen Sie einen Atlas. Wenn Sie über einen Internetzugang verfügen, können Sie auch die links genannte Website benutzen. Atlanten sind außerdem auf CD-ROM erhältlich.*

Suchen Sie im Atlas zuerst den Breitengrad (die Ost-Westlinie) Ihres Geburtsortes. Wenn Sie ihn nicht finden, wählen Sie den Breitengrad der nächstliegenden größeren Stadt. Suchen Sie nun in den Tabellen auf den Seiten 402–417 die Breitengradlinie heraus, die dem Breitengrad Ihres Geburtsortes am nächsten ist. Sodann suchen Sie in der Datumsspalte Ihr Geburtsdatum und in der Zeitspalte Ihre Geburtsuhrzeit heraus (falls Ihnen Ihre Geburtszeit nicht bekannt ist, wählen Sie 12 Uhr mittags Ihres Geburtstags).

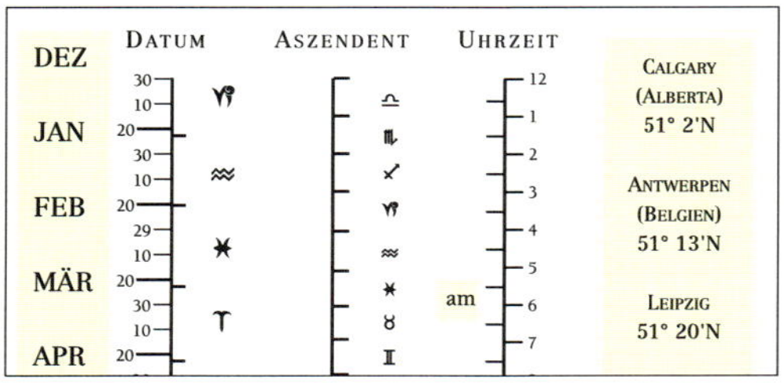


■ **Verbinden Sie** *Ihr Geburtsdatum und Ihre Geburtszeit mit einer Linie.*

Nehmen Sie nun Bleistift und Lineal zur Hand und verbinden Sie die beiden Punkte mit einer Linie. Diese Linie zieht sich durch die Spalte mit den Aszendenten. An dem Punkt, an dem die Linie die Spalte schneidet, befindet sich Ihr Aszendent. Sie können ihn am entsprechenden Symbol rechts der Spalte erkennen.

*Wurden Sie im Frühling, Sommer oder Herbst geboren, müssen Sie bei Ihrer Geburtszeit eventuell die Sommer- oder Winterzeit berücksichtigen. Informationen dazu finden Sie in der Bibliothek oder auf der zuvor genannten Website.*

Im Horoskopschema befindet sich links an der Horizontalen ein Segment mit der Zahl 12. Dieses Segment ist in drei Abschnitte unterteilt, die die Zahlen 1, 2 und 3 enthalten. Betrachten Sie in Ihrer Tabelle nun nochmals die Spalte mit den Aszendenten. Schneidet die gezogene Linie die Spalte im oberen Drittel, tragen Sie Ihr aufsteigendes Zeichen in Abschnitt 1 ein; schneidet sie die Spalte im mittleren Drittel, tragen Sie es in Abschnitt 2 ein, und wenn sie sie im unteren Drittel schneidet, tragen Sie es in Abschnitt 3 ein. Ihr aufsteigendes Zeichen befindet sich nun an der richtigen Stelle. Um dies deutlich zu machen, schreiben Sie an diese Stelle »ASC« als Abkürzung für aufsteigendes Zeichen.

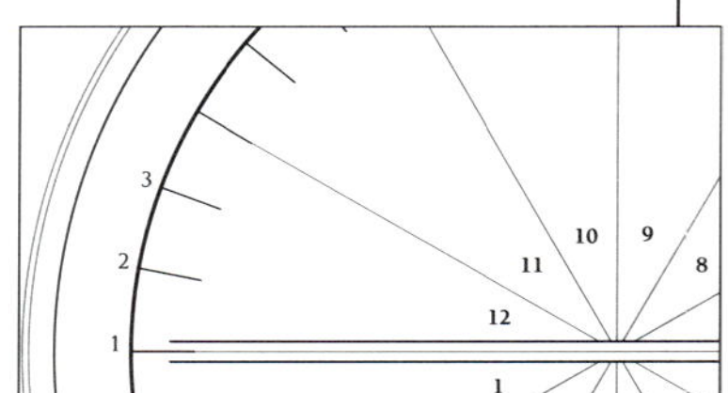


■ **Unterteilen Sie** *Segment 12 in drei gleich große Abschnitte.*

Ebenso verfahren Sie mit allen Planeten und tragen deren Positionen in Ihr Geburtsbild ein.

## Beispiel

Blättern Sie noch einmal zurück zu Max Musters Geburtsbild. Max wurde in New York am 40.–43. nördlichen Breitengrad geboren. Der nächste Breitengrad befindet sich bei

Salt Lake City bei 40–45 Grad nördlich. Max wurde am 6. November geboren, seine Geburtszeit war 11.19 Uhr. Werden diese Punkte nun durch eine Linie verbunden, schneidet diese die Spalte mit den Aszendenten im oberen Drittel beim Tierkreiszeichen Steinbock. Dieses Zeichen wird nun im Geburtsbild in Abschnitt 1 eingetragen.

MAX MUSTERS ASZENDENT IST DER STEINBOCK.

# Eintragen der Tierkreiszeichen

BETRACHTEN SIE IHR GEBURTSBILD. *In Segment 12 befindet sich nun das Symbol Ihres aufsteigenden Zeichens in Abschnitt 1, 2 oder 3. Zeichnen Sie auf dem Innenkreis an der Stelle, wo das aufsteigende Zeichen beginnt, einen Punkt ein und ziehen Sie ausgehend von diesem Punkt eine Linie zum Außenkreis.*

## Beispiel

Der Aszendent in Max Musters Diagramm ist der Steinbock, in Abschnitt 1.

Beginnend bei der soeben gezogenen Begrenzungslinie für das aufsteigende Zeichen teilen Sie den Außenkreis (oder Ring) nun in zwölf gleich große Segmente ein.

Messen Sie gegen den Uhrzeigersinn drei Abschnitte im Außenkreis aus und ziehen Sie eine Linie vom oberen Rand des Außenkreises in den Innenkreis. Gehen Sie bei den nächsten drei Abschnitten ebenso vor. Ziehen Sie weiterhin nach jeweils drei Abschnitten eine Linie in den Innenkreis, bis der Außenkreis in zwölf gleich große Segmente unterteilt ist. Ihr Geburtsdiagramm sollte nun ungefähr so aussehen:

Das erste der zwölf Segmente im Außenkreis wird mit dem Symbol Ihres aufsteigenden Zeichens versehen. Tragen Sie alle übrigen Tierkreiszeichen mit ihren Symbolen in die Segmente 2 bis 12 ein – auch dies geschieht gegen den Uhrzeigersinn. Achten Sie darauf, ihre traditionelle Reihenfolge einzuhalten, beginnen Sie nach dem aufsteigenden Zeichen.

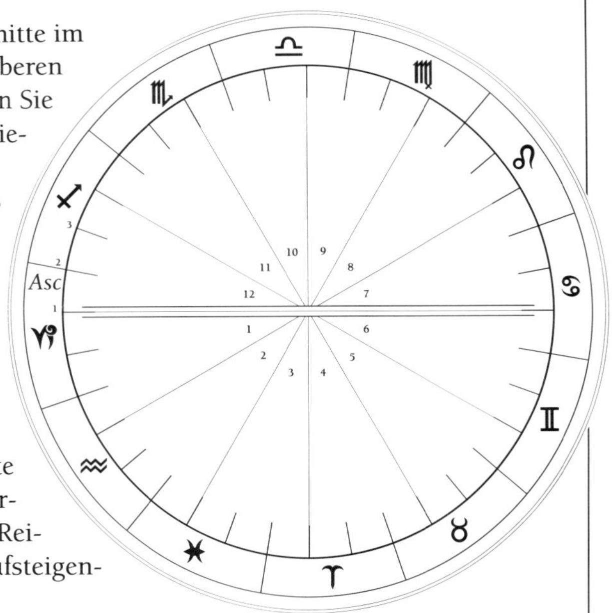


■ **Markieren Sie die** *zwölf Segmente des Geburtsbildes gegen den Uhrzeigersinn.*

Die Tierkreiszeichen mit ihren dazugehörigen Symbolen finden Sie auf der gegenüberliegenden Seite. Die Planeten sind in ihrer traditionellen Reihenfolge aufgeführt.

*Wenn Ihr Aszendent z. B. Krebs ist, wird der Krebs in das erste Segment im Außenkreis eingetragen. Gemäß der traditionellen Planetenreihenfolge kommt nach dem Krebs der Löwe, der in das zweite Segment eingetragen wird. Auf den Löwen folgt die Jungfrau; sie wird in das vierte Segment eingetragen. Versehen Sie die restlichen Segmente auf dieselbe Weise mit den entsprechenden Tierkreiszeichen. Nachdem Sie die Fische, das letzte der zwölf Tierkreiszeichen, eingetragen haben, beginnen Sie wieder mit dem ersten Tierkreiszeichen, dem Widder, und fahren mit dem Stier und allen folgenden Zeichen fort, bis alle zwölf Segmente ausgefüllt sind.*

## Beispiel

In Max Musters Geburtsbild wird der Steinbock als aufsteigendes Zeichen in das erste Segment eingetragen. Darauf folgt der Wassermann im zweiten Segment, die Fische im dritten usw.

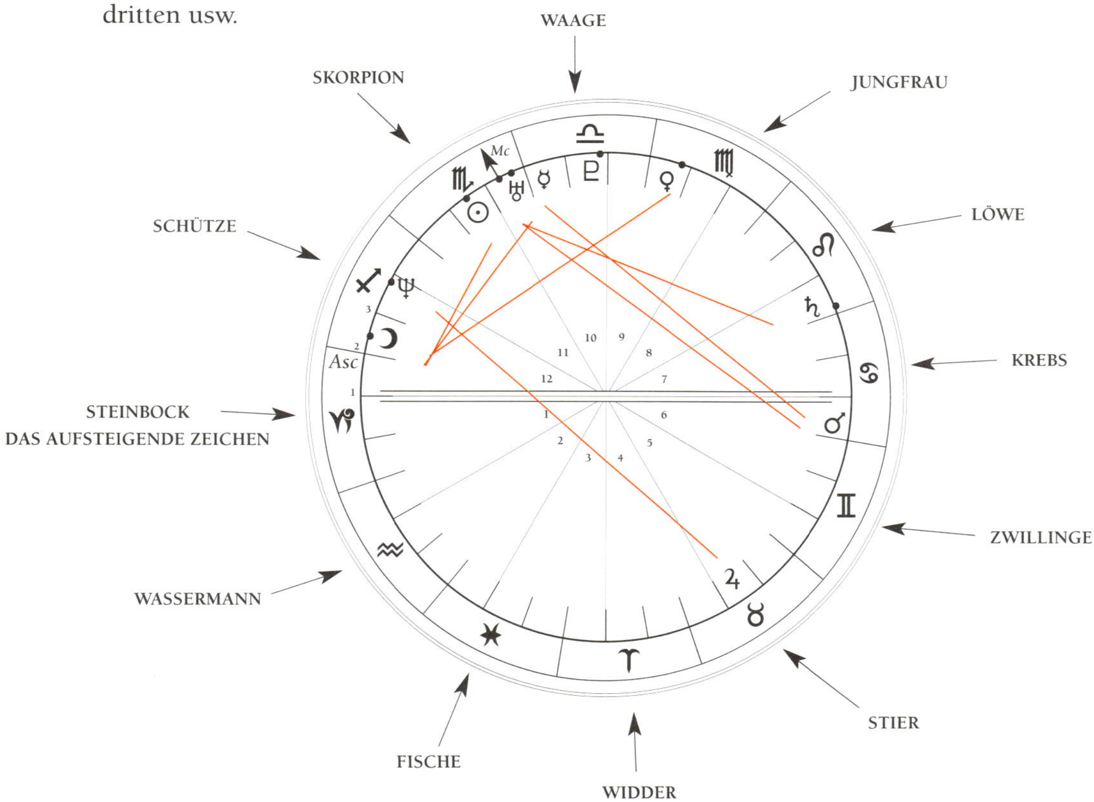


MAX MUSTERS GEBURTSBILD
MIT DEN PLANETEN IN IHRER TRADITIONELLEN REIHENFOLGE.

# Tierkreiszeichen und Planeten

Zur Erinnerung finden Sie hier alle Tierkreiszeichen und Planeten mit ihren entsprechenden Symbolen.

**SYMBOLE DER TIERKREISZEICHEN** / **SYMBOLE DER PLANETEN**

| ZEICHEN | SYMBOL | PLANET | SYMBOL |
|---|---|---|---|
| Widder | ♈ | Sonne | ☉ |
| Stier | ♉ | Mond | ☽ |
| Zwillinge | ♊ | Merkur | ☿ |
| Krebs | ♋ | Venus | ♀ |
| Löwe | ♌ | Mars | ♂ |
| Jungfrau | ♍ | Jupiter | ♃ |
| Waage | ♎ | Saturn | ♄ |
| Skorpion | ♏ | Uranus | ♅ |
| Schütze | ♐ | Neptun | ♆ |
| Steinbock | ♑ | Pluto | ♇ |
| Wassermann | ♒ | | |
| Fische | ♓ | | |

# Suchen & Eintragen der Himmelsmitte

ZUR SUCHE *der Himmelsmitte benötigen Sie die Tabellen auf den Seiten 402–417 und einen Atlas oder Sie befragen die Website www.astro.com.atlas.*

Ihre Himmelsmitte finden Sie genauso, wie Sie Ihren Aszendenten gefunden haben. Diesmal benötigen Sie den Längengrad (Nord-Südlinie) Ihres Geburtsortes bzw. der nächstgrößeren Stadt.

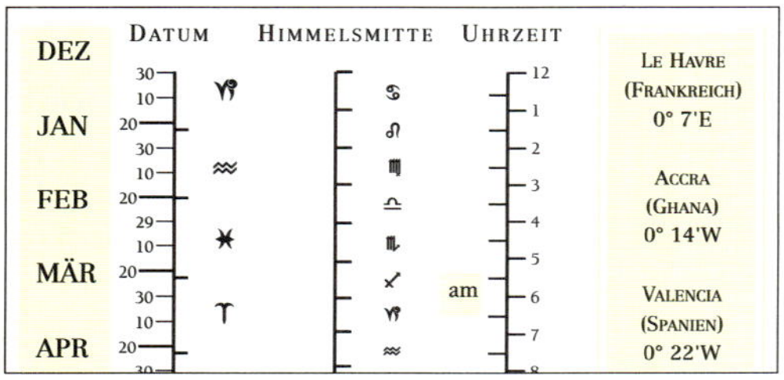


■ **Verbinden Sie Ihr** *Geburtsdatum und Ihre Geburtszeit.*

Suchen Sie in der Datumsspalte Ihren Geburtstag und unter der Zeitspalte Ihre Geburtszeit heraus (falls Ihnen Ihre Geburtszeit nicht bekannt ist, wählen Sie 12 Uhr mittags Ihres Geburtstags). Verbinden Sie diese beiden Punkte nun mit einer Linie. An dem Punkt, an dem die Linie die Spalte schneidet, befindet sich Ihre Himmelsmitte; sie ist durch das entsprechende Symbol gekennzeichnet. Auch hier schneidet die Linie die Spalte im oberen, mittleren oder unteren Drittel.

Betrachen Sie nun den Außenkreis Ihres Geburtsbildes (dort, wo Sie die Tierkreiszeichen eingetragen haben) und suchen Sie das Zeichen, das Ihrer Himmelsmitte entspricht. Kennzeichnen Sie sie durch einen Punkt im ersten, zweiten oder dritten Abschnitt des Tierkreiszeichensegments und beschriften Sie diesen Punkt mit »MC«, der astrologischen Abkürzung für Medium Coeli (dem traditionellen Namen der Himmelsmitte). Um die Position der Himmelsmitte zu verdeutlichen, können Sie sie mit einem über den Außenkreis herausragenden Pfeil versehen.

## Beispiel

Max wurde in New York auf 74° 00' westlicher Länge geboren. Die nächste Längengradlinie in der Tabelle befindet sich bei Jersey City bei 74° 02' westlicher Länge. Max wurde am 6. November geboren, Geburtszeit war 11.19 Uhr. Verbindet man diese Punkte nun durch eine Linie, schneidet diese die Spalte mit der Himmelsmitte im oberen Drittel des Skorpions. Im Geburtsdiagramm wird Max Musters Himmelsmitte nun im Skorpion in Abschnitt 1 eingetragen.

■ **Kennzeichnen Sie** *den MC durch einen Pfeil.*

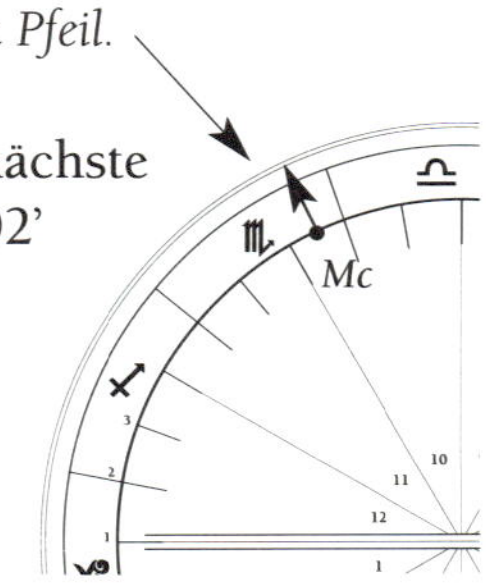

# Suchen & Eintragen der Sonne

*IST IHNEN IHR SONNENZEICHEN bereits bekannt? Wenn Sie an einem Tag geboren wurden, an dem die Sonne in ein anderes Tierkreiszeichen trat, kennen Sie es vielleicht noch nicht. Mit Hilfe der Tabellen Seite 402–417 können Sie es herausfinden. Suchen Sie dazu in der oberen Spalte Ihr Geburtsjahr und in der linken Spalte Ihren Geburtsmonat.*

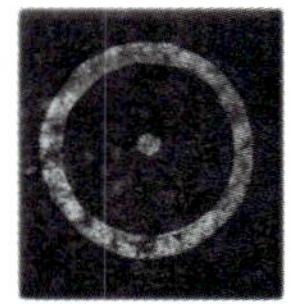

■ **Tragen Sie** *die Sonne mittels des Sonnensymbols in Ihr Geburtsbild ein.*

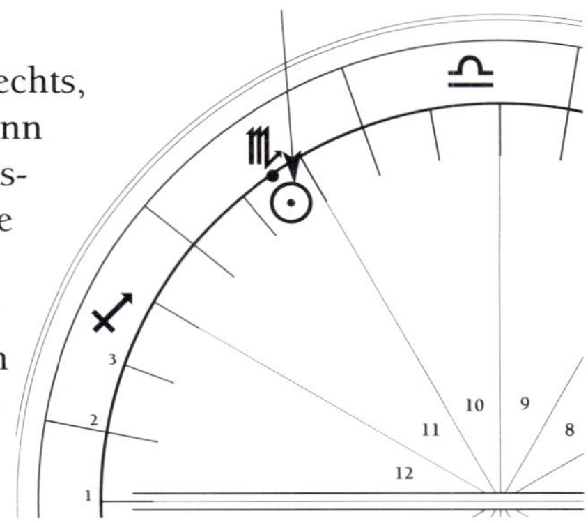


Lesen Sie von der Spalte Ihres Geburtsmonats nach rechts, bis Sie auf Ihr Geburtsjahr treffen. Hier sehen Sie, wann die Sonne in Ihr Sonnenzeichen trat. Fällt Ihr Geburtstag in die ersten zehn Tage dieses Zeichens, tragen Sie die Sonne mittels ihres Symbols in die Mitte des ersten Abschnitts Ihres Sonnenzeichens ein. Fällt Ihr Geburtstag in einen der beiden anderen Abschnitte in der Tabelle, tragen Sie die Sonne in den entsprechenden Abschnitt Ihres Sonnenzeichens ein. Gehen Sie hier gegen den Uhrzeigersinn vor.

■ **Kennzeichnen Sie** *die Lage Ihres Sonnenzeichens, wie unten in Max Musters Diagramm dargestellt. Hier fällt die Sonne in den zweiten Abschnitt des Skorpions.*

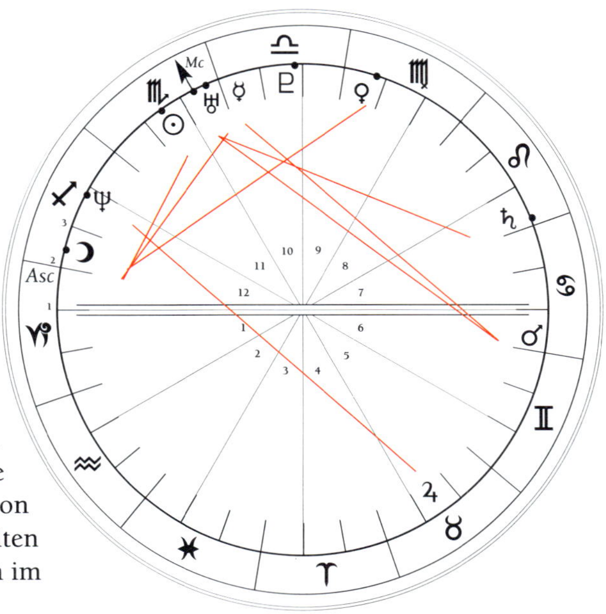


## Beispiel

Max Muster hat am 6. November 1975 Geburtstag. In der oberen Spalte der Sonnentabellen wird nun das Jahr 1975, in der linken Spalte der Monat November, also 11, gesucht. Wenn man nun vom Monat 11 zum Jahr 1975 liest, erfährt man, dass die Sonne am 25. Oktober in den Skorpion trat, so dass sie am 6. November 13 Tage lang im Skorpion stand. Das bedeutet, dass sie in den zweiten Abschnitt des Zeichens fällt, wo sie auch im Geburtsbild eingetragen wurde.

# Suchen & Eintragen des Mondes

SIND SIE BEREIT *für eine kleine Herausforderung? Diesen Teil, in dem es um die Berechnung der Mondstellung geht, werden Sie vielleicht als ein wenig schwierig empfinden. Da der Mond schnell in die Tierkreiszeichen ein- und wieder austritt, gestaltet sich die genaue Berechnung seiner Position etwas schwierig. Ihnen muss die Position des Mondes bis auf eine Abweichung von wenigen Graden bekannt sein, damit Sie seine Aspekte zu allen anderen Planeten im Diagramm berechnen können.*

*Wir benutzen ein System, das Ihnen die Berechnung leichter macht als andere Methoden. Nichtsdestotrotz bedarf es einiger Konzentration und Übung, da mehrere Anweisungen zu befolgen sind. Seien Sie beruhigt: Nach einigen Versuchen wird Ihnen diese Aufgabe relativ leicht von der Hand gehen. Wenn Sie erst einmal Ihren Mond an der richtigen Stelle eingetragen haben, haben Sie Ihr Geburtsdiagramm schon fast fertig gestellt!*

Nehmen Sie sich zuerst die Mondtabellen der Seiten 402–417 vor, in denen die Jahre 1920–2020 zu finden sind. Wenn Sie die Spalten horizontal lesen, werden Sie feststellen, dass Ihnen die Tabellen Aufschluss über den Monat, den Monatstag, die Tageszeit, das Tierkreiszeichen, in dem sich der Mond nach dem Zeichenwechsel befand, sowie über die Anzahl der Stunden, also die Dauer, die der Mond in jedem Zeichen verbracht hat, geben.

Suchen Sie in den Tabellen das Geburtsjahr heraus. Da der Mond nicht jeden Tag in ein anderes Zeichen tritt, müssen Sie das Datum vor Ihrem Geburtstag heraussuchen, denn da ist er in ein anderes Zeichen getreten. Natürlich kann dies auch an einem bestimmten Tag zu einem beliebigen Zeitpunkt innerhalb von 24 Stunden erfolgt sein. Am einfachsten lässt sich das am Beispiel von Max Musters Geburtsbild erklären. Wie Sie bereits wissen, wurde er am 6. November 1975 um 11.19 Uhr in New York City geboren.

Atmen Sie einige Male tief durch. Denn nun folgt eine annähernd exakte Berechnung der Mondposition an Max Musters Geburtstag.

## Schritt 1

Suchen Sie in der ersten Spalte der Mondtabellen das Jahr 1975 heraus.

## Schritt 2

Suchen Sie in der zweiten Spalte den Monat November heraus.

# Schritt 3

Betrachten Sie die dritte Spalte. Der Mond tritt am 2.;, 4., 7., 9. November usw. in ein anderes Tierkreiszeichen, jedoch nicht am 6. November, Max Musters Geburtstag. An diesem Tag befand er sich im Schützen.

# Schritt 4

Nun müssen Sie errechnen, wie lange sich der Mond bis zum nächstgelegenen Drittel im Schützen befunden hat. Errechnen Sie die Stunden zwischen dem Zeitpunkt, zu dem er am 4. November in dieses Zeichen getreten ist, und Max' Geburtszeit 11.19 Uhr. Zählen Sie also die Stunden von 21.00 Uhr am 4. November bis 11.00 Uhr am 6. November. Das Ergebnis ist 38 Stunden: drei Stunden von 21.00 Uhr bis 0.00 Uhr am 4. November, 24 Stunden am 5. November plus elf Stunden am 6. November. Wenn Sie nicht in einem Land geboren sind, für das die Greenwich-Zeit gilt, ist für Sie eine andere Zeitzone relevant. Im Fall von Max Muster befindet sich New York fünf Stunden hinter der GMT, daher müssen Sie fünf Stunden abziehen. Es ergibt sich: 38 – 5 = 33.

# Schritt 5

Zur Berechnung der Mond-Position im Schützen ziehen Sie die Mondtabelle 2 hinzu. Suchen Sie in der oberen Zeile die Anzahl der Stunden, die sich der Mond im Schützen befunden hat. Im Beispiel sind es 52 Stunden (die letzte Zahl in der Spalte neben dem Schützen). In der unter dieser Zahl befindlichen Spalte finden Sie die Anzahl der Stunden, die der Mond in jedem Drittel des Tierkreiszeichens verbringt. In diesem Fall befindet er sich im letzten Drittel des Schützen.

Und wie sieht das Ganze nun aus?

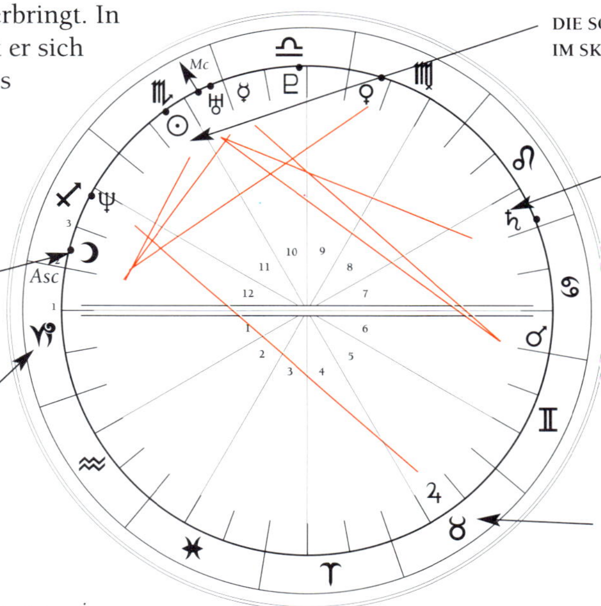


■ **Jetzt sollten Sie** *langsam ein Gefühl dafür bekommen haben, worum es geht …*

# Suchen & Eintragen anderer Planeten

## Merkur, Venus, Mars und Jupiter

Zum Suchen und Eintragen von Merkur, Venus, Mars und Jupiter in Ihr Horoskop ziehen Sie die Tabellen von Seite 402–417 hinzu, so wie Sie es bereits für die Sonne getan haben. Zu jedem Planeten gibt es eine Tabelle. Suchen Sie in der oberen Zeile jeder Tabelle Ihr Geburtsjahr und in der linken Spalte Ihren Geburtsmonat heraus. Wenn Sie der Spalte nach rechts bis unter Ihr Geburtsjahr folgen, sehen Sie, in welche Zeichen die entsprechenden Planeten an Ihrem Geburtstag eingetreten sind.

Sie sehen, dass die Linien zu den wechselnden Zeichen erst hell, dann dunkel und dann wieder hell dargestellt sind. Diese Schattierungen verdeutlichen, an welcher Stelle im Geburtsbild der Planet im Tierkreiszeichen – gegen den Uhrzeigersinn – eingetragen werden soll: Die hellste Schattierung bedeutet, dass er in das erste, die mittlere Schattierung, dass er in das zweite und die dunkelste Schattierung, dass er in das letzte Drittel des Zeichens einzutragen ist. Tragen Sie jeden Planeten – Merkur, Venus, Mars und Jupiter – in das entsprechende Zeichen und im richtigen Abschnitt (oberes, mittleres oder unteres Drittel) mit einem Punkt ein und markieren Sie sie mit den entsprechenden Symbolen.

**MERKUR**
*Max Muster wurde am 6. November 1975 geboren, als der Merkur von der Waage durch den Skorpion zum Schützen lief. Aufgrund der Beschränkungen, die durch die einfachen Tabellen und Methoden entstehen, kann nicht sicher bestimmt werden, ob sich der Merkur an Max Musters Geburtstag in der Waage oder dem Skorpion befunden hat. Hier wurde der Merkur an der Linie zwischen Waage und Skorpion eingetragen.*

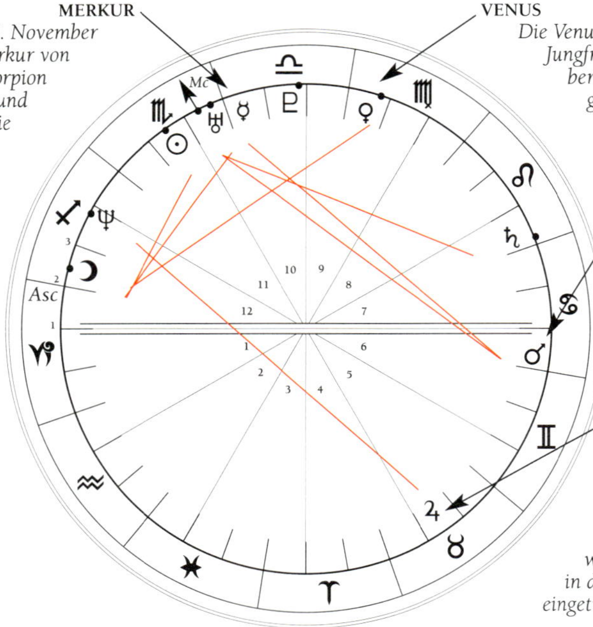


**VENUS**
*Die Venus begann ihren Weg in der Jungfrau und trat am 9. November in die Waage ein. Als Max geboren wurde, befand sich die Venus in den letzten Graden der Jungfrau.*

**MARS**
*Der Mars befand sich im ersten Abschnitt des Krebses und wird daher im Geburtsdiagramm in das obere Drittel des Krebses eingetragen.*

**JUPITER**
*Der Jupiter hielt sich während des gesamten November 1975 im Stier auf und befindet sich in einem leicht schattierten Quadrat, daher wird er im Geburtsdiagramm in das obere Drittel des Stiers eingetragen.*

■ **Tragen Sie nun**
*weitere Planeten ein …*

# Saturn, Uranus, Neptun und Pluto

Die Tabellen zur Bestimmung der Position von Saturn, Uranus, Neptun und Pluto sind kürzer, da sich diese Planeten viel langsamer bewegen. Die Tabellen enthalten lediglich die Datumsangaben, an denen die Planeten in andere Tierkreiszeichen eingetreten sind, da die Wahrscheinlichkeit, dass einer von ihnen dies genau an Ihrem Geburtstag getan hat, recht gering ist.

Zum Suchen und Eintragen von Saturn, Uranus, Neptun und Pluto in Ihr Diagramm ziehen Sie die Tabellen auf den Seiten 402–417 hinzu, so wie Sie es bereits für Merkur, Venus, Mars und Jupiter getan haben. Zu jedem Planeten gibt es eine Tabelle.

Suchen Sie in der oberen Zeile jeder Tabelle Ihr Geburtsjahr und in der Tabelle selbst Ihren Geburtstag bzw. das Datum heraus, das sich am nächsten vor Ihrem Geburtstag befindet. Auch hier zeigen die Schattierungen an, an welcher Stelle im Geburtshoroskop der Planet im Tierkreiszeichen gegen den Uhrzeigersinn eingetragen werden soll:
Die hellste Schattierung bedeutet, dass er in das erste, die mittlere Schattierung, dass er in das zweite, und die dunkelste Schattierung, dass er in das letzte Drittel des Zeichens einzutragen ist.

Tragen Sie jeden Planeten – Saturn, Uranus, Neptun und Pluto – in das entsprechende Tierkreiszeichen und im richtigen Abschnitt (oberes, mittleres oder unteres Drittel) mit einem Punkt ein und kennzeichnen Sie die Punkte mit den entsprechenden Symbolen.

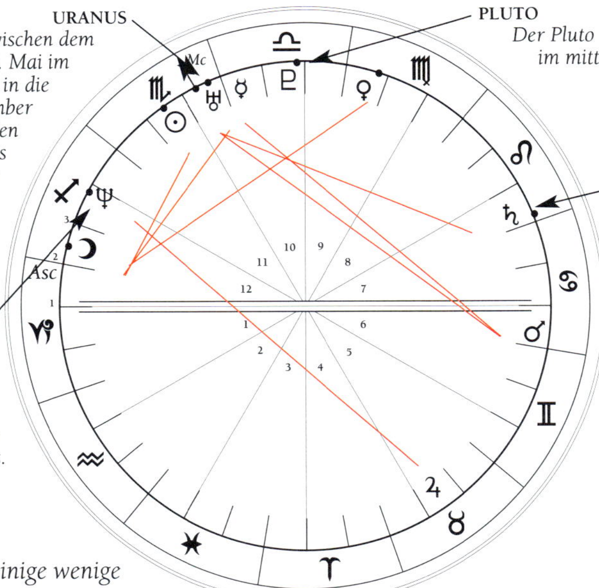


■ **Jetzt fehlen** *noch einige wenige Dinge, dann haben Sie es bald geschafft.*

## Fast geschafft ...

Ihr Geburtsbild ist nun fast vollständig. Die Tierkreiszeichen, der Aszendent, die Himmelsmitte und die Planeten befinden sich schon an ihrem Platz. Jetzt fehlen nur noch einige wenige Puzzleteile, und es ist vollbracht. Ehrenwort!

Wie genau ist die hier beschriebene Schnellmethode zur Bestimmung der Position der Planeten? Um dies herauszufinden, wurden die exakten Positionen mit Hilfe des Computers berechnet. Hier die Ergebnissse für Max Musters Geburtsbild:

**POSITIONSBESTIMMUNG**

| PER SCHNELLMETHODE | PER COMPUTER |
|---|---|
| ASC – Mitte des Steinbocks | 13° Steinbock |
| MC – Ende des ersten Abschnitts im Skorpion | 8° Skorpion |
| Sonne – zweiter Abschnitt im Skorpion | 13° Skorpion |
| Mond – Schütze | 25° Schütze |
| Merkur – Waage oder Skorpion | 0° Skorpion |
| Venus – dritter Abschnitt in der Jungfrau | 20° Jungfrau |
| Mars – erster Abschnitt im Krebs | 2° Krebs |
| Jupiter – zweiter Abschnitt im Stier | 16° Stier |
| Saturn – erster Abschnitt im Löwen | 2° Löwe |
| Uranus – erster Abschnitt im Skorpion | 3° Skorpion |
| Neptun – zweiter Abschnitt im Schützen | 0° Schütze |
| Pluto – zweiter Abschnitt in der Waage | 10° Waage |

Nicht schlecht, oder!?

# Einfügen der Extras

*IN KAPITEL 6 wurden alle traditionellen Faktoren im Zusammenhang mit den Tierkreiszeichen und die wichtigsten Aspekte, in denen die Planeten zueinander stehen, ausführlich behandelt. Sowohl die traditionellen Faktoren als auch die Aspekte sind häufig von wesentlicher Bedeutung im Geburtsbild.*

## Traditionelle Faktoren

Alle traditionellen Faktoren im Zusammenhang mit den Tierkreiszeichen in Ihrem Geburtsbild können Sie in Kapitel 6 sowie in den Sonnenzeichenlisten in Teil 2 nachlesen. Denken Sie daran, folgende Faktoren zu berücksichtigen:

✓ Dualität des Zeichens (Geschlecht): männlich oder weiblich

✓ Element des Zeichens: Erde, Luft, Wasser und Feuer

✓ Qualität des Zeichens: kardinal, fest oder beweglich

Schreiben Sie diese Details in das Geburtsbild. Notieren Sie sich den herrschenden Planeten (»Herrscher des Horoskops«). Ist Ihr Aszendent Krebs, ist der Mond der Herrscher, da dieser den Krebs beherrscht. Zeichnen Sie die Position des Herrschers sowohl im Zeichen als auch im Haus ein.

Notieren Sie sich etwaige aufsteigende Planeten und das Zeichen, das sich gegenüber dem Zeichen befindet, in dem die Sonne eingetragen wurde. Tragen Sie diese Details in das Geburtsbild ein.

DIE VIER ELEMENTE

Die Tabelle können Sie zum Eintragen der Details abpausen oder kopieren.

| PLANET | | ASPEKTE | | | | | | | | | |
|---|---|---|---|---|---|---|---|---|---|---|---|
| | | ☉ | ☽ | ☿ | ♀ | ♂ | ♃ | ♄ | ♅ | ♆ | ♇ |
| SONNE | ☉ | | | | | | | | | | |
| MOND | ☽ | | | | | | | | | | |
| MERKUR | ☿ | | | | | | | | | | |
| VENUS | ♀ | | | | | | | | | | |
| MARS | ♂ | | | | | | | | | | |
| JUPITER | ♃ | | | | | | | | | | |
| SATURN | ♄ | | | | | | | | | | |
| URANUS | ♅ | | | | | | | | | | |
| NEPTUN | ♆ | | | | | | | | | | |
| PLUTO | ♇ | | | | | | | | | | |
| ASZENDENT | ASC | | | | | | | | | | |
| HIMMELSMITTE | MC | | | | | | | | | | |

# Suchen der Aspekte

Die Erläuterung zu den Hauptaspekten zwischen den Planeten finden Sie in Kapitel 6. Dazu gehören Konjunktion, Opposition, Trigon, Quadrat und Sextil.

Konjunktion und Opposition sind sehr leicht zu erkennen. Eine Konjunktion besteht, wenn zwei Planeten (fast) denselben Grad oder dasselbe Segment im Geburtshoroskop besetzen. Man spricht von einer Opposition, wenn sich zwei Planeten im Geburtshoroskop (fast) genau gegenüberstehen.

Pausen Sie als Hilfe bei der Suche nach Trigon, Quadrat und Sextil die Formen auf Seite 99 in der abgebildeten Größe ab und übertragen Sie sie auf festes Papier oder Karton. Auf diese Weise erhalten Sie wiederverwendbare Schablonen.

Schreiben Sie den Namen eines jeden Aspekts auf die Schablonen. Sie werden feststellen, dass sie genau in den Innenkreis des Geburtsdiagramms passen. Durch wiederholtes Drehen der Schablonen, so dass eine Ecke nacheinander auf alle Planeten zeigt, können Sie auf einfache Art und Weise erkennen, ob die anderen Punkte der Schablone sich mit einem anderen Planeten decken oder sich nahe bei ihm befinden. Ist dies der Fall, liegt wahrscheinlich ein Aspekt vor.

## Einzeichnen der Aspektlinien

Die Linien im Innern des fertigen Geburtsbildes dienen als Erinnerung an die Aspekte. Im Allgemeinen werden die positiven Aspekte (Konjunktion, Trigon und Sextil) in Rot und die negativen Aspekte (Quadrat und Opposition) in Schwarz dargestellt. Möglicherweise finden Sie es anfangs schwierig, diese Linien zu ziehen, auch hier gilt: Übung macht den Meister.

POSITIVES SYMBOL

Betrachten Sie auf der gegenüberliegenden Seite das fertig gestellte Geburtsbild von Max Muster. Um nun die Linie einzuzeichnen, die beispielsweise den negativen Quadrataspekt zwischen Mond und Venus im Diagramm darstellt, zeichnen Sie gegenüber den Punkten, die für die Position der Planeten stehen, zwei neue Punkte ein, diesmal jedoch einen Zentimeter vom Innenrand des Kreises entfernt. Verbinden Sie sie anschließend durch eine schwarze Linie. Gehen Sie für den Mars und den MC genauso vor, verbinden Sie sie jedoch durch eine rote Linie, da es sich um ein positives Trigon handelt.

NEGATIVES SYMBOL

*Wenn Sie einen Zirkel haben, stellen Sie ihn so ein, dass sich die Bleistiftmine etwas mehr als einen Zentimeter innerhalb des Außenkreises bewegt, wenn die Spitze im Zentrum des Bildes steckt. Verwenden Sie ihn anschließend zum Einzeichnen der Punkte.*

## Aspekte und ihre Symbole

Ein Hinweis: Befinden sich alle betroffenen Planeten in einem schattierten Teil der Tabelle, besteht wahrscheinlich ein Aspekt zueinander. Notieren Sie etwaige planetäre Aspekte in der Aspekttabelle zum Horoskop. Beginnen Sie mit der Sonne. Tragen Sie rechts der diagonalen Linie in der Abbildung auf Seite 229 von der Sonne ausgehend das Symbol zu etwaigen Aspekten zwischen der Sonne und den anderen Planeten in das Kästchen unter den aspektierten Planeten ein.

*Wenn der Mars sich z. B. in Trigon zum MC verhält, zeichnen Sie in das Kästchen, in dem sich Mars und MC treffen, ein kleines Dreieck ein. Gehen Sie bei allen Planeten, dem Aszendenten und der Himmelsmitte ebenso vor.*

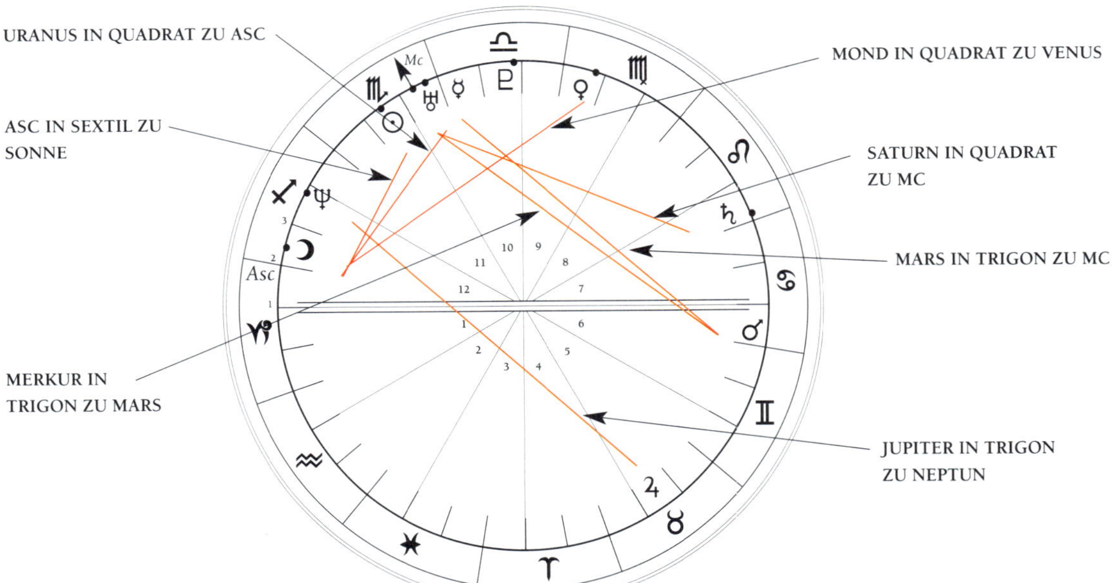


■ **Alle Aspekte** *in Max Musters Geburtsdiagramm.*

## Mit Aspekten ausgefüllte Tabelle

Die mit Aspekten und traditionellen Faktoren ausgefüllte Tabelle von Max Muster:

### Aspekttabelle

| Planet | | Aspekte | | | | | | | | | |
|---|---|---|---|---|---|---|---|---|---|---|---|
| | | ☉ | ☽ | ☿ | ♀ | ♂ | ♃ | ♄ | ♅ | ♆ | ♇ |
| Sonne | ☉ | | | | | | | | | | |
| Mond | ☽ | | | | □ | | | | | | |
| Merkur | ☿ | | | | | △ | | | | | |
| Venus | ♀ | | | | | | | | | | |
| Mars | ♂ | | | | | | | | | | |
| Jupiter | ♃ | | | | | | | | | △ | |
| Saturn | ♄ | | | | | | | | | | |
| Uranus | ♅ | | | | | | | | | | |
| Neptun | ♆ | | | | | | | | | | |
| Pluto | ♇ | | | | | | | | | | |
| Aszendent | Asc | ✳ | | | | | | | | | |
| Himmelsmitte | MC | | | | | △ | | □ | | | |

### Traditionelle Faktoren

Der Aszendent *befindet sich im Steinbock:*
*Erde, kardinal, weiblich*

Himmelsmitte, *Sonne, Merkur, Venus und Uranus befinden sich im Skorpion:*
*Wasser, fest, weiblich*

Mond *und* Neptun *befinden sich im Schützen:*
*Feuer, beweglich, männlich*

Mars *befindet sich im Krebs:*
*Wasser, kardinal, weiblich*

Jupiter *befindet sich im Stier: Erde, fest, weiblich*

Saturn *befindet sich im Löwen:*
*Feuer, fest, männlich*

Pluto *befindet sich in der Waage:*
*Luft, kardinal, männlich*

In Max Musters Geburtsbild gibt es sechs Wasserplaneten, zwei Erdplaneten, drei Feuerplaneten und einen Luftplaneten. Es enthält drei kardinale, sieben feste und zwei bewegliche Zeichen sowie acht weibliche und vier männliche Zeichen. Max' Aszendent ist der Steinbock und der den Steinbock beherrschende Planet ist der Saturn. Somit ist Saturn der Herrscher des Horoskops. Er befindet sich im siebten Haus, da der Saturn in Max' Geburtsbild in das siebte Haus fällt. Es steht kein Planet in Konjunktion zum Aszendenten, daher enthält das Horoskop keine aufsteigenden Planeten. Das Polarzeichen ist der Krebs.

Schreiben Sie diese Details und eine ähnliche Zusammenfassung wie die obige auf ein separates Blatt Papier. Vor Ihnen liegt nun ein vollständiges Geburtsbild, in das alle erforderlichen Details eingetragen bzw. eingezeichnet sind.

# Kurze Zusammenfassung

- ✓ Das Zeichnen Ihres eigenen Geburtsbildes ist ganz einfach.
- ✓ Betrachten Sie zuerst ein fertiges Geburtsbild, bevor Sie sich an Ihr eigenes wagen.
- ✓ Über Websites und mit Hilfe von Computerprogrammen können Geburtsbilder erstellt werden, deren Auswertung aber weniger genau und individuell ausfällt als die der selbst gezeichneten.
- ✓ Erstellen Sie ein vollständiges Bild des Himmels zum Zeitpunkt Ihrer Geburt, indem Sie jedes Element einzeln betrachten.
- ✓ Üben Sie das Zeichnen von Geburtsbildern. Suchen Sie den Aszendenten und tragen Sie anschließend die Tierkreiszeichen ein.
- ✓ Suchen Sie Himmelsmitte, Sonnenzeichen und Mond. Arbeiten Sie sich langsam durch die Berechnungen auf den Tabellen, um ein genaues Ergebnis zu erhalten.
- ✓ Suchen Sie die Position der anderen Planeten und tragen Sie sie ein. Tragen Sie traditionelle Faktoren und Aspekte in das Geburtsbild ein.
- ✓ Betrachten Sie Ihr Geburtsbild und überprüfen Sie, ob Sie sich nirgendwo vertan haben.
- ✓ Entdecken Sie nun die Bedeutung Ihres Horoskops.

♓ 8°
♒ 28°
♂ 20.2°
☿ 26.2°
☉ 12.2°
R 23° ♆
☽ 25°
♆ 22.5° R
R 26.2° ♅
♅ 26.1° R
5.1°
☽ 15.9°
21.3° ♇
3.4° 2.3° ♃ ♄
♇ 21.3°
18.4° ♀
♃ ♄ 4.2° 3.5°

## Kapitel 13

# Einfache Auswertungen

SIE VERFÜGEN NUN über alle Informationen, die Sie benötigen, um ein Geburtsbild auszuwerten. Hier kommt eine der kurzweiligsten Aufgaben (die Sie trotzdem ernsthaft betreiben sollten, weil sie anspruchsvoll bis schwierig ist) auf Sie zu. Bevor Sie beginnen, ist es sehr wichtig, dass Sie sich einige grundlegende Tatsachen zur Auswertung in Erinnerung rufen. Dieses Kapitel vermittelt Ihnen zuerst die Basisinformationen, bevor Sie zu den Details in Teil 4 übergehen.

### Inhalt dieses Kapitels:

- ✓ Abwägen der Elemente
- ✓ Auswerten der Hauptelemente
- ✓ Auswerten traditioneller Faktoren
- ✓ Auswerten der Planeten-Einflüsse

# Abwägen der Elemente

BEVOR SIE SICH VORSCHNELL *zu kritischen Beurteilungen der Person hinreißen lassen, für die Sie ein Geburtsbild erstellt haben, müssen Sie daran denken, alle Auswirkungen traditioneller Faktoren sowie die Position von Tierkreiszeichen und Planeten, die Einflüsse durch die Häuser und die Aspekte in dem Geburtsbild zu berücksichtigen.*

Zur besseren Übersichtlichkeit zeichnen Sie die Details Ihres Geburtsbildes in dieses leere Schema.

Sie werden sicher einige Notizen anfertigen. Besorgen Sie sich das größte Blatt Papier, das Sie finden, und unterteilen Sie es in separate Abschnitte. Darauf schreiben Sie Anmerkungen zu speziellen Lebensaspekten der entsprechenden Person: Persönlichkeit, Liebe, Familie, Arbeit, Geld, Gesundheit, Hobbys usw.

*Es ist angebracht, für Ihre Notizen farbige Stifte zu verwenden. Starke Einflüsse können Sie in Rot, gemäßigte in Blau und subtile in Gelb markieren.*

## Bei Problemen ...

Es kann vorkommen, dass Sie sich nicht ganz sicher sind, in welchem Tierkreiszeichen Sie einen Planeten eintragen sollen. Dies war, wie Sie sich erinnern werden, beim Merkur in Max Musters Geburtsbild der Fall (Seite 226).

Sollte ein derartiges Problem auftreten, betrachten Sie die Auswirkungen des Planeten in den beiden Bereichen des Horoskops, von denen Sie glauben, dass er dorthin gehört. Im Fall von Max Muster finden Sie in Teil 4, »Die Einflüsse der Planeten«, und in Kapitel 16, »Einflüsse des Merkur«, Abhandlungen zum Merkur in der Waage und im Skorpion. Anhand dieser Informationen können Sie dann bestimmen, welches Zeichen besser zu der Person passt, für die Sie das Geburtsbild erstellt haben.

## Mondschein: Ein Einwand

Das Berechnen der Mondposition ist der problematischste Punkt bei der Erstellung Ihrer ersten Geburtsbilder. Der Mond zieht so schnell durch die Tierkreiszeichen, dass eine Auflistung aller Zeichen, die er im Laufe eines Jahres durchläuft, schlicht und einfach unpraktisch wäre. In Kapitel 12 wurde Ihnen die einfachste Methode der Berechnung erklärt. Mit etwas Übung werden Sie jedoch die richtigen Ergebnisse erzielen.

So, und wie wird nun mit der Auswertung eines Horoskops begonnen? Natürlich mit dem Einfachsten.

| PLANET | | ASPEKTE | | | | | | | | | |
|---|---|---|---|---|---|---|---|---|---|---|---|
| | | ☉ | ☽ | ☿ | ♀ | ♂ | ♃ | ♄ | ♅ | ♆ | ♇ |
| SONNE | ☉ | | | | | | | | | | |
| MOND | ☽ | | | | | | | | | | |
| MERKUR | ☿ | | | | | | | | | | |
| VENUS | ♀ | | | | | | | | | | |
| MARS | ♂ | | | | | | | | | | |
| JUPITER | ♃ | | | | | | | | | | |
| SATURN | ♄ | | | | | | | | | | |
| URANUS | ♅ | | | | | | | | | | |
| NEPTUN | ♆ | | | | | | | | | | |
| PLUTO | ♇ | | | | | | | | | | |
| ASZENDENT | ASC | | | | | | | | | | |
| HIMMELSMITTE | MC | | | | | | | | | | |

■ **Tragen Sie die** *Informationen in Ihrem Horoskop zwecks besserer Übersicht in diese Tabelle ein, wie dies mit den Informationen in Max Musters Diagramm auf Seite 216 geschehen ist.*

# Auswerten der Hauptelemente

BEVOR SIE BEGINNEN, *die Auswirkungen der Planeten in Tierkreiszeichen und Häusern und deren Aspekte auszuwerten, notieren Sie zunächst die Hauptelemente des Geburtsbildes:*

- ✓ Den Aszendenten, der sich stets im ersten Haus befindet.
- ✓ Das Tierkreiszeichen der Sonne (Sonnenzeichen) und die Position des Sonnenhauses.
- ✓ Das Tierkreiszeichen des Mondes (das Zeichen, in dem sich der Mond befindet) und die Position des Mondhauses.
- ✓ Das Tierkreiszeichen des Herrscherplaneten und die Position seines Hauses.

Notieren Sie Zeichen und Hausposition der anderen Planeten (Merkur, Venus, Mars, Jupiter, Saturn, Uranus, Neptun und Pluto). Werten Sie die Eigenschaften der entsprechenden Zeichen und Häuser stets mit Blick auf die Person aus.

# Auswerten traditioneller Faktoren

*Nachdem Sie sich Notizen zu den Hauptelementen im Horoskop gemacht haben, werfen Sie nun einen Blick auf die in Kapitel 6 behandelten traditionellen Faktoren im Zusammenhang mit den Zeichen und Planeten. Hierzu gehören:*

- ✓ Die Geschlechter (Dualitäten): Erstellen Sie eine Liste der männlichen (positiven) und weiblichen (negativen) Zeichen. Achten Sie darauf, ob vielleicht ein Geschlecht häufiger vorhanden ist als das andere.
- ✓ Die Elemente: Erstellen Sie eine Liste der Planeten, die sich in Feuerzeichen (enthusiastisch), Erdzeichen (praktisch), Luftzeichen (intellektuell) und Wasserzeichen (sensibel) befinden. Achten Sie darauf, welche Elemente gehäuft auftreten.
- ✓ Die Qualitäten: Erstellen Sie eine Liste der Planeten, die sich in kardinalen (kontaktfreudig), festen (unflexibel) und beweglichen (anpassungsfähig) Zeichen befinden. Achten Sie auch hier darauf, welche Qualitäten gehäuft auftreten.

Die Auswirkungen der traditionellen Faktoren in einem Geburtsbild sind zwar nicht so wichtig bzw. stark wie die der Hauptelemente und der Planeten – sie können jedoch auf subtile Tendenzen oder Eigenschaften der Persönlichkeit hinweisen, die der Auswertung des Horoskops zusätzliche Bedeutung geben können.

# Auswerten der Planeten-Einflüsse

IN TEIL 4, *der sich an dieses Kapitel anschließt, werden die Einflüsse aller zehn astrologischen Planeten in den Zeichen und Häusern sowie in Aspekten zu anderen Planeten und Elementen im Horoskop ausführlich behandelt. Betrachten Sie diesen Abschnitt als Ihre »Bibel« bei der Auswertung eines Geburtsbildes. Hier finden Sie eine kurze Erläuterung zu den Haupteigenschaften, Qualitäten und Einflüssen, auf die Sie bei der Betrachtung der Planetenpositionen im Horoskop achten müssen.*

Bevor Sie beginnen, die Einflüsse der Planeten zu untersuchen, erstellen Sie eine Liste der persönlichen Planeten im Horoskop und notieren Sie sich ihre Position in den Zeichen und Häusern. Die Einflüsse der persönlichen Planeten sind sehr stark; sie sind im Horoskop besonders wichtig.

Zu den persönlichen Planeten gehören die Sonne, der Mond, der Planet, der das aufsteigende Zeichen beherrscht (auch Herrscherplanet), der Planet, der das Sonnenzeichen beherrscht, und der Planet, der das vom Mond besetzte Zeichen beherrscht.

## Auswerten der Sonneneinflüsse

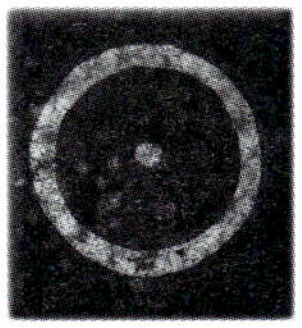

**SCHLÜSSELWÖRTER:** Vitalität, Selbstdarstellung

### Die Sonnenzeichen

Wie bereits erwähnt, ist das Sonnenzeichen nicht der wichtigste Faktor im Geburtsbild. Gewiss wirkt es sich auf die Persönlichkeit eines Menschen aus; diese Auswirkungen werden jedoch stets von anderen Einflüssen im Horoskop abgewandelt. Im Allgemeinen gibt das Sonnenzeichen Aufschluss über das »öffentliche Ich«, den Eindruck, den wir in der Öffentlichkeit hinterlassen, die Art und Weise, wie wir von anderen gesehen werden wollen. Die Sonne hat sehr starken Einfluss auf eine Person, wenn sie sich im Löwen befindet.

### Die Sonne in den Häusern

Die Sonne beeinflusst unsere Vitalität und unsere Selbstdarstellung, die wiederum von dem Haus beeinflusst wird, in dem sich die Sonne befindet. Das Haus gibt Aufschluss über die Lebensbereiche, in die wir die meiste Energie stecken. Im ersten und fünften Haus wirkt die Sonne am stärksten.

### Die Aspekte der Sonne

Die Aspekte der Sonne zu anderen Planeten zeigen, wie der mächtige Einfluss der Sonne in unserem Leben deutlich wird. Die Aspekte zwischen der Sonne und dem Herrscherplaneten des Horoskops (der stets den Aszendenten beherrscht) sind besonders wichtig.

## Auswerten der Mondeinflüsse

**SCHLÜSSELWÖRTER:** Intuition, Gefühl, Instinkt, Wandel

### Der Mond in den Zeichen

Das Mondzeichen, d.h. das Zeichen, in dem sich der Mond im Horoskop befindet, bietet Einblick in die Facetten unseres Charakters, die wir von unseren Eltern geerbt haben. Stellen sich diese Mondeinflüsse als hemmend heraus, müssen wir daran arbeiten, um uns von ihnen zu befreien. Das Mondzeichen ermutigt uns, seine Eigenschaften beinah instinktiv auszuleben, und es hat einen starken Einfluss auf unsere Intuition. Am stärksten wirkt sich der Mond im Krebs aus.

## Der Mond in den Häusern

Die Hausposition des Mondes gibt Aufschluss über die Lebensbereiche, in denen wir eher instinktiv und intuitiv als rational und vernünftig handeln. Die stärksten Einflüsse hat der Mond im vierten Haus.

## Die Aspekte des Mondes

Die Aspekte des Mondes wirken sich auf unsere Reaktionen aus: Sie verschärfen sie (bei Aspekten zum Mars), mahnen zur Vorsicht (bei Aspekten zum Saturn) oder geben ihnen mehr Enthusiasmus (bei Aspekten zum Jupiter). Der Mond verleiht jedem Planeten, zu dem ein Aspekt besteht, eine persönliche Note; diese Planeten üben starken Einfluss auf die betreffende Person aus.

# Auswerten der Merkureinflüsse

**SCHLÜSSELWÖRTER:** Kommunikation, Vielseitigkeit

## Der Merkur in den Zeichen

Merkur ist der Planet des Intellekts; vom Tierkreiszeichen, in dem er sich befindet, erhalten wir Aufschluss darüber, wie unser Intellekt funktioniert: rational oder intuitiv, logisch oder instinktiv. Ferner zeigt der Merkur uns, wie wir die richtige Entscheidung treffen und uns effizient mitteilen. Den stärksten Einfluss hat der Merkur, wenn er sich in den Zwillingen und der Jungfrau befindet.

*Bedenken Sie, dass sich der Merkur aufgrund seiner »unteren« Umlaufbahn zwischen Sonne und Erde nur im selben Zeichen wie die Sonne bzw. im Zeichen vor oder nach der Sonne befinden kann. Sollte er an einer anderen Stelle im Horoskop eingezeichnet sein, haben Sie einen Fehler gemacht.*

## Der Merkur in den Häusern

Das Haus, in dem sich der Merkur befindet, zeigt den Lebensbereich an, in dem unser Intellekt am positivsten zum Einsatz kommt. Am stärksten wirkt er im dritten oder sechsten Haus.

## Die Aspekte des Merkur

Der Einfluss eines Planeten, der in negativem Aspekt zum Merkur steht, kann eine Quelle von Spannung und Stress darstellen. Alle Aspekte des Merkur wirken sich auf unser Denken aus. In der Regel schärft er unseren Verstand und gibt uns die Fähigkeit, unseren Ideen auf lebhafte Weise Ausdruck zu verleihen.

# Auswerten der Venuseinflüsse

**SCHLÜSSELWÖRTER:** Harmonie, Liebe, Einklang

## Die Venus in den Zeichen

Die stark mit Stier und Waage verbundene Venus ist für die Liebe, persönliche Beziehungen und die weibliche Seite unseres Wesens zuständig. Sie fördert Behutsamkeit, Taktgefühl und Freundlichkeit. Bei Belastung kann sie zu Unentschiedenheit, Nachlässigkeit, übermäßiger Romantik und Abhängigkeit führen.

*Die Umlaufbahn der Venus zwischen Sonne und Erde ist ebenfalls eine »untere« wie die des Merkur, weshalb auch sie sich nur im selben Zeichen wie die Sonne bzw. im Zeichen vor oder nach dem Sonnenzeichen befinden kann. Ist sie an einer anderen Stelle im Diagramm eingezeichnet, haben Sie einen Fehler gemacht.*

## Die Venus in den Häusern

Die Hausposition der Venus zeigt, in welchen Bereichen des Lebens unsere behutsamen, jedoch überzeugenden Kräfte am meisten gefordert sind, um Menschen für uns zu gewinnen. Der Einfluss der Venus ist im zweiten und siebten Haus am stärksten.

## Die Aspekte der Venus

Die Venus kann sich zu »charmant« in unserem Leben auswirken. Die Aspekte zeigen, ob wir mit Charme und Charisma oder eher mit Charakterstärke durchs Leben gehen. Die Venusaspekte verbessern unsere Fähigkeit, Liebe zum Ausdruck zu bringen und mit Geld umzugehen.

# Auswerten der Marseinflüsse

**SCHLÜSSELWÖRTER:** körperliche Energie, Initiative

## Der Mars in den Zeichen

Der Mars, ursprünglich Gott des Krieges, ist stark mit dem Widder verbunden. Daher beeinflusst der Planet aggressive Tendenzen, Positivität, die männliche Seite unseres Wesens und sexuelle Leidenschaft. Er kann auch zu Unfreundlichkeit verleiten.

## Der Mars in den Häusern

Der Mars konzentriert seine Energie auf die Bereiche, die von dem Haus gesteuert werden, in dem er sich befindet, und regt uns dazu an, aggressive Energie zu verwenden.

### Die Aspekte des Mars

Die positiven und negativen Aspekte der Marsenergie sind sehr unterschiedlich. Sie offenbaren die Aspekte des Mars zu anderen Planeten, wie Sie diese Energien nutzen: auf positive Art oder mit aggressivem Beigeschmack, der zu Stress und Anspannung führt.

## Auswerten der Jupitereinflüsse

**SCHLÜSSELWÖRTER:** intellektuelle und körperliche Erweiterung

### Der Jupiter in den Zeichen

Der Jupiter ist mit der Lust zu lernen, Sprachen und Philosophie verbunden. Er fördert Optimismus, Treue und Gerechtigkeit, kann jedoch zu übermäßigem Optimismus, Extravaganz, Maßlosigkeit und Dünkelhaftigkeit führen. Er wirkt am stärksten im Schützen.

### Der Jupiter in den Häusern

Das Schlüsselwort des Jupiter lautet »Erweiterung«. Dieser Einfluss findet sich in dem Haus wieder, in dem er sich befindet. Ist dies z. B. das zweite Haus, regt er uns dazu an, Geld zu verdienen, auch finanzielle Risiken auf uns zu nehmen; im sechsten Haus hat der Jupiter häufig zur Folge, dass wir an Gewicht zunehmen!

### Die Aspekte des Jupiter

Empfängt der Jupiter positive Aspekte, kann die Persönlichkeit gestärkt werden. Unglückliche Aspekte können zu Unzufriedenheit, Unaufrichtigeit und zu Überreaktionen führen. Leider wirken die negativen Aspekte des Jupiter häufig stärker als die positiven.

## Auswerten der Saturneinflüsse

**SCHLÜSSELWÖRTER:** Stabilität, Kontrolle, Einschränkung, Beschränkung

### Der Saturn in den Zeichen

Der Saturn steht für Autorität. Er wirkt begrenzend auf unsere Handlungen und Gedanken, stärkt Ausdauer und Beharrlichkeit. Saturn kann uns vorsichtig und praktisch, jedoch auch engstirnig, egoistisch, ja sogar grausam werden lassen.

### Der Saturn in den Häusern

Der Saturn fördert die Ernsthaftigkeit in den Bereichen, die von dem Haus gesteuert werden, in dem er sich befindet. Diese sind für uns oft schwer überwindbare Hindernisse.

## Die Aspekte des Saturn

Die Aspekte des Saturn beeinflussen das Verhalten und die Gedanken einer ganzen Generation; sein Einfluss ist ernsthaft, geradezu erhaben. Die Aspekte zum Saturn hemmen häufig unser Verhalten oder dämpfen unsere Ambitionen; andererseits können sie stabilisierend wirken und uns dazu anregen, die Dinge von der praktischen Seite anzugehen.

# Auswerten der Uranuseinflüsse

**SCHLÜSSELWÖRTER:** Veränderung, Sorge, Störung

## Der Uranus in den Zeichen

Der Uranus ist eng mit sexuellen Exzessen, Abweichung von der Norm, Perversion, Rebellion und Nervenzusammenbrüchen verbunden. Die positive Seite des Uranus ist, dass er Originalität, Vielseitigkeit und Unabhängigkeit fördert. Er befindet sich mehr als sieben Jahre lang im selben Zeichen, daher beeinflusst er eine ganze Generation der Menschheit.

## Der Uranus in den Häusern

Verzögerungen und plötzliche Veränderungen können in all den Lebensbereichen auftreten, die von dem Haus gesteuert werden, in dem sich der Uranus befindet. Oft müssen wir die Dinge vorantreiben, um Hindernisse aus dem Weg zu räumen, vor allem dann, wenn es um persönliche Planeten geht. Der Uranus bringt häufig Spannungen mit sich, die in positive Handlungen umgewandelt werden müssen.

## Die Aspekte des Uranus

Die meisten Uranus-Aspekte bleiben lange wirksam und beeinflussen somit viele Menschen. Der Planet kann jedoch auch individuelle Auswirkungen haben. Werden seine Einflüsse durch das Haus und das Zeichen, in dem er sich befindet gestärkt, wirken sie verstärkt auf die Persönlichkeit und den Charakter einer Person.

# Auswerten der Neptuneinflüsse

**SCHLÜSSELWÖRTER:** Unwirklichkeit, Unklarheit

## Der Neptun in den Zeichen

Der Neptun verweilt 14 Jahre lang im selben Tierkreiszeichen. Aus diesem Grund wirkt er auf mehr Menschen als der Saturn. Etwaige persönliche Einflüsse lassen sich deutlicher anhand des Hauses erkennen, in dem er sich befindet.

## Der Neptun in den Häusern

Der Neptun sorgt für Ungewissheit in den Lebensbereichen, die von dem Haus beeinflusst werden, in dem er sich befindet. Er hemmt unsere Entscheidungsfreudigkeit und lässt uns unsicher werden. Unter seinem Einfluss tendieren wir dazu, bei Problemen stets den einfachen Weg zu wählen.

## Die Aspekte des Neptun

Die Aspekte des Neptun zum Aszendenten oder der Himmelsmitte können recht starken Einfluss ausüben, selbst wenn er nicht immer deutlich spürbar ist. Daher sollte er aufmerksam beobachtet werden.

# Auswerten der Plutoeinflüsse

**SCHLÜSSELWÖRTER:** Beseitigung,
sprunghafte Veränderung

## Der Pluto in den Zeichen

Der Pluto hält sich 13 bis 32 Jahre lang im selben Zeichen auf und hat daher einen sehr starken Generationeneinfluss. Etwaige persönliche Auswirkungen hängen vom Haus ab, in dem er sich befindet.

## Der Pluto in den Häusern

Die Lebensbereiche, die vom Haus gesteuert werden, in dem sich der Pluto befindet, sind für niemanden einfach zu handhaben. Plötzlich kann es vorkommen, dass wir in unseren Bestrebungen gebremst werden und uns mit einem Mal auf steinigem Boden wiederfinden. Pluto verursacht auch Überreaktionen, wodurch sich problematische Situationen noch verschlimmern können.

## Die Aspekte des Pluto

Bei der Betrachtung seiner Aspekte ist die richtige Geburtsuhrzeit sehr wichtig, denn dieser Planet kann lediglich zum Aszendenten oder zur Himmelsmitte Aspekte aufweisen (seine Beziehungen zu anderen Planeten sind bereits durch die Aspekte abgedeckt, die diese zu ihm machen). Die Einflüsse des Pluto im Aspekt zum Aszendenten oder der Himmelsmitte können zwar sehr stark sein, sie sind dabei möglicherweise so subtil und komplex, dass sie von einem Profi gedeutet werden sollten.

Es ist Zeit, zum letzten Abschnitt überzugehen … und damit zur ernsthaften Horoskopauswertung! Dort finden Sie alle Planeten in allen Zeichen, Häusern und Aspekten »bei der Arbeit«.

## Kurze Zusammenfassung

✓ Erfahrung bei der Auswertung von Geburtsbildern bekommt man durch Übung. Alle Elemente und Einflüsse im Horoskop müssen stets im Zusammenhang gesehen werden.

✓ Beginnen Sie bei der Auswertung eines Geburtsbildes damit, sich die Hauptelemente anzuschauen: Aszendent, Sonnenzeichen, Hausposition der Sonne, Mondzeichen, Hausposition des Mondes und Zeichen des Herrscherplaneten.

✓ Nachdem Sie sich die Hauptelemente im Diagramm noch einmal vergegenwärtigt haben, notieren Sie sich die Zeichen- und Hausposition der anderen Planeten im Diagramm: Merkur, Venus, Mars, Jupiter, Saturn, Uranus, Neptun und Pluto.

✓ Betrachten Sie dann die traditionellen Faktoren im Diagramm. Notieren Sie sich Geschlecht (männlich oder weiblich), Element (Feuer, Erde, Luft oder Wasser) und Qualität (kardinal, fest oder beweglich) der Zeichen. Achten Sie auf Faktoren, die gehäuft auftreten.

✓ Bevor Sie die Einflüsse eines bestimmten Planeten unter die Lupe nehmen, erstellen Sie eine Liste etwaiger »persönlicher« Planeten im Horoskop mit ihren Standorten. Die Einflüsse der persönlichen Planeten sind bedeutend stärker. Persönliche Planeten sind Sonne und Mond, der Planet, der den Aszendenten beherrscht, der Planet, der das Sonnenzeichen, und der Planet, der das Mondzeichen beherrscht.

✓ Wenn Sie die Auswirkungen der Planeten im Horoskop betrachten, denken Sie an die Schlüsselwörter und Haupteigenschaften eines bestimmten Planeten. Untersuchen Sie anschließend die potenziellen Auswirkungen dieses Planeten im Hinblick auf diese Eigenschaften in seinem jeweiligen Zeichen und Haus sowie seine Aspekte zu anderen Planeten.

# Teil Vier



DER NACHTHIMMEL ENTHÜLLT DIE PLANETEN.

# Die Einflüsse der Planeten

SIE HABEN ZUM ERSTEN MAL Ihr Horoskop erstellt und sich eine Übersicht über seine einzelnen Komponenten verschaffen können. Jetzt liegt alles vor Ihnen ausgebreitet. Da steht vielleicht die Venus in der Waage, Mond und Krebs befinden sich im fünften Haus, der Löwe schaut über den Horizont, und irgendetwas steht mit dem Aszendenten in Konjunktion. Und was soll das jetzt alles bedeuten?

Im vorliegenden Teil 4 finden Sie alle Antworten auf diese Fragen. Er ist sozusagen Ihre Bibel in Fragen der Horoskopinterpretation. Jedes Kapitel beschäftigt sich mit einem Planeten und seinen ureigensten Einflüssen in jedem der zwölf Sternzeichen und den zwölf Häusern, mit den Aspekten zu anderen Planeten, dem Aszendenten und der Himmelsmitte. Wenn Sie sich nach Abschluss der Lektüre nicht wie ein Profi fühlen, dann haben wir etwas falsch gemacht.

Kapitel 14

# Einflüsse der Sonne

Die Sonne ist der wichtigste »Planet« in der Astrologie. Um diesen riesigen, prächtigen Stern (oder Lichtquell) kreisen bekanntlich alle anderen Planeten unseres Sonnensystems, auch die Erde. In fast jeder Hochkultur wurde die Sonne als oberste Gottheit angebetet – und das mit gutem Grund: Sie macht unsere Existenz überhaupt erst möglich und ist damit auch im übertragenen Sinne der eigentliche Mittelpunkt unseres kleinen Universums: Sie symbolisiert die Urenergie und -kraft, das höchste Ich, die letzte Instanz, die personifizierte Großmut und letztendlich die Lebenskraft selbst.

Inhalt dieses Kapitels:

- ✓ Die Sonne in den Häusern
- ✓ Die Aspekte der Sonne



DIE MYTHOLOGISCHE VORSTELLUNG VON DER SONNE ALS HERRSCHERIN ÜBER DIE HIMMELREICHE.

# Die Sonne in den Häusern

WEIL DIE SONNE *die Urkraft des Lebens verkörpert – unsere Vitalität, unsere Ausdruckskraft und unser Ego –, sind in einem Horoskop die Lebensbereiche, die von dem Haus der Sonne beherrscht werden, von entscheidender Bedeutung. Dort konzentrieren sich die grundlegenden individuellen Energien eines jeden. Es ist der Ort, an dem das Herz zu Hause ist und von dem aus jeder Mensch sein gesamtes Leben aufbauen kann.*

## Die Sonne im ersten Haus

Die Beschreibung Ihres Sonnenzeichens trifft sicher so genau auf Sie zu, dass es an Zauberei zu grenzen scheint. Das erste Haus ist dem Widder zugeordnet, und Sie haben die für ihn typische Einstellung »Hoppla, jetzt komm' ich!« Gewinnenwollen ist die Antriebsfeder Ihres Handelns: Sie möchten auf jeden Fall und überall der Erste sein, sei es beim Eierlauf während eines Familienpicknicks oder sei es, dass Sie es innerhalb eines Millionenunternehmens zum Posten des Vorstandsvorsitzenden bringen möchten.

## Die Sonne im zweiten Haus

Das zweite Haus steht für Besitz und Partnerschaft; die Sonne hier lässt auf einen sehr ordnungsliebenden Menschen schließen, der gerne nach außen zeigt, was er hat. Höchstwahrscheinlich sind Sie so sehr davon besessen, von allem Besitz zu ergreifen, dass Sie selbst Ihren Mann/Ihre Frau oder auch Ihre Kinder als Ihr Eigentum betrachten und nicht als freie Menschen mit freiem Willen. Hüten Sie sich davor! Sie sind vergnügungssüchtig und halten sich nicht zurück, wenn es um Essen, Wein oder Kleidung geht.

## Die Sonne im dritten Haus

Bei allem, was Sie tun, setzen Sie Ihren Verstand ein. Sollten Sie mit dem Niveau Ihres Schulabschlusses nicht glücklich sein, dann arbeiten Sie hart daran, Ihre berufliche Position zu verbessern und »akademische Defizite« auszugleichen. Sie haben ein ausgeprägtes Bedürfnis, sich wirklich mit Menschen auseinander zu setzen. Auf welche Weise sie dies tun, hängt von Ihrem Sonnenzeichen ab.

## Die Sonne im vierten Haus

Im vierten Haus geht es um Heim, Familie und das Verhältnis zwischen Eltern und Kindern. Die Bindung an zu Hause kann so stark sein, dass es Ihnen sogar schwer fällt, auch nur in Erwägung zu ziehen, auf eigenen Beinen zu stehen. Wenn Sie die Sonne im vierten Haus haben, ist es besonders wichtig, dass Sie sich die Beziehung zu Ihren Kindern anschauen. Dazu erstellen Sie am besten deren Geburtsbilder (und das aller anderen Familienmitglieder) und vergleichen sie miteinander, um mögliche Gründe für Dissonanzen herauszufinden oder einfach nur Übereinstimmungen festzustellen.

## Die Sonne im fünften Haus

Dieses Haus der Kreativität und der Kinder ist auch das Haus der Liebesverhältnisse, und da es auf besondere Weise mit dem Löwen und der Sonne selbst verbunden ist, kann die Sonne in diesem Haus einen gewichtigen Einfluss auf das gesamte Horoskop ausüben. Sexuelle Probleme sind Ihnen eher fremd, weil Sie ein sehr entspanntes Verhältnis zu körperlicher Liebe haben und Ihre Zuneigung darin eine adäquate Ausdrucksform findet. Allerdings gehen Sie für Ihr ausgeprägtes sexuelles Interesse auch manch ein gefühlsmäßiges Risiko ein, das sich nicht immer auszahlt. Dieses Haus ist auch mit körperlichen, zum Beispiel sportlichen Aktivitäten verbunden.

## Die Sonne im sechsten Haus

In diesem Haus der Gesundheit, Diät und Bewegung beeinflusst die Sonne Ihr allgemeines Wohlbefinden. Haben Sie die Sonne in diesem Haus, legen Sie viel Wert auf Pflichtbewusstsein, Beständigkeit,Verantwortungsgefühl und Regelmäßigkeit. In den Bereichen Presse- oder Fernsehjournalismus bringen Sie mit diesen Eigenschaften gute Voraussetzungen mit.

## Die Sonne im siebten Haus

Dies ist das Haus für Liebesbeziehungen, aber auch für Freundschaften und Geschäftsbeziehungen. Im Privatleben brauchen Sie eine dauerhafte und sichere Partnerschaft. Mit dieser Kombination von Sonne und Haus werden Sie wahrscheinlich eine lebenslange Beziehung eingehen oder zumindest glauben, dass Sie sich für den Rest Ihres Lebens binden, und wenn eine Liebe oder Freundschaft in die Brüche geht, haben Sie größere Schwierigkeiten, damit fertig zu werden, als bei anderen Konstellationen.

## Die Sonne im achten Haus

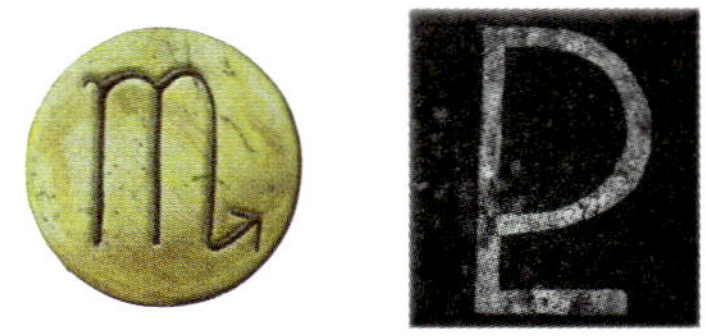

Mit diesem Haus verbindet man Selbstprüfung, die Suche nach der eigenen Identität und dem »Sinn des Lebens«. Sie sind sehr mit Ihrer eigenen Person beschäftigt, und zwar so sehr, dass Sie viel zu viel Zeit mit Nabelschau verbringen. Denken Sie daran, dass zu viel Selbstbeobachtung nicht unbedingt zu klarer Erkenntnis führt. (Den Fehler begehen viele Menschen, die gerade anfangen, sich mit Astrologie zu beschäftigen. Wenn Sie zu lange auf Ihr eigenes Horoskop starren, um zu erfahren, wer Sie sind, statt darüber nachzudenken, wer Sie sein könnten, führt Sie das in eine Sackgasse.)

## Die Sonne im neunten Haus

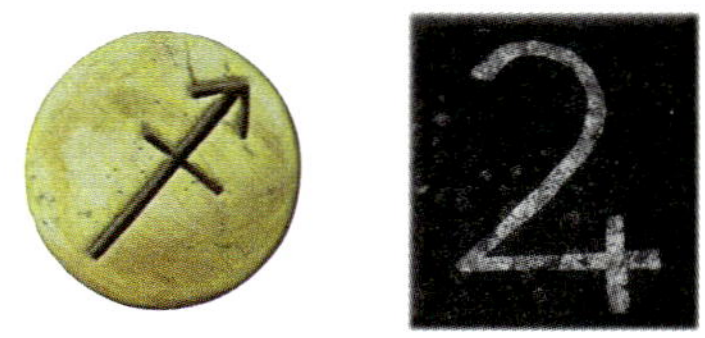

Das neunte Haus hat viel damit zu tun, wie man an sich arbeitet, ob man neue Wege geht, z.B. mittels Weiterbildung oder Reisen. Solche Reisen können durchaus auch geistiger Natur sein; Sie erobern sich intellektuell oder geografisch neue Horizonte oder eben auf beiden Wegen. Sie sind sehr wissbegierig und möchten so viel wie möglich über das Leben und die Bedeutung des Universums erfahren. Aus all dem, was Sie lernen, erarbeiten Sie sich dann Ihre persönliche Philosophie oder Religion.

## Die Sonne im zehnten Haus

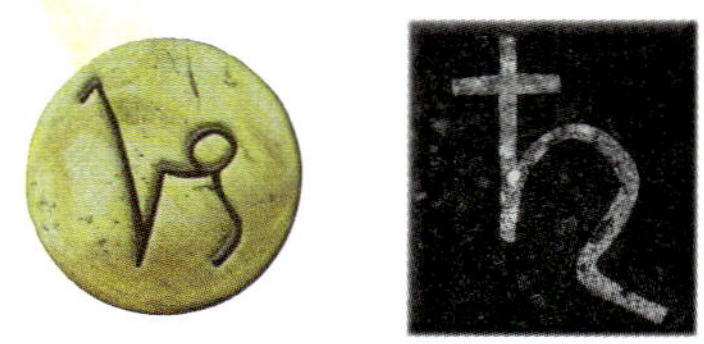

Das zehnte Haus ist mit materiellem Fortschritt, gesellschaftlichem Status, Tradition und Pflichtgefühl verbunden – und Sie sind wahrscheinlich sehr damit beschäftigt, in der Welt etwas zu erreichen. Eins der wichtigsten Dinge in Ihrem Leben ist es, mit Ihrer Arbeit zufrieden zu sein, dass sie sich lohnt und dass Sie sich in ihr auch emotional einbringen können. Ihre Chancen auf Erfolg sind gut, wenn die Sonne zusätzlich noch in einem Feuerzeichen steht: Dann entwickeln Sie eine so mitreißende Energie, dass auch Menschen in Ihrer Umgebung sich Ihnen nicht entziehen können.

## Die Sonne im elften Haus

Sie sind mit an Sicherheit grenzender Wahrscheinlichkeit jemand, der andere aufrüttelt und Dinge bewegen kann. Sie schließen sich gerne Menschen an, nicht so sehr zu Ihrem Privatvergnügen, sondern weil Sie die Gesellschaft, in der Sie leben, verbessern möchten. Man kann Sie sowohl in internationalen Hilfsorganisationen wie im Gemeinderat finden: Für solche Institutionen sind Sie ein ausgesprochener Gewinn. Sie können andere ausgezeichnet motivieren, Sie sollten aber nie vergessen, dass Sie Teil einer Gruppe sind und nicht deren Anführer oder gar die »graue Eminenz« im Hintergrund.

## Die Sonne im zwölften Haus

Sie brauchen ein gerüttelt Maß an Zeit für sich selbst, und auf die eine oder andere Art nehmen Sie es sich auch. Dabei besteht die Gefahr, dass Sie sich zu viel mit sich selbst beschäftigen und Ihrem Selbstbewusstsein damit vielleicht nicht unbedingt etwas Gutes tun. Sie gehören zu den Menschen, die am liebsten hinter den Kulissen arbeiten, und Sie spielen Ihre eigenen Fähigkeiten und Leistungen mitunter herunter, um anderen Menschen den Raum zu bieten, ihre Ideen und Ziele einzubringen.

# Die Aspekte der Sonne

*AUS ASTROLOGISCHER SICHT ist die Wirkung der Planeten auf den Einfluss der Sonne von großer Wichtigkeit. Sie entscheiden, wie der Einfluss empfunden wird. Manchmal verstärkt ein Aspekt die Wirkungen, und manchmal verändert er sie. Ein größerer Aspekt, in dem die Sonne und ein Planet sehr eng zusammenstehen, wird eine starke und bedeutsame Wirkung auf den Einfluss der Sonne und damit auf das Leben eines Menschen ausüben.*

## Die Aspekte der Sonne zum Mond

### Konjunktion

Die charakteristischen Einflüsse des Sonnenzeichens leben Sie intuitiv aus, und in Situationen, in denen Ihre Reaktion gefragt ist, werden Sie es im Verhaltensmuster Ihres Sonnenzeichens tun.

### Positive Aspekte

Ein Trigon ((120°)), in dem die betroffenen Planeten aus demselben Element sind, ist förderlich für ein positives Zusammenspiel von Leidenschaft (Feuer), praktischer Wesensart (Erde), Intelligenz (Luft) und Emotion (Wasser). Auch ein Sextil ((30°)) kann hilfreich sein beim Ausgleich von extrovertierten oder introvertierten Qualitäten.

### Negative Aspekte

Ruhelosigkeit und ein allgemeines Gefühl von Unzufriedenheit, Launenhaftigkeit und Unbeständigkeit (auch in Beziehungen) sind die negativen Aspekte dieser Konjunktion.

# Die Aspekte der Sonne zum Merkur

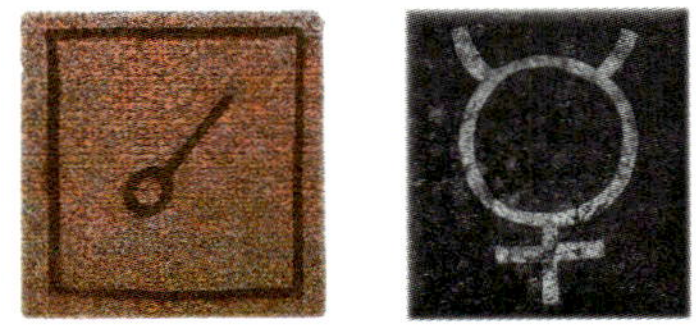

## Konjunktion und Halbsextil ((30°))

Weil Merkur der Sonne so nahe steht (er ist nie weiter als 28 Grad von ihr entfernt), kann zwischen ihnen nur eine Konjunktion oder ein kleineres Halbsextil bestehen. Wenn Merkur im Zeichen vor oder hinter der Sonne steht, werden Sie voraussichtlich die mentalen Eigenschaften dieses Zeichens an den Tag legen. Wenn die Konjunktion eine sehr enge ist – zum Beispiel innerhalb von 5° liegt –, kann es sein, dass Sie sich als Kind nur langsam entwickelt haben und vielleicht auch heute noch eher langsam und schwerfällig sind. Andererseits fördern diese Aspekte Begeisterungsfähigkeit, Optimismus und Erfolgswillen.

# Die Aspekte der Sonne zur Venus

## Konjunktion, Halbsextil und Halbquadrat

Weil die Venus der Sonne so nahe steht (sie ist nie wei-ter als 48° entfernt), können diese beiden Planeten nur eine Konjunktion, ein Halbsextil oder ein Halbquadrat bilden. (In diesem Buch gehen wir nicht näher auf das Halb-quadrat ein, weil es ein zu komplizierter Aspekt ist.) Wenn Sonne und Venus im selben Zeichen stehen, verstärken sie Wärme, Zuneigung, Liebe und die Freude an Luxus. In Kombination mit dem Halbsextil (einem schwachen, aber positiven Aspekt) ist diese Konjunktion verbunden mit einem Sinn für Kunst und Musik.

# Die Aspekte der Sonne zum Mars

## Konjunktion

Ein Mensch mit diesem Aspekt zwischen Sonne und Mars hat große Energiereserven, die durch physische Anstrengung, Sport oder harte körperliche Arbeit positiv kanalisiert werden müssen. Die Sonne steuert Vitalität bei, und der Mars verstärkt die physische Energie. Auch emotionales Potenzial ist vorhanden, besonders wenn die beiden Planeten in einem Wasserzeichen (Krebs, Skorpion oder Fische) stehen. Ihr Sexualleben ist rege, Sie sind mutig und tapfer, neigen aber auch dazu, sich zu überarbeiten, selbstsüchtig zu sein und zu risikofreudig.

## Positive Aspekte

Auch hier finden sich enorme Reserven an physischer – und oft auch emotionaler – Energie, aber erheblich weniger Neigung zu harter Arbeit oder zu Handlungen, die mit viel Risiko verbunden sind.

### Negative Aspekte

Die Neigung sich zu überarbeiten, ist hier sehr stark ausgeprägt, und die Auswirkungen sind oft Anspannung, Überbelastung und plötzliche, heftige Gefühlsausbrüche.

## Die Aspekte der Sonne zum Jupiter

### Konjunktion

Diese Konstellation wurde früher eine glückliche genannt, aber das Wort »Glück« ist bei den Astrologen aus der Mode gekommen. Heute nennen wir es Erfolg, und den haben Sie in Ihrem Leben mit diesem Aspekt. Darüber hinaus haben Sie eine erstaunliche Fähigkeit, an Geld zu kommen, wann immer Sie es brauchen.

### Positive Aspekte

Hier finden wir Einflüsse, die denen in der Konjunktion sehr ähnlich sind. Hier gehen Sie jedoch etwas zögerlicher daran, Ihren intellektuellen Horizont zu erweitern; statt ernsthaft daran zu arbeiten, spielen Sie lieber Schach oder lösen Kreuzworträtsel, um sich mental zu betätigen.

### Negative Aspekte

Sie betrachten eine Situation oder ein Problem lieber aus der Distanz und als Ganzes, statt sich mit Nuancen oder Einzelheiten herumzuschlagen. Ihre Entscheidungen sind daher oft unüberlegt, weil sie auf unzureichenden Grundlagen basieren. Außerdem haben Sie eine ausgeprägte Neigung zu übertreiben.

## Die Aspekte der Sonne zum Saturn

### Konjunktion

Verschiedener als Sonne und Saturn können Planeten nicht sein. In der klassischen Astrologie werden sie oft als »Feinde« betrachtet. Die Sonne ist das Symbol purer Großherzigkeit, Extrovertiertheit und reiner Freude. Saturn hingegen ist ganz Einschränkung, Vorsicht und Schwermut. Im Allgemeinen werden in dieser Konjunktion die positiven Auswirkungen der Sonne vom Saturn ein wenig zurückgenommen oder in feinere Bahnen gelenkt. Aber nicht immer ist die Dämpfung und Abschwächung der feurigen Sonnen-Einflüsse durch den Saturn positiv. Halten Sie dann nach anderen Aspekten Ausschau, die aufheiternd stabilisierend wirken.

### Positive Aspekte

Hier werden Menschenverstand und praktische Veranlagung verstärkt. Ihre Begeisterungsfähigkeit wird abgeschwächt, und wenn Sie mit Herausforderungen konfrontiert werden, reagieren Sie eher ängstlich.

### Negative Aspekte

Hier haben wir den Krieg zwischen »natürlichen Feinden«, der Sonne und dem Saturn: Kein schöner Anblick!

## Die Aspekte der Sonne zum Uranus

### Konjunktion

Dieser kraftvolle Aspekt kann rebellisches, exzentrisches und unberechenbares Verhalten hervorrufen. Ihr Machtwille kann extremes Verhalten auslösen.

### Positive Aspekte

Sie sind aufmerksam und begeisterungsfähig, aber leben unter Umständen, die Sie nur wenig zu konstruktivem Verhalten ermuntern.

### Negative Aspekte

Sonne und Uranus im negativen Aspekt zueinander verstärken Perversion, Sturheit und Eigensinn. Sie haben wahrscheinlich den Ruf, eine schwierige Persönlichkeit zu sein, was auch daran liegt, dass Sie häufig unter Druck und Anspannung stehen.

## Die Aspekte der Sonne zum Neptun

### Konjunktion

Die Merkmale der Sonne werden etwas abgeschwächt, wenn sie mit dem Neptun geteilt werden. Hinzu kommen Empfindlichkeit und ein Hang, sich von der Welt abzusondern. Suchen Sie eine Quelle, die Ihnen eine bodenständigere Lebensweise ermöglicht.

### Positive Aspekte

Hier findet sich sehr viel Fantasie und Inspiration, was sich aber auch in Tagträumen äußert und in der Neigung, sich aus allem herauszuhalten.

### Negative Aspekte

Hier ist die Selbsttäuschung stark ausgeprägt, aber auch die Täuschung anderer durch faustdicke Lügen (mit denen man Schwierigkeiten vermeintlich leichter zu lösen meint). Unter Druck geraten Sie in Versuchung, zu Suchtmitteln zu greifen.

## Die Aspekte der Sonne zum Pluto

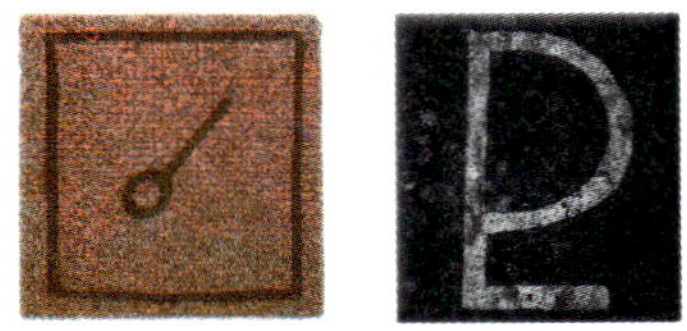

### Konjunktion

Eine Konjunktion zwischen Sonne und Pluto in Ihrem Geburtshoroskop weist darauf hin, dass Sie ein tief sitzendes Bedürfnis haben, jede Ecke Ihrer Persönlichkeit auszuleuchten und die Motivation auch hinter den normalsten, alltäglichen Handlungen und Reaktionen zu analysieren. Dies gilt besonders, wenn die Konjunktion im Skorpion steht.

### Positive Aspekte

Hier ist Ihre Fähigkeit, über sich nachzudenken und dabei zu produktiven Ergebnissen zu kommen, besonders stark ausgeprägt. Sie sind sehr flexibel und bereit umzudenken, wenn es nötig ist.

### Negative Aspekte

Diese Aspekte können zu einer psychischen Blockade führen, die es Kindern schwierig macht, mit ihren Eltern zu reden, oder einem Liebenden, sich dem Partner gegenüber zu öffnen.

## Die Aspekte der Sonne zum Aszendenten

### Konjunktion

Wenn die Sonne und der Aszendent (das Sie beherrschende Zeichen) in Konjunktion stehen, sind Sie innerhalb etwa einer halben Stunde vor oder nach Sonnenaufgang geboren worden. Es ist sogar sehr wahrscheinlich, dass Ihr Sonnenzeichen mit dem Aszendenten übereinstimmt. Das bedeutet, dass Sie zum Beispiel einen doppelten Anteil des Zwillings, Widders oder Skorpions haben. Wenn die Sonne dann auch noch im ersten Haus steht, sind Sie ein ausgeglichener und seelisch gesunder Mensch. Wenn die Sonne im zwölften Haus steht, brauchen Sie ein gewisses Maß an Privatsphäre und Zurückgezogenheit, und es fehlt Ihnen an der Fähigkeit, sich selbst zu motivieren. Die Häuserstellung ist sehr wichtig, wenn Sie diesen ungewöhnlichen Aspekt interpretieren.

### Positive Aspekte

Schauen Sie sich auch hier sorgfältig die Häuserstellung der Sonne an und berücksichtigen Sie diese bei der Interpretation der Auswirkungen der positiven Aspekte. Der Aspekt zum Aszendenten vereint und verstärkt die Verbindung zwischen der Sonne und dem Aszendenten. Eine besonders große Wirkung besteht, wenn die Sonne im fünften Haus – ihrem Herkunftshaus – steht: Das lässt auf eine starke Ausdrucksfähigkeit und ein erfülltes Leben schließen.

### Negative Aspekte

Wenn die Sonne im sechsten Haus und in Opposition zum Aszendenten steht, sind gesundheitliche Probleme, mentale Überanstrengung und Anspannung zu befürchten. Steht die Sonne aber in positivem Aspekt zum herrschenden Planeten, zum Mond oder zum Mars, dann wirkt dieser belebend. Wenn die Opposition aus dem siebten Haus kommt, kann es im Beziehungsbereich zu Komplikationen kommen.

## Die Aspekte der Sonne zur Himmelsmitte

### Konjunktion

Mit diesem Aspekt sind Sie gegen zwölf Uhr mittags geboren. Die gesamte mächtige Energie und Antriebskraft der Sonne fließen in Ihre Leistungsfähigkeit und Zielstrebigkeit. Sie sind selbstsicher, können aber auch überheblich und wichtigtuerisch sein. Hüten Sie sich vor den beiden letzten Eigenschaften.

### Positive Aspekte

Sie wissen sehr genau, was Sie im Leben wollen, aber verfolgen Ihre Ziele nie mit Rücksichtslosigkeit gegen andere. Mit diesen Qualitäten des Tierkreiszeichens auf der Himmelsmitte (das oberste auf Ihrem Geburtsbild) identifiziert man sich doch gerne!

### Negative Aspekte

Auch wenn es Ihnen möglicherweise leicht fällt, sich mit den Qualitäten des Zeichens auf der Himmelsmitte zu identifizieren, so kämpfen Sie doch darum, sie in ihr Leben zu integrieren – übrigens ein Kampf, den Sie durchaus gewinnen können. Aber Sie müssen hart daran arbeiten.

## Kurze Zusammenfassung

✓ Die Sonne ist der wichtigste Planet in der Astrologie (obwohl sie astronomisch gesehen eigentlich ein Stern ist), und sie symbolisiert Energie, Kraft, das Ego, Autorität, Großherzigkeit und das Leben selbst. Die Sonne ist also eng verbunden mit Stehvermögen, Lebenskraft, Großzügigkeit, Wärme, Zuneigung, Kreativität, Freude und Selbstachtung.

✓ Die Lebensbereiche, die von dem Haus beherrscht werden, in dem die Sonne steht, sind von entscheidender Bedeutung, weil dort die wichtigsten Energien konzentriert sind.

✓ In ihrem Aspekt zueinander können die Planeten eine zwar subtile, aber durchaus starke Wirkung auf die Einflüsse der Sonne ausüben. Einige Aspekte verstärken die Wirkungen der Sonne erheblich, während andere sie verändern. Ein größerer Aspekt, wie zum Beispiel eine enge Konjunktion, bewirkt bedeutsame Veränderungen des Einflusses, den die Sonne ausübt.

Kapitel 15

# Einflüsse des Mondes

DER MOND IST NACH DER SONNE der zweitwichtigste und -einflussreichste Planet in der Astrologie. Er ist besonders stark mit den typisch »weiblichen« Eigenschaften in einem Horoskop verbunden (egal ob man selbst männlich oder weiblich ist), mit mütterlichen Impulsen, elterlichen Einflüssen, Mitgefühl, lebenserhaltenden Instinkten, Fantasie und Häuslichkeit. Die Schlüsselbegriffe, die zum Mond gehören, sind Empfänglichkeit, Instinkt, Intuition, Veränderung und Emotion. Sie weisen darauf hin, wie der Mond das Innere eines Menschen und seine Art, der Welt gegenüberzutreten, beeinflusst.

Inhalt dieses Kapitels:

- ✓ Der Mond in den Zeichen
- ✓ Der Mond in den Häusern
- ✓ Die Aspekte des Mondes



DER MOND HAT EINE TIEF GREIFENDE WIRKUNG AUF DIE NATUR UND DIE MENSCHHEIT.

# Der Mond in den Zeichen

*WENN SIE ANFANGEN, die Wirkungen des Mondes in einem Zeichen auszulegen, betrachten Sie auch immer die allgemeinen charakteristischen Merkmale. Denken Sie daran, dass der Einfluss des Mondes auch darin besteht, dass sich der Mensch nach diesen Merkmalen in fast allen Situationen intuitiv und instinktiv richtet. Der Mond deutet auch darauf hin, wie unsere unmittelbaren Reaktionen auf Situationen oder in Auseinandersetzungen durch unsere Eltern oder andere Familienmitglieder geformt wurden. Der Einfluss des Mondes unterstreicht auch die Eigenschaften, die uns zurückhalten, hemmen oder stören können, und zeigt Wege auf, wie man sie überwinden kann.*

In den Sternzeichen ist der Einfluss des Mondes besonders dann von Vorteil, wenn er mit der Sonne oder dem im Horoskop herrschenden Planeten in positiven Aspekten – besonders in Konjunktion – steht (siehe weiter unten »Die Aspekte des Mondes«).

## Der Mond im Widder

Sie sind sehr gefühlsbetont und in schwierigen Situationen, die bei Ihnen starke Gefühlsregungen hervorrufen, reagieren Sie häufig zu heftig, zu schnell und unüberlegt. Sie regen sich schnell auf, besonders wenn der Mond negative Aspekte vom Mars oder Uranus empfängt, aber Sie gehen Probleme äußerst entschlossen an und finden sich schnell in fremden Verhältnissen zurecht. In Ihrem sexuellen Leben sind Sie schnell gelangweilt und stürzen sich deshalb des Öfteren in Abenteuer. Sie können selbstsüchtig sein, denken meist an sich selbst zuerst. Bei Fehlern, die Sie gemacht haben, haben Sie keine Schwierigkeiten, um Verzeihung zu bitten. Sie sind aufgrund Ihrer Spontaneität und Sorglosigkeit häufig in Unfälle verwickelt.

## Der Mond im Stier

Im Stier macht der Mond Sie konservativ und förmlich. Sie sind ein beherzter Mensch, von großer Wärme und Herzlichkeit, aber auch stur und sehr mit sich selbst beschäftigt. Komfort ist für Sie nicht nur wünschenswert, sondern lebensnotwendig, ohne Luxus fühlen Sie sich nicht wohl. Sie sind ein sinnlicher Mensch mit einer Vorliebe für gutes Essen und guten Wein, ein Ästhet und zielsicher in Geschmacksfragen.

## Der Mond in den Zwillingen

Die Zersplitterung des Zwillings liegt hier in potenzierter Form vor. Wenn Sie mit fünf oder sechs Aufgaben konfrontiert werden, die dringend erledigt werden müssen, stürzen Sie sich auf alle gleichzeitig, statt Prioritäten zu setzen oder sie nacheinander zu lösen. Ihre ausgeprägte Rationalität macht Sie misstrauisch gegenüber Gefühlen (Ihren eigenen und denen anderer) und sorgt dafür, dass Sie sich jedem Lebensaspekt analytisch nähern. Diese Vorgehensweise kann im Widerspruch mit den eher emotionalen und intuitiven Impulsen des Mondes stehen, und Sie müssen versuchen, eine gesunde Balance zwischen diesen beiden so verschiedenen Wesenszügen herzustellen. Ihrer Gesundheit zuliebe sollten Sie sich vor Stress und Anspannung hüten. Beides kann bei Ihnen zu Verdauungsproblemen oder zu schlimmem Asthma führen. (Der mit den Zwillingen verbundene Körperbereich sind die Lungen.)

## Der Mond im Krebs

Da der Mond den Krebs beherrscht, ist sein Einfluss in diesem Zeichen besonders stark. Auf der einen Seite verstärkt er Ihre Neigung, sich eigentlich immer mit einem schützenden Panzer zu umgeben. Diese harte Schale birgt aber einen weichen und sanften Menschen: Tun Sie alles, dass er nicht verborgen bleibt. Sie sind besonders gefühlsbetont und Ihre Intuition trügt Sie so gut wie nie. Sie können Ihren Gefühlen also ruhig vertrauen! Ihre Emotionalität hat aber auch eine Kehrseite: Ihre Fantasie geht mit Ihnen des Öfteren durch und meistens ist das Ergebnis, dass Sie sich übertriebene Sorgen machen. Im schlimmsten Fall geraten Sie in eine tiefe Depression.

## Der Mond im Löwen

Die besten Eigenschaften des Löwen – Energie, Unbekümmertheit und Begeisterungsfähigkeit – werden hier verstärkt. Sie sind eine Führernatur, haben Organisationstalent, sind reaktionsschnell und entschlossen. Leider fördert diese Mondstellung auch den Dogmatismus und die Sturheit des Löwen sowie seine Vorstellung, er sei für alles zuständig und wisse alles besser. Das verärgert natürlich Ihre Mitmenschen. Eigentlich aber sind Sie tief im Innern sehr unsicher und wirken selbstbewusster, als Sie in Wirklichkeit sind.

## Der Mond in der Jungfrau

Wenn Sie den Mond in der Jungfrau haben, können Sie auf Veränderungen schnell reagieren und setzen sich in Wettbewerbssituationen problemlos an die Spitze. Ihre Nerven sind sozusagen aus Stahl, befinden Sie sich aber in einem Bereich, in dem Ihr Selbstbewusstsein gegen Null sinkt, dann verlässt Sie auch Ihre Fähigkeit, selbst komplizierteste Dinge rational zu bewältigen: Sie sind dann nicht mehr gewohnt redegewandt und von Argumentationsgeschick kann keine Rede mehr sein. All diese Talente lösen sich in einem aufgeregten Wortschwall in Luft auf. Normalerweise aber reflektieren Sie messerscharf, weswegen es Ihnen immer leicht fällt, in einer Kontroverse Ihren Standpunkt zu behaupten. Bei dieser Mondstellung trifft man auch häufig literarisches Talent an.

## Der Mond in der Waage

Hier kommt der Friedensstifter! Er kann sich in andere Menschen hineinversetzen, identifiziert sich mit Ihren Problemen und agiert dann taktvoll und diplomatisch. Sie stehen von Natur aus über den Dingen und halten sich eher aus unangenehmen Streitereien heraus, bleiben eigentlich immer ruhig und wollen bei allen Menschen das Beste zum Vorschein bringen (und damit sind Sie in der Tat sehr erfolgreich). In Ihrer Gegenwart fühlt sich jeder wohl.

## Der Mond im Skorpion

In dem Augenblick, in dem man Sie herausfordert oder provoziert, öffnen sich die Schleusen Ihrer Emotionen. Wie immer Ihre Reaktion auf eine Situation auch sein mag, sie wird auf jeden Fall sehr emotional zum Ausdruck gebracht. Sie erwarten auch von anderen in Ihrer Umgebung, dass sie dieselbe Begeisterung an den Tag legen wie Sie selbst, und Sie zögern nicht, Ihren Unmut zum Ausdruck zu bringen, wenn sie es nicht tun. Eifersucht kann für Sie zu einem größeren Problem werden, und zwar sowohl zu Hause als auch am Arbeitsplatz. Denken Sie daran, dass eine solch starke Emotionalität sehr destruktiv sein kann; wenn Sie sie positiv einsetzen, gewinnen Sie damit nur.

## Der Mond im Schützen

Optimismus und Begeisterungsfähigkeit sind bei dieser Mondstellung die Schlüsselbegriffe. Wenn Sie mit einem Hindernis konfrontiert werden, blühen Sie regelrecht auf: Sie lieben die Herausforderung, brennen darauf, sich ihr zu stellen, und finden schnell eine Lösung. (Aber hüten Sie sich davor, wichtige Details zu übersehen oder gar zu ignorieren!) Sie tendieren zur Ruhelosigkeit, weil Sie die Dinge unbedingt vorantreiben wollen. Hüten Sie sich vor Ungeduld und Ihrer Neigung aufzubrausen und zu prahlen. Schauen Sie sich in Ihrem Horoskop nach ausgleichenden und beruhigenden Einflüssen um.

## Der Mond im Steinbock

Im Steinbock sorgt der Mond für einen kühlen Kopf und eine überlegte, sorgfältige Vorgehensweise. Leichtsinnig und forsch sind Sie beileibe nicht, auch nicht darin, Ihren Gefühlen Ausdruck zu verleihen, im Gegenteil: Im Preisgeben dessen, was Sie bewegt, sind Sie sehr vorsichtig. Es kann sogar sein, dass Sie sich aus Arroganz von anderen distanzieren. Sie haben das starke Bedürfnis, andere zu beeindrucken, aber Sie gehen Ihren Weg lieber allein und nehmen nur selten Hilfe an, auch wenn sie gut gemeint ist. (Das ist oft ein Fehler!) Sie haben einen natürlichen Selbsterhaltungstrieb, der Sie davon abhält, unkluge und vorschnelle Risiken einzugehen.

## Der Mond im Wassermann

Menschen, die den Mond im Wassermann stehen haben, ziehen mit ihrem Charme und ihrer faszinierenden Persönlichkeit am Anfang die Aufmerksamkeit anderer Menschen auf sich, aber wenn jemand versucht, näher an sie heranzukommen, stoßen Sie ihn entschieden von sich und wirken sehr spröde. Es ist fast so, als ob Sie etwas zu verbergen hätten. Oder möchten Sie einfach nur gerne einen geheimnisvollen und unergründlichen Eindruck machen? In manchen Situationen reagieren Sie unkalkulierbar und überraschend. Ihre Standpunkte vertreten Sie mit äußerster Sturheit. Ihre Uneinsichtigkeit und Ihre Unberechenbarkeit erleichtern besonders in einer Ehe den Umgang mit Ihnen nicht. Sie haben ganz bestimmt eine romantische Ader, aber die ist für andere nicht erkennbar. Schauen Sie sich in Ihrem Horoskop die Stellungen und Einflüsse von Mars und Venus an, um Anhaltspunkte dafür zu bekommen, wie Sie sich anderen gegenüber offener ausdrücken können.

## Der Mond in den Fischen

Jemand mit dieser Mondstellung handelt zuerst immer aus seinem innersten Gefühl heraus. Sie sind zum Beispiel schnell gerührt von einem nostalgischen Musikstück oder einem sentimentalen Film – zu Tränen oder zu tiefstem Glück. Vor lauter Angst, anderen weh zu tun, lügen Sie Ihr Gegenüber oft an, wenn Sie glauben, die Wahrheit könnte zu schmerzhaft sein. Dabei macht die spätere Enttäuschung die Dinge immer nur noch schlimmer und ist viel verletzender. Es kann sein, dass Sie Medikamente, die Ihnen verschrieben werden, nicht vertragen. Passen Sie da also auf. Unter Stress neigen Sie dazu, nach Tabak, Alkohol und verbotenen Drogen zu greifen, um ruhiger zu werden. Nehmen Sie sich vor Ihren Suchtneigungen in Acht!

# Der Mond in den Häusern

*IM LEBEN EINES MENSCHEN sind die Bereiche von besonderer Bedeutung, die von dem Haus beherrscht werden, in dem der Mond steht, denn sie sind der Brennpunkt der Hauptmondeinflüsse: Fantasie und Zielstrebigkeit, mütterliche und lebenserhaltende Instinkte, Heim und häusliche Sicherheit, Stabilität und Veränderung. Je mehr Aspekte der Mond bekommt, desto wichtiger ist dieses Haus. Die Mondeinflüsse werden noch verstärkt, wenn der Krebs durch das Sonnenzeichen oder den Aszendenten unterstützt wird oder wenn Stier das Sonnenzeichen oder der Aszendent ist.*

## Der Mond im ersten Haus

Andere Menschen sind Ihnen sehr wichtig, und Sie haben das Bedürfnis, sich um sie zu kümmern und sie zu beschützen. Sie haben eine gut funktionierende Intuition. Wenn Sie nicht auf Ihre Ernährung achten, reagiert Ihre Verdauung empfindlich. Bei Frauen sind meist die Geschlechtsorgane sehr anfällig für Störungen. Beim Mann ist oft das Verhältnis zur Mutter ziemlich kompliziert und bedarf der Auseinandersetzung.

## Der Mond im zweiten Haus

Sie brauchen Sicherheit und können ohne sie nicht richtig funktionieren. Ein niedriger Kontostand, der mögliche Verlust Ihres Heims, ein vermindertes Einkommen beunruhigt natürlich die meisten Menschen, versetzt Sie aber in völlige Panik. Sie verzehren sich in Sorge und die Fantasie geht mit Ihnen durch: Aus den sonst ganz normalen Unwägbarkeiten des Lebens werden für Sie unüberwindbare Hindernisse. Trotz Ihres starken Sicherheitsbedürfnisses – läuft Ihnen das Geld wie Sand durch die Finger. Menschen, die bei Ihnen Hilfe suchen, lassen Sie niemals im Regen stehen.

## Der Mond im dritten Haus

Sie müssen einfach die ganze Welt wissen lassen, was Sie fühlen, und Sie verbringen dafür Stunden am Telefon oder im Internet. (Ihre Telefonrechnungen sind einfach enorm!) Sie brauchen nicht nur unbedingt den ständigen Kontakt mit Ihren Freunden, Sie möchten Ihre Ideen einem größtmöglichen Publikum mitteilen. Sie können nicht nur klug argumentieren, auch Ihre Gefühle mitzuteilen, fällt Ihnen sehr leicht.

## Der Mond im vierten Haus

Ein sicheres und zufriedenes Familienleben ist für Sie von allergrößter Wichtigkeit. Wenn Ihr häusliches Leben ins Wanken gerät oder in irgendeiner Weise bedroht wird, reagieren Sie äußerst heftig. Es fällt Ihnen sehr schwer, Ihre Kinder gehen zu lassen, wenn sie erwachsen sind und das Haus verlassen wollen. (Dies ist besonders schlimm, wenn Sie auch noch den Mond oder die Sonne im Krebs haben.) Dann halten Sie sie im Zweifel nicht nur für undankbar, sondern unterstellen ihnen, dass sie den Familienzusammenhalt untergraben. Die Menschen, die Sie lieben, werden Ihre Art als erdrückend empfinden, und Sie müssen Ihrer übertriebenen Fürsorglichkeit entgegenwirken, indem Sie z. B. Ihre Aufmerksamkeit auf Arbeit oder Hobbys lenken, statt sich nur auf zu Hause zu konzentrieren.

## Der Mond im fünften Haus

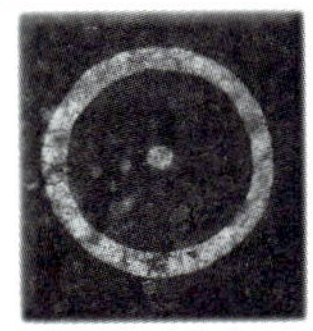

Sie sind (oder waren) besonders wild darauf, eine Familie zu gründen und tatsächlich auch hervorragend geeignet, Kinder aufzuziehen. Die Beziehung Ihrer Kinder zu Ihnen und umgekehrt ist sehr freundschaftlich: Sie führen sie mit sanfter Hand, solange sie es brauchen, durch das Leben. Das fünfte Haus ist auch das der Sexualität, und mit dem Mond darin sind Sie ein einfühlsamer Partner, der beim Sex weniger an das eigene Vergnügen als an das des Liebes- oder Ehepartners denkt.

## Der Mond im sechsten Haus

Der Mond in diesem Haus hat eine starke Wirkung auf Gesundheit und Wohlbefinden. Entwickeln Sie schon früh Lebensgewohnheiten, die Ihrem Wohlbefinden zuträglich sind, und sollten Sie in die Abhängigkeit von Tabak, Alkohol oder anderen Drogen geraten, tun Sie alles, sich von Ihrer Sucht zu befreien: Die Gefahr, dass Sie die ernsten Konsequenzen einer Abhängigkeit zu spüren bekommen, ist größer als bei anderen, genauso wie die, an Anorexie oder Bulimie zu erkranken. Bemühen Sie sich um eine gesunde Ausgeglichenheit in Ihrem Leben und genießen Sie eher gelegentlich und dann richtig als ständig zwanghaft. Wenn der Mond in einem Erdzeichen steht, fällt es leichter, einer gesunden Lebensweise treu zu bleiben.

## Der Mond im siebten Haus

Im besten Fall fördert diese Mondstellung Einfühlsamkeit und Warmherzigkeit in der Beziehung zum Geliebten oder Partner. Im schlimmsten Fall begünstigt sie völlige Abhängigkeit von diesem Partner so sehr, dass er oder sie das Gefühl hat, mit Ihnen an den Hüften zusammengewachsen zu sein! Das kann bei Ihrem Partner Platzangst auslösen und Sie in die völlige Unselbstständigkeit treiben.

## Der Mond im achten Haus

Eine gute persönliche Beziehung basiert bei Ihnen auf starken sexuellen Gefühlen, denen Sie auch Ausdruck verleihen. Es ist daher sehr wichtig, dass auch Ihr Partner eine solch ungehemmte Freude am Sex hat. Vollkommenes Vertrauen ist für Sie das Wichtigste in einer Partnerschaft. Wie viele sexuell intensiv empfindende Menschen sind Sie in hohem Maße eifersüchtig.

## Der Mond im neunten Haus

Es fällt Ihnen wahrscheinlich schwer, sich auf eine vor Ihnen liegende Aufgabe zu konzentrieren und klare Gedanken zu fassen. So sehr Sie es sich auch wünschen, Sie können nicht bei der Sache bleiben. Auf ein Problem die richtige und angemessene Antwort zu finden, es mit kühlem Kopf zu lösen, fällt Ihnen eher schwer, weil Ihr Urteilsvermögen von Ihren Gefühlen oft stark beeinträchtigt wird. Arbeiten Sie besonders hart daran, mit beiden Füßen auf dem Boden zu bleiben, und halten Sie Ausschau nach stabilisierenden, intellektuellen Einflüssen in Ihrem Horoskop.

## Der Mond im zehnten Haus

Diese Konstellation macht Sie mitfühlend und verständnisvoll. Menschen mit dem Mond im zehnten Haus sind allgemein beliebt und bewundert – manchmal sogar vergöttert. Sie wenden eine Menge Energie für andere auf und versuchen, deren Probleme zu verstehen und ihnen zu helfen. Sie gehören wahrscheinlich zu den Menschen, die mit jedem Problem fertig werden. In Ihrem Beruf brauchen Sie häufige Veränderung.

## Der Mond im elften Haus

Hier finden wir eine Unmenge widersprüchlicher Gefühle. Einerseits sehnen Sie sich danach, zu einer fest zusammengeschweißten Gruppe warmherziger Menschen zu gehören, andererseits können Sie sich anderen gegenüber nicht wirklich öffnen und fühlen sich unter vielen Menschen nicht besonders wohl. Oder Sie sind jemand, der sich nach Liebe sehnt, dann aber so offen und heftig um Zuneigung bettelt, dass es anderen zu viel wird. Und wenn Sie schließlich doch die Liebe bekommen, die Sie sich so sehr gewünscht haben, dann sind Sie oft außer Stande, sie einfach anzunehmen. All das ist Besorgnis erregend. Suchen Sie in Ihrem Horoskop nach Einflüssen, die dazu beitragen könnten, diese Probleme zu lösen.

## Der Mond im zwölften Haus

Der Mond im zwölften Haus macht aus Ihnen einen ruhigeren Menschen, er bringt Sie dazu, sich weniger zu hetzen und sich Zeit für sich selbst nehmen, egal wie extrovertiert und lebhaft Sie auch sein mögen. Wenn Sie nicht zu der Einsicht gelangen, dass Sie auch Phasen des Alleinseins brauchen – eigentlich haben Sie nämlich das tief in Ihrem Innern steckende Bedürfnis, sich zurückzuziehen und sich zu regenerieren – flüchten Sie vor den Anforderungen des Alltags, manchmal sogar in Alkohol oder Drogen.

# Die Aspekte des Mondes

STUDIEREN SIE *die Aspekte des Mondes sehr sorgfältig, denn der Mond drückt jedem Planeten, mit dem er in Kontakt kommt, seinen Stempel auf. Es ist ein nicht zu unterschätzender Einfluss auf die charakteristischen Merkmale der Planeten, die wiederum den Menschen, seine Persönlichkeit und sein Leben verändern. Im Kontakt mit dem Mars zum Beispiel verstärkt der Mond die Art, wie ein Mensch reagiert, beim Saturn gibt er Vorsicht hinzu, beim Jupiter fördert er Leidenschaft und Begeisterung. Ganz allgemein wirken sich die Aspekte des Mondes auf die instinktiven und spontanen Reaktionen in alltäglichen Lebenssituationen aus.*

(Zum Aspekt des Mondes zur Sonne siehe »Die Aspekte der Sonne zum Mond«, S. 253.)

## Die Aspekte des Mondes zum Merkur

### Konjunktion

Dieser Einfluss stärkt Ihre Intuition. Merkur verleiht den Qualitäten des Mondzeichens die Gabe, schnell und präzise zu denken, und wenn Sie ein praktisch veranlagter Mensch mit Fantasie sind, sind Sie für fast jeden Bereich mit guten Voraussetzungen ausgestattet.

### Positive Aspekte

Sie haben eine gute Konzentrationsfähigkeit und sehr viel gesunden Menschenverstand, eine praktische Veranlagung, den Scharfsinn des Mondes und die Klugheit des Merkurs. Sie treffen Ihre Entscheidungen auf der Grundlage von Logik und Intuition.

### Negative Aspekte

Ihr kritischer Scharfsinn führt durch negative Aspekte zwischen Mond und Merkur dazu, dass Sie öfter unfreundlich werden.

## Die Aspekte des Mondes zur Venus

### Konjunktion

Sie müssten eigentlich beliebt, liebevoll, ruhig und heiter sein, denn Sie haben ein gutes Sensorium für die Bedürfnisse anderer, vor allem Ihres Partners. Jede persönliche Beziehung wird von diesen Vorzügen profitieren.

### Positive Aspekte

Sie haben alle positiven Charakterzüge der Konjunktion, dazu noch Optimismus und eine gute Auffassungsgabe. Sie sind durch Ihren Charme von der Sorte Mensch, der man »alles durchgehen lässt«.

### Negative Aspekte

Sie lieben unter Einsatz Ihrer ganzen Kraft und wollen genauso auch geliebt werden. Deshalb neigen Sie unter Umständen dazu, sich zu schnell in die Arme eines anderen zu stürzen und erst zu merken, dass Sie nicht zusammenpassen, wenn es zu spät ist.

## Die Aspekte des Mondes zum Mars

### Konjunktion

Der Mond gibt Ihren physischen und emotionalen Energien Auftrieb, hebt Ihre Gefühle, beschleunigt Ihre Reaktionsfähigkeit und ermutigt Sie, die Dinge direkter anzugehen.

### Positive Aspekte

Hier wird der Ausgleich Ihrer physischen und emotionalen Energien gefördert, und Sie sollten daran arbeiten, beide in Einklang zu bringen und Ihre Ausgeglichenheit im Kontakt mit anderen einzusetzen. Sie müssten eigentlich eine robuste Konstitution haben.

### Negative Aspekte

Nervosität und emotionale Spannung können hier verstärkt werden. Sie verlieren schnell die Beherrschung und reagieren cholerisch. Dabei ist dann Ihr Urteilsvermögen getrübt. Handeln Sie nicht zu schnell und voreilig.

## Die Aspekte des Mondes zum Jupiter

### Konjunktion

Sie sind anderen Menschen gegenüber sehr einfühlsam und glücklich, wenn Sie Ihre Erfahrungen und Ihr Wissen weitergeben können. (Sie haben das Zeug, ein guter Lehrer zu werden!) Sie sind freundlich und liebenswürdig, großzügig und gütig.

### Positive Aspekte

Die positiven Einflüsse sind hier denen der Konjunktion sehr ähnlich (Einfühlsamkeit, Freundlichkeit und Großzügigkeit), es kommt aber noch gesteigerte Fantasie, Unkonventionalität und eine gute Auffassungsgabe in philosophischen Belangen hinzu.

### Negative Aspekte

Leider haben Sie eine schlechte Menschenkenntnis, und Sie neigen dazu, manches zu sehr zu dramatisieren. Sie leiden unter Magen- und Gallenbeschwerden, wenn Sie schweres Essen und alkoholische Getränke zu sich nehmen.

## Die Aspekte des Mondes zum Saturn

### Konjunktion

Dieser Aspekt kann Ihre Lebensauffassung ernst und düster und Ihre Gefühlswelt etwas träge gestalten. Ihr Fleiß und Ihre praktisch-nüchterne Sachlichkeit wirken dem allerdings entgegen.

### Positive Aspekte

Gesunder Menschenverstand, Entschlossenheit und Besonnenheit, all das ist hier vertreten, verhindert allerdings Impulsivität, die woanders im Horoskop auftreten könnte. Sie gehen diszipliniert und praktisch an die Arbeit und sind wegen Ihrer Verlässlichkeit allseits geschätzt.

### Negative Aspekte

Hemmungen und mangelndes Selbstbewusstsein machen Ihnen Ihr Leben manchmal schwer – und können sogar zu Depressionen führen, wenn Ihre Lebenseinstellung sowieso schon negativ ist. Sie sind ein oft mürrischer Mensch, womit Sie vielen Menschen, vor allem Ihren Freunden die gute Stimmung verderben.

## Die Aspekte des Mondes zum Uranus

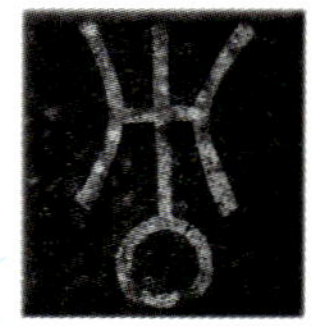

### Konjunktion

Dies kann ein sehr positiver Aspekt sein, aber er wird durch andere Indikationen im Horoskop beeinträchtigt, obwohl die Konjunktion des Mondes zum Uranus ein sehr kraftvoller Aspekt ist: Er beeinflusst sowohl positiv als auch negativ. So unterstützt er Dynamik, Originalität und intuitive Auffassungsgabe. Aber: Der Eigensinn des Uranus kann dieses außergewöhnliche Qualitätsspektrum mit finsteren Untertönen ausstatten: Originalität und Virtuosität können einen Menschen in Schwierigkeiten bringen.

### Positive Aspekte

Diese Aspekte sind positiver Zündstoff für Ihre Gefühle, und sie ermöglichen es Ihnen, Ihre Kreativität und Energie auf Ihre ganz eigene Art zu nutzen. Sie neigen dazu, sich zwar den Rat anderer Menschen anzuhören, dann aber doch genau das Gegenteil zu tun.

### Negative Aspekte

Eigenwilligkeit kann hier zu Problemen führen; sie kann Ihnen aber bei der Verwirklichung Ihrer Ziele sehr von Nutzen sein, wenn Sie nicht des Selbstzwecks wegen auf Ihren Grundsätzen beharren. Körperliche Bewegung ist ein ausgezeichnetes Mittel, den Gefahren entgegenzuwirken.

## Die Aspekte des Mondes zum Neptun

### Konjunktion

Hier sind sehr schöne Anlagen am Werk, aber nehmen Sie sich in Acht vor den Begleiterscheinungen: Sie können so idealistisch, freundlich und sympathisch sein, dass sie andere förmlich dazu einladen, Sie auszunutzen. Wenn Sie Ihre Fantasie nicht hemmen, sondern in kreative Bahnen lenken, werden Sie auf der Grundlage dieser durch und durch positiven Eigenschaften persönliche und berufliche Erfüllung finden.

### Positive Aspekte

Beide Planeten arbeiten in diesen Aspekten gut zusammen, stärken Ihre Fantasie und intensivieren Ihre Empfindungen. Arbeiten Sie ständig daran, Ihre Fantasie nicht ausufern zu lassen, denn das führt bei Ihnen dazu, dass Sie sich selbst verwirren und den Boden unter den Füßen verlieren. Viele Menschen mit diesen positiven Aspekten haben große Begabungen im psychologischen Bereich.

### Negative Aspekte

Sie neigen zu Ideen, die im wirklichen Leben nicht umsetzbar sind; es fällt Ihnen schwer, vorwärts zu kommen, weil Sie gerne den Weg des geringsten Widerstands gehen.

## Die Aspekte des Mondes zum Pluto

### Konjunktion

Sie können sich ungewöhnlich frei und kraftvoll ausdrücken. Diese Kraft sitzt aber auch in Ihrer Emotionalität, die sich sehr häufig in unkontrollierten Gefühlsausbrüchen äußert – unangenehm für andere, für Sie aber wahrscheinlich notwendig. Wenn Sie versuchen, Ihre Gefühle zu unterdrücken, leiten Sie sie selbstzerstörerisch nach innen.

### Positive Aspekte

Sie reagieren sehr emotional auf Ihre Umwelt, aber nie auf unangenehme Art. Seien Sie aber vorsichtig, dass Sie keine unbedachten Bemerkungen machen, die missverstanden oder ernster genommen werden könnten, als von Ihnen beabsichtigt.

### Negative Aspekte

Es kann Ihnen schwer fallen, Ihre Gefühle auszudrücken, mit dem Erfolg, dass emotionale Blockaden nicht nur Ihnen schaden, sondern auch den Menschen, die Ihnen wichtig sind, denn die leiden darunter, dass Sie sich ihnen gegenüber sehr »zugeknöpft« zeigen. Das passiert besonders dann, wenn Ihr Horoskop auch anderweitig Schüchternheit und Gehemmtheit begünstigt.

# Die Aspekte des Mondes zum Aszendenten

## Konjunktion

Dieser Aspekt verstärkt Ihren Wankelmut und Ihre Launenhaftigkeit, die sowieso schon zu den Mondeinflüssen gehören. Äußere Umstände beeinflussen Sie mehr als die meisten Menschen; die Reaktionen anderer auf Sie beobachten Sie sehr genau und nehmen sich dabei mehr zu Herzen als nötig wäre.

## Positive Aspekte

Hier herrscht ein guter Einfluss: Sie dürften keine Schwierigkeiten haben, mit sich selbst ins Reine zu kommen. Sie haben gesunden Menschenverstand und die Begabung, mit anderen gut auszukommen.

## Negative Aspekte

Sie sind sehr charmant, aber diese Aspekte befördern eher Ungeduld im Umgang mit anderen – eine Eigenschaft, die jede Beziehung gefährden kann. Sie leiden wahrscheinlich unter einer nagenden, inneren Unzufriedenheit. Sie selber oder ein sensibler Mensch in Ihrem Umfeld sollte das erkennen, damit Sie diesen Missmut nicht mehr auf andere übertragen.

# Die Aspekte des Mondes zum Himmelsmeridian

## Konjunktion

Es wird oft behauptet, dass dieser Aspekt im Horoskop berühmter Menschen auftaucht. Sie haben ein stark ausgeprägtes Ego und üben auf andere eine besondere Anziehungskraft aus. Zu Höchstform laufen Sie immer dann auf, wenn Sie für viele Menschen Verantwortung übernehmen.

## Positive Aspekte

Die Qualitäten Ihres Sternzeichens und Ihres Himmelsmeridians (der oberste Punkt in Ihrem Geburtshoroskop) werden von diesen positiven Aspekten sehr betont und verstärkt. Sie identifizieren sich mit diesen Qualitäten und möchten sie zum Ausdruck bringen.

## Negative Aspekte

Es ist nicht leicht für Sie zu erkennen, was Sie wirklich wollen, und wenn Sie es erkannt und in die Tat umgesetzt haben, sind Sie mit dem, was Sie erreicht haben, nicht zufrieden.

## Kurze Zusammenfassung

✓ Der Mond hat nach der Sonne den stärksten Einfluss. Er ist eng verbunden mit den typisch »weiblichen« Eigenschaften. Dazu gehören mütterliche Impulse, die Fähigkeit mitleiden zu können, Gefühle, instinktgesteuertes Verhalten, Fantasie, Intuition und Veränderung. Wenn der Mond in einem Geburtsbild vorherrscht, spielt die Veränderung im Leben dieses Menschen eine herausragende Rolle und er befindet sich oft in widersprüchlichen Gefühlszuständen. So können die Fähigkeit zu tiefem Mitgefühl und extreme Selbstsucht gleich stark ausgeprägt sein.

✓ Der Einfluss des Mondes sorgt dafür, dass ein Mensch den Merkmalen seines Zeichens entsprechend handelt. Der Mond verstärkt daneben auch, dass dieser Mensch eher gehemmt ist. Er hat einen äußerst günstigen Einfluss, wenn die Aspekte zwischen ihm und der Sonne oder dem das Horoskop beherrschenden Planeten positiv sind.

✓ Die Lebensbereiche, die zu dem Haus gehören, in dem der Mond steht, sind für einen Menschen ganz besonders wichtig und in ihnen bündelt sich die volle Kraft aller starken Mondeinflüsse.

✓ Seine Aspekte drücken jedem Planeten, mit dem der Mond in Kontakt kommt, seinen Stempel auf. Im Kontakt mit dem zum Beispiel normalerweise gelassenen Jupiter bringt der Mond Begeisterungsfähigkeit zum Vorschein. Die Aspekte des Mondes haben eine Wirkung auf die instinktiven und spontanen Reaktionen eines Menschen.

Kapitel 16

# Einflüsse des Merkur

Ob nun im Zeichen, im Haus oder im Aspekt, der Merkur übt einen einmaligen Einfluss auf das Denken aus. Seine besondere Stellung und seine Aspekte im Horoskop weisen darauf hin, wie ein Mensch denkt, sei es nun instinktiv und schnell, besonnen und langsam, intellektuell und logisch oder emotional und intuitiv. Der Merkur beeinflusst auch die Art, wie wir Entscheidungen treffen und wie wir mit anderen Menschen umgehen.

Inhalt dieses Kapitels:

- ✓ Der Merkur in den Zeichen
- ✓ Der Merkur in den Häusern
- ✓ Die Aspekte des Merkur



In der Mythologie war Merkur der Götterbote.

# Der Merkur in den Zeichen

DER MERKUR IST EINER *der »inneren« Planeten (die Venus ist der andere), d. h. seine Umlaufbahn liegt zwischen der Erde und der Sonne. Er ist im Geburtsbild nie weiter als 28 Grad von der Sonne entfernt.*

**DEFINITION**

*Der Merkur und die Venus, deren Umlaufbahnen zwischen der Erde und der Sonne liegen und der Sonne näher sind als der Erde, werden die* **»inneren«** *Planeten genannt. Die Planeten, die weiter von der Sonne entfernt sind als die Erde – Mars, Jupiter, Saturn, Uranus, Neptun und Pluto –, werden* **»äußere«** *Planeten genannt.*

Denken Sie daran, dass jedes der zwölf Tierkreiszeichen nur 30 Grad hat. Da der Merkur nie weiter als 28 Grad von der Sonne entfernt ist, kann er jeweils nur in drei Zeichen stehen: in demselben Zeichen, in dem die Sonne steht, im Zeichen davor oder im Zeichen danach.

Wenn zum Beispiel Krebs Ihr Sonnenzeichen ist, kann der Merkur nur im Krebs, im Zwilling oder im Löwen stehen. Anders ausgedrückt: Wenn der Merkur in Ihrem Geburtsbild im Krebs steht (und das haben Sie ja korrekt aufgezeichnet!), kann Ihr Sonnenzeichen nur Zwilling, Krebs oder Löwe sein. Wenn Sie aber Widder sind, und Ihr Geburtsbild zeigt den Merkur im Krebs, dann sollten Sie den Fehler in Ihrer Zeichnung dringend korrigieren.

## Der Merkur im Widder

Vom Widder aus fördert der Merkur Entschlossenheit, geistige Schnelligkeit und die Fähigkeit, sich Problemen zu stellen und nicht vor ihnen zurückzuschrecken. Wenn der Merkur in einem negativen Aspekt zum Mars steht, neigen Sie zu Impulsivität, die aber durch Ihre Nervenstärke immer wieder unter Kontrolle gehalten werden kann. Sie treffen meist die richtige Wahl, handeln mit Bestimmtheit und kommen immer direkt auf den Punkt (was nicht heißt, dass Sie keine Diskussionen und Debatten ertragen könnten). Sie haben sogar Freude am Gespräch und machen sich ein besonderes Vergnügen daraus, provozierende oder anregende Vorschläge zu machen. Ihre Haltung zum Leben ist optimistisch.

### Sonnenzeichen Fische

*mit dem Merkur im Widder*

Sie sind kraftvoll und selbstsicher. Sie haben eine im positiven Sinn blühende Fantasie und ein sehr großes kreatives Potenzial. Gefühle bringen Sie ganz unkompliziert zum Ausdruck.

Wenn der Merkur allerdings in negativem Aspekt zum Mond oder Uranus steht, dann stehen Sie unter großer Anspannung. Phasen, in denen Sie aufgeregt und unsicher sind, treten häufig auf. Die Fische gewinnen hier etwas an Willensstärke.

### Sonnenzeichen Widder

#### mit dem Merkur im Widder

Diese Stellung kann bedeuten, dass sich zur Tatkraft des Widders noch die Fähigkeit gesellt, dabei bei klarem, schnellem Verstand zu sein. Andererseits müssen Sie wahrscheinlich aufpassen, dass Sie nicht zu hastig agieren oder ungeduldig werden. Schauen Sie beim Mond oder dem Aszendenten nach, ob Sie dort mäßigende Einflüsse finden.

### Sonnenzeichen Stier

#### mit dem Merkur im Widder

Sie sind weniger vorsichtig als der reine Stiertyp, und so wie Sie sind, handeln Sie auch: lebhaft, sebstbewusst und spontan. Allerdings können Sie auch ungeduldig und verärgert reagieren, wenn das, was Sie in die Runde werfen, nicht sofort auf Begeisterung stößt.

## Der Merkur im Stier

Hier herrscht Sturheit vor. Flexibilität sollte gelernt werden, damit Sie und das, was Sie denken, nicht in festgefahrenen Bahnen einfriert. Im schlimmsten Fall können Sie Züge von Zwanghaftigkeit und ein übersteigertes Sicherheitsbedürfnis entwickeln. Sie gehen Ihr Leben vorsichtig, praktisch und konventionell an. Gesunder Menschenverstand und Ihre praktische Ader, gepaart mit disziplinierter Arbeitsmoral, setzen sich fast immer durch.

### Sonnenzeichen Widder

#### mit dem Merkur im Stier

Das ungestüme Temperament der Widderpersönlichkeit erfährt Stabilisierung durch den Merkur. Ihre Fähigkeit, überlegt und konstruktiv zu denken, ist Ihr Vorteil und bewahrt Sie vor rücksichtslosen, übereilten und falschen Entscheidungen.

### Sonnenzeichen Stier

#### mit dem Merkur im Stier

Beständig, zuverlässig und vorsichtig wie Sie sind, sind Sie der Inbegriff des starken, schweigsamen Typs. Sie sprechen nur, wenn es unbedingt notwendig ist, freunden sich nur langsam mit neuen Ideen an und gehen sehr bedächtig mit ihnen um. Eine Energiespritze von irgendwoher in Ihrem Horoskop brächte mehr Temperament in Ihr Leben.

## Sonnenzeichen Zwillinge

### mit dem Merkur im Stier

Wie alle Zwillinge sind Sie lebhaft, schnell und vielseitig. Der Merkur, als Herrscher dieses Zeichens, übt hier einen starken Einfluss aus und sorgt für charakterliche Stabilität. Mit dieser Konstellation sind Sie vorsichtiger und konstruktiver als die meisten reinen Zwillingstypen.

# Der Merkur in den Zwillingen

Die Zwillinge sind Merkurs eigenes Zeichen, und darum ist sein Einfluss hier besonders schwer wiegend. Kommunikation ist Ihnen sehr wichtig: Sie brauchen den Austausch von Ideen und reden lieber mit jedem, als Ihre Gedanken für sich zu behalten. Sie sind für gewöhnlich mit mehr als nur einer Aufgabe beschäftigt, weshalb Sie vieles nur oberflächlich angehen, sowohl gedanklich als auch handelnd. Gründliche Prüfung einer Sache ist Ihrer Natur fremd. Sie sind wahrscheinlich sehr ungeduldig und bringen nicht viel Sympathie auf für Menschen, die eine weniger gut ausgebildete Auffassungsgabe haben als Sie.

## Sonnenzeichen Stier

### mit dem Merkur in den Zwillingen

Sie mögen die Routine, werden aber nicht so leicht der Sklave Ihrer Gewohnheiten wie andere Stiere. Sie profitieren von Ihrer Vielseitigkeit und Anpassungsfähigkeit, ohne dass Ihre typischen Stierstärken – Zielstrebigkeit und Entschlossenheit – darunter leiden müssten.

## Sonnenzeichen Zwillinge

### mit dem Merkur in den Zwillingen

Sie müssen sich besonders vor den typisch negativen Zwillingseigenschaften – Oberflächlichkeit und Ruhelosigkeit – in Acht nehmen. Alles in allem haben Sie für gewöhnlich einen schnell arbeitenden Verstand, sind vielseitig und können sich aus jeder noch so prekären Situation herausreden.

## Sonnenzeichen Krebs

### mit dem Merkur in den Zwillingen

Der Merkur lässt Sie Ihre Meinung, der Krebs Ihre Stimmung ändern. Die Kombination dieser beiden Einflüsse kann manchmal ziemlich explosiv sein, aber letztendlich wird der Merkur Ihre Krebsneigung, zu sentimental zu werden, im Zaum halten.

# Der Merkur im Krebs

Ihre Sehnsucht nach vergangenen Zuständen kann für Sie zu einem Problem werden. Nicht dass der Blick zurück nicht manchmal angenehm sein kann, aber die Beschäftigung mit der Vergangenheit schadet Ihnen, wenn Sie weitergehen und in die Zukunft planen müssen. Das machen Sie sogar ausgesprochen ungern, weil Ihnen alles Unbekannte nicht geheuer ist. Denken Sie immer daran, dass Ihre Fantasie gern Überstunden macht und aus jedem Maulwurfhügel auf Ihrem Weg einen unüberwindlichen Berg machen kann. Kreativ genutzt, leistet sie Ihnen aber gute Dienste. Zusammen mit Ihrer Liebe zur Vergangenheit können Sie sie z. B. nutzen, um Geschichte zu studieren oder historische Romane zu schreiben. Hüten Sie sich davor, sich immer von Ihren Gefühlen überwältigen zu lassen.

## Sonnenzeichen Zwillinge

### mit dem Merkur im Krebs

Zum schnell arbeitenden Verstand der Zwillinge kommen eine starke Intuition und die Fähigkeit, instinktiv richtig zu reagieren. Die Merkurstellung im Krebs trägt noch dazu bei, dass Sie andere besonders sensibel wahrnehmen. Sie stehen anderen Menschen weniger kritisch als mitfühlend gegenüber.

## Sonnenzeichen Krebs

### mit dem Merkur im Krebs

Sie haben eine sehr lebendige Fantasie, die Sie aber meistens dazu verführt, besonders besorgt zu reagieren. Wenn Sie in Ihrem Horoskop woanders auch noch Indikatoren für Pessimismus und Depressionen haben, dann wird diese Tendenz um ein Vielfaches verstärkt. Ein weiterer wichtiger Punkt ist Ihre Launenhaftigkeit, mit der Sie sich bei Menschen in Ihrer Umgebung nicht unbedingt beliebt machen.

## Sonnenzeichen Löwe

### mit dem Merkur im Krebs

Der Optimismus des Löwen wird Ihnen helfen, ein wenig sorgloser zu sein, als es der Krebs Ihnen erlaubt. Der Merkur gibt Ihnen noch Freundlichkeit, Rücksichtnahme und Einfühlsamkeit dazu. Mentale Flexibilität und ein Schuss Vorsicht sind stabilisierende Gegenpole zu dem eher feurigen Einfluss des Löwen.

## Der Merkur im Löwen

Mit dieser Merkurstellung haben Sie jede Menge Fantasie, sind emotional und nervlich sehr ausgeglichen und verfügen über Organisationstalent. Alles, was getan werden muss, wird getan – vernünftig und praktisch. Sie arbeiten und denken konzentriert. Hüten Sie sich aber vor Ihrem Hang, stur, unflexibel und diktatorisch zu sein, wenn Sie im Unrecht sind. Sie sind begeisterungsfähig und optimistisch, und Ihre Kommunikationsfähigkeit ist phänomenal; allerdings auch Ihr Hochmut. All diese in der Mehrzahl positiven Qualitäten können etwas gedämpft werden durch negative Einflüsse, die vielleicht woanders in Ihrem Horoskop stehen, besonders durch negative Aspekte zwischen Mond und Saturn.

## Sonnenzeichen Krebs

### mit dem Merkur im Löwen

Die Intuition des Krebses wird durch einen Schuss Realismus angereichert. Sie nehmen neue Ideen auf praktische Art in Angriff und gehen besonnen und vorsichtig mit ihnen um. Gute Organisationsfähigkeit und eine optimistische Lebenseinstellung kommen Ihnen im Leben sehr zugute.

## Sonnenzeichen Löwe

### mit dem Merkur im Löwen

Sie neigen dazu, andere Menschen beherrschen zu wollen, was Ihrer ansonsten so sympathischen Persönlichkeit Abbruch tut. Auch Ihre Sturheit hindert Sie daran, ein flexibles, den Menschen zugewandtes Leben zu führen, wo Sie doch eigentlich zu den begeisterungsfähigen und offenen Menschen zählen.

## Sonnenzeichen Jungfrau

### mit dem Merkur im Löwen

Der Merkur beherrscht die Jungfrau. Darum ist sein Einfluss auf dieses Zeichen sehr stark, und er setzt einen Gegenpol zu der Tendenz der Jungfrau, sich zu viele Sorgen zu machen. Merkur hilft auch dabei, Selbstbewusstsein, Optimismus und die Fähigkeit zu entwickeln, sich weniger aufs Detail zu fixieren und mehr die größeren Zusammenhänge im Blick zu behalten.

# Der Merkur in der Jungfrau

Der Merkur beherrscht die Jungfrau genauso wie die Zwillinge, was seinen Einfluss verstärkt. Diese Kombination fördert die Fähigkeit, Probleme zu analysieren und sie einer Lösung näher zu bringen. Gesunder Menschenverstand und eine praktische Ader sind die vorherrschenden Qualitäten: Sie sind unglücklich, wenn Sie die Bodenhaftung verlieren. Sorgen Sie dafür, dass Sie sich nicht nur dann sicher fühlen, wenn Sie in jeder Situation genau wissen, was Sie zu tun haben und wie Sie es tun müssen. Das führt meist dazu, dass man Nebensächlichkeiten überbewertet und blind wird für die größeren Zusammenhänge, in denen sie stehen. (Die Stellung und die Aspekte des Jupiter in Ihrem Horoskop wirken auf diese Tendenzen allerdings mäßigend ein.) Es kann sein, dass Sie übermäßig reizbar sind. Sie sollten diese Reizbarkeit abzubauen versuchen, um möglichen Magenverstimmungen und Migräne vorzubeugen. Leiten Sie die Energie ab in Tätigkeit.

## Sonnenzeichen Löwe

### mit dem Merkur in der Jungfrau

Merkur ist normalerweise bekannt als ein Planet, der schnell und sogar voreilig handelt, aber von der Jungfrau aus kann er eine bremsende Wirkung auf die überschwängliche und zu optimistische Seite des Löwen ausüben. Der praktische gesunde Menschenverstand der Jungfrau wird Sie vor Überreaktionen bewahren und mäßigt Ihren Hang zur Angeberei.

## Sonnenzeichen Jungfrau

### mit dem Merkur in der Jungfrau

Hier finden wir einen Überschuss an Jungfrau-Eigenschaften, einschließlich der Tendenz zu Sorge und Krittelei sowohl an sich selbst wie auch an anderen. Es gibt auch Anzeichen für Schüchternheit und mangelndes Selbstbewusstsein.

## Sonnenzeichen Waage

### mit dem Merkur in der Jungfrau

Waagen, die sonst unter Zögerlichkeit und Unentschiedenheit leiden, können diese Tendenzen leichter unter Kontrolle bringen, wenn Merkur von der Jungfrau aus für Sie arbeitet. Sie leiden hier nicht unter der sonst für die Waage typischen Faulheit.

# Der Merkur in der Waage

Die Konzentrationskraft des Merkur wird durch die Waage abgeschwächt, aber Sie haben ein mitfühlendes Herz und das starke Bedürfnis nach Geselligkeit. Freundschaft ist Ihnen so wichtig, dass Sie sich lieber gut mit Ihren Freunden stellen, statt Sie auch einmal, wenn es nötig ist, zu kritisieren. Klar zu denken, fällt Ihnen mitunter schwer; sind Sie da gefordert, merkt man Ihnen die Lustlosigkeit an.

## Sonnenzeichen Jungfrau

### mit dem Merkur in der Waage

Mit dieser Kombination von Sonnenzeichen und Planet fällt es Ihnen leicht, sich zu entspannen. Sie haben eine Gelassenheit, die manchmal an Lethargie grenzt. Sie sind nie in Hetze und entscheidungsfaul. Seien Sie sich dieser Unentschlossenheit bewusst, gehen Sie dagegen an.

## Sonnenzeichen Waage

### mit dem Merkur in der Waage

Diese Merkurstellung hilft dem Sonnenzeichen Waage überhaupt nicht: Sie kann sie sogar noch fauler machen, als sie es auf Grund ihres Sonnenzeichens sowieso schon ist. Allerdings verstecken Sie sich hinter Ihrem Phlegma: Mangelndes Selbstbewusstsein ist der Grund. Auch die Entschlussunfähigkeit ist hier problematischer als gewöhnlich.

## Sonnenzeichen Skorpion

### mit dem Merkur in der Waage

Dies kann für das Sonnenzeichen Skorpion eine ausgezeichnete Stellung sein, denn in der Waage nimmt der Merkur Ihrem Stachel die Giftigkeit und ermöglicht es Ihnen, anderen verständnisvoll zuzuhören. Sturheit ist ein weniger großes Problem als sonst beim Skorpion, Sie sind gelassener und charmanter.

# Der Merkur im Skorpion

Dies ist eine sehr kraftvolle Stellung: Logik und Rationalität des Merkur paaren sich mit Intuition und Eifer des Skorpions. Ausdauer ist ein Problem für Sie, weil Sie unbedingt immer jeden einzelnen Aspekt gründlich unter die Lupe nehmen müssen und nach einer Zeit die Lust verlieren weiterzumachen. Sie haben einen so genauen und peniblen Blick auf die Dinge, dass Sie manchmal wie besessen sind – besonders wenn der Merkur im negativen Aspekt zum Pluto steht. Es fällt Ihnen schwer, Ihr Inneres nach außen zu kehren. Sie schauen lieber in sich hinein, als sich mitzuteilen. Weil es für Sie schwierig ist, sich zu öffnen, besprechen Sie nur ungern intime Dinge mit anderen. Da Sie Ihre Probleme für sich behalten, sind sie um so schwerer zu lösen. Ihr Partner oder Ihre engen Freunde wollen Ihnen meist erfolglos helfen, sich von etwas zu befreien, was Sie bedrückt.

## Sonnenzeichen Waage

### *mit dem Merkur im Skorpion*

Die Unentschlossenheit der Waage gerät hier mit der Bestimmtheit und Zielstrebigkeit des Merkur im Skorpion in Konflikt. Mit ein bisschen Glück gewinnen Merkur und Skorpion. Im schlimmsten Fall machen Sie den Eindruck, entschlussunfähig zu sein. Verlassen Sie sich auf Ihre Intuition. Sie wird Ihnen die Richtung zeigen, in die Sie sich bewegen sollten – es macht nichts, wenn Sie nur zu einer langsamen Bewegung fähig sind.

## Sonnenzeichen Skorpion

### *mit dem Merkur im Skorpion*

Die Entschlusskraft und die Zielstrebigkeit, die Ihnen diese Kombination anbietet, können so stark sein, dass Sie sich in eine Vorstellung oder einen Plan verrennen. Sie arbeiten diese Pläne bis in alle Einzelheiten aus und liegen dabei fast immer richtig.

## Sonnenzeichen Schütze

### *mit dem Merkur im Skorpion*

Schützen beschäftigen sich nicht gern mit Details, aber Merkur im Skorpion schafft Abhilfe und fördert Umsicht. Die Wahrscheinlichkeit, dass Sie ein durch und durch optimistischer Mensch werden, ist relativ gering.

# Der Merkur im Schützen

Bei den meisten Astrologen ist es üblich, dass sie den Merkur im Schützen für eine etwas negative Konstellation halten. Aber der Merkur fördert hier Intellektualität, die dem Schützen liegt. Sie sollten aber beständiger werden und versuchen, Ihre Ruhelosigkeit nicht so ausarten zu lassen, dass Sie sich in nichts mehr wirklich vertiefen können. Sie erfassen Details schnell und Ihre Interessen sind breit gefächert. Vermeiden Sie aber, Ihre Aktivitäten zu häufig zu wechseln.

## Sonnenzeichen Skorpion

### mit dem Merkur im Schützen

Der Merkur wird in den schwerfälligen Skorpioneinfluss Leben bringen und Sie ermutigen, sich selbst nicht so ernst zu nehmen oder sich weniger in persönliche Probleme zu verrennen. Wenn Sie unter diesem Einfluss geboren sind, sind Sie aufgeschlossen, aufrichtig, tolerant und optimistisch.

## Sonnenzeichen Schütze

### mit dem Merkur im Schützen

Diese Stellung macht Sie fast zu lebhaft, und Sie tun gut daran, sich in Ihrem Horoskop nach beruhigenden Einflüssen umzuschauen. Wenn Sie keine finden können, nehmen Sie sich in Acht vor blindem Optimismus und davor, von Ihren Gefühlen übermannt zu werden.

## Sonnenzeichen Steinbock

### mit dem Merkur im Schützen

Die eher ernste Steinbocknatur kann immer eine Spritze positiven Optimismus gebrauchen, und der Merkur bietet Ihnen genau das an, wenn er im Schützen steht. Ihre Verbissenheit, Unbeirrbarkeit und Geradlinigkeit – die großen Vorteile des Steinbocks – fallen hier etwas weniger zwanghaft aus, und Sie sind ein entspannterer Mensch.

# Der Merkur im Steinbock

Da ist keine Zeit für leeres Geschwätz, wenn der Merkur im Steinbock steht, im Gegenteil: Hier herrscht eine einfache, geradlinige Sprache. Diese Konstellation begünstigt aber auch einen Hang zum Pessimismus (besonders wenn Mond und Saturn negative Aspekte bilden). Ihr Verstand arbeitet vorsichtig und jeden Gedanken sorgfältig abwägend, kühl und rational, Sie sind ehrgeizig, und Sie erreichen Ihre Ziele, weil Sie sie entschlossen verfolgen.

## Sonnenzeichen Schütze

### mit dem Merkur im Steinbock

Der bei Schützen oft Besorgnis erregende, übertriebene Enthusiasmus wird vom Merkur ausgeglichen, wenn er vom Steinbock aus wirkt. Die Stellung fördert gesunden Menschverstand, Vorsicht, praktische Vorgehensweise und die Fähigkeit, mit vielen Dingen gleichzeitig fertig zu werden.

### Sonnenzeichen Steinbock

#### mit dem Merkur im Steinbock

Sie sind ein Arbeitstier und Ihr Verstand arbeitet wie ein Taschenrechner alle Eventualitäten vorher durch. Diese Qualitäten helfen Ihnen, mit vielen verschiedenen Situationen fertig zu werden und Ihr Leben mit weiser Voraussicht zu planen. Sie haben eine positive Lebenseinstellung, sind lebhaft und ehrgeizig.

### Sonnenzeichen Wassermann

#### mit dem Merkur im Steinbock

Eine praktische Veranlagung kann den Eigensinn auflockern, von dem der Wassermann sonst geprägt ist, und auch seine Sturheit ist hier ein weniger großes Problem. Sie sollten versuchen, die beiden widerstreitenden Neigungen in Ihnen zu versöhnen: Mal nämlich halten Sie viel auf Konvention, mal möchten Sie sich unangepasst verhalten.

## Der Merkur im Wassermann

Sie gehören zur Gruppe der Intellektuellen. Sie haben originelle Ideen und bilden sich sehr individuell Ihre Meinung. Sie können jedoch auch extrem stur und eigensinnig sein, besonders wenn Sie unter Stress stehen. Ihre Reizbarkeit und Anspannung können Sie nur schwer abbauen (vor allem wenn der Merkur in negativem Aspekt zum Mars oder Uranus steht). Sie sind im Allgemeinen sehr freundlich und hilfsbereit.

### Sonnenzeichen Steinbock

#### mit dem Merkur im Wassermann

Ihre stark ausgeprägte Steinbockeigenschaft, sich immer und überall angemessen verhalten zu wollen, kann in krassem Gegensatz zu Ihrer Wassermann-Individualität und -Unabhängigkeit stehen. Das Leben kann Sie lehren, dass es zwischen diesen beiden gegensätzlichen Kräften einen Ausgleich geben muss, um gelassen und glücklich sein zu können.

### Sonnenzeichen Wassermann

#### mit dem Merkur im Wassermann

Es fehlt Ihnen bei dieser Kombination von Planet und Zeichen sicher nicht an ganz besonderer Individualität. Diese bedeutet aber auch eine starke Eigensinnigkeit bis hin zur Sturheit und Unflexibilität. Sie sollten wissen, dass Sie, weil Sie ein sehr schwieriger Charakter sind, anderen den Umgang mit Ihnen nicht erleichtern.

## Sonnenzeichen Fische

### mit dem Merkur im Wassermann

Dies ist aus vielerlei Gründen eine bewundernswerte Kombination: Die Gefühlsbetontheit der Fische wird durch die Objektivität des Wassermanns ausgeglichen. Sie besitzen eine ausgezeichnet funktionierende Intuition, der auf der anderen Seite eine gute Portion Rationalität entspricht.

# Der Merkur in den Fischen

Sie leiden unter Ihrer Inkonsequenz und Unklarheit. So können Sie zum Beispiel für einen Freund in Not sehr viel Mitgefühl aufbringen, während Sie andere Freunde vergessen und vernachlässigen. In sehr schwierigen Situationen haben Sie entweder die Einstellung »Alles wird gut« oder »Das hat nichts mit mir zu tun!«. Mit anderen Worten: Sie gehen den Weg des geringsten Widerstandes, und an Ihren Freunden ist es, nachsichtig mit Ihnen zu sein. Bei aller Unberührbarkeit, die Sie ausstrahlen, sind Sie eigentlich ein eher schüchterner Mensch, dessen Selbstbewusstsein nicht das stärkste ist. Sie nehmen in jeder Situation immer das Schlimmste an: Ein Partner kommt von der Arbeit nicht pünktlich nach Hause, weil er natürlich von Außerirdischen entführt wurde! Vergessen Sie nicht, in Ihrem Horoskop nach Einflüssen zu suchen, die Sie auf den Boden der Tatsachen zurückbringen könnten.

## Sonnenzeichen Wassermann

### mit dem Merkur in den Fischen

Für Wassermänner mit dem Merkur in den Fischen kann es schwer sein, sich davon frei zu machen, immer ihren Gefühlen ausgesetzt zu sein. Sie haben ein von Herzen kommendes Mitgefühl für andere. Der bei den meisten Wassermännern anzutreffende Eigensinn und ihre Unberechenbarkeit werden hier gemildert.

## Sonnenzeichen Fische

### mit dem Merkur in den Fischen

Sie sind unfähig, Ordnung in Ihrem Leben zu schaffen. Sie sind so schusselig oder verwirrt, dass Sie noch so gute Absichten haben können, sich einen klaren Blick zu verschaffen – es in die Tat umzusetzen, ist Ihnen fast unmöglich. Dabei sind Sie aber immer liebenswert, ein ausgesprochen einfühlsamer und freundlicher Mensch.

### Sonnenzeichen Widder

#### mit dem Merkur in den Fischen

Egoismus und Angriffslust des Widder werden hier von Merkur abgeschwächt (wenn nicht Venus woanders einen starken Einfluss ausübt). Sie sind vergesslich und leiden sehr darunter. Sie sind wahrscheinlich weniger entschlussfreudig als ein reiner Widder, dafür aber auch sehr viel weniger anfällig für Wutausbrüche.

# Der Merkur in den Häusern

MIT DEN LEBENSBEREICHEN, *die von dem Haus beherrscht werden, in dem der Merkur steht, beschäftigen Sie sich gedanklich und analytisch am meisten. Merkur beeinflusst auch die Art und Weise, in der Sie über das Leben nachdenken: logisch oder intuitiv, optimistisch oder pessimistisch, einfühlsam oder unrealistisch. Da Sie leicht den Bezug zur Realität verlieren, suchen Sie in Ihrem Horoskop andere Einflüsse, die Ihnen helfen können, bodenständig zu sein und mit einem guten Schuss gesundem Menschenverstand die Dinge anzugehen.*

## Der Merkur im ersten Haus

Das Prädikat »merkurisch« trifft auf Sie voll und ganz zu: Sie sind gesprächig, geistreich, wankelmütig und vielseitig. Sie haben ein enormes Bedürfnis, sich mitzuteilen – und alle Mittel, darin gut zu sein. Die positiven Merkuraspekte in Ihrem Horoskop können Ihren nicht so liebenswerten Eigenschaften (Rastlosigkeit und Mangel an Tiefe) entgegenwirken. Die Merkuraspekte färben auch Ihre generelle Lebenseinstellung und sind die entscheidenden Faktoren bei der Frage, ob Sie optimistisch oder pessimistisch sind.

## Der Merkur im zweiten Haus

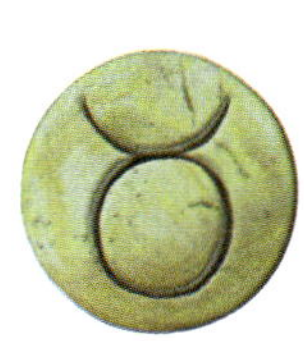

Sie sind ein Verhandlungskünstler auf materiellem Gebiet. Ein arabischer Bazar wäre das Richtige für Sie: Feilschen entspricht Ihrer Natur. Aber auch Spekulationen an der Börse machen Ihnen großen Spaß. Aktien zu kaufen und zu verkaufen, nimmt Sie sehr in Anspruch und ist obendrein noch ein Gewinn bringendes Hobby – für Sie selbst, wenn Sie es nur in kleinem Rahmen betreiben. Sie haben eine gesunde Einstellung zum Geld, und Ihrem Riecher für gute Geschäfte kann man trauen. Aber Sie müssen aufpassen: Seien Sie vorsichtig, wenn Sie eine allzu schnelle Mark machen wollen.

## Der Merkur im dritten Haus

Kommunikation ist das Hauptthema in Ihrem Leben, auch wenn Sie vielleicht mehr am Wie als am Was interessiert sind! Sie sind tatsächlich oft nicht sicher, was in Ihrem Kopf vor sich geht, bevor Sie es nicht ausgesprochen haben! Sie nutzen Ihren wendigen, schnellen Geist und Ihre große Beobachtungsgabe, um ein bisschen von allem zu lernen, sich zu spezialisieren ist Ihnen eher fremd.

## Der Merkur im vierten Haus

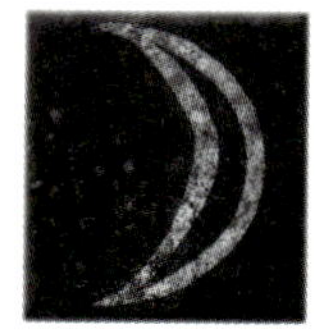

Die Familie ist besonders wichtig für Sie. Trotzdem sind Sie zu Hause oft unzufrieden und sehnen sich danach »weiterzuziehen«. (Dies ist besonders dann der Fall, wenn Sonne und Mond in einem negativen Aspekt zueinander stehen.)

## Der Merkur im fünften Haus

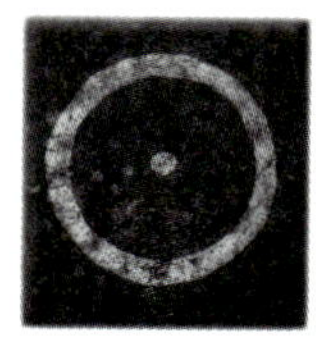

Risikobereitschaft – ob sie sich nun auf Intuition oder Analyse stützt – ist wahrscheinlich Ihre stärkste Eigenschaft. Sie sind ein Charmeur, dem im richtigen Moment die schmeichelhaftesten und romantischsten Worte einfallen – und der immer mit Zuneigung belohnt wird! Eine Verführung zu planen, macht Ihnen fast genauso viel Spaß, wie sie durchzuführen! Unglücklicherweise kann es passieren, dass Ihre Opfer annehmen, sie seien Ihre einzige und wahre Liebe. Machen Sie sich auf Ärger von dieser Seite gefasst.

## Der Merkur im sechsten Haus

Wenn es auch noch woanders in Ihrem Horoskop Hinweise dafür gibt, dass Sie sich gerne Sorgen machen, dann machen die einen sehr großen Teil Ihres Lebens aus. Das kann zu physischen Problemen führen – wie zum Beispiel Magenverstimmungen und Kopfschmerzen. Sie neigen dazu, sich auf Schwierigkeiten und Probleme zu fixieren und nagen an ihnen wie ein Hund an einem Knochen. Ein energisches und gut geplantes Bewegungsprogramm wird Ihnen helfen, diesem Problem entgegenzutreten.

## Der Merkur im siebten Haus

Sie sind ein hervorragender Partner, solange Sie die Kommunikation nicht abbrechen. Versuchen Sie, sich nicht zu sehr auf Ihren Partner zu stützen. Wenn er oder sie stärker ist als Sie, dann überlassen Sie gern alle Entscheidungen ihm.

## Der Merkur im achten Haus

Diese Konstellation macht aus Ihnen einen sehr ernsten Menschen mit stark philosophischer Veranlagung, die ausufern kann, besonders wenn Neptun und Mond in einem negativen Aspekt stehen. Es kann sein, dass Sie sich so sehr mit dem großen unlösbaren Mysterium des Lebens und des Todes beschäftigen, dass Sie sich fast vollständig aus dem wirklichen Leben zurückziehen. Andererseits kann diese Merkurstellung einen überdurchschnittlich intensiven Sexualtrieb oder Traumleben bewirken.

## Der Merkur im neunten Haus

Das neunte Haus wurde früher das »Haus der Träume« genannt, und Menschen, die den Merkur hier stehen haben, sind manchmal Tagträumer, deren Leistungsfähigkeit nie wirklich wahrgenommen wird. Reisen fasziniert Sie, was etwas mit Ihrem häufig auftretenden Drang zu tun hat, »alles hinter sich zu lassen«, und damit, dass Sie glauben, das Gras sei in tropischen Ländern saftiger.

## Der Merkur im zehnten Haus

Es fällt Ihnen schwer, sich auf eine berufliche Laufbahn festzulegen, und selbst wenn Sie es getan haben, ändern sich Ihre Ambitionen von Jahr zu Jahr. Sie brauchen einen Job, der Ihnen viel tägliche Abwechslung bietet. Langeweile ertragen Sie nur sehr schwer.

## Der Merkur im elften Haus

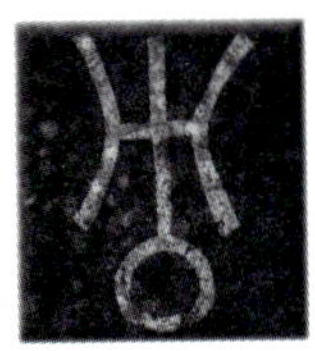

Ein abwechslungsreiches geselliges Leben ist Ihnen sehr wichtig. Eher als wenige enge Freunde, haben Sie sicher einen großen Bekanntenkreis. Sehr wahrscheinlich sind Sie auch ein geschätztes Mitglied einer Gruppe oder eines Ausschusses, was für Sie von großer Bedeutung ist.

## Der Merkur im zwölften Haus

Das zwölfte Haus besteht nur aus Intuition und Emotion, während der Merkur ein logischer Planet ist – hier kann es zu Konflikten kommen, besonders wenn der Merkur in einem Wasserzeichen steht. Wenn Sie Ihre Intuition gelegentlich überprüfen und Ihre Emotionen richtig kanalisieren, werden Sie keine Probleme haben.

# Die Aspekte des Merkur

DER MERKUR BETONT *bei jedem Planeten, mit dem er in Berührung kommt, die intellektuelle Seite. Sein Einfluss kann fast immer positiv genutzt werden, da er einen lebhaften und ausdrucksstarken Geist fördert. Andererseits produzieren die negativen Aspekte Stress und nervöse Spannungen (besonders wenn Uranus betroffen ist).*

(Aspekte des Merkur zur Sonne, siehe »Die Aspekte der Sonne zum Merkur«, S. 254; Aspekte des Merkur zum Mond, siehe »Die Aspekte des Mondes zum Merkur«, S. 269.)

## Die Aspekte des Merkur zur Venus

Beachten Sie, dass Merkur und Venus nie mehr als 76 Grad voneinander getrennt sind und darum nur eine Konjunktion, ein Halbsextil, ein Sextil oder ein Halbquadrat bilden können. Hier gehen wir nicht auf den Aspekt des Halbquadrats ein, weil das den Rahmen dieses Buches sprengen würde.

### Konjunktion

Hier wird Kommunikationsfähigkeit gefördert, und es fällt Ihnen leicht, sich mit geliebten Menschen, Freunden und Kollegen auszutauschen. Ihr Lebenspartner kann sich glücklich schätzen, denn er bekommt von Ihnen eine großzügige Portion Liebe, Zuneigung und Verständnis.

### Das Sextil

Offenherzige Freundlichkeit zeichnet diesen Aspekt aus, der für gewöhnlich Interesse an und Geschicklichkeit in handwerklichen Tätigkeiten fördert, besonders beim Umgang mit Stoffen.

## Die Aspekte des Merkur zum Mars

### Konjunktion

Dies ist ein herrlich Gewinn bringender Aspekt. Er beflügelt den Verstand und verleiht eine Gabe zu anstrengender, geistiger Arbeit. Sie sind ein schnell denkender, entschlussfreudiger, lebensbejahender und wetteifernder Mensch.

### Positive Aspekte

Hier finden Sie dieselben positiven Eigenschaften wie schon bei der Konjunktion, jedoch noch mit dem zusätzlichen Vorteil eines starken Nervenkostüms.

### Negative Aspekte

Ihre intellektuellen Energien sind genauso gut entwickelt wie bei der Konjunktion und den positiven Aspekten, nur sind Sie nervöser: Sie neigen dazu, erst zu handeln und dann zu denken.

## Die Aspekte des Merkur zum Jupiter

### Konjunktion

Sie haben einen ausgezeichnet arbeitenden Verstand. Wenn Ihr Horoskop an anderer Stelle auch noch auf Kreativität schließen lässt, dann haben Sie ein gewaltiges Potenzial, Großes zu leisten.

### Positive Aspekte

Neben einer großen Intelligenz haben Sie auch ein gutmütiges und optimistisches Naturell, allerdings auch die Tendenz, die Dinge zu sehr auf die leichte Schulter zu nehmen.

### Negative Aspekte

Es kann sein, dass Sie etwas zerstreut sind und zu Übertreibungen und Leichtsinn neigen. Sie haben eine gesunde Skepsis, aber achten nicht auf Kleinigkeiten. Sie sollten das Kleingedruckte lesen, bevor Sie irgendwelche Verträge oder Vereinbarungen unterschreiben.

## Die Aspekte des Merkur zum Saturn

### Konjunktion

Dieser starke Aspekt führt zu einer ernsthaften Lebenseinstellung, gesundem Menschenverstand, Vorsicht, praktischer Lebensart und einem gewissen Pessimismus. Sie können eine ausgezeichnete Konzentrationsfähigkeit haben und die Kraft, langfristige Pläne nicht nur zu entwickeln, sondern auch auszuführen.

### Positive Aspekte

Dieser Aspekt übt einen positiven, erdenden Effekt auf Ihre Persönlichkeit aus, gerade wenn Sie besonders lebhaft, zu optimistisch und begeisterungsfähig sind. Hier benutzen Sie Ihren Verstand vorsichtig, gehen methodisch vor und wissen immer das Richtige zu sagen. Andere Menschen geraten leicht in Ihren Bann, und man schätzt Ihre Zuverlässigkeit.

### Negative Aspekte

Ihre Leidenschaft für Ordnung und Sauberkeit grenzt an Zwanghaftigkeit (womit Sie manch einen wahnsinnig machen!). Sie können auch sehr engstirnig, schreckhaft, schüchtern und wenig selbstbewusst sein.

## Die Aspekte des Merkur zum Uranus

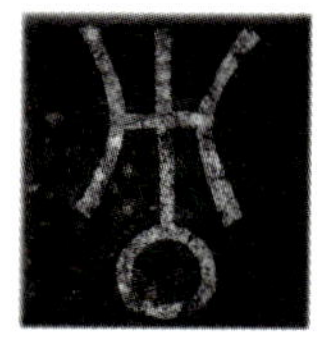

Nicht zufällig trifft man bei professionellen Astrologen häufig Aspekte zwischen diesen beiden Planeten an!

### Konjunktion

Sie sind äußerst unabhängig, können aber auch stur und eigensinnig sein. Sie sind originell, haben eine schnelle Auffassungsgabe und sind vielseitig interessiert, leben aber wahrscheinlich zurückgezogen und brauchen auch ein hohes Maß an Privatsphäre.

### Positive Aspekte

Die Einflüsse der Konjunktion sind auch hier anzutreffen, einschließlich des Bedürfnisses nach Unabhängigkeit. Alles ist noch stärker ausgeprägt, wenn Löwe oder Jupiter eine vorherrschende Rolle in Ihrem Geburtsbild spielen oder wenn Merkur oder Uranus der persönliche Planet ist.

### Negative Aspekte

Sie sind ein heller und origineller Kopf, aber Nervosität und Unbedachtheit können Sie taktlos werden lassen.

## Die Aspekte des Merkur zum Neptun

### Konjunktion

Der Intellekt des Merkur verbindet sich mit der Fantasie und der Inspiration des Neptun, wobei ein charmanter und exzentrischer Charakter herauskommen kann. Nehmen Sie sich vor der Neigung in Acht, sich in Tagträumen zu verlieren.

### Positive Aspekte

Dieselben Einflüsse wie in der Konjunktion – eine fantastische Mischung aus Intellekt, Fantasie und Inspiration – verbinden sich mit Freundlichkeit, Sanftheit und Einfühlungsvermögen.

### Negative Aspekte

Hier macht sich Gerissenheit – und ein Hang zum Täuschen anderer – bemerkbar. Wenn Merkur oder Neptun der persönliche Planet ist, kann man auch auf Selbsttäuschung und Realitätsflucht stoßen. Schauen Sie sich nach erdenden Einflüssen – zum Beispiel dem Impuls zu praktischer Veranlagung – in Ihrem Horoskop um.

## Die Aspekte des Merkur zum Pluto

### Konjunktion

Sie besitzen große intuitive Kräfte, haben Freude an der Selbstanalyse und daran, Lösungen für Probleme zu finden, und Sie sind mit der Gabe ausgestattet, ernsthaft und gründlich über psychologische Zusammenhänge nachzudenken. Wenn etwas durch Selbstüberprüfung zu lösen ist, dann sind Sie derjenige, der es schaffen kann. Aber nehmen Sie sich vor der Versuchung in Acht, zu lange an diesem Problem festzuhalten, indem Sie jede einzelne Facette bis zur mentalen Erschöpfung unter die Lupe nehmen.

### Positive Aspekte

Sie achten sehr auf Einzelheiten und untersuchen eine Sache gerne sehr gründlich. Sie besitzen alle Problemlösungsfähigkeiten der Konjunktion, und wenn Merkur oder Pluto Ihr persönlicher Planet ist, lösen Sie diese Probleme sogar noch schneller und leichter.

### Negative Aspekte

Sie verheimlichen Ihre persönlichen Probleme gern vor anderen und schützen Ihr Privatleben auf eine hartnäckige, zwanghafte Weise, selbst wenn Ihre Umgebung sie darauf aufmerksam macht, wie schwierig es dadurch ist, Sie wirklich kennen zu lernen.

# Die Aspekte des Merkur zum Aszendenten

## Konjunktion

Sie schalten schnell, sind vielseitig und teilen Ihre Ideen gern anderen mit – und das machen Sie auch sehr gut. Versuchen Sie, ruhiger zu werden.

## Positive Aspekte

Hier sehen wir dieselben Aspekte wie in der Konjunktion – schnelles Denken, Vielseitigkeit und Kommunikationsfähigkeit –, aber sie kommen hier weniger stark zum Ausdruck.

## Negative Aspekte

Nervöse Anspannungen können hier zu einem echten Problem werden und machen sich besonders in Kommunikationssituationen bemerkbar. Sie reden umso mehr – und umso schneller –, je nervöser Sie sind. Sie machen sich auch zu viele Sorgen um Ihre Gesundheit.

# Die Aspekte des Merkur zur Himmelsmitte

## Konjunktion

Sie können sich wahrscheinlich Ihrer Flatterhaftigkeit nicht erwehren. Vielleicht können Sie diesen Hang zur Ruhelosigkeit in Reiselust umwandeln. Sie fliegen wahrscheinlich von einem Arbeitsplatz zum andern. Vergessen Sie nicht, dass Sie dafür einen beträchtlichen physischen und psychischen Preis bezahlen müssen, wenn Sie Ihr ganzes Leben damit verbringen, ruhelos umherzuwandern.

## Positive Aspekte

Hier findet man dieselben Anzeichen wie in der Konjunktion, aber sie sind viel weniger stark ausgeprägt. Der Merkur übt einen eher positiven Einfluss in dieser Hinsicht aus, und die Ruhelosigkeit richtet nur selten Schaden an.

## Negative Aspekte

Sie leiden häufig unter nervlicher Belastung und Anspannung, besonders dann, wenn Sie Entscheidungen treffen müssen. Diese Schwierigkeit wird noch verstärkt, wenn der Merkur Ihr persönlicher Planet ist.

# Kurze Zusammenfassung

✓ Ob im Zeichen, Haus oder Aspekt, der Merkur beeinflusst am meisten den Verstand und die Art, wie der Mensch denkt und Probleme löst (schnell oder langsam, logisch oder emotional). Der Planet beeinflusst auch die Art, wie wir Entscheidungen treffen und miteinander kommunizieren.

✓ Der Merkur steht nie weiter als 28 Grad von der Sonne entfernt. Darum kann man ihn in einem Horoskop immer nur in drei Zeichen finden: dem Zeichen, in dem die Sonne steht, dem Zeichen davor und dem Zeichen danach.

✓ Durch seine Häuserposition beeinflusst der Merkur die Einstellung zu den Lebensbereichen, die von dem Haus, in dem er steht, beherrscht werden. Geht zum Beispiel Ihr Denken mit einem bestimmten Bereich oder Zusammenhang sensibel oder intuitiv, optimistisch oder pessimistisch um?

✓ Im Aspekt betont der Merkur die intellektuelle Komponente eines jeden Planeten, mit dem er in Kontakt kommt. Im Allgemeinen fördern die Aspekte geistige Wendigkeit, Fantasie und gute Kommunikationsfähigkeiten. Gelegentlich werden diese positiven Qualitäten von nervlicher Anspannung und Stress begleitet.

Kapitel 17

# Einflüsse der Venus

DIE VENUS NIMMT EINFLUSS auf unsere Beziehung zu anderen Menschen und darauf, wie wir uns dabei fühlen, und zwar sowohl in sozialer wie auch in finanzieller Hinsicht. Der Planet ist eng mit unserer Vorstellung von privaten und auch beruflichen Partnerschaften verbunden. Unsere Einstellungen und unser Verhalten bei Liebe, Sex, Geld und Besitz (und wie wir uns darauf einlassen und/oder sie erwerben) stehen ebenfalls unter dem Einfluss der Venusstellung in Zeichen, Haus oder Aspekt. Wenn man bedenkt, wie oft wir in der Liebe ähnliche Gefühle entwickeln wie gegenüber Geld, wird einem klarer, wieso die Venus solch verschiedene Wirkungsbereiche hat!

Inhalt dieses Kapitels:

- ✓ Die Venus in den Zeichen
- ✓ Die Venus in den Häusern
- ✓ Die Aspekte der Venus



BEI DEN RÖMERN WAR DIE VENUS DIE GÖTTIN DER LIEBE.

# Die Venus in den Zeichen

DIE VENUS IST EINER *der inneren Planeten, deren Umlaufbahnen zwischen der Erde und der Sonne liegen. Von der Erde aus gesehen, erscheint die Venus immer nahe der Sonne. Entsprechend kann die Venus im Geburtsbild nie weiter als 48 Grad von der Sonne entfernt stehen.*

*Denken Sie daran, dass jedes der zwölf Sternzeichen nur 30 Grad hat. Da Venus nie weiter als 48 Grad von der Sonne entfernt ist, kann sie jeweils nur in fünf Zeichen stehen: in demselben Zeichen, in dem die Sonne steht, in einem der beiden Zeichen davor oder in einem danach.*

Wenn zum Beispiel Ihr Sonnenzeichen der Krebs ist, dann kann die Venus nur im Krebs, Stier, Zwilling, Löwen oder in der Jungfrau stehen. Oder anders ausgedrückt: Wenn die Venus in Ihrem Geburtshoroskop im Krebs steht, dann kann Ihr Sonnenzeichen nur Stier, Zwillinge, Krebs, Löwe oder Jungfrau sein. Wenn Sie aber Fische sind und Ihr Geburtsbild zeigt Venus im Krebs, dann müssen Sie Ihr Horoskop neu erstellen, irgendwo haben Sie einen Fehler gemacht!

## Die Venus im Widder

Sie sind leidenschaftlich, voller Energie und unternehmungslustig. Sie gehen bei Geldgeschäften oft ein hohes Risiko ein und sollten sich vor finanziellen Verlusten hüten. Um ein glückliches und stressfreies Leben führen zu können, brauchen Sie mehr sexuelle Erfüllung als die meisten Menschen. Außerdem könnten Sie keinen Partner ertragen, der der körperlichen Liebe nicht genauso viel Begeisterung entgegenbringt wie Sie.

### Sonnenzeichen Wassermann

*mit der Venus im Widder*

Die etwas unterkühlten Attribute der Wassermann-Sonne werden von der Venus im Widder aufgewärmt. In einer Liebesbeziehung sind Sie warmherzig, selbst wenn Sie noch unschlüssig sind, ob Sie eine tiefer gehende Verpflichtung eingehen möchten.

### Sonnenzeichen Fische

*mit der Venus im Widder*

Hier setzt sich die feurige Leidenschaft des Widders gegen die wässrige Emotionalität der Fische durch. Aber die Fische steuern ihre Zartheit bei, und Sie sind darum ein sehr fürsorglicher Liebhaber.

## Sonnenzeichen Widder

### mit der Venus im Widder

Leidenschaft und Begeisterung, gemischt mit Großzügigkeit und einem gewissen Maß an Egoismus machen aus Ihnen einen interessanten Liebhaber. Sie sehnen sich nach Unabhängigkeit und gehen schnellen Verpflichtungen aus dem Weg.

## Sonnenzeichen Stier

### mit der Venus im Widder

Sie sind äußerst emotional und sehr leidenschaftlich. Sie sind auch ein gefühlsbetonter, erfahrener Liebhaber, aber plötzliche Gefühlsausbrüche können Ihnen schaden.

## Sonnenzeichen Zwillinge

### mit der Venus im Widder

Sie neigen dazu, Ihre Beziehungen zu gründlich zu prüfen und zu hinterfragen, und Ihre Gefühle auszudrücken, ist für Sie harte Arbeit. Sie werden wahrscheinlich feststellen, dass Freundschaft Ihnen mehr liegt als leidenschaftliche Liebe.

# Die Venus im Stier

Die Venus beherrscht den Stier, und darum ist ihr Einfluss hier besonders stark. Sie sind ein Arbeitstier und haben ein starkes Verlangen nach Luxus und Komfort, schöner Kunst und gutem Essen. Im Bett sind Sie ein eher passiver, aber sinnlicher, romantischer und warmherziger Liebhaber, der ohne Schwierigkeit seine Leidenschaft leben kann. Ihre Besitzgier kann allerdings ein Problem sein.

## Sonnenzeichen Fische

### mit der Venus im Stier

Mit dieser Venusstellung sind Fische beständig, geradlinig, vernünftig, praktisch und können gut mit Geld umgehen. Sie sind ein zuverlässiger Freund, wenn auch manchmal zu Besitz ergreifend. Ihre angeborene Kreativität wird hier noch verstärkt.

## Sonnenzeichen Widder

### mit der Venus im Stier

Mit dieser Kombination von Widder und Venus im Stier schäumen Sie über vor Leidenschaft – und zwar so sehr, dass Sie hart daran arbeiten müssen, diese feurige Glut mit einem Funken Besonnenheit zu mäßigen. Wenn Sie das nicht tun, könnte das Ihren persönlichen und auch beruflichen Beziehungen ernsthaft schaden.

## Sonnenzeichen Stier

### mit der Venus im Stier

Sie sind der Inbegriff eines Stiers, lieben Sinnlichkeit, Romantik, Geld, schöne Menschen und schöne Dinge. Sie schätzen emotionale und finanzielle Sicherheit über alles, und gutes Essen und Trinken stehen gleich an zweiter Stelle. Da Ihr Stoffwechsel notorisch langsam ist, wird es zur wahren Herausforderung, nicht zu viel zuzunehmen.

## Sonnenzeichen Zwillinge

### mit der Venus im Stier

Wenn Sie in der Liebe glücklich sein wollen, dann drücken Sie Ihre Gefühle aus, die warmherziger sind als bei den reinen Zwillingstypen! Sie haben einen schnell arbeitenden Verstand, schätzen gute Gespräche und sind nur selten so Besitz ergreifend, wie es die meisten Stiertypen sind. Aber Sie haben einen teuren Geschmack.

## Sonnenzeichen Krebs

### mit der Venus im Stier

Sie sind ein fürsorglicher und einfühlsamer Liebhaber und leben das Leben ganz unbeschwert. Achten Sie jedoch darauf, dass sich stierhafte Besitzansprüche nicht mit Ihrem krebshaften Bedürfnis verbinden, andere beschützen zu wollen.

# Die Venus in den Zwillingen

Sie sind ein Freund, der den Spaß liebt, und Sie sind ein temperamentvoller Liebhaber. Je nachdem wo Ihre Sonne steht (siehe unten), haben Sie Schwierigkeiten, Ihre intimen Gefühle zum Ausdruck zu bringen, aber Sie sind ein gleich bleibend treuer Freund. Sie flirten auch fürchterlich gern, und damit ist eine ausgeprägte Tendenz verbunden, sich zu verzetteln: Sie versuchen, mit mehreren Beziehungen gleichzeitig herumzujonglieren. Sie brauchen einen Partner, der dem gewachsen und dazu bereit ist, Ihre leidenschaftliche Sexualität als Ausgleich für kleine Seitensprünge zu akzeptieren.

## Sonnenzeichen Widder

### mit der Venus in den Zwillingen

Widderhafter Egoismus gepaart mit der Vorliebe der Zwillinge für das Flirten kann aus Ihnen einen Menschen machen, dem es egal ist, wer dabei verletzt wird, solange Sie bekommen, was Sie wollen.

## Sonnenzeichen Stier

### mit der Venus in den Zwillingen

Der ganze Charme des Stiers wird durch diese Venusstellung verstärkt – Herzlichkeit, Sinnlichkeit, Romantik und Zuneigung. Der Hang des Stiers, manchmal zu Besitz ergreifend und zu ernst zu sein, wird durch diese Venusstellung erheblich gedämpft. (Venus ist für den Stier der beherrschende Planet.)

## Sonnenzeichen Zwillinge

### mit der Venus in den Zwillingen

Sie haben eine stark ausgeprägte Neigung, sich in einem gefährlich hohen Maß auf Flirts und Verführungen einzulassen. Ihre Entschuldigung für dieses Verhalten ist typisch: Sie glauben, dass beides nichts mit Liebe zu tun hat und letztendlich nicht wirklich wichtig ist. Diese Aussage ist ein Beispiel für eine weitere Ihrer negativen Tendenzen – Sie spielen wichtige Gefühle herunter (womit Sie andere verletzen). Wahre Romantik und Liebe entgehen Ihnen, wenn Sie diese destruktiven Einflüsse nicht unter Kontrolle bekommen.

## Sonnenzeichen Krebs

### mit der Venus in den Zwillingen

Die Neigung des Krebses, überempfindlich zu sein und sich ständig Sorgen zu machen, wird von der Venus in den Zwillingen sehr gemäßigt, womit Ihnen ein ausgeglichener Umgang mit der Liebe und dem Leben ermöglicht wird. In der Liebe brauchen Sie einen Partner, der nicht nur einen Körper, sondern auch Geist besitzt, und Freundschaft ist für Sie genauso wichtig wie Leidenschaft. Die Treue des Krebses wird hier im Allgemeinen über die Liebe des Zwillings zum Flirt siegen! Außerhalb Ihres Privatlebens sind Sie sehr geschäftstüchtig.

## Sonnenzeichen Löwe

### mit der Venus in den Zwillingen

Flirt-Leidenschaft ist hier unvermeidlich, aber ein ebenso starkes Verlangen nach aufrichtiger Liebe und Zuneigung kann Ihnen dabei helfen, dieser Sucht zu widerstehen, wenn Sie glauben, den richtigen Geliebten gefunden zu haben. In einer Beziehung brauchen Sie viel mehr als Liebe und Leidenschaft. Freundschaft, Großzügigkeit und Ihre Freude am Leben mit all seinen Hochs und Tiefs mit Ihrem Partner teilen zu können, sind Ihnen gleichermaßen wichtig.

## Die Venus im Krebs

Mit Venus im Krebs brauchen Sie dringend und unbedingt eine sehr sichere Beziehung. Aber hüten Sie sich davor, einen übertriebenen Beschützerinstinkt und ein zu starkes Sicherheitsbedürfnis an den Tag zu legen. Sie sind zwar liebevoll, freundlich und verständnisvoll, aber Ihr starker Wunsch, sich ausgiebigst um Ihre Familie zu kümmern, kann darin umschlagen, dass Sie zu emotional und zu fürsorglich sind.

### Sonnenzeichen Stier

#### *mit der Venus im Krebs*

Hier werden Liebe und Zuneigung noch durch einfühlsame Leidenschaft verstärkt. Dafür kann Besitzgier zu einem Problem werden und gelegentlich in einer Beziehung für stürmische Zeiten sorgen. Am Ende einer Beziehung sollten Sie versuchen, einen sauberen Schlussstrich zu ziehen. Es kann verhängnisvoll sein, auch nach deren Beendigung an einer Beziehung festzuhalten.

### Sonnenzeichen Zwillinge

#### *mit der Venus im Krebs*

Die für den Zwilling typische Kaltblütigkeit wird von der Venus im Krebs angewärmt. Emotionen und romantische Liebe finden einen positiven Ausdruck – auch wenn Sie wie die meisten Zwillinge ein aufregendes und anregendes sexuelles Leben brauchen. Sie sind ein fantastischer Freund, und es fällt Ihnen leicht, sich mitzuteilen.

### Sonnenzeichen Krebs

#### *mit der Venus im Krebs*

Ihr großes Problem ist, dass Sie sich zu viele Sorgen machen. Jede Beziehung, wie leidenschaftlich und emotional sie auch sein mag, kann durch Ihre ständige Sorge um Ihren Geliebten oder Ehepartner zerstört werden. Auch fühlen Sie sich ständig getrieben, auf Ihre Freunde aufzupassen. Versuchen Sie, diese Tendenzen zu drosseln, oder Sie stoßen genau die Menschen ab, um die Sie sich sorgen.

### Sonnenzeichen Löwe

#### *mit der Venus im Krebs*

Hier wird ein hoher Grad an Emotionalität mit der dominanten Natur des Löwen kombiniert, und Ihr Liebespartner fühlt sich emotional unter dem Pantoffel. Schlimmer noch: Sie stellen ihn auf ein Podest und halten dann jeden seiner Ausrutscher für verhängnisvoll.

## Sonnenzeichen Jungfrau

### mit der Venus im Krebs

Sie sind sehr emotional, aber auch schüchtern und reserviert, weshalb es Ihnen schwer fällt, Ihre Gefühle auszudrücken. Ihre zu großen Sorgen um einen geliebten Menschen werden mit großer Sicherheit jede Beziehung begleiten. Hüten Sie sich auch davor, die Menschen, die Sie lieben, zu sehr zu kritisieren.

# Die Venus im Löwen

Als Liebes- oder Ehepartner sind Sie loyal und treu. Sie lieben aber auch dramatische Auftritte. Sie bevorzugen ein sehr komfortables, wenn nicht sogar luxuriöses Leben, und verdienen ehrgeizig Geld, um diesen Lebensstil halten zu können. Sie sind ein überschwänglicher und unterhaltsamer Freund und werden wegen Ihres Optimismus und Ihrer Begeisterungsfähigkeit geschätzt.

## Sonnenzeichen Zwillinge

### mit der Venus im Löwen

Sie brauchen sexuelle Abwechslung und legen es auch darauf an – selbst wenn Sie dadurch untreu werden. Ihr Partner kann sich andererseits auch nie darüber beklagen, dass das Leben mit Ihnen langweilig sei. Sie bringen in Ihre Beziehung einen Sinn für Abenteuer mit.

## Sonnenzeichen Krebs

### mit der Venus im Löwen

Hier tut sich die Launenhaftigkeit des Krebses mit der herrischen Entschlossenheit des Löwen zusammen, immer das Sagen haben zu müssen. Dies wäre eine heikle Kombination, wenn Sie nicht so ein fürsorglicher und warmherziger Mensch wären. Sie sind ein treuer und extrovertierter Partner und ein beständiger und begeisterungsfähiger Freund.

## Sonnenzeichen Löwe

### mit der Venus im Löwen

Sie sind ein enthusiastischer, bewundernswürdiger und schwungvoller Partner, und Sie lieben nichts mehr, als die Menschen zu ermutigen und zu unterstützen, die Ihnen am liebsten sind. Ihre Extravaganz und Ihr Hang zu übertriebener Dramatik machen ein Zusammenleben mit Ihnen zu einem Pulverfass. Statt dramatisch zu sein, seien Sie diplomatisch und taktvoll, erfreuen Sie sich lieber an gelegentlichen, auch mal bescheidenen Genüssen, statt immer an überspannten, ausgefallenen Inszenierungen Ihres Alltags.

## Sonnenzeichen Jungfrau

### *mit der Venus im Löwen*

In der Sexualität steht die Zurückhaltung der Jungfrau im Widerspruch zur Großspurigkeit des Löwen, was sowohl Sie selbst als auch Ihren Liebhaber verwirren kann. Und bitte achten Sie auf Ihren Hang zum Schwatzen … und Schwatzen … und …, wenn Sie verlegen und nervös sind.

## Sonnenzeichen Waage

### *mit der Venus im Löwen*

Die Venus beherrscht die Waage, und darum ist ihr Einfluss zusammen mit dem des Löwen hier sehr stark. Er macht aus Ihnen einen warmherzigen Romantiker, der das gute Leben liebt. Sie sind besonders großzügig den Menschen gegenüber, die Sie lieben und bewundern. Aber hüten Sie sich vor der Versuchung, die Zuneigung der anderen kaufen zu wollen.

# Die Venus in der Jungfrau

Menschen, bei denen die Venus in der Jungfrau steht, sind charmant, liebenswürdig und bescheiden. Sie sind immer bereit zu helfen. Sie können jedoch in Ihrem Sexualleben gehemmt sein. Außerdem neigen Sie sehr zur Nörgelei.

## Sonnenzeichen Krebs

### *mit der Venus in der Jungfrau*

Krebshafte Launenhaftigkeit paart sich hier mit einer von der in der Jungfrau stehenden Venus geförderten Kritiksucht – und das Problem liegt auf der Hand, besonders wenn der Krebs sich um seinen Partner Sorgen macht.

## Sonnenzeichen Löwe

### *mit der Venus in der Jungfrau*

Hier vereint sich die herrische Art des Löwen mit der Kritiksucht der Jungfrau – ein sicheres Rezept für Schwierigkeiten. Denken Sie auch daran, dass die Extravaganz des Löwen gepaart mit der Vorsicht der Jungfrau nur Verwirrung stiften kann. Machen Sie sich diese wenig angenehmen Eigenschaften bewusst und versuchen Sie, sie unter Kontrolle zu bringen. Schauen Sie sich auch in Ihrem Horoskop nach positiven Einflüssen um, die dem entgegenwirken können. Zu Ihren Vorteilen gehört, dass Sie ein lebhafter und unterhaltsamer Freund mit hervorragenden Kommunikationsfähigkeiten sein können.

## Sonnenzeichen Jungfrau

### mit der Venus in der Jungfrau

Ihre natürliche, jungfräuliche Bescheidenheit und Sanftheit werden fast jeden bezaubern, aber für Ihren Liebes- oder Ehepartner können Sie im Bett ziemlich frustrierend sein. Versuchen Sie, die Barrieren zu überwinden.

## Sonnenzeichen Waage

### mit der Venus in der Jungfrau

Die Liebe und die Harmonie der Waage mit der Schüchternheit und der Gehemmtheit der Jungfrau sorgen gemeinsam für eine zweifelhafte Mischung. Versuchen Sie, diese beiden Seiten zu überwinden. Wenn Ihnen das gelingt, werden die anderen Sie als einen lebhaften, redseligen – wenn auch manchmal unentschlossenen – Menschen empfinden.

## Sonnenzeichen Skorpion

### mit der Venus in der Jungfrau

Im schlimmsten Fall sind Sie sexbesessen, aber auch äußerst gehemmt. Im besten Fall sind Sie ein energischer, rücksichtsvoller Freund und Partner. Aber hüten Sie sich vor Ihrer Kritiksucht.

# Die Venus in der Waage

»Ich bin verliebt in die Liebe« könnte bei dieser Venusstellung in der Waage die Titelmelodie Ihres Lebens sein. Sie sehen die Liebe in einem idealisierten, romantischen Licht und schätzen einfache Zuneigung mehr als Sex. Sie sind ein zugeneigter Freund, haben diplomatisches Fingerspitzengefühl und eine große Liebe zu Luxus und Komfort. Zu Ihren Nachteilen gehört, dass Sie unentschlossen sein können, missgünstig, genusssüchtig und faul – besonders wenn Sie Anzeichen für Letzteres auch noch woanders in Ihrem Horoskop finden.

## Sonnenzeichen Löwe

### mit der Venus in der Waage

Menschen mit dieser Kombination von Zeichen und Planeten lehnen sich gelassen zurück und genießen das gute Leben. Sie sind großzügig mit anderen und mit sich selbst und machen jeden Ausflug und jede Veranstaltung, an denen sie teilnehmen, zu einem besonderen Ereignis.

## Sonnenzeichen Jungfrau

### mit der Venus in der Waage

Von der Waage aus hilft die Venus den schüchternen Jungfrauen sich zu entspannen und es zu genießen, verliebt zu sein.

## Sonnenzeichen Waage

### mit der Venus in der Waage

Hier werden alle Waageeigenschaften – die negativen wie die positiven – noch betont. Wenn dann darüber hinaus auch Sonne und Venus in Konjunktion stehen, dann sind Sie so sehr Waage, dass man es nicht mehr beschreiben kann!

## Sonnenzeichen Skorpion

### mit der Venus in der Waage

Der dynamische Skorpion hat hier eine überraschend romantische Ader, mit der er für seine Partner mehr Sympathie und Verständnis aufbringen kann, als es die reinen Skorpione tun. Andererseits kann sich die Missgunst der Waage mit der Eifersucht des Skorpions zusammentun und Ihr Leben bei auftretenden Problemen schwierig gestalten.

## Sonnenzeichen Schütze

### mit der Venus in der Waage

Sie können an einer Eroberung genauso viel Freude haben wie an der Jagd, was die meisten Schützen nicht können. Sie sind weniger ruhelos, als es für Ihr Zeichen typisch ist.

# Die Venus im Skorpion

Menschen mit der Venus im Skorpion brauchen alle Faktoren eines glücklichen Liebeslebens: Romantik, ein befriedigendes Sexualleben, Harmonie, Freundschaft und Zuneigung. Wenn all diese positiven Faktoren vorhanden sind, dann sollten Sie mit den meist unvermeidlichen Erscheinungen von Eifersucht und Missgunst fertig werden.

## Sonnenzeichen Jungfrau

### mit der Venus im Skorpion

Die jungfräuliche Bescheidenheit wird hier mit dem aufreizenden Einfluss, den die Venus vom Skorpion aus hat, kämpfen. Sie sind wahrscheinlich äußerst attraktiv, und wenn Sie den richtigen Ausgleich herstellen können, kann man nur noch »Donnerwetter!« sagen.

## Sonnenzeichen Waage

### mit der Venus im Skorpion

Hinter der Romantik, die bei den Waagen immer reichlich vorhanden ist, lauert ein so starkes sexuelles Verlangen, dass das anfängliche geheimnisvolle Getue nur von kurzer Dauer ist, wenn Sie erst einmal Körperkontakt aufgenommen haben.

## Sonnenzeichen Skorpion

### mit der Venus im Skorpion

Wie wir schon am Anfang dieses Abschnitts sagten – »Die Venus im Skorpion« –, braucht Ihre Partnerschaft, damit sie lange hält, alle Faktoren, die man mit einem glücklichen Liebesleben verbindet: Romantik, Zuneigung, Freundschaft, Harmonie und ein befriedigendes Sexualleben. Das ist ein bisschen viel verlangt, aber jemand mit dieser Kombination, der fordert … und bekommt es! Mit dieser glücklichen Mischung aus Liebe und Harmonie werden Sie mit gelegentlicher Eifersucht und Missgunst viel leichter fertig, als es bei den typischen Skorpionen der Fall ist.

## Sonnenzeichen Schütze

### mit der Venus im Skorpion

Schützen sind zunächst ziemlich leidenschaftlich, und die Venus kann vom Skorpion aus des Guten etwas zu viel tun. Eifersucht kann zum Beispiel zu einem ernsten Problem für Sie werden, und der Schütze in Ihnen wird Sie dafür hassen!

## Sonnenzeichen Steinbock

### mit der Venus im Skorpion

Sie haben ein intensives Sexualleben, sind aber auch sehr ernsthaft. Das ist keine leichte Kombination, und es gelingt Ihnen vielleicht nie, sich köstlich und ausgelassen zu amüsieren.

# Die Venus im Schützen

Sie haben oft mehrere Partner gleichzeitig. Diese Vorliebe für Vielfalt und das Bedürfnis nach Unabhängigkeit können Sie daran hindern, eine dauerhafte Beziehung zu haben.

## Sonnenzeichen Waage

### mit der Venus im Schützen

Ihre Beteuerung, dass Sie sich für niemanden interessieren und keine Liebe brauchen, ist einfach nicht wahr. Sie brauchen Romantik wie jeder andere (obwohl Ihr Geliebter auch Ihr Freund sein muss). Mit dieser Stellung sind Sie einen Hauch rationaler als viele reine Schützen.

### Sonnenzeichen Skorpion

#### mit der Venus im Schützen

Die Eifersucht des Skorpions, kombiniert mit dem Verlangen des Schützen nach Freiheit und einer großen Auswahl von Liebhabern, sorgt für eine beunruhigende Mischung. Auch wenn die Venus die Heftigkeit des Skorpions etwas mildert, kann es sein, dass das nicht reicht, Schwierigkeiten an der Liebesfront zu verhindern.

### Sonnenzeichen Schütze

#### mit der Venus im Schützen

Sie lieben die Jagd über alles, und es ist für Sie ein solches Vergnügen, mögliche Liebhaber in Stimmung zu versetzen, dass es für Sie fast eine Enttäuschung ist, wenn Sie diese endlich erobern. Ihre Flatterhaftigkeit in der Liebe ist dabei auch keine Hilfe.

### Sonnenzeichen Steinbock

#### mit der Venus im Schützen

Ernsthafte Steinböcke haben mehr Freude am Leben, wenn Venus im Schützen steht. Sie sind weniger streng und dafür emotionaler. Sie mögen einen Partner, der eigene Ideen hat, von denen Sie auch angeregt werden können.

### Sonnenzeichen Wassermann

#### mit der Venus im Schützen

Ihnen gefallen sexuelle Experimente, und Sie sind der letzte, der sich in langfristige Verpflichtungen stürzt.

## Die Venus im Steinbock

Venus liebt die Liebe. Der Steinbock geht in der Welt gerne in Führung. Diese beiden Ambitionen vertragen sich nicht sehr gut miteinander. Sie haben wahrscheinlich Schwierigkeiten, Ihre Gefühle auszudrücken und in der Liebe Ihre Bedürfnisse zu äußern.

### Sonnenzeichen Skorpion

#### mit der Venus im Steinbock

Der Tiefgang des Skorpions und die kühle Berechnung des Steinbocks sorgen in dieser Kombination sicher nicht für Mondscheinromantik und Rosen! Passen Sie auf, dass Sie im Beruf nicht rücksichtslos werden, besonders wenn Sie auf der Karriereleiter unbedingt ganz oben stehen wollen.

## Sonnenzeichen Schütze

### mit der Venus im Steinbock

Sie nehmen Ihr Liebesleben sehr ernst, wenn auch die Leidenschaft des Schützen hier weniger stark zum Ausdruck kommt. Sie sind loyal, aber die Disziplin des Steinbocks kann mit dem Drang des Schützen nach Handlungsfreiheit in Konflikt geraten.

## Sonnenzeichen Steinbock

### mit der Venus im Steinbock

Schauen Sie sich noch einmal die Einleitung zu diesem Abschnitt an – »Die Venus im Steinbock«. Die Probleme sind hier beim Sonnenzeichen Steinbock ähnlich, nur sehr intensiviert. Sie haben außerdem die Neigung, Ihr Familienleben von der Arbeit beeinträchtigen zu lassen, aber Sie sind ein treuer und loyaler Partner.

## Sonnenzeichen Wassermann

### mit der Venus im Steinbock

Der Einfluss des Wassermanns kann hier Ihre soliden Gefühlsbeziehungen und romantischen Impulse hemmen. Egal wie attraktiv Sie auch für andere sein mögen, Sie zeigen der Welt oft nur ein kaltes und unnahbares Äußeres.

## Sonnenzeichen Fische

### mit der Venus im Steinbock

Erde und Wasser passen gut zusammen, also auch Steinbock und Fische. Venus hilft, den Gefühlsstrom der Fische einzudämmen, und der kühle Kopf des Steinbocks sorgt für die erforderliche Vorsicht und den gesunden Menschenverstand.

# Die Venus im Wassermann

Sie mögen zwar die Vorstellung einer Beziehung, aber Sie lehnen die damit verbundenen Einschränkungen ab. Schade, denn Ihre Fähigkeit, eine ehrliche Romanze genießen zu können, ist beachtlich.

## Sonnenzeichen Schütze

### mit der Venus im Wassermann

Die leidenschaftliche Seite des Schützen wird durch den Wassermann abgekühlt, und seine Freiheitsliebe wird noch verstärkt. Wenn Sie jedoch erst einmal eine Verpflichtung eingegangen sind, sind Sie ein treuer Partner.

## Sonnenzeichen Steinbock

### mit der Venus im Wassermann

Sie erscheinen oft reserviert und machen manchmal den Eindruck, dass für Sie niemand gut genug ist. Mit dieser Haltung überlisten Sie sich selbst: Sie vermeiden damit, Ihre Gefühle ausdrücken und Verpflichtungen eingehen zu müssen.

## Sonnenzeichen Wassermann

### mit der Venus im Wassermann

Sie haben ein starkes Verlangen nach Liebe und Bewunderung, aber ein noch stärkeres nach Unabhängigkeit. Wegen der Einschränkungen, die eine Beziehung in Ihren selbstständigen Lebensstil bringen würde, ist es für Sie schwer – wenn nicht unmöglich –, langfristige Verpflichtungen einzugehen.

## Sonnenzeichen Fische

### mit der Venus im Wassermann

Hier verbinden sich Originalität und Brillanz mit gesundem Menschenverstand. Sie können sich darum leicht von Ihren oberflächlichen Emotionen distanzieren und sich eher auf Ihre Intuition verlassen. Auf der finanziellen Seite sollten Sie in allen Geldangelegenheiten praktischen Rat einholen.

## Sonnenzeichen Widder

### mit der Venus im Wassermann

Die kühle Distanz der Venus verwässert die Leidenschaft des Widders, und der Wunsch nach einer dauerhaften Beziehung kann von dem Bedürfnis nach Unabhängigkeit abgeschwächt werden. Sie haben ein Gespür für gute Geldanlagen, aber eine unglückliche Tendenz, in manchen Geldangelegenheiten übereilt zu handeln.

# Die Venus in den Fischen

Sie haben das Bedürfnis, all Ihre Emotionen zum Ausdruck zu bringen, und hoffentlich können Sie das bei jemandem tun, der Ihrer wert ist. Denken Sie daran: Sie neigen dazu, sich über die wahren Absichten eines Partners etwas vorzumachen und ausgenutzt zu werden. Sie sind leicht zu rühren und geben freizügig Geld für etwas aus, das wie eine gute Sache aussieht – ob sie es nun ist oder nicht.

## Sonnenzeichen Steinbock

### mit der Venus in den Fischen

Die Leichtgläubigkeit der Fische ist weniger stark, wenn Steinbock das Sonnenzeichen ist. Gleichzeitig macht die Venus in den Fischen Ihr kühles Steinbockherz weicher. Sie vereinen in sich das Beste aus diesen beiden Welten.

## Sonnenzeichen Wassermann

### mit der Venus in den Fischen

Die Kühle des Wassermanns wird durch die Venus von den Fischen her aufgewärmt, und emotionales Engagement fällt Ihnen weniger schwer. Die Emotionalität der Fische macht den Wassermann für Annäherungen eines möglichen Liebhabers weniger unzugänglich.

## Sonnenzeichen Fische

### mit der Venus in den Fischen

Jemand mit dieser Kombination von Planet und Zeichen kann nur allzu leicht in seinen Gefühlen ertrinken. Passen Sie auf, dass Sie nicht das Opfer eines Lügners werden.

## Sonnenzeichen Widder

### mit der Venus in den Fischen

Warmherzigkeit, Liebenswürdigkeit und Emotionalität werden hier kombiniert mit Ausdruckskraft und innerer Stärke – in der Tat eine schöne Mischung! Sie sind gutmütig und freundlich, nicht leichtgläubig, aber auch nicht kritisch. Dazu kommt noch, dass Sie mit einem dafür empfänglichen Partner sexuell ausgelassen sein können.

## Sonnenzeichen Stier

### mit der Venus in den Fischen

Diese Kombination bringt tief empfundene, aber sanfte Emotionen, unbelastet von der für den Stier sonst typischen Neigung, Besitz zu ergreifen von allem, was ihm unter die Finger kommt. Sie sind ein einfühlsamer, leidenschaftlicher und fürsorglicher Liebhaber.

# Die Venus in den Häusern

IN DEN HÄUSERN *übt die Venus einen starken Einfluss darauf aus, wie Sie mit Ihren Beziehungen umgehen. Dazu gehören Liebe, Ehe und Geschäftspartnerschaft. Es geht dabei jeweils um die Lebensbereiche, die von dem Haus beherrscht werden, in dem der Planet erscheint. Diese Einflüsse sieht man besonders stark in den zwei Häusern, die traditionell zur Venus gehören: das zweite Haus (für Geld, Besitz, Geschäftsbeziehungen und künstlerische Unternehmungen) und das siebte Haus (für Gefühlsbeziehungen).*

## Die Venus im ersten Haus

Wenn Sie nicht in einer Liebesbeziehung leben, haben Sie wahrscheinlich das Gefühl, nicht wirklich zu leben. Sie sind ein aparter und charmanter Mensch, von Natur aus freundlich und sympathisch, und Sie sind immer froh, wenn Sie sich entspannt und angenehm unterhalten können. Sie scheinen wirklich immer Zeit zu haben und wirken leichtlebig. Aber von mangelnder Cleverness kann bei Ihnen keine Rede sein.

## Die Venus im zweiten Haus

Lassen Sie Ihr Besitzstreben nicht unkontrolliert wuchern! Sonst könnten Ihre Familienmitglieder eines Tages auf dem Kaminsims enden! Schöne Dinge zu sammeln, wird einen wichtigen Teil Ihres Lebens beanspruchen, genauso wie finanzielle Sicherheit. Ihre Leidenschaft für Schönheit wird von der Gegenwart der Venus in diesem Haus noch verstärkt.

## Die Venus im dritten Haus

Sie haben keine Probleme, mit anderen zu kommunizieren, auch nicht, wenn das, was Sie mitzuteilen haben, schwierig ist; und das wird es oft sein, weil Sie intellektuelle Herausforderungen lieben und komplexe Zusammenhänge haarklein unter die Lupe nehmen. Aber Sie lieben auch die Geselligkeit und werden enge Beziehungen aufrechterhalten können.

## Die Venus im vierten Haus

Es kann noch so bescheiden sein, für diejenigen, welche die Venus im vierten Haus haben, geht das eigene Zuhause über alles. Sie nehmen große Anstrengungen auf sich, um sicher zu stellen, dass Ihr Heim sowohl schön als auch komfortabel ist, und dann sind Sie glücklich, wenn Sie es sich im Kreise Ihrer Familie zu Hause gemütlich machen können. Sie hassen es, wenn Ihr schönes Nest anfängt sich zu leeren. Bereiten Sie sich darauf vor!

## Die Venus im fünften Haus

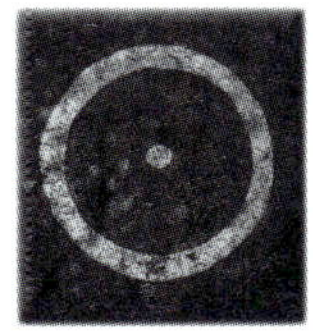

Ein gutes, glückliches, erfülltes Liebesleben ist für jeden schön, aber für diejenigen, welche die Venus im fünften Haus haben, ist es die Voraussetzung, um überhaupt im Leben glücklich sein zu können. Sie haben wahrscheinlich schon ein ganz schön buntes, fantasievolles und luxuriöses Leben. Dafür scheuen Sie keine Kosten und Mühen. Die schönen Künste haben es Ihnen angetan, wohl weil Sie eine solche Begabung selbst haben.

## Die Venus im sechsten Haus

Diätkurse sollten Ihre Reklame direkt an diejenigen schicken, bei denen die Venus im sechsten Haus steht. In dieser Stellung scheint der Planet tatsächlich die Menschen dazu zu bringen, so viel zu essen, zu trinken und ein ausgelassenes Leben zu führen, dass ein paar Extrapfunde – oder Kilos – unvermeidbar sind. Ihr Körper kann da leider nicht viel Hilfe von Ihnen erwarten, da Sie körperliche Anstrengung rundweg ablehnen. Was die Arbeit betrifft, können Sie gut mit konstruktiver Kritik umgehen und blühen bei regelmäßiger Routine geradezu auf. Sie hassen aber schmutzige oder unangenehme Arbeitsbedingungen.

## Die Venus im siebten Haus

Sie brauchen so sehr einen Partner, dass Sie sich in eine Bindung stürzen können, ohne sie richtig durchdacht zu haben. Wenn Sie sich erst einmal festgelegt haben, fällt es Ihnen aus reiner Liebe und Bewunderung für ihn oder sie nur allzu leicht, die Persönlichkeit Ihres Partners anzunehmen. Arbeiten Sie hart daran, eine echte, gegenseitige Freundschaft innerhalb der Beziehung aufzubauen, in der Kommunikation und gemeinsame Ziele genauso wichtig sind wie ein glückliches und lohnendes Sexualleben.

## Die Venus im achten Haus

Sie müssten eigentlich ein extrem gesundes und beschwingtes Sexualleben haben. Dennoch können Probleme auftreten, wenn Venus durch Saturn oder Pluto behindert wird. Glücklicherweise haben Sie einen großzügigen Vorrat an Einsicht und Verständnis, was Ihnen helfen wird, jede Art von Hemmungen zu überwinden. Dieses Haus ist mit Erbschaften verbunden – aber warten Sie nicht darauf!

### *Die Venus im neunten Haus*

Sie reisen gern, und Sie tun es, so oft es Ihnen nur irgend möglich ist. Sie sind ein lockerer und abgeklärter Mensch, dessen Ziel es ist, ruhig und glücklich in Frieden zu leben. In der Regel weisen Astrologen darauf hin, dass Sie dazu neigen, jemanden aus Übersee zu heiraten und im Ausland zu leben.

### *Die Venus im zehnten Haus*

Sie arbeiten besser mit anderen zusammen als alleine, und demzufolge sind Sie auch in einer leitenden Stellung nicht glücklich, wenn Sie dadurch ganz oben alleine in der Chefetage vor sich hin vegetieren müssen. Sie können sowieso nicht sehr gut mit Verantwortung umgehen. Ehrlich gesagt sind Sie auch ein bisschen faul und lethargisch.

### *Die Venus im elften Haus*

Sie bewegen sich in einem großen Kreis von Bekannten und arbeiten in Wohlfahrtsorganisationen oder sozialrechtlichen Einrichtungen. Sie blühen geradezu auf, wenn Sie bewundert und respektiert werden, und daher kommt wahrscheinlich auch Ihre Motivation, hart zu arbeiten.

### *Die Venus im zwölften Haus*

Wenn es jemals eine Venusstellung gegeben hat, die heimliche Liebesaffären unterstützt, dann ist es diese! Im Leben derer, die Venus im zwölften Haus haben, trifft man tatsächlich häufig darauf. Oft jedoch handelt es sich dabei um unverwirklichte Liebesaffären, sei es, dass Sie zu schüchtern sind, Ihre Gefühle auszudrücken, oder dass Sie es aus einem anderen Grund nicht können.

# Die Aspekte der Venus

IN DER TRADITIONELLEN ASTROLOGIE *ist die Venus als nützlicher oder günstiger Planet bekannt. In der traditionellen Terminologie sagte man auch Wohltäter. Das heißt, dass ihre Wirkungen fast immer positiv sind, und das trifft auch auf die Aspekte zu, die sie mit anderen Planeten bildet. Der Einfluss der Venus in einem Aspekt kann nur dann als negativ angesehen werden, wenn sie die positiven Eigenschaften eines anderen Planeten maßlos übertreibt.*

(Aspekte der Venus zur Sonne, siehe »Die Aspekte der Sonne zur Venus«, S. 254; Aspekte der Venus zum Mond, siehe »Die Aspekte des Mondes zur Venus«, S. 270; Aspekte der Venus zum Merkur, siehe »Die Aspekte des Merkur zur Venus«, S. 292.)

# Die Aspekte der Venus zum Mars

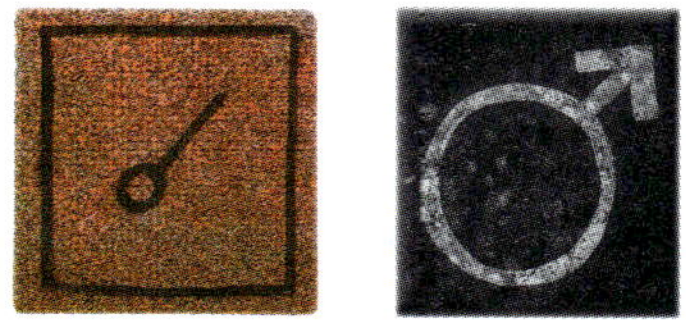

## Konjunktion

Mars vergröbert die Wirkungen der Venus, während die Venus die Lustgesteuertheit des Mars verfeinert: eine wirklich schöne Mischung. Sie haben einen Appetit auf alle guten Dinge des Lebens, sind sehr ausgelassen und begeisterungsfähig, einfühlsam und wohlwollend.

## Positive Aspekte

Hier sehen wir dieselben Einflüsse wie bei der Konjunktion, aber das Element des Planeten verändert sie erheblich: Luft unterstützt das Loslassen-Können; Erde sorgt für Sicherheitsbedürfnisse; Feuer bringt Begeisterung und Leidenschaft; Wasser unterstreicht die Sinnlichkeit.

## Negative Aspekte

Diese Aspekte beleben Ihre Einstellung zu Liebe und Sex und erhöhen Ihren Appetit auf viele Dinge – besonders auf Sex. Chronische Anspannung kann ein Problem sein, und Sie müssen wahrscheinlich erst lernen sich mental zu entspannen, bevor Sie Ihr Sexualleben genießen können.

**DEFINITION**

*In der alten Astrologie nannte man manche Planeten* **Wohltäter**, *was hieß, dass ihr allgemeiner Einfluss äußerst positiv war. Als Wohltäter betrachtet man gemeinhin Venus und Jupiter. Planeten mit allgemein unvorteilhaften Einflüssen, wie zum Beispiel der Saturn, wurden von den alten Astrologen* **Übeltäter** *genannt.*

# Die Aspekte der Venus zum Jupiter

## Konjunktion

Die Konjunktion der Venus mit dem Jupiter bringt ein Übermaß an Charme und Großzügigkeit mit sich und macht Sie äußerst beliebt. Sie sind philosophisch, unbekümmert und haben eine idealistische Lebenseinstellung.

## Positive Aspekte

Beliebt und unterhaltsam wie Sie sind, fällt es Ihnen leicht, mit anderen Menschen umzugehen. Diese Aspekte lassen auch oft auf ein langes Leben schließen.

### Negative Aspekte

Hier treten Ruhelosigkeit und gelegentliche Unzufriedenheit auf, was beides zu übermäßigem Essen und Trinken verleiten kann – und damit zu einer schlechten Gesundheit.

## Die Aspekte der Venus zum Saturn

### Konjunktion

Schüchternheit, Gehemmtheit und eine sehr distanzierte Einstellung zu persönlichen Beziehungen können die Ergebnisse der Konjunktion dieser beiden Planeten sein. Es ist schwierig, Sie kennen zu lernen, und ein glückliches Liebesleben mag Ihnen versagt bleiben.

### Positive Aspekte

Die Veranlagung zu Hemmungen und Schüchternheit ist hier weniger stark ausgeprägt als in der Konjunktion. Der Hang zum Luxus wird verstärkt, aber auch mögliche finanzielle Schwierigkeiten.

### Negative Aspekte

Die hemmenden Einflüsse sind hier sehr stark, auch wenn Sie diese überwinden können, wenn woanders in Ihrem Horoskop positive emotionale Energien gefördert werden. Wenn nicht, sollten Sie professionelle Hilfe in Betracht ziehen.

## Die Aspekte der Venus zum Uranus

### Konjunktion

Sie haben eine große persönliche Anziehungskraft und einen enormen Sexappeal, aber Sie neigen dazu, potenzielle Partner auf Distanz zu halten. Hüten Sie sich vor zu großem Eigensinn und vor einem Übermaß an nervlicher Anspannung.

### Positive Aspekte

Die Wirkungen, die Sie hier zu spüren bekommen, sind denen der Konjunktion sehr ähnlich, aber sie sind weit weniger intensiv. Darüber hinaus werden Kreativität und Originalität unterstützt und bieten Ihnen positive und konstruktive Ventile für jede nervliche Belastung. Dafür ist allerdings die Neigung, sich von einem Partner zu distanzieren, noch stärker ausgeprägt und kann vielleicht zu einem unglücklichen Ende führen.

### Negative Aspekte

Die negativen Aspekte sorgen in den persönlichen Beziehungen für Spannungen. Es fällt Ihnen sehr schwer, sich fallen zu lassen, und Sie haben die Tendenz, etwas anderes zu sagen, als Sie denken.

## Die Aspekte der Venus zum Neptun

### Konjunktion

Zu einer romantischen und idealistischen Lebenseinstellung gesellt sich großes Einfühlungsvermögen (besonders dann, wenn die Konjunktion in die Waage fällt). Dies ist eine schöne Mischung, aber auch eine, bei der Sie Gefahr laufen, dass Ihr Herz schneller bricht.

### Positive Aspekte

Mitgefühl und Liebenswürdigkeit geben Ihrer sonst praktischen und realistischen Persönlichkeit eine angenehme Sanftheit. Und das, obwohl Sie oft so tun, als ob diese weichere Seite in Ihnen überhaupt nicht existierte!

### Negative Aspekte

Diese Aspekte verstärken jede Art von Ruhelosigkeit und Unzufriedenheit, die sonst irgendwo in Ihrem Geburtsbild erscheinen. Schauen Sie sich die Positionen der Sonne und des Mondes an. Wenn Sie diese negativen Aspekte haben, kann es sein, dass Sie ernsthafte Schwierigkeiten haben, Ihre Stabilität zu wahren und nie richtig zur Ruhe kommen werden.

## Die Aspekte der Venus zum Pluto

### Konjunktion

Wenn Sie sich verlieben, dann plötzlich und heftig. Wenn diese Liebe erwidert wird, teilen Sie beide eine beneidenswert intensive Leidenschaft. Interessanterweise bedeutet dies auch eine Gabe für gute finanzielle Geschäfte.

### Positive Aspekte

Sie sind äußerst gefühlsbetont und sinnlich veranlagt, und diese beiden Bedürfnisse müssen von einem ebenso leidenschaftlichen Partner befriedigt werden. Es wird Ihnen nicht schwer fallen, diesen Partner anzuziehen, denn Sie sind auffallend attraktiv und sprühen vor Leidenschaftlichkeit.

### Negative Aspekte

Ihre emotionalen Energien können blockiert sein, wodurch Ihre Glut und Leidenschaft nicht zum Ausdruck kommen können. Über die Gründe wird es Ihnen schwer fallen zu reden. Professionelle Hilfe kann hier die Lösung sein.

## Die Aspekte der Venus zum Aszendenten

### Konjunktion

Eine langfristige und sichere Partnerschaft ist Ihnen sehr wichtig. Sie sind warmherzig und liebevoll, und es sollte Ihnen eigentlich nicht schwer fallen, sich mit dem richtigen Menschen ein friedliches, harmonisches Leben einzurichten.

### Positive Aspekte

Hier stoßen wir auf ein besonders stark ausgeprägtes Bedürfnis, Liebe zu geben und zu bekommen. Sie sind mitfühlend und verständnisvoll und führen ein erfülltes, glückliches und geselliges Leben.

### Negative Aspekte

Extravaganz, Selbstgefälligkeit, Missgunst und Unentschlossenheit – all das sind mögliche Einflüsse dieses Aspekts.

## Die Aspekte der Venus zur Himmelsmitte

### Konjunktion

Bei der Arbeit sind Sie ein freundlicher und rücksichtsvoller Kollege, und Sie arbeiten im Team besser als alleine. Sollten Sie jedoch eine leitende Stellung haben, sind Sie ein einfühlsamer Chef. Achten Sie auf Ihre Schwäche, eine Routine nicht lange durchhalten zu können.

### Positive Aspekte

Die positiven Aspekte ähneln denen der Konjunktion. Sie mögen angenehme Arbeitsbedingungen und arbeiten hart daran, zu Ihren Kollegen ein gutes Verhältnis zu haben – besonders wenn Ihre Arbeit etwas langweilig ist. Außerhalb des Büros ist Ihr geselliges Leben Ihre Quelle für Zufriedenheit.

## Negative Aspekte

Diese Aspekte können bedeuten, dass Sie einer langweiligen und undankbaren Arbeit nachgehen, was bei Ihnen Unzufriedenheit und Ärger erzeugt. Wahrscheinlich liegt es an Ihrem erduldeten Unglück und an Ihrer Bitterkeit, dass man Sie manchmal für arrogant und eingebildet hält.

## Kurze Zusammenfassung

✓ Die Venus beeinflusst Ihre Einstellungen und Verhaltensweisen in der Liebe, beim Sex, bei Geld und bei Besitz. Dieser Planet wirkt sich auch auf Ihre Verhältnisse im privaten wie auch im geschäftlichen Bereich aus.

✓ Die Venus ist einer der inneren Planeten und nie weiter als 48 Grad von der Sonne entfernt. Darum kann sie im Horoskop nur in fünf Zeichen stehen: in demselben Zeichen, in dem die Sonne steht, in je einem der zwei davor und in je einem der zwei danach.

✓ In den Häusern beeinflusst die Venus unsere Beziehungen, Liebe, Ehe und Beruf jeweils in den Lebensbereichen, die von dem Haus bestimmt werden, in dem der Planet erscheint. Die Wirkung der Venus sieht man besonders deutlich in den beiden Häusern, die üblicherweise mit diesem Planeten verbunden werden: dem zweiten und dem siebten Haus.

✓ Weil die Venus ein »günstiger« Planet ist, sind ihre Auswirkungen fast immer positiv – besonders in den Aspekten. Sie unterstützt oder verstärkt die besseren Eigenschaften der Planeten, mit denen sie in Verbindung steht. Negative Einflüsse der Venus in Aspekten sind meist Übertreibung von sonst positiven Eigenschaften. Zum Beispiel kann die Venus natürlichen Charme in unangenehme Oberflächlichkeit verwandeln.

## Kapitel 18

# Einflüsse des Mars

NACH DEM ALTEN GRIECHISCHEN KRIEGSGOTT Ares benannt, beeinflusst der feurig rote Planet Mars unseren Sexualtrieb und physischen Energiestand, unsere Kompetenz und Initiative sowie unser Durchsetzungsvermögen. In unserem Geburtsbild zeigt uns die Stellung des Mars, wie schnell wir zu verärgern sind und auf Stressreize reagieren. Dieser Planet ist auch eng damit verbunden, wie aggressiv wir im täglichen Leben sind – sowohl physisch, wie auch verbal – besonders wenn wir mit Problemen oder Konflikten konfrontiert werden, die schnelles Handeln und sofortige Entscheidungen verlangen. Auf der negativen Seite beherrscht der Mars explosive und heftige Situationen und Angelegenheiten und verführt zu übereilten Entscheidungen und grobem Benehmen.

### Inhalt dieses Kapitels:

- ✓ Der Mars in den Zeichen
- ✓ Der Mars in den Häusern
- ✓ Die Aspekte des Mars



IN DER MYTHOLOGIE STAND DER MARS FÜR AKTIVITÄT UND LEBENSBEJAHUNG.

# Der Mars in den Zeichen

DIE UMLAUFBAHN DES MARS *ist weiter von der Sonne entfernt als die der Erde, und darum kann der Mars im Unterschied zu Merkur und Venus (die im Geburtshoroskop immer in den der Sonne nahe stehenden Tierkreiszeichen zu finden sind) in jedem Zeichen stehen. Egal ob Sie selbst nun männlich oder weiblich sind, von dem Zeichen, in dem der Mars steht, wird die männliche Seite seiner Qualitäten und Eigenschaften verstärkt. Das gilt besonders in Bezug auf physische Stärke und aggressive Tendenzen, emotionale Stabilität bei Stress und auf entschiedenes Handeln.*

## Der Mars im Widder

Sie sind ein starker Mensch, der sich behaupten kann, weiß, wohin er will, und, ohne lange nachzudenken, auf die Reise geht – was auch immer für eine Reise das sein mag. Es ist jedoch schade, dass Sie auch zu den Menschen gehören, die auf dem Weg nach oben ohne zu zögern über Leichen gehen. Sie vergessen dabei völlig, dass die Menschen, die Sie auf Ihrer Erfolgsleiter treten, wenig Lust haben werden, Ihnen zu helfen, wenn Sie fallen. Vielleicht lernen Sie das auf die harte Weise. Ihr Sexualtrieb ist stark und unkompliziert – ohne jedes Raffinement – und da Sie sich nicht in komplexe Gefühle verstricken lassen, werden Sie es kaum mit psychischen Blockaden oder Schwierigkeiten zu tun haben.

## Der Mars im Stier

Ihr ausgeprägter Sexualtrieb kommt auf die herrliche Art des Stiers zum Ausdruck, d. h. mit viel Herzlichkeit und Zärtlichkeit. Aber Sie brauchen auch selber Zärtlichkeit und emotionale Sicherheit. Die Geduld des Stiers wird den marsischen Einfluss im Allgemeinen beruhigen; wenn Sie trotzdem einmal die Beherrschung verlieren, kann aber die Explosion sehr groß sein. Wenn Sie wütend werden, können Sie in Ihrem Zorn nicht mehr an die Gefühle der anderen denken und sind mit Ihren Worten und Taten sehr verletzend. Das Beste, was der Mars im Stier bewirken kann, ist Entschlusskraft und die Fähigkeit, sehr hart und zäh zu arbeiten, sowohl an Ihrer Karriere als auch an Ihren Hobbys.

## Der Mars in den Zwillingen

Sie sind sehr vielseitig und tatkräftig, und Sie finden es schwer, sich zu entspannen. Es ist gut, wenn Sie mehrere Projekte gleichzeitig haben. Dann können Sie bei Bedarf von einem zum anderen wechseln. Für Sie heißt Entspannung, wenn Sie sich an unterschiedlichen Herausforderungen mit Tatkraft messen und daneben der einen oder anderen Vergnügung nachgehen können. Vielfalt und Experimente genießen Sie auch in Ihrem Sexualleben. Sex ist für Sie wahrscheinlich das größte Vergnügen, das man im Leben haben kann, und vermutlich werden Sie ihn genießen, solange es Ihnen physisch möglich ist. Aber für Menschen mit dem Mars in den Zwillingen sind andere Arten von Bewegung so langweilig, dass Sie sich auf keine einlassen, und das wird man nur zu deutlich sehen.

## Der Mars im Krebs

Menschen mit dieser Kombination können es kaum erwarten, eine Familie zu gründen. Im Krebs übt der Mars einen deutlichen und starken Einfluss auf das Sexualleben aus. Sie sind ein sinnlicher Liebhaber, der genau weiß, was seinem Partner am meisten gefällt, und Sie brennen darauf zu erleben, wie er oder sie darauf reagiert. Passen Sie auf, dass die fürsorgliche Ader des Krebses nicht Besitz ergreifend wird. Es kann sein, dass so viel physische und mentale Energie klaustrophobischen Charakter bekommt. Ihnen brennt auch schnell mal die Sicherung durch. Die Explosion ist dann zwar kurz, aber heftig und zerstörerisch.

## Der Mars im Löwen

Der Mars passt gut in die Weltordnung des Löwen, und Menschen mit dieser Kombination haben gutes Organisations- und Führungstalent, was oft darin ausartet, dass Sie die Herrschaft über andere Menschen an sich reißen. Sie äußern Ihre Emotionen positiv und lieben das Leben. Es macht Ihnen besonderen Spaß, andere dazu zu bewegen, sich zu amüsieren – beim Sex genauso wie auf anderen Gebieten. Kontrollieren Sie jedoch Ihre Neigung, alles dramatisieren zu wollen und aus unschuldigen kleinen Mücken übergroße Elefanten zu machen. Sie hassen Kleingeistigkeit und schwelgen in Übertreibungen und Bombast. Sie können ohne Grund aufbrausen, aber der Sturm ist genauso schnell wieder vorbei, wie er gekommen ist.

## Der Mars in der Jungfrau

Mars und Jungfrau sind keine sonderlich glücklichen Bettgenossen, und Ihr Sexualtrieb ist vermutlich nicht besonders stark ausgeprägt oder ausgeglichen. Es fehlt Ihnen irgendwie an Leidenschaft, obwohl Sie für Umwelt und Natur tiefe Gefühle entwickeln können. Diese Kombination von Mars und Jungfrau sorgt rundum für allgemeines Unwohlsein. Sie können kribbelig und gereizt, ruhelos und nervös sein, und Sie müssen sich ständig beschäftigen, um Ihren Überschuss an nervlicher Anspannung abzubauen, der sonst leicht in Wut ausbricht. Yoga und Tiefenentspannung können Ihnen dabei helfen. Was die Arbeit anbetrifft, spricht sehr viel für diese Kombination. Sie sorgt für ausgezeichnete Arbeitsgewohnheiten, besonders für eine außergewöhnliche (fast zwanghafte) Liebe zum Detail.

## Der Mars in der Waage

Die weitgehend romantische Lebenseinstellung der Waage wird hier auf willkommene Art von Mars aufgepeppt. Sie sehnen sich in einer Beziehung zwar immer noch nach Romantik, Liebe und Harmonie, aber Sie sind sexuell viel aktiver als die typische Waage. Andererseits ist es für den Mars Schwerstarbeit, von dieser Stellung in der Waage aus irgendeine Autorität auszuüben: An der Waage-Einstellung »Ich habe keine Lust« scheitert sogar der energiegeladene Mars. Er ist aber dafür verantwortlich, wenn Sie sich auf den ersten Blick verlieben, was leider oft zu einem gebrochenen Herzen führt. Sie können von Kopfschmerzen geplagt werden, und Sie haben den Hang, sich über Nichtigkeiten zu streiten. Sie sind auch nicht wild auf körperliche Bewegung, obwohl Sie die Geselligkeit eines guten Fitnesscenters mögen, was Sie vielleicht in die Versuchung bringen kann, aktiv zu werden.

## Der Mars im Skorpion

Vorsicht! Treten Sie mindestens einen Schritt zurück: Mars und Skorpion machen gemeinsam ein zufrieden stellendes Sexualleben zu einem absoluten Muss – und zufrieden stellend heißt aufregend, vielseitig, abwechslungsreich, intensiv und regelmäßig. So weit so gut: Das klingt für uns alle nach einem guten Rezept! Aber: Der Mars im Skorpion muss unbedingt sexuell befriedigt werden,

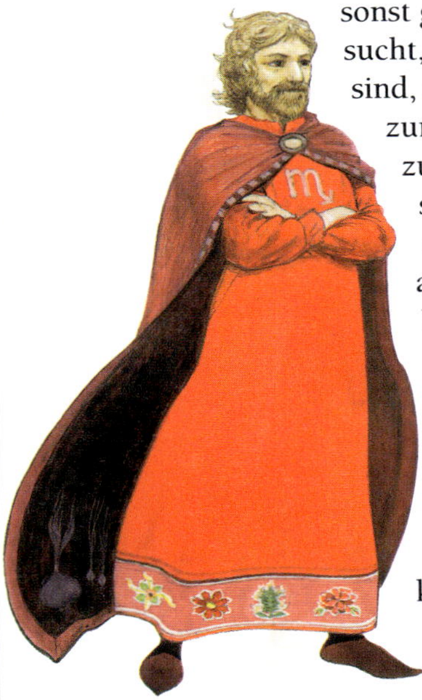

sonst gibt es Probleme und echte Traurigkeit. Hüten Sie sich vor Eifersucht, wenn Sie schon mal dabei sind, obwohl ironischerweise Sie es sind, der Ihren Partnern eher Grund zur Eifersucht gibt! Wenn es zum Äußersten kommt, dann bricht Krieg aus und Ihr Rachefeldzug wird fürchterlich, manchmal für nur eingebildeten Verrat. Sie sind ein Mensch, der den Genuss beim Essen und Trinken genauso braucht wie beim Sex. Sie nehmen zu, nehmen konsequent ab, um gleich wieder zuzunehmen. Zur Entspannung müssten Ihnen eigentlich asiatische Kampfsportarten und Wassersport liegen.

## Der Mars im Schützen

Die physischen und auch mentalen Energien des Schützen bekommen vom Mars einen willkommenen Auftrieb, aber vergessen Sie nicht, dass dieser zusätzliche Energieschub in die richtigen Bahnen gelenkt werden muss. Das sollte eigentlich kein Problem für Sie sein, denn Sie arbeiten gern an vielerlei Projekten, vor allem an solchen, die sowohl physische, wie auch geistige Erfahrung voraussetzen. Versuchen Sie ein Gleichgewicht zwischen Ihren physischen und geistigen Anstrengungen herzustellen, und Sie werden sich auf ganzer Linie über Ihre Erfolge freuen können. Sie sind wahrscheinlich auch sehr vielseitig veranlagt, weswegen Sie zu oft und zu schnell den Arbeitsplatz wechseln – oder eben auch den Liebhaber. Auch Ihr Streben nach Abenteuer, Aufregung und sogar Gefahr kann sich auf Ihr Liebesleben ausdehnen.

## Der Mars im Steinbock

Menschen mit dieser Marsstellung haben eine große Ausdauer, die bei manchen Jobs und Freizeitaktivitäten von Vorteil sein kann – und auch im Bett nicht zu verachten ist! Sie sind ehrgeizig, und der Mars wird Sie bei Ihren Zielen anspornen. Sie können gut mit Risiken umgehen (besonders physischen), und es ist sehr unwahrscheinlich, dass Sie auch unnötige Risiken auf sich nehmen. All das sind im Allgemeinen ideale Voraussetzungen dafür, im Sport etwas zu werden. Sie wollen unbedingt der Erste sein (außer im Bett), überall geben Sie sich dafür alle Mühe.

## Der Mars im Wassermann

Der Wassermann ist nicht unbedingt für großzügige Gefühle bekannt, und auch der Mars kann nicht viel daran ändern. Der Einfluss dieses Planeten wird hauptsächlich darin bestehen, Sie mit einer Art Exzentrik auszustatten und einer lebhaften Fantasie. Unglücklicherweise können Sie auch sehr stur sein, und in Ihrem Arbeitsleben sind sie nicht sehr stetig: Sie gehen ein Problem oft mit einem Riesenanfall von Energie an, dem dann bald etwas folgt, was wie faule Passivität aussieht. Sie fühlen sich oft gezwungen, im Leben vorwärts zu kommen, aber Sie bringen einfach nicht die Energie dafür auf. Nervöse Belastung und Anspannung kann dann das Ergebnis sein. Sie sind einfach zu unabhängig und individualistisch, um wohl gemeinten Rat annehmen zu können. Mit dieser Kombination von Zeichen und Planet können Sie gut im Auftrag anderer arbeiten, besonders in sozialen Belangen.

## Der Mars in den Fischen

Bei dieser Planetenstellung muss der Sexualtrieb der Fische fantasievoll ausgelebt werden. Sie haben eine Kombination von Gefühlsbereitschaft und sexueller Energie, die Ihnen eine gewisse Zufriedenheit verschafft. Und sie muss auch zufrieden stellend sein, sonst stagniert sie und bringt psychologische Probleme. Umgekehrt können Menschen mit dem Mars in den Fischen auch sexuelle Befriedigung sublimieren und sich für andere opfern. Solche Personen können eine Berufung darin sehen, Menschen in Not zu helfen. Sie sind manchmal unentschlossen und neigen dazu, die Realität nicht sehen zu wollen. Es kann auch sein, dass Sie nicht viel Selbstvertrauen oder Selbstsicherheit besitzen. Wenn ein Problem auftaucht, versuchen Sie wahrscheinlich, ihm zu entgehen, indem Sie so tun, als ob es gar nicht existierte. Sie weigern sich, darüber zu sprechen, oder greifen zu Drogen. Auch Gutgläubigkeit kann einer Ihrer Nachteile sein. Ihre lebhafte Fantasie sollte kreativ genutzt werden.

# Der Mars in den Häusern

*IN DEN HÄUSERN besteht der Einfluss des Mars hauptsächlich darin, die Qualitäten anzuregen, die zu den vom Haus beherrschten Lebensbereichen gehören. Darum werden Sie auf sehr spezifische Art sehr viel Energie aufbringen. Lesen Sie dazu die Stellung des Mars in den Häusern (auf den nächsten Seiten), die Beschreibung Ihres Sonnenzeichens (in Teil 2) und die Beschreibung Ihres aufsteigenden Zeichens (in Kapitel 4), um Anhaltspunkte zu bekommen, wohin Sie diese Energien hauptsächlich fließen lassen.*

## Der Mars im ersten Haus

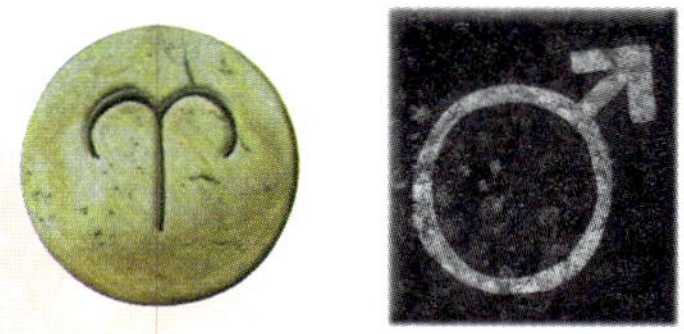

Sie haben eine gewaltige Willenskraft und ein brennendes Verlangen zu siegen, in welchem Bereich auch immer Sie sich entscheiden zu arbeiten. Sie haben überhaupt keine Geduld mit Menschen, die langsamer sind als Sie selbst, und Sie können Dummheit nicht ertragen. Sie sind immer in Eile und lieben Herausforderungen. Sie sind ausgesprochen egoistisch, wenn Sie Ihre eigenen Ziele verfolgen. Sie können auch leichtsinnig und damit anfällig für Unfälle sein.

## Der Mars im zweiten Haus

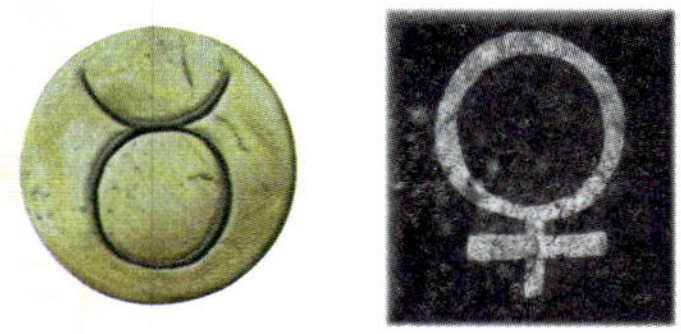

Die Mars-Energie in diesem Haus wird genutzt, um finanziell weiterzukommen. Geld zu haben, bedeutet Ihnen viel, Sie geben es gerne aus und freuen sich, wenn andere Ihnen dabei helfen. Ob Sie nun durch vorsichtige Investitionen, körperliche Arbeit oder komplizierte Finanzgeschäfte zu Geld kommen, das hängt von dem Zeichen ab, in dem der Mars bei Ihnen steht. Sie sind sexuell leidenschaftlich und bereiten Ihrem Partner viel Vergnügen.

## Der Mars im dritten Haus

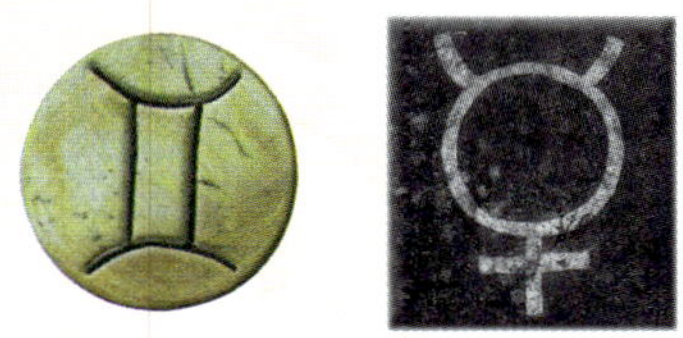

Sie sind ein streitlustiger Mensch, und eine handfeste Auseinandersetzung, an der Sie sich festbeißen können, ist ganz nach Ihrem Geschmack. Wenn Sie auf irgendeine Theorie oder Angelegenheit versessen sind, dann verfolgen Sie diese hartnäckig. Sie sind sehr wissbegierig und suchen ungeduldig für alles, was Ihnen passiert, eine Begründung. Sie fahren schnell und voller nervöser Anspannung Auto.

## Der Mars im vierten Haus

Familienleben und Mutter- oder Vaterschaft sind herzlich willkommen, wenn der Mars im vierten Haus steht. Das Schwergewicht, das Sie auf Ihr Heim legen, kann in Ihnen ein Interesse an Heimwerkerei wecken, und Sie verbringen wahrscheinlich viel Zeit damit, Ihr Zuhause zu verschönern und Ihre Umgebung zu schmücken. Sie ziehen vermutlich recht oft um.

## Der Mars im fünften Haus

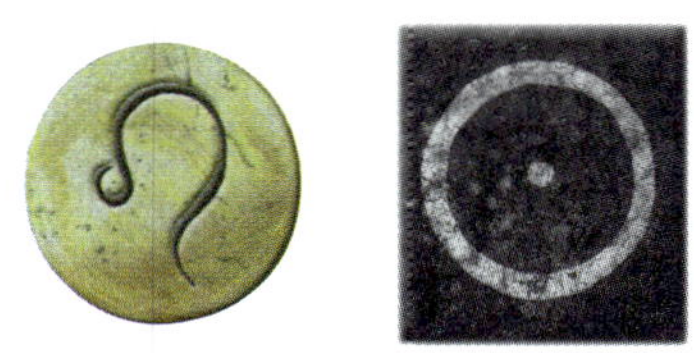

Die Betonung, die hier auf sexuelles Vergnügen gelegt wird, sollte für ein aktives und lohnendes Liebesleben sorgen. Sie sind ein anspruchsvoller Liebhaber, der bei abenteuerlichen Experimenten die Führung übernimmt. Sie brauchen offensichtlich einen Partner, der genauso begeistert mitmacht! Sie können auch die Veranlagung haben, Risiken einzugehen, und das Zeichen, in dem der Mars bei

Ihnen steht, gibt Ihnen Aufschluss darüber, wie Sie diese Tendenz kontrollieren und positiv nutzen können. Hüten Sie sich jedoch vor den Gefahren des Glücksspiels, einer besonders heimtückischen Art der Risikofreude.

## Der Mars im sechsten Haus

Ungeduld mit den niederen Dingen des Lebens – den kleinen alltäglichen Aufgaben, die gemacht werden müssen – wird Ihnen unendliche Langeweile verursachen, wenn Sie den Mars im sechsten Haus haben. Gleichzeitig sind Sie ein hartnäckiger und begeisterungsfähiger Arbeiter. Stress – besonders physischer Art – kann Sie beeinträchtigen und sogar zu Hautbeschwerden führen. Positive Aspekte von der Sonne, vom Mond oder dem herrschenden Planeten werden Ihre körperliche Stärke und Ihre Genesungskräfte unterstützen und Ihr Nervenkostüm stärken.

## Der Mars im siebten Haus

Sie sind sehr darauf bedacht, dass Ihre Beziehungen funktionieren. Streitereien ersticken Sie im Keim, bevor sie auch nur beginnen. Ansonsten ist Mars sowohl bei Ihren Geschäften wie auch in Ihrem Gefühlsleben sehr hilfreich und trägt dazu bei, dass Sie Ihre Interessen mit Ihrem Partner teilen können. Ihr Sexualleben ist positiv und vital, und Ihre sexuelle Energie läuft in guten Bahnen. Es bleibt jedoch für Sie und Ihren Partner immer noch genug Energie übrig, um sicherzustellen, dass die Freundschaft in der Partnerschaft lebendig bleibt.

## Der Mars im achten Haus

Sie haben einen starken Sexualtrieb, der positiv gelebt werden muss. Sonst werden Sie ganz allgemein unzufrieden und des Lebens überdrüssig. Passen Sie auf, dass Sie sich nicht zwanghaft mit sich selbst und Ihren Gefühlen beschäftigen. Sie analysieren gerne jedes Ihrer Gefühle und jede Reaktion. Dabei verschwenden Sie enorm viel Zeit und Energie – und erreichen damit trotzdem nicht viel. Beruflich interessieren Sie sich für die ganz großen Geschäfte.

## Der Mars im neunten Haus

Vom neunten Haus aus hat der Mars einen Mut machenden Einfluss: Sie nehmen bereitwillig jede Art von Herausforderung an. Ihr ständiges Bedürfnis, im Leben voranzukommen, kann zu Frustrationen führen, wenn die Fortschritte zu langsam oder gar unmöglich sind oder wenn Ihre Pläne durchkreuzt werden. Wenn Sie nicht woanders in Ihrem Horoskop Anzeichen für Geduld finden, dann reagieren Sie auf diese Frustration mit Ruhelosigkeit, die Sie dann aber in Ihre Reiselust fließen lassen können.

## Der Mars im zehnten Haus

Hier wird sehr viel Nachdruck auf Ihre Karriere und/oder Ihr Berufsleben gelegt, und die Aussicht auf Erfolg ist groß. Sie können streitsüchtig und zänkisch sein und weniger intelligenten Menschen gegenüber sehr intolerant. Wenn der Mars noch in negativen Aspekten zu Uranus oder den persönlichen Planeten steht, dann baut sich bei Ihnen nervöse Anspannung auf und es kommt von Zeit zu Zeit zu Explosionen.

## Der Mars im elften Haus

Sie sind ein höchst unabhängiger Mensch, der eher kühl und distanziert ist. Aber Sie lieben das gesellige Leben und spielen in Ihren sozialen Kreisen eine führende Rolle. Sie haben die wunderbare Gabe, Ihre Freunde für verschiedene Projekte zu begeistern, aber achten Sie darauf, dass Sie sie nicht herumkommandieren.

## Der Mars im zwölften Haus

Dies ist eine ausgezeichnete Marsstellung für jeden, der in einem Pflegeberuf arbeitet oder vorhat, einen solchen zu ergreifen. Auf der persönlichen Ebene sind Sie eher zurückhaltend. Es kann für Sie sehr schwer sein, Ihre Probleme anderen mitzuteilen; Sie selbst hingegen sind sehr offen für die Schwierigkeiten anderer Menschen und helfen ihnen, ihre Probleme zu lösen.

# Die Aspekte des Mars

DER MARS BELEBT UND KRÄFTIGT *jeden Planeten, mit dem er in Kontakt kommt, aber der Unterschied zwischen den positiven und negativen Einflüssen seiner Aspekte zu diesen Planeten ist wahrscheinlich bedenklicher und extremer als bei anderen Planeten üblich. Auf der positiven Seite fördert Mars Einzelaktionen und Leistung. Auf der negativen Seite verursacht er Aggressionen und gefährlichen Stress, denen entgegengearbeitet werden muss.*

(Aspekte des Mars zur Sonne, siehe »Die Aspekte der Sonne zum Mars«, S. 254;
Aspekte des Mars zum Mond, siehe »Die Aspekte des Mondes zum Mars«, S. 270;
Aspekte des Mars zum Merkur, siehe »Die Aspekte des Merkur zum Mars«, S. 292;
Aspekte des Mars zur Venus, siehe »Die Aspekte der Venus zum Mars«, S. 317.)

# Die Aspekte des Mars zum Jupiter

## Konjunktion

Dieser Aspekt fördert Tatendrang, Unternehmungslust und die Neigung, Aufgaben zu übernehmen, vor denen andere zurückschrecken. Sie können allerdings auch äußerst streitlustig und risikofreudig sein und in Geldangelegenheiten eine wagemutige Haltung einnehmen.

## Positive Aspekte

Optimismus, Begeisterungsfähigkeit und Tatendrang werden hier unterstützt – aber es fällt Ihnen leicht, bei einem Streit die Selbstkontrolle zu wahren. Sie sind körperlich aktiv und lebendig.

## Negative Aspekte

Hier wird hauptsächlich auf einen ruhelosen Geist hingewiesen. Sie neigen auch zu Übertreibungen und dazu, sich zu übernehmen.

# Die Aspekte des Mars zum Saturn

## Konjunktion

Sie können arbeiten bis zum Umfallen oder auf der Couch liegen und faul sein. Dann allerdings fühlen Sie sich nicht wohl.

## Positive Aspekte

Diese Aspekte geben Ihnen Ausdauer und Entschlossenheit. Sie haben Freude an schwierigen Bedingungen.

## Negative Aspekte

Erst rauf, dann runter, erst heiß, dann kalt, erst positiv, dann negativ – all diese Berg- und Talfahrten werden hier noch verstärkt.

# Die Aspekte des Mars zum Uranus

## Konjunktion

Sie sind stur, hartnäckig und fähig, anderen offen Ihre Meinung zu sagen – manchmal bis zum Fanatismus.

### Positive Aspekte

Der positive Aktivposten besteht hier aus gescheiter und lebendiger Originalität und der Fähigkeit, in fast allen Situationen schnell zu reagieren.

### Negative Aspekte

Wenn schon woanders im Geburtsbild Belastung und Anspannung auftreten, werden sie hier noch verstärkt.

## Die Aspekte des Mars zum Neptun

### Konjunktion

Ihre Fantasie ist lebhaft, farbenfroh und auf vielen Gebieten aktiv, wahrscheinlich am meisten in Ihrem Sexualleben. Sie sind herzlich und einfühlsam, aber wenn Ihr Sexualleben nicht befriedigend ist, dann werden Sie ruhelos und machen eine schwere Zeit durch.

### Positive Aspekte

Ihre sexuellen Bedürfnisse sind Ihnen wichtig, und Sie können sie auch deutlich, aber einfühlsam zum Ausdruck bringen. Passen Sie auf, dass Sie den Kontakt zur Realität nicht verlieren, besonders in Liebesdingen.

### Negative Aspekte

Negatives Fluchtverhalten – Rauchen, Trinken, Drogenkonsum – ist hier deutlich angezeigt, besonders wenn Sie unter Druck geraten.

## Die Aspekte des Mars zum Pluto

### Konjunktion

Ein ungezügeltes Temperament ist unvermeidbar, wenn die Konjunktion im Skorpion ist oder in die Jungfrau fällt und vom Uranus begleitet wird. Aufgestaute Energie sollte in körperlicher Betätigung ein Ventil finden.

### Positive Aspekte

Sowohl physische wie auch emotionale Energien müssen eine positive Ausdrucksform finden. Darum sind körperliche Bewegung und eine befriedigende Partnerschaft besonders wünschenswert.

### Negative Aspekte

Sie haben jede Menge Energie, die zwanghaft erscheint, wenn sie von Ehrgeiz angetrieben wird.

## Die Aspekte des Mars zum Aszendenten

### Konjunktion

Wenn der Mars im ersten Haus steht, lesen Sie die Beschreibung der Stellung von »Mars im ersten Haus«, und verzehnfachen Sie diesen Einfluss! Sie sind umso stärker, je näher der Mars am Aszendenten steht.

### Positive Aspekte

Sie haben große physische Energiereserven, die Sie bei der Arbeit oder beim Spiel abarbeiten müssen. Sie sind unabhängig und brauchen viel Bewegung.

### Negative Aspekte

Sie haben voraussichtlich die Tendenz, sich zu überarbeiten, besonders wenn der Mars im sechsten Haus steht. Sollte er im siebten Haus stehen, dann brauchen Sie unbedingt eine aktive und sexuell befriedigende Beziehung.

## Die Aspekte des Mars zur Himmelsmitte

### Konjunktion

Ein starker Wille zum Erfolg, gepaart mit Ehrgeiz und Unabhängigkeit, bedeutet, dass Sie Karriere machen, wenn Sie sich wirklich in Ihrem Beruf einbringen.

### Positive Aspekte

Sie haben bei der Arbeit eine ansteckende Begeisterungsfähigkeit und die Gabe, auch Kollegen anzuspornen, etwas zu tun.

### Negative Aspekte

Sie müssen Geduld lernen, wenn Sie Ihre Kollegen nicht mit Ihrer ständigen Klage über deren Langsamkeit verletzen wollen. Sie selbst arbeiten natürlich glücklich bis zum Umfallen.

## Kurze Zusammenfassung

✓ Der Mars beeinflusst stark den Sexualtrieb, die physischen Energien, Kompetenz, Initiative und Durchsetzungsvermögen. Der Planet zeigt Ihnen auch, wie schnell Sie sich ärgern oder wie positiv (oder negativ) Sie auf Stressreize reagieren. Der Mars weist darauf hin, wie aggressiv man auf Probleme reagiert und wie andere diese Aggressivität zu spüren bekommen.

✓ In den Zeichen unterstützt die Stellung des Mars die maskuline Seite der Qualitäten und Eigenschaften des jeweiligen Tierkreiszeichens, besonders in Bezug auf physische Stärke, aggressives Verhalten und darauf, wie Sie Probleme lösen, egal ob Sie selbst männlich oder weiblich sind.

✓ In den Häusern unterstützt der Mars die Qualitäten und Lebensbereiche, die von dem Haus beherrscht werden, in dem er gerade steht. Hinweise darauf, wie Sie mit überschüssigen Energien umgehen – ob positiv oder negativ, konstruktiv oder destruktiv – findet man in den Qualitäten und Eigenschaften, die man mit Ihrem Sonnenzeichen (in Teil 2) und Ihrem aufsteigenden Planeten (in Kapitel 4) verbindet.

✓ Der Mars lädt auf einzigartige Weise die Aspekte der Planeten auf, mit denen er in Kontakt kommt, entweder positiv oder negativ (nur selten dazwischen). Auf der positiven Seite unterstützt der Mars entschlossenes Vorgehen und Leistung, auf der Kehrseite fördert er Aggression und Stress.

Kapitel 19

# Einflüsse des Jupiter

Der Jupiter ist der grösste Planet in unserem Sonnensystem. Er braucht ungefähr zwölf Jahre, um die Sonne zu umkreisen und damit auch durch alle zwölf Tierkreiszeichen zu ziehen. Man verbindet diesen Planeten mit Expansion, mit physischer und intellektueller Entwicklung und mit Wissenserweiterung. Auf der positiven Seite unterstützt er eine philosophische Lebenseinstellung, Optimismus, Toleranz und positiv gelenkte, geistige Energien. Auf der negativen Seite verbindet man ihn mit Extravaganz, Glücksspiel, Verschwendungssucht, mit blindem Optimismus und mit theatralischem, explosivem Verhalten.

Inhalt dieses Kapitels:

EINST HÖCHSTER RÖMISCHER GOTT, IST JUPITERS EINFLUSS AUF DIE MENSCHHEIT SEIT JEHER SEHR GROSS.

# Der Jupiter in den Zeichen

NEHMEN SIE SICH DIE ZEIT, *die Qualitäten der Sonnenzeichen in Teil 2 noch einmal zu lesen, und denken Sie dabei daran, dass der Jupiter starken Einfluss auf unsere intellektuelle oder philosophische Welteinstellung ausübt. Der Planet ist eng verbunden mit Lernen und Sprachen, mit Optimismus, Loyalität und Gerechtigkeit, mit Genuss und Dünkel.*

## Der Jupiter im Widder

Widder und Jupiter passen gut zusammen und sorgen dafür, dass die Menschen zuversichtlich sind, großzügig, tolerant und begeisterungsfähig. Sie lieben Freiheit und haben ein echtes Bedürfnis, Ihren Horizont zu erweitern. Sie lieben den Wettbewerb, und wenn Sie die physischen Voraussetzungen dazu haben, können Sie ein sehr erfolgreicher Sportler werden. Trotzdem dürfen Sie nicht aufhören, im Sport nur einen Teil des Lebens zu sehen! Wenn der Jupiter einen negativen Aspekt zu Sonne, Mond oder Mars hat, dann können Sie dazu neigen, zu große Risiken einzugehen, und Sie sollten sich in Ihrem Horoskop nach beruhigenden Einflüssen umschauen. Sie sind äußerst extrovertiert.

## Der Jupiter im Stier

Ihr Grundbedürfnis, Geld zu machen, wird oft von Erfolg gekrönt sein. Mit dieser Jupiterstellung haben Sie wahrscheinlich eine gute Nase für Geldanlagen, eine Veranlagung für Geschäfte und ein ausgeprägtes Zeitgefühl. Sie sind aufrichtig und haben einen herzlichen Sinn für Humor. Sie unterhalten gern Ihre Freunde und sind besonders großzügig, haben eine lockere Einstellung zum Geld und meinen, es müsse wie Dünger verteilt werden, damit es Gutes tun kann. Auch zu sich selbst sind Sie großzügig und lieben die luxuriösen Dinge im Leben.

## Der Jupiter in den Zwillingen

Die alten Astrologen hielten nicht viel vom Jupiter in den Zwillingen, und der Planet scheint hier tatsächlich einen unbeständigen Einfluss auszuüben. Er verstärkt die Tendenz der Zwillinge, lieber ein bisschen von allem wissen zu wollen, statt sich gründliche Kenntnisse über nur eine Sache anzueignen. Diese intellektuelle Ruhelosigkeit – zusammen mit Ihrer Neigung, von einer Sache zur anderen zu springen – bedeutet, dass Sie voraussichtlich nie aus dem Studentenstatus herauskommen (oder herausgekommen sind).

Es bedeutet aber nicht, dass Sie nicht doch durch Ihre großzügige Toleranz und Klugheit eine Menge erreichen können. Versuchen Sie dennoch daran zu denken, dass ein gründliches Studium durch nichts zu ersetzen ist. Und wenn Sie versuchen, mit Ihren schlauen Bruchstücken von Wissen davonzukommen, wird man Sie bald entlarven.

## Der Jupiter im Krebs

Der Jupiter hat im Krebs eine wunderbare Wirkung. Er bringt Ihre angeborenen, intuitiven und emotionalen Gaben auf Höchstform. Sie sind von Natur aus freundlich, sympathisch, verständnisvoll, fürsorglich und beschützend, und Sie kümmern sich nicht nur um das Wohlergehen derer, die Ihnen nahe stehen, sondern gleich um das der ganzen Welt. Sie sind in karitativen Einrichtungen gut aufgehoben, ob nun beruflich oder ehrenamtlich. Sie schenken Ihren Kindern eine Menge Aufmerksamkeit – ohne sie zu sehr zu verwöhnen. Sie haben einen angeborenen Geschäftssinn und sind begierig, Ihr Wissen zu erweitern. Ihre Fantasie können Sie bei kreativer Arbeit einsetzen – vielleicht beim Schreiben – aber auch auf dem Gebiet der Wissenschaft und der Erfindungen. In der Küche sind Sie ebenfalls erfinderisch und sehr wahrscheinlich ein ausgezeichneter Koch.

## Der Jupiter im Löwen

Der Jupiter ist im Löwen in sehr extrovertierter Stimmung, und ein Mensch mit dieser Stellung im Geburtsbild wird nie ein Mauerblümchen sein. Angeberei ist Ihnen nicht fremd und für Ihre Umgebung nicht sehr angenehm. Es gibt jedoch auch Positives zu erwähnen, nicht zuletzt Ihr Optimismus, Ihre Großzügigkeit und Begeisterungsfähigkeit – und Ihre Gabe, auch andere Menschen zu begeistern. Sie sind entschlossen, jeden Moment des Lebens voll auszuleben, und Sie hassen Zeitverschwendung. Sie sollten wirklich lernen, sich gelegentlich zu entspannen. Es überrascht auch nicht, dass Sie vielleicht ein hervorragender Schauspieler werden könnten. Der Jupiter wird Ihnen helfen, die Hauptrolle zu übernehmen – und es zu genießen!

## Der Jupiter in der Jungfrau

Es kann Ihnen an Selbstvertrauen und Entscheidungskraft fehlen und Sie sind vermutlich auch dann unfähig, beherzt zu handeln, wenn es die Situation verlangt. Dennoch haben Sie eine sehr realistische Lebenseinstellung. Das kann Ihnen helfen, all die Probleme zu lösen, die Sie mit Ihrer Unentschlossenheit verursachen. Es sollte Ihnen auch gelingen, eine alternative – und bessere – Vorgehensweise zu wählen. Karrieremäßig können Sie es weit bringen. Sie sind ein Skeptiker – das ist immer eine hervorragende Eigenschaft –, und Ihr kritischer Verstand arbeitet scharf.

## Der Jupiter in der Waage

Diese Jupiterstellung sorgt für einen wirklich attraktiven Charakter – gelassen, einfühlsam, charmant und freundlich. Aber Sie können auch so gelassen sein, dass vor dem nächsten Tag nichts passiert. Wahrscheinlich lieben Sie auch den Luxus des Lebens so sehr, dass, wann immer Sie ein bisschen Geld haben, Sie alles stehen und liegen lassen und erst einmal genießen. Auch sind Sie nicht wild darauf, Ihren Geist anzustrengen, noch sich auf Herausforderungen einzulassen. Ein Partner kann Ihnen vielleicht helfen, Ihre Füße ein wenig öfter auf den Boden der Tatsachen zu stellen. Ihr Bedürfnis nach Geborgenheit in einer Partnerschaft ist übrigens sehr groß: Sie hassen es, allein zu sein, und müssen sich mitteilen können. Passen Sie dennoch auf, dass Sie sich nicht zu sehr auf einen Partner verlassen.

## Der Jupiter im Skorpion

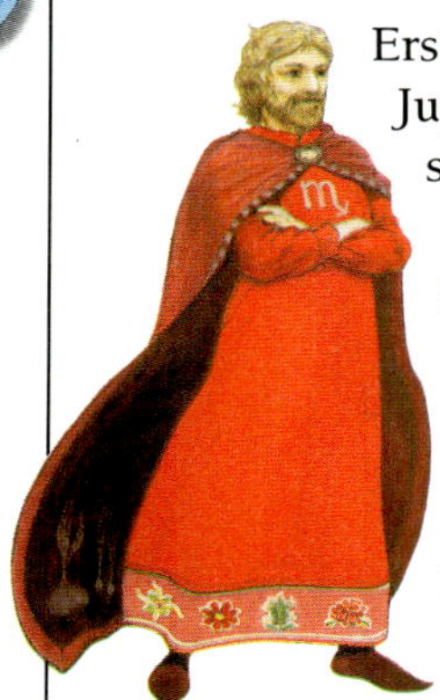

Erst einmal ist der Skorpion sowieso kein Zeichen für Halbherzigkeiten, aber mit dem Jupiter haben Sie wirklich gewaltige Kräfte. Sie wollen sicher das Leben voll ausschöpfen, und zwar so sehr, dass Sie dabei möglicherweise ausbrennen, wenn Sie nicht vorsichtig sind. Sie müssen sich in fast jeden Bereich des Lebens voll einbringen und dabei die wahre Befriedigung erleben. Hüten Sie sich vor mentalem oder nervlichem Druck. Ein Nervenzusammenbruch kann Ihnen blühen, wenn Sie sich nicht anschauen, wo Sie es ganz einfach zu weit getrieben haben. Wenn sie richtig gelenkt werden, können all diese Energien von großem Vorteil sein: Sie haben ein enormes Durchstehvermögen und möchten Ihr Potenzial voll ausschöpfen. Passen Sie dennoch auf Ihre misstrauische Ader auf, und lassen Sie diese nicht zwanghaft werden. Behalten Sie auch Ihren Hang zur Eitelkeit im Auge!

## Der Jupiter im Schützen

Der Jupiter ist der Planet, der den Schützen beherrscht. Er übt deswegen in dieser Position einen besonders starken Einfluss aus. Lesen Sie noch einmal die charakteristischen Merkmale des Sonnenzeichens Schütze (in Teil 2). Seien Sie nicht überrascht, wenn Sie viele von diesen Eigenschaften besitzen. Sie sind optimistisch und begeisterungsfähig – hervorragende Attribute, wenn man sie nicht übertreibt. Ein beruhigender Einfluss von Saturn – wenn er denn in Ihrem Horoskop erscheint – könnte Ihnen helfen, in Ihrem Optimismus und Ihrer Begeisterung nicht blind zu werden. Mit dem Alter werden Sie weiser, und im mittleren und noch im hohen Alter werden Sie sich voraussichtlich noch einmal fordern.

## Der Jupiter im Steinbock

Sie sind sensibel, nehmen Herausforderungen als das, was sie sind, und machen sich keine falschen Vorstellungen über Ihre Erfolgschancen. Gesunder Menschenverstand, Vorsicht und hart erarbeiteter Erfolg kennzeichnen Ihr Leben. Die Ernsthaftigkeit des

Steinbocks kann Sie pessimistisch und niedergeschlagen machen. Aber fassen Sie sich ein Herz und gehen Sie mehr aus sich heraus, denn Sie haben Sinn für Humor, der andere in schallendes Gelächter ausbrechen lässt, während Sie Ihr Pokerface behalten. Achten Sie darauf, nicht zu denken, dass Sie immer Recht haben. Das macht Sie nicht sympathischer.

### Der Jupiter im Wassermann

Sie sind ziemlich tolerant und unparteiisch, wenn es um andere geht, und Sie sind auf unsentimentale Art sehr einfühlsam. Jupiter und Wassermann können Sie besonders verständig machen für menschliche Belange. Sie sind besonders erfolgreich, wenn es darum geht, andere zu überzeugen, sich für eine gute Sache einzusetzen. Sie haben einen ausgeprägten Gerechtigkeitssinn, und Sie sind überzeugt, dass in jeder Situation Fairness siegen sollte. Jupiter wärmt im Allgemeinen den Wassermann ein bisschen auf, und auch Freundschaft wird wichtig sein. Sie sind erfinderisch und auch originell, und Sie könnten wissenschaftliche, musikalische oder literarische Talente haben.

### Der Jupiter in den Fischen

Von den Fischen aus macht Sie Jupiters Einfluss freundlich, einfühlsam und fürsorglich. Diese Jupiterstellung findet man oft in den Horoskopen von Menschen, die in Berufen arbeiten wie zum Beispiel dem des Arztes oder der Krankenschwester. Andererseits, kann es Ihnen auch schwer fallen, Ihre angeborene fürsorgliche Natur zu leben. Einige Menschen mit Jupiter in den Fischen neigen dazu, sich zurückzuziehen oder ihr Mitgefühl und ihre Fürsorge im Gebet oder der Meditation auszudrücken. Ihre Gefühlswellen schlagen hoch und Sie haben viel Fantasie und Intuition. Diese Gaben sind so stark ausgeprägt, dass Sie Schwierigkeiten bereiten können: Sie machen sich zum Beispiel unnötige Sorgen um Ihre Lieben. Versuchen Sie, diesen Hang in den Griff zu bekommen. Sie sind von Natur aus freundlich, und Ihre einfühlsame Art macht es möglich, dass Sie mit jedem, der Ihnen wichtig ist, eine wirklich gute Beziehung aufbauen können. Sie sind von Natur aus ein Menschenfreund!

## Der Jupiter in den Häusern

JUPITERS BEHERRSCHENDER *planetarischer Einfluss – Expansion – wird im Allgemeinen für eine positive Qualität gehalten, welche die bereits im Horoskop vorhandenen guten Eigenschaften vergrößern und bereichern kann. Halten Sie also Ausschau nach positiven Auswirkungen auf die Lebensbereiche, die von dem Haus beherrscht werden, in dem der Jupiter steht.*

## Der Jupiter im ersten Haus

Sie haben eine positive Lebenseinstellung, die Sie ausleben wollen. Offen und ehrlich wie Sie sind, glauben Sie, dass es andere auch sind. Häufig irren Sie sich da und Enttäuschungen bleiben nicht aus. Ihre Liebe zum Leben umfasst auch eine Vorliebe für gutes Essen und Wein.

## Der Jupiter im zweiten Haus

Hier finden wir eine starke Betonung des Geldes! Sie wollen viel Geld verdienen und nehmen hohe Risiken auf sich, um noch mehr zu bekommen. Sie geben das Geld auch gerne aus, besonders um Ihre Freunde zu unterhalten und um Ihr Zuhause so luxuriös wie möglich zu gestalten.

## Der Jupiter im dritten Haus

Dies ist das Haus des Intellekts, und Jupiter ist sehr mit dem Intellekt beschäftigt. Also brauchen Sie geistige Herausforderungen und werden begeistert und entschlossen jeden Wettkampf aufnehmen. Sie werden sich auch nach der Schul- und Universitätszeit noch weiterbilden.

## Der Jupiter im vierten Haus

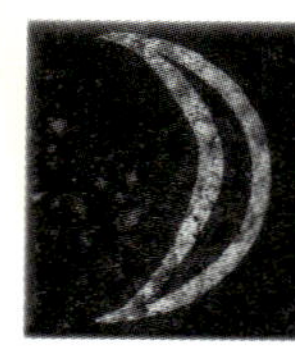

Sehr wahrscheinlich haben Sie häusliche Talente und hatten eine glückliche Kindheit. Sie mögen Kinder und werden diese dazu ermuntern zu lernen.

## Der Jupiter im fünften Haus

Sie sind einer der größten Enthusiasten, aber zu große Begeisterung kann auch alle möglichen Schwierigkeiten in sich bergen – zu große Risikobereitschaft ist sicher eine davon. Ihre Lebensfreude erstreckt sich auf viele Facetten des Lebens, und Sie haben wahrscheinlich in einem Jahr mehr Partner als andere ein ganzes Leben lang.

## Der Jupiter im sechsten Haus

Sie sind nicht nur großzügig und optimistisch, sondern auch von Natur aus hilfsbereit, und Sie eilen herbei, wann immer jemand etwas braucht. Sie geben anderen bereitwillig Ihre Zeit, Ihr Geld und lassen sie an Ihrer

Lebensfreude teilhaben. Wenn Sie nicht auf Ihre Essgewohnheiten achten, nehmen Sie voraussichtlich viel zu leicht zu – und haben es schwer, das Übergewicht dann wieder loszuwerden. Ihr Phlegma hindert Sie daran, sich körperlich zu betätigen.

## Der Jupiter im siebten Haus

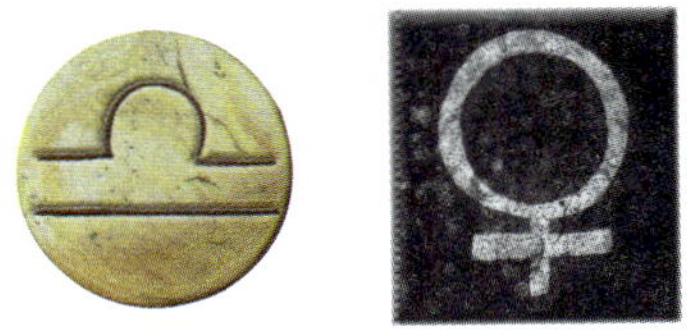

In Beziehungen denken Sie schnell, dass das Gras auf der anderen Seite des Zauns grüner ist, und diese Einstellung kann zu Problemen führen. Versuchen Sie, rational zu denken, bevor Sie an der Liebesfront weiter aktiv werden.

## Der Jupiter im achten Haus

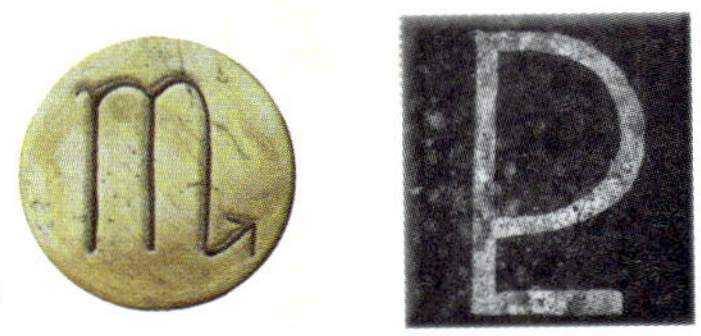

Auf sexuellem Gebiet sind Sie ein Enthusiast und brauchen einen Partner, der genauso begeistert ist und sexuellem Experimentieren zugetan ist. Wenn Ihr Partner diesen Ansprüchen nicht genügt, gibt es Probleme. Außerhalb des Schlafzimmers sorgt Jupiter im achten Haus für gute Geschäfte, aber auch hier ist Selbstkontrolle angesagt.

## Der Jupiter im neunten Haus

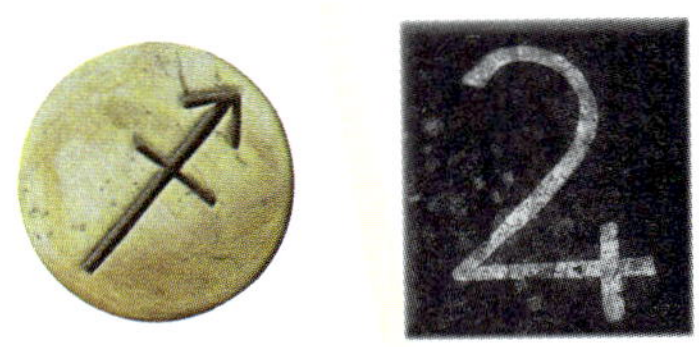

Sie haben einen stark ausgeprägten Intellekt, eine positive (und philosophische) Lebenseinstellung, großen Weitblick und eine kreative Fantasie. Sie wollen sich immer noch mehr Wissen aneignen, und Sie sollten dazu auch alle Gelegenheiten nutzen, die sich Ihnen nach Ihrer offiziellen Ausbildung bieten. Sie lernen besonders gern Fremdsprachen.

## Der Jupiter im zehnten Haus

In einer Position, in der Sie Macht und Kontrolle ausüben können, blühen Sie auf, und im Großen und Ganzen nutzen Sie diese Macht positiv und kompetent. Andererseits sollten Sie es sich zu Herzen nehmen, wenn Sie jemand für aufgeblasen hält. Wichtigtuerei ist für Sie eine Versuchung, der Sie manchmal nicht widerstehen können. Im Allgemeinen ziehen Sie überall und bei allem die Aufmerksamkeit auf sich.

## Der Jupiter im elften Haus

Fast jeder ist Ihr Freund, denn Sie sind ein geselliges Wesen. Sie haben viele oberflächliche Bekanntschaften, die dann auch meist nicht besonders langfristig sind.

## Der Jupiter im zwölften Haus

Ruhe und Frieden sind Ihnen sehr wichtig, und wahrscheinlich ist Ihr Geist aktiver als Ihr Körper. Behalten Sie trotzdem beide Füße auf der Erde und leben Sie nicht nur im Reich philosophischer Spekulation! Bringen Sie Ihre Arbeit an die Öffentlichkeit!

# Die Aspekte des Jupiter

WENN DER JUPITER GUTE ASPEKTE HAT, *besonders mit Sonne, Mond, Mars oder Saturn, dann verstärkt er die positiven Züge eines Menschen. Das sieht man auch in dem Haus und Zeichen, in denen er steht. Also lesen Sie sich Jupiters Einfluss in diesen Beschreibungen noch einmal durch.*

(Aspekte des Jupiter zur Sonne, siehe »Die Aspekte der Sonne zum Jupiter«, S. 255;
Aspekte des Jupiter zum Mond, siehe »Die Aspekte des Mondes zum Jupiter«, S. 271;
Aspekte des Jupiter zum Merkur, siehe »Die Aspekte des Merkurs zum Jupiter«, S. 293;
Aspekte des Jupiter zur Venus, siehe »Die Aspekte der Venus zum Jupiter«, S. 317;
Aspekte des Jupiter zum Mars, siehe »Die Aspekte des Mars zum Jupiter«, S. 332.)

## Die Aspekte des Jupiter zum Saturn

### Konjunktion

Diese Konjunktion fördert Optimismus, gesunden Menschenverstand, praktische Veranlagungen, Zielgerichtetheit und je nach Begleitumstand entweder Begeisterungsfähigkeit oder Zurückhaltung. Sie haben eine positive Lebenseinstellung, es sei denn Saturn lässt Sie alles schwarz sehen.

### Positive Aspekte

Ihr gesunder Menschenverstand und Ihr begeisterter Optimismus stehen in ausgeglichenem Verhältnis zueinander, Ihre vernünftige Planung wird Sie gute Entscheidungen treffen lassen.

### Negative Aspekte

Sie sollten Ihre Ruhelosigkeit in den Griff bekommen. Nehmen Sie nicht jede Benachteiligung als schlimmen Angriff auf Ihre Person.

# Die Aspekte des Jupiter zum Uranus

## Konjunktion

Eine positive Lebenseinstellung, ein wacher und origineller Geist und eine vorausschauende und humanitäre Lebensanschauung, all das tritt hier in Erscheinung. Achten Sie auf gelegentliche Anspannungen, die gewöhnlich mit positivem Handeln, interessanter Arbeit und anspruchsvollen Hobbys einhergehen.

## Positive Aspekte

Ihr Geist ist sehr aktiv und originell, Sie haben Sinn für Humor und den Drang, anderen zu helfen.

## Negative Aspekte

Sie können ruhelos und exzentrisch und mit dem Leben im Allgemeinen unzufrieden sein. Es kann für Sie zur Zwangsvorstellung werden, unabhängig sein zu müssen, so dass Sie angebotene Hilfe zurückweisen.

# Die Aspekte des Jupiter zum Neptun

## Konjunktion

Diese Konjunktion verbindet man mit all den feineren und subtileren menschlichen Qualitäten – Idealismus, Demut, Spiritualität und Optimismus – und Sie haben offensichtlich ein enormes Potenzial, Gutes zu tun, wenn Ihr Idealismus nicht reine Träumerei bleibt.

## Positive Aspekte

Dieser Aspekt hat mit der Konjunktion die menschlichen Qualitäten gemein, einschließlich Idealismus und Demut. Allerdings ist da auch noch ein starkes Bedürfnis, alles, auch Dinge, die Sie ablehnen, verstehen zu wollen, und die Fähigkeit, Träume in die Tat umzusetzen.

## Negative Aspekte

Wenn zu Ihrer Verträumtheit noch Vergesslichkeit kommt, dann bedeutet das, dass all Ihre guten Absichten niemals Früchte tragen werden.

# Die Aspekte des Jupiter zum Pluto

## Konjunktion

Sie brauchen Erfolg und suchen ihn vielleicht rücksichtslos. Ihr Eifer, immer Erfolg haben zu wollen, kann geradezu zwanghaft werden. Sie sind eine Führungspersönlichkeit mit ausgezeichneten Organisationsfähigkeiten.

## Positive Aspekte

Sie haben eine große innere Stärke und können jede Angelegenheit mit Entschlossenheit verfolgen (und schließlich zum Erfolg bringen). Sie setzen Ihre Intelligenz gut ein und haben die Gabe, andere zu führen.

## Negative Aspekte

Hüten Sie sich vor einem Hang zum Fanatismus und missbrauchen Sie nicht Ihren Machtinstinkt, indem Sie andere verführen. Mehr als Ihre dynamische Natur zur Schau zu stellen, tun Sie dabei nämlich nicht.

# Die Aspekte des Jupiter zum Aszendenten

## Konjunktion

Die Kraft dieser Konjunktion hängt zum großen Teil davon ab, ob Jupiter im ersten oder zwölften Haus steht. Jupiters Stellung im Haus ist der Schlüssel zum Verständnis, wie die Konjunktionsaspekte sich in Ihrem Leben auswirken. Vom ersten Haus aus macht diese Konjunktion Sie enthusiastisch, positiv und offen. Sie neigen dazu, zu übertreiben und emotionale und physische Risiken einzugehen. Vom zwölften Haus aus trägt diese Konjunktion dazu bei, dass Sie weniger aus sich herausgehen und eher nachdenklich und in sich gekehrt sind.

## Positive Aspekte

Hier trifft man dieselben Qualitäten an wie in der Konjunktion – Optimismus, Enthusiasmus, Offenheit, Übertreibung und Risikofreude –, aber alle etwas weniger stark ausgeprägt.

## Negative Aspekte

Sie sind gleichzeitig ein Angeber und Langweiler. Schauen Sie sich in Ihrem Horoskop nach anderen Hinweisen um, die diese Tendenzen abschwächen können – hüten Sie sich aber, auch wenn Sie solche finden, vor Ersteren!

# Die Aspekte des Jupiter zur Himmelsmitte

## Konjunktion

Mit Ihrem Optimismus sind Sie prädestiniert für ein erfolgreiches und zufriedenes Leben, denn die meisten Projekte, die Sie in Angriff nehmen, sind Sie auch bereit, bis zum Ende durchzuführen.

## Positive Aspekte

Sie gehen eine Herausforderung immer direkt an, und jeder Ihrer Erfolge verstärkt Ihr sowieso schon großes Vertrauen in sich selbst.

## Negative Aspekte

Ihre Angeberei mit Ihren Fähigkeiten wird niemandem gefallen, auch nicht Ihre Liebe zu Status und dem Ehrgeiz, auf der sozialen Leiter unbedingt aufzusteigen.

## Kurze Zusammenfassung

✓ Die Fähigkeit zu Erweiterung und allgemeiner Weiterentwicklung ist ein starker Einfluss. Bestenfalls fördert er Optimismus, Toleranz und Energie. Schlimmstenfalls ist er verbunden mit Glücksspiel und blindem Optimismus.

✓ Jupiter gibt den Qualitäten eines jeden Sonnenzeichens eine geistige und philosophische Dimension. Der Planet ist eng verbunden mit Lernen, Sprachen und der Justiz. Im schlimmsten Fall fördert er Genuss und Dünkel.

✓ Jupiters stärkster Einfluss hat eine positive Wirkung auf den Gebieten, die von dem Haus beherrscht werden, in dem er steht. Er gibt demjenigen unter seinem Einfluss intellektuellen Tiefgang und Optimismus. Er kann aber auch den Missbrauch positiver Qualitäten fördern.

✓ Jupiters positive Aspekte (zu Sonne, Mond, Mars oder Saturn) verstärken die positiven Persönlichkeitsmerkmale, die in dem Haus oder dem Sonnenzeichen zu finden sind, in dem er steht.

Kapitel 20

# Einflüsse des Saturn

Der Saturn repräsentiert Autorität und gelegentlich dient sein Einfluss als Warnsignal bei emotionalen, psychischen oder physischen Herausforderungen oder Krisen. Der Saturn sagt »Mach das nicht!«, wann immer es richtig ist, einem eingeschlagenen Weg nicht weiter zu folgen. Andererseits kann Saturn uns auch gerade dann hemmen, wenn wir all unser Selbstvertrauen zusammennehmen müssen, um im Leben weiterzukommen. Eine ausgeglichene Reaktion auf das – und ein gründliches Nachdenken darüber –, was der Saturn »sagt«, ist also lebensnotwendig, wenn wir mit den hemmenden Einflüssen dieses kraftvollen Planeten fertig werden wollen.

## Inhalt dieses Kapitels:





IN DER RÖMISCHEN MYTHOLOGIE WAR DER SATURN DER VATER ALLER GÖTTER.

# Der Saturn in den Zeichen

SCHAUEN SIE SICH NOCH EINMAL *die Qualitäten und charakteristischen Merkmale der Sonnenzeichen in Teil 2 an. Berücksichtigen Sie dabei, welche Auswirkungen der hemmende Einfluss von Saturn auf diese Qualitäten und Eigenschaften haben kann. Denken Sie daran, dass, wenn Sie zu bereitwillig dem nachgeben, was Sie hemmt, Sie an sich selbst zu zweifeln beginnen und in eine Starre fallen, wo Sie eigentlich handeln sollten. Umgekehrt kann es sein, dass Sie kopflos ins Unglück rennen, wenn Sie den Saturn überhören oder ignorieren; denn er ist Ihre innere Stimme, die Sie auf Ihre Schwachpunkte hinweist. Der Saturn ist sicher niemands Lieblingsplanet? Aber er hat die positive Macht, uns zu zügeln, wenn wir uns nicht mehr kontrollieren können. Und das ist eine gute Sache!*

## Der Saturn im Widder

Widder fördert Enthusiasmus und Aktivität und der Saturn Vorsicht und Zwang. Das ist keine glückliche Partnerschaft. Manchmal erscheinen Sie stark und gebieterisch, und dann wieder zögerlich und schwach. Sie sollten den Einfluss dieses Planeten richtig nutzen. Lassen Sie den Saturn Ihren gesunden Menschenverstand und Ihre Vorsicht kräftigen. Es kann gelegentlich Verwirrung herrschen, wenn Ihnen Saturn ans Herz legt, umsichtig zu sein, und der Widder das Gegenteil. Die physischen Auswirkungen von Saturns Versuch, Ihre Widderenergie zurückzuhalten, spüren Sie wahrscheinlich als Anspannung. Gehen Sie auf die Suche nach Mitteln und Wegen, wie Sie Ihren Widderdampf ablassen können, vielleicht beim Sport oder anderer körperlicher Betätigung.

## Der Saturn im Stier

Mit dem Saturn, der Sie zur Vorsicht mahnt, und dem Stier, der Ihnen zur Vorsicht die Geduld hinzugibt, neigen Sie eher dazu, ein Arbeitstier zu sein. Gesellschaftlicher Erfolg ist Ihnen wichtig, und Sie marschieren (bedächtig) auf Ihr Ziel zu. Sie sind eher bequem und bringen ungern zu viele Opfer. Der Saturn bekniet Sie, nicht zu viel Geld für Luxus auszugeben. Wenn Sie Kinder haben, seien Sie nachsichtig mit Ihnen: Ihre Vorliebe für strenge Disziplin und starre Routine teilen sie vielleicht nicht. Erzwingen Sie nichts. Werden Sie einfach ein bisschen lockerer. Haben Sie keine Angst, Ihre Gefühle auszudrücken und sich ganz zu öffnen. Sie tendieren dazu, zu glauben, zu viel Liebe und Verständnis könnten Ihre Autorität untergraben.

# Der Saturn in den Zwillingen

Diese Saturnstellung betrifft vor allem die Kommunikation, und Sie sollten darüber nachdenken, wie Sie sich anderen gegenüber zum Ausdruck bringen. Sie gehen mit Worten sparsam um, Sie treffen den Nagel kurz und bündig auf den Kopf, sind aber verbal oft autoritär. Die sonst typische Art der Zwillinge, frei von der Leber weg zu reden, ist absolut nicht Ihr Stil. Ihre Schweigsamkeit grenzt manchmal an Unhöflichkeit. Sie sind in der Tat etwas schroff, und Ihr Sarkasmus macht Sie nicht bei allen beliebt. Ihr Sinn für Humor wird Ihnen notfalls helfen, andere wieder für sich einzunehmen, mit Witz entschärfen Sie eine eigentlich verletzende Bemerkung.

# Der Saturn im Krebs

Diese Konstellation hat zwei starke Schwerpunkte: die Familie und die Sorgen. Vielleicht passen sie ja von Natur aus zusammen. Sie sind auf jeden Fall sehr mit Ihrem Familienleben beschäftigt und wollen für Ihren Partner und Ihre Kinder ein sicheres Zuhause schaffen. Gefühlsmäßig müssen Sie etwas lockerer werden. Sie können sehr schüchtern und gehemmt sein, wenn es darum geht, Ihrem Partner gegenüber Gefühle zu äußern. Das sorgt nicht unbedingt dafür, dass Ihre Beziehung an Vertrautheit gewinnt. Wenn Sie aufgefordert sind, auf etwas zu reagieren, dann ziehen Sie sich zurück und warten so lange, bis die Entscheidung nicht mehr nötig ist. Sie möchten gerne handeln, aber Sie haben Angst vor möglichen unangenehmen Konsequenzen; Sie sagen sich, dass Sie Ihre Meinung noch einmal überdenken sollten. Sie machen sich um alles und jeden Sorgen, besonders wenn diese Tendenz auch noch woanders in Ihrem Geburtsbild anzutreffen ist. Dennoch sind Sie von Natur aus klug, besonders in Geldangelegenheiten, und wenn Sie erst einmal eine Entscheidung getroffen haben, dann bleiben Sie sehr zäh.

# Der Saturn im Löwen

Sie können selbstherrlich, willensstark und stolz, aber auch eigensinnig sein. Ihre ernsthafte Lebenseinstellung mag Ihre Warmherzigkeit etwas dämpfen. In der Tat macht der Saturn den Himmel des Löwen wolkenverhangen. Dennoch gibt es auch eine positive Seite von Saturns Einfluss: die Weigerung, Grenzen zu akzeptieren, eine Entschlossenheit, erfolgreich zu sein, die Bereitschaft, enorme Anstrengungen in ein Projekt zu stecken, das Sie unterstützen, die Fähigkeit, mit jeder Situation fertig zu werden, und die Gabe, alles, was in prekären Situationen nötig ist, zu organisieren. Aber hüten Sie sich vor folgenden, vom Saturn ausgehenden Gefahren: Vor Ihrer Tendenz, die Perspektive zu verlieren, den falschen Menschen gegenüber loyal zu sein und etwas bis zum bitteren Ende zu verfolgen, nur weil Sie sich einmal in den Kopf gesetzt haben, dass »es das Richtige ist«. Hinterfragen Sie besonders diesen letzten Aspekt, vor allem: Was andere von Ihnen erwarten, muss nicht das sein, was Sie wirklich tun sollten.

## Der Saturn in der Jungfrau

Sie begrüßen Regelmäßigkeit in Ihrem Leben und sind am besten, wenn Sie methodisch arbeiten können. Sie pflügen dieselbe Furche immer wieder mit Geduld und enormer Aufmerksamkeit für das Detail. Für Sie gibt es keine Abkürzungen! All das macht aus Ihnen einen ausgezeichneten Angestellten, aber einen harten Aufseher. Für Sie ist Disziplin alles, und mit Ihrem Hang, darauf zu bestehen, dass alle anderen Ihrem hohen Perfektionsstandard genügen, machen Sie sich nicht sonderlich beliebt. Versuchen Sie, Ihre Erwartungen an andere herunterzuschrauben und Toleranz zu üben – auch wenn Ihnen das sicher schwer fällt. Ironischerweise sind Sie bei Ihren eigenen Leistungen sehr bescheiden, und Sie sind nicht der selbstsichere Mensch, als der Sie scheinen. Sie können sogar extrem schüchtern sein. Versuchen Sie, Ihre eigenen Qualitäten anzuerkennen, ohne sie in die Welt hinauszuposaunen. Ihre innere Saturnstimme ist gern sarkastisch, kühl und distanziert, und sie kann jeden Ihrer Gedanken und jede mögliche Handlung kritisieren: Wenn Sie Glück haben, bewirkt das bei Ihnen, dass Sie realistisch und praktisch vorgehen. Es kann aber auch Ihre sorgfältige Planung unterwandern.

## Der Saturn in der Waage

Die Qualitäten von Saturn und Waage scheinen wunderbar zusammenzupassen: ein starker Gerechtigkeitssinn, Verständnis für andere, Freundlichkeit, gesunder Menschenverstand, Takt, Diplomatie, Fairness, Unparteilichkeit und Flexibilität … eine Ehe, die im Himmel geschlossen wurde. Ja, aber… Dieses »Aber« bezieht sich hauptsächlich auf die Möglichkeit, dass Sie mit Ihren Kollegen oder Ihrem Liebhaber sehr intolerant sind. Sie können auch die Tendenz haben, vor einer Bindung zurückzuschrecken, obwohl eine Seite von Ihnen sich nach einer dauerhaften Gefühlsbeziehung sehnt. Ihre zögerliche Haltung, wenn Sie Verpflichtungen eingehen sollen, kann etwas mit Ihren sexuellen Hemmungen zu tun haben oder mit einer Unfähigkeit, Emotionen frei auszudrücken. Andererseits sind Sie großzügig und herzlich und immer bereit auszuhelfen. Sie sollten sich hüten, als Gegenleistung zu viel Anerkennung und Dankbarkeit zu erwarten.

## Der Saturn im Skorpion

Der Saturn kann eine besonders hemmende Wirkung auf Ihr Sexualleben ausüben. Hüten Sie sich davor, zu sehr auf Ihr eigenes Vergnügen bedacht zu sein und das des Partners zu vernachlässigen. Sie mögen in Ihrer Persönlichkeit eine etwas dunkle und grüblerische Seite haben, gepaart mit starker Zielstrebigkeit, verbissener Entschlossenheit und einem Überschuss an emotionaler Energie, wenn es darum geht, irgendein Ziel zu erreichen. Der schlimmste Fall in diesem Spektrum kann sein, dass Sie äußerst Besitz ergreifend und unerträglich ehrgeizig sind, wenn Sie Ihr Auge auf etwas geworfen haben. Dann kann eine entschieden grausame und rücksichtslose Seite Ihrer Natur zum

Vorschein kommen. Ein positiver Aspekt des Saturneinflusses kann sein, dass er Ihren Geschäftssinn schärft. Sie haben auch einen guten – wenn auch sehr unkonventionellen – Sinn für Humor. Nutzen Sie ihn, um die Atmosphäre etwas aufzulockern, wenn Sie mit Ihrer Familie oder Ihren Freunden zu heftig werden.

## Der Saturn im Schützen

Im Schützen besteht der Saturn darauf, dass Sie Ihr volles intellektuelles Potenzial entwickeln – und ermutigt Sie, so lange zu studieren, bis Sie das erreicht haben. Dieses Muster zieht sich durch Ihr ganzes Leben. Der Planet ermuntert Sie auch, Ihre Meinung entschieden und wenn nötig mutig zu vertreten, denn Ihre Ideen und Meinungen sind nicht unbedingt die der Mehrheit. Sie wollen ohne Verzögerung Ihre Meinung in die Tat umsetzen; aber oft ertappen Sie sich dabei, dass Sie doch wieder zaudern. Das liegt daran, dass ein Teil von Ihnen sich instinktiv der Schwierigkeiten und Nachteile bewusst ist, und daran, dass die Kraft des Schützen von dem vorsichtigen Einfluss des Saturn zurückgehalten wird. Das ist nicht unbedingt schlecht. Ein gewisses Maß an Vorsicht – eine Qualität, die ein Teil von Ihnen verachtet – kann sehr wohl Ihre Haut retten, wenn der Gegner übermächtig ist.

## Der Saturn im Steinbock

Sie sind zielstrebig, aber vorsichtig, ehrgeizig, aber praktisch, und Sie werden jedes Opfer bringen, um Ihre Ziele zu erreichen. Aber wenn der Saturn einen negativen Aspekt hat, ist Ihre Lebensanschauung eher etwas hart und verbissen. Ihre Entschlossenheit, alles anzunehmen, was das Leben Ihnen vor die Füße wirft, mag von anderen bewundert werden, kann aber auch ein Eigentor sein. Vielleicht sind Sie zu wild darauf, Macht auszuüben. Sie kümmern sich auch nicht unbedingt um Ihren sozialen Aufstieg und knausern wahrscheinlich auch sehr mit Ihrer Zeit und Ihrem Geld, besonders wenn der Saturn schlechte Aspekte hat. Ihre Familie fühlt sich womöglich vernachlässigt, weil Sie so viel Zeit mit Ihrer Arbeit verbringen. Natürlich werden Sie sagen, dass Sie das alles nur für sie tun! Wie wahr das auch sein mag, Ihre Familie braucht persönliche Aufmerksamkeit ebenso sehr wie das Geld. Saturns nüchterne Stimme macht es Ihnen schwer, nicht sofort zu gehorchen. Das ist immer noch besser, als Saturns vorsichtige Anweisungen völlig zu ignorieren, aber lassen Sie sich auch nicht einschüchtern.

## Der Saturn im Wassermann

Im Wassermann fördert der Saturn Entschlusskraft, Originalität, Menschenfreundlichkeit und die Fähigkeit zu wissen, was man will. Aber wie immer gibt es auch eine Kehrseite des Saturneinflusses. Originalität zum Beispiel kann erfrischend sein, im Alter von 18 Jahren, aber ziemlich befremdend und schal geworden mit 80. Und weil Sie wirklich wissen, was Sie wollen, vertreten Sie hartnäckig einen anderen Standpunkt als alle anderen,

nur um anders zu sein. Und wenn Saturn auch noch negative Aspekte hat, dann können Sie diesen Standpunkt sehr geschickt verteidigen. Es wird ihnen wohl auch etwas schwer fallen, enge Freundschaften zu schließen, da Sie selbst zu Ihren besten Freunden lieber etwas Abstand halten. Immerhin ist Ihnen Unabhängigkeit so wichtig, dass Sie auch mit Einsamkeit fertig werden können. Machen Sie sich bewusst, dass eine Seite von Ihnen sich sicher und geborgen fühlen möchte, während die andere ungebunden und individuell sein will. Passen Sie auf, dass Sie nicht in dieses Spannungsfeld geraten.

## Der Saturn in den Fischen

Sich schüchtern vor öffentlicher Aufmerksamkeit zurückzuziehen, mag reizvoll für Sie sein, aber es hemmt Sie in fast allen Lebenslagen. Sie sind human und verständnisvoll, und Ihr Mitgefühl für andere beruht auf Ihrer starken Intuition, auf die Sie sich immer verlassen können. Mit Ihren intuitiven Fähigkeiten können Sie Ihr mangelndes Selbstbewusstsein ausgleichen. Letzteres ist eine der bedauerlichen Auswirkungen vom Saturn in den Fischen. Sie müssen versuchen, Ihrer Neigung zu widerstehen, sich selbst für einen wert- und reizlosen Menschen zu halten, der dem Leben nichts zu geben hat. Das Gegenteil ist der Fall: Sie können vor allem durch Ihr gut funktionierendes Gespür für winzige Kleinigkeiten eine Menge beisteuern: Hüten Sie sich vor schnellen Gefühlsschwankungen und Hypochondrie, besonders dann, wenn der Saturn negative Aspekte zum Mond hat.

# Der Saturn in den Häusern

ES LOHNT IMMER, *sich das Haus gründlich anzusehen, in dem der Saturn steht, weil er eine sehr dämpfende Wirkung auf die Lebensbereiche ausübt, die zu diesem Haus gehören. Die Wirkungen des Planeten sind zwar auf keinen Fall katastrophal, aber Sie müssen sich auf bestimmten Gebieten wahrscheinlich besonders bemühen, den Einfluss des Saturn abzuschütteln.*

## Der Saturn im ersten Haus

Sie können sehr schüchtern sein und leiden an mangelndem Selbstvertrauen. Sie sind in Ihrer Denkungsart wahrscheinlich von Natur aus vorsichtig, konservativ und verlassen sich auf das, was der gesunde Menschenverstand Ihnen vorgibt. Es kann sein, dass Sie manchmal pessimistisch sind und sich unfähig fühlen, Ihr Leben zu meistern. Das widerstrebt Ihrem ausgeprägten Pflichtgefühl.

## Der Saturn im zweiten Haus

Geld fällt Ihnen nicht in den Schoß: Sie müssen für jeden verdienten Pfennig hart arbeiten. Investieren Sie in die sichersten Anlagen, die Sie bekommen können, riskante Spekulationen sollten Sie vermeiden. Auf der persönlichen Seite wird Saturn versuchen, Sie in Ihren Gefühlen zu bremsen, und es kann sein, dass Sie auch für Ihre emotionale Sicherheit hart arbeiten müssen.

## Der Saturn im dritten Haus

Sie sind sensibel und praktisch, und Sie können langfristige Pläne machen, die Sie auch durchstehen. Diese Pläne mögen vielleicht ins konservative Lager gehören, aber sie zahlen sich am Ende aus. Sie werden wahrscheinlich viel Zeit mit Lernen verbringen – und so versuchen, Lücken zu füllen.

## Der Saturn im vierten Haus

War der Anfang Ihres Lebens eher spartanisch und fehlte Ihnen echte Zuneigung? Waren Ihre Eltern vielleicht übermäßig streng und im Großen und Ganzen nicht ermutigend und herzlich? Wurde viel Wert auf Disziplin gelegt? Wenn ja, werden Sie einige Zeit brauchen, um mit Ihrer Vergangenheit fertig zu werden, und es kann Ihnen schwer fallen, Ihre Gefühle und Meinungen offen zu äußern, aus lauter unbewusster Angst, Sie könnten kritisiert werden oder keine Anerkennung finden.

## Der Saturn im fünften Haus

Sie können kreativ sein, aber Sie entwickeln Ihre kreativen Talente nur langsam. Sie nehmen die Liebe sehr ernst und brauchen eine Beziehung. Aber Sie lassen sich Zeit, bevor Sie sich wirklich binden, wahrscheinlich weil Ihr Vater einen starken Einfluss auf Sie ausübt. Das gilt besonders für Männer und ihre Einstellung Frauen gegenüber, aber auch umgekehrt.

## Der Saturn im sechsten Haus

Sie arbeiten hart und mit großer Aufmerksamkeit für das Detail, aber Ihnen ist Ihr Job wahrscheinlich nicht sehr wichtig, weil Sie glauben, dass Ihre Arbeit die Anstrengung nicht wert ist. Wenn das bei Ihnen so ist, hören Sie weder auf zu jammern, noch wechseln Sie den Arbeitsplatz, weil Sie nicht gerne ein Risiko eingehen.

## Der Saturn im siebten Haus

Möglicherweise zögern Sie, eine emotionale Beziehung einzugehen. Sie sind äußerst treu, wenn Sie sich erst einmal auf jemanden eingelassen haben – wahrscheinlich jemand, der älter ist als Sie. Ihr Zögern liegt zum Teil daran, dass eine Bindung für Sie eine ernsthafte Verantwortung darstellt.

## Der Saturn im achten Haus

Ihre sexuellen Neigungen sind unkonventionell, und Sie fürchten vielleicht, einen Partner damit zu verschrecken. Sie werden überrascht sein, wie selten das wirklich der Fall ist. Hüten Sie sich vor fanatischer Eifersucht.

## Der Saturn im neunten Haus

Sie werden nicht gern mit Problemen oder Herausforderungen konfrontiert, denn obwohl Sie tief und ernsthaft über Probleme nachdenken können, ist Ihr Geist nicht sehr abenteuerlustig. Ihre Lösungen sind darum konventionell und langweilig. Schüchternheit und Befangenheit können Schwierigkeiten machen.

## Der Saturn im zehnten Haus

Der Saturn scheint Ihnen manchmal zu viel Verantwortung aufzubürden. Sie tragen sie jedoch mit Bravour, auch weil Sie besonders ehrgeizig sind. Seien Sie gewarnt: Manchmal sind Sie so sehr damit beschäftigt, Ihre hoch gesteckten Ziele zu erreichen, dass Sie Ihre Familie vernachlässigen.

## Der Saturn im elften Haus

Es mag Ihnen schwer fallen, enge Freundschaften einzugehen, aber wenn, sind diese Freunde erheblich älter. Vielleicht fühlen Sie sich von ihnen angezogen, weil Sie glauben, diese seien intelligenter als Sie. Stimmt nicht! Sie führen ein schönes geselliges Leben.

## Der Saturn im zwölften Haus

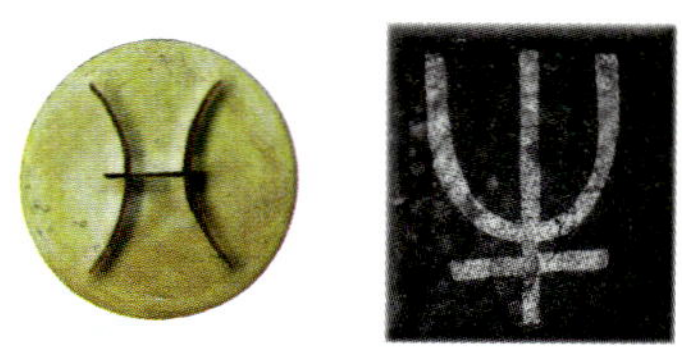

Sie wollen sich wahrscheinlich aus der Welt mit ihren Sorgen zurückziehen. Seien Sie vorsichtig mit Ihrer Eigenbrötelei und denken Sie daran, sich zu bewegen. Gehen Sie in einen Gymnastik- oder Yogakurs, um gleich zwei Fliegen mit einer Klappe zu schlagen: Ihren Körper zu trainieren und unter Leute zu kommen.

# Die Aspekte des Saturn

HIER GEHEN WIR *auf die Hauptaspekte des Saturn zu den drei Planeten hinter ihm ein: Uranus, Neptun und Pluto. Sie wirken sich zwar meist hemmend auf den Menschen aus, können ihn aber auch stabilisieren.*

(Aspekte des Saturn zur Sonne, siehe »Die Aspekte der Sonne zum Saturn«, S. 255;
Aspekte des Saturn zum Mond, siehe »Die Aspekte des Mondes zum Saturn«, S. 271;
Aspekte des Saturn zum Merkur, siehe »Die Aspekte des Merkur zum Saturn«, S. 293;
Aspekte des Saturn zur Venus, siehe »Die Aspekte der Venus zum Saturn«, S. 318;
Aspekte des Saturn zum Mars, siehe »Die Aspekte des Mars zum Saturn«, S. 332;
Aspekte des Saturn zum Jupiter, siehe »Die Aspekte des Jupiter zum Saturn«, S. 344.)

## Die Aspekte des Saturn zum Uranus

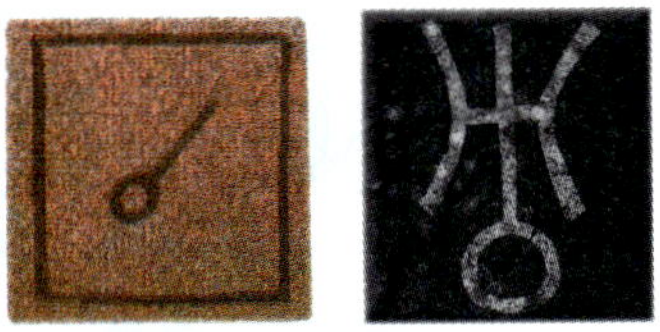

### Konjunktion

Diese Konjunktion kommt z. B. in den Geburtshoroskopen der Menschen vor, die zwischen Dezember 1986 und Dezember 1989 geboren sind. Wenn Saturn und Uranus in einem Geburtsbild auf einer Linie mit der Sonne, dem Mond, dem Aszendenten oder der Himmelsmitte liegen, dann sehnt sich dieser Mensch wahrscheinlich nach Individualität, braucht aber Anleitung und Disziplin.

### Positive Aspekte

Sie sind äußerlich konventionell, hegen aber klammheimlich große Sympathie für das Unkonventionelle. Sie haben Willenskraft und Geduld.

### Negative Aspekte

Manchmal sind Sie wahrscheinlich halsstarrig und können ziemlich distanziert und kalt sein. Wenn Sie eine leitende Funktion ausüben, fällt es Ihnen nicht leicht, Ihre Angestellten für sich zu gewinnen.

## Die Aspekte des Saturn zum Neptun

### Konjunktion

Diese kraftvolle Konjunktion hat Auswirkungen wie die zwischen Saturn und Uranus, aber Neptun schwächt die Entschlossenheit und trübt das Urteilsvermögen.

### Positive Aspekte

Sie sind freundlich, verständnisvoll, idealistisch, aber auch praktisch. Das wird Ihnen sicher helfen, Ihre Kreativität auszudrücken.

### Negative Aspekte

Dies ist ein schwacher negativer Aspekt, und man sollte ihm nicht zu viel Beachtung schenken. Sie haben zwar Talent, zögern aber, es zu nutzen.

## Die Aspekte des Saturn zum Pluto

### Konjunktion

Im Löwen übt dieser Aspekt einen negativen Einfluss aus. Er wirkt hemmend auf Gefühle und sorgt damit für psychologische Probleme. In der Waage ist Entschlossenheit das Motto dieses Aspekts.

### Positive Aspekte

Entschlossenheit und ein gutes Maß an Energie sind hier angezeigt, wenn es um persönliche Planeten geht.

### Negative Aspekte

Bei diesen Aspekten hört man oft den Satz »Ich habe keine Lust!«. Man trifft auch auf zwanghaftes Verhalten.

## Die Aspekte des Saturn zum Aszendenten

### Konjunktion

Der Saturn im ersten Haus schwächt Ihr Selbstvertrauen und macht Sie schüchtern. Aber Sie haben eine praktische Veranlagung und Ihr Vertrauen wird mit den Jahren wachsen.

### Positive Aspekte

Eine praktische Ader, gesunder Menschenverstand und Vorsicht zeigen sich hier. Hüten Sie sich, zu emotional zu sein.

### Negative Aspekte

Wenig Lebenskraft, finstere Ansichten: Sie sind ein Nörgler! Lassen Sie sich aufheitern, wenn Sie schon selbst nicht die Initiative ergreifen!

# Die Aspekte des Saturn zur Himmelsmitte

## Konjunktion

Wenn der Saturn im zehnten Haus steht, ist sein Einfluss hier sehr stark, und er lädt Ihnen Verantwortung auf. Sie haben einen so starken Ehrgeiz, dass Sie darüber die Freuden des Lebens vergessen.

## Positive Aspekte

Sie besitzen alle positiven Saturneigenschaften – praktische Veranlagung, gesunden Menschenverstand, Disziplin und Ehrgeiz, der aber nicht unangenehm ist und durch Ihre Behutsamkeit gemildert wird.

## Negative Aspekte

Sie müssen wahrscheinlich mit sehr viel Frustration fertig werden, aber die Hindernisse in Ihrem Weg stärken Ihr Selbstvertrauen und Ihre Entschlossenheit. Sie werden Ihre Ziele erreichen, wenn auch langsamer, als Sie es sich wünschen.

## Kurze Zusammenfassung

✓ Der Saturn ist die Stimme der inneren Autorität und übt eine hemmende Wirkung auf das Verhalten aus. Saturn warnt vor emotionalen oder physischen Herausforderungen.

✓ Der Saturn übt eine repressive Wirkung auf die Qualitäten des Zeichens aus, in dem er steht. Auf der positiven Seite wirkt er mäßigend auf die eher cholerischen Sonnenzeichen ein. Auf der negativen Seite kann der hemmende Einfluss die ruhigeren und weniger selbstbewussten Sonnenzeichen verleiten festzuhalten, wenn sie loslassen müssten.

✓ Der Saturn hat eine dämpfende Wirkung in den Lebensbereichen, die zu dem Haus gehören, in dem er steht. Er wirkt zwar nicht übermäßig restriktiv, kann aber persönliche Belange verdüstern.

✓ Der Saturn hemmt gewisse Emotionen, aber er ist auch eine stabilisierende Kraft, wenn zu viel davon im Spiel ist.

## Kapitel 21

# Einflüsse des Uranus

IN DER MYTHOLOGIE war Uranus der Himmelsgott und der Vater der Titanen. Es wird uns erzählt, dass Uranus von Gaia (der Mutter Erde) geboren wurde und sich später mit ihr vermählte. Aus dieser verbotenen Verbindung gingen die Titanen hervor, um die Erde zu beherrschen, bis sie von den olympischen Göttern und Göttinnen besiegt wurden. Saturn führte die olympische Abteilung an und ließ Uranus kastrieren. Aus dem Genital, das ins Meer geworfen wurde, ging Aphrodite hervor, die Göttin der Liebe! Vielleicht ist es daher passend, dass man ihn mit Individualismus, Unabhängigkeit, radikalem Denken, revolutionärer Veränderung und schließlich auch mit persönlicher Transformation in Verbindung bringt. Auf der dunklen Seite finden wir Rebellion, wilde Exzentrik und Perversion.

## Inhalt dieses Kapitels:

- ✓ Der Uranus in den Zeichen
- ✓ Der Uranus in den Häusern
- ✓ Die Aspekte des Uranus



DER URANUS HAT EINE TIEF GREIFENDE WIRKUNG AUF PERSÖNLICHE UND SOZIALE VERÄNDERUNGEN.

# Der Uranus in den Zeichen

*DER URANUS HÄLT SICH UNGEFÄHR SIEBEN JAHRE in jedem Zeichen des Tierkreises auf, und darum taucht er im Geburtsbild aller Menschen, die innerhalb einer bestimmten Periode von sieben Jahren geboren sind, im selben Zeichen auf. Im Allgemeinen hat der Uranus keine besonders große Wirkung auf unser tägliches Leben. Wenn jedoch der Uranus in Ihrem Horoskop ein persönlicher Planet ist, dann sollten Sie seinen Einflüssen mehr Bedeutung beimessen.*

## Der Uranus im Widder

Wenn er keine negativen Aspekte hat, dann sollte der Uranus Ihnen Originalität geben. Sie sind glücklich, wenn Sie sich auf etwas Neues freuen können, egal auf welchem Gebiet Sie arbeiten. Sie können ziemlich sprunghaft und ganz bestimmt sehr ungeduldig sein, und Ihr starkes Temperament macht es Ihnen nicht leicht, sich zu disziplinieren.

## Der Uranus im Stier

Wenn Sie sich erst einmal eine Meinung über etwas gebildet haben, dann bleiben Sie unerschütterlich dabei: Es ist Zeitverschwendung zu versuchen, Sie von dieser Meinung abzubringen. Sie sollten flexibler werden, denn sonst könnte Ihre Sturheit Sie zu Fall bringen (besonders dann, wenn sie auch noch woanders in Ihrem Horoskop auftaucht). Passen Sie auch auf Ihr Bankkonto auf: Sie können zu großzügig und extravagant sein; Ihre Einstellung zum Geld ist ganz schön exzentrisch.

## Der Uranus in den Zwillingen

Sie sind originell bis brillant, aber nervöse Anspannung könnte in Verbindung mit Stress zu Problemen führen, besonders wenn der Uranus im Quadrat oder in Opposition zu Sonne, Mond oder Merkur steht, oder wenn er negative Aspekte zum Aszendenten hat.

## Der Uranus im Krebs

Der Krebs kann Sie launisch machen, der Uranus macht Sie unberechenbar – keine einfache Kombination. Wenn Krebs ein maßgebliches Zeichen in Ihrem Horoskop oder der Uranus ein persönlicher Planet ist, dann werden Sie Schwierigkeiten haben, Ihre Gefühle in den Griff zu bekommen.

## Der Uranus im Löwen

Sie können stur sein, und Sie haben sicher viel Selbstvertrauen. Dass Ihre Dynamik auch in Machtstreben ausarten kann, ist zwar nicht unwahrscheinlich, aber Ihre positiven Führungsqualitäten überwiegen doch eher.

## Der Uranus in der Jungfrau

Wenn auch andere Elemente in Ihrem Horoskop für Nervosität und Ängste sorgen, dann wird Ihnen diese Uranusstellung nicht helfen. Aber Sie haben eine originelle Art, mit Problemen umzugehen, und Sie sind ein begabter Analytiker und Wissenschaftler.

## Der Uranus in der Waage

Sie sind äußerst unabhängig und ein bisschen kühl im Umgang mit anderen Menschen, aber Sie sind ein fürsorglicher und liebevoller Freund, voller Mitgefühl und Herzlichkeit.

## Der Uranus im Skorpion

In diesem Zeichen ist der Uranus erhöht, und so wirkt er auch. Er macht Sie tapfer und wagemutig – sorgt aber auch dafür, dass Sie damit verbundene Emotionen verbergen. Sie können nach außen einen ruhigen Eindruck machen, während es in Ihnen kocht. Da staut sich dann eine Menge auf: Explosionsgefahr!

## Der Uranus im Schützen

Originalität und eine ungewöhnliche Geisteshaltung befähigen Sie, mit allen Herausforderungen auf einzigartige Weise fertig zu werden. Sie sind geistig und physisch ein Abenteurer und bereit, für eine gute Sache zu kämpfen – Sie halten es für genauso wichtig, eine Ameise zu retten wie einen Delfin.

## Der Uranus im Steinbock

Jeder wird hier die Wirkung vom Uranus im Steinbock spüren. Er macht die Menschen rational, kühl und irgendwie konservativ. Sie fühlen sich auch gezwungen, immer »das je Angemessene« tun zu müssen, schockieren aber manchmal sogar sich selber damit, dass Sie überraschend in bestimmten Situationen oder auf bestimmte Menschen reagieren.

## Der Uranus im Wassermann

Uranus beherrscht den Wassermann, und der persönliche Einfluss dieses Planeten wird Sie dazu anleiten, liebenswürdig und menschenfreundlich zu sein. Sie können jedoch auch unberechenbar und manchmal sogar eigensinnig sein. Sie werden wahrscheinlich mehr als andere Menschen auch im hohen Alter noch gut aussehen.

## Der Uranus in den Fischen

Originell, fantasievoll, einfallsreich, idealistisch, herzlich und verständnisvoll … so ist der Fisch, wenn Uranus zu Besuch kommt! Wenn noch woanders in Ihrem Horoskop eine Betonung auf den Fischen liegt, dann können Sie auch sehr vertrauensselig sein. Vor allem meiden Sie jede Art von Drogen wie die Pest.

# Der Uranus in den Häusern

PLÖTZLICHE VERÄNDERUNGEN *und unerwartete Entwicklungen können zu den Bereichen gehören, die von dem Haus beherrscht werden, in dem der Uranus steht. Diese Irregularitäten können bei Ihnen erheblichen Stress auslösen. Daran zu arbeiten, die innere Spannung positiv umzuwandeln, ist ein gutes Heilmittel dagegen.*

## Der Uranus im ersten Haus

Originell und unabhängig wie Sie sind, können Sie auch ziemlich eigensinnig und unberechenbar sein. Schauen Sie sich gründlich die Merkmale des Tierkreiszeichens an, in dem der Uranus in Ihrem Horoskop steht: Sie machen einen wichtigen Teil Ihrer Persönlichkeit aus. Wenn der Uranus negative Aspekte hat, leiden Sie wahrscheinlich unter emotionaler Anspannung.

## Der Uranus im zweiten Haus

Sie sind in Gelddingen sehr clever, können aber in Bezug auf Ihr Bargeld etwas verrückt sein. Sie haben so gut wie jedes finanzielle Problem wahrscheinlich selbst verursacht! Machen Sie sich klar, dass Sie auf diesem Gebiet ernsthafte Fehler machen können, und denken Sie bei gelegentlichem Gewinn nicht gleich, dass Sie ein Finanzgenie seien.

## Der Uranus im dritten Haus

Mit der Hilfe positiver Aspekte haben Sie einen kühlen Kopf, sind besonnen und konzentriert. Ein Touch Originalität steckt in allem, was Sie tun. Sie richten Ihr Augenmerk immer auf den Kern einer Frage, und Ihre Antworten sind möglichst rational. Sie können gelegentlich eigenwillig und stur sein.

## Der Uranus im vierten Haus

Als »anders« wird man Sie bezeichnen, sowohl wenn man Ihnen ein Kompliment machen oder Sie kritisieren möchte! Sie können klug und Sie können eigensinnig sein. Sie brauchen eine stabile häusliche Umgebung, aber sie muss nicht unbedingt so stabil sein, dass sie Ihre persönliche Freiheit einschränkt.

## Der Uranus im fünften Haus

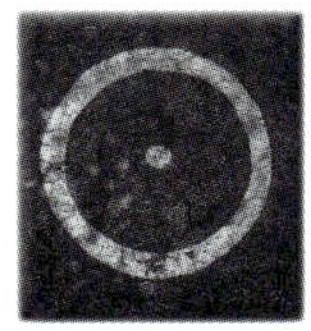

Wenn Sie irgendwie künstlerisch veranlagt sind, dann wird diese Uranusstellung Ihnen Mut machen, an Ihre Talente zu glauben, und es Ihnen ermöglichen, sie auch zum Ausdruck zu bringen.

## Der Uranus im sechsten Haus

Belastung und Anspannung können für Sie zu einem echten Problem werden. Sie machen Sie wahrscheinlich sogar empfänglich für Infektionen und andere Krankheiten. Nutzen Sie Ihre Energien vorsichtig und gleichmäßig – nicht ruckartig. Das wird Ihnen helfen, Ihr Nervenkostüm in Balance zu halten.

## Der Uranus im siebten Haus

Sie sind attraktiv und dürften keine Probleme haben, eine Beziehung einzugehen. Dennoch neigen Sie dazu, in der Liebe unsicher zu sein und nicht zu wissen, ob Sie sich auf Ihr Herz oder Ihren Kopf verlassen sollen. Sie brauchen Ihre Freiheit – und einen wohlwollenden Partner, der das versteht.

## Der Uranus im achten Haus

Sie haben eine lockere Einstellung zum Geld: Wenn Sie es haben – prima, wenn nicht – für Sie ist Geld nicht die Welt. Gegen diese Einstellung ist nichts zu sagen, solange sie Sie nicht in den Bankrott treibt. In der Liebe schwanken Sie zwischen ungezügelter Begeisterung und absoluter Gleichgültigkeit. Das kann für die meisten Partner schwierig sein.

## Der Uranus im neunten Haus

Sie sind klug, originell und begeisterungsfähig, und Sie brauchen Aufregung und neue Experimente. Sie sehnen sich nach Reisen (auch geistigen Ausflügen).

## Der Uranus im zehnten Haus

Diese Stellung wird Ihre Berufswahl beeinflussen, die sehr wahrscheinlich etwas mit der Luftfahrt, Raumfahrt oder Astronomie zu tun hat. Sie interessieren sich aber auch für Pflegeberufe. Plötzliche Berufswechsel sind hier nicht ungewöhnlich. Sie können die Erfahrungen eines halben Lebens über Bord werfen und völlig neu anfangen.

## Der Uranus im elften Haus

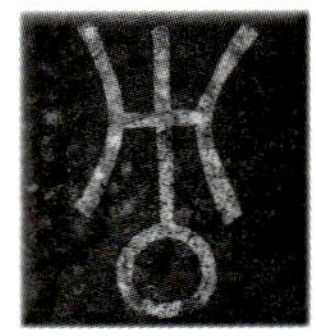

Sie sind freundlich, aber auch etwas distanziert. Sie erfreuen sich eines geselligen Lebens, das Ihnen sehr wichtig ist – aber Sie werden wahrscheinlich einem anderen Menschen nie wirklich nahe stehen. Auch Unberechenbarkeit ist ein Merkmal dieser Konstellation.

## Der Uranus im zwölften Haus

Mit dem Uranus im zwölften Haus verbindet man den Drang zu helfen – vielleicht karitative Arbeit zu leisten. Sie können auch ausgezeichnet mit Situationen umgehen, in denen ein Mensch mit kühlem Kopf und systematischer Vorgehensweise gefragt ist. Das Bedürfnis nach einem erfüllten und zufriedenen Privatleben kommt nach dem Beruf gleich an zweiter Stelle.

# Die Aspekte des Uranus

DER URANUS BEWEGT SICH LANGSAM, *und weil Neptun und Pluto von der Sonne noch weiter entfernt sind, haben die Aspekte, die der Uranus mit ihnen bildet, lang anhaltende Wirkung für viele Menschen. Die Einflüsse dieser Aspekte betreffen also eher eine Generation, als einen einzelnen Menschen. Trotzdem sollten Sie sich diese gründlich anschauen und auf die möglichen Parallelen in Ihrem eigenen Leben achten.*

(Aspekte des Uranus zur Sonne, siehe »Die Aspekte der Sonne zum Uranus«, S. 256;
Aspekte des Uranus zum Mond, siehe »Die Aspekte des Mondes zum Uranus«, S. 272;
Aspekte des Uranus zum Merkur, siehe »Die Aspekte des Merkur zum Uranus«, S. 294;
Aspekte des Uranus zur Venus, siehe »Die Aspekte der Venus zum Uranus«, S. 318;
Aspekte des Uranus zum Mars, siehe »Die Aspekte des Mars zum Uranus«, S. 332;
Aspekte des Uranus zum Jupiter, siehe »Die Aspekte des Jupiter zum Uranus«, S. 345;
Aspekte des Uranus zum Saturn, siehe »Die Aspekte des Saturn zum Uranus«, S. 357.)

# Die Aspekte des Uranus zum Neptun

## Konjunktion

Diese Konjunktion kommt nur ungefähr alle 171 Jahre vor. Die Humanität des Uranus verbindet sich mit der geheimnisvollen Spiritualität des Neptun und weckt Ihr Interesse für Umweltprobleme und Ökologie.

## Positive Aspekte

Sie sind originell und fantasievoll, intuitiv und logisch. Das sind erstklassige Voraussetzungen für jemanden, der wissenschaftlich arbeitet, aber auch für kreative Menschen ganz allgemein.

## Negative Aspekte

Wenn es im Horoskop Spannungen gibt, dann werden sie von diesen negativen Aspekten noch verstärkt. Entspannungstechniken können hilfreich sein, wenn Stress sich zu einem wirklichen Problem auswächst.

# Die Aspekte des Uranus zum Pluto

## Konjunktion

Diese Konjunktion kommt nur etwa alle 115 Jahre vor. Sie ist eine wahre Energiequelle, die oft dazu genutzt wird, Ungerechtigkeiten zu beseitigen. Auf der Kehrseite, wenn dieselbe Energie negativ und destruktiv benutzt wird, ist sie oft mit Drogenmissbrauch verbunden.

## Positive Aspekte

Sie haben wahrscheinlich manchmal das Bedürfnis nach drastischen Veränderungen, aber auch Schwierigkeiten, sie durchzuführen.

### Negative Aspekte

Diese negativen Aspekte können für Spannungen sorgen, die sich oft in dem Bedürfnis nach Veränderungen um ihrer selbst willen ausdrücken – meistens werden sie später bereut.

## Die Aspekte des Uranus zum Aszendenten

### Konjunktion

Sie sind originell und äußerst unabhängig. Es fällt Ihnen nicht schwer, die Aufmerksamkeit anderer auf sich zu ziehen. Aber wenn der Uranus negative Aspekte hat, sollten Sie sich vor Sturheit und übertriebenem Eigensinn hüten.

### Positive Aspekte

Diese Aspekte verstärken Ihre Originalität, Ihre Kreativität und Ihren Einfallsreichtum: All das macht aus Ihnen eine auffallende Persönlichkeit. Wenn Uranus im fünften Haus steht, haben Sie sehr wahrscheinlich ein lebendiges und spritziges Liebesleben. Sie erhalten sich aber immer einen gewissen Grad an Unabhängigkeit, sogar in sehr festen Beziehungen.

### Negative Aspekte

Negative Aspekte produzieren hier Spannungen, Unberechenbarkeit und einen nicht zu irritierenden Eigensinn (besonders beim Quadrat).

## Die Aspekte des Uranus zur Himmelsmitte

### Konjunktion

Sie sind der »Oberbefehlshaber« jeder Gruppe und ein Rebell, besonders wenn Sie sich politisch engagieren. Sie sind äußerst unabhängig; deshalb hält es Sie nie lange in einem Beruf.

### Positive Aspekte

Hier agieren Dynamik, Unabhängigkeit und die Neigung, gegen Verhältnisse zu rebellieren, die Sie für unerträglich halten. Wahrscheinlich haben Sie den Wunsch, überall die Führung zu übernehmen. Mit beruflichen und privaten Veränderungen gehen Sie sehr geschickt um. Aber ändern Sie die Richtung nicht öfter als Ihnen gut tut!

## Negative Aspekte

Sie werden in Ihrem Berufsleben wahrscheinlich größte Spannungen ertragen müssen, und die harmlosesten Bemerkungen Ihrer Kollegen und Vorgesetzten machen Ihnen nachhaltig zu schaffen; Sie lassen sich schnell verunsichern und tendieren zu allgemeiner Zukunftsangst.

## Kurze Zusammenfassung

✓ Der Uranus fördert Individualität, Unabhängigkeit und radikale bis revolutionäre Gedanken und Verhaltensweisen. Er wird oft der Planet der persönlichen Veränderung genannt. Seine negativen Einflüsse sind hemmungsloser Egoismus, Exzentrik und Aufruhr.

✓ Der Uranus hält sich ungefähr sieben Jahre in jedem Tierkreiszeichen auf. Seine Einflüsse betreffen eher eine Generation als einen Einzelnen, es sei denn, er ist in Ihrem Horoskop ein persönlicher Planet.

✓ Der Uranus steht für unerwartete Veränderungen oder Störungen in den Lebensbereichen, die zu dem Haus gehören, in dem er sich befindet. Von Uranus beeinflusste Umbrüche sind mit Stress verbunden, führen aber immer zu Verbesserungen.

✓ Die sich nur langsam bewegenden Aspekte des Uranus üben ihren Einfluss über einen langen Zeitraum auf viele Menschen aus und bewirken zyklische Veränderungen und Umwälzungen. Obwohl auch diese Wirkungen eher eine Generation betreffen, sollte man sie trotzdem gründlich daraufhin untersuchen, was Sie im individuell-persönlichen Bereich »anrichten«.

Kapitel 22

# Einflüsse des Neptun

Der Neptun wurde nach dem Gott der Ozeane benannt. Er übt auf ganze Generationen eine transformierende Wirkung aus. Über einen größeren Zeitraum hinweg kann sein Einfluss langsam die Einstellungen, Lebensweisen, Sozialnormen und Traditionen verändern. Auf der persönlichen Ebene ist der Neptun eng mit hohen menschlichen Idealen verbunden sowie mit den Hoffnungen, Träumen, Sehnsüchten und Visionen eines Menschen. Auf der negativen Seite können Neptuns Transformationen Hinterlist, Unentschlossenheit, Sucht und Fluchtverhalten hervorrufen.

## Inhalt dieses Kapitels:





IN DER RÖMISCHEN MYTHOLOGIE HERRSCHTE NEPTUN ÜBER DIE GEZEITEN DER MEERE.

# Der Neptun in den Zeichen

*DER NEPTUN BRAUCHT 146 Jahre, um die Sonne zu umkreisen und bleibt 14 Jahre lang in einem Tierkreiszeichen. Es leben nur noch wenige Menschen, die den Neptun in den Zwillingen haben, und keiner mehr mit dem Neptun im Widder, in den Fischen oder im Stier. Darum werden diese Zeichen nicht besprochen.*

## Der Neptun im Krebs

Wenn der Neptun in Ihrem Horoskop ein persönlicher Planet ist, dann wird er Ihre Sensitivität und Ihre Intuition verstärken. Wenn er negative Aspekte hat, dann können Sie dazu neigen, bei Schwierigkeiten den Weg des geringsten Widerstandes zu nehmen. Auch Ihre Fantasie macht wahrscheinlich Überstunden mit dem Erfolg, dass Sie sich unnötige Sorgen machen über Probleme, die es gar nicht gibt.

## Der Neptun im Löwen

Sie machen einen bezaubernden Eindruck auf andere, haben aber auch viel Sinn für Dramatik. Sie bringen Ihre Gefühle auf eine sehr lebhafte Weise zum Ausdruck. Wenn Neptuns positive Aspekte zum Tragen kommen, sind Sie fantasiebegabt und ausgesprochen kreativ: Sehr oft interessieren sich Menschen mit dieser Konstellation für Kunst.

## Der Neptun in der Jungfrau

Wenn in Ihrem Horoskop der Neptun ein persönlicher Planet oder die Jungfrau ein maßgebendes Zeichen ist, dann kommt in Ihrem Leben Ihre reiche Fantasie zum Ausdruck. Aber denken Sie daran, dass die Jungfrau ein Erdzeichen ist. Ihr Interesse kann also auch der Landwirtschaft oder dem Gartenbau gelten. Wenn der Neptun in der Jungfrau steht, kann er Ihr Selbstvertrauen schwächen. Sie sollten stolz auf Ihre Erfolge sein, statt sie zu schmälern. Dann können Sie vielleicht der Unzufriedenheit und Ruhelosigkeit entgehen, auf die der Planet gerne hinweist.

## Der Neptun in der Waage

Von der Waage aus hat der Neptun keinen besonders starken Einfluss, es sei denn, er wird auch von anderen Konstellationen extrem betont. Er wird jedoch Ihre verständnisvolle Art anderen gegenüber unterstützen. Aber wenn Ihr Horoskop anderswo Anzeichen für eine gewisse Faulheit aufweist, dann fördert der Neptun Ihre unbeschwerte Lebenseinstellung. Wenn die Waage das aufsteigende Zeichen ist, dann

merken Sie sich, ob der Neptun im ersten oder zwölften Haus steht, und lesen Sie die entsprechende Beschreibung unter »Der Neptun in den Häusern«. Wenn der Neptun in Konjunktion mit dem Aszendenten steht, dann lesen Sie die entsprechende Beschreibung unter »Die Aspekte des Neptun«. Beide Hinweise sind sehr wichtig.

## Der Neptun im Skorpion

Wenn der Neptun in Ihrem Horoskop ein persönlicher Planet ist, wird er die Intensität Ihrer Gefühle verstärken, und wenn er auch noch gute Aspekte hat, wird er Ihre Talente fördern und eine große Hilfe dabei sein, dass Sie die Ziele, die Sie sich gesteckt haben, auch erreichen. Ansonsten ist seine Wirkung eher minimal, es sei denn, der Skorpion steht auch sonst günstig in Ihrem Horoskop.

## Der Neptun im Schützen

Wenn der Schütze auch noch anderswo in Ihrem Horoskop unterstützt wird, dann trägt diese Konstellation viel dazu bei, dass Ihr Führungstalent gestärkt wird. Neptuns sanfte Ermunterung kann sich auf viele Bereiche erstrecken, aber eine hat ganz bestimmt etwas mit Ihrer Tierliebe zu tun. Diese könnte sich darin ausdrücken, dass Sie Vegetarier sind.

## Der Neptun im Steinbock

Ihr geringes emotionales Engagement wird von dieser Neptunstellung betont, von der eigentlich zu erwarten ist, dass sie die kälteren und schrofferen Steinbockqualitäten etwas wärmer und weicher macht – besonders wenn dieses Zeichen in Ihrem Horoskop eine maßgebliche Rolle spielt. Sie sind wahrscheinlich ein ziemlich vorsichtiger Mensch. Eine Neigung zu flüchten, wo eigentlich Handeln angesagt wäre, wird bei dieser Stellung weniger das Problem sein.

## Der Neptun im Wassermann

Die humanitären Wassermannqualitäten sollten sich eigentlich gut mit dem sanften Neptuneinfluss verstehen, obwohl die eher distanzierten, kühlen, unabhängigen und unzugänglichen Qualitäten dieses Zeichens nicht unbedingt zu den einfühlsamen, gefühlvollen Qualitäten dieses Planeten passen. Wenn jedoch der Planet im Geburtsbild eine gute Stellung einnimmt, sollten die beiden trotzdem gut zusammenwirken können.

# Der Neptun in den Häusern

IHRE EINSTELLUNG *zu den Lebensbereichen, die von dem vom Neptun eingenommenen Haus beherrscht werden, wird eher vage, unsicher und unentschlossen sein. Bestimmte Ereignisse oder Probleme werden Sie in Verlegenheit bringen. Statt eine Herausforderung realistisch und direkt anzugehen, kann es sein, dass Sie den Weg des geringsten Widerstandes wählen. Zu Neptuns eher positiven Einflüssen gehört es, Sie zu unterstützen, Ihr geistiges und kreatives Potenzial zu entwickeln.*

## Der Neptun im ersten Haus

Diese Neptunstellung wird voraussichtlich die Wirkung des Aszendenten schwächen, und Ihr Leben zu organisieren wird für Sie ein Problem sein. Sehr wahrscheinlich werden Sie sich vor Herausforderungen lieber drücken als sich ihnen zu stellen, und folglich kann es sein, dass Sie nicht Ihr volles Potenzial ausschöpfen. Sie sind ein Träumer und Idealist, Ihre Ideen aber in die Tat umzusetzen, liegt Ihnen nicht.

## Der Neptun im zweiten Haus

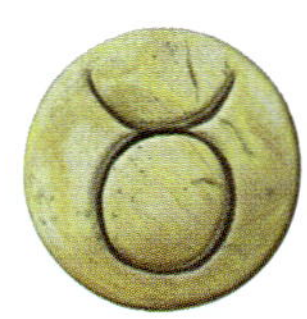

Mit Geld umzugehen, zählt nicht zu Ihren Stärken: Sie sind wahrscheinlich großzügiger als Sie sich eigentlich leisten können; es fällt Ihnen schwer Nein zu sagen, wenn jemand Sie um Hilfe bittet. In finanziellen Dingen können Sie zu vertrauensselig sein und sollten sich dringend beraten lassen. Sie sind in der Liebe bezaubernd und fantasievoll, daneben aber auch sehr heftig und unkontrolliert.

## Der Neptun im dritten Haus

Sie sind erfinderisch und haben eine lebhafte Fantasie, aber Sie sind unsicher, wenn es darum geht, sich zu äußern, weil Sie sich für weniger gebildet halten als andere. Diese Neptunstellung deutet darauf hin, dass die frühkindliche Phase eines Menschen geprägt war durch Unbeständigkeit. Wenn Sie das älteste Kind sind, kann eine heftige Eifersucht auf Ihre Geschwister Ihre Kindheit überschattet haben.

## Der Neptun im vierten Haus

Es kann sein, dass Sie eine schwere Kindheit hatten. Ihr Verhältnis zu Ihrer Mutter war kompliziert: Sie haben sie vergöttert. Sie hat aber vielleicht Ihre Erwartungen nicht erfüllt und Ihnen nicht die ersehnte Liebe und Unterstützung gegeben. Der Planet schlägt hier vor, dass Sie Ihre Kindheit vorsichtig untersuchen sollten. Suchen Sie in Ihrem Leben als Erwachsener nach Menschen, welche die Defizite, die Sie in Ihrer Kindheit erfahren haben, ausgleichen könnten.

## Der Neptun im fünften Haus

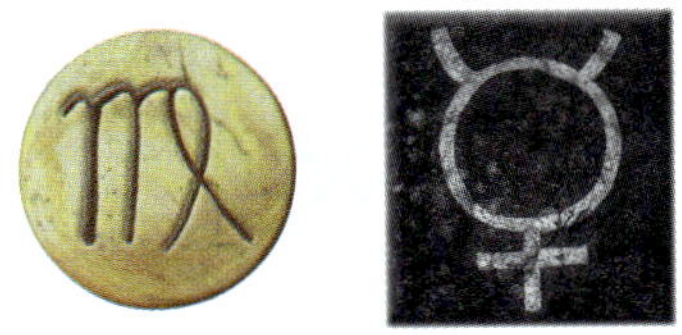

Sie verlieben sich wahrscheinlich viel zu schnell und entdecken keinen einzigen Mangel an Ihrem Liebsten. Wenn diese Mängel dann aber, was sie unweigerlich tun werden, zu Tage treten, sind Sie gründlich ernüchtert. Ihr Liebes- und Sexualleben wird erfinderisch, begeistert und farbenfroh sein. Ihr Herz (oder vielleicht ein anderes Organ) regiert in diesem Bereich aber etwas zu häufig: Sie sind sehr leichtgläubig und gehen unvernünftige Risiken ein, statt sich die Sache ganz genau anzusehen.

## Der Neptun im sechsten Haus

Sie neigen zu Hypochondrie. Tatsächlich aber sind Sie anfällig für allergische Reaktionen, besonders auf Nahrungsmittel oder Medikamente. Sie können der ganzheitlichen Medizin viel abgewinnen, und sie hilft Ihnen oft, wenn die Schulmedizin versagt. Sie erledigen Ihre Arbeit so, dass Sie Bewunderung dafür ernten.

## Der Neptun im siebten Haus

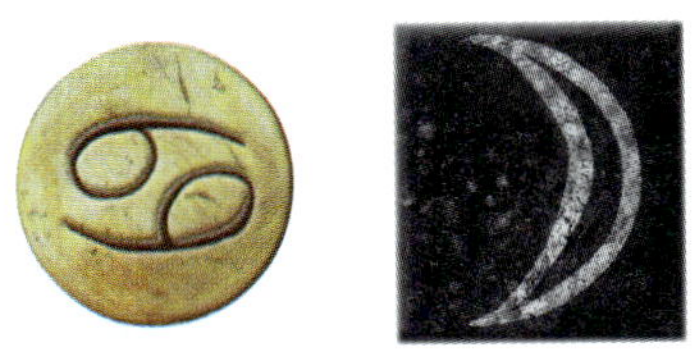

Wenn es um die Liebe geht, kennen Sie zwei Verhaltensmuster: Entweder stürzen Sie sich kopflos in eine Beziehung, oder Sie finden schon den Gedanken an eine Bindung so erschreckend, dass Sie sofort Reißaus nehmen, wenn sich dergleichen anbahnt. Wenn Sie aber in einer Beziehung leben, dann erwarten Sie von Ihrem Partner viel – vielleicht zu viel. Versuchen Sie, das Leben praktisch anzugehen, denn Ihre Abneigung gegen die Aufgaben im Haushalt darf nicht dazu führen, dass am Ende alles auf den Schultern Ihres Partners lastet.

## Der Neptun im achten Haus

Wenn Sie den Neptun im Skorpion haben, sollte man sich vor Konfrontationen mit Ihnen hüten. Im achten Haus hat der Neptun eine starke Wirkung auf Ihre Sexualität, die voraussichtlich sehr erfinderisch, kreativ und reizvoll ist. Ihr Sexualleben kann einen hohen Stellenwert in Ihrem Leben haben, und sollten Sie hier Schwierigkeiten haben, nehmen Sie professionelle Hilfe in Anspruch. Sie sind mit Geld genauso großzügig wie mit Ihrer Zuneigung, sollten aber bei Investitionen vorsichtig sein.

## Der Neptun im neunten Haus

So idealistisch wie Sie sind, so tief religiös sind Sie auch. Sie sollten sich aber etwas mehr Skepsis zulegen, um die Dinge auch vernünftig beurteilen zu können. Manche Menschen, die den Neptun im neunten Haus haben, können sich ungewöhnlich gut an ihre Träume erinnern und integrieren diese Erkenntnisse in ihr Leben.

## Der Neptun im zehnten Haus

Neptun im zehnten Haus bewirkt für gewöhnlich, dass Ihr Leben farbenfroh ausfällt, weil Sie häufig die Richtung ändern. Sie selbst mögen zu diesen Veränderungen beitragen oder das »Schicksal« – was immer das für Sie ist – hat seine Hand im Spiel. Sie sind ein Romantiker und lenken Ihre Fantasie in produktive Bahnen.

## Der Neptun im elften Haus

Sie erfreuen sich eines geselligen Lebens, Sie werden in Ihrer Offenheit und Bereitwilligkeit aber allzu häufig ausgenutzt. Sie arbeiten gern für karitative Einrichtungen, wenn auch lieber an der Basis als in einer Führungsposition. Verantwortung macht Ihnen Angst. Wenn Sie sie trotzdem übernehmen müssen, seien Sie so praktisch und realistisch wie möglich. Damit minimieren Sie die Gefahr, mit dieser Verantwortung überfordert zu sein.

## Der Neptun im zwölften Haus

Sie sind eher ein Einzelgänger. Sie arbeiten am liebsten allein und sind froh, wenn Sie nicht im Rampenlicht stehen müssen. Sie brauchen Ihre Momente, und manchmal mehr als nur Momente, in denen Sie allein sein und sich dem Druck des Lebens entziehen können, um Ihre Batterien wieder aufzuladen. Sie werden sich in einem Pflegeberuf wohl fühlen, denn Sie bringen viel Mitgefühl für das Leiden anderer auf.

# Die Aspekte des Neptun

*DIE ASPEKTE zwischen dem Neptun und den inneren Planeten, die den Kontakt zum Neptun aufnehmen, spielen eine bedeutende Rolle. Sie sollten sich sehr genau die subtilen Wirkungen ansehen, welche die Aspekte auf den Aszendenten und auf den Himmelsmeridian ausüben.*

(Aspekte des Neptun zur Sonne, siehe »Die Aspekte der Sonne zum Neptun«, S. 256;
Aspekte des Neptun zum Mond, siehe »Die Aspekte des Mondes zum Neptun«, S. 272;
Aspekte des Neptun zum Merkur, siehe »Die Aspekte des Merkur zum Neptun«, S. 294;
Aspekte des Neptun zur Venus, siehe »Die Aspekte der Venus zum Neptun«, S. 319;
Aspekte des Neptun zum Mars, siehe »Die Aspekte des Mars zum Neptun«, S. 333;
Aspekte des Neptun zum Jupiter, siehe »Die Aspekte des Jupiter zum Neptun«, S. 345;
Aspekte des Neptun zum Saturn, siehe »Die Aspekte des Saturn zum Neptun«, S. 357;
Aspekte des Neptun zum Uranus, siehe »Die Aspekte des Uranus zum Neptun«, S. 367.)

## Die Aspekte des Neptun zum Pluto

Der einzige Aspekt, den Neptun und Pluto im Leben eines noch lebenden Menschen miteinander bilden können, ist das Sextil. Das taucht in sehr vielen Horoskopen auf und ist der schwächste aller positiven Aspekte und demzufolge – besonders in diesem Zusammenhang – nicht so wichtig. Wenn jedoch einer der beiden Ihr persönlicher Planet ist, dann wird der positive Einfluss des Sextils Ihre Intuition und Emotionalität verstärken.

# Die Aspekte des Neptun zum Aszendenten

## Konjunktion

Im ersten Haus schwächt diese Konjunktion die charakteristischen Merkmale des aufsteigenden Zeichens. Darunter wird Ihre Entschlusskraft leiden. Außerdem wird Ihre Fähigkeit, sich selbst zu motivieren, nicht sehr groß sein. Im zwölften Haus wirkt sich die Konjunktion positiver aus. Dort wird sie Sie antreiben, gute Arbeit zu leisten – wenn auch nur unauffällig hinter den Kulissen.

## Positive Aspekte

Wenn sie auch nicht sehr wirkungsvoll sind, so werden diese Aspekte doch die charakteristischen Merkmale des aufsteigenden Zeichens weicher machen und Ihre Fantasie und Intuition farbenfroher gestalten. Wenn der Neptun auch noch im Skorpion steht, dann verfügen Sie über beträchtliche Verführungskünste.

## Negative Aspekte

Neptun kann Hinterlist fördern und ist dafür verantwortlich, dass man den Kontakt zur Realität verliert.

# Die Aspekte des Neptun zur Himmelsmitte

## Konjunktion

In Ihrer beruflichen Laufbahn wird es sehr wahrscheinlich Richtungsänderungen geben, und Sie werden Neptuns Auswirkungen gut handhaben können. Schauen Sie sich dazu weiter oben in diesem Kapitel »Der Neptun im zehnten Haus« an.

## Positive Aspekte

Diese ziemlich schwachen Einflüsse werden Ihnen helfen, einen für den Neptuneinfluss typischen Beruf zu ergreifen: Fotografie, Pflegedienst oder Tanz, um nur einige Beispiele zu nennen.

## Negative Aspekte

Diese negativen Einflüsse unterstützen Unaufrichtigkeit, Hinterlist und die Veranlagung, Menschen Sand in die Augen zu streuen.

## Kurze Zusammenfassung

✓ Der Neptun übt auf ganze Generationen eine transformierende Wirkung aus. Er ist der Motor, der Veränderungen (wenn auch nur langsam) in Gang bringt, und zwar in Bezug auf Denktraditionen, Glaubensrichtungen und Lebensweisen. Auf der persönlichen Ebene beeinflusst der Neptun die Hoffnungen und größten Sehnsüchte der Menschen. Schlimmstenfalls kann dieser Planet selbstzerstörerische Tendenzen und Hinterlist unterstützen.

✓ Weil der Neptun 146 Jahre braucht, um die Sonne zu umkreisen, bleibt er 14 Jahre lang in einem Tierkreiszeichen stehen. Deswegen betrifft sein Einfluss eine ganze Generation. Bei heute lebenden Menschen kann der Neptun nur in den Zeichen Zwillinge, Krebs, Löwe, Jungfrau, Waage, Skorpion, Schütze, Steinbock oder Wassermann stehen.

✓ In den Häusern neigt der Neptun dazu, im persönlichen Bereich negative Wirkung auszuüben und Unsicherheit und Unentschlossenheit zu unterstützen, besonders in den Lebensbereichen, die zu dem Haus gehören, in dem er steht. Er kann jedoch auch die Entwicklung von Kreativität fördern.

✓ Die Aspekte zwischen dem Neptun und den Planeten, mit denen er in Kontakt steht, sind die stärksten Einflüsse des Neptun im Horoskop. Die Einflüsse der Aspekte des Neptun zum Aszendenten und zur Himmelsmitte sind zwar eher subtilerer Art – aber deshalb nicht weniger stark.

Kapitel 23

# Einflüsse des Pluto

DER PLUTO HAT SEINEN NAMEN VOM ANTIKEN GOTT der Unterwelt (dem Totenreich) und wird manchmal mit der dunkleren Seite der menschlichen Existenz (Katastrophen oder Tod) in Zusammenhang gebracht, aber auch mit den Geschlechtsorganen. Maßgeblich beinflusst er das Unterbewusstsein des Menschen. Dazu gehören unsere verdrängten Gefühle und heimlichen Motive. Man sagt ihm auch nach, dass er die Hemmungen eines Menschen forciert, aber auch die Fähigkeit, sie zu überwinden. Allerschlimmstenfalls kann der Pluto Menschen verlogen und grausam machen.

## Inhalt dieses Kapitels:

- ✓ Der Pluto in den Zeichen
- ✓ Der Pluto in den Häusern
- ✓ Die Aspekte des Pluto

IN DER MYTHOLOGIE WAR PLUTO DER HERRSCHER ÜBER DAS TOTENREICH.

# Der Pluto in den Zeichen

*DER PLUTO bewegt sich von allen Planeten am langsamsten. Im schnellsten Fall braucht er 13 Jahre, aber wegen seiner unregelmäßigen Umlaufbahn verbringt er oft bis zu 32 Jahre in einem Zeichen. Darum beeinflusst der Pluto auch eine ganze Generation. Es lebt heute keiner mehr, der ihn im Widder, Steinbock, Stier oder in den Fischen haben könnte – darum werden diese Konstellationen nicht aufgeführt. In unserer Zeit zog der Pluto ab 1995 durch den Schützen.*

## Der Pluto in den Zwillingen

Es leben nur noch wenige Menschen, die den Pluto in den Zwillingen stehen haben. Sie zeichnen sich durch einen großen Wissensdurst aus – und im letzten Jahrhundert gab es wirklich vieles, was sie neugierig machen konnte. Es sind Skeptiker, welche die Umstände, in denen sie leben, in Frage stellen.

## Der Pluto im Krebs

Wenn der Pluto ein persönlicher Planet ist, oder wenn der Krebs stark vertreten ist, dann können Sie Ihre Intuition und Ihre Emotionen wirkungsvoll und positiv nutzen. Wenn jedoch der Pluto negative Aspekte zur Sonne, zum Mond, zum herrschenden Planeten oder zum Aszendenten hat, dann ist der Energiefluss blockiert, und es kann zu psychischen Problemen kommen.

## Der Pluto im Löwen

Hier wird löwenhafte Führungskraft betont, aber sie muss durch andere Löwe- oder Plutokonstellationen im Horoskop unterstützt werden. Plutos Stellung in den Häusern wird maßgeblich darüber entscheiden, ob Sie einfach nur machtgierig sind oder ob Sie sich für das Allgemeinwohl einbringen können. Sie haben einen guten Geschäftssinn, der mit Risikofreude verbunden ist.

## Der Pluto in der Jungfrau

Leiden Sie unter Zwangsvorstellungen? Das kann dann sein, wenn es auch noch woanders in Ihrem Geburtshoroskop Hinweise dafür gibt. Schauen Sie sich den Einfluss der Uranus-Pluto-Konjunktion an und auch seine Stellung in den Häusern. Wenn die beiden Planeten durch negative Aspekte miteinander verbunden sind, wird es Ihnen schwer fallen, offen und frei zu sein.

## Der Pluto in der Waage

Der Pluto macht die Waage etwas flotter, erhöht aber auch ihre Tendenz, nur aus Jux und Tollerei die Zuneigung eines Partners zu testen. Mit Waage in der Sonne oder im Mond belebt diese Plutostellung Ihr Sexualleben. Wenn der Pluto aber negative Aspekte hat, kann es hier zu Problemen kommen. Auch Eifersucht und Besitz ergreifendes Verhalten können problematisch sein, wenn die Waage dominiert und der Pluto ein persönlicher Planet ist.

## Der Pluto im Skorpion

Da der Pluto den Skorpion beherrscht, ist sein Einfluss hier besonders stark, und es werden deutlich die dunkleren Unterströmungen betont: Sexualität mit einem Schuss Gefahr und eine nihilistische Lebenseinstellung. Man sollte sich in diesem Zusammenhang an die späten 70er Jahre erinnern, als die Krankheit AIDS ausbrach und die Punk-Rock-Bewegung auf diese als apokalyptisch empfundene Zeit mit Aggressivität reagierte. Die späten 80er und die mittleren 90er Jahre standen dann aber wieder unter dem Einfluss positiverer Planetenkonstellationen.

## Der Pluto im Schützen

Der Planet und das Zeichen haben völlig gegensätzliche Wirkungen. Der Pluto ist einschränkend, heimlichtuerisch und Besitz ergreifend. Der Schütze ist offen, freiheitsliebend und unabhängig. Sie werden sehr wahrscheinlich Probleme haben, diese Widersprüche unter einen Hut zu bekommen. Hoffentlich können Sie diesen Konflikt mit der Weisheit des Schützen und seines ihn beherrschenden Planeten Jupiter bewältigen.

# Der Pluto in den Häusern

WENN DER PLUTO *in einem Haus steht, dann verstärkt er noch die Schwierigkeiten in den zu diesem Haus gehörenden Lebensbereichen. Wenn der Pluto dann auch noch negative Aspekte hat, können diese Probleme zwanghaft werden.*

## Der Pluto im ersten Haus

Sie sind wahrscheinlich emotional sehr stark und wollen jedem Problem auf den Grund gehen – für Wissenschaftler eine gute Konstellation! Aber Sie können auch zwanghafte Tendenzen haben und das Bedürfnis, andere zu beherrschen. Ihre Energie kommt oft beim Sex zum Ausdruck, aber auch sonst sind Sie zielstrebig.

## Der Pluto im zweiten Haus

Als erstklassiger Geschäftsmann sollten Sie Ihr eigenes kleines Imperium aufbauen. Sie sind versessen darauf, so viel Geld wie möglich zu verdienen. Ihre Sammelleidenschaft erstreckt sich auch auf Menschen: Sie prahlen gern damit, einen besonders großen Freundeskreis zu haben. Ihr Gefühlsleben ist intensiv und leidenschaftlich, und mit Ihrer Sinnlichkeit sind Sie ein ausgezeichneter Liebhaber.

## Der Pluto im dritten Haus

Ihre ausgeprägte Neugier lässt Sie nicht viel verpassen. Wie ein guter Pokerspieler geben Sie nur wenig von sich preis. Dieses Haus verstärkt Ihr Mitteilungsbedürfnis, aber Pluto rät Ihnen zu schweigen! Wie Sie dieses kleine Problem lösen, wird Ihnen in Ihrem Horoskop an anderer Stelle gezeigt.

## Der Pluto im vierten Haus

Eine gewisse Frustration in Ihrer Kindheit hat wahrscheinlich Ihre Entwicklung verzögert, aber eine ausgeprägte Intuition hat Ihnen möglicherweise einen Ausweg gezeigt. Sie erkennen Ihre Stärken und Schwächen sehr genau und diese Selbstkenntnis ermöglicht es Ihnen, Konflikte, die Sie mit sich und anderen haben, souverän auszutragen.

## Der Pluto im fünften Haus

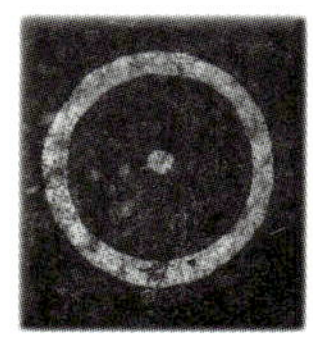

Ihre psychische Weiterentwicklung ist Ihnen sehr wichtig. Wie erfolgreich Sie auf diesem Gebiet sind, spiegelt sich in Ihrem persönlichen Glück wider. Wenn Sie mit sich und Ihrem Privatleben zufrieden sind, kann Ihnen auch beruflicher Misserfolg nicht viel anhaben. Ihr Liebesleben ist so lange intensiv und glücklich, wie Sie nicht zu viel verlangen.

## Der Pluto im sechsten Haus

Seien Sie nicht zu hart mit sich selbst. Ihre Energien fließen in positiven Bahnen und Sie arbeiten sehr konzentriert. Passen Sie auf Ihr inneres Gleichgewicht auf!

## Der Pluto im siebten Haus

Überprüfen Sie Ihr Horoskop und notieren Sie sich, in welchem Tierkreiszeichen Pluto wohnt. Dann lesen Sie über dieses Zeichen im Teil 2 nach. Nehmen Sie Habachtstellung ein: Sie wollen wahrscheinlich in einer Gefühlsbeziehung der dominante Part sein: Sie

stoßen da nicht immer auf Gegenliebe, außer Sie suchen sich konsequenterweise einfach gleich einen Partner, der schwächer ist als Sie.

## Der Pluto im achten Haus

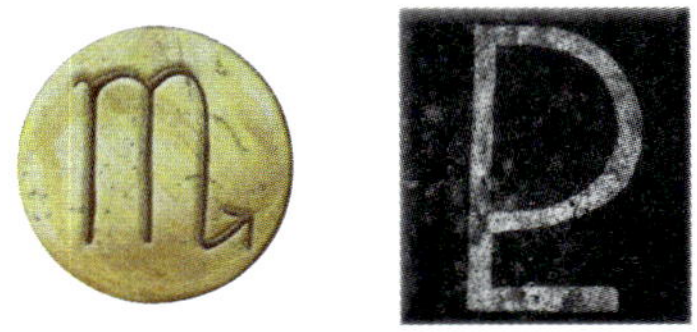

Sie haben eine ausgezeichnete Intuition und einen ausgeprägten Sinn für rationales Denken: die beste aller Kombinationen. Sie sind scharfsinnig und zugleich mit Gefühl und Gespür ausgestattet. Es kann jedoch sein, dass Sie auf sexuellem Gebiet gehemmt sind.

## Der Pluto im neunten Haus

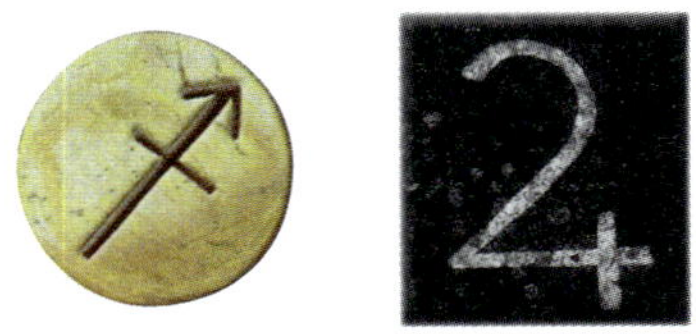

Sie sind ein ewiger Student, der sich an intellektuellen Herausforderungen erfreut. Anspannung und Druck entstehen aber leicht, wenn Sie sich ausschließlich der Verstandesarbeit widmen. Sie sind Perfektionist und deshalb permanent unzufrieden mit sich und anderen.

## Der Pluto im zehnten Haus

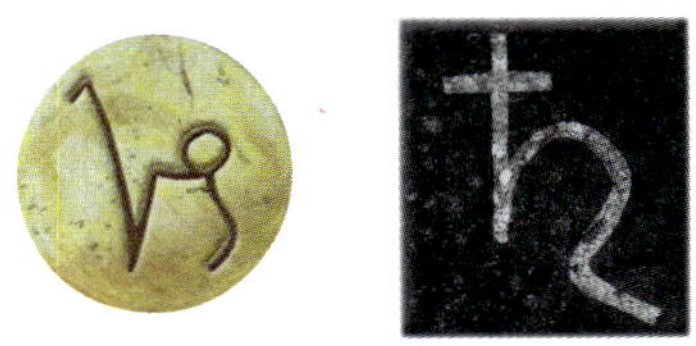

In Ihrem Beruf müssen Sie mit Leib und vor allem Seele bei der Sache sein können, brauchen fest abgesteckte Ziele und leiden unter einem Machtkomplex, der Ihnen die innere Ruhe raubt.

## Der Pluto im elften Haus

Sie machen sich wahrscheinlich zu viele Gedanken darüber, was Ihre Freunde von Ihnen halten. »Was werden bloß die Leute denken?« ist eine Frage, die Sie sich zu oft stellen. Die Meinung anderer Menschen ist Ihnen wichtiger als mit sich im Reinen zu sein. Selbst wenn Ihnen das bewusst ist, sind Sie dem meist hilflos ausgeliefert.

## Der Pluto im zwölften Haus

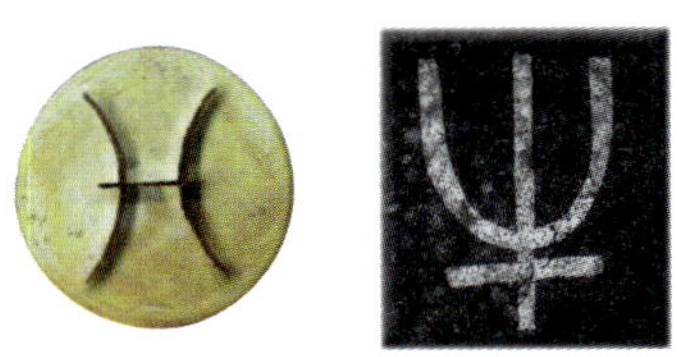

Sie sind von Natur aus ein Heimlichtuer und Einsiedler, weil es Ihnen schwer fällt, Ihre Angelegenheiten mit anderen zu besprechen oder Sie gar um Hilfe zu bitten. Für manche erscheinen Sie dieser Bescheidenheit und Unaufdringlichkeit wegen attraktiv, bei intensiveren Beziehungen müssen Sie sich ein wenig öffnen.

# Die Aspekte des Pluto

*DER PLUTO IST IN UNSEREM SONNENSYSTEM der Planet, der am weitesten von der Erde entfernt ist. Darum behandeln wir hier nur die Aspekte des Pluto zum Aszendenten und zur Himmelsmitte – wo sein Einfluss auf Ihre emotionale Verfassung und Ihre verborgenen Sehnsüchte doch sehr stark sein kann. Überprüfen Sie aber noch einmal Ihre genaue Geburtszeit, denn eine geringe Abweichung kann den Plutoeinfluss erheblich verstärken oder abschwächen.*

(Aspekte des Pluto zur Sonne, siehe »Die Aspekte der Sonne zum Pluto«, S. 257;
Aspekte des Pluto zum Mond, siehe »Die Aspekte des Mondes zum Pluto«, S. 273;
Aspekte des Pluto zum Merkur, siehe »Die Aspekte des Merkur zum Pluto«, S. 295;
Aspekte des Pluto zur Venus, siehe »Die Aspekte der Venus zum Pluto«, S. 319;
Aspekte des Pluto zum Mars, siehe »Die Aspekte des Mars zum Pluto«, S. 333;
Aspekte des Pluto zum Jupiter, siehe »Die Aspekte des Jupiter zum Pluto«, S. 346;
Aspekte des Pluto zum Saturn, siehe »Die Aspekte des Saturn zum Pluto«, S. 358;
Aspekte des Pluto zum Uranus, siehe »Die Aspekte des Uranus zum Pluto«, S. 367;
Aspekte des Pluto zum Neptun, siehe »Die Aspekte des Neptun zum Pluto«, S. 377.)

## Die Aspekte des Pluto zum Aszendenten

### Konjunktion

Sie haben wahrscheinlich sehr viel emotionale und physische Energie, die beide ständig eine positive Ausdrucksform brauchen, und Sie haben wahrscheinlich zwei Neigungen: Einerseits wollen Sie Ihr persönliches Leben mit dem Schleier des Geheimnisvollen umgeben, andererseits agieren Sie mit Verve und Offenheit.

### Positive Aspekte

Sie haben oft ein tief sitzendes Bedürfnis, mit den Problemen Ihres Lebens gründlich aufzuräumen, um sich endlich den schönen Seiten des Lebens zuwenden zu können. Tatsächlich haben Sie ein großes Talent, sich größeren Veränderungen erfolgreich zu stellen und sich ihnen anzupassen.

### Negative Aspekte

Hüten Sie sich davor, bei solchen Veränderungen gleich über Bord zu springen. Sie neigen dazu, überhaupt nichts mehr zu tun, wenn der Erfolg gleich zu Anfang ausbleibt oder Sie auf Widerstand stoßen.

# Die Aspekte des Pluto zur Himmelsmitte

## Konjunktion

Sie haben zwar das Potenzial, in Ihrem Beruf erfolgreich zu sein, aber passen Sie auf, dass Sie sich nicht um der Macht willen in die Macht verlieben. Sie haben häufig das Bedürfnis, Ihren Beruf zu wechseln – oder Ihre Lebensziele – egal wie erfolgreich Sie auch gewesen sein mögen.

## Positive Aspekte

Auch hier haben Sie eine wundervolle Leichtigkeit, Veränderungen oder schmerzhafte Umbrüche an- und hinzunehmen, vorausgesetzt Sie haben sich schon vorher in Gelassenheit geübt.

## Negative Aspekte

Wenn Sie sich erschöpft fühlen, kann es sein, dass Ihr Selbstvertrauen und Ihre Bewältigungsmechanismen Sie im Stich lassen. Sie sind dann unentschlossen oder haben regelrechte Angst, Entscheidungen zu treffen.

## Kurze Zusammenfassung

✓ Der Pluto wird in eine starke Verbindung zum Unbewussten, dem Verborgenen und dem Geheimen gebracht. Er weist auf unterdrückte Gefühle, subtile psychische Antriebskräfte und heimliche Sehnsüchte hin.

✓ Der Pluto braucht bis zu 32 Jahre, um durch ein Tierkreiszeichen zu ziehen. Sein starker Einfluss betrifft darum Generationen von Menschen, die in einem bestimmten Zeitraum geboren sind.

✓ In den Häusern verstärkt der Pluto die Probleme und Hindernisse, die in den Lebensbereichen auftauchen, die zu dem von ihm beherrschten Haus gehören. Er kann aber auch Lösungswege aufzeigen.

✓ Seine wichtigsten Aspekte hat der Pluto mit dem Aszendenten und der Himmelsmitte. Dort übt er einen starken Einfluss auf die emotionale Verfassung eines Menschen aus sowie auf seine geheimen Sehnsüchte.

# Teil Fünf



DIE MENSCHEN RICHTEN SICH NACH DEN STERNEN.

# GLAUBEN SIE'S ODER NICHT!

DER HALBE SPASS BEI DER ASTROLOGIE besteht darin, sie im *täglichen Leben* anzuwenden. In diesem Kapitel erfahren Sie, wie das geht: ob Sie nun die Astrologie zur besseren Kommunikation in der Familie oder zur Verbesserung Ihres Liebeslebens, als bombensichere Informationsquelle für die nächste Investition oder als Entscheidungshilfe bei sportlichen Wetten nutzen möchten. Zusätzlich finden Sie eine ausführliche Sammlung von Internetadressen zu allen Aspekten der Astrologie und deren Anwendungsgebieten, von der Kosmobiologie über das An- und Verkaufen von Aktien bis hin zur richtigen Partnerwahl.

Im Anhang befinden sich die Planetentabellen sowie ein ausführliches Glossar und eine Liste astrologischer Anlaufstellen: Schulen, Magazine, Organisationen und Websites.

Kapitel 24

# Astrologie im täglichen Leben

Die meisten Menschen wenden sich an einen Astrologen, um etwas über ihre Zukunft zu erfahren. Die Leistungsfähigkeit der Astrologie wird hier überschätzt: Sie kann nur über Tendenzen Auskunft geben. Nutzen Sie sie deshalb als sinnvollen Leitfaden für Ihr Leben.

## Inhalt dieses Kapitels:

# Lassen Sie sich nicht verwirren

ZWAR SIND EINIGE ASTROLOGEN *Hellseher und einige Hellseher Astrologen; diese beiden Disziplinen sollten jedoch nicht miteinander verwechselt werden. Kein Astrologe wird Ihnen etwas mitteilen, das er nicht aus einem Buch oder durch persönliche Forschungen gelernt hat. Was er Ihnen sagt, wurde möglicherweise zum ersten Mal im zweiten Jahrhundert n. Chr. in Ptolemäus' Tetrabiblios, 1647 in* Christliche Astrologie *von William Lilly oder in einem modernen Werk veröffentlicht. Aus der Luft gegriffen ist es auf keinen Fall!*

Die Astrologie kann Sie dabei unterstützen, Ihre Anlagen und Möglichkeiten vollständig zu nutzen, indem Sie Ihnen Ihre Stärken und Schwächen aufzeigt, die Sie dann maximieren oder korrigieren können.

Die Astrologie gibt Aufschluss über Probleme, Ambitionen, Träume, Ihre Familie, Ihre Beziehungen, Arbeit und Gesundheit. Sie steht Ihnen auf der Basis der ausgewerteten Daten des Geburtsbildes mit Rat zur Seite. Dies sind die Hauptaufgaben der Astrologie – die Voraussage zählt nicht dazu.

## Spezialisierte Astrologen

Die Astrologie ist nicht nur auf die persönliche Beratung beschränkt. Einige Astrologen sind auf Investitionen oder Geschäftsangelegenheiten spezialisiert und beraten bei An- und Verkauf von Wertpapieren, beim Einstellen oder Entlassen von Mitarbeitern, beim Beginn neuer Projekte oder beim Aufbau von Geschäftsbeziehungen. Es gibt sogar Astrologen, die sich auf den Berufssport spezialisiert haben.

■ **Durch Betrachten** *Ihres Geburtsdiagramms und das Ihres Partners erhalten Sie Anregungen, wie Sie Ihre Beziehung – wenn nötig – verbessern können.*

**INTERNET**

**www.astrosports-guide@loritek.com**

*Auf dieser Website finden Sie informative Anleitungen zur Vorhersage von Sportergebnissen.*

# Astrologie als Lebenshilfe

ALLE ASTROLOGEN HATTEN BEREITS *Kunden, die zu viel von ihnen verlangten, die Fragen über Fragen stellten. »Wohin soll ich gehen?« »Wie soll ich reagieren?« Bei einem Pfarrer, Psychologen, Freund, Kollegen oder selbst beim Partner wären sie mit dem Anliegen, die Verantwortung für ihr Leben in andere Hände zu geben, wahrscheinlich besser aufgehoben.*

Die Astrologie kann und soll Ihnen nicht sagen, wie Sie sich in bestimmten Situationen zu verhalten haben. Stattdessen bietet sie Alternativen. Sie ermöglicht es Ihnen, sich mal aus einer ganz anderen Perspektive einer Sache zu nähern, die Ihnen Schwierigkeiten bereitet.

Die Astrologie kann eine Entscheidungshilfe darstellen, die Entscheidungen treffen jedoch nach wie vor Sie. Es gibt noch andere Disziplinen, die diese beratende Hilfe bieten, z.B. Tarot, Runen und I Ging (Letzteres ist genauso alt und bewährt wie die Astrologie). Die Astrologie ist jedoch das komplexeste und verlässlichste System.

## Wahrheitssuche

Sie werden neugierig sein, was die Astrologie über Sie, Ihr Liebesleben, Ihre Freunde und Ihren Beruf zu sagen hat. Werden Sie sich im astrologischen Spiegel wiedererkennen? Werden Sie stattdessen einen Unbekannten entdecken? Sie werden sicher einige Dinge über sich erfahren, die Sie verblüffen. Die Astrologie vermittelt uns, wie die Traumdeutung, eine besondere Wahrheit. Der Psychiater Sigmund Freud sah die verwirrende Sprache der Träume darin begründet, dass sie uns die Wahrheit über uns selbst sagen – was häufig zu sonderbar ist, um in einfachen Bildern ausgedrückt zu werden.

**INTERNET**

**www.astrologer.com/psychast**

*Wenn Sie die faszinierende Welt der psychologischen Astrologie entdecken möchten, ist dies die richtige Adresse für Sie.*

Die Sprache der Astrologie gestaltet sich ähnlich. Sie hat jedoch nichts Erschreckendes an sich. Sie weist häufig auf Eigenschaften und Verhaltensweisen hin, die Sie unter anderen Umständen gar nicht erkennen. Wenn ein Astrologe Ihr Horoskop erstellt, erfahren Sie z.B., dass sich der Mars zum Zeitpunkt Ihrer Geburt im Steinbock befand und dass dieser Einfluss ein Hinweis darauf sein kann, dass Sie egoistische Tendenzen aufweisen, wodurch Ihre persönlichen Beziehungen leiden.

Auch wenn Ihnen diese Vorstellung absurd erscheinen mag: Zumindest ein Körnchen Wahrheit befindet sich darin. Es ist auf jeden Fall wert, sich darüber Gedanken zu machen.

# Die Persönlichkeitsastrologie

*DIE MENSCHEN BEHUTSAM dazu anzuregen, ihr inneres Wesen, das sie vor anderen verbergen, und das Äußere, das sie in der Öffentlichkeit darstellen, kritisch zu betrachten – das ist mit »Persönlichkeitsastrologie« gemeint.*

Man kann zu Recht sagen, dass ein korrekt erstelltes Geburtsbild eine Art »Landkarte« der Persönlichkeit mit all ihren guten und schlechten Eigenschaften darstellt.

*Möglicherweise finden Sie, dass einige Eigenschaften in Ihrem Horoskop überhaupt nicht auf Sie passen – wahrscheinlich treffen Sie aber haargenau ins Schwarze und Ihre harsche Ablehnung könnte vielleicht sogar ein Indiz dafür sein. Je mehr Sie sich mit der Astrologie beschäftigen, desto häufiger werden Sie feststellen, dass ein Horoskop Ihnen bemerkenswerte Einsichten in Ihre Persönlichkeit oder in eine andere Person bietet. Sich auf diesem Weg selbst besser kennen zu lernen, ist ein sehr erstrebenswertes Ziel!*

## Astrologie light

Wie in so vielen Bereichen des Lebens möchten die meisten Menschen möglichst schnell und problemlos an ihr Ziel gelangen – so auch in der Astrologie. Mit dem Computer ist dies heutzutage gar kein Problem: Es gibt zahlreiche Programme, die ein Horoskop inklusive kompletter Auswertung in nur einigen Minuten erstellen können. Auf zahlreichen »astrologischen« Websites gibt man einfach nur eine ungefähre Geburtszeit, ein Geburtsdatum und einen Geburtsort ein. In einigen Fällen wird dafür ein geringer Geldbetrag erhoben, auf anderen Websites wird ein Basis-Horoskop gratis erstellt, um damit neue Mitglieder zu werben.

*Möglicherweise juckt es Ihnen in den Fingern, einmal einen Computer als persönlichen Astrologen zu befragen – wir raten jedoch sehr davon ab.*

Warum? Das Zeichnen eines Geburtsbildes per Hand ist, als würde man in einem dunklen Raum stehen, in einen Spiegel blicken und zunächst nichts sehen. Wenn man jedoch lang genug in den Spiegel blickt, kann man die Kontur des Gesichts erkennen, gefolgt von Augen, Nase, Mund, Lachfältchen sowie Farbe und Beschaffenheit der Haut. Zum Schluss steht man seinem vollständigen Abbild gegenüber. Genauso verhält es sich mit dem langsam sich vervollständigenden Geburtsbild: Noch bevor der Astrologe es auswertet, nimmt der gesamte Charakter einer Person einzigartige Form und Gestalt an. Aus gutem Grund also zeichnen die meisten Astrologen ein Horoskop mit der Hand.

# Die Suche nach Ratschlägen

DIE HAUPTAUFGABE *der meisten professionellen Astrologen ist die persönliche Beratung. Die Art und Weise, wie die Beratung erfolgt, hat sich in den vergangenen 100 Jahren aufgrund der sich immer weiter entwickelnden Psychologie etwas geändert. Im Grunde sind die Fragen, die die Menschen einst Thrasylus, dem Astrologen des römischen Reichs, John Dee, dem ersten Astrologen der Königin Elisabeth, oder Simon Forman, einem Zeitgenossen Shakespeares, stellten, bis heute die gleichen geblieben.*

■ **Menschen, die** *eine Gefühlskrise durchleben, wenden sich häufig an die Sterne.*

Die meisten Menschen wenden sich mit einem Problem an den Astrologen. Viele dieser Probleme sind im emotionalen Bereich angesiedelt: »Soll ich mit ihm zusammenbleiben?« »Ist sie die Richtige für mich?« »Wie kann ich weiterleben, jetzt wo sie mich verlassen hat?« Andere Menschen treten mit eher praktischen Problemen an einen Astrologen heran: »Ist dies ein guter Zeitpunkt, um mein Haus zu verkaufen?« »Sollte ich diesen Monat ein neues Auto anschaffen?« »Ich vermisse meine Katze. Wurde sie gestohlen?«

Mehrere tausend Jahre der Astrologiegeschichte haben unzählige Varianten hervorgebracht, mit denen Astrologen auf die Fragen antworten.

*Heute vertrauen Astrologen auf drei Dinge: ihre eigene Lebenserfahrung, ihre individuelle Art der Auswertung des Geburtsdiagramms und auf Techniken, die sie aus Astrologiebüchern gelernt haben.*

In dieser Hinsicht ist ein guter Astrologe wie ein lange praktizierender Arzt, der an einem Patienten die Symptome erkennt, die er in einem Buch gelesen hat, dann aber auch seine Erfahrung einbringt, um die richtige Diagnose zu stellen und die beste Behandlungsmethode zu wählen.

*Die astrologische Praktik, bestimmte Fragen zu beantworten, wird Stunden-Astrologie genannt, ein alter und nach wie vor bekannter Zweig der Astrologie. Hier stellt eine Person eine Frage, der Astrologe zeichnet ein Horoskop für den Zeitpunkt der Fragestellung. Er bietet dann anhand der Auswertung und mit Hilfe seiner Intuition und Lebenserfahrung mögliche Lösungen an.*

# Liebe, Sexualität, Partnerschaft

WENN ES ETWAS GIBT, *was professionelle Astrologen zur Weißglut treibt, dann sind es Listen von Sonnenzeichen in Zeitungen oder Zeitschriften, die darüber informieren, welche Zeichen zueinander passen. Nahezu jeder Astrologe, der bereits in einer Call-In-Talkshow vertreten war, musste Anrufe der Art entgegennehmen: »Ich habe diesen wunderbaren Menschen kennen gelernt, aber er ist Steinbock und ich bin Zwilling, das passt doch nicht zusammen, oder?«*

Gelinde ausgedrückt: Das ist völliger Quatsch!

Jedes Sonnenzeichen kann zu jedem anderen Sonnenzeichen eine erfüllte und liebevolle Beziehung unterhalten. Die Astrologie ist viel zu subtil, um derartige Schwarz-weiß-Behauptungen aufzustellen. Kein Astrologe sollte je eine Person vor einer anderen warnen, selbst wenn er die Horoskope beider Personen vergleicht und feststellt, dass eine Verbindung unter keinem »guten Stern« steht. Er sollte vielmehr auf mögliche Schwierigkeiten und Reibungspunkte hinweisen, aber sein Credo sollte immer lauten: »Die Sterne zwingen niemanden zu etwas ...«

**INTERNET**

**www.users.evl.net/~motive/HT-listy**

*Website für Einsteiger, die sich für die Stunden-Astrologie und die »Vorhersage« von Ereignissen interessieren.*

Seien Sie vor allem beim Thema Sexualität vorsichtig. Sie beschäftigt die Menschen heute mehr als in vergangenen Zeiten, weswegen die Astrologen gerade erst beginnen, sich eingehend damit zu beschäftigen. Ganz gleich, ob Sie ein Anfänger oder Fortgeschrittener des Astrologiestudiums sind: Schließen Sie nicht voreilig auf die sexuellen Neigungen einer Person, weder auf sexuelle Vorlieben, noch auf Tabus. Es ist bislang niemandem gelungen, astrologische Anzeichen für Homosexualität zu finden, obwohl emsig danach gesucht wurde.

■ **Machen Sie nicht** *den Fehler, voreilige Schlüsse zu ziehen. Was wissen Sie schon wirklich über seinen Charakter!?*

## Übrigens ...

*Der großartige homosexuelle Künstler Michelangelo behauptete felsenfest, dass die Konjunktion von Mars und Venus in einem Horoskop auf Homosexualität hinweise und dass dies von den Astrologen des Altertums seit der Zeit Ptolemäus' bestätigt worden sei. Bislang konnte dies jedoch nicht sicher nachgewiesen werden.*

## Grundtechniken der Synastrie

Die astrologische Technik des Vergleichs zweier Horoskope daraufhin, ob die Personen zusammenpassen, wird Synastrie genannt. Diese Technik ist zu komplex, um in diesem Buch behandelt zu werden. Liegt Ihnen Ihr eigenes Horoskop und das Ihres (potenziellen) Partners vor, können Sie auf folgende Grundelemente zurückgreifen.

*Betrachten Sie zunächst die Positionen und Einflüsse der Planeten in beiden Diagrammen, untersuchen Sie dann, welche Beziehungen die Planeten innerhalb des einen Diagramms zueinander, und anschließend, welche sie zu denen im anderen Diagramm haben.*

Sehen Sie sich nun bei beiden Horoskopen an, wie viel Grad die Planeten voneinander entfernt sind. Wenn die Venus in Ihrem Horoskop in Aspekt zum Mars im Horoskop Ihres Partners steht, besteht zwischen Ihnen wahrscheinlich starke sexuelle Anziehungskraft (Tipps zur Auswertung im Bereich Liebe finden Sie im Begleitdiagramm).

### Einfache Tipps für echte Liebe

Achten Sie bei Ihrem Horoskop in Zusammenhang mit dem Ihres potenziellen oder derzeitigen Partners auf die folgenden Tipps zur Auswertung:

- ✓ Wenn die Venus in dem einen Horoskop in Konjuktion zum Mars im anderen Horoskop steht, verheißt dies eine leidenschaftliche und aufregende Beziehung.
- ✓ Wenn die Venus in dem einen Horoskop im Quadrat zum Mars im anderen Horoskop steht, fördert dies die Harmonie in einer Beziehung.
- ✓ Wenn die Venus in dem einen Horoskop im Quadrat zum Uranus im anderen Horoskop steht, deutet dies auf eine spannungsreiche Beziehung hin.
- ✓ Wenn die Venus in dem einen Horoskop in Konjunktion zum Uranus im anderen Horoskop steht, sind emotionale Unterschiede, aber auch große Nähe möglich.
- ✓ Wenn die Venus in dem einen Horoskop im Trigon oder Sextil zum Mars im anderen Horoskop steht, deutet dies auf Frivolität und Unbeständigkeit hin.
- ✓ Wenn die Venus in dem einen Horoskop in Opposition zum Mars im anderen Horoskop steht, ist dies ein Zeichen für eine lebhafte und impulsive Beziehung.
- ✓ Wenn die Venus in dem einen Horoskop im Trigon zum Uranus im anderen Horoskop steht, fördert dies eine dynamische, aber unberechenbare Beziehung.
- ✓ Wenn die Venus in dem einen Horoskop im Sextil oder in Opposition zum Uranus im anderen Horoskop steht, deutet dies Probleme aufgrund von Impulsivität an.

# Geschäft und Berufswahl

DIE ASTROLOGIE IST IN VIELERLEI HINSICHT *nützlich bei Geschäftsentscheidungen und der Berufswahl. So haben sich einige Astrologen auf den Bereich des Aktien- und Anleihengeschäfts spezialisiert, wobei sie die Planetenbewegungen und -einflüsse parallel setzen zu Geschäftszyklen. Diese Astrologen erteilen häufig erfolgreiche Ratschläge bei Investitionsfragen. Einige Unternehmen wenden sich an Astrologen, um sich bei der Einschätzung eines potenziellen Mitarbeiters helfen zu lassen.*

Am häufigsten wird die Astrologie im Geschäftsleben eingesetzt, um die Geburtsbilder der Mitarbeiter daraufhin zu untersuchen und miteinander zu vergleichen, wer mit wem ein gutes Team bildet.

**INTERNET**

**www.citystats.co.uk**

*Auf der Website von Citystate Stockstars finden Sie hochinteressante Finanzhinweise und Investitionstipps.*

## Die perfekte Geschäftsbeziehung

Kurioserweise stellen die astrologischen Einflüsse, die auf eine potenziell erfolglose intime Partnerschaft hinweisen, oftmals günstige Einflüsse für eine hervorragende Geschäftsbeziehung dar.

Achten Sie bei der Auswertung der Horoskope potenzieller Geschäftspartner oder Mitarbeiter darauf, ob die Himmelsmitte in dem einen und der Aszendent im anderen Diagramm in Opposition oder Trimex zueinander stehen: Wenn dem so ist, weist das auf eine Übereinstimmung der Ziele hin. Starke Aspekte zwischen dem Grad der Sonne, dem Mond und/oder dem Aszendenten sind ein Zeichen für Übereinstimmung. Eine starke Beziehung zwischen den achten Häusern der Horoskope fördert finanziellen Erfolg.

*Wenn Sie sich mit dem Gedanken tragen, ein Geschäft zu eröffnen, oder noch nicht wissen, in welcher Branche oder welchem Beruf Sie tätig sein möchten, achten Sie besonders auf Platzierung und Stärke der Planeten in Ihrem Horoskop.*

Die Venus ist mit der Welt der Schönheit und dem Luxus verbunden. Ein starker Mond weist auf potenziellen Erfolg in der Hotel- oder Gaststättenbranche hin. Ein dominanter Saturn ist ein Zeichen dafür, dass die Immobilienbranche möglicherweise die richtige Wahl ist.

# Die Familie

INNERHALB VON FAMILIEN *gibt es von Generation zu Generation fast immer ein sehr ähnliches astrologisches Muster, und oftmals lassen sich Verbindungen zwischen dem Geburtsbild eines erwachsenen Familienmitglieds und dem eines Kindes der Familie erkennen. Dies ist vor allem zwischen Großeltern und Enkelkindern der Fall.*

Vielleicht möchten Sie die Beziehungen der Familienmitglieder untereinander besser kennen lernen, dann vergleichen Sie das Geburtsbild Ihres Kindes mit Ihrem und dem Ihres Ehepartners, wobei Sie natürlich erwarten, starke Verbindungen und ähnliche Eigenschaften zu finden – was sicherlich auch der Fall sein wird. Zweifellos werden Sie auch Unerwartetes und Überraschendes entdecken. Darüber hinaus kann die Astrologie gute Dienste dabei leisten, Generationenkonflikte zu minimieren oder Sie in die Lage versetzen, mit Ihren Kindern besser kommunizieren zu können.

## Astrologie und Kinder

Ein Astrologe kann Ihnen nicht genau sagen, wie sich Ihr Kind entwickeln wird. Bei aller Wahrscheinlichkeit, mit der er vielleicht sagen kann, in welche ungefähre Richtung es gehen wird: Am Ende siegt doch der freie Wille jedes Menschen über seine Veranlagungen. Wie es um den starken Willen bei Kindern steht, hat wohl schon jeder einmal zu spüren gekriegt! Ein Astrologe ist in der Lage festzustellen, ob und inwiefern ein Kind der Mutter oder dem Vater näher steht, welche Kinderkrankheiten es wahrscheinlich zu welchem Zeitpunkt bekommen wird und welches Schulsystem das beste ist.

Die Astrologie ist hilfreich, wenn man herausfinden möchte, wo die Talente eines Kindes liegen und wie es gefördert werden sollte, ob es eher praktisch als künstlerisch veranlagt ist, eher extrovertiert oder in sich gekehrt.

**INTERNET**

**www.egroups.com/list/child-family**

*Wenn Sie sich mit Astrologie speziell im Zusammenhang mit Familie und Kindern beschäftigen möchten, sind Sie bei dieser Website an der richtigen Adresse.*

■ **Mit Hilfe** *der Astrologie können die Stärken des Kindes erkannt werden.*

# Ihre Gesundheit

DIE GESUNDHEITSASTROLOGIE *ist ein äußerst kompliziertes Thema, das in einem eigenen Buch abgehandelt werden sollte. Seit jeher bestand eine Verbindung zwischen der Gesundheit einer Person (direkter Einfluss des Sonnenzeichens und der Herrscherplaneten) und dem Beruf des Arztes (der sich früher der Astrologie bediente, um eine Diagnose zu stellen und Behandlungen einzuleiten).*

■ **Probieren Sie** *alternative Heilmittel aus, die mit Ihrem Sonnenzeichen verbunden sind.*

*Sonnenzeichen und Aszendent weisen deutlich auf mögliche Anfälligkeiten für Krankheiten hin.*

In Teil 2 dieses Buchs finden Sie zu jeder Beschreibung eines Sonnenzeichens einen ausführlichen Abschnitt zur Gesundheit. Jedes Zeichen ist traditionell mit einem Körperteil oder Organ verbunden. Tatsächlich wirkt sich der Einfluss eines Sonnenzeichens auf seinen jeweiligen Zuständigkeitsbereich dergestalt aus, dass ein Mensch entweder in diesen Körperregionen gesundheitliche Probleme hat, dafür besonders anfällig ist oder sie im Gegenteil in bester Verfassung sind.

## Betrachten Sie Ihr Geburtsbild

Abgesehen von den allgemeinen Eigenschaften des Sonnenzeichens und des Aszendenten hinsichtlich der Gesundheit achten Sie in Ihrem Geburtsbild auf die planetarischen Einflüsse sowie deren Platzierungen in der Nähe des Aszendenten und im ersten und sechsten Haus. Betrachten Sie den allgemeinen Einfluss und die Platzierung von Sonne und Mond. Werfen Sie einen Blick auf die Persönlichkeitseigenschaften im Horoskop. Eine Betonung auf Stress oder grundlose Besorgnis können beispielsweise auf entsprechende körperliche Probleme (z. B. Bluthochdruck) oder psychische Schwierigkeiten (z. B. Angstzustände oder Depressionen), ja sogar auf einen Hang zur Hypochondrie hinweisen. Optimistische Menschen mit starkem Selbstvertrauen ignorieren möglicherweise körperliche Symptome so lange, bis sie ein ernsthaftes Problem werden.

**INTERNET**

**www.medicinegarden.com**

*Die unter obiger Adresse zu findende Athena-Website beschäftigt sich speziell mit der medizinischen Astrologie.*

## Kurze Zusammenfassung

✓ Viele Menschen wenden sich an Astrologen, weil sie etwas über ihre Zukunft erfahren möchten. Astrologen können (und sollten) jedoch die Zukunft nicht vorhersagen oder behaupten, sie könnten es.

✓ Die Astrologie sollte nie als Lebenshilfe in Anspruch genommen werden, letztlich müssen Sie eigene Antworten auf Ihre Schwierigkeiten finden und eigene Entscheidungen treffen. Die Astrologie bietet lediglich Anregungen.

✓ Die Astrologie erstellt ein vollständiges Bild Ihrer Persönlichkeit und zeigt Ihnen, wie Sie positive Eigenschaften stärken, Schwächen abbauen, gegen Unzulänglichkeiten angehen und befriedigende Entscheidungen treffen können.

✓ Auf dem Gebiet der persönlichen Beratung tut die Astrologie besonders gute Dienste, sie bietet Aufschluss über Probleme, Ziele, Träume, Familie, Beziehungen, Arbeit und Gesundheit.

✓ Richtig angewendet, ist die Astrologie auch im Geschäftsleben, in Finanzdingen und im Sport nützlich.

✓ Was die Liebe angeht, so kann jedes Sonnenzeichen eine gelingende Liebesbeziehung zu jedem beliebigen anderen Sonnenzeichen unterhalten.

✓ Unter Familienmitgliedern gibt es häufig astrologische Ähnlichkeiten. Dies gilt vor allem bei Großeltern und Enkelkindern. Die Astrologie kann dazu beitragen, die Kommunikation innerhalb der Familie zu fördern, weil Eltern wie Kinder durch sie mehr über einander erfahren.

✓ Was die Gesundheit angeht, so können Sonnenzeichen und Aszendenten Hinweise auf Krankheiten oder Anfälligkeiten geben, da jedes Zeichen mit einem bestimmten Körperteil oder Organ verbunden ist.

# Planeten-Tafeln

**SUCHEN SIE MIT HILFE** *dieser Tabellen die Position der Sonne, des Mondes und der Planeten zum Zeitpunkt Ihrer Geburt. Ihr Jahr finden Sie in der oberen Zeile, Ihren Monat in der linken Spalte. Tragen Sie die Position der Planeten in den Abschnitt des entsprechenden Zeichens ein.*

**DIE SYMBOLE DER PLANETEN**

| | | | |
|---|---|---|---|
| ☉ | *Sonne* | ♃ | *Jupiter* |
| ☽ | *Mond* | ♄ | *Saturn* |
| ☿ | *Merkur* | ♅ | *Uranus* |
| ♀ | *Venus* | ♆ | *Neptun* |
| ♂ | *Mars* | ♇ | *Pluto* |

**DIE SYMBOLE DER TIERKREISZEICHEN**

| | | | |
|---|---|---|---|
| ♈ | *Widder* | ♎ | *Waage* |
| ♉ | *Stier* | ♏ | *Skorpion* |
| ♊ | *Zwillinge* | ♐ | *Schütze* |
| ♋ | *Krebs* | ♑ | *Steinbock* |
| ♌ | *Löwe* | ♒ | *Wassermann* |
| ♍ | *Jungfrau* | ♓ | *Fische* |

SONNE 1910 - 1928

| | 1910 | 1911 | 1912 | 1913 | 1914 | 1915 | 1916 | 1917 | 1918 | 1919 | 1920 | 1921 | 1922 | 1923 | 1924 | 1925 | 1926 | 1927 | 1928 |
|---|---|---|---|---|---|---|---|---|---|---|---|---|---|---|---|---|---|---|---|
| 1 | 20 ♒ 21.59 | 21 ♒ 3.51 | 21 ♒ 9.29 | 20 ♒ 15.19 | 20 ♒ 21.12 | 21 ♒ 3.00 | 21 ♒ 8.54 | 20 ♒ 14.37 | 20 ♒ 20.25 | 21 ♒ 2.21 | 21 ♒ 8.04 | 20 ♒ 13.55 | 20 ♒ 19.48 | 21 ♒ 1.35 | 21 ♒ 7.28 | 20 ♒ 13.20 | 20 ♒ 19.12 | 21 ♒ 1.12 | 21 ♒ 6.57 |
| 2 | 19 ♓ 12.28 | 19 ♓ 18.20 | 19 ♓ 23.56 | 19 ♓ 5.44 | 19 ♓ 11.38 | 19 ♓ 17.23 | 19 ♓ 23.18 | 19 ♓ 5.05 | 19 ♓ 10.53 | 19 ♓ 16.48 | 19 ♓ 22.29 | 19 ♓ 4.20 | 19 ♓ 10.16 | 19 ♓ 16.00 | 19 ♓ 21.51 | 19 ♓ 3.43 | 19 ♓ 9.35 | 19 ♓ 15.43 | 19 ♓ 21.19 |
| 3 | 21 ♈ 12.03 | 21 ♈ 17.54 | 20 ♈ 23.29 | 21 ♈ 5.18 | 21 ♈ 11.11 | 21 ♈ 16.51 | 20 ♈ 22.47 | 21 ♈ 4.37 | 21 ♈ 10.26 | 21 ♈ 16.19 | 20 ♈ 21.59 | 21 ♈ 3.51 | 21 ♈ 9.49 | 21 ♈ 15.29 | 20 ♈ 21.20 | 21 ♈ 3.12 | 21 ♈ 9.01 | 21 ♈ 14.59 | 20 ♈ 20.44 |
| 4 | 20 ♉ 23.46 | 21 ♉ 5.36 | 20 ♉ 11.12 | 20 ♉ 17.03 | 20 ♉ 22.53 | 21 ♉ 4.29 | 20 ♉ 10.25 | 20 ♉ 16.17 | 20 ♉ 22.05 | 21 ♉ 3.59 | 20 ♉ 9.39 | 20 ♉ 15.32 | 20 ♉ 21.29 | 21 ♉ 3.06 | 20 ♉ 8.59 | 20 ♉ 14.51 | 20 ♉ 20.36 | 21 ♉ 2.32 | 20 ♉ 8.17 |
| 5 | 21 ♊ 23.30 | 22 ♊ 5.19 | 21 ♊ 10.57 | 21 ♊ 16.50 | 21 ♊ 22.38 | 22 ♊ 4.10 | 21 ♊ 10.06 | 21 ♊ 15.59 | 21 ♊ 21.46 | 22 ♊ 3.39 | 21 ♊ 9.22 | 21 ♊ 15.17 | 21 ♊ 21.10 | 22 ♊ 2.45 | 21 ♊ 8.40 | 21 ♊ 14.33 | 21 ♊ 20.15 | 22 ♊ 2.08 | 21 ♊ 7.52 |
| 6 | 22 ♋ 7.49 | 22 ♋ 13.36 | 21 ♋ 19.17 | 22 ♋ 1.10 | 22 ♋ 6.55 | 22 ♋ 12.29 | 21 ♋ 18.24 | 22 ♋ 0.14 | 22 ♋ 6.00 | 22 ♋ 11.54 | 21 ♋ 17.40 | 21 ♋ 23.36 | 22 ♋ 5.27 | 22 ♋ 11.03 | 21 ♋ 16.59 | 21 ♋ 22.50 | 22 ♋ 4.30 | 22 ♋ 10.22 | 22 ♋ 16.06 |
| 7 | 23 ♌ 18.43 | 24 ♌ 0.29 | 23 ♌ 6.14 | 23 ♌ 12.04 | 23 ♌ 17.47 | 23 ♌ 23.26 | 23 ♌ 5.21 | 23 ♌ 11.08 | 23 ♌ 16.51 | 23 ♌ 22.45 | 23 ♌ 4.35 | 23 ♌ 10.30 | 23 ♌ 16.20 | 23 ♌ 22.01 | 23 ♌ 3.58 | 23 ♌ 9.45 | 23 ♌ 15.25 | 23 ♌ 21.17 | 23 ♌ 3.02 |
| 8 | 24 ♍ 1.27 | 24 ♍ 7.13 | 23 ♍ 13.01 | 24 ♍ 18.48 | 24 ♍ 0.38 | 24 ♍ 6.15 | 23 ♍ 12.09 | 23 ♍ 17.54 | 23 ♍ 23.37 | 24 ♍ 5.28 | 23 ♍ 11.21 | 23 ♍ 17.15 | 23 ♍ 23.04 | 24 ♍ 4.52 | 23 ♍ 10.48 | 23 ♍ 16.33 | 23 ♍ 22.14 | 24 ♍ 4.05 | 23 ♍ 9.53 |
| 9 | 23 ♎ 22.31 | 24 ♎ 4.18 | 23 ♎ 10.08 | 23 ♎ 15.53 | 23 ♎ 21.34 | 24 ♎ 3.24 | 23 ♎ 9.15 | 23 ♎ 15.00 | 23 ♎ 20.46 | 24 ♎ 2.35 | 23 ♎ 8.28 | 23 ♎ 14.20 | 23 ♎ 20.10 | 24 ♎ 2.04 | 23 ♎ 7.58 | 23 ♎ 13.43 | 23 ♎ 19.27 | 24 ♎ 1.17 | 23 ♎ 7.06 |
| 10 | 24 ♏ 7.11 | 24 ♏ 12.58 | 23 ♏ 18.50 | 24 ♏ 0.35 | 24 ♏ 6.17 | 24 ♏ 12.10 | 23 ♏ 17.57 | 23 ♏ 23.44 | 24 ♏ 5.33 | 24 ♏ 11.21 | 23 ♏ 17.13 | 23 ♏ 23.02 | 24 ♏ 4.53 | 24 ♏ 10.51 | 23 ♏ 16.44 | 23 ♏ 22.31 | 24 ♏ 4.18 | 24 ♏ 10.07 | 23 ♏ 15.55 |
| 11 | 23 ♐ 4.11 | 23 ♐ 9.56 | 22 ♐ 15.48 | 22 ♐ 21.35 | 23 ♐ 3.20 | 23 ♐ 9.14 | 22 ♐ 14.58 | 22 ♐ 20.45 | 23 ♐ 2.38 | 23 ♐ 8.25 | 22 ♐ 14.15 | 22 ♐ 20.05 | 23 ♐ 1.55 | 23 ♐ 7.54 | 22 ♐ 13.46 | 22 ♐ 19.35 | 23 ♐ 1.28 | 23 ♐ 7.14 | 22 ♐ 13.00 |
| 12 | 22 ♑ 17.12 | 22 ♑ 22.53 | 22 ♑ 4.45 | 22 ♑ 10.35 | 22 ♑ 16.22 | 22 ♑ 22.16 | 22 ♑ 3.59 | 22 ♑ 9.46 | 22 ♑ 15.42 | 22 ♑ 21.27 | 22 ♑ 3.17 | 22 ♑ 9.07 | 22 ♑ 14.57 | 22 ♑ 20.53 | 22 ♑ 2.45 | 22 ♑ 8.37 | 22 ♑ 14.33 | 22 ♑ 20.19 | 22 ♑ 2.04 |

SONNE 1929 - 1947

| | 1929 | 1930 | 1931 | 1932 | 1933 | 1934 | 1935 | 1936 | 1937 | 1938 | 1939 | 1940 | 1941 | 1942 | 1943 | 1944 | 1945 | 1946 | 1947 |
|---|---|---|---|---|---|---|---|---|---|---|---|---|---|---|---|---|---|---|---|
| 1 | 20 ♒ 12.42 | 20 ♒ 18.33 | 21 ♒ 0.18 | 21 ♒ 6.07 | 20 ♒ 11.53 | 20 ♒ 17.37 | 20 ♒ 23.28 | 21 ♒ 5.12 | 20 ♒ 11.01 | 20 ♒ 16.59 | 20 ♒ 22.51 | 21 ♒ 4.44 | 20 ♒ 10.34 | 20 ♒ 16.24 | 20 ♒ 22.19 | 21 ♒ 4.07 | 20 ♒ 9.54 | 20 ♒ 15.45 | 20 ♒ 21.32 |
| 2 | 19 ♓ 3.07 | 19 ♓ 9.00 | 19 ♓ 14.40 | 19 ♓ 20.28 | 19 ♓ 2.16 | 19 ♓ 8.02 | 19 ♓ 13.52 | 19 ♓ 19.33 | 19 ♓ 1.21 | 19 ♓ 7.20 | 19 ♓ 13.09 | 19 ♓ 19.04 | 19 ♓ 0.56 | 19 ♓ 6.47 | 19 ♓ 12.40 | 19 ♓ 18.27 | 19 ♓ 0.15 | 19 ♓ 6.09 | 19 ♓ 11.52 |
| 3 | 21 ♈ 2.35 | 21 ♈ 8.30 | 21 ♈ 14.06 | 20 ♈ 19.54 | 21 ♈ 1.43 | 21 ♈ 7.28 | 21 ♈ 13.18 | 20 ♈ 18.58 | 21 ♈ 0.45 | 21 ♈ 6.43 | 21 ♈ 12.28 | 20 ♈ 18.24 | 21 ♈ 0.20 | 21 ♈ 6.11 | 21 ♈ 12.03 | 20 ♈ 17.49 | 20 ♈ 23.37 | 21 ♈ 5.33 | 21 ♈ 11.13 |
| 4 | 20 ♉ 14.10 | 20 ♉ 20.06 | 21 ♉ 1.40 | 20 ♉ 7.28 | 20 ♉ 13.18 | 20 ♉ 19.00 | 21 ♉ 0.50 | 20 ♉ 6.31 | 20 ♉ 12.19 | 20 ♉ 18.15 | 20 ♉ 23.55 | 20 ♉ 5.51 | 20 ♉ 11.50 | 20 ♉ 17.39 | 20 ♉ 23.32 | 20 ♉ 5.18 | 20 ♉ 11.07 | 20 ♉ 17.02 | 20 ♉ 22.39 |
| 5 | 21 ♊ 13.48 | 21 ♊ 19.42 | 22 ♊ 1.15 | 21 ♊ 7.07 | 21 ♊ 12.57 | 21 ♊ 18.35 | 22 ♊ 0.25 | 21 ♊ 6.07 | 21 ♊ 11.57 | 21 ♊ 17.50 | 21 ♊ 23.27 | 21 ♊ 5.23 | 21 ♊ 11.23 | 21 ♊ 17.09 | 21 ♊ 23.03 | 21 ♊ 4.51 | 21 ♊ 10.40 | 21 ♊ 16.34 | 21 ♊ 22.09 |
| 6 | 21 ♋ 22.01 | 22 ♋ 3.53 | 22 ♋ 9.28 | 21 ♋ 15.23 | 21 ♋ 21.12 | 22 ♋ 2.48 | 22 ♋ 8.38 | 21 ♋ 14.22 | 21 ♋ 20.12 | 22 ♋ 2.04 | 22 ♋ 7.39 | 21 ♋ 13.36 | 21 ♋ 19.33 | 22 ♋ 1.16 | 22 ♋ 7.12 | 21 ♋ 13.02 | 21 ♋ 18.52 | 22 ♋ 0.44 | 22 ♋ 6.19 |
| 7 | 23 ♌ 8.53 | 23 ♌ 14.42 | 23 ♌ 20.21 | 23 ♌ 2.18 | 23 ♌ 8.05 | 23 ♌ 13.42 | 23 ♌ 19.33 | 23 ♌ 1.18 | 23 ♌ 7.07 | 23 ♌ 12.57 | 23 ♌ 18.37 | 23 ♌ 0,34 | 23 ♌ 6.26 | 23 ♌ 12.07 | 23 ♌ 18.05 | 22 ♌ 23.56 | 23 ♌ 5.45 | 23 ♌ 11.37 | 23 ♌ 17.14 |
| 8 | 23 ♍ 15.41 | 23 ♍ 21.26 | 24 ♍ 3.10 | 23 ♍ 9.06 | 23 ♍ 14.52 | 23 ♍ 20.32 | 24 ♍ 2.24 | 23 ♍ 8.11 | 23 ♍ 13.58 | 23 ♍ 19.46 | 24 ♍ 1.31 | 23 ♍ 7.29 | 23 ♍ 13.17 | 23 ♍ 18.58 | 24 ♍ 0.55 | 23 ♍ 6.46 | 23 ♍ 12.35 | 23 ♍ 18.26 | 24 ♍ 0.09 |
| 9 | 23 ♎ 12.52 | 23 ♎ 18.36 | 24 ♎ 0.23 | 23 ♎ 6.16 | 23 ♎ 12.01 | 23 ♎ 17.45 | 23 ♎ 23.38 | 23 ♎ 5.26 | 23 ♎ 11.13 | 23 ♎ 17.00 | 23 ♎ 22.49 | 23 ♎ 4.46 | 23 ♎ 10.33 | 23 ♎ 16.16 | 23 ♎ 22.12 | 23 ♎ 4.02 | 23 ♎ 9.50 | 23 ♎ 15.41 | 23 ♎ 21.29 |
| 10 | 23 ♏ 21.41 | 24 ♏ 3.26 | 24 ♏ 9.16 | 23 ♏ 15.04 | 23 ♏ 20.48 | 24 ♏ 2.36 | 24 ♏ 8.29 | 23 ♏ 14.18 | 23 ♏ 20.07 | 24 ♏ 1.54 | 24 ♏ 7.46 | 23 ♏ 13.39 | 23 ♏ 19.27 | 24 ♏ 1.15 | 24 ♏ 7.08 | 23 ♏ 12.56 | 23 ♏ 18.44 | 24 ♏ 0.35 | 24 ♏ 6.26 |
| 11 | 22 ♐ 18.48 | 23 ♐ 0.34 | 23 ♐ 6.25 | 22 ♐ 12.10 | 22 ♐ 17.53 | 22 ♐ 23.44 | 23 ♐ 5.35 | 22 ♐ 11.25 | 22 ♐ 17.17 | 22 ♐ 23.06 | 23 ♐ 4.59 | 22 ♐ 10.49 | 22 ♐ 16.38 | 22 ♐ 22.30 | 23 ♐ 4.22 | 22 ♐ 10.08 | 22 ♐ 15.55 | 22 ♐ 21.46 | 23 ♐ 3.38 |
| 12 | 22 ♑ 7.53 | 22 ♑ 13.40 | 22 ♑ 19.30 | 22 ♑ 1.14 | 22 ♑ 6.58 | 22 ♑ 12.49 | 22 ♑ 18.37 | 22 ♑ 0.27 | 22 ♑ 6.22 | 22 ♑ 12.13 | 22 ♑ 18.06 | 21 ♑ 23.55 | 22 ♑ 5.44 | 22 ♑ 11.40 | 22 ♑ 17.29 | 21 ♑ 23.15 | 22 ♑ 5.04 | 22 ♑ 10.53 | 22 ♑ 16.43 |

SONNE 1948 - 1966

| | 1948 | 1949 | 1950 | 1951 | 1952 | 1953 | 1954 | 1955 | 1956 | 1957 | 1958 | 1959 | 1960 | 1961 | 1962 | 1963 | 1964 | 1965 | 1966 |
|---|---|---|---|---|---|---|---|---|---|---|---|---|---|---|---|---|---|---|---|
| 1 | 21 ♒ 3.18 | 20 ♒ 9.09 | 20 ♒ 15.00 | 20 ♒ 20.52 | 21 ♒ 2.38 | 20 ♒ 8.21 | 20 ♒ 14.11 | 20 ♒ 20.02 | 21 ♒ 1.48 | 20 ♒ 7.39 | 20 ♒ 13.28 | 20 ♒ 19.19 | 21 ♒ 1.10 | 20 ♒ 7.01 | 20 ♒ 12.58 | 20 ♒ 18.54 | 21 ♒ 0.41 | 20 ♒ 6.29 | 20 ♒ 12.20 |
| 2 | 19 ♓ 17.37 | 18 ♓ 23.27 | 19 ♓ 5.18 | 19 ♓ 11.10 | 19 ♓ 16.57 | 18 ♓ 22.41 | 19 ♓ 4.32 | 19 ♓ 10.19 | 19 ♓ 16.05 | 18 ♓ 21.58 | 19 ♓ 3.48 | 19 ♓ 9.38 | 19 ♓ 15.26 | 18 ♓ 21.16 | 19 ♓ 3.15 | 19 ♓ 9.09 | 19 ♓ 14.57 | 18 ♓ 20.48 | 19 ♓ 2.38 |
| 3 | 20 ♈ 16.57 | 20 ♈ 22.48 | 21 ♈ 4.35 | 21 ♈ 10.26 | 20 ♈ 16.14 | 20 ♈ 22.01 | 21 ♈ 3.53 | 21 ♈ 9.35 | 20 ♈ 15.20 | 20 ♈ 21.16 | 21 ♈ 3.06 | 21 ♈ 8.55 | 20 ♈ 14.43 | 20 ♈ 20.32 | 21 ♈ 2.30 | 21 ♈ 8.20 | 20 ♈ 14.10 | 20 ♈ 20.05 | 21 ♈ 1.53 |
| 4 | 20 ♉ 4.25 | 20 ♉ 10.17 | 20 ♉ 15.59 | 20 ♉ 21.48 | 20 ♉ 3.17 | 20 ♉ 9.25 | 20 ♉ 15.20 | 20 ♉ 20.58 | 20 ♉ 2.43 | 20 ♉ 8.41 | 20 ♉ 14.27 | 20 ♉ 20.17 | 20 ♉ 2.06 | 20 ♉ 7.55 | 20 ♉ 13.51 | 20 ♉ 19.36 | 20 ♉ 1.27 | 20 ♉ 7.26 | 20 ♉ 13.12 |
| 5 | 21 ♊ 3.58 | 21 ♊ 9.51 | 21 ♊ 15.27 | 21 ♊ 21.15 | 21 ♊ 3.04 | 21 ♊ 8.53 | 21 ♊ 14.47 | 21 ♊ 20.24 | 21 ♊ 2.13 | 21 ♊ 8.10 | 21 ♊ 13.51 | 21 ♊ 19.42 | 21 ♊ 1.34 | 21 ♊ 7.22 | 21 ♊ 13.17 | 21 ♊ 18.58 | 21 ♊ 0.50 | 21 ♊ 6.50 | 21 ♊ 12.32 |
| 6 | 21 ♋ 12.11 | 21 ♋ 18.03 | 21 ♋ 23.36 | 22 ♋ 5.25 | 21 ♋ 11.13 | 21 ♋ 17.00 | 21 ♋ 22.54 | 22 ♋ 4.31 | 21 ♋ 10.24 | 21 ♋ 16.21 | 21 ♋ 21.57 | 22 ♋ 3.50 | 21 ♋ 9.42 | 21 ♋ 15.30 | 21 ♋ 21.24 | 22 ♋ 3.04 | 21 ♋ 8.57 | 21 ♋ 14.56 | 21 ♋ 20.33 |
| 7 | 22 ♌ 23.08 | 23 ♌ 4.57 | 23 ♌ 10.30 | 23 ♌ 16.21 | 22 ♌ 22.07 | 23 ♌ 3.52 | 23 ♌ 9.45 | 23 ♌ 15.25 | 22 ♌ 21.20 | 23 ♌ 3.15 | 23 ♌ 8.50 | 23 ♌ 14.45 | 22 ♌ 20.37 | 23 ♌ 2.24 | 23 ♌ 8.18 | 23 ♌ 13.59 | 22 ♌ 19.53 | 23 ♌ 1.48 | 23 ♌ 7.23 |
| 8 | 23 ♍ 6.03 | 23 ♍ 11.48 | 23 ♍ 17.23 | 23 ♍ 23.16 | 23 ♍ 5.03 | 23 ♍ 10.45 | 23 ♍ 16.36 | 23 ♍ 22.19 | 23 ♍ 4.15 | 23 ♍ 10.08 | 23 ♍ 15.46 | 23 ♍ 21.44 | 23 ♍ 3.34 | 23 ♍ 9.19 | 23 ♍ 15.12 | 23 ♍ 20.58 | 23 ♍ 2.51 | 23 ♍ 8.43 | 23 ♍ 14.18 |
| 9 | 23 ♎ 3.22 | 23 ♎ 9.06 | 23 ♎ 14.44 | 23 ♎ 20.37 | 23 ♎ 2.24 | 23 ♎ 8.06 | 23 ♎ 13.55 | 23 ♎ 19.41 | 23 ♎ 1.35 | 23 ♎ 7.26 | 23 ♎ 13.09 | 23 ♎ 19.08 | 23 ♎ 0.59 | 23 ♎ 6.42 | 23 ♎ 12.35 | 23 ♎ 18.24 | 23 ♎ 0.17 | 23 ♎ 6.06 | 23 ♎ 11.43 |
| 10 | 23 ♏ 12.18 | 23 ♏ 18.03 | 23 ♏ 23.45 | 24 ♏ 5.36 | 23 ♏ 11.22 | 23 ♏ 17.06 | 23 ♏ 22.56 | 24 ♏ 4.43 | 23 ♏ 10.34 | 23 ♏ 16.24 | 23 ♏ 22.11 | 24 ♏ 4.11 | 23 ♏ 10.02 | 23 ♏ 15.47 | 23 ♏ 21.40 | 24 ♏ 3.29 | 23 ♏ 9.21 | 23 ♏ 15.10 | 23 ♏ 20.51 |
| 11 | 22 ♐ 9.29 | 22 ♐ 15.16 | 22 ♐ 21.03 | 23 ♐ 2.51 | 22 ♐ 8.36 | 22 ♐ 14.22 | 22 ♐ 20.14 | 23 ♐ 2.01 | 22 ♐ 7.50 | 22 ♐ 13.39 | 22 ♐ 19.29 | 23 ♐ 1.27 | 22 ♐ 7.18 | 22 ♐ 13.08 | 22 ♐ 19.02 | 23 ♐ 0.49 | 22 ♐ 6.39 | 22 ♐ 12.29 | 22 ♐ 18.14 |
| 12 | 21 ♑ 22.33 | 22 ♑ 4.23 | 22 ♑ 10.13 | 22 ♑ 16.00 | 21 ♑ 21.43 | 22 ♑ 3.31 | 22 ♑ 9.24 | 22 ♑ 15.11 | 21 ♑ 20.59 | 22 ♑ 2.49 | 22 ♑ 8.40 | 22 ♑ 14.34 | 21 ♑ 20.26 | 22 ♑ 2.19 | 22 ♑ 8.15 | 22 ♑ 14.02 | 22 ♑ 19.50 | 22 ♑ 1.40 | 22 ♑ 7.28 |

## SONNE 1967-1985

| | 1967 | 1968 | 1969 | 1970 | 1971 | 1972 | 1973 | 1974 | 1975 | 1976 | 1977 | 1978 | 1979 | 1980 | 1981 | 1982 | 1983 | 1984 | 1985 |
|---|---|---|---|---|---|---|---|---|---|---|---|---|---|---|---|---|---|---|---|
| 1 | 20 ♒ 18.08 | 20 ♒ 23.54 | 20 ♒ 5.38 | 20 ♒ 11.24 | 20 ♒ 17.13 | 20 ♒ 20.59 | 20 ♒ 4.48 | 20 ♒ 10.46 | 20 ♒ 16.36 | 20 ♒ 22.25 | 20 ♒ 4.14 | 20 ♒ 10.04 | 20 ♒ 16.00 | 20 ♒ 21.49 | 20 ♒ 3.36 | 20 ♒ 9.31 | 20 ♒ 15.17 | 20 ♒ 21.05 | 20 ♒ 2.58 |
| 2 | 19 ♓ 8.24 | 19 ♓ 14.09 | 18 ♓ 19.55 | 19 ♓ 1.42 | 19 ♓ 7.27 | 19 ♓ 13.11 | 18 ♓ 19.01 | 19 ♓ 0.59 | 19 ♓ 6.50 | 19 ♓ 12.40 | 18 ♓ 18.30 | 19 ♓ 0.21 | 19 ♓ 6.13 | 19 ♓ 12.02 | 18 ♓ 17.52 | 18 ♓ 23.47 | 19 ♓ 5.31 | 19 ♓ 11.16 | 18 ♓ 17.07 |
| 3 | 21 ♈ 7.37 | 20 ♈ 13.22 | 20 ♈ 19.08 | 21 ♈ 0.56 | 21 ♈ 6.38 | 20 ♈ 12.21 | 20 ♈ 18.12 | 21 ♈ 0.07 | 21 ♈ 5.57 | 20 ♈ 11.50 | 20 ♈ 17.42 | 20 ♈ 23.34 | 21 ♈ 5.22 | 20 ♈ 11.10 | 20 ♈ 17.03 | 20 ♈ 22.56 | 21 ♈ 4.39 | 20 ♈ 10.24 | 20 ♈ 16.14 |
| 4 | 20 ♉ 18.55 | 20 ♉ 0.14 | 20 ♉ 6.27 | 20 ♉ 12.15 | 20 ♉ 17.54 | 19 ♉ 23.37 | 20 ♉ 5.30 | 20 ♉ 11.19 | 20 ♉ 17.07 | 19 ♉ 23.03 | 20 ♉ 4.57 | 20 ♉ 10.50 | 20 ♉ 16.35 | 19 ♉ 22.23 | 20 ♉ 4.19 | 20 ♉ 10.07 | 20 ♉ 15.50 | 19 ♉ 21.38 | 20 ♉ 3.26 |
| 5 | 21 ♊ 18.18 | 21 ♊ 0.06 | 21 ♊ 5.50 | 21 ♊ 11.37 | 21 ♊ 17.15 | 20 ♊ 23.00 | 21 ♊ 4.54 | 21 ♊ 10.36 | 21 ♊ 16.24 | 20 ♊ 22.21 | 21 ♊ 4.14 | 21 ♊ 10.08 | 21 ♊ 15.54 | 20 ♊ 21.42 | 21 ♊ 3.39 | 21 ♊ 9.23 | 21 ♊ 15.06 | 20 ♊ 20.58 | 21 ♊ 2.43 |
| 6 | 22 ♋ 2.23 | 21 ♋ 8.13 | 21 ♋ 13.55 | 21 ♋ 19.43 | 22 ♋ 1.20 | 21 ♋ 7.06 | 21 ♋ 13.01 | 21 ♋ 18.38 | 22 ♋ 0.26 | 21 ♋ 6.24 | 21 ♋ 12.14 | 21 ♋ 18.10 | 21 ♋ 23.56 | 21 ♋ 5.47 | 21 ♋ 11.45 | 21 ♋ 17.23 | 21 ♋ 23.09 | 21 ♋ 5.02 | 21 ♋ 10.44 |
| 7 | 23 ♌ 13.16 | 22 ♌ 19.07 | 23 ♌ 0.48 | 23 ♌ 6.37 | 23 ♌ 12.15 | 22 ♌ 18.03 | 22 ♌ 23.56 | 23 ♌ 5.30 | 23 ♌ 11.22 | 22 ♌ 17.18 | 22 ♌ 23.04 | 23 ♌ 5.00 | 23 ♌ 10.49 | 22 ♌ 16.42 | 22 ♌ 22.40 | 23 ♌ 4.15 | 23 ♌ 10.04 | 22 ♌ 15.58 | 22 ♌ 21.36 |
| 8 | 23 ♍ 20.12 | 23 ♍ 2.03 | 23 ♍ 7.43 | 23 ♍ 13.34 | 23 ♍ 19.15 | 23 ♍ 1.03 | 23 ♍ 6.53 | 23 ♍ 12.29 | 23 ♍ 18.24 | 23 ♍ 0.18 | 23 ♍ 6.00 | 23 ♍ 11.57 | 23 ♍ 17.47 | 22 ♍ 23.41 | 23 ♍ 5.38 | 23 ♍ 11.15 | 23 ♍ 17.07 | 22 ♍ 23.00 | 23 ♍ 4.36 |
| 9 | 23 ♎ 17.38 | 22 ♎ 23.26 | 23 ♎ 5.07 | 23 ♎ 10.59 | 23 ♎ 16.45 | 22 ♎ 22.33 | 23 ♎ 4.21 | 23 ♎ 9.58 | 23 ♎ 15.55 | 22 ♎ 21.48 | 23 ♎ 3.29 | 23 ♎ 9.25 | 23 ♎ 15.16 | 22 ♎ 21.09 | 23 ♎ 3.05 | 23 ♎ 8.46 | 23 ♎ 14 42 | 22 ♎ 20.33 | 23 ♎ 2.07 |
| 10 | 24 ♏ 2.44 | 23 ♏ 8.30 | 23 ♏ 14.11 | 23 ♏ 20.04 | 24 ♏ 1.53 | 23 ♏ 7.41 | 23 ♏ 13.30 | 23 ♏ 19.11 | 24 ♏ 1.06 | 23 ♏ 6.58 | 23 ♏ 12.41 | 23 ♏ 18.37 | 24 ♏ 0.28 | 23 ♏ 6.18 | 23 ♏ 12.13 | 23 ♏ 17.58 | 23 ♏ 23 54 | 23 ♏ 5.46 | 23 ♏ 11.22 |
| 11 | 23 ♐ 0.04 | 22 ♐ 5.49 | 22 ♐ 11.31 | 22 ♐ 17.25 | 22 ♐ 23.14 | 22 ♐ 5.03 | 22 ♐ 10.54 | 22 ♐ 16.38 | 22 ♐ 22.31 | 22 ♐ 4.22 | 22 ♐ 10.07 | 22 ♐ 16.05 | 22 ♐ 21.54 | 22 ♐ 3.41 | 22 ♐ 9.36 | 22 ♐ 15.23 | 22 ♐ 21 18 | 22 ♐ 3.11 | 22 ♐ 8.51 |
| 12 | 22 ♑ 13.16 | 21 ♑ 19.00 | 22 ♑ 0.44 | 22 ♑ 6.36 | 22 ♑ 12.24 | 21 ♑ 18.13 | 22 ♑ 0.08 | 22 ♑ 5.56 | 22 ♑ 11.46 | 21 ♑ 17.35 | 21 ♑ 23.23 | 22 ♑ 5.21 | 22 ♑ 11.10 | 21 ♑ 16.56 | 21 ♑ 22.51 | 22 ♑ 4.38 | 22 ♑ 10 30 | 21 ♑ 16.23 | 21 ♑ 22.08 |

## SONNE 1986-2004

| | 1986 | 1987 | 1988 | 1989 | 1990 | 1991 | 1992 | 1993 | 1994 | 1995 | 1996 | 1997 | 1998 | 1999 | 2000 | 2001 | 2002 | 2003 | 2004 |
|---|---|---|---|---|---|---|---|---|---|---|---|---|---|---|---|---|---|---|---|
| 1 | 20 ♒ 8.46 | 20 ♒ 14.40 | 20 ♒ 20.24 | 20 ♒ 2.07 | 20 ♒ 8.02 | 20 ♒ 13.47 | 20 ♒ 19.33 | 20 ♒ 1.23 | 20 ♒ 7.07 | 20 ♒ 13.00 | 20 ♒ 18.53 | 20 ♒ 0.43 | 20 ♒ 6.46 | 20 ♒ 12.37 | 20 ♒ 18.23 | 20 ♒ 0.17 | 20 ♒ 6.02 | 20 ♒ 11.54 | 20 ♒ 17.41 |
| 2 | 18 ♓ 22.58 | 19 ♓ 4.50 | 19 ♓ 10.35 | 18 ♓ 16.21 | 18 ♓ 22.14 | 19 ♓ 3.58 | 19 ♓ 9.44 | 18 ♓ 15.35 | 18 ♓ 21.22 | 19 ♓ 3.11 | 19 ♓ 9.01 | 18 ♓ 14.52 | 18 ♓ 20.55 | 19 ♓ 2.47 | 19 ♓ 8.33 | 18 ♓ 14.28 | 18 ♓ 20 16 | 19 ♓ 2.05 | 19 ♓ 7.51 |
| 3 | 20 ♈ 22.03 | 21 ♈ 3.52 | 20 ♈ 9.39 | 20 ♈ 15.28 | 20 ♈ 21.19 | 21 ♈ 3.02 | 20 ♈ 8.48 | 20 ♈ 14.41 | 20 ♈ 20.28 | 21 ♈ 2.14 | 20 ♈ 8.03 | 20 ♈ 13.55 | 20 ♈ 19.55 | 21 ♈ 1.46 | 20 ♈ 7.35 | 20 ♈ 13.31 | 20 ♈ 19 20 | 21 ♈ 1.06 | 20 ♈ 6.52 |
| 4 | 20 ♉ 9.12 | 20 ♉ 14.58 | 19 ♉ 20.45 | 20 ♉ 2.39 | 20 ♉ 8.27 | 20 ♉ 14.08 | 19 ♉ 19.57 | 20 ♉ 1.49 | 20 ♉ 7.36 | 20 ♉ 13.22 | 19 ♉ 19.10 | 20 ♉ 1.03 | 20 ♉ 6.57 | 20 ♉ 12.46 | 19 ♉ 18.40 | 20 ♉ 0.35 | 20 ♉ 6.24 | 20 ♉ 12.09 | 19 ♉ 17.56 |
| 5 | 21 ♊ 8.28 | 21 ♊ 14.10 | 20 ♊ 19.57 | 21 ♊ 1.54 | 21 ♊ 7.37 | 21 ♊ 13.20 | 20 ♊ 19.12 | 21 ♊ 1.02 | 21 ♊ 6.49 | 21 ♊ 12.34 | 20 ♊ 18.23 | 21 ♊ 0.18 | 21 ♊ 6.05 | 21 ♊ 11.52 | 20 ♊ 17.49 | 20 ♊ 23.41 | 21 ♊ 5.29 | 21 ♊ 11.16 | 20 ♊ 17.02 |
| 6 | 21 ♋ 16.30 | 21 ♋ 22.11 | 21 ♋ 3.57 | 21 ♋ 9.53 | 21 ♋ 15.33 | 21 ♋ 21.19 | 21 ♋ 3.14 | 21 ♋ 9.00 | 21 ♋ 14.48 | 21 ♋ 20.34 | 21 ♋ 2.24 | 21 ♋ 8.20 | 21 ♋ 14.03 | 21 ♋ 19.49 | 21 ♋ 1.48 | 21 ♋ 7.36 | 21 ♋ 13.24 | 21 ♋ 19.12 | 21 ♋ 0.58 |
| 7 | 23 ♌ 3.24 | 23 ♌ 9.06 | 22 ♌ 14.51 | 22 ♌ 20.45 | 23 ♌ 2.22 | 23 ♌ 8.11 | 22 ♌ 14.09 | 22 ♌ 19.51 | 23 ♌ 1.41 | 23 ♌ 7.30 | 22 ♌ 13.19 | 22 ♌ 19.15 | 23 ♌ 0.55 | 23 ♌ 6.44 | 22 ♌ 12.43 | 22 ♌ 18.25 | 23 ♌ 0.15 | 23 ♌ 6.05 | 22 ♌ 11.51 |
| 8 | 23 ♍ 10.26 | 23 ♍ 16.10 | 22 ♍ 21.54 | 23 ♍ 3.46 | 23 ♍ 9.21 | 23 ♍ 15.13 | 22 ♍ 21.10 | 23 ♍ 2.50 | 23 ♍ 8.44 | 23 ♍ 14.35 | 22 ♍ 20.23 | 23 ♍ 2.19 | 23 ♍ 7.59 | 23 ♍ 13.51 | 22 ♍ 19.49 | 23 ♍ 1.28 | 23 ♍ 7.19 | 23 ♍ 13.11 | 22 ♍ 18.55 |
| 9 | 23 ♎ 7.59 | 23 ♎ 13.45 | 22 ♎ 19.29 | 23 ♎ 1.20 | 23 ♎ 6.56 | 23 ♎ 12.48 | 22 ♎ 18.43 | 23 ♎ 0.23 | 23 ♎ 6.19 | 23 ♎ 12.13 | 22 ♎ 18.00 | 22 ♎ 23.56 | 23 ♎ 5.37 | 23 ♎ 11.32 | 22 ♎ 17.28 | 22 ♎ 23.05 | 23 ♎ 4.59 | 23 ♎ 10.51 | 22 ♎ 16.33 |
| 10 | 23 ♏ 17.14 | 23 ♏ 23.01 | 23 ♏ 4.44 | 23 ♏ 10.35 | 23 ♏ 16.14 | 23 ♏ 22.05 | 23 ♏ 3.57 | 23 ♏ 9.37 | 23 ♏ 15.36 | 23 ♏ 21.32 | 23 ♏ 3.19 | 23 ♏ 9.15 | 23 ♏ 14.59 | 24 ♏ 20.52 | 23 ♏ 2.48 | 23 ♏ 8.25 | 23 ♏ 14.21 | 23 ♏ 20.12 | 23 ♏ 1.52 |
| 11 | 22 ♐ 14.44 | 22 ♐ 20.29 | 22 ♐ 2.12 | 22 ♐ 8.05 | 22 ♐ 13.47 | 22 ♐ 19.36 | 22 ♐ 1.26 | 22 ♐ 7.07 | 22 ♐ 13.06 | 22 ♐ 19.01 | 22 ♐ 0.49 | 22 ♐ 6.48 | 22 ♐ 12.34 | 22 ♐ 18.25 | 22 ♐ 0.19 | 22 ♐ 5.59 | 22 ♐ 11.54 | 22 ♐ 17.44 | 21 ♐ 23.22 |
| 12 | 22 ♑ 4.02 | 22 ♑ 9.46 | 22 ♑ 15.28 | 21 ♑ 21.22 | 22 ♑ 3.07 | 22 ♑ 8.54 | 21 ♑ 14.43 | 21 ♑ 20.26 | 22 ♑ 2.23 | 22 ♑ 8.17 | 21 ♑ 14.06 | 21 ♑ 20.07 | 22 ♑ 1.57 | 22 ♑ 7.44 | 21 ♑ 13.37 | 21 ♑ 19.19 | 22 ♑ 1.13 | 22 ♑ 7.02 | 21 ♑ 12.40 |

## SONNE 2005-2008

| | 2005 | 2006 | 2007 | 2008 |
|---|---|---|---|---|
| 1 | 19 ♒ 23.19 | 20 ♒ 5.15 | 20 ♒ 11.03 | 20 ♒ 16.45 |
| 2 | 18 ♓ 13.31 | 18 ♓ 19.25 | 19 ♓ 1.11 | 19 ♓ 6.52 |
| 3 | 20 ♈ 12.35 | 20 ♈ 18.27 | 21 ♈ 0.10 | 20 ♈ 5.51 |
| 4 | 19 ♉ 23.42 | 20 ♉ 5.29 | 20 ♉ 11.10 | 19 ♉ 16.54 |
| 5 | 20 ♊ 22.51 | 21 ♊ 4.35 | 21 ♊ 10.15 | 20 ♊ 16.01 |
| 6 | 21 ♋ 6.49 | 21 ♋ 12.30 | 21 ♋ 18.11 | 21 ♋ 0.01 |
| 7 | 22 ♌ 17.42 | 22 ♌ 23.22 | 23 ♌ 5.05 | 22 ♌ 10.58 |
| 8 | 23 ♍ 0.47 | 23 ♍ 6.27 | 23 ♍ 12.14 | 22 ♍ 18.07 |
| 9 | 22 ♎ 22.26 | 23 ♎ 4.08 | 23 ♎ 9.56 | 22 ♎ 15.49 |
| 10 | 23 ♏ 7.46 | 23 ♏ 13.31 | 23 ♏ 19.19 | 23 ♏ 1.12 |
| 11 | 22 ♐ 5.17 | 22 ♐ 11.04 | 22 ♐ 16.52 | 21 ♐ 22.44 |
| 12 | 21 ♑ 18.35 | 22 ♑ 0.24 | 22 ♑ 6.08 | 21 ♑ 12.02 |

## MERKUR 1910-1920

| | 1910 | 1911 | 1912 | 1913 | 1914 | 1915 |
|---|---|---|---|---|---|---|
| 1 | 1 ♑, 4 ♒, 13 ♒ | 1 ♑, 10 ♑, 21 ♑ | 1 ♐, 16 ♑, 24 ♑ | 1 ♐, 3 ♐, 11 ♑, 18 ♑, 24 ♑, 31 ♒ | 1 ♐, 4 ♑, 11 ♑, 17 ♑, 23 ♒, 29 ♒ | 1 ♑, 4 ♑, 10 ♑, 16 ♒, 21 ♒, 27 ♒ |
| 2 | 1 ♑, 16 ♒, 26 ♒ | 1 ♑, 6 ♑, 14 ♒, 21 ♒, 28 ♒ | 1 ♑, 8 ♒, 14 ♒, 20 ♒, 26 ♓ | 1 ♒, 6 ♒, 11 ♒, 17 ♓, 22 ♓, 28 ♓ | 1 ♒, 4 ♒, 9 ♓, 15 ♓, 22 ♓ | 1 ♒, 3 ♓, 24 ♒ |
| 3 | 1 ♒, 6 ♒, 12 ♓, 19 ♓, 24 ♓, 30 ♈ | 1 ♒, 5 ♓, 11 ♓, 16 ♓, 22 ♈, 26 ♈ | 1 ♓, 2 ♓, 7 ♓, 13 ♈, 18 ♈, 24 ♈ | 1 ♓, 5 ♈, 14 ♈ | 1 ♓, 8 ♓ | 1 ♒, 20 ♓, 29 ♓ |
| 4 | 1 ♈, 3 ♈, 9 ♈, 14 ♉, 18 ♉, 24 ♉ | 1 ♈, 6 ♉, 12 ♉ | 1 ♈, 22 ♈ | 1 ♈, 8 ♓, 15 ♈, 29 ♈ | 1 ♓, 9 ♓, 17 ♈, 24 ♈, 30 ♈ | 1 ♓, 5 ♓, 11 ♈, 17 ♈, 22 ♈, 27 ♉ |
| 5 | 1 ♊, 31 ♊ | 1 ♉, 13 ♉ | 1 ♈, 5 ♈, 17 ♉, 25 ♉, 31 ♉ | 1 ♈, 6 ♈, 13 ♉, 18 ♉, 24 ♉, 29 ♊ | 1 ♈, 6 ♉, 10 ♉, 15 ♉, 20 ♊, 24 ♊, 28 ♊ | 1 ♉, 2 ♉, 7 ♉, 11 ♊, 16 ♊, 22 ♊, 30 ♋ |
| 6 | 1 ♊, 2 ♉, 13 ♊, 25 ♊ | 1 ♉, 6 ♉, 14 ♊, 19 ♊, 25 ♊, 29 ♋ | 1 ♉, 6 ♊, 11 ♊, 15 ♊, 20 ♋, 24 ♋, 29 ♋ | 1 ♊, 2 ♊, 7 ♊, 11 ♋, 15 ♋, 22 ♋, 29 ♌ | 1 ♊, 4 ♋, 10 ♋, 18 ♋ | 1 ♋ |
| 7 | 1 ♊, 8 ♋, 13 ♋, 17 ♋, 22 ♌, 27 ♌ | 1 ♋, 4 ♋, 9 ♋, 14 ♌, 25 ♌, 31 ♍ | 1 ♋, 5 ♌, 11 ♌, 18 ♌, 27 ♍ | 1 ♌, 7 ♌ | 1 ♋, 22 ♋ | 1 ♋, 24 ♋, 31 ♋ |
| 8 | 1 ♌, 7 ♍, 13 ♍, 19 ♍, 28 ♎ | 1 ♍, 8 ♍, 19 ♍ | 1 ♍, 22 ♌ | 1 ♌, 6 ♌, 23 ♌, 31 ♌ | 1 ♋, 12 ♌, 18 ♌, 23 ♌, 28 ♍ | 1 ♋, 5 ♌, 10 ♌, 15 ♌, 20 ♍, 25 ♍, 31 ♍ |
| 9 | 1 ♎, 9 ♎, 29 ♍ | 1 ♍, 5 ♍ | 1 ♌, 11 ♍, 18 ♍, 23 ♍, 29 ♎ | 1 ♌, 5 ♍, 10 ♍, 15 ♍, 21 ♎, 27 ♎ | 1 ♍, 2 ♍, 7 ♍, 13 ♎, 19 ♎, 26 ♎ | 1 ♍, 6 ♎, 12 ♎, 20 ♎, 29 ♏ |
| 10 | 1 ♍, 13 ♎, 20 ♎, 26 ♎ | 1 ♍, 7 ♎, 13 ♎, 19 ♎, 25 ♏ | 1 ♎, 4 ♎, 10 ♎, 16 ♏, 22 ♏, 29 ♏ | 1 ♎, 3 ♎, 9 ♏, 16 ♏, 23 ♏, 31 ♐ | 1 ♎, 3 ♏, 11 ♏, 21 ♏ | 1 ♏, 22 ♎ |
| 11 | 1 ♏, 7 ♏, 13 ♏, 20 ♐, 26 ♐ | 1 ♏, 7 ♏, 13 ♐, 19 ♐, 26 ♐ | 1 ♏, 5 ♐, 12 ♐, 21 ♐ | 1 ♐, 24 ♏ | 1 ♏, 11 ♏, 23 ♏ | 1 ♎, 12 ♏, 19 ♏, 26 ♏ |
| 12 | 1 ♐, 3 ♑, 16 ♑, 23 ♑ | 1 ♐, 4 ♑, 14 ♑, 29 ♐ | 1 ♐, 6 ♐, 14 ♐, 24 ♐ | 1 ♏, 14 ♐, 22 ♐, 29 ♐ | 1 ♏, 9 ♐, 15 ♐, 22 ♐, 28 ♑ | 1 ♏, 2 ♐, 8 ♐, 15 ♐, 21 ♑, 27 ♑ |

| | 1916 | 1917 | 1918 | 1919 | 1920 |
|---|---|---|---|---|---|
| 1 | 1 ♑, 2 ♑, 9 ♒, 15 ♒, 23 ♒ | 1 ♑, 2 ♒, 19 ♑, 28 ♑ | 1 ♑, 5 ♑, 26 ♑ | 1 ♐, 5 ♐, 14 ♑, 22 ♑, 29 ♑ | 1 ♐, 9 ♑, 15 ♑, 22 ♑, 28 ♒ |
| 2 | 1 ♒, 9 ♒, 27 ♒ | 1 ♑, 3 ♑, 16 ♒, 23 ♒ | 1 ♑, 4 ♑, 11 ♒, 18 ♒, 24 ♒ | 1 ♑, 4 ♒, 10 ♒, 16 ♒, 22 ♓, 27 ♓ | 1 ♒, 3 ♒, 9 ♒, 14 ♓, 20 ♓, 25 ♓ |
| 3 | 1 ♒, 8 ♒, 16 ♓, 22 ♓, 28 ♓ | 1 ♒, 3 ♒, 9 ♓, 15 ♓, 21 ♓, 26 ♈ | 1 ♒, 2 ♓, 7 ♓, 13 ♓, 18 ♈, 22 ♈, 28 ♈ | 1 ♓, 5 ♓, 10 ♈, 16 ♈, 24 ♈ | 1 ♓, 3 ♈, 20 ♓ |
| 4 | 1 ♓, 3 ♈, 8 ♈, 13 ♈, 18 ♉, 23 ♉, 28 ♉ | 1 ♈, 5 ♈, 10 ♉, 15 ♉, 22 ♉ | 1 ♑, 3 ♉, 14 ♉, 17 ♉ | 1 ♈, 5 ♈, 21 ♈ | 1 ♓, 18 ♈, 26 ♈ |
| 5 | 1 ♉, 3 ♊, 10 ♊ | 1 ♉ | 1 ♉, 27 ♉ | 1 ♈, 9 ♈, 17 ♉, 23 ♉, 29 ♉ | 1 ♈, 4 ♈, 9 ♉, 15 ♉, 20 ♉, 25 ♊, 29 ♊ |
| 6 | 1 ♊, 16 ♊ | 1 ♉, 15 ♊, 23 ♊, 29 ♊ | 1 ♉, 4 ♉, 11 ♊, 15 ♊, 20 ♊, 25 ♋ | 1 ♉, 3 ♊, 7 ♊, 12 ♊, 17 ♋, 21 ♋, 27 ♋ | 1 ♊, 3 ♊, 8 ♋, 13 ♋, 19 ♋, 27 ♌ |
| 7 | 1 ♊, 4 ♊, 11 ♋, 17 ♋, 22 ♋, 27 ♌, 31 ♌ | 1 ♊, 4 ♋, 9 ♋, 13 ♋, 18 ♌, 23 ♌, 28 ♌ | 1 ♋, 6 ♋, 10 ♌, 15 ♌, 21 ♌, 29 ♍ | 1 ♋, 3 ♌, 9 ♌, 17 ♌ | 1 ♌, 11 ♌ |
| 8 | 1 ♌, 5 ♌, 11 ♍, 16 ♍, 23 ♍, 30 ♎ | 1 ♌, 3 ♍, 10 ♍, 17 ♍, 27 ♎ | 1 ♍, 6 ♍ | 1 ♌, 17 ♌ | 1 ♌, 3 ♋, 11 ♌, 21 ♌, 27 ♌ |
| 9 | 1 ♎, 7 ♎ | 1 ♎, 15 ♍, 25 ♍ | 1 ♍, 22 ♍, 28 ♍ | 1 ♌, 10 ♍, 15 ♍, 21 ♍, 26 ♎ | 1 ♍, 6 ♍, 12 ♍, 17 ♎, 23 ♎, 29 ♎ |
| 10 | 1 ♎, 7 ♎, 22 ♎, 29 ♎ | 1 ♍, 11 ♎, 17 ♎, 23 ♎, 29 ♏ | 1 ♍, 4 ♎, 9 ♎, 15 ♎, 21 ♏, 27 ♏ | 1 ♎, 8 ♎, 14 ♏, 20 ♏, 27 ♏ | 1 ♎, 6 ♏, 13 ♏, 21 ♏, 31 ♐ |
| 11 | 1 ♎, 5 ♏, 11 ♏, 17 ♏, 24 ♐, 30 ♐ | 1 ♏, 4 ♏, 10 ♏, 16 ♐, 23 ♐, 29 ♐ | 1 ♏, 3 ♏, 9 ♐, 16 ♐, 24 ♐ | 1 ♏, 3 ♐, 11 ♐ | 1 ♐, 11 ♏, 19 ♏ |
| 12 | 1 ♐, 6 ♐, 13 ♑, 19 ♑, 26 ♑ | 1 ♐, 6 ♑, 13 ♑ | 1 ♐, 2 ♑, 16 ♐, 23 ♐ | 1 ♐, 3 ♐, 24 ♐ | 1 ♏, 12 ♐, 19 ♐, 25 ♐ |

## MERKUR 1921 - 1931

| | 1921 | 1922 | 1923 | 1924 | 1925 | 1926 | 1927 | 1928 | 1929 | 1930 | 1931 |
|---|---|---|---|---|---|---|---|---|---|---|---|
| 1 | 1♑ 7♑ 14♑ 20♒ 25♒ 31♒ | 1♑ 6♑ 12♒ 18♒ 24♒ | 1♑ 5♒ 13♒ 27♒ | 1♑ 14♑ | 1♐ 15♑ 24♑ | 1♐ 4♐ 12♑ 19♑ 26♑ | 1♐ 6♑ 12♑ 19♑ 25♒ 30♒ | 1♑ 5♑ 11♑ 17♒ 23♒ 28♒ | 1♑ 3♑ 9♒ 15♒ 22♒ | 1♑ 3♒ 24♑ | 1♑ 10♑ 26♑ |
| 2 | 1♒ 6♓ 12♓ | 1♒ 2♓ 10♒ 18♒ | 1♒ 7♑ 14♒ 27♒ | 1♑ 6♑ 15♒ 22♒ 29♒ | 1♑ 8♒ 14♒ 20♒ 26♓ | 1♒ 7♒ 13♒ 18♓ 24♓ | 1♒ 5♒ 11♓ 16♓ 23♓ | 1♒ 4♓ 13♓ | 1♒ 5♒ 15♒ 25♒ | 1♑ 16♒ 24♒ | 1♑ 4♑ 12♒ 19♒ 25♒ |
| 3 | 1♓ 5♓ 30♓ | 1♒ 9♒ 19♓ 26♓ | 1♒ 7♒ 14♓ 20♓ 26♓ 31♈ | 1♒ 6♓ 12♓ 17♓ 22♈ 27♈ | 1♓ 4♓ 9♓ 14♈ 19♈ 25♈ | 1♓ 7♈ 14♈ 30♈ | 1♓ 15♓ | 1♒ 19♓ 28♓ | 1♒ 8♒ 16♓ 23♓ 29♓ | 1♒ 4♒ 10♓ 16♓ 22♓ 27♈ | 1♒ 3♓ 9♓ 14♓ 19♈ 24♈ 29♈ |
| 4 | 1♓ 7♓ 15♈ 21♈ 27♈ | 1♓ 8♈ 13♈ 19♈ 23♉ 28♉ | 1♈ 5♈ 10♈ 15♉ 20♉ 25♉ | 1♈ 6♉ 12♉ 23♉ | 1♈ 2♉ 16♈ | 1♈ 28♈ | 1♓ 9♓ 18♈ 25♈ | 1♓ 5♓ 11♈ 17♈ 23♈ 28♉ | 1♓ 4♈ 10♈ 15♈ 19♉ 24♉ 29♉ | 1♈ 6♈ 11♉ 16♉ 22♉ | 1♈ 4♉ 12♉ 28♉ |
| 5 | 1♈ 2♉ 7♉ 11♉ 16♊ 21♊ 26♊ | 1♉ 3♉ 8♊ 13♊ 20♊ | 1♉ 2♊ 13♊ 22♊ | 1♉ | 1♈ 18♉ 26♉ | 1♈ 7♈ 14♉ 20♉ 25♉ 30♊ | 1♈ 7♉ 12♉ 17♉ 21♊ 26♊ 31♊ | 1♉ 3♉ 7♉ 12♊ 17♊ 22♊ 29♋ | 1♉ 4♊ 11♊ 21♊ | 1♉ 2♊ 18♉ | 1♉ 27♉ |
| 6 | 1♋ 8♋ 21♋ | 1♊ 2♋ 11♊ | 1♊ 25♊ | 1♉ 5♉ 14♊ 20♊ 25♊ 30♋ | 1♉ 7♊ 12♊ 17♊ 21♋ 26♋ | 1♊ 4♊ 8♊ 13♋ 18♋ 23♋ 30♌ | 1♊ 5♋ 11♋ 18♋ 29♌ | 1♋ 9♋ 24♋ | 1♊ | 1♉ 15♊ 24♊ 30♊ | 1♉ 5♉ 12♊ 17♊ 22♊ 27♋ |
| 7 | 1♋ | 1♊ 14♋ 21♋ 27♋ | 1♊ 3♊ 9♋ 14♋ 19♋ 24♌ 28♌ | 1♋ 5♋ 9♋ 14♌ 19♌ 25♌ 31♍ | 1♋ 6♌ 12♌ 19♌ 27♍ | 1♌ 7♌ 20♌ | 1♌ 15♋ | 1♋ 23♋ 31♋ | 1♊ 4♊ 12♋ 18♋ 23♋ 28♌ | 1♊ 5♋ 10♋ 15♋ 20♌ 24♌ 30♌ | 1♋ 6♋ 11♌ 17♌ 23♌ 29♍ |
| 8 | 1♋ 9♌ 14♌ 19♌ 24♍ 29♍ | 1♌ 6♌ 11♌ 16♍ 21♍ 27♍ | 1♌ 3♌ 8♍ 14♍ 21♍ 28♎ | 1♍ 7♍ 16♍ | 1♍ 28♌ | 1♌ 14♌ 22♌ 31♌ | 1♋ 13♌ 19♌ 24♌ 29♍ | 1♋ 5♌ 10♌ 15♌ 20♍ 25♍ 31♍ | 1♌ 7♌ 12♍ 18♍ 24♍ 31♎ | 1♌ 4♍ 11♍ 18♍ 27♎ | 1♍ 6♍ |
| 9 | 1♍ 4♍ 10♎ 16♎ 23♎ 30♏ | 1♍ 3♎ 10♎ 18♎ | 1♎ 8♎ 24♎ | 1♍ 10♍ | 1♌ 12♍ 19♍ 25♍ 30♎ | 1♌ 6♍ 12♍ 17♍ 22♎ 28♎ | 1♍ 3♍ 9♍ 14♎ 20♎ 27♎ | 1♍ 6♎ 12♎ 20♎ 28♏ | 1♎ 7♎ 18♎ | 1♎ 21♍ | 1♍ 6♍ 22♍ 29♍ |
| 10 | 1♏ 9♏ 30♏ | 1♎ 2♏ 6♎ 16♎ | 1♎ 5♍ 12♎ 21♎ 28♎ | 1♍ 8♎ 13♎ 19♎ 25♏ 31♏ | 1♎ 6♎ 12♎ 18♏ 24♏ 30♏ | 1♎ 4♎ 10♏ 17♏ 24♏ | 1♎ 4♏ 11♏ 20♏ | 1♏ 25♎ | 1♎ 12♎ 22♎ | 1♍ 11♎ 18♎ 24♎ 30♏ | 1♍ 5♎ 11♎ 16♎ 22♏ 29♏ |
| 11 | 1♏ 22♏ 29♏ | 1♎ 9♏ 16♏ 22♏ 28♐ | 1♎ 3♏ 9♏ 15♏ 21♐ 28♐ | 1♏ 7♏ 13♐ 20♐ 26♐ | 1♏ 6♐ 13♐ 21♐ | 1♐ 12♐ 20♐ 28♏ | 1♏ 7♏ 17♏ 22♏ | 1♎ 12♏ 19♏ 25♏ | 1♎ 6♏ 12♏ 19♏ 25♐ | 1♏ 5♏ 11♏ 18♐ 24♐ 30♐ | 1♏ 4♏ 10♐ 17♐ 24♐ |
| 12 | 1♏ 6♐ 12♐ 18♐ 25♑ 31♑ | 1♐ 5♐ 11♐ 18♑ 24♑ 30♑ | 1♐ 4♐ 11♑ 17♑ 24♑ | 1♐ 3♑ 12♑ 23♑ | 1♐ 11♐ | 1♏ 14♐ 23♐ 30♐ | 1♏ 3♏ 10♐ 16♐ 23♐ 30♑ | 1♏ 2♐ 8♐ 15♐ 21♑ 27♑ | 1♐ 8♐ 14♑ 20♑ 27♑ | 1♐ 7♑ 14♑ 23♑ | 1♐ 2♑ 21♐ |

## MERKUR 1932 - 1942

| | 1932 | 1933 | 1934 | 1935 | 1936 | 1937 | 1938 | 1939 | 1940 | 1941 | 1942 |
|---|---|---|---|---|---|---|---|---|---|---|---|
| 1 | 1♐ 15♑ 23♑ 30♑ | 1♐ 9♑ 15♑ 22♑ 28♒ | 1♐ 2♑ 8♑ 15♑ 21♒ 27♒ | 1♑ 7♑ 13♒ 19♒ 26♒ | 1♑ 6♒ 13♒ | 1♑ 2♒ 10♑ 18♑ | 1♑ 7♐ 13♑ 25♑ | 1♐ 4♐ 13♑ 20♑ 27♑ | 1♐ 6♑ 13♑ 19♑ 25♒ | 1♑ 5♑ 11♑ 17♒ 23♒ 29♒ | 1♑ 4♑ 9♒ 16♒ 23♒ |
| 2 | 1♑ 5♒ 12♒ 18♒ 23♓ 29♓ | 1♒ 3♒ 9♒ 14♓ 20♓ 25♓ | 1♒ 7♓ 13♓ 23♓ | 1♒ 2♓ 16♒ 24♒ | 1♒ 27♒ | 1♑ 5♑ 14♒ 22♒ | 1♑ 8♒ 15♒ 22♒ 27♓ | 1♑ 2♒ 8♒ 14♒ 20♓ 25♓ | 1♒ 6♒ 11♓ 17♓ 23♓ | 1♒ 3♓ 11♓ 24♓ | 1♒ 10♒ |
| 3 | 1♓ 5♓ 10♈ 16♈ 23♈ | 1♓ 4♈ 26♓ | 1♓ 10♓ 29♓ | 1♒ 8♒ 19♓ 27♓ | 1♒ 7♒ 14♓ 20♓ 26♓ | 1♒ 7♓ 13♓ 18♓ 23♈ 28♈ | 1♓ 5♓ 10♓ 15♈ 20♈ 26♈ | 1♓ 8♈ 14♈ | 1♓ 4♈ 8♓ 21♓ | 1♓ 7♒ 16♓ 28♓ | 1♒ 9♒ 17♓ 24♓ 31♓ |
| 4 | 1♈ 10♈ | 1♓ 18♈ 27♈ | 1♓ 8♓ 15♈ 22♈ 28♈ | 1♓ 3♓ 9♈ 15♈ 20♈ 25♉ 30♉ | 1♈ 6♈ 11♈ 15♉ 20♉ 26♉ | 1♈ 2♈ 7♉ 13♉ 21♉ | 1♈ 2♉ 24♈ | 1♈ 6♈ 28♈ | 1♓ 7♓ 17♈ 25♈ | 1♓ 6♓ 12♈ 18♈ 24♈ 29♉ | 1♓ 5♈ 11♈ 16♈ 20♉ 25♉ |
| 5 | 1♈ 7♈ 16♉ 23♉ 29♉ | 1♈ 4♈ 11♉ 16♉ 21♉ 26♊ 31♊ | 1♈ 3♉ 8♉ 13♉ 17♊ 22♊ 27♊ | 1♉ 4♉ 9♊ 14♊ 21♊ 30♋ | 1♉ 2♊ 10♊ 30♊ | 1♉ 11♉ | 1♈ 17♉ 26♉ | 1♈ 8♈ 15♉ 21♉ 26♉ 31♊ | 1♈ 7♉ 12♉ 17♉ 21♊ 26♊ 31♊ | 1♉ 4♉ 8♉ 13♊ 18♊ 23♊ 30♋ | 1♉ 5♊ 11♊ 20♊ |
| 6 | 1♉ 3♊ 8♊ 13♊ 17♋ 22♋ 27♋ | 1♊ 4♊ 9♋ 14♋ 20♋ 28♌ | 1♊ 2♋ 8♋ 18♋ | 1♋ 21♊ | 1♊ 24♊ | 1♉ 5♉ 14♊ 21♊ 27♊ | 1♉ 8♊ 14♊ 18♊ 23♋ 27♋ | 1♊ 5♊ 9♊ 14♋ 19♋ 24♋ 31♌ | 1♊ 5♋ 11♋ 18♋ 26♌ | 1♋ 8♋ | 1♊ 15♊ |
| 7 | 1♋ 3♌ 9♌ 17♌ 28♍ | 1♌ 8♌ 25♌ | 1♋ 8♋ | 1♊ 14♋ 22♋ 28♋ | 1♊ 3♊ 9♋ 14♋ 19♋ 24♌ 29♌ | 1♊ 2♋ 5♋ 11♋ 16♌ 20♌ 26♌ | 1♋ 7♌ 12♌ 19♌ 27♍ | 1♌ 8♌ 17♌ | 1♌ 21♋ | 1♋ 24♋ | 1♊ 4♊ 13♋ 19♋ 25♋ 29♌ |
| 8 | 1♍ 11♌ | 1♌ 22♌ 28♌ | 1♋ 10♌ 15♌ 20♌ 25♍ 31♍ | 1♋ 3♌ 7♌ 12♌ 17♍ 23♍ 29♍ | 1♌ 3♌ 8♍ 14♍ 21♍ 28♎ | 1♍ 8♍ 16♍ | 1♍ 7♍ 21♍ | 1♌ 6♌ | 1♋ 12♌ 19♌ 24♌ 29♍ | 1♋ 6♌ 11♌ 16♌ 21♍ 27♍ | 1♌ 3♌ 8♌ 13♍ 19♍ 25♍ 31♎ |
| 9 | 1♌ 10♍ 16♍ 21♍ 26♎ | 1♌ 3♍ 8♍ 13♍ 19♎ 24♎ | 1♍ 5♍ 11♎ 17♎ 24♎ | 1♍ 4♎ 11♎ 18♎ 29♏ | 1♎ 6♎ 29♎ | 1♍ 15♍ | 1♍ 4♌ 11♍ 20♍ 26♍ | 1♌ 7♍ 13♍ 18♍ 23♎ 29♎ | 1♍ 4♍ 9♍ 14♎ 21♎ 27♎ | 1♍ 7♎ 13♎ 21♎ 28♏ | 1♎ 8♎ 17♎ |
| 10 | 1♎ 8♎ 14♏ 20♏ 27♏ | 1♎ 7♏ 14♏ 21♏ 31♐ | 1♏ 9♏ | 1♏ 13♎ 21♎ | 1♎ 21♎ 28♎ | 1♍ 9♎ 15♎ 20♎ 26♏ | 1♍ 2♎ 7♎ 13♎ 19♏ 25♏ 31♏ | 1♎ 5♎ 11♏ 18♏ 25♏ | 1♎ 3♏ 11♏ 19♏ | 1♏ 9♏ 21♏ 30♎ | 1♎ 8♎ 20♎ |
| 11 | 1♏ 3♐ 11♐ | 1♐ 17♏ 24♏ | 1♏ 3♏ 23♏ | 1♎ 10♏ 17♏ 23♏ 30♐ | 1♎ 3♏ 9♏ 15♏ 21♐ 28♐ | 1♏ 8♏ 14♐ 21♐ 27♐ | 1♏ 7♐ 14♐ 22♐ | 1♐ 11♐ 25♐ | 1♏ 11♏ | 1♎ 12♏ 20♏ 27♏ | 1♎ 7♏ 13♏ 20♏ 26♐ |
| 12 | 1♐ 6♐ 24♐ | 1♏ 13♐ 20♐ 27♐ | 1♏ 7♐ 13♐ 20♐ 26♑ | 1♐ 6♐ 12♐ 19♑ 25♑ 31♑ | 1♐ 4♐ 10♑ 17♑ 24♑ | 1♐ 4♑ 12♑ 28♑ | 1♐ 15♐ | 1♐ 3♏ 14♐ 23♐ 31♐ | 1♏ 9♐ 17♐ 23♐ 29♑ | 1♏ 3♐ 10♐ 16♐ 22♑ 29♑ | 1♐ 9♐ 15♑ 21♑ 28♑ |

## MERKUR 1943 - 1953

| | 1943 | 1944 | 1945 | 1946 | 1947 | 1948 | 1949 | 1950 | 1951 | 1952 | 1953 |
|---|---|---|---|---|---|---|---|---|---|---|---|
| 1 | 1♑ 3♒ 13♒ 28♑ | 1♑ 7♑ 16♑ 25♑ | 1♐ 14♑ 23♑ 30♑ | 1♐ 10♑ 17♑ 23♑ 29♒ | 1♐ 3♑ 10♑ 16♑ 22♒ 28♒ | 1♑ 3♑ 9♑ 14♒ 20♒ 26♒ | 1♑ 6♒ 13♒ 23♒ | 1♒ 16♑ 24♑ | 1♑ 26♑ | 1♐ 5♐ 13♑ 21♑ 28♑ | 1♐ 7♑ 13♑ 20♑ 26♒ |
| 2 | 1♑ 16♒ 25♒ | 1♑ 5♑ 12♒ 20♒ 26♒ | 1♑ 5♒ 12♒ 18♒ 23♓ | 1♒ 5♒ 10♒ 15♓ 22♓ 27♓ | 1♒ 3♒ 8♓ 14♓ 22♓ | 1♒ 2♓ 21♒ | 1♒ 6♒ 26♒ | 1♑ 5♑ 15♒ 23♒ | 1♑ 3♑ 10♒ 17♒ 23♒ | 1♑ 3♒ 9♒ 16♒ 21♓ 26♓ | 1♒ 7♒ 12♓ 18♓ 23♓ |
| 3 | 1♒ 5♒ 11♓ 17♓ 23♓ 28♈ | 1♒ 3♓ 9♓ 14♓ 19♈ 24♈ 29♈ | 1♓ 6♓ 11♈ 17♈ 23♈ | 1♓ 4♈ 16♈ | 1♓ 6♓ 18♓ 28♓ | 1♒ 18♓ 27♓ | 1♒ 7♒ 14♓ 21♓ 27♓ | 1♒ 8♓ 14♓ 20♓ 25♈ 30♈ | 1♓ 6♓ 12♓ 16♈ 22♈ 27♈ | 1♓ 3♓ 8♈ 14♈ 25♈ | 1♓ 3♈ 16♓ |
| 4 | 1♈ 3♈ 7♈ 12♉ 17♉ 23♉ | 1♈ 4♉ 11♉ | 1♈ 18♈ | 1♈ 2♓ 17♈ 28♈ | 1♓ 9♓ 16♈ 23♈ 28♈ | 1♓ 3♓ 9♈ 15♈ 20♈ 25♉ 30♉ | 1♓ 2♈ 7♈ 12♈ 17♉ 22♉ 26♉ | 1♈ 4♈ 8♉ 14♉ 21♉ | 1♈ 2♉ | 1♈ 13♈ 25♈ | 1♓ 18♈ 26♈ |
| 5 | 1♊ 26♉ | 1♉ 6♉ 25♉ | 1♈ 7♈ 17♉ 24♉ 30♉ | 1♈ 5♈ 12♉ 17♉ 23♉ 27♊ | 1♈ 4♉ 9♉ 14♉ 18♊ 23♊ 28♊ | 1♉ 4♉ 9♊ 14♊ 21♊ 28♋ | 1♉ 2♊ 10♊ | 1♉ 21♉ | 1♉ 2♈ 15♉ 27♉ | 1♈ 7♈ 15♉ 21♉ 27♉ 31♊ | 1♈ 3♈ 8♉ 14♉ 19♉ 23♊ 28♊ |
| 6 | 1♉ 14♊ 24♊ | 1♉ 4♉ 11♊ 17♊ 23♊ 27♋ | 1♉ 4♊ 9♊ 14♊ 18♋ 23♋ 28♋ | 1♊ 6♊ 10♋ 15♋ 21♋ 28♌ | 1♊ 3♋ 9♋ 18♋ | 1♋ 29♊ | 1♊ 10♊ 22♊ | 1♉ 3♉ 15♊ 22♊ 28♊ | 1♉ 4♉ 9♊ 15♊ 20♊ 24♋ 29♋ | 1♊ 6♊ 10♊ 14♋ 20♋ 25♋ 30♌ | 1♊ 6♋ 12♋ 18♋ 27♌ |
| 7 | 1♊ 6♋ 11♋ 16♋ 21♌ 26♌ 31♌ | 1♋ 6♋ 11♌ 17♌ 22♌ 29♍ | 1♋ 3♌ 10♌ 17♌ 26♍ | 1♌ 7♌ | 1♋ 17♋ | 1♊ 12♋ 22♋ 28♋ | 1♊ 4♊ 10♋ 16♋ 21♋ 25♌ 30♌ | 1♊ 2♋ 7♋ 12♋ 17♌ 22♌ 27♌ | 1♋ 4♋ 8♌ 14♌ 21♌ 28♍ | 1♌ 8♌ 16♌ | 1♌ 28♌ 29♋ |
| 8 | 1♌ 5♍ 12♍ 19♍ 27♎ | 1♍ 6♍ 17♍ | 1♍ 17♌ | 1♌ 23♌ 29♌ | 1♋ 3♋ 11♌ 17♌ 22♌ 27♍ | 1♋ 2♌ 8♌ 12♌ 17♍ 23♍ 29♍ | 1♌ 4♌ 9♍ 15♍ 22♍ 29♎ | 1♌ 2♍ 9♍ 17♍ 28♎ | 1♍ 7♍ | 1♌ 12♌ | 1♋ 12♌ 20♌ 26♌ 31♍ |
| 9 | 1♎ 25♍ | 1♍ 12♍ 21♍ 29♍ | 1♌ 10♍ 17♍ 22♍ 27♎ | 1♌ 4♍ 9♍ 14♍ 19♎ 25♎ | 1♍ 6♍ 12♎ 18♎ 25♎ | 1♍ 4♎ 11♎ 18♎ 27♏ | 1♎ 7♎ | 1♎ 11♍ 21♍ | 1♍ 21♍ 27♍ | 1♌ 7♍ 13♍ 19♍ 24♎ 29♎ | 1♍ 5♍ 11♍ 16♎ 22♎ 28♎ |
| 10 | 1♍ 12♎ 19♎ 25♎ 31♏ | 1♍ 5♎ 11♎ 17♎ 22♏ 29♏ | 1♎ 3♎ 9♎ 15♏ 21♏ 28♏ | 1♎ 8♏ 15♏ 22♏ 30♐ | 1♎ 2♏ 10♏ 21♏ | 1♏ 18♎ 26♎ | 1♎ 4♎ 22♎ 29♎ | 1♍ 10♎ 16♎ 22♎ 27♏ | 1♍ 3♎ 8♎ 14♎ 20♏ 26♏ | 1♎ 6♎ 11♏ 18♏ 25♏ | 1♎ 5♏ 12♏ 20♏ |
| 11 | 1♏ 6♏ 12♏ 18♐ 25♐ | 1♏ 4♏ 10♐ 17♐ 24♐ | 1♏ 4♐ 12♐ 21♐ | 1♐ 21♏ | 1♏ 8♏ 23♏ | 1♎ 10♏ 17♏ 23♏ 29♐ | 1♎ 4♏ 10♏ 16♏ 22♐ 29♐ | 1♏ 3♏ 9♏ 15♐ 22♐ 28♐ | 1♏ 8♐ 15♐ 23♐ | 1♐ 10♐ 29♐ | 1♐ 7♏ 16♏ |
| 12 | 1♐ 8♑ 15♑ 23♑ | 1♐ 2♑ 24♐ | 1♐ 3♐ 12♐ 25♐ | 1♏ 13♐ 21♐ 28♐ | 1♏ 7♐ 14♐ 21♐ 27♑ | 1♐ 6♐ 13♐ 19♑ 25♑ 31♑ | 1♐ 6♐ 11♑ 18♑ 25♑ | 1♐ 5♑ 13♑ | 1♐ 2♑ 13♐ 20♐ | 1♐ 23♐ 31♐ | 1♏ 3♏ 10♐ 18♐ 24♐ 31♑ |

## MERKUR 1954 - 1964

| | 1954 | 1955 | 1956 | 1957 | 1958 | 1959 | 1960 | 1961 | 1962 | 1963 | 1964 |
|---|---|---|---|---|---|---|---|---|---|---|---|
| 1 | 1♑ 6♑ 12♑ 18♒ 25♒ 30♒ | 1♑ 5♑ 11♒ 17♒ 24♒ | 1♑ 4♒ 13♒ 25♒ | 1♑ 10♑ | 1♐ 14♑ 24♑ 31♑ | 1♐ 3♐ 11♑ 18♑ 24♑ 31♒ | 1♐ 4♑ 11♑ 17♑ 23♎ 29♎ | 1♑ 3♑ 9♑ 15♒ 21♒ 27♒ | 1♑ 8♒ 14♒ 22♒ | 1♑ 2♒ 21♑ | 1♑ 7♑ 26♑ |
| 2 | 1♒ 5♓ 12♓ | 1♒ 15♒ | 1♒ 2♑ 15♒ 26♒ | 1♑ 5♑ 13♒ 20♒ 26♒ | 1♑ 7♒ 13♒ 19♒ 25♓ | 1♒ 6♒ 12♒ 17♓ 23♓ 28♓ | 1♒ 4♒ 9♓ 15♓ 22♓ | 1♒ 2♓ 25♒ | 1♒ 11♒ 26♒ | 1♑ 15♒ 24♒ | 1♑ 4♑ 11♒ 18♒ 24♒ |
| 3 | 1♓ 29♓ | 1♒ 9♒ 18♓ 25♓ | 1♒ 5♒ 11♓ 18♓ 24♓ 29♈ | 1♒ 4♓ 10♓ 16♓ 21♈ 26♈ 31♈ | 1♓ 3♓ 8♓ 13♈ 18♈ 24♈ | 1♓ 5♈ 14♈ 26♈ | 1♓ 11♓ | 1♒ 18♓ 28♓ | 1♒ 8♒ 15♓ 22♓ 28♓ | 1♒ 9♓ 15♓ 21♓ 26♈ | 1♓ 7♓ 12♓ 17♈ 22♈ 27♈ |
| 4 | 1♓ 7♓ 13♈ 20♈ 25♈ 30♉ | 1♓ 7♈ 12♈ 18♈ 22♉ 27♉ | 1♈ 3♈ 8♈ 13♉ 18♉ 23♉ 30♊ | 1♈ 5♉ 12♉ | 1♈ 3♉ 10♈ | 1♈ 28♈ | 1♓ 8♓ 16♈ 23♈ 29♈ | 1♓ 4♓ 10♈ 16♈ 22♈ 27♉ | 1♓ 3♈ 8♈ 14♈ 18♉ 23♉ 28♉ | 1♈ 5♈ 10♉ 15♉ 22♉ | 1♈ 2♉ 12♉ |
| 5 | 1♉ 5♉ 10♉ 15♊ 19♊ 25♊ 31♋ | 1♉ 7♊ 12♊ 20♊ | 1♊ | 1♉ 19♉ | 1♈ 17♉ 25♉ | 1♈ 6♈ 13♉ 19♉ 29♊ | 1♈ 5♉ 10♉ 15♉ 19♊ 24♊ 29♊ | 1♉ 6♉ 11♊ 16♊ 21♊ 24♋ | 1♉ 3♊ 10♊ | 1♉ 4♊ 11♉ | 1♉ 27♉ |
| 6 | 1♋ 8♋ | 1♊ 27♊ | 1♊ 24♊ | 1♉ 5♉ 13♊ 19♊ 24♊ 29♋ | 1♉ 6♊ 11♊ 16♊ 20♋ 25♋ 30♋ | 1♊ 3♊ 7♊ 11♋ 17♋ 22♋ 29♌ | 1♊ 3♋ 9♋ 17♋ | 1♋ | 1♊ | 1♉ 15♊ 23♊ 29♊ | 1♉ 3♉ 10♊ 15♊ 20♊ 25♋ 29♋ |
| 7 | 1♋ 13♋ 22♋ | 1♊ 14♋ 20♋ 26♋ 31♌ | 1♊ 7♋ 12♋ 17♋ 21♌ 26♌ | 1♋ 3♋ 8♋ 13♌ 18♌ 24♌ 30♍ | 1♋ 5♌ 11♌ 18♌ 26♍ | 1♌ 7♌ | 1♋ 2♌ 7♋ | 1♋ 23♋ 30♋ | 1♊ 4♊ 11♋ 17♋ 22♋ 27♌ | 1♊ 4♋ 9♋ 14♋ 18♌ 23♌ 29♌ | 1♋ 4♋ 9♌ 15♌ 20♌ 27♍ |
| 8 | 1♋ 2♋ 8♌ 13♌ 18♌ 23♍ 28♍ | 1♌ 5♌ 9♌ 14♍ 20♍ 26♍ | 1♌ 6♍ 12♍ 19♍ 26♎ | 1♍ 7♍ 16♍ | 1♍ 24♌ | 1♌ 9♌ 22♌ 30♌ | 1♋ 11♌ 17♌ 22♌ 27♍ | 1♋ 4♌ 9♌ 14♌ 19♍ 24♍ 30♍ | 1♌ 6♌ 11♍ 17♍ 23♍ 30♎ | 1♌ 3♍ 10♍ 17♍ 27♎ | 1♍ 6♍ |
| 9 | 1♍ 3♍ 8♎ 15♎ 22♎ 29♏ | 1♍ 2♎ 9♎ 18♎ | 1♎ 7♎ 20♎ 30♍ | 1♍ 6♍ | 1♌ 11♍ 18♍ 24♍ 29♎ | 1♌ 5♍ 11♍ 16♍ 21♎ 27♎ | 1♍ 7♍ 12♎ 18♎ 25♎ | 1♍ 5♎ 12♎ 19♎ 27♏ | 1♎ 7♎ 19♎ | 1♎ 17♍ | 1♍ 21♍ 27♍ |
| 10 | 1♏ 9♏ 26♏ | 1♎ 13♎ | 1♍ 11♎ 19♎ 26♎ 31♏ | 1♍ 6♎ 12♎ 18♎ 24♏ 30♏ | 1♎ 5♎ 11♎ 16♏ 23♏ 29♏ | 1♎ 3♎ 9♏ 16♏ 23♏ 31♐ | 1♎ 2♏ 9♏ 19♏ | 1♏ 23♎ | 1♎ 9♎ 23♎ 30♎ | 1♍ 11♎ 17♎ 23♎ 29♏ | 1♍ 3♎ 8♎ 14♎ 20♏ 27♏ |
| 11 | 1♏ 5♎ 12♏ 21♏ 28♏ | 1♎ 8♏ 15♏ 21♏ 27♐ | 1♏ 7♏ 13♏ 19♐ 25♐ | 1♏ 6♏ 12♐ 18♐ 26♐ | 1♏ 5♐ 13♐ 21♐ | 1♐ 26♏ | 1♏ 12♏ 22♏ | 1♎ 11♏ 18♏ 25♏ | 1♎ 5♏ 11♏ 18♏ 24♐ | 1♏ 4♏ 10♏ 16♐ 23♐ 29♐ | 1♏ 8♐ 15♐ 23♐ |
| 12 | 1♏ 4♐ 11♐ 17♐ 23♑ 30♑ | 1♐ 4♐ 10♐ 16♑ 23♑ 29♑ | 1♐ 2♐ 8♑ 15♑ 23♑ | 1♐ 2♑ 13♑ 29♐ | 1♐ 8♐ 17♐ 23♐ | 1♏ 14♐ 22♐ 29♐ | 1♏ 8♐ 15♐ 21♐ 27♑ | 1♐ 7♐ 14♐ 20♑ 26♑ | 1♐ 7♐ 13♑ 19♑ 26♑ | 1♐ 6♑ 14♑ | 1♑ 17♐ |

MERKUR 1965-1975

| | 1965 | 1966 | 1967 | 1968 | 1969 | 1970 | 1971 | 1972 | 1973 | 1974 | 1975 |
|---|---|---|---|---|---|---|---|---|---|---|---|
| 1 | 1 3 13 21 28<br>♐ ♐ ♑ ♑ ♑ | 1 8 15 21 27<br>♐ ♑ ♑ ♑ ♒ | 1 8 14 20 26 31<br>♑ ♑ ♑ ♒ ♒ ♒ | 1 6 12 18 24<br>♑ ♑ ♒ ♒ ♒ | 1 4 12<br>♑ ♒ ♒ | 1 15<br>♑ ♑ | 1 3 14 25<br>♑ ♐ ♑ ♑ | 1 4 12 19 26<br>♐ ♐ ♑ ♑ ♑ | 1 5 11 18 24<br>♐ ♑ ♑ ♑ ♒ | 1 4 10 16 22 28<br>♑ ♑ ♑ ♒ ♒ ♒ | 1 3 9 15 23<br>♑ ♑ ♒ ♒ ♒ |
| 2 | 1 3 10 16 21 27<br>♑ ♒ ♒ ♒ ♓ ♓ | 1 8 13 19 25<br>♒ ♒ ♓ ♓ ♓ | 1 6 12<br>♒ ♓ ♓ | 1 12 21<br>♓ ♒ ♒ | 1 26<br>♒ ♒ | 1 5 13 21 28<br>♑ ♑ ♒ ♒ ♒ | 1 8 15 21 26<br>♑ ♒ ♒ ♒ ♓ | 1 7 13 18 24 29<br>♒ ♒ ♒ ♓ ♓ ♓ | 1 4 10 15 22<br>♒ ♒ ♓ ♓ ♓ | 1 3 11 20<br>♒ ♓ ♓ ♓ | 1 7 20<br>♒ ♒ ♒ |
| 3 | 1 4 9 15 23<br>♓ ♓ ♈ ♈ ♈ | 1 3 23<br>♓ ♈ ♓ | 1 7 30<br>♓ ♓ ♓ | 1 8 18 25<br>♒ ♒ ♓ ♓ | 1 6 13 19 25 30<br>♒ ♒ ♓ ♓ ♓ ♈ | 1 6 12 17 22 27<br>♒ ♓ ♓ ♓ ♈ ♈ | 1 4 9 14 19 25<br>♓ ♓ ♓ ♈ ♈ ♈ | 1 6 13<br>♓ ♈ ♈ | 1 17<br>♓ ♓ | 1 3 18 29<br>♓ ♒ ♓ ♓ | 1 8 16 24 30<br>♒ ♒ ♓ ♓ ♓ |
| 4 | 1 6<br>♈ ♈ | 1 18 27<br>♓ ♈ ♈ | 1 8 15 21 27<br>♓ ♓ ♈ ♈ ♈ | 1 7 13 18 23 27<br>♓ ♈ ♈ ♈ ♉ ♉ | 1 5 10 14 19 24<br>♈ ♈ ♈ ♉ ♉ ♉ | 1 6 12 22<br>♈ ♉ ♉ ♉ | 1 2 19<br>♈ ♉ ♈ | 1 28<br>♈ ♈ | 1 8 17 24<br>♓ ♓ ♈ ♈ | 1 5 12 18 23 28<br>♓ ♓ ♈ ♈ ♈ ♉ | 1 4 10 15 20 25 29<br>♓ ♈ ♈ ♈ ♉ ♉ ♉ |
| 5 | 1 7 15 22 28<br>♈ ♈ ♉ ♉ ♉ | 1 4 10 15 20 25 29<br>♈ ♈ ♉ ♉ ♉ ♊ ♊ | 1 2 7 12 16 21 26<br>♈ ♉ ♉ ♉ ♊ ♊ ♊ | 1 2 7 13 19 30<br>♉ ♉ ♊ ♊ ♊ ♋ | 1 11 25<br>♊ ♊ ♊ | 1 5<br>♉ ♉ | 1 17 26<br>♈ ♉ ♉ | 1 6 13 19 24 29<br>♈ ♈ ♉ ♉ ♉ ♊ | 1 6 11 16 21 25 30<br>♈ ♉ ♉ ♉ ♊ ♊ ♊ | 1 3 8 12 17 23 29<br>♉ ♉ ♉ ♊ ♊ ♊ ♋ | 1 4 11 20<br>♉ ♊ ♊ ♊ |
| 6 | 1 2 7 12 16 21 26<br>♉ ♊ ♊ ♊ ♋ ♋ ♋ | 1 3 8 13 19 27<br>♊ ♊ ♋ ♋ ♋ ♌ | 1 8 21<br>♋ ♋ ♋ | 1 14<br>♋ ♊ | 1 24<br>♊ ♊ | 1 6 13 20 25 30<br>♉ ♉ ♊ ♊ ♊ ♋ | 1 7 12 17 22 26<br>♉ ♊ ♊ ♊ ♋ ♋ | 1 3 8 12 17 22 29<br>♊ ♊ ♊ ♋ ♋ ♋ ♌ | 1 4 10 17 27<br>♊ ♋ ♋ ♋ ♌ | 1 8 29<br>♋ ♋ ♋ | 1 9<br>♊ ♊ |
| 7 | 1 2 8 17<br>♋ ♌ ♌ ♌ | 1 9<br>♌ ♌ | 1<br>♋ | 1 13 21 26 31<br>♊ ♋ ♋ ♋ ♌ | 1 2 8 13 18 23 28<br>♊ ♊ ♋ ♋ ♋ ♌ ♌ | 1 5 10 14 19 25 31<br>♋ ♋ ♋ ♌ ♌ ♌ ♍ | 1 6 12 19 27<br>♋ ♌ ♌ ♌ ♍ | 1 6 17<br>♌ ♌ ♌ | 1 17<br>♌ ♋ | 1 23 31<br>♋ ♋ ♋ | 1 4 12 18 24 28<br>♊ ♊ ♋ ♋ ♋ ♌ |
| 8 | 1 3 19<br>♍ ♌ ♌ | 1 21 27<br>♌ ♌ ♌ | 1 2 9 14 19 24 29<br>♋ ♋ ♌ ♌ ♌ ♍ ♍ | 1 5 10 15 21 26<br>♌ ♌ ♌ ♍ ♍ ♍ | 1 2 7 13 20 27<br>♌ ♌ ♍ ♍ ♍ ♎ | 1 7 16<br>♍ ♍ ♍ | 1 30<br>♍ ♌ | 1 30<br>♌ ♌ | 1 11 18 24 29<br>♋ ♌ ♌ ♌ ♍ | 1 5 10 15 20 26 31<br>♋ ♌ ♌ ♌ ♍ ♍ ♍ | 1 2 7 12 18 24 31<br>♌ ♌ ♌ ♍ ♍ ♍ ♎ |
| 9 | 1 9 15 20 25<br>♌ ♍ ♍ ♍ ♎ | 1 7 12 17 23 29<br>♍ ♍ ♍ ♎ ♎ ♎ | 1 4 10 16 23 30<br>♍ ♍ ♎ ♎ ♎ ♏ | 1 2 9 17 29<br>♍ ♎ ♎ ♎ ♏ | 1 6 25<br>♎ ♎ ♎ | 1 12<br>♍ ♍ | 1 11 19 25 30<br>♌ ♍ ♍ ♍ ♎ | 1 5 11 16 21 27<br>♌ ♍ ♍ ♍ ♎ ♎ | 1 3 8 14 20 26<br>♍ ♍ ♍ ♎ ♎ ♎ | 1 6 13 20 28<br>♍ ♎ ♎ ♎ ♏ | 1 7 17<br>♎ ♎ ♎ |
| 10 | 1 7 13 20 26<br>♎ ♎ ♏ ♏ ♏ | 1 6 13 21 30<br>♎ ♏ ♏ ♏ ♐ | 1 9<br>♏ ♏ | 1 8 18<br>♏ ♎ ♎ | 1 8 10 20 27<br>♎ ♍ ♎ ♎ ♎ | 1 8 14 19 25 31<br>♍ ♎ ♎ ♎ ♏ ♏ | 1 6 12 18 24 30<br>♎ ♎ ♎ ♏ ♏ ♏ | 1 3 9 16 23 31<br>♎ ♎ ♏ ♏ ♏ ♐ | 1 3 11 19<br>♎ ♏ ♏ ♏ | 1 27<br>♍ ♎ | 1 5 15 21<br>♎ ♎ ♎ ♎ |
| 11 | 1 2 10<br>♏ ♐ ♐ | 1 14 21<br>♐ ♏ ♏ | 1 22 29<br>♏ ♏ ♏ | 1 8 15 21 27<br>♎ ♏ ♏ ♏ ♐ | 1 2 8 14 20 27<br>♎ ♏ ♏ ♏ ♐ ♐ | 1 7 13 20 26<br>♏ ♏ ♐ ♐ ♐ | 1 6 14 21<br>♏ ♐ ♐ ♐ | 1 10 30<br>♐ ♐ ♏ | 1 9 19<br>♏ ♏ ♏ | 1 12 19 26<br>♎ ♏ ♏ ♏ | 1 6 13 19 25<br>♎ ♏ ♏ ♏ ♐ |
| 12 | 1 24<br>♏ ♐ | 1 3 12 19 26<br>♏ ♏ ♐ ♐ ♐ | 1 6 12 18 25<br>♏ ♐ ♐ ♐ ♑ | 1 4 10 17 23 29<br>♐ ♐ ♐ ♑ ♑ ♑ | 1 3 9 16 23<br>♐ ♐ ♑ ♑ ♑ | 1 3 12 25<br>♐ ♑ ♑ ♑ | 1 13<br>♐ ♐ | 1 12 22 29<br>♏ ♐ ♐ ♐ | 1 9 16 22 29<br>♏ ♐ ♐ ♐ ♑ | 1 2 9 15 21 28<br>♏ ♐ ♐ ♐ ♑ ♑ | 1 8 14 21 27<br>♐ ♐ ♑ ♑ ♑ |

MERKUR 1976-1986

| | 1976 | 1977 | 1978 | 1979 | 1980 | 1981 | 1982 | 1983 | 1984 | 1985 | 1986 |
|---|---|---|---|---|---|---|---|---|---|---|---|
| 1 | 1 3 25<br>♑ ♒ ♑ | 1 11 24<br>♑ ♑ ♑ | 1 14 22 29<br>♐ ♑ ♑ ♑ | 1 9 16 22 28<br>♐ ♑ ♑ ♑ ♒ | 1 2 9 15 21 27<br>♐ ♑ ♑ ♑ ♒ ♒ | 1 7 13 18 25<br>♑ ♑ ♒ ♒ ♒ | 1 6 13<br>♑ ♒ ♒ | 1 12 20<br>♒ ♑ ♑ | 1 25<br>♑ ♑ | 1 4 12 19 26<br>♐ ♐ ♑ ♑ ♑ | 1 6 13 19 25 31<br>♐ ♑ ♑ ♑ ♒ ♒ |
| 2 | 1 16 25<br>♑ ♒ ♒ | 1 4 11 18 24<br>♑ ♑ ♒ ♒ ♒ | 1 5 11 17 23<br>♑ ♒ ♒ ♒ ♓ | 1 4 9 15 20 26<br>♒ ♒ ♒ ♓ ♓ ♓ | 1 2 7 13 22<br>♒ ♒ ♓ ♓ ♓ | 1 17<br>♓ ♒ | 1 26<br>♒ ♒ | 1 5 14 22<br>♑ ♑ ♒ ♒ | 1 9 16 22 28<br>♑ ♒ ♒ ♒ ♓ | 1 8 13 19 24<br>♒ ♒ ♒ ♓ ♓ | 1 6 11 17 23<br>♒ ♒ ♓ ♓ ♓ |
| 3 | 1 3 9 16 21 27<br>♒ ♒ ♓ ♓ ♓ ♈ | 1 2 8 13 18 24 29<br>♒ ♓ ♓ ♓ ♈ ♈ ♈ | 1 5 10 16 23<br>♓ ♓ ♈ ♈ ♈ | 1 4 29<br>♓ ♈ ♓ | 1 12 28<br>♓ ♓ ♓ | 1 18 26<br>♒ ♓ ♓ | 1 7 14 20 26<br>♒ ♒ ♓ ♓ ♓ | 1 7 13 19 24 29<br>♒ ♓ ♓ ♓ ♈ ♈ | 1 4 10 15 20 25<br>♓ ♓ ♓ ♈ ♈ ♈ | 1 7 13<br>♓ ♈ ♈ | 1 3 12 23<br>♓ ♈ ♓ ♓ |
| 4 | 1 8 10 15 21 30<br>♈ ♈ ♉ ♉ ♉ ♊ | 1 3 11<br>♈ ♉ ♉ | 1 13<br>♈ ♈ | 1 17 28<br>♓ ♈ ♈ | 1 7 15 21 27<br>♓ ♓ ♈ ♈ ♈ | 1 2 8 14 19 24 29<br>♓ ♓ ♈ ♈ ♈ ♉ ♉ | 1 6 11 16 21 26<br>♈ ♈ ♈ ♉ ♉ ♉ | 1 3 8 13 21<br>♈ ♈ ♉ ♉ ♉ | 1 25<br>♉ ♈ | 1 8 27<br>♈ ♈ ♈ | 1 7 17 25<br>♓ ♓ ♈ ♈ |
| 5 | 1 20<br>♊ ♉ | 1 26<br>♉ ♉ | 1 7 16 24 30<br>♈ ♈ ♉ ♉ ♉ | 1 5 11 17 23 26 31<br>♈ ♈ ♉ ♉ ♉ ♊ ♊ | 1 2 8 12 17 21 26<br>♈ ♉ ♉ ♉ ♊ ♊ ♊ | 1 4 8 14 20 29<br>♉ ♉ ♊ ♊ ♊ ♋ | 1 10<br>♊ ♊ | 1 15<br>♉ ♉ | 1 15 26<br>♈ ♉ ♉ | 1 7 14 20 26 31<br>♈ ♈ ♉ ♉ ♉ ♊ | 1 2 7 13 18 22 27<br>♈ ♈ ♉ ♉ ♉ ♊ ♊ |
| 6 | 1 14 23 29<br>♉ ♊ ♊ ♊ | 1 4 11 17 22 26<br>♉ ♉ ♊ ♊ ♊ ♋ | 1 4 8 13 18 23 27<br>♉ ♊ ♊ ♊ ♋ ♋ ♋ | 1 5 9 15 21 27<br>♊ ♊ ♋ ♋ ♋ ♌ | 1 8 17<br>♋ ♋ ♋ | 1 23<br>♋ ♊ | 1 24<br>♊ ♊ | 1 5 14 21 27<br>♉ ♉ ♊ ♊ ♊ | 1 2 8 13 18 22 27<br>♉ ♉ ♊ ♊ ♊ ♋ ♋ | 1 5 9 14 19 24 30<br>♊ ♊ ♊ ♋ ♋ ♋ ♌ | 1 6 11 18 26<br>♊ ♋ ♋ ♋ ♌ |
| 7 | 1 5 9 14 19 24 29<br>♊ ♋ ♋ ♋ ♌ ♌ ♌ | 1 6 10 16 22 28<br>♋ ♋ ♌ ♌ ♌ ♍ | 1 3 9 17 27<br>♋ ♌ ♌ ♌ ♍ | 1 7 28<br>♌ ♌ ♌ | 1 11<br>♋ ♋ | 1 13 22 28<br>♊ ♋ ♋ ♋ | 1 3 9 15 20 24 29<br>♊ ♊ ♋ ♋ ♋ ♌ ♌ | 1 2 6 11 16 21 26<br>♊ ♋ ♋ ♋ ♌ ♌ ♌ | 1 2 7 13 19 26<br>♋ ♋ ♌ ♌ ♌ ♍ | 1 7 16<br>♌ ♌ ♌ | 1 24<br>♌ ♋ |
| 8 | 1 4 10 17 26<br>♌ ♍ ♍ ♍ ♎ | 1 6<br>♍ ♍ | 1 14<br>♍ ♍ | 1 22 29<br>♌ ♌ ♌ | 1 9 15 20 25 30<br>♋ ♌ ♌ ♌ ♍ ♍ | 1 2 7 11 16 22 28<br>♋ ♌ ♌ ♌ ♍ ♍ ♍ | 1 3 8 15 21 28<br>♌ ♌ ♍ ♍ ♍ ♌ | 1 8 16 29<br>♍ ♍ ♍ ♎ | 1 6 23<br>♍ ♍ ♍ | 1 8<br>♌ ♌ | 1 12 20 25 30<br>♋ ♌ ♌ ♌ ♍ |
| 9 | 1 22<br>♌ ♍ | 1 8 21 29<br>♍ ♍ ♍ ♍ | 1 10 16 22 27<br>♌ ♍ ♍ ♍ ♎ | 1 3 8 13 19 25<br>♌ ♍ ♍ ♍ ♎ ♎ | 1 4 10 16 23 30<br>♍ ♍ ♎ ♎ ♎ ♏ | 1 3 10 18 27<br>♍ ♎ ♎ ♎ ♏ | 1 6<br>♎ ♎ | 1 6 17<br>♎ ♍ ♍ | 1 19 25<br>♍ ♍ ♍ | 1 7 12 18 23 29<br>♌ ♍ ♍ ♍ ♎ ♎ | 1 4 10 15 21 27<br>♍ ♍ ♍ ♎ ♎ ♎ |
| 10 | 1 11 17 23 29<br>♍ ♎ ♎ ♎ ♏ | 1 4 10 16 22 28<br>♍ ♎ ♎ ♎ ♏ ♏ | 1 3 9 14 21 27<br>♎ ♎ ♎ ♏ ♏ ♏ | 1 7 14 22 30<br>♎ ♏ ♏ ♏ ♐ | 1 8<br>♏ ♏ | 1 14 23<br>♏ ♎ ♎ | 1 21 28<br>♎ ♎ ♎ | 1 9 15 21 27<br>♍ ♎ ♎ ♎ ♏ | 1 6 12 18 24 31<br>♎ ♎ ♎ ♏ ♏ ♏ | 1 5 11 18 24<br>♎ ♎ ♏ ♏ ♏ | 1 4 11 20<br>♎ ♏ ♏ ♏ |
| 11 | 1 4 11 17 23 30<br>♏ ♏ ♏ ♐ ♐ ♐ | 1 3 10 17 24<br>♏ ♏ ♐ ♐ ♐ | 1 3 11 22<br>♏ ♐ ♐ ♐ | 1 18<br>♏ ♐ | 1 4 22 29<br>♏ ♏ ♏ ♏ | 1 9 16 22 29<br>♎ ♏ ♏ ♏ ♐ | 1 3 9 15 21 28<br>♌ ♏ ♏ ♏ ♐ ♐ | 1 2 8 14 21 27<br>♏ ♏ ♏ ♐ ♐ ♐ | 1 6 14 21<br>♏ ♐ ♐ ♐ | 1 10 26<br>♐ ♐ ♐ | 1 13<br>♏ ♏ |
| 12 | 1 6 13 22<br>♐ ♑ ♑ ♑ | 1 22<br>♑ ♐ | 1 8 25<br>♐ ♐ ♐ | 1 12 20 27<br>♏ ♐ ♐ ♐ | 1 6 13 19 25<br>♏ ♐ ♐ ♐ ♑ | 1 5 12 18 24 31<br>♐ ♐ ♐ ♑ ♑ ♑ | 1 5 11 17 24<br>♐ ♐ ♑ ♑ ♑ | 1 4 12 30<br>♐ ♑ ♑ ♑ | 1 2 8 16<br>♐ ♑ ♐ ♐ | 1 5 12 23 30<br>♐ ♏ ♐ ♐ ♐ | 1 3 10 17 24 30<br>♏ ♏ ♐ ♐ ♐ ♑ |

MERKUR 1987-1997

| | 1987 | 1988 | 1989 | 1990 | 1991 | 1992 | 1993 | 1994 | 1995 | 1996 | 1997 |
|---|---|---|---|---|---|---|---|---|---|---|---|
| 1 | 1 5 12 17 23 29<br>♑ ♑ ♑ ♒ ♒ ♒ | 1 4 10 16 23<br>♑ ♑ ♒ ♒ ♒ | 1 3 12 20 30<br>♑ ♒ ♒ ♒ ♑ | 1 8 18 23<br>♑ ♑ ♑ ♑ | 1 14 23 30<br>♐ ♑ ♑ ♑ | 1 3 10 17 24 30<br>♐ ♐ ♑ ♑ ♑ ♒ | 1 3 9 15 21 27<br>♐ ♑ ♑ ♑ ♒ ♒ | 1 8 14 20 26<br>♑ ♑ ♒ ♒ ♒ | 1 7 14<br>♑ ♒ ♒ | 1 2 17 26<br>♑ ♒ ♑ ♑ | 1 3 25<br>♑ ♑ ♑ |
| 2 | 1 4 12 26<br>♒ ♓ ♓ ♓ | 1 12<br>♒ ♒ | 1 15 25<br>♑ ♒ ♒ | 1 4 12 19 26<br>♑ ♑ ♒ ♒ ♒ | 1 6 12 18 24<br>♑ ♒ ♒ ♒ ♓ | 1 5 11 16 22 27<br>♒ ♒ ♒ ♓ ♓ ♓ | 1 8 14 21<br>♒ ♓ ♓ ♓ | 1 22<br>♓ ♒ | 1 8 26<br>♒ ♒ ♒ | 1 15 23<br>♑ ♒ ♒ | 1 2 9 16 22 28<br>♑ ♑ ♒ ♒ ♒ ♓ |
| 3 | 1 12 14 29<br>♓ ♒ ♓ ♓ | 1 8 16 24 30<br>♒ ♒ ♓ ♓ ♓ | 1 4 11 17 23 28<br>♒ ♒ ♓ ♓ ♓ ♈ | 1 4 10 15 20 25 30<br>♒ ♓ ♓ ♓ ♈ ♈ ♈ | 1 2 7 12 17 23<br>♓ ♓ ♓ ♈ ♈ ♈ | 1 4 13 20<br>♓ ♈ ♈ ♈ | 1 7<br>♓ ♓ | 1 18 27<br>♒ ♓ ♓ | 1 8 15 22 28<br>♒ ♒ ♓ ♓ ♓ | 1 7 14 20 24 30<br>♒ ♓ ♓ ♓ ♈ ♈ | 1 6 11 16 21 26<br>♓ ♓ ♓ ♈ ♈ ♈ |
| 4 | 1 6 13 19 25 30<br>♓ ♓ ♈ ♈ ♈ ♉ | 1 5 10 15 20 25 30<br>♓ ♈ ♈ ♈ ♉ ♉ ♉ | 1 2 7 12 17 22 30<br>♈ ♈ ♈ ♉ ♉ ♉ ♊ | 1 4 11<br>♈ ♉ ♉ | 1 21<br>♈ ♈ | 1 4 15 27<br>♈ ♓ ♈ ♈ | 1 8 16 23 29<br>♓ ♓ ♈ ♈ ♈ | 1 4 10 16 21 26<br>♓ ♓ ♈ ♈ ♈ ♉ | 1 2 8 13 17 22 27<br>♓ ♈ ♈ ♈ ♉ ♉ ♉ | 1 4 8 14 20<br>♈ ♈ ♉ ♉ ♉ | 1 2<br>♈ ♉ |
| 5 | 1 5 9 14 19 24 30<br>♉ ♉ ♉ ♊ ♊ ♊ ♋ | 1 5 11 19<br>♉ ♊ ♊ ♊ | 1 29<br>♊ ♉ | 1 9 25<br>♉ ♉ ♉ | 1 5 17 25 31<br>♈ ♈ ♉ ♉ ♉ | 1 5 11 17 22 27<br>♈ ♈ ♉ ♉ ♉ ♊ | 1 4 9 14 18 23 28<br>♈ ♉ ♉ ♉ ♊ ♊ ♊ | 1 5 10 15 21 29<br>♉ ♉ ♊ ♊ ♊ ♋ | 1 3 10<br>♉ ♊ ♊ | 1 25<br>♉ ♉ | 1 5 12 20<br>♉ ♈ ♉ ♉ |
| 6 | 1 8<br>♋ ♋ | 1 17<br>♊ ♊ | 1 12 24<br>♉ ♊ ♊ | 1 5 12 18 23 28<br>♉ ♉ ♊ ♊ ♊ ♋ | 1 5 10 15 19 24 29<br>♉ ♊ ♊ ♊ ♋ ♋ ♋ | 1 5 10 15 21 27<br>♊ ♊ ♋ ♋ ♋ ♌ | 1 2 9 17<br>♊ ♋ ♋ ♋ | 1<br>♋ | 1 12 20<br>♊ ♊ ♊ | 1 14 21 27<br>♉ ♊ ♊ ♊ | 1 3 9 14 19 24 28<br>♉ ♉ ♊ ♊ ♊ ♋ ♋ |
| 7 | 1 7 23<br>♋ ♋ ♋ | 1 12 19 24 29<br>♊ ♋ ♋ ♋ ♌ | 1 6 11 16 20 25 30<br>♊ ♋ ♋ ♋ ♌ ♌ ♌ | 1 3 7 12 17 23 29<br>♋ ♋ ♋ ♌ ♌ ♌ ♍ | 1 4 10 17 26<br>♋ ♌ ♌ ♌ ♍ | 1 6<br>♌ ♌ | 1 18<br>♋ ♋ | 1 3 11 23 29<br>♋ ♊ ♋ ♋ ♋ | 1 4 11 16 22 26<br>♊ ♊ ♋ ♋ ♋ ♌ | 1 2 7 12 16 21 27<br>♊ ♋ ♋ ♋ ♌ ♌ ♌ | 1 4 8 14 20 27<br>♋ ♋ ♌ ♌ ♌ ♍ |
| 8 | 1 7 12 17 22 27<br>♋ ♌ ♌ ♌ ♍ ♍ | 1 3 8 13 18 24 31<br>♌ ♌ ♌ ♍ ♍ ♍ ♎ | 1 5 11 18 26<br>♌ ♍ ♍ ♍ ♎ | 1 6 17<br>♍ ♍ ♍ | 1 20<br>♍ ♌ | 1 22 29<br>♌ ♌ ♌ | 1 10 16 21 26<br>♋ ♌ ♌ ♌ ♍ | 1 3 8 13 18 23 29<br>♋ ♌ ♌ ♌ ♍ ♍ ♍ | 1 5 10 16 22 29<br>♌ ♌ ♍ ♍ ♍ ♎ | 1 2 8 18 26<br>♌ ♍ ♍ ♍ ♎ | 1 5 29<br>♍ ♍ ♍ |
| 9 | 1 2 7 14 21 29<br>♍ ♍ ♎ ♎ ♎ ♏ | 1 8 17<br>♎ ♎ ♎ | 1 8 15 27<br>♎ ♎ ♎ ♍ | 1 14 20<br>♍ ♍ ♍ | 1 11 17 23 28<br>♌ ♍ ♍ ♍ ♎ | 1 3 9 14 19 25<br>♌ ♍ ♍ ♍ ♎ ♎ | 1 6 11 18 24<br>♍ ♍ ♎ ♎ ♎ | 1 4 11 18 27<br>♍ ♎ ♎ ♎ ♏ | 1 7 21<br>♎ ♎ ♎ | 1 12 22<br>♎ ♍ ♍ | 1 20 27<br>♍ ♍ ♍ |
| 10 | 1 9 23<br>♏ ♏ ♏ | 1 10<br>♎ ♎ | 1 11 19 25 30<br>♍ ♎ ♎ ♎ ♏ | 1 6 12 17 23 29<br>♍ ♎ ♎ ♎ ♏ ♏ | 1 4 10 15 22 29<br>♎ ♎ ♎ ♏ ♏ ♏ | 1 7 14 21 30<br>♎ ♏ ♏ ♏ ♐ | 1 9 20<br>♏ ♏ ♏ | 1 20<br>♏ ♎ | 1 6 22 29<br>♎ ♎ ♎ ♎ | 1 9 15 22 27<br>♍ ♎ ♎ ♎ ♏ | 1 2 8 14 19 26<br>♍ ♎ ♎ ♎ ♏ ♏ |
| 11 | 1 12 20 27<br>♎ ♏ ♏ ♏ | 1 7 13 19 25<br>♎ ♏ ♏ ♏ ♐ | 1 6 12 18 25<br>♏ ♏ ♏ ♐ ♐ | 1 4 11 18 25<br>♏ ♏ ♐ ♐ ♐ | 1 4 12 21<br>♏ ♐ ♐ ♐ | 1 22<br>♐ ♏ | 1 9 22 30<br>♏ ♏ ♏ ♏ | 1 10 18 24 30<br>♎ ♏ ♏ ♏ ♐ | 1 4 11 17 23 29<br>♎ ♏ ♏ ♏ ♐ ♐ | 1 2 9 15 21 28<br>♏ ♏ ♏ ♐ ♐ ♐ | 1 8 15 22<br>♏ ♐ ♐ ♐ |
| 12 | 1 3 10 17 23 29<br>♏ ♐ ♐ ♐ ♑ ♑ | 1 2 8 14 21 27<br>♐ ♐ ♐ ♑ ♑ ♑ | 1 7 15 22<br>♐ ♑ ♑ ♑ | 1 2 26<br>♐ ♑ ♐ | 1 6 13 24<br>♐ ♐ ♐ ♐ | 1 12 20 27<br>♏ ♐ ♐ ♐ | 1 7 14 20 26<br>♏ ♐ ♐ ♐ ♑ | 1 7 13 19 26<br>♐ ♐ ♐ ♑ ♑ | 1 6 12 19 25<br>♐ ♐ ♑ ♑ ♑ | 1 5 12<br>♐ ♑ ♑ | 1 14 22<br>♑ ♐ ♐ |

MERKUR 1998-2008

| | 1998 | 1999 | 2000 | 2001 | 2002 | 2003 | 2004 | 2005 | 2006 | 2007 | 2008 |
|---|---|---|---|---|---|---|---|---|---|---|---|
| 1 | 1 4 13 20 27<br>♐ ♐ ♑ ♑ ♑ | 1 7 14 20 26<br>♐ ♑ ♑ ♑ ♒ | 1 7 13 19 25 31<br>♑ ♑ ♑ ♒ ♒ ♒ | 1 4 10 16 22<br>♑ ♑ ♒ ♒ ♒ | 1 4 11 25<br>♑ ♒ ♒ ♒ | 1 12<br>♑ ♑ | 1 14 24 31<br>♐ ♑ ♑ ♑ | 1 10 17 24 30<br>♐ ♑ ♑ ♑ ♒ | 1 4 10 17 23 29<br>♐ ♑ ♑ ♑ ♒ ♒ | 1 3 9 15 21 27<br>♑ ♑ ♑ ♒ ♒ ♒ | 1 8 14 22<br>♑ ♒ ♒ ♒ |
| 2 | 1 3 9 15 20<br>♑ ♒ ♒ ♒ ♓ | 1 7 13 18 24<br>♒ ♒ ♓ ♓ ♓ | 1 5 12<br>♒ ♓ ♓ | 1 7 16<br>♓ ♒ ♒ | 1 4 14 25<br>♒ ♑ ♒ ♒ | 1 5 13 20 27<br>♑ ♑ ♒ ♒ ♒ | 1 7 13 20 26<br>♑ ♒ ♒ ♒ ♓ | 1 5 11 17 22 27<br>♒ ♒ ♒ ♓ ♓ ♓ | 1 3 9 14 21<br>♒ ♒ ♓ ♓ ♓ | 1 2 13 27<br>♒ ♓ ♓ ♒ | 1 13 28<br>♒ ♒ ♒ |
| 3 | 1 3 8 14 23<br>♓ ♓ ♈ ♈ ♈ | 1 3 18<br>♓ ♈ ♓ | 1 28<br>♓ ♓ | 1 7 17 24 31<br>♒ ♒ ♓ ♓ ♓ | 1 5 12 18 24 30<br>♒ ♒ ♓ ♓ ♓ ♈ | 1 5 10 16 22 26 31<br>♒ ♓ ♓ ♓ ♈ ♈ ♈ | 1 7 12 17 23<br>♓ ♓ ♈ ♈ ♈ | 1 5 12 27<br>♓ ♈ ♈ ♈ | 1 13<br>♓ ♓ | 1 18 28<br>♒ ♓ ♓ | 1 7 15 22 28<br>♒ ♒ ♓ ♓ ♓ |
| 4 | 1<br>♈ | 1 18 26<br>♓ ♈ ♈ | 1 6 13 19 25 30<br>♓ ♓ ♈ ♈ ♈ ♉ | 1 6 11 17 22 26<br>♓ ♈ ♈ ♈ ♉ ♉ | 1 4 9 13 18 24 30<br>♈ ♈ ♈ ♉ ♉ ♉ ♊ | 1 6 11 23<br>♈ ♉ ♉ ♉ | 1 13<br>♉ ♈ | 1 27<br>♈ ♈ | 1 8 17 23 30<br>♓ ♓ ♈ ♈ ♈ | 1 4 11 17 22 27<br>♓ ♓ ♈ ♈ ♈ ♉ | 1 3 8 13 18 22 27<br>♓ ♈ ♈ ♈ ♉ ♉ ♉ |
| 5 | 1 8 15 22 28<br>♈ ♈ ♉ ♉ ♉ | 1 3 9 14 19 24 28<br>♈ ♈ ♉ ♉ ♉ ♊ ♊ | 1 5 10 14 19 24 30<br>♉ ♉ ♉ ♊ ♊ ♊ ♋ | 1 6 11 19<br>♉ ♊ ♊ ♊ | 1<br>♊ | 1<br>♉ | 1 16 24<br>♈ ♉ ♉ | 1 5 12 18 23 28<br>♈ ♈ ♉ ♉ ♉ ♊ | 1 5 10 15 20 24 29<br>♈ ♉ ♉ ♉ ♊ ♊ ♊ | 1 6 11 16 22 29<br>♉ ♉ ♊ ♊ ♊ ♋ | 1 3 9 20<br>♉ ♊ ♊ ♊ |
| 6 | 1 6 11 15 20 25<br>♊ ♊ ♊ ♋ ♋ ♋ | 1 3 7 12 19 27<br>♊ ♊ ♋ ♋ ♋ ♌ | 1 7<br>♋ ♋ | 1<br>♊ | 1 24<br>♊ ♊ | 1 5 13 19 24 29<br>♉ ♉ ♊ ♊ ♊ ♋ | 1 6 10 15 20 24 29<br>♉ ♊ ♊ ♊ ♋ ♋ ♋ | 1 6 11 16 22 28<br>♊ ♊ ♋ ♋ ♋ ♌ | 1 3 9 17 29<br>♊ ♋ ♋ ♋ ♌ | 1 9<br>♋ ♋ | 1<br>♊ |
| 7 | 1 8 16<br>♌ ♌ ♌ | 1<br>♌ | 1 17<br>♋ ♋ | 1 13 20 25 30<br>♊ ♋ ♋ ♋ ♌ | 1 7 12 17 22 27<br>♊ ♋ ♋ ♋ ♌ ♌ | 1 4 8 13 18 24 31<br>♋ ♋ ♋ ♌ ♌ ♌ ♍ | 1 5 10 17 26<br>♋ ♌ ♌ ♌ ♍ | 1 5 20<br>♌ ♌ ♌ | 1 11<br>♌ ♌ | 1 23 30<br>♋ ♋ ♋ | 1 3 11 16 21 26 31<br>♊ ♊ ♋ ♋ ♋ ♌ ♌ |
| 8 | 1 15<br>♌ ♌ | 1 11 21 26<br>♋ ♌ ♌ ♌ | 1 7 13 18 22 28<br>♋ ♌ ♌ ♌ ♍ ♍ | 1 4 9 14 19 25<br>♌ ♌ ♌ ♍ ♍ ♍ | 1 6 12 19 27<br>♌ ♍ ♍ ♍ ♎ | 1 7 16<br>♍ ♍ ♍ | 1 25<br>♍ ♌ | 1 10 21 30<br>♌ ♌ ♌ ♌ | 1 11 17 23 28<br>♋ ♌ ♌ ♌ ♍ | 1 5 10 14 20 24 30<br>♋ ♌ ♌ ♌ ♍ ♍ ♍ | 1 5 10 16 22 29<br>♌ ♌ ♍ ♍ ♍ ♎ |
| 9 | 1 8 14 20 24<br>♌ ♍ ♍ ♍ ♎ | 1 6 11 16 23 29<br>♍ ♍ ♍ ♎ ♎ ♎ | 1 3 8 14 21 28<br>♍ ♍ ♎ ♎ ♎ ♏ | 1 8 16<br>♎ ♎ ♎ | 1 6 21<br>♎ ♎ ♎ | 1 8<br>♍ ♍ | 1 10 17 23 29<br>♌ ♍ ♍ ♍ ♎ | 1 5 10 16 21 26<br>♌ ♍ ♍ ♍ ♎ ♎ | 1 7 13 19 25<br>♍ ♍ ♎ ♎ ♎ | 1 5 12 19 28<br>♍ ♎ ♎ ♎ ♏ | 1 6 17<br>♎ ♎ ♎ |
| 10 | 1 6 12 19 26<br>♎ ♎ ♏ ♏ ♏ | 1 5 12 20 31<br>♎ ♏ ♏ ♏ ♐ | 1 8 27<br>♏ ♏ ♏ | 1 14<br>♎ ♎ | 1 2 11 19 26<br>♎ ♏ ♎ ♎ ♎ | 1 7 12 18 24 30<br>♍ ♎ ♎ ♎ ♏ ♏ | 1 4 10 16 22 29<br>♎ ♎ ♎ ♏ ♏ ♏ | 1 9 15 22 30<br>♎ ♏ ♏ ♏ ♐ | 1 2 10 19<br>♎ ♏ ♏ ♏ | 1 24<br>♏ ♎ | 1 10 21 29<br>♎ ♎ ♎ ♎ |
| 11 | 1 2 10<br>♏ ♐ ♐ | 1 10 18<br>♐ ♏ ♏ | 1 7 9 21 28<br>♏ ♎ ♏ ♏ ♏ | 1 8 14 20 27<br>♎ ♏ ♏ ♏ ♐ | 1 7 13 19 28<br>♏ ♏ ♏ ♐ ♐ | 1 5 12 19 25<br>♏ ♏ ♐ ♐ ♐ | 1 5 12 20<br>♏ ♐ ♐ ♐ | 1 11 26<br>♐ ♐ ♏ | 1 5 14<br>♏ ♏ ♏ | 1 11 18 25<br>♎ ♏ ♏ ♏ | 1 5 11 17 23 30<br>♎ ♏ ♏ ♏ ♐ ♐ |
| 12 | 1 24<br>♐ ♐ | 1 11 18 25 31<br>♏ ♐ ♐ ♐ ♑ | 1 4 10 17 23 30<br>♏ ♐ ♐ ♐ ♑ ♑ | 1 3 9 16 22<br>♐ ♐ ♐ ♑ ♑ | 1 9 15 23<br>♐ ♑ ♑ ♑ | 1 3 12 31<br>♐ ♑ ♑ ♐ | 1 9 21<br>♐ ♐ ♐ | 1 13 21 28<br>♏ ♐ ♐ ♐ | 1 8 15 21 28<br>♏ ♐ ♐ ♐ ♑ | 1 2 8 14 21 27<br>♏ ♐ ♐ ♐ ♑ ♑ | 1 6 12 19 25<br>♐ ♐ ♑ ♑ ♑ |

## VENUS 1910-1924

| | 1910 | 1911 | 1912 | 1913 | 1914 | 1915 | 1916 | 1917 | 1918 | 1919 | 1920 | 1921 | 1922 | 1923 | 1924 |
|---|---|---|---|---|---|---|---|---|---|---|---|---|---|---|---|
| 1 | 1♒ 16♓ 30♒ | 1♑ 3♑ 10♒ 19♒ 27♒ | 1♏ 5♐ 14♐ 22♐ 30♑ | 1♒ 7♓ 16♓ 25♓ | 1♑ 9♑ 17♑ 25♒ | 1♐ 16♐ 28♐ | 1♒ 4♒ 12♒ 20♓ 29♓ | 1♐ 8♐ 15♑ 24♑ | 1♒ | 1♑ 10♒ 18♒ 26♒ | 1♏ 4♐ 13♐ 22♐ 29♑ | 1♒ 7♓ 16♓ 25♓ | 1♑ 9♑ 17♑ 24♒ | 1♏ 2♐ 17♐ 28♐ | 1♒ 4♒ 12♒ 20♓ 28♓ |
| 2 | 1♒ 17♒ | 1♒ 3♓ 12♓ 20♓ 28♈ | 1♑ 7♑ 16♑ 24♒ | 1♓ 3♈ 13♈ 23♈ | 1♒ 2♒ 10♒ 18♓ 26♓ | 1♐ 7♑ 17♑ 26♑ | 1♓ 6♓ 14♈ 22♈ | 1♑ 8♒ 17♒ 24♒ | 1♒ 11♒ | 1♒ 3♓ 11♓ 19♓ 27♈ | 1♑ 7♑ 15♑ 23♒ | 1♓ 3♈ 13♈ 24♈ | 1♒ 10♒ 17♓ 26♓ | 1♐ 7♑ 16♑ 27♑ | 1♓ 5♓ 13♈ 22♈ |
| 3 | 1♒ 22♒ | 1♈ 8♈ 16♈ 24♉ | 1♒ 3♒ 11♒ 19♓ 28♓ | 1♈ 7♉ 24♉ | 1♓ 6♓ 14♈ 22♈ 30♈ | 1♑ 7♒ 16♒ 24♒ | 1♈ 10♉ 19♉ 28♉ | 1♒ 4♓ 13♓ 21♓ 28♈ | 1♒ 24♒ | 1♈ 7♈ 15♈ 23♉ | 1♒ 11♒ 19♓ 27♓ | 1♈ 7♉ | 1♓ 6♓ 13♈ 22♈ 30♈ | 1♑ 6♒ 15♒ 24♒ | 1♈ 9♉ 19♉ 27♉ |
| 4 | 1♒ 6♓ 17♓ 28♓ | 1♉ 10♉ 18♊ 26♊ | 1♓ 5♓ 13♈ 21♈ 29♈ | 1♉ 13♉ | 1♈ 7♉ 16♉ 24♉ | 1♒ 2♓ 11♓ 19♓ 27♈ | 1♉ 6♊ 15♊ 26♊ | 1♈ 6♈ 14♈ 22♉ 30♉ | 1♒ 6♓ 17♓ 27♓ | 1♉ 9♉ 17♊ 26♊ | 1♓ 4♓ 12♈ 20♈ 29♈ | 1♉ 26♈ | 1♈ 7♉ 15♉ 23♉ | 1♓ 10♓ 19♓ 26♈ | 1♉ 5♊ 15♊ 25♊ |
| 5 | 1♓ 7♈ 17♈ 26♈ | 1♊ 5♊ 13♋ 22♋ 31♋ | 1♈ 7♉ 16♉ 24♉ | 1♉ 2♈ 31♉ | 1♉ 2♊ 10♊ 18♊ 26♋ | 1♈ 6♈ 14♈ 22♉ 31♉ | 1♊ 6♋ 19♋ | 1♉ 8♉ 16♊ 25♊ | 1♓ 7♈ 17♈ 25♈ | 1♊ 5♊ 13♋ 22♋ 31♋ | 1♈ 6♉ 15♉ 23♉ 31♊ | 1♈ | 1♊ 9♊ 18♊ 26♋ | 1♈ 5♈ 13♈ 22♉ 30♉ | 1♊ 6♋ 20♋ |
| 6 | 1♈ 3♉ 13♉ 21♉ 30♊ | 1♋ 9♌ 18♌ 28♌ | 1♊ 9♊ 17♊ 25♋ | 1♉ 16♉ 22♉ | 1♋ 4♋ 12♋ 20♌ 29♌ | 1♉ 8♉ 16♊ 25♊ | 1♋ | 1♊ 10♋ 18♋ 26♋ | 1♈ 3♉ 12♉ 21♉ 29♊ | 1♋ 8♌ 18♌ 28♌ | 1♊ 8♊ 17♊ 24♋ | 1♈ 2♉ 17♉ 28♉ | 1♋ 3♋ 12♋ 20♌ 28♌ | 1♉ 8♉ 15♊ 24♊ | 1♋ |
| 7 | 1♊ 9♊ 17♊ 25♋ | 1♌ 8♍ 19♍ | 1♋ 3♋ 12♋ 19♌ 28♌ | 1♉ 8♊ 19♊ 28♊ | 1♌ 7♌ 16♍ 24♍ | 1♊ 11♋ 19♋ 27♋ | 1♋ 6♋ | 1♋ 4♌ 13♌ 21♌ 29♍ | 1♊ 8♊ 17♊ 25♋ | 1♌ 8♍ 19♍ | 1♋ 11♋ 19♌ 27♌ | 1♉ 8♊ 18♊ 28♊ | 1♌ 7♌ 15♍ 24♍ | 1♊ 10♋ 19♋ 27♋ | 1♋ |
| 8 | 1♋ 11♋ 19♌ 28♌ | 1♍ | 1♌ 5♌ 13♍ 21♍ 29♍ | 1♊ 6♋ 15♋ 24♋ | 1♍ 11♎ 20♎ 29♎ | 1♋ 4♌ 13♌ 21♌ 29♍ | 1♋ 15♋ 29♋ | 1♍ 6♍ 15♍ 22♎ 31♎ | 1♋ 11♋ 19♌ 27♌ | 1♍ | 1♌ 4♌ 12♍ 21♍ 29♍ | 1♊ 6♋ 15♋ 24♋ | 1♍ 10♎ 20♎ 29♎ | 1♋ 4♌ 12♌ 20♌ 28♍ | 1♋ 11♋ 29♋ |
| 9 | 1♌ 5♌ 13♍ 21♍ 29♍ | 1♍ 17♍ | 1♍ 6♎ 14♎ 23♎ 30♏ | 1♌ 10♌ 19♌ 27♍ | 1♎ 7♏ 18♏ 28♏ | 1♍ 6♍ 14♍ 22♎ 30♎ | 1♋ 9♌ 20♌ 29♌ | 1♎ 8♎ 16♏ 25♏ | 1♌ 4♌ 12♍ 21♍ 29♍ | 1♍ 11♍ | 1♍ 5♎ 14♎ 22♎ 30♏ | 1♌ 10♌ 18♌ 26♍ | 1♎ 7♏ 18♏ 29♏ | 1♍ 5♍ 13♍ 21♎ 29♎ | 1♋ 9♌ 19♌ 29♌ |
| 10 | 1♍ 7♎ 15♎ 23♎ 31♏ | 1♍ 28♍ | 1♏ 9♏ 17♏ 25♐ | 1♍ 5♍ 13♍ 21♎ 30♎ | 1♏ 10♐ 27♐ | 1♎ 8♎ 16♍ 24♍ | 1♌ 8♍ 17♍ 26♍ | 1♏ 4♏ 12♐ 21♐ 30♐ | 1♍ 6♎ 15♎ 23♎ 30♏ | 1♍ 29♍ | 1♏ 8♏ 16♏ 24♐ | 1♍ 5♍ 13♍ 21♎ 29♎ | 1♏ 11♐ | 1♎ 7♎ 15♏ 24♏ | 1♌ 8♍ 17♍ 25♍ |
| 11 | 1♏ 8♏ 16♏ 24♐ | 1♍ 9♎ 20♎ | 1♐ 10♐ 18♑ 27♑ | 1♎ 7♎ 14♏ 23♏ 30♏ | 1♐ 16♐ | 1♏ 9♐ 17♐ 25♐ | 1♍ 3♎ 12♎ 20♎ 28♏ | 1♐ 7♑ 17♑ 26♑ | 1♏ 8♏ 16♏ 23♐ | 1♍ 9♎ 21♎ 20♎ | 1♐ 10♐ 18♑ 26♑ | 1♎ 6♎ 14♏ 22♏ 30♏ | 1♐ 29♏ | 1♏ 8♐ 17♐ 25♐ | 1♍ 3♎ 11♎ 20♎ 27♏ |
| 12 | 1♐ 10♐ 18♑ 26♑ | 1♎ 9♏ 19♏ 28♏ | 1♑ 5♑ 13♒ 22♒ 30♒ | 1♏ 8♐ 17♐ 24♐ | 1♐ 6♏ 31♐ | 1♐ 3♑ 11♑ 19♑ 27♒ | 1♏ 6♏ 15♏ 22♐ 31♐ | 1♑ 5♒ 17♒ 29♒ | 1♐ 9♐ 17♑ 25♑ | 1♎ 9♏ 18♏ 27♏ | 1♑ 5♑ 12♒ 21♒ 30♒ | 1♏ 8♐ 16♐ 24♐ | 1♏ | 1♐ 2♑ 11♑ 19♑ 26♒ | 1♏ 6♏ 14♏ 22♐ 30♐ |

## VENUS 1925-1939

| | 1925 | 1926 | 1927 | 1928 | 1929 | 1930 | 1931 | 1932 | 1933 | 1934 | 1935 | 1936 | 1937 | 1938 | 1939 |
|---|---|---|---|---|---|---|---|---|---|---|---|---|---|---|---|
| 1 | 1♐ 7♐ 15♑ 23♑ 31♑ | 1♒ | 1♑ 9♒ 18♒ 26♒ | 1♏ 4♐ 13♐ 21♐ 29♑ | 1♒ 6♓ 16♓ 25♓ | 1♑ 8♑ 16♑ 24♒ | 1♏ 4♐ 17♐ 27♐ | 1♒ 3♒ 11♒ 19♓ 27♓ | 1♐ 7♐ 14♑ 23♑ 31♑ | 1♒ | 1♑ 9♒ 17♒ 25♒ | 1♏ 4♐ 12♐ 21♐ 29♑ | 1♒ 6♓ 15♓ 24♓ | 1♑ 8♑ 16♑ 23♒ | 1♏ 5♐ 17♐ 27♐ |
| 2 | 1♑ 8♒ 16♒ 24♒ | 1♒ 4♒ | 1♒ 2♓ 11♓ 19♓ 26♈ | 1♑ 7♑ 15♑ 23♒ | 1♓ 3♈ 13♈ 24♈ | 1♒ 9♒ 17♓ 25♓ | 1♐ 6♑ 16♑ 25♑ | 1♓ 5♓ 13♈ 21♈ | 1♑ 7♒ 15♒ 24♒ | 1♒ 16♒ | 1♒ 2♓ 10♓ 18♓ 26♈ | 1♑ 5♑ 14♑ 22♒ | 1♓ 2♈ 13♈ 25♈ | 1♒ 9♒ 16♓ 25♓ | 1♐ 6♑ 16♑ 25♑ |
| 3 | 1♒ 4♓ 12♓ 20♓ 28♈ | 1♒ 25♒ | 1♈ 7♈ 15♈ 23♉ | 1♒ 10♒ 18♓ 27♓ | 1♈ 8♉ | 1♓ 5♓ 13♈ 21♈ 29♈ | 1♑ 6♒ 15♒ 24♒ | 1♈ 9♉ 18♉ 27♉ | 1♒ 3♓ 12♓ 20♓ 28♈ | 1♒ 9♒ 26♒ | 1♈ 6♈ 15♈ 22♉ | 1♒ 10♒ 18♓ 26♓ | 1♈ 10♉ | 1♓ 5♓ 12♈ 21♈ 28♈ | 1♑ 5♒ 14♒ 23♒ 31♓ |
| 4 | 1♈ 5♈ 14♈ 21♉ 30♉ | 1♒ 6♓ 18♓ 28♓ | 1♉ 9♉ 17♊ 25♊ | 1♓ 4♓ 12♈ 20♈ 28♈ | 1♉ 20♈ | 1♈ 6♉ 15♉ 23♉ 30♊ | 1♓ 10♓ 18♓ 26♈ | 1♉ 5♊ 15♊ 25♊ | 1♈ 5♈ 13♈ 21♉ | 1♒ 6♓ 17♓ 27♓ | 1♉ 8♉ 16♊ 25♊ | 1♓ 3♓ 11♈ 19♈ 28♈ | 1♉ 14♈ | 1♈ 6♉ 14♉ 22♉ 30♊ | 1♓ 9♓ 18♓ 26♈ |
| 5 | 1♉ 8♉ 16♊ 24♊ | 1♓ 7♈ 16♈ 25♈ | 1♊ 4♊ 12♋ 21♋ 30♋ | 1♈ 6♉ 14♉ 23♉ 30♊ | 1♈ | 1♊ 9♊ 17♊ 25♋ | 1♈ 5♈ 13♈ 21♉ 30♉ | 1♊ 6♋ 21♋ | 1♉ 7♉ 15♊ 24♊ | 1♓ 6♈ 16♈ 25♈ | 1♊ 4♊ 12♋ 21♋ 30♋ | 1♈ 5♉ 14♉ 22♉ 30♊ | 1♈ | 1♊ 8♊ 17♊ 25♋ | 1♈ 4♈ 13♈ 21♉ 29♉ |
| 6 | 1♊ 9♋ 18♋ 27♋ | 1♈ 3♉ 12♉ 21♉ 29♊ | 1♋ 8♌ 18♌ 28♌ | 1♊ 8♊ 16♊ 24♋ | 1♈ 3♉ 17♉ 28♉ | 1♋ 3♋ 11♋ 19♌ 28♌ | 1♉ 7♉ 15♊ 24♊ | 1♋ 25♋ | 1♊ 9♋ 17♋ 25♋ | 1♈ 2♉ 11♉ 20♉ 28♊ | 1♋ 8♌ 18♌ 26♌ | 1♊ 7♊ 15♊ 23♋ | 1♈ 4♉ 17♉ 28♉ | 1♋ 11♋ 19♌ 27♌ | 1♉ 6♉ 14♊ 23♊ |
| 7 | 1♋ 4♌ 12♌ 20♌ 28♍ | 1♊ 8♊ 16♊ 24♋ | 1♌ 8♍ 20♍ | 1♋ 10♋ 18♌ 27♌ | 1♉ 8♊ 18♊ 27♊ | 1♌ 6♌ 15♍ 24♍ | 1♊ 10♋ 18♋ 26♋ | 1♋ 13♊ 28♋ | 1♋ 3♌ 12♌ 20♌ 28♍ | 1♊ 7♊ 16♊ 24♋ | 1♌ 8♍ 20♍ | 1♋ 10♋ 18♌ 26♌ | 1♉ 8♊ 18♊ 27♊ | 1♌ 6♌ 14♍ 23♍ | 1♊ 9♋ 18♋ 26♋ |
| 8 | 1♍ 6♍ 14♍ 22♎ 31♎ | 1♋ 10♋ 18♌ 27♌ | 1♍ | 1♌ 4♌ 12♍ 20♍ 28♍ | 1♊ 5♋ 15♋ 23♋ 31♌ | 1♍ 10♎ 19♎ 29♎ | 1♋ 3♌ 12♌ 20♌ 27♍ | 1♋ 17♋ 30♋ | 1♍ 5♍ 13♍ 21♎ 30♎ | 1♋ 10♋ 18♌ 26♌ | 1♍ 6♍ | 1♌ 3♌ 11♍ 20♍ 27♍ | 1♊ 5♋ 14♋ 23♋ 31♌ | 1♍ 10♎ 19♎ 29♎ | 1♋ 3♌ 11♌ 19♌ 27♍ |
| 9 | 1♎ 8♎ 16♍ 25♍ | 1♌ 4♌ 12♍ 20♍ 28♍ | 1♍ 24♍ | 1♍ 5♎ 13♎ 21♎ 29♏ | 1♌ 9♌ 18♌ 26♍ | 1♎ 7♏ 18♏ 29♏ | 1♍ 5♍ 13♍ 21♎ 29♎ | 1♋ 9♌ 19♌ 28♌ | 1♎ 7♎ 16♏ 24♏ | 1♌ 3♌ 11♍ 20♍ 28♍ | 1♍ 16♍ | 1♍ 4♎ 12♎ 21♎ 29♏ | 1♌ 9♌ 17♌ 25♍ | 1♎ 7♏ 18♏ 29♏ | 1♍ 4♍ 12♍ 20♎ 28♎ |
| 10 | 1♏ 3♏ 12♐ 21♐ 29♐ | 1♍ 6♎ 14♎ 22♎ 30♏ | 1♍ 10♍ 29♍ | 1♏ 8♏ 16♏ 24♐ | 1♍ 4♍ 12♍ 20♎ 29♎ | 1♏ 12♐ | 1♎ 7♎ 15♏ 23♏ 31♏ | 1♌ 7♍ 16♍ 25♍ | 1♏ 11♐ 20♐ 29♐ | 1♍ 5♎ 14♎ 22♎ 29♏ | 1♍ 14♍ 30♍ | 1♏ 7♏ 15♏ 23♐ | 1♍ 4♍ 12♍ 20♎ 28♎ | 1♏ 14♐ | 1♎ 6♎ 14♏ 27♏ 30♏ |
| 11 | 1♐ 7♑ 17♑ 26♑ | 1♏ 7♏ 15♏ 23♐ | 1♍ 10♎ 21♎ 30♎ | 1♐ 9♐ 17♑ 26♑ | 1♎ 6♎ 13♏ 22♏ 29♏ | 1♐ 22♏ | 1♏ 8♐ 16♐ 24♐ | 1♍ 2♎ 11♎ 19♎ 27♏ | 1♐ 7♑ 16♑ 26♑ | 1♏ 7♏ 15♏ 22♐ | 1♍ 10♎ 20♎ 30♎ | 1♐ 9♐ 17♑ 25♑ | 1♎ 5♎ 13♏ 21♏ 29♏ | 1♐ 16♏ | 1♏ 7♐ 15♐ 23♐ |
| 12 | 1♑ 6♒ 17♒ 31♒ | 1♐ 9♐ 17♑ 25♑ | 1♎ 9♏ 18♏ 27♏ | 1♑ 4♑ 12♒ 21♒ 29♒ | 1♏ 7♐ 16♐ 24♐ 31♑ | 1♏ | 1♐ 2♑ 10♑ 18♑ 26♒ | 1♏ 5♏ 13♏ 21♐ 30♐ | 1♑ 6♒ 18♒ | 1♐ 8♐ 16♑ 24♑ | 1♎ 9♏ 18♏ 26♏ | 1♑ 4♑ 12♒ 20♒ 29♒ | 1♏ 7♐ 15♐ 23♐ 31♑ | 1♏ | 1♑ 9♑ 17♑ 25♒ |

## VENUS 1940-1954

| | 1940 | 1941 | 1942 | 1943 | 1944 | 1945 | 1946 | 1947 | 1948 | 1949 | 1950 | 1951 | 1952 | 1953 | 1954 |
|---|---|---|---|---|---|---|---|---|---|---|---|---|---|---|---|
| 1 | 1♒ 11♒ 19♓ 27♓ | 1♐ 6♐ 14♑ 22♑ 30♑ | 1♒ 5♒ 20♒ | 1♑ 8♒ 17♒ 25♒ | 1♏ 3♐ 12♐ 20♐ 28♑ | 1♒ 6♓ 15♓ 24♓ | 1♑ 7♑ 15♑ 23♒ | 1♏ 6♐ 18♐ 28♐ | 1♒ 10♒ 18♓ 27♓ | 1♐ 6♐ 13♑ 22♑ 30♑ | 1♒ | 1♑ 8♒ 16♒ 24♒ | 1♏ 3♐ 11♐ 19♐ 28♑ | 1♒ 5♓ 15♓ 24♓ | 1♑ 7♑ 14♑ 22♒ |
| 2 | 1♓ 4♓ 12♈ 21♈ | 1♑ 7♒ 15♒ 23♒ | 1♒ 7♒ | 1♓ 10♓ 18♓ 25♈ | 1♑ 6♑ 14♑ 22♒ | 1♓ 2♈ 13♈ 24♈ | 1♒ 8♒ 16♓ 24♓ | 1♐ 6♑ 16♑ 25♑ | 1♓ 4♓ 12♈ 20♈ 29♈ | 1♑ 6♒ 15♒ 23♒ | 1♒ | 1♓ 9♓ 17♓ 25♈ | 1♑ 5♑ 13♑ 21♒ | 1♓ 2♈ 13♈ 25♈ | 1♒ 7♒ 15♓ 24♓ |
| 3 | 1♈ 9♉ 18♉ 27♉ | 1♒ 3♓ 11♓ 19♓ 27♈ | 1♒ 12♒ 27♒ | 1♈ 6♈ 14♈ 22♉ 31♉ | 1♒ 9♒ 17♓ 26♓ | 1♈ 11♉ | 1♓ 4♓ 12♈ 20♈ 28♈ | 1♑ 5♒ 14♒ 23♒ 31♓ | 1♈ 8♉ 17♉ 27♉ | 1♒ 2♓ 11♓ 19♓ 26♈ | 1♒ 13♒ 27♒ | 1♈ 5♈ 13♈ 21♉ 30♉ | 1♒ 9♒ 17♓ 25♓ | 1♈ 15♉ 31♈ | 1♓ 4♓ 11♈ 20♈ 27♈ |
| 4 | 1♉ 5♊ 15♊ 25♊ | 1♈ 4♈ 12♈ 20♉ 29♉ | 1♒ 7♓ 17♓ 27♓ | 1♉ 8♉ 16♊ 25♊ | 1♓ 10♈ 19♈ 27♈ | 1♉ 8♈ 24♈ | 1♈ 5♉ 13♉ 21♉ 29♊ | 1♓ 9♓ 17♓ 25♈ | 1♉ 4♊ 15♊ 26♊ | 1♈ 4♈ 12♈ 20♉ 28♉ | 1♒ 7♓ 17♓ 27♓ | 1♉ 7♉ 15♊ 24♊ | 1♓ 10♈ 18♈ 26♈ | 1♈ 18♈ | 1♈ 4♉ 13♉ 21♉ 29♊ |
| 5 | 1♊ 7♋ 23♋ | 1♉ 7♉ 15♊ 23♊ 31♊ | 1♓ 6♈ 16♈ 24♈ | 1♊ 3♊ 11♋ 21♋ 30♋ | 1♈ 5♉ 13♉ 21♉ 29♊ | 1♈ 20♈ | 1♊ 8♊ 16♊ 24♋ | 1♈ 4♈ 12♈ 20♉ 29♉ | 1♊ 7♋ 27♋ | 1♉ 6♉ 14♊ 22♊ 31♊ | 1♓ 6♈ 15♈ 24♈ | 1♊ 11♋ 20♋ 29♋ | 1♈ 4♉ 13♉ 21♉ 29♊ | 1♈ 22♈ | 1♊ 7♊ 16♊ 24♋ |
| 6 | 1♋ 18♋ | 1♊ 8♋ 16♋ 24♋ | 1♈ 2♉ 11♉ 20♉ 28♊ | 1♋ 7♌ 18♌ 28♌ | 1♊ 7♊ 15♊ 23♋ | 1♈ 5♉ 17♉ 28♉ | 1♋ 10♋ 18♌ 27♌ | 1♉ 6♉ 14♊ 22♊ | 1♋ 29♊ | 1♊ 7♋ 16♋ 24♋ | 1♈ 2♉ 11♉ 19♉ 27♊ | 1♋ 7♌ 17♌ 28♌ | 1♊ 6♊ 14♊ 22♋ | 1♈ 5♉ 17♉ 27♉ | 1♋ 10♋ 18♌ 26♌ |
| 7 | 1♋ 6♊ | 1♋ 2♌ 11♌ 19♌ 27♍ | 1♊ 7♊ 15♊ 23♋ | 1♌ 8♍ 21♍ | 1♋ 9♋ 17♌ 26♌ | 1♉ 8♊ 18♊ 27♊ | 1♌ 5♌ 14♍ 23♍ | 1♊ 9♋ 17♋ 25♋ | 1♊ | 1♋ 2♌ 10♌ 18♌ 27♍ | 1♊ 6♊ 15♊ 23♋ | 1♌ 8♍ 21♍ | 1♋ 9♋ 17♌ 25♌ | 1♉ 7♊ 17♊ 26♊ | 1♌ 5♌ 13♍ 22♍ 31♍ |
| 8 | 1♋ 18♋ 30♋ | 1♍ 5♍ 13♍ 21♎ 30♎ | 1♋ 9♋ 17♌ 26♌ | 1♍ 11♍ 20♍ | 1♌ 10♍ 19♍ 27♍ | 1♊ 4♋ 14♋ 21♋ 30♌ | 1♍ 9♎ 19♎ 29♎ | 1♋ 2♌ 10♌ 19♌ 26♍ | 1♊ 3♋ 18♋ 30♋ | 1♍ 4♍ 12♍ 20♎ 29♎ | 1♋ 9♋ 17♌ 25♌ | 1♍ | 1♌ 10♍ 18♍ 27♍ | 1♊ 4♋ 13♋ 22♋ 30♌ | 1♍ 9♎ 18♎ 28♎ |
| 9 | 1♋ 9♌ 19♌ 28♌ | 1♎ 6♎ 15♏ 24♏ | 1♌ 11♍ 19♍ 27♍ | 1♍ 10♍ | 1♍ 4♎ 12♎ 20♎ 28♏ | 1♌ 8♌ 16♌ 25♍ | 1♎ 7♏ 18♏ 30♏ | 1♍ 4♍ 11♍ 19♎ 28♎ | 1♋ 9♌ 19♌ 28♌ | 1♎ 6♎ 15♏ 24♏ | 1♌ 10♍ 18♍ 27♍ | 1♍ | 1♍ 3♎ 12♎ 20♎ 28♏ | 1♌ 8♌ 16♌ 24♍ | 1♎ 7♏ 18♏ |
| 10 | 1♌ 7♍ 16♍ 25♍ | 1♏ 11♐ 20♐ 28♐ | 1♍ 5♎ 13♎ 21♎ 29♏ | 1♍ 15♍ 30♍ | 1♏ 7♏ 15♏ 23♐ | 1♍ 3♍ 11♍ 19♎ 28♎ | 1♏ 16♐ | 1♎ 6♎ 14♏ 22♏ 30♏ | 1♌ 6♍ 16♍ 24♍ | 1♏ 10♐ 19♐ 28♐ | 1♍ 4♎ 12♎ 20♎ 28♏ | 1♍ 17♍ 30♍ | 1♏ 6♏ 14♏ 22♐ 31♐ | 1♍ 3♍ 10♍ 19♎ 27♎ | 1♏ 24♐ 27♏ |
| 11 | 1♍ 2♎ 10♎ 19♎ 26♏ | 1♐ 6♑ 16♑ 26♑ | 1♏ 6♏ 14♏ 22♐ 30♐ | 1♍ 10♎ 20♎ | 1♐ 8♐ 16♑ 25♑ | 1♎ 5♎ 12♏ 21♏ 29♏ | 1♐ 8♏ 26♏ | 1♏ 7♐ 15♐ 23♐ | 1♎ 10♎ 18♎ 26♏ | 1♐ 6♑ 16♑ 26♑ | 1♏ 5♏ 13♏ 21♐ 29♐ | 1♍ 10♎ 20♎ 29♎ | 1♐ 8♐ 16♑ 24♑ | 1♎ 4♎ 12♏ 20♏ 28♏ | 1♏ 18♏ |
| 12 | 1♏ 5♏ 13♏ 21♐ 29♐ | 1♑ 6♒ 18♒ | 1♐ 8♐ 15♑ 24♑ | 1♎ 8♏ 17♏ 26♏ | 1♑ 3♑ 11♒ 20♒ 28♒ | 1♏ 6♐ 14♐ 22♐ 30♑ | 1♏ 21♏ | 1♑ 9♑ 17♑ 25♒ | 1♏ 4♏ 13♏ 20♐ 29♐ | 1♑ 6♒ 19♒ | 1♐ 7♐ 15♑ 23♑ 31♑ | 1♎ 8♏ 17♏ 26♏ | 1♑ 3♑ 11♒ 20♒ 28♒ | 1♏ 6♐ 14♐ 22♐ 29♑ | 1♏ 24♏ |

## VENUS 1955-1969

| | 1955 | 1956 | 1957 | 1958 | 1959 | 1960 | 1961 | 1962 | 1963 | 1964 | 1965 | 1966 | 1967 | 1968 | 1969 |
|---|---|---|---|---|---|---|---|---|---|---|---|---|---|---|---|
| 1 | 1♏ 6♐ 18♐ 28♐ | 1♒ 10♒ 18♓ 26♓ | 1♐ 5♐ 13♑ 21♑ 29♑ | 1♒ 26♒ | 1♑ 7♒ 16♒ 24♒ 31♓ | 1♏ 2♐ 11♐ 19♐ 27♑ | 1♒ 5♓ 14♓ 23♓ | 1♑ 6♑ 14♑ 22♒ | 1♏ 7♐ 19♐ 28♐ | 1♒ 9♒ 17♓ 26♓ | 1♐ 5♐ 12♑ 21♑ 29♑ | 1♒ 19♒ | 1♑ 7♒ 15♒ 23♒ 31♓ | 1♏ 2♐ 10♐ 19♐ 27♑ | 1♒ 5♓ 14♓ 23♓ |
| 2 | 1♐ 6♑ 15♑ 24♑ | 1♓ 3♓ 11♈ 20♈ 29♈ | 1♑ 6♒ 14♒ 22♒ | 1♒ | 1♓ 8♓ 16♓ 24♈ | 1♑ 5♑ 13♑ 21♒ 29♒ | 1♓ 2♈ 13♈ 26♈ | 1♒ 7♒ 15♓ 24♓ | 1♐ 6♑ 15♑ 23♑ | 1♓ 11♈ 19♈ 28♈ | 1♑ 5♒ 13♒ 21♒ | 1♒ 6♑ 25♒ | 1♓ 8♓ 16♓ 24♈ | 1♑ 4♑ 12♑ 20♒ 29♒ | 1♓ 2♈ 13♈ 27♈ |
| 3 | 1♑ 5♒ 14♒ 22♒ 30♓ | 1♈ 8♉ 17♉ 26♉ | 1♒ 2♓ 10♓ 18♓ 26♈ | 1♒ 15♒ 27♒ | 1♈ 5♈ 13♈ 21♉ 29♉ | 1♒ 8♒ 16♓ 25♓ | 1♈ | 1♓ 3♓ 11♈ 19♈ 27♈ | 1♑ 4♒ 13♒ 22♒ 30♓ | 1♈ 7♉ 17♉ 26♉ | 1♓ 10♓ 18♓ 25♈ | 1♒ 15♒ 26♒ | 1♈ 4♈ 12♈ 20♉ 29♉ | 1♒ 8♒ 15♓ 24♓ | 1♈ |
| 4 | 1♓ 8♓ 16♓ 25♈ | 1♉ 4♊ 14♊ 26♊ | 1♈ 3♈ 11♈ 19♉ 28♉ | 1♒ 7♓ 17♓ 26♓ | 1♉ 6♉ 15♊ 24♊ | 1♓ 9♈ 18♈ 26♈ | 1♈ 13♈ | 1♈ 4♉ 12♉ 20♉ 28♊ | 1♓ 7♓ 16♓ 24♈ | 1♉ 4♊ 14♊ 25♊ | 1♈ 3♈ 11♈ 19♉ 27♉ | 1♒ 7♓ 17♓ 26♓ | 1♉ 6♉ 14♊ 23♊ | 1♓ 9♈ 17♈ 25♈ | 1♈ 7♈ 29♈ |
| 5 | 1♈ 3♈ 12♈ 20♉ 28♉ | 1♊ 8♋ | 1♉ 5♉ 13♊ 22♊ 30♊ | 1♓ 5♈ 15♈ 24♈ | 1♊ 11♋ 20♋ 29♋ | 1♈ 4♉ 12♉ 20♉ 28♊ | 1♈ 24♈ | 1♊ 7♊ 15♊ 23♋ | 1♈ 3♈ 11♈ 19♉ 27♉ | 1♊ 9♋ | 1♉ 5♉ 13♊ 21♊ 29♊ | 1♓ 5♈ 15♈ 23♈ | 1♊ 10♋ 20♋ 28♋ | 1♈ 3♉ 11♉ 19♉ 28♊ | 1♈ 24♈ |
| 6 | 1♉ 5♉ 13♊ 22♊ 30♊ | 1♋ 23♊ | 1♊ 7♋ 15♋ 23♋ | 1♉ 10♉ 18♉ 27♊ | 1♋ 7♌ 17♌ 27♌ | 1♊ 6♊ 14♊ 22♋ 30♋ | 1♈ 6♉ 17♉ 27♉ | 1♋ 9♋ 17♌ 26♌ | 1♉ 5♉ 13♊ 21♊ 29♊ | 1♋ 18♊ | 1♊ 6♋ 15♋ 23♋ | 1♉ 10♉ 18♉ 26♊ | 1♋ 7♌ 17♌ 28♌ | 1♊ 5♊ 13♊ 21♋ 30♋ | 1♈ 6♉ 17♉ 27♉ |
| 7 | 1♊ 8♋ 16♋ 24♋ | 1♊ | 1♌ 10♌ 18♌ 26♍ | 1♊ 6♊ 14♊ 22♋ 31♋ | 1♌ 8♍ 23♍ | 1♋ 8♋ 16♌ 24♌ | 1♉ 7♊ 17♊ 26♊ | 1♌ 5♌ 13♍ 22♍ 30♍ | 1♊ 7♋ 16♋ 24♋ | 1♊ | 1♌ 9♌ 17♌ 26♍ | 1♊ 5♊ 14♊ 22♋ 30♋ | 1♌ 9♍ 24♍ | 1♋ 8♋ 15♌ 24♌ | 1♈ 7♊ 16♊ 25♊ |
| 8 | 1♌ 10♌ 19♌ 26♍ | 1♊ 4♋ 18♋ 30♋ | 1♍ 4♍ 12♍ 20♎ 29♎ | 1♋ 8♋ 16♌ 24♌ | 1♌ 29♌ | 1♌ 9♍ 18♍ 26♍ | 1♊ 4♋ 12♋ 21♋ 30♌ | 1♍ 9♎ 18♎ 28♎ | 1♌ 9♌ 17♌ 25♍ | 1♊ 5♋ 18♋ 29♋ | 1♍ 3♍ 11♍ 19♎ 29♎ | 1♋ 8♋ 15♌ 24♌ | 1♍ 23♍ | 1♌ 9♍ 17♍ 25♍ | 1♊ 3♋ 12♋ 21♋ 29♌ |
| 9 | 1♍ 3♍ 11♍ 19♎ 27♎ | 1♋ 8♌ 18♌ 27♌ | 1♎ 6♎ 14♏ 23♏ | 1♌ 9♍ 18♍ 26♍ | 1♍ 20♌ 25♍ | 1♍ 3♎ 11♎ 19♎ 27♏ | 1♌ 7♌ 15♌ 24♏ | 1♎ 7♏ 18♏ | 1♍ 3♍ 10♍ 18♎ 27♎ | 1♋ 8♌ 18♌ 27♌ | 1♎ 5♎ 14♏ 23♏ | 1♌ 9♍ 17♍ 25♍ | 1♍ 9♌ | 1♍ 2♎ 11♎ 19♎ 27♏ | 1♌ 7♌ 15♌ 23♍ |
| 10 | 1♎ 5♎ 13♏ 21♏ 29♏ | 1♌ 6♍ 15♍ 23♍ | 1♏ 10♐ 19♐ 28♐ | 1♍ 4♎ 12♎ 20♎ 28♏ | 1♍ 18♍ 31♍ | 1♏ 6♏ 14♏ 22♐ 30♐ | 1♍ 10♍ 18♎ 26♎ | 1♏ | 1♎ 5♎ 12♏ 21♏ 29♏ | 1♌ 10♍ 15♍ 23♍ 31♎ | 1♏ 10♐ 19♐ 28♐ | 1♍ 3♎ 11♎ 19♎ 27♏ | 1♌ 2♍ 19♍ 31♍ | 1♏ 5♏ 13♏ 21♐ 30♐ | 1♍ 10♍ 18♎ 26♎ |
| 11 | 1♏ 6♐ 14♐ 22♐ 30♑ | 1♎ 9♎ 17♎ 26♏ | 1♐ 6♑ 16♑ 26♑ | 1♏ 5♏ 13♏ 20♐ 29♐ | 1♍ 10♎ 20♎ 29♎ | 1♐ 7♐ 15♑ 24♑ | 1♎ 4♎ 11♏ 19♏ 27♏ | 1♏ 12♏ | 1♏ 6♐ 14♐ 22♐ 30♑ | 1♎ 9♎ 17♎ 25♏ | 1♐ 6♑ 16♑ 26♑ | 1♏ 4♏ 12♏ 20♐ 28♐ | 1♍ 10♎ 20♎ 29♎ | 1♐ 7♐ 15♑ 23♑ | 1♎ 3♎ 11♏ 19♏ 27♏ |
| 12 | 1♑ 8♑ 16♑ 24♒ | 1♏ 4♏ 12♏ 20♐ 28♐ | 1♑ 7♒ 21♒ | 1♐ 7♐ 14♑ 23♑ 31♑ | 1♎ 8♏ 16♏ 25♏ | 1♑ 10♒ 19♒ 28♒ | 1♏ 5♐ 13♐ 21♐ 29♑ | 1♏ 26♏ | 1♑ 8♑ 16♑ 24♒ | 1♏ 3♏ 11♏ 19♐ 27♐ | 1♑ 7♒ 22♒ | 1♐ 5♐ 14♑ 22♑ 30♑ | 1♎ 7♏ 16♏ 25♏ | 1♑ 10♒ 19♒ 27♒ | 1♏ 5♐ 13♐ 21♐ 28♑ |

VENUS 1970-1984

| | 1970 | 1971 | 1972 | 1973 | 1974 | 1975 | 1976 | 1977 | 1978 | 1979 | 1980 | 1981 | 1982 | 1983 | 1984 |
|---|---|---|---|---|---|---|---|---|---|---|---|---|---|---|---|
| 1 | 1♑ 5♑ 13♑ 21♒ 30♒ | 1♏ 7♐ 17♐ 27♐ | 1♒ 9♒ 17♓ 25♓ | 1♐ 4♐ 12♑ 20♑ 27♑ | 1♒ 29♑ | 1♑ 6♒ 14♒ 22♒ 30♓ | 1♐ 10♐ 18♐ 26♑ | 1♒ 4♓ 14♓ 23♓ | 1♑ 5♑ 13♑ 21♒ | 1♏ 7♐ 18♐ 27♐ | 1♒ 8♒ 16♓ 25♓ | 1♐ 4♐ 11♑ 20♑ 27♑ | 1♒ 23♑ | 1♑ 6♒ 14♒ 22♒ 30♓ | 1♐ 9♐ 18♐ 26♑ |
| 2 | 1♒ 6♒ 14♓ 22♓ | 1♐ 6♑ 15♑ 23♑ | 1♓ 10♈ 19♈ 27♈ | 1♑ 5♒ 13♒ 21♒ | 1♑ | 1♓ 7♓ 15♓ 23♈ | 1♑ 4♑ 11♑ 20♒ | 1♓ 2♈ 14♈ | 1♒ 6♒ 14♓ 27♓ | 1♐ 5♑ 14♑ 23♑ | 1♓ 10♈ 19♈ 27♈ | 1♑ 4♒ 12♒ 20♒ 28♓ | 1♑ | 1♓ 7♓ 15♓ 23♈ | 1♑ 3♑ 11♑ 19♒ 28♒ |
| 3 | 1♓ 3♓ 10♈ 18♈ 26♈ | 1♑ 4♒ 13♒ 21♒ 30♓ | 1♈ 7♉ 16♉ 25♉ | 1♓ 9♓ 17♓ 25♈ | 1♒ 16♒ 27♒ | 1♈ 4♈ 12♈ 20♉ 28♉ | 1♒ 7♒ 15♓ 23♓ | 1♈ | 1♓ 10♈ 18♈ 26♈ | 1♑ 4♒ 13♒ 21♒ 29♓ | 1♈ 7♉ 16♉ 25♉ | 1♓ 8♓ 16♓ 24♈ | 1♑ 2♒ 16♒ 27♒ | 1♈ 3♈ 11♈ 19♉ 28♉ | 1♒ 6♒ 14♓ 23♓ 31♓ |
| 4 | 1♈ 3♉ 12♉ 20♉ 28♊ | 1♓ 7♓ 15♓ 24♈ | 1♉ 4♊ 14♊ 26♊ | 1♈ 10♈ 18♉ 26♉ | 1♒ 7♓ 17♓ 26♓ | 1♉ 6♉ 14♊ 23♊ | 1♓ 8♈ 17♈ 24♈ | 1♈ 18♈ | 1♈ 3♉ 11♉ 19♉ 27♊ | 1♓ 7♓ 15♓ 23♈ | 1♉ 4♊ 14♊ 26♊ | 1♈ 9♈ 17♉ 25♉ | 1♒ 6♓ 16♓ 25♓ | 1♉ 5♉ 13♊ 22♊ | 1♓ 8♈ 16♈ 24♈ |
| 5 | 1♊ 6♊ 14♊ 23♋ | 1♈ 11♈ 18♉ 27♉ | 1♊ 10♋ | 1♉ 5♉ 12♊ 21♊ 28♊ | 1♓ 5♈ 14♈ 23♈ 31♉ | 1♊ 10♋ 19♋ 28♋ | 1♈ 3♉ 11♉ 19♉ 27♊ | 1♈ 8♈ 25♈ | 1♊ 6♊ 14♊ 22♋ 30♋ | 1♈ 10♈ 18♉ 27♉ | 1♊ 13♋ | 1♉ 4♉ 12♊ 20♊ 28♊ | 1♓ 4♈ 14♈ 22♈ 31♉ | 1♊ 9♋ 18♋ 28♋ | 1♈ 2♉ 10♉ 19♉ 26♊ |
| 6 | 1♋ 8♋ 17♌ 26♌ | 1♉ 4♉ 12♊ 21♊ 29♊ | 1♋ 12♊ | 1♊ 6♋ 14♋ 22♋ 30♌ | 1♉ 9♉ 17♉ 26♊ | 1♋ 6♌ 17♌ 28♌ | 1♊ 5♊ 13♊ 21♋ 29♋ | 1♈ 6♉ 18♉ 27♉ | 1♋ 8♋ 16♌ 25♌ | 1♉ 4♉ 12♊ 20♊ 29♊ | 1♋ 5♊ 22♊ | 1♊ 5♋ 13♋ 22♋ 30♌ | 1♉ 8♉ 17♉ 25♊ | 1♋ 6♌ 16♌ 27♌ | 1♊ 4♊ 12♊ 20♋ 28♋ |
| 7 | 1♌ 4♌ 12♍ 21♍ 30♍ | 1♊ 7♋ 15♋ 24♋ 31♌ | 1♊ 19♊ | 1♌ 9♌ 17♌ 25♍ | 1♊ 5♊ 13♊ 21♋ 30♋ | 1♌ 9♍ 27♍ | 1♋ 7♋ 15♌ 23♌ | 1♉ 7♊ 16♊ 25♊ | 1♌ 4♌ 12♍ 21♍ 30♍ | 1♊ 6♋ 15♋ 23♋ 31♌ | 1♊ 23♊ | 1♌ 8♌ 16♌ 24♍ | 1♊ 4♊ 12♊ 21♋ 29♋ | 1♌ 10♍ | 1♋ 6♋ 14♌ 23♌ 31♌ |
| 8 | 1♍ 8♎ 18♎ 28♎ | 1♌ 8♌ 17♌ 25♍ | 1♊ 6♋ 18♋ 29♋ | 1♍ 3♍ 11♍ 19♎ 27♎ | 1♋ 7♋ 15♌ 23♌ | 1♍ | 1♌ 8♍ 17♍ 25♍ | 1♊ 3♋ 12♋ 20♋ 29♌ | 1♍ 8♎ 18♎ 28♎ | 1♌ 8♌ 16♌ 24♍ | 1♊ 6♋ 18♋ 29♋ | 1♍ 10♍ 18♎ 27♎ | 1♋ 7♋ 14♌ 23♌ 31♌ | 1♍ 27♌ | 1♌ 8♍ 16♍ 24♍ |
| 9 | 1♎ 7♏ 19♏ | 1♍ 10♍ 18♎ 26♎ | 1♋ 8♌ 18♌ 26♌ | 1♎ 5♎ 13♏ 22♏ | 1♌ 8♍ 17♍ 25♍ | 1♍ 3♌ | 1♍ 2♎ 10♎ 18♎ 26♏ | 1♌ 6♌ 15♌ 23♍ | 1♎ 7♏ 19♏ | 1♍ 9♍ 17♎ 25♎ | 1♋ 8♌ 17♌ 26♌ | 1♎ 4♎ 13♏ 22♏ | 1♌ 8♍ 16♍ 24♍ | 1♌ | 1♎ 9♎ 17♎ 26♏ |
| 10 | 1♏ 4♏ | 1♎ 4♎ 12♏ 20♏ 28♏ | 1♌ 5♍ 14♍ 23♍ 31♎ | 1♏ 9♐ 18♐ 27♐ | 1♍ 3♎ 11♎ 19♎ 27♏ | 1♌ 4♍ 19♍ 31♍ | 1♏ 5♏ 13♏ 21♐ 29♐ | 1♍ 9♍ 17♎ 25♎ | 1♏ 6♏ | 1♎ 4♎ 11♏ 20♏ 27♏ | 1♌ 5♍ 14♍ 22♍ 30♎ | 1♏ 9♐ 18♐ 27♐ | 1♍ 2♎ 10♎ 18♎ 26♏ | 1♌ 6♍ 19♍ 30♍ | 1♏ 4♏ 12♏ 20♐ 29♐ |
| 11 | 1♏ 6♏ 27♏ | 1♏ 5♐ 13♐ 21♐ 29♑ | 1♎ 8♎ 17♎ 24♏ | 1♐ 6♑ 15♑ 26♑ | 1♏ 4♏ 12♏ 19♐ 28♐ | 1♍ 9♎ 20♎ 29♎ | 1♐ 6♐ 14♑ 23♑ | 1♎ 10♏ 18♏ 26♏ | 1♏ 17♏ | 1♏ 4♐ 13♐ 21♐ 28♑ | 1♎ 8♎ 16♎ 24♏ | 1♐ 5♑ 16♑ 27♑ | 1♏ 3♏ 11♏ 19♐ 27♐ | 1♍ 9♎ 19♎ 28♎ | 1♐ 6♐ 14♑ 22♑ |
| 12 | 1♏ 26♏ | 1♑ 7♑ 15♑ 23♒ | 1♏ 3♏ 11♏ 19♐ 27♐ | 1♑ 8♒ 26♒ | 1♐ 6♐ 13♑ 22♑ 30♑ | 1♎ 7♏ 16♏ 24♏ | 1♑ 9♒ 18♒ 27♒ | 1♏ 4♐ 12♐ 20♐ 28♑ | 1♏ 10♏ 27♏ | 1♑ 7♑ 15♑ 23♒ 31♒ | 1♏ 11♏ 18♐ 26♐ | 1♑ 19♒ | 1♐ 5♐ 13♑ 21♑ 29♑ | 1♎ 7♏ 16♏ 24♏ | 1♑ 9♒ 18♒ 26♒ |

VENUS 1985-1999

| | 1985 | 1986 | 1987 | 1988 | 1989 | 1990 | 1991 | 1992 | 1993 | 1994 | 1995 | 1996 | 1997 | 1998 | 1999 |
|---|---|---|---|---|---|---|---|---|---|---|---|---|---|---|---|
| 1 | 1♒ 4♓ 13♓ 23♓ | 1♑ 4♑ 12♑ 20♒ 28♒ | 1♏ 7♐ 18♐ 27♐ | 1♒ 8♒ 16♓ 24♓ | 1♐ 3♐ 11♑ 19♑ 27♑ | 1♒ 17♑ | 1♑ 5♒ 13♒ 21♒ 29♓ | 1♐ 9♐ 17♐ 25♑ | 1♒ 4♓ 13♓ 23♓ | 1♑ 4♑ 12♑ 20♒ 27♒ | 1♏ 7♐ 18♐ 27♐ | 1♒ 7♒ 15♓ 23♓ | 1♐ 3♐ 10♑ 18♑ 26♑ | 1♒ 10♑ 29♑ | 1♑ 5♒ 14♒ 21♒ 29♓ |
| 2 | 1♓ 2♈ 14♈ | 1♒ 5♒ 13♓ 21♓ | 1♐ 5♑ 14♑ 23♑ | 1♓ 9♈ 18♈ 27♈ | 1♑ 4♒ 12♒ 20♒ 28♓ | 1♑ | 1♓ 6♓ 14♓ 22♈ | 1♑ 3♑ 10♑ 19♒ 27♒ | 1♓ 2♈ 15♈ | 1♒ 5♒ 13♓ 21♓ | 1♐ 5♑ 14♑ 23♑ | 1♓ 9♈ 18♈ 26♈ | 1♑ 3♒ 11♒ 19♒ 27♓ | 1♑ 15♑ | 1♓ 6♓ 13♓ 22♈ |
| 3 | 1♈ 25♈ | 1♓ 9♈ 17♈ 25♈ | 1♑ 3♒ 12♒ 20♒ 29♓ | 1♈ 6♉ 16♉ 25♉ | 1♓ 8♓ 16♓ 24♈ | 1♑ 4♒ 17♒ 28♒ | 1♈ 3♈ 11♈ 19♉ 27♉ | 1♒ 6♒ 14♓ 22♓ 30♓ | 1♈ | 1♓ 9♈ 17♈ 25♈ | 1♑ 3♒ 12♒ 20♒ 28♓ | 1♈ 6♉ 15♉ 25♉ | 1♓ 7♓ 16♓ 23♈ | 1♑ 5♒ 17♒ 28♒ | 1♈ 11♈ 18♉ 27♉ |
| 4 | 1♈ 11♈ | 1♈ 2♉ 11♉ 19♉ 27♊ | 1♓ 6♓ 14♓ 23♈ | 1♉ 4♊ 15♊ 27♊ | 1♈ 9♈ 17♉ 25♉ | 1♒ 6♓ 16♓ 25♓ | 1♉ 5♉ 13♊ 22♊ | 1♓ 7♈ 16♈ 24♈ | 1♈ 5♈ | 1♈ 2♉ 10♉ 18♉ 26♊ | 1♓ 6♓ 14♓ 22♈ | 1♉ 4♊ 15♊ 28♊ | 1♈ 8♈ 16♉ 25♉ | 1♒ 6♓ 16♓ 25♓ | 1♉ 4♉ 12♊ 21♊ 30♊ |
| 5 | 1♈ 10♈ 26♈ | 1♊ 5♊ 13♊ 21♋ 30♋ | 1♈ 9♈ 17♉ 26♉ | 1♊ 18♋ 27♊ | 1♉ 3♉ 11♊ 20♊ 27♊ | 1♓ 4♈ 13♈ 22♈ 30♉ | 1♊ 9♋ 18♋ 28♋ | 1♓ 2♉ 10♉ 18♉ 26♊ | 1♈ 12♈ 26♈ | 1♊ 5♊ 13♊ 21♋ 29♋ | 1♈ 9♈ 17♉ 25♉ | 1♊ | 1♉ 3♉ 11♊ 19♊ 27♊ | 1♓ 4♈ 13♈ 22♈ 30♉ | 1♊ 9♋ 19♋ 28♋ |
| 6 | 1♈ 6♉ 17♉ 27♉ | 1♋ 7♋ 16♌ 25♌ | 1♉ 3♉ 11♊ 20♊ 28♊ | 1♊ 16♊ | 1♊ 5♋ 13♋ 21♋ 29♌ | 1♉ 8♉ 17♉ 25♊ | 1♋ 6♌ 16♌ 28♌ | 1♊ 4♊ 11♊ 19♋ 28♋ | 1♈ 6♉ 17♉ 27♉ | 1♋ 7♋ 15♌ 24♌ | 1♉ 3♉ 11♊ 19♊ 27♊ | 1♊ 11♊ | 1♊ 4♋ 12♋ 21♋ 29♌ | 1♉ 8♉ 16♉ 24♊ | 1♋ 6♌ 17♌ 28♌ |
| 7 | 1♉ 6♊ 15♊ 24♊ | 1♌ 3♌ 12♍ 21♍ 30♍ | 1♊ 6♋ 14♋ 22♋ 30♌ | 1♊ 24♊ | 1♌ 8♌ 16♌ 24♍ | 1♊ 4♊ 12♊ 20♋ 29♋ | 1♌ 11♍ | 1♋ 6♋ 14♌ 22♌ 30♌ | 1♉ 6♊ 15♊ 24♊ | 1♌ 3♌ 11♍ 20♍ 29♍ | 1♊ 5♋ 14♋ 22♋ 30♌ | 1♊ 25♊ | 1♌ 7♌ 16♌ 23♍ | 1♊ 3♊ 11♊ 20♋ 28♋ | 1♌ 13♍ |
| 8 | 1♊ 2♋ 11♋ 20♋ 28♌ | 1♍ 8♎ 18♎ 27♎ | 1♌ 8♌ 16♌ 23♍ | 1♊ 7♋ 19♋ 29♋ | 1♍ 10♍ 18♎ 26♎ | 1♋ 5♋ 14♌ 22♌ 31♌ | 1♍ 22♌ | 1♌ 7♍ 15♍ 23♍ | 1♊ 2♋ 11♋ 19♋ 28♌ | 1♍ 8♎ 17♎ 27♎ | 1♌ 7♌ 15♌ 23♍ | 1♊ 7♋ 19♋ 29♋ | 1♍ 9♍ 18♎ 26♎ | 1♋ 5♋ 13♌ 22♌ 30♌ | 1♍ 16♌ |
| 9 | 1♌ 6♌ 14♌ 22♍ | 1♎ 7♏ 20♏ | 1♍ 9♍ 17♎ 25♎ | 1♋ 7♌ 17♌ 26♌ | 1♎ 3♎ 12♏ 21♏ 30♏ | 1♌ 7♍ 16♍ 24♍ | 1♌ | 1♎ 9♎ 17♎ 25♏ | 1♌ 5♌ 13♌ 21♍ 30♍ | 1♎ 8♏ 21♏ | 1♍ 8♍ 16♎ 24♎ | 1♋ 7♌ 18♌ 26♌ | 1♎ 4♎ 12♏ 21♏ 29♏ | 1♌ 7♍ 15♍ 23♍ | 1♌ 20♌ |
| 10 | 1♍ 9♍ 16♎ 25♎ | 1♏ | 1♎ 3♎ 11♏ 19♏ 27♏ | 1♌ 4♍ 13♍ 22♍ 30♎ | 1♏ 9♐ 18♐ 27♐ | 1♎ 10♎ 18♎ 25♏ | 1♌ 7♍ 20♍ 31♍ | 1♏ 4♏ 12♏ 20♐ 28♐ | 1♍ 8♍ 16♎ 24♎ | 1♏ | 1♎ 3♎ 10♏ 19♏ 26♏ | 1♌ 4♍ 13♍ 21♍ 29♎ | 1♏ 8♐ 18♐ 27♐ | 1♎ 9♎ 17♎ 25♏ | 1♌ 8♍ 20♍ 31♍ |
| 11 | 1♎ 10♏ 18♏ 26♏ | 1♏ 9♏ | 1♏ 4♐ 12♐ 20♐ 28♑ | 1♎ 7♎ 15♎ 24♏ | 1♐ 5♑ 16♑ 27♑ | 1♏ 3♏ 11♏ 18♐ 27♐ | 1♍ 9♎ 19♎ 28♎ | 1♐ 6♐ 13♑ 22♑ | 1♎ 9♏ 17♏ 25♏ | 1♏ 4♏ | 1♏ 3♐ 12♐ 20♐ 28♑ | 1♎ 7♎ 15♎ 23♏ | 1♐ 5♑ 16♑ 27♑ | 1♏ 10♏ 18♐ 26♐ | 1♍ 9♎ 19♎ 28♎ |
| 12 | 1♏ 3♐ 12♐ 20♐ 27♑ | 1♏ 13♏ 27♏ | 1♑ 6♑ 14♑ 22♒ 31♒ | 1♏ 10♏ 18♐ 26♐ | 1♑ 10♒ | 1♐ 5♐ 12♑ 21♑ 29♑ | 1♎ 6♏ 15♏ 23♏ | 1♑ 9♒ 18♒ 26♒ | 1♏ 3♐ 11♐ 19♐ 27♑ | 1♏ 15♏ 28♏ | 1♑ 6♑ 14♑ 22♒ 30♒ | 1♏ 10♏ 17♐ 25♐ | 1♑ 12♒ | 1♐ 4♐ 12♑ 20♑ 28♑ | 1♎ 6♏ 15♏ 23♏ 31♐ |

VENUS 2000-2008

| | 2000 | 2001 | 2002 | 2003 | 2004 | 2005 | 2006 | 2007 | 2008 |
|---|---|---|---|---|---|---|---|---|---|
| 1 | 1♐ 9♐ 17♐ 25♑ | 1♒ 4♓ 13♓ 23♓ | 1♑ 3♑ 11♑ 19♒ 27♒ | 1♏ 8♐ 17♐ 27♐ | 1♒ 6♒ 15♓ 23♓ 31♓ | 1♐ 10♑ 17♑ 25♑ | 1♒ 2♑ 19♑ | 1♑ 4♒ 12♒ 20♒ 28♓ | 1♐ 8♐ 17♐ 24♑ |
| 2 | 1♑ 10♑ 18♒ 26♒ | 1♓ 3♈ 16♈ | 1♒ 4♒ 12♓ 20♓ 28♓ | 1♐ 4♑ 13♑ 22♑ | 1♓ 9♈ 17♈ 26♈ | 1♑ 3♒ 10♒ 18♒ 27♓ | 1♑ 18♑ | 1♓ 6♓ 13♓ 21♈ | 1♑ 9♑ 18♒ 28♒ |
| 3 | 1♒ 6♒ 13♓ 22♓ 30♓ | 1♈ 28♈ | 1♓ 8♈ 16♈ 24♈ | 1♑ 3♒ 11♒ 19♒ 28♓ | 1♈ 6♉ 15♉ 24♉ | 1♓ 6♓ 14♓ 23♈ | 1♑ 6♒ 17♒ 27♒ | 1♈ 9♈ 18♉ 26♉ | 1♒ 5♒ 13♓ 21♓ 29♓ |
| 4 | 1♓ 7♈ 15♈ 23♈ | 1♈ | 1♌ 9♌ 17♌ 25♊ | 1♓ 5♓ 13♓ 22♈ 30♈ | 1♉ 4♊ 15♊ 29♊ | 1♈ 8♈ 16♉ 24♉ | 1♒ 6♓ 15♓ 24♓ | 1♉ 3♉ 12♊ 21♊ 29♊ | 1♓ 6♈ 14♈ 22♈ |
| 5 | 1♉ 10♉ 18♉ 25♊ | 1♈ 13♈ 26♈ | 1♊ 4♊ 12♊ 21♋ 29♋ | 1♈ 8♈ 16♉ 25♉ | 1♊ | 1♉ 10♊ 18♊ 26♊ | 1♓ 3♈ 12♈ 21♈ 30♉ | 1♊ 8♋ 17♋ 27♋ | 1♉ 8♉ 17♉ 25♊ |
| 6 | 1♊ 3♊ 11♊ 19♋ 27♋ | 1♈ 7♉ 17♉ 26♉ | 1♋ 6♋ 15♌ 23♌ | 1♉ 10♊ 18♊ 26♊ | 1♊ 5♊ 25♊ | 1♊ 4♋ 12♋ 20♋ 28♌ | 1♉ 8♉ 16♉ 24♊ | 1♋ 6♌ 16♌ 28♌ | 1♊ 10♊ 18♋ 26♋ |
| 7 | 1♋ 6♋ 13♌ 22♌ 30♌ | 1♉ 6♊ 15♊ 24♊ | 1♌ 11♍ 20♍ 29♍ | 1♊ 5♋ 13♋ 21♋ 29♌ | 1♊ 28♊ | 1♌ 6♌ 15♌ 23♍ | 1♊ 11♊ 19♋ 27♋ | 1♌ 15♍ | 1♋ 4♋ 13♌ 21♌ 29♌ |
| 8 | 1♌ 7♍ 15♍ 23♍ 31♎ | 1♊ 2♋ 10♋ 19♋ 27♌ | 1♍ 7♎ 17♎ 28♎ | 1♌ 5♌ 14♌ 22♍ 30♍ | 1♊ 7♋ 18♋ 28♋ | 1♍ 9♍ 17♎ 25♎ | 1♋ 4♋ 13♌ 21♌ 29♌ | 1♍ 9♌ 25♌ | 1♌ 6♍ 14♍ 22♍ 31♎ |
| 9 | 1♎ 8♎ 17♎ 25♏ | 1♌ 4♌ 13♌ 21♍ 29♍ | 1♎ 8♏ 23♏ | 1♍ 7♍ 16♎ 24♎ | 1♋ 7♌ 16♌ 25♌ | 1♎ 3♎ 12♏ 20♏ 29♏ | 1♌ 6♍ 14♍ 22♍ 30♎ | 1♌ 23♌ | 1♎ 8♎ 16♎ 24♏ |
| 10 | 1♏ 3♏ 11♏ 19♐ 28♐ | 1♍ 7♍ 15♎ 23♎ 31♎ | 1♏ 27♏ | 1♎ 10♏ 18♏ 26♏ | 1♌ 4♍ 12♍ 22♍ 29♎ | 1♏ 8♐ 17♐ 27♐ | 1♎ 8♎ 16♎ 24♏ | 1♌ 8♍ 20♍ 30♍ | 1♏ 10♏ 19♐ 27♐ |
| 11 | 1♐ 5♐ 13♑ 22♑ 30♑ | 1♎ 9♏ 16♏ 24♏ | 1♏ | 1♏ 3♐ 11♐ 19♐ 27♑ | 1♎ 6♎ 14♎ 23♏ | 1♐ 5♑ 16♑ 28♑ | 1♏ 9♏ 17♐ 25♐ | 1♍ 9♎ 18♎ 27♎ | 1♐ 4♐ 13♑ 21♑ 29♑ |
| 12 | 1♑ 8♒ 17♒ 26♒ | 1♏ 2♐ 10♐ 18♐ 26♑ | 1♏ 16♏ 28♏ | 1♑ 5♑ 13♑ 21♒ 29♒ | 1♏ 8♏ 17♐ 25♐ | 1♑ 16♒ | 1♐ 3♐ 11♑ 19♑ 27♑ | 1♎ 6♏ 14♏ 22♏ 31♐ | 1♑ 8♒ 17♒ 25♒ |

MARS 1910-1928

| | 1910 | 1911 | 1912 | 1913 | 1914 | 1915 | 1916 | 1917 | 1918 | 1919 | 1920 | 1921 | 1922 | 1923 | 1924 | 1925 | 1926 | 1927 | 1928 |
|---|---|---|---|---|---|---|---|---|---|---|---|---|---|---|---|---|---|---|---|
| 1 | 1♈ 6♈ 24♉ | 1♐ 18♐ | 1♉ 31♊ | 1♐ 10♑ 24♑ | 1♋ 18♋ | 1♑ 5♑ 18♑ 30♒ | 1♌ | 1♑ 9♒ 23♒ | 1♍ 11♎ | 1♒ 15♒ 27♓ | 1♎ 10♎ | 1♒ 5♓ 19♓ | 1♏ 13♏ | 1♓ 8♓ 21♈ | 1♏ 5♏ 20♐ | 1♈ 5♈ 21♈ | 1♐ 12♐ 26♐ | 1♉ 8♉ | 1♐ 6♐ 19♑ |
| 2 | 1♉ 10♉ 26♉ | 1♑ 16♑ | 1♊ 26♊ | 1♑ 7♑ 19♒ | 1♋ | 1♒ 13♒ 26♒ | 1♌ 9♌ | 1♒ 4♒ 17♓ | 1♎ 26♍ | 1♓ 10♓ 22♓ | 1♏ | 1♓ 13♈ 27♈ | 1♏ 19♐ | 1♈ 5♈ 18♈ | 1♐ 5♐ 21♐ | 1♈ 5♉ 21♉ | 1♐ 9♑ 24♑ | 1♉ 22♊ | 1♑ 16♑ 28♒ |
| 3 | 1♉ 14♊ 31♊ | 1♑ 14♒ 28♒ | 1♊ 18♊ | 1♒ 5♒ 18♒ 30♓ | 1♋ 14♋ | 1♒ 9♓ 23♓ | 1♌ | 1♓ 15♓ 27♈ | 1♍ 25♍ | 1♓ 7♈ 20♈ | 1♏ | 1♈ 12♈ 25♉ | 1♐ 12♐ | 1♈ 4♉ 19♉ | 1♐ 7♑ 23♑ | 1♉ 9♉ 24♊ | 1♑ 10♑ 23♒ | 1♊ 13♊ | 1♒ 13♒ 26♒ |
| 4 | 1♊ 16♊ | 1♒ 10♒ 23♓ | 1♊ 5♋ 24♋ | 1♓ 13♓ 25♓ | 1♋ 11♋ | 1♓ 5♓ 17♈ 30♈ | 1♌ | 1♈ 9♈ 22♈ | 1♍ | 1♈ 15♉ 29♉ | 1♏ 24♎ | 1♉ 8♉ 22♉ | 1♐ 7♐ | 1♉ 16♊ | 1♑ 8♑ 25♒ | 1♊ 9♊ 24♊ | 1♒ 7♒ 20♒ | 1♊ 17♋ | 1♒ 7♓ 21♓ |
| 5 | 1♊ 2♋ 18♋ | 1♓ 7♓ 21♓ | 1♋ 12♋ 28♌ | 1♓ 8♈ 22♈ | 1♋ 2♌ 22♌ | 1♈ 13♈ 26♉ | 1♌ 5♌ 29♍ | 1♈ 5♉ 19♉ | 1♍ | 1♉ 13♉ 26♊ | 1♎ | 1♉ 6♊ 21♊ | 1♐ | 1♊ 17♊ 31♋ | 1♒ 13♒ | 1♊ 10♋ 26♋ | 1♒ 4♓ 18♓ | 1♋ 5♋ 21♋ | 1♓ 5♓ 17♈ |
| 6 | 1♋ 20♌ | 1♓ 3♈ 17♈ | 1♌ 15♌ | 1♈ 4♈ 17♉ | 1♌ 10♌ 26♍ | 1♉ 9♉ 23♉ | 1♍ 18♍ | 1♉ 15♊ 30♊ | 1♍ 24♎ | 1♊ 10♊ 25♊ | 1♎ | 1♊ 5♊ 19♋ | 1♐ | 1♋ 16♋ | 1♒ 25♓ | 1♋ 11♋ 26♌ | 1♓ 15♈ 30♈ | 1♋ 6♌ 23♌ | 1♈ 14♈ 26♉ |
| 7 | 1♌ 6♌ 22♌ | 1♈ 16♉ | 1♌ 17♍ | 1♉ 15♉ 29♊ | 1♍ 14♍ 30♍ | 1♉ 6♊ 21♊ | 1♍ 6♍ 23♎ | 1♊ 14♊ 28♋ | 1♎ 14♎ | 1♊ 9♋ 24♋ | 1♎ 11♏ | 1♋ 4♋ 20♋ | 1♐ | 1♋ 16♌ | 1♓ | 1♌ 12♌ 29♌ | 1♈ 16♈ | 1♌ 9♌ 25♍ | 1♉ 11♉ 26♉ |
| 8 | 1♌ 6♍ 22♍ | 1♉ 18♉ | 1♍ 19♍ | 1♊ 14♊ 30♊ | 1♍ 15♎ 31♎ | 1♊ 5♊ 19♋ | 1♎ 9♎ 25♎ | 1♋ 13♋ 27♋ | 1♎ 17♏ | 1♋ 8♋ 23♌ | 1♏ 21♏ | 1♋ 3♌ 19♌ | 1♐ 25♐ | 1♌ 17♌ | 1♓ 25♒ | 1♌ 13♍ 29♍ | 1♉ 22♉ | 1♍ 10♍ 27♍ | 1♉ 9♊ 26♊ |
| 9 | 1♍ 8♍ 22♎ | 1♉ 6♊ | 1♍ 3♎ 19♎ | 1♊ 16♋ | 1♎ 16♎ 29♏ | 1♋ 5♋ 21♋ | 1♎ 9♏ 24♏ | 1♋ 12♌ 29♌ | 1♏ 18♏ | 1♌ 8♌ 24♌ | 1♏ 5♐ 21♐ | 1♌ 19♍ | 1♐ 13♑ | 1♍ 17♍ | 1♒ | 1♍ 13♍ 29♎ | 1♉ | 1♍ 10♎ 25♎ | 1♊ 13♊ |
| 10 | 1♎ 8♎ 23♎ | 1♊ | 1♎ 18♏ | 1♋ 6♋ 31♋ | 1♏ 15♏ 29♏ | 1♋ 8♌ 27♌ | 1♏ 9♏ 23♐ | 1♌ 16♌ | 1♐ 16♐ 30♐ | 1♌ 10♍ 27♍ | 1♐ 5♐ 18♑ | 1♍ 7♍ 21♍ | 1♑ 17♑ 31♒ | 1♍ 18♎ | 1♒ 20♓ | 1♎ 15♎ 30♎ | 1♉ | 1♎ 12♎ 26♏ | 1♊ 3♋ |
| 11 | 1♎ 6♏ 22♏ | 1♊ 30♉ | 1♏ 17♏ 30♐ | 1♋ | 1♏ 11♐ 26♐ | 1♌ 19♌ | 1♐ 5♐ 19♐ | 1♌ 2♍ 22♍ | 1♐ 11♑ 25♑ | 1♍ 14♍ 30♎ | 1♑ 15♑ 28♒ | 1♍ 7♎ 24♎ | 1♒ 14♒ 28♒ | 1♎ 20♎ | 1♓ 13♓ | 1♎ 14♏ 29♏ | 1♉ 8♉ | 1♏ 10♏ 25♏ | 1♋ |
| 12 | 1♏ 7♏ 20♐ | 1♉ | 1♐ 15♐ 29♐ | 1♋ 23♋ | 1♐ 9♐ 22♑ | 1♌ | 1♐ 2♑ 14♑ 28♑ | 1♍ 13♍ | 1♑ 8♑ 20♒ | 1♎ 19♎ | 1♒ 11♒ 24♒ | 1♎ 10♎ 26♏ | 1♒ 11♓ 26♓ | 1♎ 4♏ 20♏ | 1♓ 19♈ | 1♏ 14♏ 28♐ | 1♉ | 1♏ 8♐ 22♐ | 1♋ 20♊ |

MARS 1929–1947

| | 1929 | 1930 | 1931 | 1932 | 1933 | 1934 | 1935 | 1936 | 1937 | 1938 | 1939 | 1940 | 1941 | 1942 | 1943 | 1944 | 1945 | 1946 | 1947 |
|---|---|---|---|---|---|---|---|---|---|---|---|---|---|---|---|---|---|---|---|
| 1 | 1: ♊ | 1 12 25: ♑♑♑ | 1 20: ♌♌ | 1 6 18: ♑♑♒ | 1 14: ♍♍ | 1 10 23: ♒♒♒ | 1 29: ♎♎ | 1 15 28: ♒♓♓ | 1 6 25: ♎♏♏ | 1 4 17 30: ♓♓♓♈ | 1 13 29: ♏♏♐ | 1 4 19: ♓♈♈ | 1 5 20: ♏♐♐ | 1 12: ♈♉ | 1 13 27: ♐♐♑ | 1: ♊ | 1 6 19: ♐♑♑ | 1 23: ♋♋ | 1 12 25: ♑♑♒ |
| 2 | 1: ♊ | 1 7 20: ♑♒♒ | 1 17: ♌♋ | 1 13 25: ♒♒♓ | 1: ♍ | 1 4 17: ♒♓♓ | 1: ♎ | 1 10 22: ♓♓♈ | 1 16: ♏♏ | 1 13 27: ♈♈♈ | 1 15: ♐♐ | 1 17: ♈♉ | 1 18: ♐♑ | 1 18: ♉♉ | 1 10 23: ♑♑♑ | 1 10: ♊♊ | 1 14 28: ♑♒♒ | 1: ♋ | 1 8 20: ♒♒♒ |
| 3 | 1 11: ♊♋ | 1 5 17 31: ♒♒♓♓ | 1 30: ♋♌ | 1 9 22: ♓♓♓ | 1 2: ♍♍ | 1 14 28: ♓♈♈ | 1 26: ♎♎ | 1 7 20: ♈♈♈ | 1 13: ♏♐ | 1 12 27: ♈♉♉ | 1 4 21: ♐♐♑ | 1 18: ♉♉ | 1 5 19: ♑♑♑ | 1 7 25: ♉♊♊ | 1 8 22: ♑♒♒ | 1 8 28: ♊♊♋ | 1 12 25: ♒♒♓ | 1 28: ♋♋ | 1 5 18 30: ♒♓♓♓ |
| 4 | 1 4 25: ♋♋♋ | 1 13 25: ♓♓♈ | 1: ♌ | 1 3 16: ♓♈♈ | 1: ♍ | 1 10 23: ♈♈♉ | 1 23: ♎♎ | 1 2 16 30: ♈♉♉♉ | 1: ♐ | 1 10 24: ♉♉♊ | 1 9 30: ♑♑♑ | 1 2 17: ♉♊♊ | 1 2 17: ♑♒♒ | 1 10 26: ♊♊♋ | 1 5 17: ♒♒♓ | 1 17: ♋♋ | 1 7 20: ♓♓♓ | 1 23: ♋♌ | 1 12 25: ♓♈♈ |
| 5 | 1 13: ♋♌ | 1 8 21: ♈♈♈ | 1 22: ♌♌ | 1 12 26: ♈♉♉ | 1 26: ♍♍ | 1 7 20: ♉♉♉ | 1: ♎ | 1 13 28: ♉♊♊ | 1 15: ♐♏ | 1 9 23: ♊♊♊ | 1 25: ♑♒ | 1 18: ♊♋ | 1 16: ♒♓ | 1 13 29: ♋♋♋ | 1 14 27: ♓♓♈ | 1 5 23: ♋♋♌ | 1 3 16 30: ♓♈♈♈ | 1 14: ♌♌ | 1 8 21: ♈♈♉ |
| 6 | 1 18: ♌♌ | 1 3 17: ♈♉♉ | 1 11 29: ♌♍♍ | 1 9 22: ♉♉♊ | 1 18: ♍♍ | 1 3 17: ♉♊♊ | 1 14: ♎♎ | 1 12 26: ♊♊♋ | 1 20: ♏♏ | 1 7 23: ♊♋♋ | 1: ♒ | 1 18: ♋♋ | 1 16: ♓♓ | 1 14: ♋♌ | 1 10 24: ♈♈♈ | 1 9 25: ♌♌♌ | 1 11 25: ♈♉♉ | 1 20: ♌♍ | 1 4 17: ♉♉♉ |
| 7 | 1 4 21: ♌♍♍ | 1 14 30: ♉♊♊ | 1 17: ♍♍ | 1 7 21: ♊♊♊ | 1 7 25: ♍♎♎ | 1 16: ♊♋ | 1 10 30: ♎♎♏ | 1 11 26: ♋♋♋ | 1: ♏ | 1 8 23: ♋♋♌ | 1 22: ♒♑ | 1 3 19: ♋♌♌ | 1 2 21: ♓♈♈ | 1 17: ♌♌ | 1 8 23: ♈♉♉ | 1 12 29: ♌♍♍ | 1 9 23: ♉♉♊ | 1 8 25: ♍♍♍ | 1 16 30: ♊♊♊ |
| 8 | 1 7 22: ♍♍♎ | 1 13 28: ♊♊♋ | 1 2 18: ♍♎♎ | 1 5 20: ♊♋♋ | 1 11 26: ♎♎♏ | 1 16 30: ♋♋♌ | 1 17: ♏♏ | 1 10 26: ♋♌♌ | 1 9 29: ♏♐♐ | 1 8 24: ♌♌♌ | 1: ♑ | 1 20: ♌♍ | 1 15: ♈♈ | 1 18: ♍♍ | 1 8 24: ♉♉♊ | 1 14 29: ♍♍♎ | 1 8 23: ♊♊♊ | 1 9 26: ♍♎♎ | 1 14 30: ♊♋♋ |
| 9 | 1 7 22: ♎♎♎ | 1 14: ♋♋ | 1 17: ♎♏ | 1 5 21: ♋♋♌ | 1 11 26: ♏♏♏ | 1 16: ♌♌ | 1 16: ♏♐ | 1 11 27: ♌♌♍ | 1 15 30: ♐♐♑ | 1 8 24: ♌♍♍ | 1 24: ♑♒ | 1 5 20: ♍♍♍ | 1: ♈ | 1 17: ♍♎ | 1 13: ♊♊ | 1 13 29: ♎♎♎ | 1 8 26: ♊♋♋ | 1 10 25: ♎♎♏ | 1 14: ♋♋ |
| 10 | 1 6 21: ♎♏♏ | 1 21: ♋♌ | 1 17 30: ♏♏♐ | 1 8 27: ♌♌♌ | 1 9 24: ♏♐♐ | 1 18: ♌♍ | 1 15 29: ♐♐♑ | 1 13 30: ♍♍♍ | 1 15 30: ♑♑♑ | 1 10 25: ♍♍♎ | 1 17: ♒♒ | 1 6 21: ♍♎♎ | 1: ♈ | 1 18: ♎♎ | 1 10: ♊♊ | 1 13 29: ♎♏♏ | 1 16: ♋♋ | 1 10 24: ♏♏♏ | 1 19: ♌♌ |
| 11 | 1 5 18: ♏♏♐ | 1 14: ♌♌ | 1 14 27: ♐♐♐ | 1 14: ♌♍ | 1 6 19: ♐♐♑ | 1 5 24: ♍♍♍ | 1 12 25: ♑♑♑ | 1 15: ♍♎ | 1 12 26: ♑♒♒ | 1 11 26: ♎♎♎ | 1 4 20: ♒♒♓ | 1 6 21: ♎♎♏ | 1: ♈ | 1 2 17: ♎♏♏ | 1 15: ♊♊ | 1 12 26: ♏♏♐ | 1 12: ♋♌ | 1 7 21: ♏♐♐ | 1 8: ♌♌ |
| 12 | 1 16 29: ♐♐♑ | 1: ♌ | 1 10 24: ♐♑♑ | 1 7: ♍♍ | 1 3 16 28: ♑♑♑♒ | 1 11: ♍♎ | 1 7 20: ♑♒♒ | 1 20: ♎♎ | 1 9 22: ♒♒♓ | 1 12 28: ♎♏♏ | 1 6 20: ♓♓♓ | 1 6 21: ♏♏♏ | 1 21: ♈♈ | 1 16 30: ♏♐♐ | 1 13: ♊♊ | 1 9 24: ♐♐♐ | 1 27: ♌♋ | 1 5 17 31: ♐♐♑♑ | 1: ♍ |

MARS 1948–1966

| | 1948 | 1949 | 1950 | 1951 | 1952 | 1953 | 1954 | 1955 | 1956 | 1957 | 1958 | 1959 | 1960 | 1961 | 1962 | 1963 | 1964 | 1965 | 1966 |
|---|---|---|---|---|---|---|---|---|---|---|---|---|---|---|---|---|---|---|---|
| 1 | 1: ♍ | 1 5 18 31: ♑♒♒♒ | 1 30: ♎♎ | 1 10 23: ♒♒♓ | 1 20: ♎♏ | 1 13 26: ♓♓♓ | 1 7 24: ♏♏♏ | 1 15 30: ♓♈♈ | 1 14 30: ♏♐♐ | 1 12 28: ♈♈♉ | 1 7 21: ♐♐♐ | 1 14: ♉♉ | 1 14 28: ♐♑♑ | 1: ♋ | 1 7 20: ♑♑♑ | 1 22: ♌♌ | 1 13 26: ♑♒♒ | 1: ♍ | 1 5 18 30: ♒♒♒♓ |
| 2 | 1 12: ♍♌ | 1 12 25: ♒♓♓ | 1: ♎ | 1 5 17: ♓♓♓ | 1 13: ♏♏ | 1 8 21: ♓♈♈ | 1 10: ♏♐ | 1 12 26: ♈♈♉ | 1 14 29: ♐♐♑ | 1 14: ♉♉ | 1 4 18: ♐♑♑ | 1 11: ♉♊ | 1 10 23: ♑♑♒ | 1 5 7: ♋♊♋ | 1 2 15 28: ♑♒♒♒ | 1 17: ♌♌ | 1 8 20: ♒♒♓ | 1: ♍ | 1 12 25: ♓♓♓ |
| 3 | 1 13: ♌♌ | 1 9 22: ♓♓♈ | 1 28: ♎♍ | 1 2 15 29: ♓♈♈♈ | 1: ♏ | 1 7 20: ♈♈♉ | 1 20: ♐♐ | 1 13 27: ♉♉♉ | 1 15 31: ♑♑♑ | 1 18: ♉♊ | 1 4 17: ♑♑♒ | 1 4 23: ♊♊♊ | 1 8 21: ♒♒♒ | 1 24: ♋♋ | 1 12 25: ♒♓♓ | 1: ♌ | 1 4 17 29: ♓♓♓♈ | 1 6: ♍♍ | 1 9 23: ♓♈♈ |
| 4 | 1 17: ♌♌ | 1 4 17 30: ♈♈♈♉ | 1: ♍ | 1 10 24: ♈♉♉ | 1: ♏ | 1 4 17: ♉♉♉ | 1 13: ♐♑ | 1 11 26: ♉♊♊ | 1 15: ♑♒ | 1 19: ♊♊ | 1 14 27: ♒♒♓ | 1 10 29: ♊♋♋ | 1 2 16 29: ♒♓♓♓ | 1 16: ♋♋ | 1 7 20: ♓♓♈ | 1 16: ♌♌ | 1 12 25: ♈♈♈ | 1 5: ♍♍ | 1 5 18: ♈♈♉ |
| 5 | 1 19: ♌♍ | 1 14 27: ♉♉♉ | 1: ♍ | 1 8 22: ♉♉♊ | 1: ♏ | 1 16 31: ♊♊♊ | 1: ♑ | 1 11 26: ♊♊♋ | 1 18: ♒♒ | 1 5 21: ♊♋♋ | 1 11 24: ♓♓♓ | 1 15: ♋♋ | 1 11 25: ♓♈♈ | 1 6 25: ♋♌♌ | 1 3 16 29: ♈♈♈♉ | 1 13: ♌♌ | 1 8 21: ♈♉♉ | 1: ♍ | 1 15 29: ♉♉♊ |
| 6 | 1 10 30: ♍♍♍ | 1 10 24: ♉♊♊ | 1 12: ♍♎ | 1 5 19: ♊♊♊ | 1: ♏ | 1 14 30: ♊♋♋ | 1: ♑ | 1 11 26: ♋♋♋ | 1 3 23: ♒♓♓ | 1 6 21: ♋♋♌ | 1 7 22: ♓♈♈ | 1 18: ♌♌ | 1 7 20: ♈♈♉ | 1 12 29: ♌♌♍ | 1 11 25: ♉♉♉ | 1 3 22: ♌♍♍ | 1 17: ♉♊ | 1 8 29: ♍♍♎ | 1 12 27: ♊♊♊ |
| 7 | 1 17: ♍♎ | 1 9 23: ♊♊♋ | 1 6 24: ♎♎♎ | 1 4 19: ♊♋♋ | 1 20: ♏♏ | 1 14 30: ♋♋♌ | 1 3: ♑♐ | 1 11 27: ♋♌♌ | 1 18: ♓♓ | 1 8 24: ♌♌♌ | 1 7 21: ♈♈♉ | 1 5 20: ♌♌♍ | 1 4 18: ♉♉♉ | 1 16: ♍♍ | 1 9 24: ♉♊♊ | 1 11 27: ♍♍♎ | 1 17 31: ♊♊♋ | 1 18: ♎♎ | 1 11 27: ♊♋♋ |
| 8 | 1 4 19: ♎♎♎ | 1 7 23: ♋♋♋ | 1 11 27: ♎♏♏ | 1 4 18: ♋♋♌ | 1 10 28: ♏♏♐ | 1 15 30: ♌♌♌ | 1 25: ♐♑ | 1 12 27: ♌♌♍ | 1: ♓ | 1 8 24: ♌♍♍ | 1 7 26: ♉♉♉ | 1 6 22: ♍♍♍ | 1 2 18: ♉♊♊ | 1 17: ♍♎ | 1 8 22: ♊♊♋ | 1 13 28: ♎♎♎ | 1 15: ♋♋ | 1 5 20: ♎♎♏ | 1 11 26: ♋♋♌ |
| 9 | 1 3 19: ♎♏♏ | 1 7 24: ♋♌♌ | 1 11 26: ♏♏♐ | 1 4 19: ♌♌♌ | 1 13 28: ♐♐♐ | 1 15: ♌♍ | 1 17: ♑♑ | 1 13 28: ♍♍♍ | 1 5: ♓♓ | 1 9 24: ♍♍♎ | 1 21: ♉♊ | 1 6 21: ♍♎♎ | 1 4 21: ♊♊♋ | 1 17: ♎♎ | 1 8 24: ♋♋♋ | 1 12 21: ♎♏♏ | 1 15: ♋♌ | 1 5 20: ♏♏♏ | 1 10 26: ♌♌♌ |
| 10 | 1 17: ♏♐ | 1 10 27: ♌♌♍ | 1 10 24: ♐♐♐ | 1 5 21: ♌♍♍ | 1 12 27: ♐♑♑ | 1 17: ♍♍ | 1 6 21: ♑♑♒ | 1 13 29: ♍♎♎ | 1: ♓ | 1 10 25: ♎♎♎ | 1 29: ♊♉ | 1 7 21: ♎♎♏ | 1 13: ♋♋ | 1 2 17: ♎♏♏ | 1 12: ♋♌ | 1 12 26: ♏♏♐ | 1 19: ♌♌ | 1 4 19: ♏♐♐ | 1 13 30: ♌♍♍ |
| 11 | 1 14 27: ♐♐♑ | 1 14: ♍♍ | 1 6 20: ♐♑♑ | 1 8 24: ♍♍♎ | 1 9 22: ♑♑♒ | 1 2 18: ♍♎♎ | 1 6 20: ♒♒♒ | 1 14 29: ♎♎♏ | 1 14: ♓♓ | 1 9 24: ♎♏♏ | 1: ♉ | 1 6 20: ♏♏♏ | 1: ♋ | 1 14 28: ♏♐♐ | 1 28: ♌♌ | 1 9 22: ♐♐♐ | 1 6 26: ♌♍♍ | 1 14 28: ♐♑♑ | 1 16: ♍♍ |
| 12 | 1 10 23: ♑♑♑ | 1 4 26: ♍♍♎ | 1 15 29: ♑♒♒ | 1 13 31: ♎♎♎ | 1 5 18 31: ♒♒♒♓ | 1 20: ♎♏ | 1 4 18: ♒♓♓ | 1 15 30: ♏♏♏ | 1 6 26: ♓♈♈ | 1 9 23: ♏♏♐ | 1: ♉ | 1 4 18: ♏♐♐ | 1 27: ♋♋ | 1 11 25: ♐♐♑ | 1: ♌ | 1 5 19: ♐♑♑ | 1 20: ♍♍ | 1 11 23: ♑♑♒ | 1 4 24: ♍♎♎ |

MARS 1967–1985

| | 1967 | 1968 | 1969 | 1970 | 1971 | 1972 | 1973 | 1974 | 1975 | 1976 | 1977 | 1978 | 1979 | 1980 | 1981 | 1982 | 1983 | 1984 | 1985 |
|---|---|---|---|---|---|---|---|---|---|---|---|---|---|---|---|---|---|---|---|
| 1 | 1 14: ♎♎ | 1 9 22: ♒♓♓ | 1 17: ♏♏ | 1 11 25: ♓♓♈ | 1 8 23: ♏♏♐ | 1 12 27: ♈♈♈ | 1 14 29: ♐♐♐ | 1 20: ♉♉ | 1 9 22: ♐♐♑ | 1: ♊ | 1 14 28: ♑♑♑ | 1 26: ♌♋ | 1 8 21: ♑♑♒ | 1: ♍ | 1 13 26: ♒♒♒ | 1 9: ♎♎ | 1 5 17: ♒♒♓ | 1 11: ♎♏ | 1 7 20: ♓♓♓ |
| 2 | 1 12: ♎♏ | 1 4 17: ♓♓♈ | 1 5 25: ♏♏♐ | 1 8 22: ♈♈♈ | 1 8 25: ♐♐♐ | 1 11 26: ♈♉♉ | 1 12 27: ♐♑♑ | 1 9 27: ♉♉♊ | 1 5 18: ♑♑♑ | 1 22: ♊♊ | 1 9 23: ♑♒♒ | 1: ♋ | 1 16 28: ♒♒♓ | 1 14: ♍♍ | 1 7 20: ♒♓♓ | 1: ♎ | 1 2 25: ♓♓♈ | 1 25: ♏♏ | 1 3 17: ♓♈♈ |
| 3 | 1 31: ♏♎ | 1 15 28: ♈♈♉ | 1 22: ♐♐ | 1 7 21: ♈♉♉ | 1 12 30: ♐♑♑ | 1 11 27: ♉♉♊ | 1 13 27: ♑♑♒ | 1 17: ♊♊ | 1 3 17 30: ♑♒♒♒ | 1 18: ♊♋ | 1 8 20: ♒♒♓ | 1: ♋ | 1 12 26: ♓♓♓ | 1 12: ♍♌ | 1 5 17: ♓♓♈ | 1: ♎ | 1 10 23: ♈♈♈ | 1: ♏ | 1 15 30: ♈♉♉ |
| 4 | 1 28: ♎♎ | 1 11 25: ♉♉♉ | 1: ♐ | 1 5 19: ♉♉♊ | 1 17: ♑♑ | 1 12 28: ♊♊♊ | 1 10 25: ♒♒♒ | 1 20: ♊♋ | 1 12 25: ♒♓♓ | 1 9 29: ♋♋♋ | 1 15 28: ♓♓♈ | 1 11: ♋♌ | 1 7 20: ♓♈♈ | 1: ♌ | 1 12 25: ♈♈♉ | 1: ♎ | 1 5 19: ♈♉♉ | 1: ♏ | 1 12 26: ♉♉♊ |
| 5 | 1: ♎ | 1 9 23: ♉♊♊ | 1: ♐ | 1 4 18: ♊♊♊ | 1 4 25: ♑♒♒ | 1 12 29: ♊♋♋ | 1 8 23: ♒♓♓ | 1 8 24: ♋♋♋ | 1 8 21: ♓♓♈ | 1 16: ♋♌ | 1 11 24: ♈♈♈ | 1 6 26: ♌♌♌ | 1 16 30: ♈♉♉ | 1 4: ♌♍ | 1 9 22: ♉♉♉ | 1: ♎ | 1 17: ♉♊ | 1 14: ♏♏ | 1 11 25: ♊♊♊ |
| 6 | 1 25: ♎♎ | 1 7 21: ♊♊♋ | 1: ♐ | 1 2 17: ♊♋♋ | 1 24: ♒♒ | 1 13 29: ♋♋♌ | 1 6 21: ♓♓♈ | 1 9 26: ♋♌♌ | 1 4 17: ♈♈♈ | 1 3 21: ♌♌♌ | 1 6 20: ♈♉♉ | 1 14: ♌♍ | 1 13 26: ♉♉♊ | 1 22: ♍♍ | 1 5 20: ♉♊♊ | 1 24: ♎♎ | 1 15 29: ♊♊♋ | 1: ♏ | 1 9 25: ♊♋♋ |
| 7 | 1 20: ♎♏ | 1 7 22: ♋♋♋ | 1: ♐ | 1 3 18: ♋♋♌ | 1: ♒ | 1 15: ♌♌ | 1 7 24: ♈♈♈ | 1 12 27: ♌♌♍ | 1 16: ♉♉ | 1 7 24: ♌♍♍ | 1 18: ♉♊ | 1 19: ♍♍ | 1 10 25: ♊♊♊ | 1 11: ♍♎ | 1 4 18: ♊♊♋ | 1 16: ♎♎ | 1 14 30: ♋♋♋ | 1 28: ♏♏ | 1 10 25: ♋♋♌ |
| 8 | 1 8 25: ♏♏♏ | 1 6 21: ♋♌♌ | 1 14: ♐♐ | 1 18: ♌♌ | 1: ♒ | 1 15: ♌♍ | 1 13: ♈♉ | 1 13 29: ♍♍♍ | 1 15: ♉♊ | 1 9 24: ♍♍♎ | 1 17: ♊♊ | 1 4 21: ♍♎♎ | 1 9 24: ♊♋♋ | 1 14 29: ♎♎♏ | 1 18: ♋♋ | 1 3 20: ♎♏♏ | 1 14 30: ♋♌♌ | 1 18: ♏♐ | 1 10 25: ♌♌♌ |
| 9 | 1 10 25: ♏♐♐ | 1 6 22: ♌♌♍ | 1 5 21: ♐♐♑ | 1 3 19: ♌♍♍ | 1: ♒ | 1 16: ♍♍ | 1: ♉ | 1 13 29: ♍♎♎ | 1 20: ♊♊ | 1 9 24: ♎♎♎ | 1 18: ♋♋ | 1 5 20: ♎♎♏ | 1 9 25: ♋♋♌ | 1 14: ♏♏ | 1 2 18: ♋♌♌ | 1 6 20: ♏♏♐ | 1 14 30: ♌♌♍ | 1 5 21: ♐♐♐ | 1 10 25: ♌♍♍ |
| 10 | 1 9 23: ♐♐♑ | 1 8 24: ♍♍♍ | 1 7 22: ♑♑♑ | 1 5 20: ♍♍♎ | 1 17: ♒♒ | 1 17: ♎♎ | 1 30: ♉♈ | 1 14 28: ♎♎♏ | 1 17: ♊♋ | 1 9 24: ♎♏♏ | 1 6 27: ♋♋♌ | 1 5 19: ♏♏♏ | 1 12: ♌♌ | 1 12 27: ♏♐♐ | 1 21: ♌♍ | 1 5 19: ♐♐♐ | 1 16: ♍♍ | 1 5 20: ♐♑♑ | 1 12 28: ♍♍♎ |
| 11 | 1 6 19: ♑♑♑ | 1 9 26: ♍♎♎ | 1 5 19: ♑♒♒ | 1 6 21: ♎♎♎ | 1 6 25: ♒♓♓ | 1 16: ♎♏ | 1: ♈ | 1 12 27: ♏♏♏ | 1 26: ♋♊ | 1 7 21: ♏♏♐ | 1 27: ♌♌ | 1 2 16: ♏♐♐ | 1 20: ♌♍ | 1 9 22: ♐♐♑ | 1 8 27: ♍♍♍ | 1 14 28: ♑♑♑ | 1 18: ♍♎ | 1 16: ♑♒ | 1 13 29: ♎♎♎ |
| 12 | 1 12 15 28: ♑♒♒♒ | 1 13 30: ♎♎♏ | 1 16 30: ♒♓♓ | 1 7 21: ♎♏♏ | 1 11 27: ♓♓♈ | 1 16 31: ♏♏♐ | 1 24: ♈♉ | 1 11 26: ♏♐♐ | 1 21: ♊♊ | 1 5 19: ♐♐♐ | 1: ♌ | 1 13 25: ♐♑♑ | 1 16: ♍♍ | 1 6 19 31: ♑♑♑♒ | 1 16: ♍♎ | 1 10 23: ♑♒♒ | 1 6 24: ♎♎♎ | 1 13 25: ♒♒♓ | 1 15: ♎♏ |

MARS 1986–2004

| | 1986 | 1987 | 1988 | 1989 | 1990 | 1991 | 1992 | 1993 | 1994 | 1995 | 1996 | 1997 | 1998 | 1999 | 2000 | 2001 | 2002 | 2003 | 2004 |
|---|---|---|---|---|---|---|---|---|---|---|---|---|---|---|---|---|---|---|---|
| 1 | 1 17: ♏♏ | 1 8 23: ♓♈♈ | 1 9 24: ♏♐♐ | 1 19: ♈♉ | 1 16 30: ♐♐♑ | 1 21: ♉♊ | 1 9 23: ♐♑♑ | 1: ♋ | 1 15 28: ♑♑♒ | 1 23: ♍♌ | 1 8 21: ♑♒♒ | 1 3: ♍♎ | 1 13 25: ♒♒♓ | 1 26: ♎♏ | 1 4 18 30: ♒♓♓♓ | 1 10 27: ♏♏♏ | 1 5 19: ♓♓♈ | 1 17: ♏♐ | 1 18: ♈♈ |
| 2 | 1 2 20: ♏♐♐ | 1 6 20: ♈♈♉ | 1 8 22: ♐♐♑ | 1 6 23: ♉♉♉ | 1 13 26: ♑♑♑ | 1 21: ♊♊ | 1 6 18: ♑♑♒ | 1: ♋ | 1 10 23: ♒♒♒ | 1 19: ♌♌ | 1 15 28: ♒♓♓ | 1: ♎ | 1 7 20: ♓♓♓ | 1 27: ♏♏ | 1 12 26: ♓♈♈ | 1 15: ♏♐ | 1 15: ♈♈ | 1 17: ♐♐ | 1 3 19: ♈♉♉ |
| 3 | 1 9 28: ♐♐♑ | 1 7 22: ♉♉♉ | 1 8 23: ♑♑♑ | 1 11 28: ♉♊♊ | 1 12 25: ♑♒♒ | 1 15: ♊♊ | 1 15 28: ♒♒♓ | 1: ♋ | 1 7 21: ♒♓♓ | 1: ♌ | 1 12 25: ♓♓♈ | 1 9: ♎♍ | 1 5 18: ♓♈♈ | 1: ♏ | 1 10 23: ♈♈♉ | 1 7 30: ♐♐♐ | 1 2 16: ♈♉♉ | 1 5 21: ♐♑♑ | 1 6 21: ♉♉♊ |
| 4 | 1 18: ♑♑ | 1 6 21: ♉♊♊ | 1 7 22: ♑♒♒ | 1 13 29: ♊♊♋ | 1 8 21: ♒♒♓ | 1 3 22: ♊♋♋ | 1 10 23: ♓♓♓ | 1 6 28: ♋♋♌ | 1 15 28: ♓♈♈ | 1: ♌ | 1 7 20: ♈♈♈ | 1: ♍ | 1 13 26: ♈♉♉ | 1: ♏ | 1 6 20: ♉♉♉ | 1: ♐ | 1 14 28: ♉♊♊ | 1 6 22: ♑♑♒ | 1 6 21: ♊♊♊ |
| 5 | 1 17: ♑♑ | 1 6 21: ♊♊♋ | 1 7 22: ♒♒♓ | 1 15: ♋♋ | 1 5 18 31: ♓♓♓♈ | 1 9 27: ♋♋♌ | 1 6 19: ♓♈♈ | 1 18: ♌♌ | 1 11 24: ♈♈♉ | 1 26: ♌♍ | 1 3 16 30: ♈♉♉♉ | 1 22: ♍♍ | 1 10 24: ♉♉♊ | 1 6: ♏♎ | 1 4 19: ♉♊♊ | 1: ♐ | 1 13 28: ♊♊♋ | 1 9 27: ♒♒♒ | 1 7 23: ♊♋♋ |
| 6 | 1: ♑ | 1 6 21: ♋♋♋ | 1 7 24: ♓♓♓ | 1 17: ♋♌ | 1 14 28: ♈♈♈ | 1 13 29: ♌♌♌ | 1 15 29: ♈♉♉ | 1 6 23: ♌♌♍ | 1 7 20: ♉♉♉ | 1 15: ♍♍ | 1 13 27: ♉♊♊ | 1 19: ♍♎ | 1 7 22: ♊♊♊ | 1: ♎ | 1 16: ♊♋ | 1 21: ♐♐ | 1 13 28: ♋♋♋ | 1 17: ♒♓ | 1 8 24: ♋♋♌ |
| 7 | 1: ♑ | 1 7 23: ♋♌♌ | 1 14: ♓♈ | 1 20: ♌♌ | 1 13 28: ♈♉♉ | 1 16: ♌♍ | 1 12 27: ♉♉♊ | 1 10 27: ♍♍♍ | 1 4 18: ♉♊♊ | 1 21: ♍♎ | 1 12 26: ♊♊♋ | 1 10 29: ♎♎♎ | 1 6 21: ♊♋♋ | 1 5: ♎♏ | 1 17: ♋♋ | 1: ♐ | 1 14 29: ♋♌♌ | 1 25: ♓♓ | 1 10 25: ♌♌♌ |
| 8 | 1: ♑ | 1 7 23: ♌♌♍ | 1 12: ♈♈ | 1 4 20: ♌♍♍ | 1 13 31: ♉♉♊ | 1 17: ♍♍ | 1 11 27: ♊♊♊ | 1 12 28: ♍♎♎ | 1 17: ♊♋ | 1 7 23: ♎♎♎ | 1 10 26: ♋♋♋ | 1 14: ♎♏ | 1 6 21: ♋♋♌ | 1 17: ♏♏ | 1 17: ♌♌ | 1 16: ♐♐ | 1 14 30: ♌♌♍ | 1: ♓ | 1 10 26: ♌♍♍ |
| 9 | 1 19: ♑♑ | 1 8 23: ♍♍♍ | 1 10: ♈♈ | 1 20: ♍♎ | 1 24: ♊♊ | 1 17: ♎♎ | 1 12: ♊♋ | 1 12 27: ♎♎♏ | 1 18: ♋♋ | 1 7 22: ♎♏♏ | 1 10 26: ♋♌♌ | 1 14 29: ♏♏♐ | 1 5 21: ♌♌♌ | 1 3 18: ♏♐♐ | 1 17: ♌♍ | 1 9 27: ♐♑♑ | 1 14: ♍♍ | 1: ♓ | 1 10 26: ♍♍♎ |
| 10 | 1 9 26: ♑♒♒ | 1 9 24: ♍♎♎ | 1 24: ♈♓ | 1 5 20: ♎♎♎ | 1: ♊ | 1 17: ♎♏ | 1 23: ♋♋ | 1 12 27: ♏♏♏ | 1 5 23: ♋♌♌ | 1 7 21: ♏♏♐ | 1 13 30: ♌♌♍ | 1 13 27: ♐♐♐ | 1 7 24: ♌♍♍ | 1 17: ♐♑ | 1 19: ♍♍ | 1 13 28: ♑♑♒ | 1 16: ♍♎ | 1: ♓ | 1 12 27: ♎♎♎ |
| 11 | 1 12 26: ♒♒♓ | 1 9 24: ♎♎♏ | 1: ♈ | 1 4 19: ♎♏♏ | 1 15: ♊♊ | 1 15 29: ♏♏♐ | 1: ♋ | 1 9 24: ♏♐♐ | 1 13: ♌♌ | 1 18: ♐♐ | 1 18: ♍♍ | 1 9 22: ♐♑♑ | 1 10 27: ♍♍♎ | 1 13 26: ♑♑♒ | 1 4 20: ♍♎♎ | 1 11 25: ♒♒♒ | 1 16: ♎♎ | 1 8 29: ♓♓♓ | 1 11 26: ♎♏♏ |
| 12 | 1 11 25: ♓♓♓ | 1 9 25: ♏♏♏ | 1 10: ♈♈ | 1 18: ♏♐ | 1 14: ♊♉ | 1 13 27: ♐♐♐ | 1: ♋ | 1 7 20: ♐♐♑ | 1 12: ♌♍ | 1 14 27: ♑♑♑ | 1 9: ♍♍ | 1 6 18: ♑♑♒ | 1 16: ♎♎ | 1 10 23: ♒♒♒ | 1 7 24: ♎♎♏ | 1 9 23: ♒♓♓ | 1 2 17: ♎♏♏ | 1 17: ♓♈ | 1 11 26: ♏♏♐ |

## MARS 2005–2008

| | 2005 | 2006 | 2007 | 2008 |
|---|---|---|---|---|
| 1 | 1 ♐, 9 ♐, 23 ♐ | 1 ♉, 27 ♉ | 1 ♐, 17 ♍ | 1 ♊ |
| 2 | 1 ♐, 7 ♑, 21 ♑ | 1 ♉, 18 ♊ | 1 ♑, 13 ♑, 26 ♒ | 1 ♊ |
| 3 | 1 ♑, 7 ♑, 21 ♒ | 1 ♊, 10 ♊, 27 ♊ | 1 ♒, 11 ♒, 24 ♒ | 1 ♊, 4 ♋, 30 ♋ |
| 4 | 1 ♒, 17 ♒ | 1 ♊, 14 ♋ | 1 ♒, 6 ♓, 19 ♓ | 1 ♋, 20 ♋ |
| 5 | 1 ♓, 15 ♓, 29 ♓ | 1 ♋, 18 ♋ | 1 ♓, 16 ♈, 29 ♈ | 1 ♋, 10 ♌, 28 ♌ |
| 6 | 1 ♓, 12 ♈, 27 ♈ | 1 ♋, 4 ♌, 20 ♌ | 1 ♈, 11 ♈, 25 ♉ | 1 ♌, 15 ♌ |
| 7 | 1 ♈, 12 ♈, 28 ♉ | 1 ♌, 7 ♌, 23 ♍ | 1 ♉, 9 ♉, 23 ♉ | 1 ♌, 2 ♍, 18 ♍ |
| 8 | 1 ♉, 16 ♉ | 1 ♍, 8 ♍, 24 ♍ | 1 ♉, 7 ♊, 23 ♊ | 1 ♍, 19 ♎ |
| 9 | 1 ♉, 10 ♉ | 1 ♍, 8 ♎, 23 ♎ | 1 ♊, 9 ♊, 29 ♋ | 1 ♎, 19 ♎ |
| 10 | 1 ♉, 23 ♉ | 1 ♎, 9 ♎, 24 ♏ | 1 ♋, 27 ♋ | 1 ♎, 4 ♏, 19 ♏ |
| 11 | 1 ♉, 23 ♉ | 1 ♏, 7 ♏, 22 ♏ | 1 ♋ | 1 ♏, 16 ♐ |
| 12 | 1 ♉, 27 ♉ | 1 ♏, 6 ♐, 20 ♐ | 1 ♋ | 1 ♐, 14 ♐, 27 ♑ |

## JUPITER 1910–1948

| | 1910 | 1911 | 1912 | 1913 | 1914 | 1915 | 1916 | 1917 | 1918 | 1919 | 1920 | 1921 | 1922 | 1923 | 1924 | 1925 | 1926 | 1927 | 1928 | 1929 |
|---|---|---|---|---|---|---|---|---|---|---|---|---|---|---|---|---|---|---|---|---|
| 1 | 1 ♎ | 1 ♏ | 1 ♐, 31 ♐ | 1 ♐, 3 ♑ | 1 ♑, 21 ♒ | 1 ♒ | 1 ♓ | 1 ♈ | 1 ♊ | 1 ♋ | 1 ♌ | 1 ♍ | 1 ♎ | 1 ♏ | 1 ♐, 10 ♐ | 1 ♑ | 1 ♑, 6 ♒ | 1 ♒, 18 ♓ | 1 ♓, 24 ♈ | 1 ♉ |
| 2 | 1 ♎ | 1 ♏ | 1 ♐ | 1 ♑, 19 ♑ | 1 ♒ | 1 ♒, 4 ♓ | 1 ♓, 12 ♈ | 1 ♈, 12 ♉ | 1 ♊ | 1 ♋ | 1 ♌, 29 ♌ | 1 ♍ | 1 ♎ | 1 ♏ | 1 ♐ | 1 ♑ | 1 ♒, 18 ♒ | 1 ♓ | 1 ♈ | 1 ♉ |
| 3 | 1 ♎, 28 ♎ | 1 ♏ | 1 ♐ | 1 ♑ | 1 ♒, 6 ♒ | 1 ♓, 18 ♓ | 1 ♈, 26 ♈ | 1 ♉ | 1 ♊ | 1 ♋ | 1 ♌ | 1 ♍ | 1 ♎ | 1 ♏ | 1 ♐ | 1 ♑ | 1 ♒ | 1 ♓ | 1 ♈, 10 ♈ | 1 ♉, 17 ♉ |
| 4 | 1 ♎ | 1 ♏, 28 ♏ | 1 ♐ | 1 ♑ | 1 ♒ | 1 ♓ | 1 ♈ | 1 ♉, 4 ♉ | 1 ♊, 14 ♊ | 1 ♋, 26 ♋ | 1 ♌ | 1 ♍ | 1 ♎ | 1 ♏ | 1 ♐ | 1 ♑ | 1 ♒, 6 ♒ | 1 ♓, 14 ♓ | 1 ♈, 21 ♈ | 1 ♉ |
| 5 | 1 ♎ | 1 ♏ | 1 ♐ | 1 ♑ | 1 ♒, 4 ♒ | 1 ♓ | 1 ♈, 8 ♈ | 1 ♉, 17 ♉ | 1 ♊ | 1 ♋ | 1 ♌, 10 ♌ | 1 ♍ | 1 ♎, 10 ♎ | 1 ♏ | 1 ♐ | 1 ♑ | 1 ♒ | 1 ♓ | 1 ♈ | 1 ♉ |
| 6 | 1 ♎ | 1 ♏ | 1 ♐ | 1 ♑ | 1 ♒ | 1 ♓ | 1 ♈, 26 ♉ | 1 ♉ | 1 ♊ | 1 ♋, 18 ♋ | 1 ♌ | 1 ♏ | 1 ♎ | 1 ♏, 12 ♏ | 1 ♐ | 1 ♑ | 1 ♒ | 1 ♓, 6 ♈ | 1 ♈, 4 ♉ | 1 ♉, 12 ♊ |
| 7 | 1 ♎ | 1 ♏ | 1 ♐ | 1 ♑, 30 ♑ | 1 ♒, 20 ♒ | 1 ♓ | 1 ♉ | 1 ♊ | 1 ♊, 13 ♋ | 1 ♋ | 1 ♌, 11 ♌ | 1 ♍ | 1 ♎, 3 ♎ | 1 ♏ | 1 ♐ | 1 ♑ | 1 ♒ | 1 ♈ | 1 ♉ | 1 ♊ |
| 8 | 1 ♎, 4 ♎ | 1 ♏ | 1 ♐ | 1 ♑ | 1 ♒ | 1 ♓ | 1 ♉ | 1 ♊ | 1 ♋ | 1 ♋, 2 ♌ | 1 ♌, 27 ♍ | 1 ♍, 8 ♍ | 1 ♎ | 1 ♏ | 1 ♐ | 1 ♑ | 1 ♒ | 1 ♈ | 1 ♉, 14 ♉ | 1 ♊ |
| 9 | 1 ♎, 27 ♎ | 1 ♏, 4 ♏ | 1 ♐, 28 ♐ | 1 ♑ | 1 ♒ | 1 ♓ | 1 ♉ | 1 ♊ | 1 ♋ | 1 ♌, 20 ♌ | 1 ♍ | 1 ♍, 26 ♎ | 1 ♎, 9 ♎ | 1 ♏ | 1 ♐ | 1 ♑ | 1 ♒ | 1 ♈, 11 ♓ | 1 ♉, 15 ♉ | 1 ♊ |
| 10 | 1 ♎ | 1 ♏, 26 ♏ | 1 ♐ | 1 ♑, 10 ♑ | 1 ♒ | 1 ♓, 17 ♓ | 1 ♉, 26 ♈ | 1 ♊, 31 ♊ | 1 ♋ | 1 ♌ | 1 ♍, 14 ♍ | 1 ♎ | 1 ♎, 27 ♏ | 1 ♏, 10 ♏ | 1 ♐ | 1 ♑ | 1 ♒ | 1 ♓ | 1 ♉ | 1 ♊ |
| 11 | 1 ♎, 12 ♏ | 1 ♏ | 1 ♐, 20 ♐ | 1 ♑ | 1 ♒ | 1 ♓ | 1 ♈ | 1 ♊ | 1 ♋ | 1 ♌ | 1 ♍ | 1 ♎, 13 ♎ | 1 ♏ | 1 ♏, 25 ♐ | 1 ♐, 2 ♐ | 1 ♑, 20 ♑ | 1 ♒, 24 ♒ | 1 ♓ | 1 ♉ | 1 ♊ |
| 12 | 1 ♏ | 1 ♏, 10 ♐ | 1 ♐ | 1 ♑, 9 ♑ | 1 ♒, 20 ♒ | 1 ♓, 14 ♓ | 1 ♈ | 1 ♊ | 1 ♋ | 1 ♌ | 1 ♍ | 1 ♎ | 1 ♏, 14 ♏ | 1 ♐ | 1 ♐, 18 ♑ | 1 ♑ | 1 ♒ | 1 ♓ | 1 ♉ | 1 ♊, 14 ♊ |

| | 1930 | 1931 | 1932 | 1933 | 1934 | 1935 | 1936 | 1937 | 1938 | 1939 | 1940 | 1941 | 1942 | 1943 | 1944 | 1945 | 1946 | 1947 | 1948 |
|---|---|---|---|---|---|---|---|---|---|---|---|---|---|---|---|---|---|---|---|
| 1 | 1 ♊ | 1 ♋ | 1 ♌, 21 ♌ | 1 ♍ | 1 ♎ | 1 ♏, 21 ♏ | 1 ♐ | 1 ♑, 15 ♑ | 1 ♒ | 1 ♓ | 1 ♈ | 1 ♉ | 1 ♊ | 1 ♋, 13 ♋ | 1 ♌ | 1 ♍ | 1 ♎ | 1 ♏ | 1 ♐, 25 ♐ |
| 2 | 1 ♊ | 1 ♋ | 1 ♌ | 1 ♍, 24 ♍ | 1 ♎ | 1 ♏ | 1 ♐, 16 ♐ | 1 ♑ | 1 ♒ | 1 ♓, 13 ♓ | 1 ♈, 21 ♈ | 1 ♉, 21 ♉ | 1 ♊ | 1 ♋ | 1 ♌, 28 ♌ | 1 ♍ | 1 ♎ | 1 ♏ | 1 ♐ |
| 3 | 1 ♊, 20 ♊ | 1 ♋ | 1 ♌ | 1 ♍ | 1 ♎, 27 ♎ | 1 ♏ | 1 ♐ | 1 ♑, 4 ♑ | 1 ♒, 17 ♒ | 1 ♓ | 1 ♈ | 1 ♉ | 1 ♊ | 1 ♋ | 1 ♌ | 1 ♍ | 1 ♎ | 1 ♏ | 1 ♐ |
| 4 | 1 ♊ | 1 ♋ | 1 ♌ | 1 ♍ | 1 ♎ | 1 ♏, 27 ♏ | 1 ♐ | 1 ♑ | 1 ♒ | 1 ♓ | 1 ♈, 4 ♈ | 1 ♉, 13 ♉ | 1 ♊, 24 ♊ | 1 ♋ | 1 ♌ | 1 ♍, 4 ♍ | 1 ♎ | 1 ♏ | 1 ♐ |
| 5 | 1 ♊, 14 ♊ | 1 ♋ | 1 ♌ | 1 ♍ | 1 ♎ | 1 ♏ | 1 ♐ | 1 ♑ | 1 ♒, 14 ♓ | 1 ♓, 11 ♈ | 1 ♈, 16 ♉ | 1 ♉, 26 ♊ | 1 ♊ | 1 ♋, 8 ♋ | 1 ♌, 29 ♌ | 1 ♍ | 1 ♎, 3 ♎ | 1 ♏ | 1 ♐ |
| 6 | 1 ♊, 27 ♋ | 1 ♋ | 1 ♌, 22 ♌ | 1 ♍ | 1 ♎ | 1 ♏ | 1 ♐ | 1 ♑ | 1 ♓ | 1 ♈ | 1 ♉ | 1 ♊ | 1 ♊, 10 ♋ | 1 ♋ | 1 ♌ | 1 ♍, 25 ♍ | 1 ♎ | 1 ♏ | 1 ♐ |
| 7 | 1 ♋ | 1 ♋, 17 ♌ | 1 ♌ | 1 ♍, 21 ♍ | 1 ♎ | 1 ♏ | 1 ♐ | 1 ♑ | 1 ♓, 30 ♒ | 1 ♈ | 1 ♉, 4 ♉ | 1 ♊, 10 ♊ | 1 ♋, 25 ♋ | 1 ♌ | 1 ♌, 26 ♍ | 1 ♍ | 1 ♎, 27 ♎ | 1 ♏ | 1 ♐, 23 ♐ |
| 8 | 1 ♋, 12 ♋ | 1 ♌ | 1 ♌, 11 ♍ | 1 ♍ | 1 ♎, 21 ♎ | 1 ♏ | 1 ♐ | 1 ♑, 4 ♑ | 1 ♒ | 1 ♈ | 1 ♉ | 1 ♊ | 1 ♋ | 1 ♌, 15 ♌ | 1 ♍ | 1 ♍, 25 ♎ | 1 ♎ | 1 ♏, 25 ♏ | 1 ♐ |
| 9 | 1 ♋ | 1 ♌ | 1 ♍, 26 ♍ | 1 ♍, 10 ♎ | 1 ♎ | 1 ♏, 20 ♏ | 1 ♐ | 1 ♑ | 1 ♒ | 1 ♈ | 1 ♉ | 1 ♊, 10 ♊ | 1 ♋, 13 ♋ | 1 ♌ | 1 ♍, 11 ♍ | 1 ♎ | 1 ♎, 25 ♏ | 1 ♏ | 1 ♐, 10 ♐ |
| 10 | 1 ♋, 21 ♋ | 1 ♌, 30 ♌ | 1 ♍ | 1 ♎, 27 ♎ | 1 ♎, 11 ♏ | 1 ♏ | 1 ♐, 13 ♐ | 1 ♑, 24 ♑ | 1 ♒ | 1 ♈, 30 ♓ | 1 ♉ | 1 ♊ | 1 ♋ | 1 ♌, 4 ♌ | 1 ♍, 31 ♍ | 1 ♎, 11 ♎ | 1 ♏ | 1 ♏, 24 ♐ | 1 ♐ |
| 11 | 1 ♋ | 1 ♌ | 1 ♍, 23 ♍ | 1 ♎ | 1 ♏, 27 ♏ | 1 ♏, 9 ♐ | 1 ♐ | 1 ♑ | 1 ♒ | 1 ♓ | 1 ♉, 8 ♉ | 1 ♊, 9 ♊ | 1 ♋ | 1 ♌ | 1 ♍ | 1 ♎ | 1 ♏, 11 ♏ | 1 ♐ | 1 ♐, 15 ♑ |
| 12 | 1 ♋ | 1 ♌ | 1 ♍ | 1 ♎, 23 ♎ | 1 ♏ | 1 ♐, 24 ♐ | 1 ♐, 2 ♑ | 1 ♑, 20 ♒ | 1 ♒, 30 ♓ | 1 ♓, 21 ♈ | 1 ♉ | 1 ♊ | 1 ♋ | 1 ♌ | 1 ♍ | 1 ♎ | 1 ♏ | 1 ♐, 9 ♐ | 1 ♑ |

## JUPITER 1949–1987

| | 1949 | 1950 | 1951 | 1952 | 1953 | 1954 | 1955 | 1956 | 1957 | 1958 | 1959 | 1960 | 1961 | 1962 | 1963 | 1964 | 1965 | 1966 | 1967 | 1968 |
|---|---|---|---|---|---|---|---|---|---|---|---|---|---|---|---|---|---|---|---|---|
| 1 | 1 ♑ | 1 ♒, 16 ♒ | 1 ♓, 27 ♓ | 1 ♈, 30 ♈ | 1 ♉ | 1 ♊ | 1 ♋ | 1 ♍, 18 ♌ | 1 ♎ | 1 ♎, 13 ♏ | 1 ♏ | 1 ♐, 7 ♐ | 1 ♑, 27 ♑ | 1 ♒ | 1 ♓, 12 ♓ | 1 ♈ | 1 ♉ | 1 ♊ | 1 ♌, 16 ♋ | 1 ♍ |
| 2 | 1 ♑, 12 ♑ | 1 ♒ | 1 ♓ | 1 ♈ | 1 ♉ | 1 ♊ | 1 ♋ | 1 ♌ | 1 ♎, 20 ♍ | 1 ♏ | 1 ♏, 10 ♐ | 1 ♐ | 1 ♑ | 1 ♒, 11 ♒ | 1 ♓, 22 ♓ | 1 ♈ | 1 ♉ | 1 ♊ | 1 ♋ | 1 ♍, 27 ♌ |
| 3 | 1 ♑ | 1 ♒ | 1 ♓, 11 ♓ | 1 ♈, 18 ♈ | 1 ♉, 25 ♉ | 1 ♊, 30 ♊ | 1 ♋ | 1 ♌ | 1 ♍ | 1 ♏, 21 ♎ | 1 ♐ | 1 ♑ | 1 ♑, 15 ♒ | 1 ♒, 26 ♓ | 1 ♓ | 1 ♈ | 1 ♉ | 1 ♊ | 1 ♋ | 1 ♌ |
| 4 | 1 ♑, 13 ♒ | 1 ♒, 15 ♓ | 1 ♓, 21 ♈ | 1 ♈, 29 ♉ | 1 ♉ | 1 ♊ | 1 ♋ | 1 ♌ | 1 ♍ | 1 ♎ | 1 ♐, 24 ♏ | 1 ♑ | 1 ♒ | 1 ♓ | 1 ♓, 4 ♈ | 1 ♈, 12 ♉ | 1 ♉, 22 ♊ | 1 ♊ | 1 ♋ | 1 ♌ |
| 5 | 1 ♒ | 1 ♓ | 1 ♈ | 1 ♉ | 1 ♉, 10 ♊ | 1 ♊, 24 ♋ | 1 ♋ | 1 ♌ | 1 ♍ | 1 ♎ | 1 ♏ | 1 ♑ | 1 ♒ | 1 ♓, 21 ♓ | 1 ♈, 19 ♈ | 1 ♉, 24 ♉ | 1 ♊ | 1 ♊, 5 ♋ | 1 ♋, 23 ♌ | 1 ♌ |
| 6 | 1 ♒, 28 ♑ | 1 ♓ | 1 ♈, 13 ♈ | 1 ♉, 12 ♉ | 1 ♊, 21 ♊ | 1 ♋ | 1 ♋, 13 ♌ | 1 ♌ | 1 ♍ | 1 ♎ | 1 ♏ | 1 ♑, 10 ♐ | 1 ♒ | 1 ♓ | 1 ♈ | 1 ♉ | 1 ♊, 5 ♊ | 1 ♋, 22 ♋ | 1 ♌ | 1 ♌, 15 ♍ |
| 7 | 1 ♑ | 1 ♓ | 1 ♈ | 1 ♉ | 1 ♊ | 1 ♋, 8 ♋ | 1 ♌ | 1 ♌, 8 ♍ | 1 ♍ | 1 ♎ | 1 ♏ | 1 ♐ | 1 ♒ | 1 ♓ | 1 ♈ | 1 ♉, 12 ♉ | 1 ♊, 20 ♊ | 1 ♋ | 1 ♌, 15 ♌ | 1 ♍ |
| 8 | 1 ♑ | 1 ♓ | 1 ♈ | 1 ♉, 16 ♉ | 1 ♊, 9 ♊ | 1 ♋, 23 ♋ | 1 ♌ | 1 ♍, 28 ♍ | 1 ♍, 7 ♎ | 1 ♎ | 1 ♏ | 1 ♐ | 1 ♒, 12 ♑ | 1 ♓, 14 ♓ | 1 ♈ | 1 ♉ | 1 ♊ | 1 ♋, 6 ♋ | 1 ♌ | 1 ♍, 10 ♍ |
| 9 | 1 ♑ | 1 ♓, 15 ♒ | 1 ♈, 27 ♈ | 1 ♉ | 1 ♊ | 1 ♋ | 1 ♌, 15 ♌ | 1 ♍ | 1 ♎, 26 ♎ | 1 ♎, 7 ♏ | 1 ♏ | 1 ♐ | 1 ♑ | 1 ♓ | 1 ♈ | 1 ♉ | 1 ♊, 21 ♋ | 1 ♋, 27 ♌ | 1 ♌ | 1 ♍, 26 ♍ |
| 10 | 1 ♑ | 1 ♒ | 1 ♈ | 1 ♉ | 1 ♊ | 1 ♋ | 1 ♌ | 1 ♍, 11 ♍ | 1 ♎ | 1 ♏, 26 ♏ | 1 ♏, 5 ♐ | 1 ♐, 26 ♑ | 1 ♑ | 1 ♓ | 1 ♈ | 1 ♉ | 1 ♋ | 1 ♌ | 1 ♌, 19 ♍ | 1 ♍ |
| 11 | 1 ♑ | 1 ♒ | 1 ♈ | 1 ♉ | 1 ♊ | 1 ♋ | 1 ♌, 17 ♍ | 1 ♍ | 1 ♎, 12 ♎ | 1 ♏ | 1 ♐, 23 ♐ | 1 ♑ | 1 ♑, 4 ♒ | 1 ♓ | 1 ♈ | 1 ♉, 22 ♉ | 1 ♋, 17 ♊ | 1 ♌ | 1 ♍ | 1 ♍, 16 ♎ |
| 12 | 1 ♒ | 1 ♒, 2 ♓ | 1 ♈ | 1 ♉ | 1 ♊, 24 ♊ | 1 ♋ | 1 ♍ | 1 ♍, 13 ♎ | 1 ♎ | 1 ♏, 12 ♏ | 1 ♐ | 1 ♑, 14 ♑ | 1 ♒, 30 ♒ | 1 ♓ | 1 ♈ | 1 ♉ | 1 ♊ | 1 ♌ | 1 ♍ | 1 ♎ |

| | 1969 | 1970 | 1971 | 1972 | 1973 | 1974 | 1975 | 1976 | 1977 | 1978 | 1979 | 1980 | 1981 | 1982 | 1983 | 1984 | 1985 | 1986 | 1987 |
|---|---|---|---|---|---|---|---|---|---|---|---|---|---|---|---|---|---|---|---|
| 1 | 1 ♎ | 1 ♏ | 1 ♏, 14 ♐ | 1 ♐ | 1 ♑, 10 ♑ | 1 ♒, 25 ♒ | 1 ♓ | 1 ♈ | 1 ♉ | 1 ♊ | 1 ♌ | 1 ♍ | 1 ♎, 9 ♎ | 1 ♏ | 1 ♐ | 1 ♐, 20 ♑ | 1 ♑ | 1 ♒, 9 ♒ | 1 ♓, 15 ♓ |
| 2 | 1 ♎ | 1 ♏ | 1 ♐ | 1 ♐, 7 ♑ | 1 ♑, 23 ♒ | 1 ♒ | 1 ♓, 4 ♓ | 1 ♈, 6 ♈ | 1 ♉ | 1 ♊ | 1 ♌ | 1 ♍ | 1 ♎, 10 ♎ | 1 ♏, 9 ♏ | 1 ♐ | 1 ♑ | 1 ♑, 7 ♒ | 1 ♒, 21 ♓ | 1 ♓ |
| 3 | 1 ♎, 31 ♍ | 1 ♏ | 1 ♐ | 1 ♑ | 1 ♒ | 1 ♒, 8 ♓ | 1 ♓, 19 ♈ | 1 ♈, 26 ♉ | 1 ♉ | 1 ♊ | 1 ♋ | 1 ♍ | 1 ♎ | 1 ♏, 11 ♏ | 1 ♐ | 1 ♑, 16 ♑ | 1 ♒ | 1 ♓ | 1 ♓, 3 ♈ |
| 4 | 1 ♍ | 1 ♏, 30 ♎ | 1 ♐ | 1 ♑ | 1 ♒, 23 ♒ | 1 ♓, 24 ♓ | 1 ♈, 30 ♈ | 1 ♉ | 1 ♉, 4 ♊ | 1 ♊, 12 ♋ | 1 ♋, 20 ♌ | 1 ♍ | 1 ♎ | 1 ♏ | 1 ♐ | 1 ♑ | 1 ♒ | 1 ♓, 5 ♓ | 1 ♈, 13 ♈ |
| 5 | 1 ♍ | 1 ♎ | 1 ♐ | 1 ♑ | 1 ♒ | 1 ♓ | 1 ♈ | 1 ♉, 6 ♉ | 1 ♊, 19 ♊ | 1 ♋ | 1 ♌ | 1 ♍ | 1 ♎ | 1 ♏ | 1 ♐ | 1 ♑ | 1 ♒ | 1 ♓ | 1 ♈, 28 ♈ |
| 6 | 1 ♍ | 1 ♎ | 1 ♐, 5 ♏ | 1 ♑ | 1 ♒ | 1 ♓ | 1 ♈, 19 ♈ | 1 ♉, 20 ♉ | 1 ♊ | 1 ♋, 5 ♋ | 1 ♌, 27 ♌ | 1 ♍ | 1 ♎ | 1 ♏ | 1 ♐ | 1 ♑, 14 ♑ | 1 ♒ | 1 ♓ | 1 ♈ |
| 7 | 1 ♍, 15 ♎ | 1 ♎ | 1 ♏ | 1 ♑, 25 ♐ | 1 ♒, 7 ♒ | 1 ♓ | 1 ♈ | 1 ♉ | 1 ♊, 2 ♊ | 1 ♋, 20 ♋ | 1 ♌ | 1 ♍, 23 ♍ | 1 ♎ | 1 ♏ | 1 ♐ | 1 ♑ | 1 ♒ | 1 ♓ | 1 ♈ |
| 8 | 1 ♎ | 1 ♎, 16 ♏ | 1 ♏ | 1 ♐ | 1 ♒ | 1 ♓ | 1 ♈ | 1 ♉, 23 ♊ | 1 ♊, 20 ♋ | 1 ♋ | 1 ♌, 13 ♌ | 1 ♍ | 1 ♎, 23 ♎ | 1 ♏ | 1 ♐ | 1 ♑ | 1 ♒, 21 ♒ | 1 ♓ | 1 ♈ |
| 9 | 1 ♎, 10 ♎ | 1 ♏ | 1 ♏, 12 ♐ | 1 ♐, 26 ♑ | 1 ♒ | 1 ♓, 29 ♓ | 1 ♈ | 1 ♊ | 1 ♋ | 1 ♋, 5 ♌ | 1 ♌, 29 ♍ | 1 ♍, 10 ♍ | 1 ♎ | 1 ♏, 23 ♏ | 1 ♐ | 1 ♑ | 1 ♒ | 1 ♓ | 1 ♈ |
| 10 | 1 ♎ | 1 ♏, 10 ♏ | 1 ♐ | 1 ♑ | 1 ♒ | 1 ♓ | 1 ♈, 12 ♈ | 1 ♊, 17 ♉ | 1 ♋ | 1 ♌ | 1 ♍ | 1 ♍, 27 ♎ | 1 ♎, 10 ♎ | 1 ♏ | 1 ♐, 19 ♐ | 1 ♑ | 1 ♒ | 1 ♓ | 1 ♈ |
| 11 | 1 ♎ | 1 ♏, 25 ♏ | 1 ♐, 7 ♐ | 1 ♑, 27 ♑ | 1 ♒ | 1 ♓ | 1 ♈ | 1 ♉ | 1 ♋ | 1 ♌ | 1 ♍ | 1 ♎ | 1 ♎, 27 ♏ | 1 ♏, 9 ♏ | 1 ♐ | 1 ♑, 7 ♑ | 1 ♒, 15 ♒ | 1 ♓ | 1 ♈ |
| 12 | 1 ♎, 17 ♏ | 1 ♏ | 1 ♐, 21 ♐ | 1 ♑ | 1 ♒, 10 ♒ | 1 ♓, 8 ♓ | 1 ♈ | 1 ♉ | 1 ♋, 31 ♊ | 1 ♌ | 1 ♍, 13 ♍ | 1 ♎ | 1 ♏ | 1 ♏, 26 ♐ | 1 ♐, 5 ♐ | 1 ♑, 25 ♑ | 1 ♒ | 1 ♓ | 1 ♈ |

## JUPITER 1988–2008

| | 1988 | 1989 | 1990 | 1991 | 1992 | 1993 | 1994 | 1995 | 1996 | 1997 | 1998 | 1999 | 2000 | 2001 | 2002 | 2003 | 2004 | 2005 | 2006 | 2007 | 2008 |
|---|---|---|---|---|---|---|---|---|---|---|---|---|---|---|---|---|---|---|---|---|---|
| 1 | 1 ♈ | 1 ♉ | 1 ♋ | 1 ♌, 19 ♌ | 1 ♍ | 1 ♎ | 1 ♏ | 1 ♐, 29 ♐ | 1 ♐, 3 ♑ | 1 ♑, 21 ♒ | 1 ♒ | 1 ♓ | 1 ♈ | 1 ♊ | 1 ♋ | 1 ♌ | 1 ♍ | 1 ♎ | 1 ♏ | 1 ♐, 10 ♐ | 1 ♑ |
| 2 | 1 ♈ | 1 ♉ | 1 ♋ | 1 ♌ | 1 ♍ | 1 ♎ | 1 ♏ | 1 ♐ | 1 ♑, 20 ♑ | 1 ♒ | 1 ♒, 4 ♓ | 1 ♓, 13 ♈ | 1 ♈, 15 ♉ | 1 ♊ | 1 ♋ | 1 ♌ | 1 ♍ | 1 ♎ | 1 ♏ | 1 ♐ | 1 ♑ |
| 3 | 1 ♈, 9 ♉ | 1 ♉, 11 ♊ | 1 ♋ | 1 ♌ | 1 ♍ | 1 ♎, 29 ♎ | 1 ♏ | 1 ♐ | 1 ♑ | 1 ♒, 6 ♒ | 1 ♓, 18 ♓ | 1 ♈, 27 ♈ | 1 ♉ | 1 ♊ | 1 ♋ | 1 ♌ | 1 ♍ | 1 ♎ | 1 ♏ | 1 ♐ | 1 ♑, 31 ♑ |
| 4 | 1 ♉, 21 ♉ | 1 ♊ | 1 ♋ | 1 ♌ | 1 ♍ | 1 ♎ | 1 ♏, 29 ♏ | 1 ♐ | 1 ♑ | 1 ♒ | 1 ♓ | 1 ♈ | 1 ♉, 4 ♉ | 1 ♊, 13 ♊ | 1 ♋, 24 ♋ | 1 ♌ | 1 ♍ | 1 ♎ | 1 ♏ | 1 ♐ | 1 ♑ |
| 5 | 1 ♉ | 1 ♊ | 1 ♋, 18 ♋ | 1 ♌ | 1 ♍ | 1 ♎ | 1 ♏ | 1 ♐ | 1 ♑ | 1 ♒, 5 ♒ | 1 ♓, 4 ♓ | 1 ♈, 9 ♈ | 1 ♉, 17 ♉ | 1 ♊, 29 ♊ | 1 ♋ | 1 ♌, 9 ♌ | 1 ♍ | 1 ♎, 9 ♎ | 1 ♏ | 1 ♐ | 1 ♑ |
| 6 | 1 ♉, 3 ♉ | 1 ♊, 15 ♊ | 1 ♋ | 1 ♌, 7 ♌ | 1 ♍ | 1 ♎ | 1 ♏ | 1 ♐ | 1 ♑ | 1 ♒ | 1 ♓ | 1 ♈, 28 ♉ | 1 ♉, 30 ♊ | 1 ♊ | 1 ♋, 16 ♋ | 1 ♌ | 1 ♍ | 1 ♎ | 1 ♏ | 1 ♐ | 1 ♑, 19 ♑ |
| 7 | 1 ♉, 22 ♊ | 1 ♊, 31 ♋ | 1 ♋, 4 ♋ | 1 ♌, 28 ♌ | 1 ♍ | 1 ♎ | 1 ♏ | 1 ♐ | 1 ♑, 28 ♑ | 1 ♒, 16 ♒ | 1 ♓ | 1 ♉ | 1 ♊ | 1 ♊, 13 ♋ | 1 ♋ | 1 ♌, 10 ♌ | 1 ♍ | 1 ♎ | 1 ♏ | 1 ♐, 31 ♐ | 1 ♑ |
| 8 | 1 ♊ | 1 ♋ | 1 ♋, 18 ♌ | 1 ♌ | 1 ♍, 24 ♍ | 1 ♎ | 1 ♏ | 1 ♐ | 1 ♑ | 1 ♒ | 1 ♓ | 1 ♉ | 1 ♊ | 1 ♋ | 1 ♋, 2 ♌ | 1 ♌, 27 ♍ | 1 ♍, 7 ♍ | 1 ♎ | 1 ♏ | 1 ♐, 14 ♐ | 1 ♑ |
| 9 | 1 ♊ | 1 ♋ | 1 ♌ | 1 ♌, 12 ♍ | 1 ♍ | 1 ♎ | 1 ♏ | 1 ♐, 27 ♐ | 1 ♑ | 1 ♒ | 1 ♓ | 1 ♉ | 1 ♊ | 1 ♋ | 1 ♌, 19 ♌ | 1 ♍ | 1 ♍, 25 ♎ | 1 ♎, 9 ♎ | 1 ♏ | 1 ♐ | 1 ♑ |
| 10 | 1 ♊ | 1 ♋, 5 ♋ | 1 ♌, 11 ♌ | 1 ♍ | 1 ♍, 10 ♎ | 1 ♎ | 1 ♏, 24 ♏ | 1 ♐ | 1 ♑, 11 ♑ | 1 ♒ | 1 ♓, 11 ♓ | 1 ♉, 23 ♈ | 1 ♊, 26 ♊ | 1 ♋ | 1 ♌ | 1 ♍, 15 ♍ | 1 ♎ | 1 ♎, 26 ♏ | 1 ♏, 9 ♏ | 1 ♐ | 1 ♑ |
| 11 | 1 ♊ | 1 ♋, 21 ♋ | 1 ♌ | 1 ♍, 4 ♍ | 1 ♎ | 1 ♎, 10 ♏ | 1 ♏ | 1 ♐, 20 ♐ | 1 ♑ | 1 ♒ | 1 ♓ | 1 ♈ | 1 ♊ | 1 ♋ | 1 ♌ | 1 ♍ | 1 ♎, 13 ♎ | 1 ♏ | 1 ♏, 24 ♐ | 1 ♐, 3 ♐ | 1 ♑, 20 ♑ |
| 12 | 1 ♉ | 1 ♋ | 1 ♌ | 1 ♍ | 1 ♎ | 1 ♏ | 1 ♏, 9 ♐ | 1 ♐ | 1 ♑, 9 ♑ | 1 ♒, 21 ♒ | 1 ♓, 16 ♓ | 1 ♈ | 1 ♊ | 1 ♋ | 1 ♌ | 1 ♍ | 1 ♎ | 1 ♏, 13 ♏ | 1 ♐ | 1 ♐, 19 ♑ | 1 ♑ |

SATURN 1910-1947

| 1910 | 1911 | 1912 | 1913 | 1914 | 1915 | 1916 | 1917 | 1918 | 1919 | 1920 | 1921 | 1922 | 1923 | 1924 | 1925 | 1926 | 1927 | 1928 |
|---|---|---|---|---|---|---|---|---|---|---|---|---|---|---|---|---|---|---|
| JAN 1 ♈ | JAN 1 ♈ | JAN 1 ♉ | JAN 1 ♉ | JAN 1 ♊ | JAN 1 ♊ | JAN 1 ♋ | JAN 1 ♋ | JAN 1 ♌ | JAN 1 ♌ | JAN 1 ♍ | JAN 1 ♍ | JAN 1 ♎ | JAN 1 ♎ | JAN 1 ♏ | JAN 1 ♏ | JAN 1 ♏ | JAN 1 ♐ | JAN 1 ♐ |
| FEB 24 ♈ | JAN 20 ♉ | APR 17 ♉ | MAR 26 ♊ | JUN 1 ♊ | MAI 12 ♋ | FEB 18 ♋ | JUN 24 ♌ | FEB 15 ♌ | AUG 12 ♍ | AUG 1 ♍ | APR 1 ♍ | OKT 1 ♎ | SEP 22 ♎ | APR 6 ♎ | MAI 16 ♏ | DEZ 3 ♐ | DEZ 1 ♐ | DEZ 1 ♐ |
| MAI 17 ♉ | MAI 3 ♉ | JUL 7 ♊ | JUN 18 ♊ | AUG 25 ♋ | AUG 1 ♋ | APR 3 ♋ | SEP 13 ♌ | JUN 2 ♌ | DEZ 31 ♍ | OKT 19 ♍ | JUL 10 ♍ | DEZ 31 ♎ | DEZ 20 ♏ | SEP 14 ♏ | SEP 5 ♏ | DEZ 31 ♐ | DEZ 31 ♐ | DEZ 31 ♐ |
| DEZ 15 ♈ | AUG 18 ♉ | DEZ 1 ♉ | DEZ 31 ♊ | DEZ 7 ♊ | DEZ 31 ♋ | JUL 13 ♋ | DEZ 31 ♌ | AUG 27 ♌ | | DEZ 31 ♍ | OKT 8 ♎ | | DEZ 31 ♏ | DEZ 10 ♏ | DEZ 6 ♏ | | | |
| DEZ 31 ♈ | SEP 18 ♉ | DEZ 31 ♉ | | DEZ 31 ♊ | | OKT 18 ♌ | | DEZ 31 ♌ | | | DEZ 31 ♎ | | | DEZ 31 ♏ | DEZ 31 ♏ | | | |
| | DEZ 31 ♉ | | | | | DEZ 8 ♋ | | | | | | | | | | | | |
| | | | | | | DEZ 31 ♋ | | | | | | | | | | | | |

| 1929 | 1930 | 1931 | 1932 | 1933 | 1934 | 1935 | 1936 | 1937 | 1938 | 1939 | 1940 | 1941 | 1942 | 1943 | 1944 | 1945 | 1946 | 1947 |
|---|---|---|---|---|---|---|---|---|---|---|---|---|---|---|---|---|---|---|
| JAN 1 ♐ | JAN 1 ♑ | JAN 1 ♑ | JAN 1 ♑ | JAN 1 ♒ | JAN 1 ♒ | JAN 1 ♒ | JAN 1 ♓ | JAN 1 ♓ | JAN 1 ♓ | JAN 1 ♈ | JAN 1 ♈ | JAN 1 ♉ | JAN 1 ♉ | JAN 1 ♊ | JAN 1 ♊ | JAN 1 ♋ | JAN 1 ♋ | JAN 1 ♌ |
| MAR 15 ♑ | NOV 30 ♑ | MAR 1 ♑ | FEB 24 ♒ | FEB 20 ♒ | FEB 18 ♒ | FEB 14 ♓ | FEB 9 ♓ | FEB 1 ♓ | JAN 14 ♈ | APR 3 ♈ | MAR 20 ♉ | FEB 28 ♉ | MAI 9 ♊ | APR 19 ♊ | JUN 20 ♋ | JUN 2 ♋ | FEB 1 ♋ | JUL 17 ♌ |
| MAI 5 ♐ | DEZ 31 ♑ | JUL 12 ♑ | AUG 13 ♑ | DEZ 31 ♒ | DEZ 31 ♒ | JUN 5 ♓ | MAI 8 ♓ | APR 25 ♈ | APR 14 ♈ | JUL 6 ♉ | JUN 10 ♉ | MAI 24 ♉ | AUG 1 ♊ | JUL 10 ♊ | SEP 24 ♋ | AUG 21 ♋ | MAI 7 ♋ | OKT 10 ♌ |
| NOV 30 ♑ | | NOV 27 ♑ | NOV 20 ♒ | | | JUL 8 ♓ | SEP 1 ♓ | OKT 18 ♓ | DEZ 31 ♈ | SEP 22 ♈ | NOV 21 ♉ | DEZ 31 ♉ | NOV 21 ♊ | DEZ 31 ♊ | NOV 22 ♋ | DEZ 31 ♋ | AUG 2 ♌ | DEZ 31 ♌ |
| DEZ 31 ♑ | | DEZ 31 ♑ | DEZ 31 ♒ | | | DEZ 31 ♓ | DEZ 31 ♓ | DEZ 31 ♓ | | DEZ 31 ♈ | DEZ 31 ♉ | | DEZ 31 ♊ | | DEZ 31 ♋ | | DEZ 31 ♌ | |

SATURN 1948-1985

| 1948 | 1949 | 1950 | 1951 | 1952 | 1953 | 1954 | 1955 | 1956 | 1957 | 1958 | 1959 | 1960 | 1961 | 1962 | 1963 | 1964 | 1965 | 1966 |
|---|---|---|---|---|---|---|---|---|---|---|---|---|---|---|---|---|---|---|
| JAN 1 ♌ | JAN 1 ♍ | JAN 1 ♍ | JAN 1 ♎ | JAN 1 ♎ | JAN 1 ♎ | JAN 1 ♏ | JAN 1 ♏ | JAN 1 ♏ | JAN 1 ♐ | JAN 1 ♐ | JAN 1 ♐ | JAN 1 ♑ | JAN 1 ♑ | JAN 1 ♑ | JAN 1 ♒ | JAN 1 ♒ | JAN 1 ♓ | JAN 1 ♓ |
| JAN 31 ♌ | APR 3 ♌ | AUG 25 ♍ | MAR 7 ♍ | APR 23 ♎ | OKT 23 ♏ | OKT 19 ♏ | JAN 23 ♏ | JAN 13 ♐ | JUN 16 ♐ | DEZ 31 ♐ | JAN 5 ♑ | DEZ 31 ♑ | DEZ 31 ♑ | JAN 4 ♒ | APR 1 ♒ | MAR 24 ♓ | MAR 18 ♓ | MAR 12 ♓ |
| JUN 29 ♌ | MAI 29 ♍ | NOV 21 ♎ | AUG 14 ♎ | JUL 28 ♎ | DEZ 31 ♏ | DEZ 31 ♏ | APR 9 ♏ | MAI 14 ♏ | OKT 5 ♐ | | DEZ 31 ♑ | | | DEZ 31 ♒ | AUG 10 ♒ | SEP 17 ♒ | DEZ 31 ♓ | DEZ 31 ♓ |
| SEP 19 ♍ | SEP 5 ♍ | DEZ 31 ♎ | NOV 6 ♎ | OKT 29 ♎ | | | OKT 15 ♏ | OKT 11 ♐ | DEZ 31 ♐ | | | | | | DEZ 31 ♒ | DEZ 16 ♓ | | |
| DEZ 31 ♍ | DEZ 31 ♍ | | DEZ 31 ♎ | DEZ 31 ♎ | | | DEZ 31 ♏ | DEZ 31 ♐ | | | | | | | | DEZ 31 ♓ | | |

| 1967 | 1968 | 1969 | 1970 | 1971 | 1972 | 1973 | 1974 | 1975 | 1976 | 1977 | 1978 | 1979 | 1980 | 1981 | 1982 | 1983 | 1984 | 1985 |
|---|---|---|---|---|---|---|---|---|---|---|---|---|---|---|---|---|---|---|
| JAN 1 ♓ | JAN 1 ♈ | JAN 1 ♈ | JAN 1 ♉ | JAN 1 ♉ | JAN 1 ♊ | JAN 1 ♊ | JAN 1 ♋ | JAN 1 ♋ | JAN 1 ♌ | JAN 1 ♌ | JAN 1 ♍ | JAN 1 ♍ | JAN 1 ♍ | JAN 1 ♎ | JAN 1 ♎ | JAN 1 ♏ | JAN 1 ♏ | JAN 1 ♏ |
| MAR 4 ♈ | FEB 20 ♈ | APR 30 ♉ | APR 16 ♉ | MAR 30 ♉ | JAN 10 ♉ | MAI 14 ♊ | JAN 8 ♊ | JUN 26 ♋ | JAN 14 ♋ | AUG 10 ♌ | JAN 5 ♌ | MAR 9 ♍ | SEP 21 ♎ | SEP 13 ♎ | MAR 26 ♎ | MAI 7 ♎ | NOV 19 ♏ | NOV 17 ♐ |
| MAI 30 ♈ | MAI 13 ♈ | DEZ 31 ♉ | JUL 10 ♉ | JUN 19 ♊ | FEB 21 ♊ | AUG 2 ♋ | APR 19 ♋ | SEP 17 ♌ | JUN 5 ♌ | NOV 17 ♍ | JUL 26 ♍ | JUL 9 ♍ | DEZ 31 ♎ | DEZ 10 ♎ | SEP 4 ♎ | AUG 24 ♏ | DEZ 31 ♏ | DEZ 31 ♐ |
| SEP 21 ♈ | DEZ 31 ♈ | | NOV 1 ♉ | DEZ 31 ♊ | JUN 1 ♊ | DEZ 31 ♋ | JUL 14 ♋ | DEZ 31 ♌ | AUG 25 ♌ | DEZ 31 ♍ | OKT 17 ♍ | OKT 2 ♍ | | DEZ 31 ♎ | NOV 29 ♏ | NOV 23 ♏ | | |
| DEZ 31 ♈ | | | DEZ 31 ♉ | | DEZ 31 ♊ | | DEZ 31 ♋ | | DEZ 31 ♌ | | DEZ 31 ♍ | DEZ 31 ♍ | | | DEZ 31 ♏ | DEZ 31 ♏ | | |

SATURN 1986-2008

| 1986 | 1987 | 1988 | 1989 | 1990 | 1991 | 1992 | 1993 | 1994 | 1995 | 1996 | 1997 | 1998 | 1999 | 2000 | 2001 | 2002 | 2003 | 2004 |
|---|---|---|---|---|---|---|---|---|---|---|---|---|---|---|---|---|---|---|
| JAN 1 ♐ | JAN 1 ♐ | JAN 1 ♐ | JAN 1 ♑ | JAN 1 ♑ | JAN 1 ♑ | JAN 1 ♒ | JAN 1 ♒ | JAN 1 ♒ | JAN 1 ♓ | JAN 1 ♓ | JAN 1 ♈ | JAN 1 ♈ | JAN 1 ♈ | JAN 1 ♉ | JAN 1 ♉ | JAN 1 ♊ | JAN 1 ♊ | JAN 1 ♋ |
| NOV 16 ♐ | FEB 22 ♐ | FEB 14 ♑ | FEB 9 ♑ | FEB 8 ♑ | FEB 7 ♒ | FEB 5 ♒ | FEB 2 ♒ | JAN 29 ♓ | JAN 22 ♓ | APR 7 ♈ | MAR 29 ♈ | MAR 17 ♈ | MAR 1 ♉ | MAI 7 ♉ | APR 21 ♊ | MAR 27 ♊ | JUN 4 ♋ | MAI 12 ♋ |
| DEZ 31 ♐ | MAI 9 ♐ | JUN 10 ♐ | JUL 10 ♑ | DEZ 31 ♑ | DEZ 31 ♒ | DEZ 31 ♒ | MAI 21 ♓ | APR 29 ♓ | APR 17 ♓ | DEZ 31 ♈ | JUL 12 ♈ | JUN 9 ♉ | MAI 23 ♉ | AUG 10 ♊ | JUL 10 ♊ | JUN 21 ♊ | AUG 24 ♋ | AUG 2 ♋ |
| | NOV 14 ♐ | NOV 12 ♑ | NOV 9 ♑ | | | | JUN 30 ♒ | AUG 20 ♓ | OKT 3 ♓ | | AUG 23 ♈ | OKT 26 ♈ | DEZ 31 ♉ | OKT 16 ♉ | DEZ 22 ♊ | DEZ 31 ♊ | DEZ 31 ♋ | DEZ 31 ♋ |
| | DEZ 31 ♐ | DEZ 31 ♑ | DEZ 31 ♑ | | | | DEZ 31 ♒ | DEZ 31 ♓ | DEZ 31 ♓ | | DEZ 31 ♈ | DEZ 31 ♈ | | DEZ 31 ♉ | DEZ 31 ♊ | | | |

| 2005 | 2006 | 2007 | 2008 |
|---|---|---|---|
| JAN 1 ♋ | JAN 1 ♌ | JAN 1 ♌ | JAN 1 ♍ |
| JUL 16 ♌ | JUN 29 ♌ | SEP 3 ♍ | AUG 19 ♍ |
| OKT 14 ♌ | SEP 18 ♌ | DEZ 31 ♍ | NOV 16 ♍ |
| DEZ 31 ♌ | DEZ 31 ♌ | | DEZ 31 ♍ |

URANUS 1910-1947

| 1910 | 1911 | 1912 | 1913 | 1914 | 1915 | 1916 | 1917 | 1918 | 1919 | 1920 | 1921 | 1922 | 1923 | 1924 | 1925 | 1926 | 1927 | 1928 |
|---|---|---|---|---|---|---|---|---|---|---|---|---|---|---|---|---|---|---|
| JAN 1 ♑ | JAN 1 ♑ | JAN 1 ♑ | JAN 1 ♒ | JAN 1 ♒ | JAN 1 ♒ | JAN 1 ♒ | JAN 1 ♒ | JAN 1 ♒ | JAN 1 ♒ | JAN 1 ♒ | JAN 1 ♓ | JAN 1 ♓ | JAN 1 ♓ | JAN 1 ♓ | JAN 1 ♓ | JAN 1 ♓ | JAN 1 ♓ | JAN 1 ♓ |
| DEZ 31 ♑ | DEZ 31 ♑ | FEB 1 ♒ | DEZ 31 ♒ | MAR 14 ♒ | DEZ 31 ♒ | DEZ 31 ♒ | FEB 14 ♒ | DEZ 31 ♒ | APR 1 ♓ | JAN 23 ♓ | DEZ 31 ♓ | MAR 8 ♓ | DEZ 31 ♓ | APR 25 ♓ | FEB 15 ♓ | DEZ 31 ♓ | APR 1 ♈ | JAN 13 ♈ |
| | | SEP 5 ♑ | | JUL 25 ♒ | | | DEZ 31 ♒ | | AUG 17 ♒ | DEZ 31 ♓ | | OKT 22 ♓ | | SEP 1 ♓ | DEZ 31 ♓ | | NOV 4 ♓ | DEZ 31 ♈ |
| | | NOV 12 ♒ | | DEZ 31 ♒ | | | | | DEZ 31 ♒ | | | DEZ 31 ♓ | | DEZ 31 ♓ | | | DEZ 31 ♓ | |
| | | DEZ 31 ♒ | | | | | | | | | | | | | | | | |

| 1929 | 1930 | 1931 | 1932 | 1933 | 1934 | 1935 | 1936 | 1937 | 1938 | 1939 | 1940 | 1941 | 1942 | 1943 | 1944 | 1945 | 1946 | 1947 |
|---|---|---|---|---|---|---|---|---|---|---|---|---|---|---|---|---|---|---|
| JAN 1 ♈ | JAN 1 ♈ | JAN 1 ♈ | JAN 1 ♈ | JAN 1 ♈ | JAN 1 ♈ | JAN 1 ♈ | JAN 1 ♉ | JAN 1 ♉ | JAN 1 ♉ | JAN 1 ♉ | JAN 1 ♉ | JAN 1 ♉ | JAN 1 ♉ | JAN 1 ♊ | JAN 1 ♊ | JAN 1 ♊ | JAN 1 ♊ | JAN 1 ♊ |
| MAI 18 ♈ | MAR 9 ♈ | DEZ 31 ♈ | APR 22 ♈ | DEZ 31 ♈ | JUN 7 ♉ | MAR 28 ♉ | DEZ 31 ♉ | MAI 8 ♉ | DEZ 31 ♉ | JUN 17 ♉ | APR 7 ♉ | AUG 8 ♊ | MAI 15 ♊ | DEZ 31 ♊ | JUN 10 ♊ | DEZ 31 ♊ | JUL 22 ♊ | MAI 11 ♊ |
| SEP 18 ♈ | DEZ 31 ♈ | | DEZ 31 ♈ | | OKT 10 ♈ | DEZ 31 ♉ | | DEZ 31 ♉ | | DEZ 31 ♉ | DEZ 31 ♉ | OKT 5 ♉ | DEZ 31 ♊ | | DEZ 31 ♊ | | DEZ 7 ♊ | DEZ 31 ♊ |
| DEZ 31 ♈ | | | | | DEZ 31 ♈ | | | | | | | DEZ 31 ♉ | | | | | DEZ 31 ♊ | |

## URANUS 1948–1985

| 1948 | 1949 | 1950 | 1951 | 1952 | 1953 | 1954 | 1955 | 1956 | 1957 | 1958 | 1959 | 1960 | 1961 | 1962 | 1963 | 1964 | 1965 | 1966 |
|---|---|---|---|---|---|---|---|---|---|---|---|---|---|---|---|---|---|---|
| JAN 1 ♊ | JAN 1 ♊ | JAN 1 ♋ | JAN 1 ♋ | JAN 1 ♋ | JAN 1 ♋ | JAN 1 ♋ | JAN 1 ♋ | JAN 1 ♌ | JAN 1 ♌ | JAN 1 ♌ | JAN 1 ♌ | JAN 1 ♌ | JAN 1 ♌ | JAN 1 ♍ | JAN 1 ♍ | JAN 1 ♍ | JAN 1 ♍ | JAN 1 ♍ |
| AUG 31 ♋ | JUN 10 ♋ | DEZ 31 ♋ | JUL 7 ♋ | DEZ 31 ♋ | AUG 1 ♋ | DEZ 31 ♋ | AUG 25 ♌ | JAN 28 ♋ | SEP 15 ♌ | JUL 2 ♌ | OKT 9 ♌ | JAN 16 ♌ | NOV 2 ♍ | JAN 10 ♌ | DEZ 31 ♍ | AUG 26 ♍ | DEZ 31 ♍ | SEP 12 ♍ |
| NOV 12 ♊ | DEZ 31 ♋ | | DEZ 31 ♋ | | DEZ 31 ♋ | | DEZ 31 ♌ | JUN 10 ♋ | DEZ 31 ♌ | DEZ 31 ♌ | DEZ 31 ♌ | JUL 23 ♌ | DEZ 31 ♍ | AUG 10 ♍ | | DEZ 31 ♍ | | DEZ 31 ♍ |
| DEZ 31 ♊ | | | | | | | | DEZ 31 ♋ | | | | DEZ 31 ♌ | | DEZ 31 ♍ | | | | |

| 1967 | 1968 | 1969 | 1970 | 1971 | 1972 | 1973 | 1974 | 1975 | 1976 | 1977 | 1978 | 1979 | 1980 | 1981 | 1982 | 1983 | 1984 | 1985 |
|---|---|---|---|---|---|---|---|---|---|---|---|---|---|---|---|---|---|---|
| JAN 1 ♍ | JAN 1 ♍ | JAN 1 ♎ | JAN 1 ♎ | JAN 1 ♎ | JAN 1 ♎ | JAN 1 ♎ | JAN 1 ♎ | JAN 1 ♏ | JAN 1 ♏ | JAN 1 ♏ | JAN 1 ♏ | JAN 1 ♏ | JAN 1 ♏ | JAN 1 ♏ | JAN 1 ♐ | JAN 1 ♐ | JAN 1 ♐ | JAN 1 ♐ |
| DEZ 31 ♍ | SEP 29 ♎ | MAI 21 ♍ | OKT 16 ♎ | DEZ 31 ♎ | NOV 2 ♎ | DEZ 31 ♎ | NOV 21 ♏ | MAI 2 ♎ | DEZ 12 ♏ | APR 25 ♏ | DEZ 31 ♏ | APR 15 ♏ | DEZ 31 ♏ | FEB 17 ♐ | DEZ 31 ♐ | DEZ 13 ♐ | DEZ 31 ♐ | DEZ 31 ♐ |
| | DEZ 31 ♎ | JUN 24 ♎ | DEZ 31 ♎ | | DEZ 31 ♎ | | DEZ 31 ♏ | SEP 8 ♏ | DEZ 31 ♏ | OKT 1 ♏ | | OKT 24 ♏ | | MAR 21 ♏ | | DEZ 31 ♐ | | |
| | | DEZ 31 ♎ | | | | | | DEZ 31 ♏ | | DEZ 31 ♏ | | DEZ 31 ♏ | | NOV 16 ♐ | | | | |
| | | | | | | | | | | | | | | DEZ 31 ♐ | | | | |

## URANUS 1986–2008

| 1986 | 1987 | 1988 | 1989 | 1990 | 1991 | 1992 | 1993 | 1994 | 1995 | 1996 | 1997 | 1998 | 1999 | 2000 | 2001 | 2002 | 2003 | 2004 |
|---|---|---|---|---|---|---|---|---|---|---|---|---|---|---|---|---|---|---|
| JAN 1 ♐ | JAN 1 ♐ | JAN 1 ♐ | JAN 1 ♑ | JAN 1 ♑ | JAN 1 ♑ | JAN 1 ♑ | JAN 1 ♑ | JAN 1 ♑ | JAN 1 ♑ | JAN 1 ♑ | JAN 1 ♒ | JAN 1 ♒ | JAN 1 ♒ | JAN 1 ♒ | JAN 1 ♒ | JAN 1 ♒ | JAN 1 ♒ | JAN 1 ♓ |
| JUN 21 ♐ | DEZ 31 ♐ | FEB 15 ♑ | DEZ 31 ♑ | DEZ 31 ♑ | JAN 6 ♑ | DEZ 31 ♑ | FEB 11 ♑ | DEZ 31 ♑ | APR 1 ♒ | JAN 12 ♒ | DEZ 31 ♒ | FEB 21 ♒ | DEZ 31 ♒ | APR 9 ♒ | JAN 26 ♒ | DEZ 31 ♒ | MAR 11 ♓ | DEZ 31 ♓ |
| OKT 31 ♐ | | MAI 27 ♐ | | | DEZ 31 ♑ | | JUL 17 ♑ | | JUN 9 ♑ | DEZ 31 ♒ | | AUG 23 ♒ | | JUL 11 ♒ | DEZ 31 ♒ | | SEP 15 ♒ | |
| DEZ 31 ♐ | | DEZ 3 ♑ | | | | | DEZ 3 ♑ | | DEZ 31 ♑ | | | DEZ 12 ♒ | | DEZ 31 ♒ | | | DEZ 30 ♓ | |
| | | DEZ 31 ♑ | | | | | DEZ 31 ♑ | | | | | DEZ 31 ♒ | | | | | DEZ 31 ♓ | |

| 2005 | 2006 | 2007 | 2008 |
|---|---|---|---|
| JAN 1 ♓ | JAN 1 ♓ | JAN 1 ♓ | JAN 1 ♓ |
| MAI 2 ♓ | FEB 16 ♓ | DEZ 31 ♓ | APR 2 ♓ |
| JUL 30 ♓ | DEZ 31 ♓ | | DEZ 31 ♓ |
| DEZ 31 ♓ | | | |

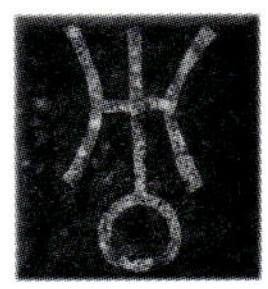

## NEPTUN 1910–1947

| 1910 | 1911 | 1912 | 1913 | 1914 | 1915 | 1916 | 1917 | 1918 | 1919 | 1920 | 1921 | 1922 | 1923 | 1924 | 1925 | 1926 | 1927 | 1928 |
|---|---|---|---|---|---|---|---|---|---|---|---|---|---|---|---|---|---|---|
| JAN 1 ♋ | JAN 1 ♋ | JAN 1 ♋ | JAN 1 ♋ | JAN 1 ♋ | JAN 1 ♋ | JAN 1 ♌ | JAN 1 ♌ | JAN 1 ♌ | JAN 1 ♌ | JAN 1 ♌ | JAN 1 ♌ | JAN 1 ♌ | JAN 1 ♌ | JAN 1 ♌ | JAN 1 ♌ | JAN 1 ♌ | JAN 1 ♌ | JAN 1 ♌ |
| AUG 8 ♋ | JUN 9 ♋ | DEC 31 ♋ | DEC 31 ♋ | SEP 24 ♌ | JUL 19 ♌ | MAR 19 ♋ | DEC 31 ♌ | DEC 31 ♌ | AUG 29 ♌ | JUL 1 ♌ | DEC 31 ♌ | DEC 31 ♌ | OCT 17 ♌ | AUG 10 ♌ | DEC 31 ♌ | DEC 31 ♌ | DEC 31 ♌ | SEP 22 ♍ |
| DEC 31 ♋ | DEC 31 ♋ | | | DEC 15 ♋ | DEC 31 ♌ | MAY 2 ♌ | | | DEC 31 ♌ | DEC 31 ♌ | | | DEC 31 ♌ | DEC 31 ♌ | | | | DEC 31 ♍ |
| | | | | DEC 31 ♋ | | DEC 31 ♌ | | | | | | | | | | | | |

| 1929 | 1930 | 1931 | 1932 | 1933 | 1934 | 1935 | 1936 | 1937 | 1938 | 1939 | 1940 | 1941 | 1942 | 1943 | 1944 | 1945 | 1946 | 1947 |
|---|---|---|---|---|---|---|---|---|---|---|---|---|---|---|---|---|---|---|
| JAN 1 ♍ | JAN 1 ♍ | JAN 1 ♍ | JAN 1 ♍ | JAN 1 ♍ | JAN 1 ♍ | JAN 1 ♍ | JAN 1 ♍ | JAN 1 ♍ | JAN 1 ♍ | JAN 1 ♍ | JAN 1 ♍ | JAN 1 ♍ | JAN 1 ♍ | JAN 1 ♎ | JAN 1 ♎ | JAN 1 ♎ | JAN 1 ♎ | JAN 1 ♎ |
| FEB 19 ♍ | DEC 31 ♍ | DEC 31 ♍ | DEC 31 ♍ | SEP 4 ♍ | DEC 31 ♍ | DEC 31 ♍ | DEC 31 ♍ | OCT 18 ♍ | AUG 21 ♍ | DEC 31 ♍ | DEC 31 ♍ | DEC 31 ♍ | OCT 4 ♎ | APR 17 ♍ | DEC 31 ♎ | DEC 31 ♎ | NOV 18 ♎ | MAR 11 ♎ |
| JUL 24 ♍ | | | | DEC 31 ♍ | | | | DEC 31 ♍ | DEC 31 ♍ | | | | DEC 31 ♎ | AUG 3 ♎ | | | DEC 31 ♎ | SEP 19 ♎ |
| DEC 31 ♍ | | | | | | | | | | | | | | DEC 31 ♎ | | | | DEC 31 ♎ |

## NEPTUN 1948–1985

| 1948 | 1949 | 1950 | 1951 | 1952 | 1953 | 1954 | 1955 | 1956 | 1957 | 1958 | 1959 | 1960 | 1961 | 1962 | 1963 | 1964 | 1965 | 1966 |
|---|---|---|---|---|---|---|---|---|---|---|---|---|---|---|---|---|---|---|
| JAN 1 ♎ | JAN 1 ♎ | JAN 1 ♎ | JAN 1 ♎ | JAN 1 ♎ | JAN 1 ♎ | JAN 1 ♎ | JAN 1 ♎ | JAN 1 ♏ | JAN 1 ♏ | JAN 1 ♏ | JAN 1 ♏ | JAN 1 ♏ | JAN 1 ♏ | JAN 1 ♏ | JAN 1 ♏ | JAN 1 ♏ | JAN 1 ♏ | JAN 1 ♏ |
| DEC 31 ♎ | DEC 31 ♎ | DEC 31 ♎ | NOV 2 ♎ | DEC 31 ♎ | DEC 31 ♎ | DEC 31 ♎ | DEC 24 ♏ | MAR 12 ♎ | JUN 16 ♎ | DEC 31 ♏ | DEC 31 ♏ | DEC 2 ♏ | DEC 31 ♏ | DEC 31 ♏ | DEC 31 ♏ | DEC 31 ♏ | NOV 19 ♏ | DEC 31 ♏ |
| | | | DEC 31 ♎ | | | | DEC 31 ♏ | OCT 19 ♏ | AUG 6 ♏ | | | DEC 31 ♏ | | | | | DEC 31 ♏ | |
| | | | | | | | | DEC 31 ♏ | DEC 31 ♏ | | | | | | | | | |

| 1967 | 1968 | 1969 | 1970 | 1971 | 1972 | 1973 | 1974 | 1975 | 1976 | 1977 | 1978 | 1979 | 1980 | 1981 | 1982 | 1983 | 1984 | 1985 |
|---|---|---|---|---|---|---|---|---|---|---|---|---|---|---|---|---|---|---|
| JAN 1 ♏ | JAN 1 ♏ | JAN 1 ♏ | JAN 1 ♏ | JAN 1 ♐ | JAN 1 ♐ | JAN 1 ♐ | JAN 1 ♐ | JAN 1 ♐ | JAN 1 ♐ | JAN 1 ♐ | JAN 1 ♐ | JAN 1 ♐ | JAN 1 ♐ | JAN 1 ♐ | JAN 1 ♐ | JAN 1 ♐ | JAN 1 ♐ | JAN 1 ♑ |
| DEC 31 ♏ | DEC 31 ♏ | DEC 31 ♏ | JAN 5 ♐ | DEC 31 ♐ | DEC 31 ♐ | DEC 31 ♐ | DEC 31 ♐ | JUN 18 ♐ | DEC 31 ♐ | DEC 31 ♐ | DEC 31 ♐ | DEC 31 ♐ | DEC 31 ♐ | DEC 31 ♐ | DEC 31 ♐ | DEC 13 ♐ | JAN 19 ♑ | DEC 31 ♑ |
| | | | MAY 3 ♏ | | | | | OCT 23 ♐ | | | | | | | | | JUN 23 ♐ | |
| | | | NOV 7 ♐ | | | | | DEC 31 ♐ | | | | | | | | | NOW 21 ♑ | |
| | | | DEC 31 ♐ | | | | | | | | | | | | | | DEC 31 ♑ | |

## NEPTUN 1986-2008

| 1986 | 1987 | 1988 | 1989 | 1990 | 1991 | 1992 | 1993 | 1994 | 1995 | 1996 | 1997 | 1998 | 1999 | 2000 | 2001 | 2002 | 2003 | 2004 |
|---|---|---|---|---|---|---|---|---|---|---|---|---|---|---|---|---|---|---|
| JAN 1 ♑ | JAN 1 ♑ | JAN 1 ♑ | JAN 1 ♑ | JAN 1 ♑ | JAN 1 ♑ | JAN 1 ♑ | JAN 1 ♑ | JAN 1 ♑ | JAN 1 ♑ | JAN 1 ♑ | JAN 1 ♑ | JAN 1 ♑ | JAN 1 ♒ | JAN 1 ♒ | JAN 1 ♒ | JAN 1 ♒ | JAN 1 ♒ | JAN 1 ♒ |
| DEC 31 ♑ | DEC 31 ♑ | MAR 16 ♑ | DEC 31 ♑ | DEC 31 ♑ | DEC 31 ♑ | DEC 31 ♑ | DEC 31 ♑ | DEC 31 ♑ | DEC 31 ♑ | DEC 31 ♑ | DEC 31 ♑ | JAN 29 ♒ | DEC 31 ♒ | DEC 31 ♒ | DEC 31 ♒ | DEC 31 ♒ | DEC 31 ♒ | DEC 31 ♒ |
| | | MAY 9 ♑ | | | | | | | | | | AUG 23 ♑ | | | | | | |
| | | DEC 31 ♑ | | | | | | | | | | NOV 28 ♒ | | | | | | |
| | | | | | | | | | | | | DEC 31 ♒ | | | | | | |

| 2005 | 2006 | 2007 | 2008 |
|---|---|---|---|
| JAN 1 ♒ | JAN 1 ♒ | JAN 1 ♒ | JAN 1 ♒ |
| DEC 31 ♒ | DEC 31 ♒ | FEB 22 ♒ | DEC 31 ♒ |
| | | DEC 31 ♒ | |

## PLUTO 1910-1947

| 1910 | 1911 | 1912 | 1913 | 1914 | 1915 | 1916 | 1917 | 1918 | 1919 | 1920 | 1921 | 1922 | 1923 | 1924 | 1925 | 1926 | 1927 | 1928 |
|---|---|---|---|---|---|---|---|---|---|---|---|---|---|---|---|---|---|---|
| JAN 1 ♊ | JAN 1 ♊ | JAN 1 ♊ | JAN 1 ♊ | JAN 1 ♊ | JAN 1 ♋ | JAN 1 ♋ | JAN 1 ♋ | JAN 1 ♋ | JAN 1 ♋ | JAN 1 ♋ | JAN 1 ♋ | JAN 1 ♋ | JAN 1 ♋ | JAN 1 ♋ | JAN 1 ♋ | JAN 1 ♋ | JAN 1 ♋ | JAN 1 ♋ |
| DEZ 31 ♊ | DEZ 31 ♊ | SEP 11 ♋ | JUL 10 ♋ | MAI 27 ♋ | DEZ 31 ♋ | DEZ 31 ♋ | DEZ 31 ♋ | DEZ 31 ♋ | DEZ 31 ♋ | DEZ 31 ♋ | DEZ 31 ♋ | DEZ 31 ♋ | JUN 4 ♋ | DEZ 31 ♋ | DEZ 31 ♋ | DEZ 31 ♋ | DEZ 31 ♋ | DEZ 31 ♋ |
| | | OKT 20 ♊ | DEZ 28 ♊ | DEZ 31 ♋ | | | | | | | | | DEZ 31 ♋ | | | | | |
| | | DEZ 31 ♊ | DEZ 31 ♊ | | | | | | | | | | | | | | | |

| 1929 | 1930 | 1931 | 1932 | 1933 | 1934 | 1935 | 1936 | 1937 | 1938 | 1939 | 1940 | 1941 | 1942 | 1943 | 1944 | 1945 | 1946 | 1947 |
|---|---|---|---|---|---|---|---|---|---|---|---|---|---|---|---|---|---|---|
| JAN 1 ♋ | JAN 1 ♋ | JAN 1 ♋ | JAN 1 ♋ | JAN 1 ♋ | JAN 1 ♋ | JAN 1 ♋ | JAN 1 ♋ | JAN 1 ♋ | JAN 1 ♋ | JAN 1 ♌ | JAN 1 ♌ | JAN 1 ♌ | JAN 1 ♌ | JAN 1 ♌ | JAN 1 ♌ | JAN 1 ♌ | JAN 1 ♌ | JAN 1 ♌ |
| DEZ 31 ♋ | DEZ 31 ♋ | JUN 27 ♋ | DEZ 31 ♋ | DEZ 31 ♋ | DEZ 31 ♋ | DEZ 31 ♋ | DEZ 31 ♋ | OKT 7 ♌ | AUG 4 ♌ | FEB 7 ♋ | DEZ 31 ♌ | DEZ 31 ♌ | DEZ 31 ♌ | DEZ 31 ♌ | DEZ 31 ♌ | DEZ 31 ♌ | JUN 12 ♌ | DEZ 31 ♌ |
| | | DEZ 31 ♋ | | | | | | NOV 25 ♋ | DEZ 31 ♌ | JUN 14 ♌ | | | | | | | DEZ 31 ♌ | |
| | | | | | | | | DEZ 31 ♋ | | DEZ 31 ♌ | | | | | | | | |

## PLUTO 1948-1985

| 1948 | 1949 | 1950 | 1951 | 1952 | 1953 | 1954 | 1955 | 1956 | 1957 | 1958 | 1959 | 1960 | 1961 | 1962 | 1963 | 1964 | 1965 | 1966 |
|---|---|---|---|---|---|---|---|---|---|---|---|---|---|---|---|---|---|---|
| JAN 1 ♌ | JAN 1 ♌ | JAN 1 ♌ | JAN 1 ♌ | JAN 1 ♌ | JAN 1 ♌ | JAN 1 ♌ | JAN 1 ♌ | JAN 1 ♌ | JAN 1 ♍ | JAN 1 ♍ | JAN 1 ♍ | JAN 1 ♍ | JAN 1 ♍ | JAN 1 ♍ | JAN 1 ♍ | JAN 1 ♍ | JAN 1 ♍ | JAN 1 ♍ |
| DEZ 31 ♌ | DEZ 31 ♌ | DEZ 31 ♌ | AUG 30 ♌ | DEZ 31 ♌ | DEZ 31 ♌ | DEZ 31 ♌ | DEZ 31 ♌ | OKT 20 ♍ | JAN 15 ♌ | APR 11 ♌ | DEZ 31 ♍ | DEZ 31 ♍ | DEZ 31 ♍ | SEP 7 ♍ | DEZ 31 ♍ | DEZ 31 ♍ | DEZ 31 ♍ | DEZ 31 ♍ |
| | | | DEZ 31 ♌ | | | | | DEZ 31 ♍ | AUG 19 ♍ | JUN 11 ♍ | | | | DEZ 31 ♍ | | | | |
| | | | | | | | | | DEZ 31 ♍ | DEZ 31 ♍ | | | | | | | | |

| 1967 | 1968 | 1969 | 1970 | 1971 | 1972 | 1973 | 1974 | 1975 | 1976 | 1977 | 1978 | 1979 | 1980 | 1981 | 1982 | 1983 | 1984 | 1985 |
|---|---|---|---|---|---|---|---|---|---|---|---|---|---|---|---|---|---|---|
| JAN 1 ♍ | JAN 1 ♍ | JAN 1 ♍ | JAN 1 ♍ | JAN 1 ♍ | JAN 1 ♎ | JAN 1 ♎ | JAN 1 ♎ | JAN 1 ♎ | JAN 1 ♎ | JAN 1 ♎ | JAN 1 ♎ | JAN 1 ♎ | JAN 1 ♎ | JAN 1 ♎ | JAN 1 ♎ | JAN 1 ♎ | JAN 1 ♏ | JAN 1 ♏ |
| SEP 1 ♍ | DEZ 31 ♍ | DEZ 31 ♍ | DEZ 31 ♍ | OKT 5 ♎ | APR 17 ♍ | DEZ 31 ♎ | DEZ 31 ♎ | DEZ 31 ♎ | AUG 21 ♎ | DEZ 31 ♎ | DEZ 31 ♎ | NOV 4 ♎ | DEZ 31 ♎ | DEZ 31 ♎ | DEZ 31 ♎ | NOV 6 ♏ | MAI 18 ♎ | DEZ 31 ♏ |
| DEZ 31 ♍ | | | | DEZ 31 ♎ | JUL 30 ♎ | | | | DEZ 31 ♎ | | | DEZ 31 ♎ | | | | DEZ 31 ♏ | AUG 28 ♏ | |
| | | | | | DEZ 31 ♎ | | | | | | | | | | | | DEZ 31 ♏ | |

## PLUTO 1986-2008

| 1986 | 1987 | 1988 | 1989 | 1990 | 1991 | 1992 | 1993 | 1994 | 1995 | 1996 | 1997 | 1998 | 1999 | 2000 | 2001 | 2002 | 2003 | 2004 |
|---|---|---|---|---|---|---|---|---|---|---|---|---|---|---|---|---|---|---|
| JAN 1 ♏ | JAN 1 ♏ | JAN 1 ♏ | JAN 1 ♏ | JAN 1 ♏ | JAN 1 ♏ | JAN 1 ♏ | JAN 1 ♏ | JAN 1 ♏ | JAN 1 ♏ | JAN 1 ♐ | JAN 1 ♐ | JAN 1 ♐ | JAN 1 ♐ | JAN 1 ♐ | JAN 1 ♐ | JAN 1 ♐ | JAN 1 ♐ | JAN 1 ♐ |
| DEZ 31 ♏ | NOV 5 ♏ | DEZ 31 ♏ | DEZ 31 ♏ | DEZ 31 ♏ | NOV 5 ♏ | DEZ 31 ♏ | DEZ 31 ♏ | DEZ 31 ♏ | JAN 17 ♐ | DEZ 31 ♐ | DEZ 31 ♐ | DEZ 31 ♐ | NOV 24 ♐ | DEZ 31 ♐ | DEZ 31 ♐ | DEZ 31 ♐ | DEZ 19 ♐ | DEZ 31 ♐ |
| | DEZ 31 ♏ | | | | DEZ 31 ♏ | | | | APR 21 ♏ | | | | DEZ 31 ♐ | | | | DEZ 31 ♐ | |
| | | | | | | | | | NOV 11 ♐ | | | | | | | | | |
| | | | | | | | | | DEZ 31 ♐ | | | | | | | | | |

| 2005 | 2006 | 2007 | 2008 |
|---|---|---|---|
| JAN 1 ♐ | JAN 1 ♐ | JAN 1 ♐ | JAN 1 ♐ |
| DEZ 31 ♐ | DEZ 31 ♐ | DEZ 31 ♐ | JAN 26 ♑ |
| | | | JUN 14 ♑ |
| | | | NOV 27 ♑ |
| | | | DEZ 31 ♑ |

# Mond-Tafeln

*DER MOND IST mit den Eigenschaften verbunden, die Sie von Ihren Eltern geerbt haben und beeinflusst Ihre Gefühle und die Art und Weise, wie Sie in bestimmten Situationen reagieren.*

In der Mondtabelle ganz rechts steht jedem Monatstag eine Zahl gegenüber. Diese Zahl zeigt an, wie viele Tierkreissymbole (rechts) Sie ab dem Symbol Ihres Geburtsmonats hinzuzählen müssen, um zu Ihrem Mondzeichen zu kommen. Möglicherweise müssen Sie bis zu den Fischen zählen und zum Widder zurückkehren. Wurden Sie beispielsweise am 14. Mai 1978 geboren, ist das Tierkreissymbol Ihres Geburtsmonats der Wassermann (♒). Die Mondtabelle zeigt, dass zum 14. Monatstag sechs Zeichen hinzugezählt werden müssen. Das Mondzeichen für dieses Geburtsdatum ist demzufolge der Löwe (♌). In diesem Buch finden Sie Auswertungen aller Mondzeichen. Falls Ihnen Ihr Mondzeichen ungenau erscheint, lesen Sie die Auswertungen, die vor und nach ihm stehen; eines der drei wird sicher zutreffen.

### Tierkreiszeichen

| | |
|---|---|
| ♈ | Widder |
| ♉ | Stier |
| ♊ | Zwillinge |
| ♋ | Krebs |
| ♌ | Löwe |
| ♍ | Jungfrau |
| ♎ | Waage |
| ♏ | Skorpion |
| ♐ | Schütze |
| ♑ | Steinbock |
| ♒ | Wassermann |
| ♓ | Fische |

### Mondtabelle

#### Tage des Monats und Anzahl der zu addierenden Zeichen

| TAG | PLUS | TAG | PLUS | TAG | PLUS | TAG | PLUS |
|---|---|---|---|---|---|---|---|
| 1 | 0 | 9 | 4 | 17 | 7 | 25 | 11 |
| 2 | 1 | 10 | 4 | 18 | 8 | 26 | 11 |
| 3 | 1 | 11 | 5 | 19 | 8 | 27 | 12 |
| 4 | 1 | 12 | 5 | 20 | 9 | 28 | 12 |
| 5 | 2 | 13 | 5 | 21 | 9 | 29 | 1 |
| 6 | 2 | 14 | 6 | 22 | 10 | 30 | 1 |
| 7 | 3 | 15 | 6 | 23 | 10 | 31 | 2 |
| 8 | 3 | 16 | 7 | 24 | 10 | | |

| | 1910 | 1911 | 1912 | 1913 | 1914 | 1915 | 1916 | 1917 | 1918 | 1919 | 1920 | 1921 | 1922 | 1923 | 1924 | 1925 | 1926 |
|---|---|---|---|---|---|---|---|---|---|---|---|---|---|---|---|---|---|
| JAN | ♍ | ♑ | ♉ | ♏ | ♓ | ♋ | ♏ | ♈ | ♌ | ♐ | ♉ | ♎ | ♒ | ♊ | ♏ | ♈ | ♌ |
| FEB | ♏ | ♓ | ♋ | ♐ | ♈ | ♌ | ♑ | ♊ | ♎ | ♒ | ♋ | ♐ | ♈ | ♌ | ♐ | ♉ | ♍ |
| MÄR | ♏ | ♓ | ♌ | ♐ | ♈ | ♍ | ♒ | ♊ | ♎ | ♒ | ♋ | ♐ | ♈ | ♌ | ♑ | ♉ | ♍ |
| APR | ♐ | ♉ | ♎ | ♒ | ♊ | ♎ | ♓ | ♌ | ♐ | ♈ | ♍ | ♑ | ♉ | ♎ | ♓ | ♋ | ♏ |
| MAI | ♑ | ♊ | ♏ | ♓ | ♋ | ♐ | ♉ | ♍ | ♑ | ♉ | ♎ | ♒ | ♋ | ♏ | ♈ | ♌ | ♐ |
| JUN | ♓ | ♌ | ♐ | ♉ | ♍ | ♒ | ♊ | ♎ | ♓ | ♋ | ♐ | ♈ | ♌ | ♑ | ♉ | ♍ | ♒ |
| JUL | ♈ | ♍ | ♒ | ♊ | ♎ | ♓ | ♋ | ♏ | ♈ | ♌ | ♑ | ♉ | ♎ | ♒ | ♋ | ♏ | ♓ |
| AUG | ♊ | ♏ | ♓ | ♋ | ♐ | ♈ | ♍ | ♑ | ♊ | ♎ | ♒ | ♋ | ♏ | ♈ | ♌ | ♐ | ♉ |
| SEP | ♌ | ♐ | ♉ | ♍ | ♒ | ♊ | ♎ | ♓ | ♋ | ♏ | ♈ | ♌ | ♑ | ♉ | ♎ | ♒ | ♋ |
| OKT | ♍ | ♑ | ♊ | ♎ | ♓ | ♋ | ♏ | ♈ | ♌ | ♐ | ♉ | ♎ | ♒ | ♊ | ♏ | ♓ | ♌ |
| NOV | ♏ | ♊ | ♌ | ♐ | ♈ | ♌ | ♑ | ♊ | ♎ | ♒ | ♋ | ♏ | ♈ | ♌ | ♑ | ♉ | ♍ |
| DEZ | ♐ | ♈ | ♍ | ♑ | ♉ | ♍ | ♓ | ♋ | ♏ | ♓ | ♌ | ♑ | ♉ | ♍ | ♒ | ♊ | ♎ |

| | 1927 | 1928 | 1929 | 1930 | 1931 | 1932 | 1933 | 1934 | 1935 | 1936 | 1937 | 1938 | 1939 | 1940 | 1941 | 1942 | 1943 |
|---|---|---|---|---|---|---|---|---|---|---|---|---|---|---|---|---|---|
| JAN | ♐ | ♈ | ♍ | ♑ | ♉ | ♎ | ♓ | ♋ | ♏ | ♈ | ♌ | ♑ | ♉ | ♍ | ♒ | ♊ | ♎ |
| FEB | ♑ | ♊ | ♏ | ♓ | ♋ | ♐ | ♈ | ♌ | ♑ | ♉ | ♎ | ♒ | ♊ | ♏ | ♈ | ♌ | ♐ |
| MÄR | ♒ | ♋ | ♏ | ♓ | ♋ | ♐ | ♉ | ♍ | ♑ | ♊ | ♎ | ♒ | ♋ | ♐ | ♈ | ♌ | ♐ |
| APR | ♈ | ♍ | ♑ | ♉ | ♍ | ♒ | ♊ | ♎ | ♓ | ♌ | ♐ | ♈ | ♌ | ♑ | ♉ | ♎ | ♒ |
| MAI | ♉ | ♎ | ♒ | ♊ | ♎ | ♓ | ♋ | ♐ | ♈ | ♍ | ♑ | ♉ | ♎ | ♒ | ♊ | ♏ | ♓ |
| JUN | ♋ | ♏ | ♓ | ♌ | ♐ | ♉ | ♍ | ♑ | ♊ | ♎ | ♒ | ♋ | ♏ | ♈ | ♌ | ♑ | ♉ |
| JUL | ♌ | ♐ | ♈ | ♍ | ♑ | ♊ | ♎ | ♓ | ♋ | ♏ | ♈ | ♌ | ♑ | ♉ | ♍ | ♒ | ♊ |
| AUG | ♍ | ♒ | ♊ | ♏ | ♓ | ♋ | ♐ | ♈ | ♌ | ♑ | ♉ | ♎ | ♒ | ♋ | ♏ | ♈ | ♌ |
| SEP | ♏ | ♓ | ♌ | ♐ | ♈ | ♍ | ♑ | ♊ | ♎ | ♓ | ♋ | ♏ | ♈ | ♌ | ♑ | ♉ | ♍ |
| OKT | ♐ | ♉ | ♍ | ♑ | ♉ | ♎ | ♓ | ♋ | ♏ | ♈ | ♌ | ♑ | ♉ | ♎ | ♒ | ♊ | ♎ |
| NOV | ♑ | ♊ | ♏ | ♓ | ♋ | ♐ | ♈ | ♌ | ♑ | ♊ | ♎ | ♒ | ♊ | ♏ | ♈ | ♌ | ♐ |
| DEZ | ♓ | ♌ | ♐ | ♈ | ♌ | ♑ | ♉ | ♍ | ♒ | ♋ | ♏ | ♓ | ♌ | ♑ | ♉ | ♍ | ♑ |

| | 1944 | 1945 | 1946 | 1947 | 1948 | 1949 | 1950 | 1951 | 1952 | 1953 | 1954 | 1955 | 1956 | 1957 | 1958 | 1959 | 1960 |
|---|---|---|---|---|---|---|---|---|---|---|---|---|---|---|---|---|---|
| JAN | ♓ | ♌ | ♐ | ♈ | ♍ | ♑ | ♊ | ♎ | ♓ | ♋ | ♏ | ♈ | ♌ | ♑ | ♉ | ♍ | ♒ |
| FEB | ♉ | ♍ | ♑ | ♊ | ♎ | ♓ | ♋ | ♐ | ♈ | ♍ | ♑ | ♉ | ♎ | ♒ | ♊ | ♏ | ♈ |
| MÄR | ♉ | ♎ | ♒ | ♊ | ♏ | ♓ | ♋ | ♐ | ♉ | ♍ | ♑ | ♊ | ♏ | ♓ | ♋ | ♏ | ♈ |
| APR | ♋ | ♏ | ♓ | ♌ | ♑ | ♉ | ♍ | ♒ | ♊ | ♎ | ♓ | ♋ | ♐ | ♈ | ♌ | ♑ | ♊ |
| MAI | ♌ | ♐ | ♉ | ♍ | ♒ | ♊ | ♎ | ♓ | ♋ | ♐ | ♈ | ♍ | ♑ | ♉ | ♎ | ♒ | ♋ |
| JUN | ♎ | ♒ | ♊ | ♏ | ♓ | ♌ | ♐ | ♈ | ♍ | ♑ | ♊ | ♎ | ♓ | ♋ | ♐ | ♈ | ♌ |
| JUL | ♏ | ♓ | ♌ | ♐ | ♈ | ♍ | ♑ | ♊ | ♎ | ♓ | ♋ | ♏ | ♈ | ♌ | ♑ | ♉ | ♍ |
| AUG | ♐ | ♉ | ♍ | ♑ | ♊ | ♏ | ♓ | ♋ | ♐ | ♈ | ♍ | ♑ | ♉ | ♎ | ♒ | ♊ | ♏ |
| SEP | ♒ | ♋ | ♏ | ♓ | ♌ | ♐ | ♈ | ♍ | ♑ | ♊ | ♎ | ♒ | ♋ | ♐ | ♈ | ♌ | ♑ |
| OKT | ♓ | ♌ | ♐ | ♈ | ♍ | ♑ | ♊ | ♎ | ♓ | ♋ | ♏ | ♓ | ♌ | ♑ | ♉ | ♍ | ♒ |
| NOV | ♉ | ♍ | ♑ | ♊ | ♏ | ♓ | ♋ | ♏ | ♈ | ♍ | ♑ | ♉ | ♎ | ♒ | ♊ | ♏ | ♈ |
| DEZ | ♊ | ♎ | ♒ | ♋ | ♐ | ♈ | ♌ | ♑ | ♊ | ♎ | ♒ | ♊ | ♏ | ♓ | ♌ | ♐ | ♉ |

| | 1961 | 1962 | 1963 | 1964 | 1965 | 1966 | 1967 | 1968 | 1969 | 1970 | 1971 | 1972 | 1973 | 1974 | 1975 | 1976 | 1977 |
|---|---|---|---|---|---|---|---|---|---|---|---|---|---|---|---|---|---|
| JAN | ♋ | ♏ | ♓ | ♌ | ♐ | ♈ | ♍ | ♑ | ♊ | ♎ | ♒ | ♋ | ♐ | ♈ | ♌ | ♑ | ♉ |
| FEB | ♌ | ♐ | ♉ | ♍ | ♒ | ♊ | ♏ | ♓ | ♋ | ♏ | ♈ | ♍ | ♑ | ♉ | ♎ | ♒ | ♋ |
| MÄR | ♌ | ♐ | ♉ | ♎ | ♒ | ♊ | ♏ | ♈ | ♌ | ♐ | ♉ | ♍ | ♑ | ♊ | ♎ | ♓ | ♋ |
| APR | ♎ | ♒ | ♋ | ♏ | ♈ | ♌ | ♑ | ♉ | ♍ | ♒ | ♊ | ♏ | ♓ | ♋ | ♐ | ♈ | ♍ |
| MAI | ♏ | ♓ | ♌ | ♐ | ♉ | ♍ | ♒ | ♊ | ♎ | ♓ | ♋ | ♐ | ♈ | ♍ | ♑ | ♉ | ♎ |
| JUN | ♑ | ♉ | ♎ | ♒ | ♊ | ♏ | ♓ | ♌ | ♐ | ♉ | ♍ | ♑ | ♊ | ♎ | ♓ | ♋ | ♐ |
| JUL | ♒ | ♊ | ♏ | ♓ | ♌ | ♐ | ♈ | ♍ | ♑ | ♊ | ♎ | ♓ | ♋ | ♐ | ♈ | ♌ | ♑ |
| AUG | ♈ | ♌ | ♐ | ♉ | ♎ | ♒ | ♊ | ♏ | ♓ | ♋ | ♏ | ♈ | ♍ | ♑ | ♉ | ♎ | ♓ |
| SEP | ♊ | ♍ | ♒ | ♋ | ♏ | ♓ | ♋ | ♐ | ♉ | ♍ | ♑ | ♊ | ♎ | ♓ | ♋ | ♐ | ♈ |
| OKT | ♋ | ♏ | ♓ | ♌ | ♐ | ♈ | ♍ | ♒ | ♊ | ♎ | ♒ | ♋ | ♐ | ♈ | ♌ | ♑ | ♉ |
| NOV | ♌ | ♐ | ♉ | ♎ | ♒ | ♊ | ♎ | ♓ | ♋ | ♐ | ♈ | ♍ | ♑ | ♉ | ♎ | ♓ | ♋ |
| DEZ | ♍ | ♊ | ♊ | ♏ | ♓ | ♋ | ♐ | ♈ | ♌ | ♑ | ♉ | ♎ | ♒ | ♊ | ♏ | ♈ | ♌ |

| | 1978 | 1979 | 1980 | 1981 | 1982 | 1983 | 1984 | 1985 | 1986 | 1987 | 1988 | 1989 | 1990 | 1991 | 1992 | 1993 | 1994 |
|---|---|---|---|---|---|---|---|---|---|---|---|---|---|---|---|---|---|
| JAN | ♍ | ♒ | ♊ | ♏ | ♓ | ♌ | ♐ | ♉ | ♍ | ♑ | ♊ | ♎ | ♒ | ♋ | ♏ | ♈ | ♌ |
| FEB | ♏ | ♈ | ♌ | ♐ | ♉ | ♍ | ♒ | ♊ | ♎ | ♓ | ♋ | ♐ | ♈ | ♍ | ♑ | ♉ | ♎ |
| MÄR | ♏ | ♈ | ♍ | ♑ | ♉ | ♎ | ♒ | ♊ | ♏ | ♓ | ♌ | ♐ | ♉ | ♍ | ♒ | ♊ | ♎ |
| APR | ♑ | ♊ | ♎ | ♒ | ♋ | ♏ | ♈ | ♌ | ♑ | ♉ | ♍ | ♒ | ♊ | ♏ | ♓ | ♋ | ♐ |
| MAI | ♒ | ♋ | ♏ | ♓ | ♌ | ♐ | ♉ | ♍ | ♒ | ♊ | ♏ | ♓ | ♌ | ♐ | ♈ | ♍ | ♑ |
| JUN | ♈ | ♌ | ♑ | ♉ | ♎ | ♒ | ♊ | ♏ | ♓ | ♌ | ♐ | ♉ | ♍ | ♑ | ♊ | ♎ | ♓ |
| JUL | ♉ | ♍ | ♒ | ♋ | ♏ | ♓ | ♌ | ♐ | ♉ | ♍ | ♑ | ♊ | ♎ | ♒ | ♋ | ♐ | ♈ |
| AUG | ♋ | ♏ | ♈ | ♌ | ♐ | ♈ | ♎ | ♒ | ♊ | ♎ | ♓ | ♌ | ♐ | ♈ | ♍ | ♑ | ♉ |
| SEP | ♌ | ♐ | ♊ | ♎ | ♒ | ♊ | ♏ | ♓ | ♌ | ♐ | ♉ | ♍ | ♑ | ♊ | ♏ | ♓ | ♋ |
| OKT | ♍ | ♒ | ♋ | ♏ | ♓ | ♋ | ♐ | ♉ | ♍ | ♑ | ♊ | ♎ | ♒ | ♋ | ♐ | ♈ | ♌ |
| NOV | ♏ | ♓ | ♌ | ♐ | ♉ | ♍ | ♒ | ♊ | ♎ | ♓ | ♌ | ♐ | ♈ | ♍ | ♑ | ♉ | ♎ |
| DEZ | ♐ | ♉ | ♍ | ♑ | ♊ | ♎ | ♓ | ♋ | ♐ | ♈ | ♍ | ♑ | ♉ | ♎ | ♒ | ♋ | ♏ |

| | 1995 | 1996 | 1997 | 1998 | 1999 | 2000 | 2001 | 2002 | 2003 | 2004 | 2005 | 2006 | 2007 | 2008 |
|---|---|---|---|---|---|---|---|---|---|---|---|---|---|---|
| JAN | ♑ | ♉ | ♎ | ♒ | ♊ | ♏ | ♊ | ♌ | ♐ | ♉ | ♍ | ♑ | ♊ | ♎ |
| FEB | ♒ | ♋ | ♏ | ♈ | ♌ | ♐ | ♉ | ♎ | ♒ | ♊ | ♏ | ♓ | ♌ | ♐ |
| MÄR | ♓ | ♋ | ♏ | ♈ | ♌ | ♑ | ♉ | ♎ | ♒ | ♋ | ♏ | ♈ | ♌ | ♐ |
| APR | ♈ | ♍ | ♑ | ♊ | ♎ | ♓ | ♋ | ♐ | ♈ | ♌ | ♑ | ♉ | ♍ | ♒ |
| MAI | ♉ | ♎ | ♒ | ♋ | ♏ | ♈ | ♌ | ♑ | ♉ | ♍ | ♒ | ♊ | ♏ | ♓ |
| JUN | ♋ | ♐ | ♈ | ♌ | ♑ | ♉ | ♎ | ♒ | ♊ | ♏ | ♈ | ♌ | ♐ | ♉ |
| JUL | ♌ | ♑ | ♉ | ♎ | ♒ | ♋ | ♏ | ♓ | ♋ | ♐ | ♉ | ♍ | ♑ | ♊ |
| AUG | ♎ | ♓ | ♋ | ♏ | ♓ | ♌ | ♑ | ♉ | ♍ | ♒ | ♊ | ♎ | ♓ | ♌ |
| SEP | ♏ | ♈ | ♌ | ♑ | ♉ | ♎ | ♒ | ♊ | ♏ | ♈ | ♌ | ♐ | ♉ | ♎ |
| OKT | ♑ | ♉ | ♎ | ♒ | ♊ | ♏ | ♓ | ♌ | ♐ | ♉ | ♍ | ♑ | ♊ | ♏ |
| NOV | ♒ | ♋ | ♏ | ♈ | ♌ | ♑ | ♉ | ♍ | ♒ | ♊ | ♏ | ♓ | ♌ | ♐ |
| DEZ | ♈ | ♌ | ♐ | ♉ | ♍ | ♒ | ♊ | ♏ | ♓ | ♌ | ♐ | ♈ | ♍ | ♑ |

# So finden Sie den Aszendenten

NOTIEREN SIE SICH *den Breitengrad Ihres Geburtsortes und Ihre Geburtszeit. Wählen Sie anschließend den Breitengrad, der sich am nächsten bei Ihrem Geburtsort befindet. Suchen Sie Ihr Geburtsdatum und Ihre Geburtszeit in den entsprechenden Spalten und verbinden Sie die beiden Punkte mit einer Linie. Das Symbol rechts von dieser diagonalen Linie ist Ihr Aszendent. Schauen Sie, wo die Linie die Spalte schneidet.*

**DIE SYMBOLE DER TIERKREISZEICHEN**

| | | | |
|---|---|---|---|
| ♈ | *Widder* | ♎ | *Waage* |
| ♉ | *Stier* | ♏ | *Skorpion* |
| ♊ | *Zwillinge* | ♐ | *Schütze* |
| ♋ | *Krebs* | ♑ | *Steinbock* |
| ♌ | *Löwe* | ♒ | *Wassermann* |
| ♍ | *Jungfrau* | ♓ | *Fische* |

**DIE SYMBOLE DER PLANETEN**

| | | | |
|---|---|---|---|
| ☉ | *Sonne* | ♃ | *Jupiter* |
| ☽ | *Mond* | ♄ | *Saturn* |
| ☿ | *Merkur* | ♅ | *Uranus* |
| ♀ | *Venus* | ♆ | *Neptun* |
| ♂ | *Mars* | ♇ | *Pluto* |

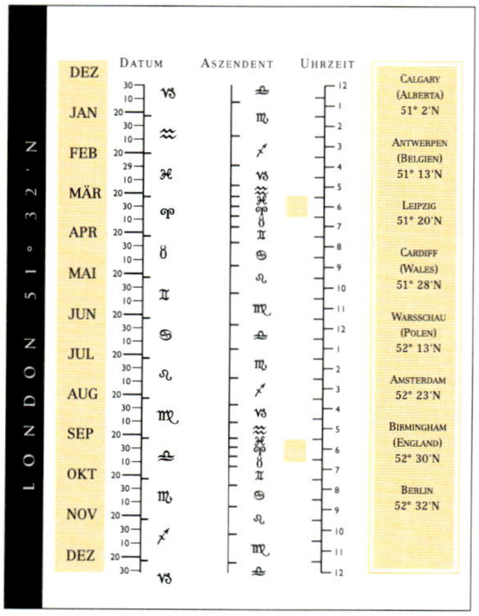


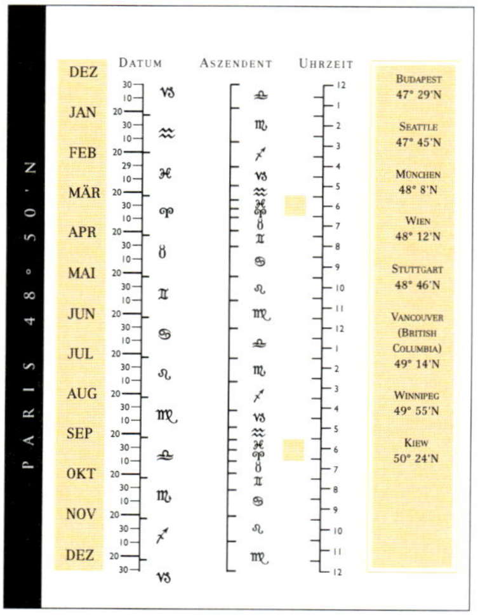


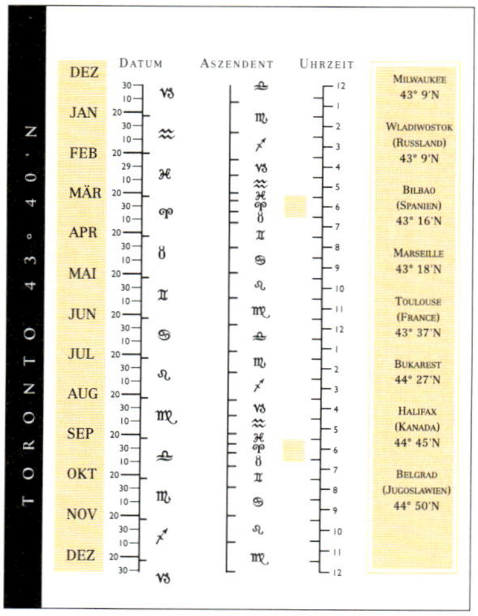


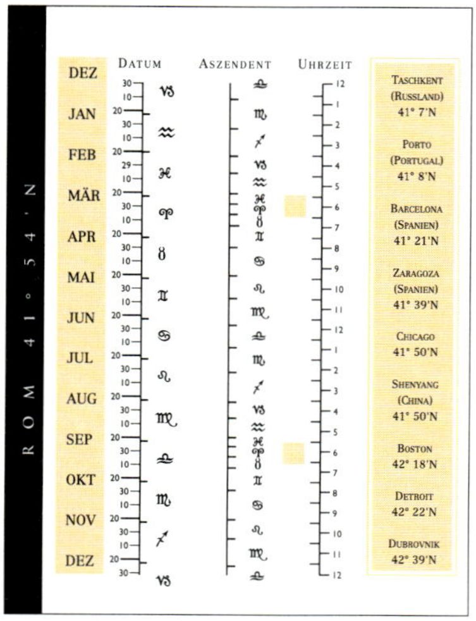


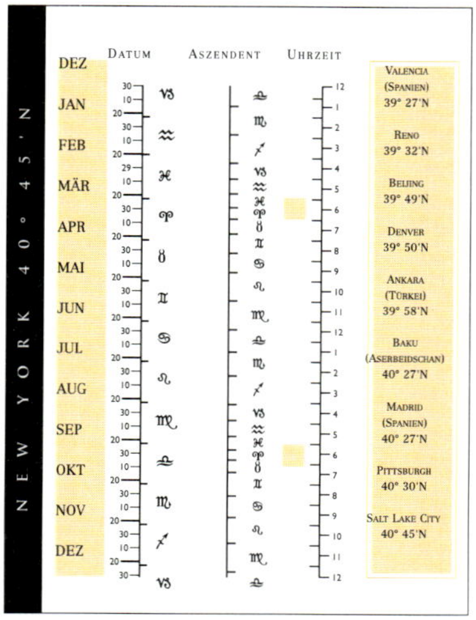


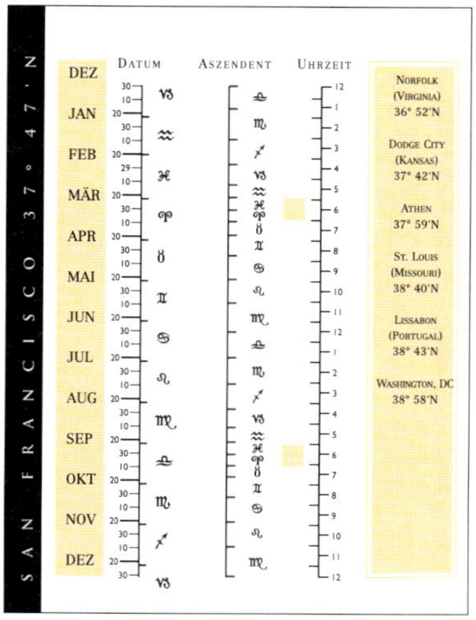

## TOKIO 35° 41' N

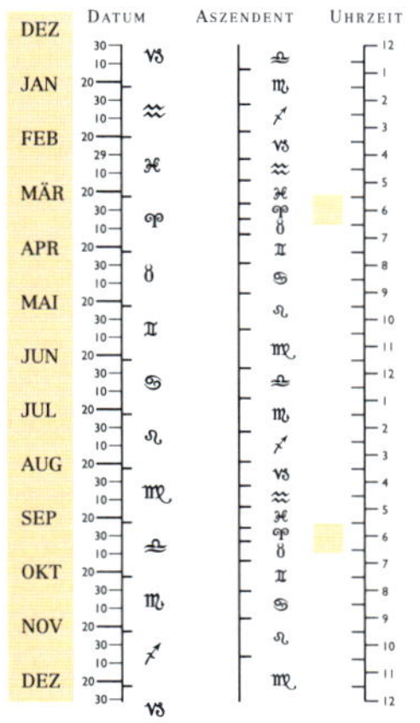


Los Angeles 34° 0'N
Pasadena (Kalifornien) 34° 5'N
Kyoto 35° 0'N
Chattanooga 35° 2'N
Albuquerque 35° 5'N
Memphis 35° 7'N
Oklahoma City 35° 25'N
Tanger (Marokko) 35° 50'N

## LONDON 51° 32' N

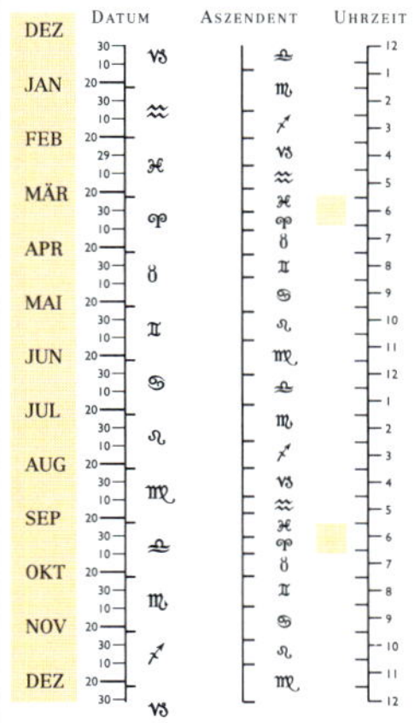


Calgary (Alberta) 51° 2'N
Antwerpen (Belgien) 51° 13'N
Leipzig 51° 20'N
Cardiff (Wales) 51° 28'N
Warsschau (Polen) 52° 13'N
Amsterdam 52° 23'N
Birmingham (England) 52° 30'N
Berlin 52° 32'N

## MEXICO CITY 19° 26' N

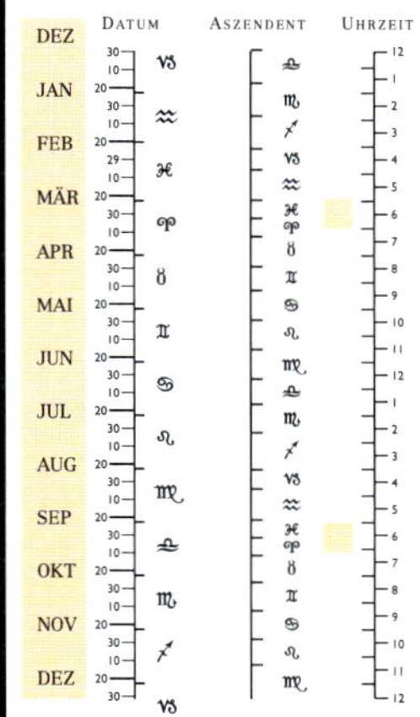


Puebla (Mexiko) 19° 0'N
Santiago de Cuba 20° 1'N
Guadalajara (Mexiko) 20° 40'N
Haiphong (Vietnam) 20° 55'N
Honolulu 21° 19'N
Makkah (Saudiarabien) 21° 30'N
Macao (China) 22° 11'N
Hongkong 22° 16'N

## BOMBAY 18° 55' N

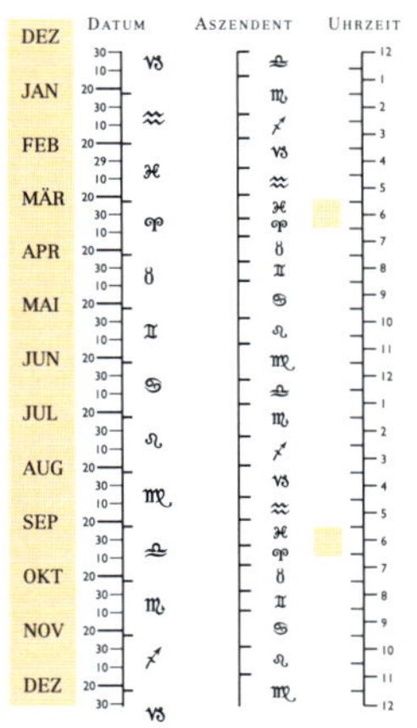


Madras (Indien) 13°8'N
Bangkok 13°45'N
Dakar 14°34'N
Guatemala City 14°40'N
Asmara (Eritrea) 15°19'N
Khartoum 15°31'N
Kingston (Jamaika) 18° 0'N
San Juan (Puerto Rico) 18°28'N
Port-au-Prince (Haiti) 18°33'N

## RIO DE JANEIRO 22° 54' S

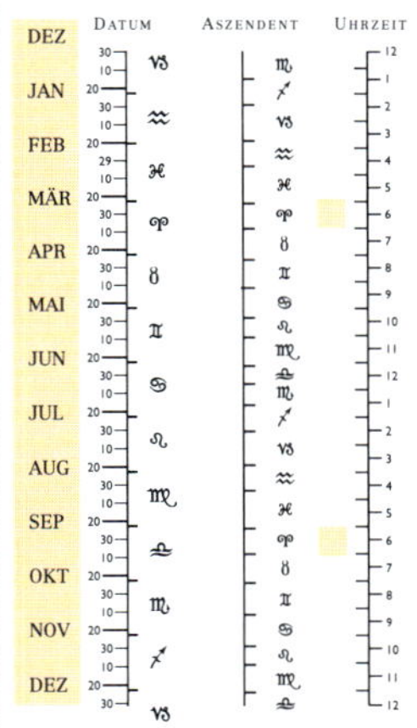


Port Louis (Mauritius) 20°09'S
Bulawayo (Zimbabwe) 20°10'S
Concepción (Paraguay) 23°30'S
Rockhampton (Australien) 23°32'S
Alice Springs (Australien) 23°36'S
São Paulo 23°40'S
Antofagasta (Chile) 23°50'S
Santos (Brasilien) 23°56'S

## JOHANNESBURG 26° 10' S

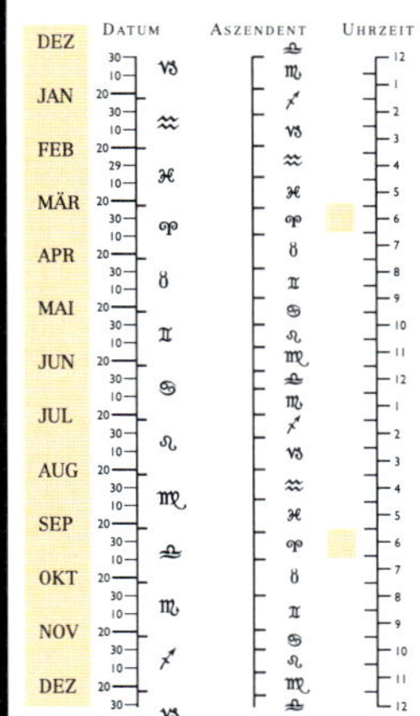


Asunción (Paraguay) 25°25'S
Pretoria 25°44'S
Mafekeng (Südafrika) 25°50'S
Maputo (Mozambique) 25°58'S
Bethanien (Namibia) 26°29'S
Tucumán (Argentinien) 26°50'S
Brisbane (Australien) 27°25'S
Corrientes (Argentinien) 27°28'S

## SYDNEY 33° 52' S

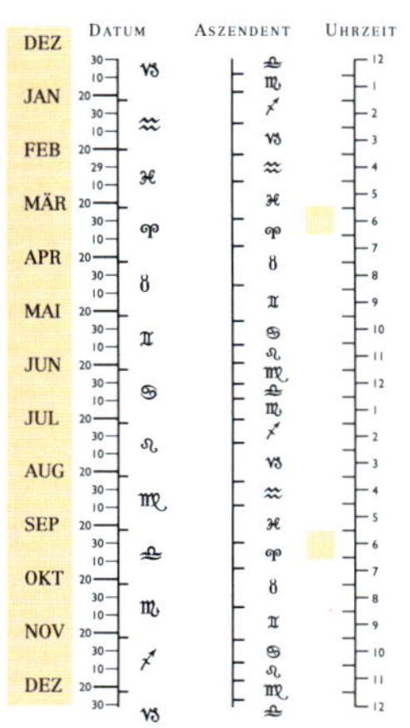


Córdoba (Argentinien) 31° 22'S
Perth (Westaustralien) 31° 57'S
Fremantle (Australien) 32° 3'S
Valparaíso (Chile) 33° 5'S
Santiago (Chile) 33° 24'S
Kapstadt 33° 59'S
Buenos Aires (Argentinien) 34° 40'S
Adelaide (Australien) 34° 55'S

## WELLINGTON 41° 18' S

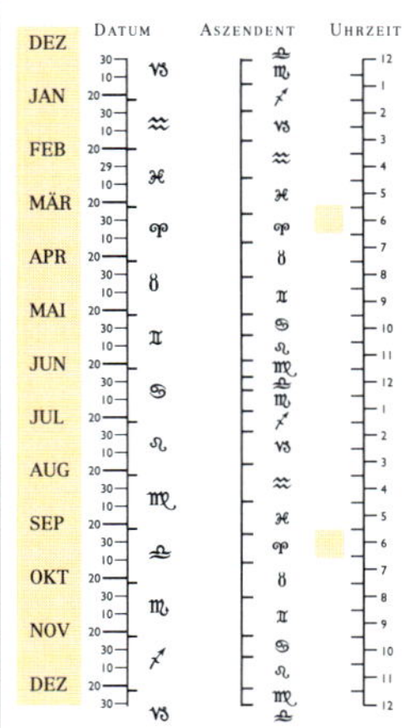


Canberra (Australien) 35° 15'S
Auckland (Neuseeland) 36° 52'S
Melbourne 37° 40'S
Bahía Blanca 38° 35'S
Valdivia (Chile) 39° 50'S
Launceston (Tasmanien) 41° 25'S
Christchurch (Neuseeland) 43° 33'S
Dunedin (Neuseeland) 45° 51'S

# So finden Sie die Himmelsmitte

*NOTIEREN SIE SICH den Längengrad Ihres Geburtsortes und Ihre Geburtszeit. Wählen Sie anschließend den Längengrad, der Ihrem Geburtsort am nächsten ist. Suchen Sie Ihr Geburtsdatum und Ihre Geburtszeit in den entsprechenden Spalten und verbinden Sie die beiden Punkte mit einer Linie. Das Symbol rechts dieser diagonalen Linie ist Ihre Himmelsmitte. Schauen Sie, wo die Linie die Spalte schneidet.*

**DIE SYMBOLE DER TIERKREISZEICHEN**

| | | | |
|---|---|---|---|
| ♈ | *Widder* | ♎ | *Waage* |
| ♉ | *Stier* | ♏ | *Skorpion* |
| ♊ | *Zwillinge* | ♐ | *Schütze* |
| ♋ | *Krebs* | ♑ | *Steinbock* |
| ♌ | *Löwe* | ♒ | *Wassermann* |
| ♍ | *Jungfrau* | ♓ | *Fische* |

**DIE SYMBOLE DER PLANETEN**

| | | | |
|---|---|---|---|
| ☉ | *Sonne* | ♃ | *Jupiter* |
| ☽ | *Mond* | ♄ | *Saturn* |
| ☿ | *Merkur* | ♅ | *Uranus* |
| ♀ | *Venus* | ♆ | *Neptun* |
| ♂ | *Mars* | ♇ | *Pluto* |

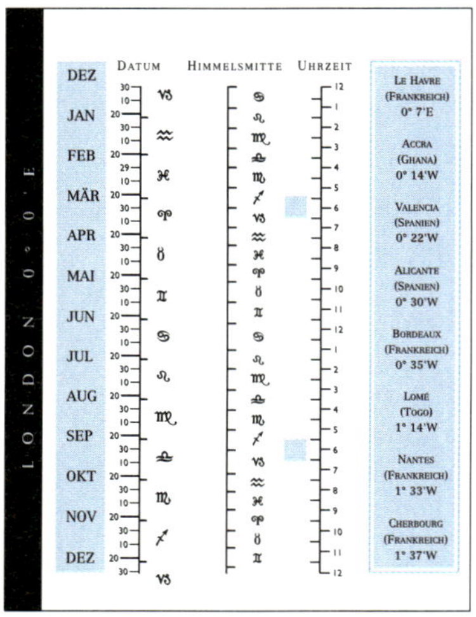


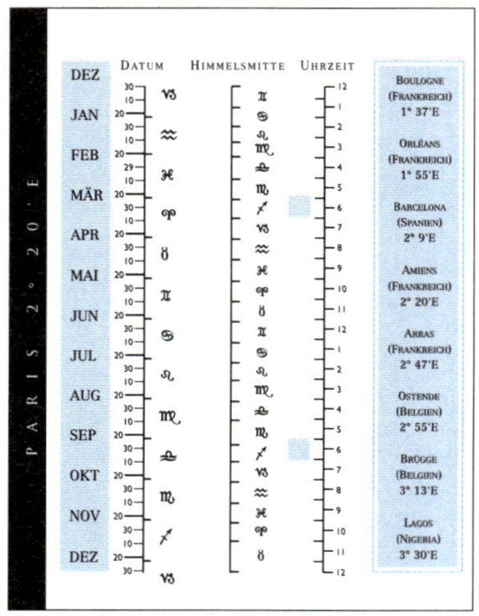


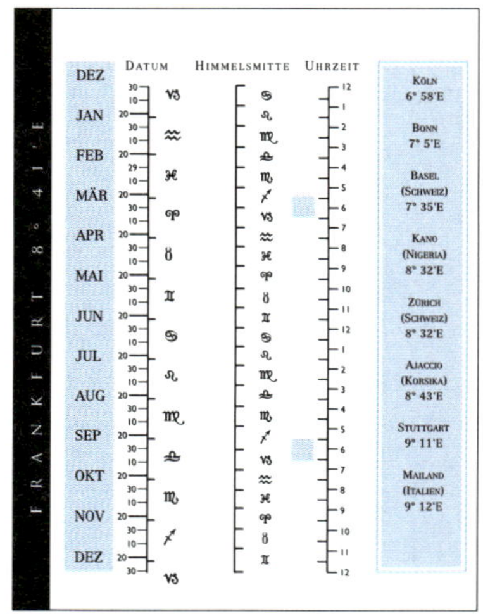


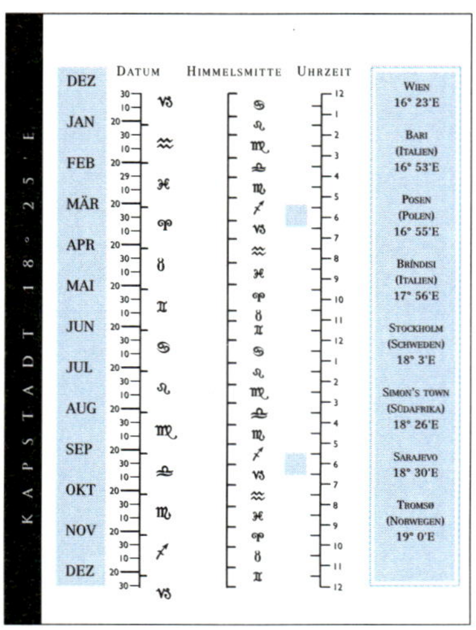


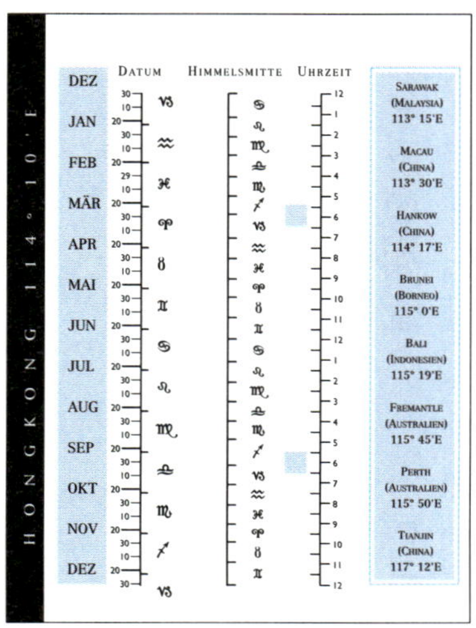


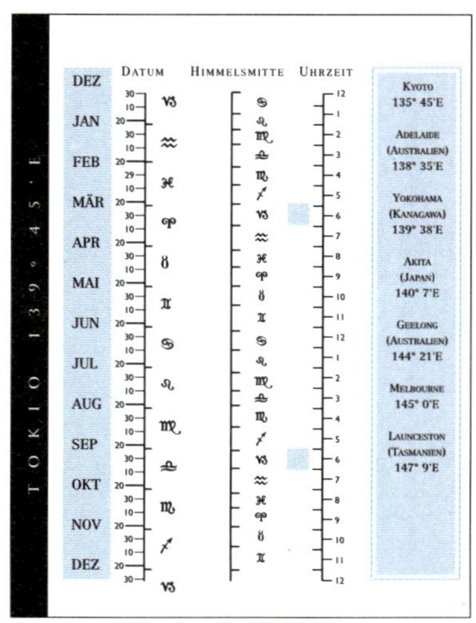

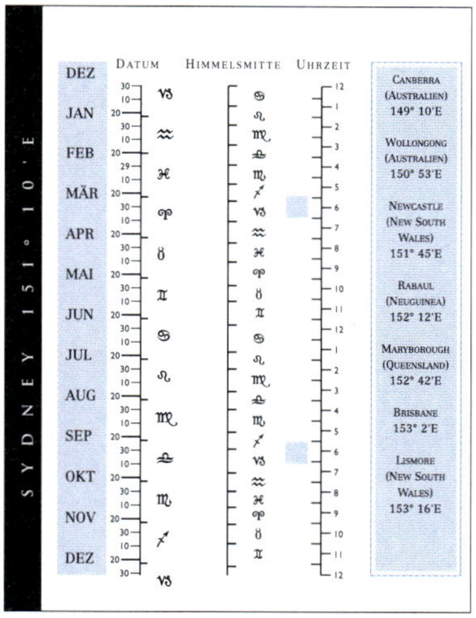
SYDNEY 151° 10' E
DATUM
HIMMELSMITTE
UHRZEIT
DEZ
JAN
FEB
MÄR
APR
MAI
JUN
JUL
AUG
SEP
OKT
NOV
DEZ
CANBERRA (AUSTRALIEN) 149° 10'E
WOLLONGONG (AUSTRALIEN) 150° 53'E
NEWCASTLE (NEW SOUTH WALES) 151° 45'E
RABAUL (NEUGUINEA) 152° 12'E
MARYBOROUGH (QUEENSLAND) 152° 42'E
BRISBANE 153° 2'E
LISMORE (NEW SOUTH WALES) 153° 16'E

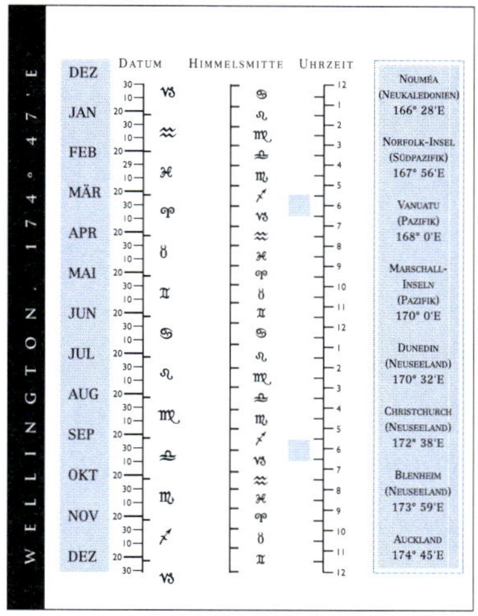
WELLINGTON. 174° 47' E
DATUM
HIMMELSMITTE
UHRZEIT
DEZ
JAN
FEB
MÄR
APR
MAI
JUN
JUL
AUG
SEP
OKT
NOV
DEZ
NOUMÉA (NEUKALEDONIEN) 166° 28'E
NORFOLK-INSEL (SÜDPAZIFIK) 167° 56'E
VANUATU (PAZIFIK) 168° 0'E
MARSCHALL-INSELN (PAZIFIK) 170° 0'E
DUNEDIN (NEUSEELAND) 170° 32'E
CHRISTCHURCH (NEUSEELAND) 172° 38'E
BLENHEIM (NEUSEELAND) 173° 59'E
AUCKLAND 174° 45'E

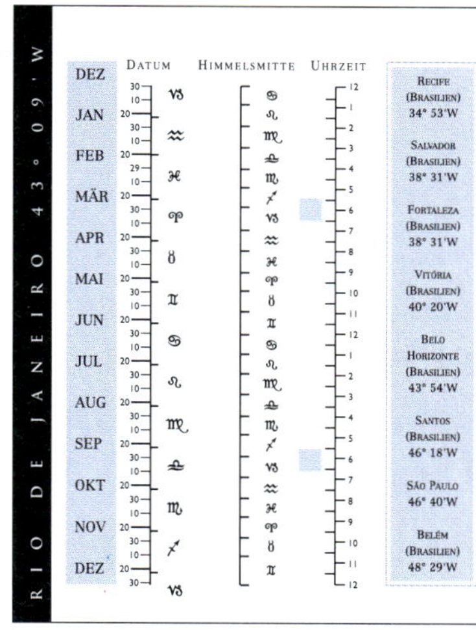
RIO DE JANEIRO 43° 09' W
DATUM
HIMMELSMITTE
UHRZEIT
DEZ
JAN
FEB
MÄR
APR
MAI
JUN
JUL
AUG
SEP
OKT
NOV
DEZ
RECIFE (BRASILIEN) 34° 53'W
SALVADOR (BRASILIEN) 38° 31'W
FORTALEZA (BRASILIEN) 38° 31'W
VITÓRIA (BRASILIEN) 40° 20'W
BELO HORIZONTE (BRASILIEN) 43° 54'W
SANTOS (BRASILIEN) 46° 18'W
SÃO PAULO 46° 40'W
BELÉM (BRASILIEN) 48° 29'W

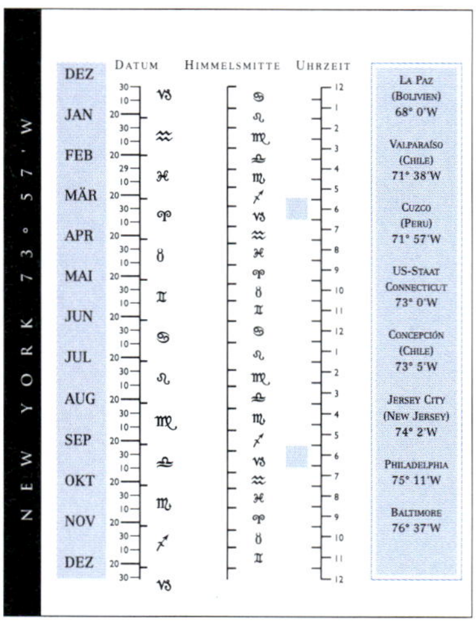
NEW YORK 73° 57' W
DATUM
HIMMELSMITTE
UHRZEIT
DEZ
JAN
FEB
MÄR
APR
MAI
JUN
JUL
AUG
SEP
OKT
NOV
DEZ
LA PAZ (BOLIVIEN) 68° 0'W
VALPARAÍSO (CHILE) 71° 38'W
CUZCO (PERU) 71° 57'W
US-STAAT CONNECTICUT 73° 0'W
CONCEPCIÓN (CHILE) 73° 5'W
JERSEY CITY (NEW JERSEY) 74° 2'W
PHILADELPHIA 75° 11'W
BALTIMORE 76° 37'W

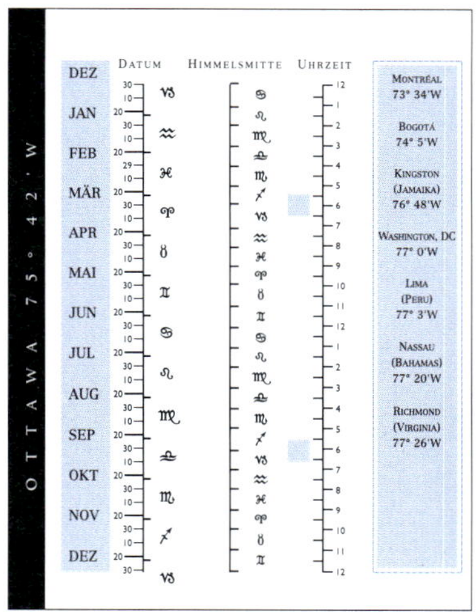
OTTAWA 75° 42' W
DATUM
HIMMELSMITTE
UHRZEIT
DEZ
JAN
FEB
MÄR
APR
MAI
JUN
JUL
AUG
SEP
OKT
NOV
DEZ
MONTRÉAL 73° 34'W
BOGOTÁ 74° 5'W
KINGSTON (JAMAIKA) 76° 48'W
WASHINGTON, DC 77° 0'W
LIMA (PERU) 77° 3'W
NASSAU (BAHAMAS) 77° 20'W
RICHMOND (VIRGINIA) 77° 26'W

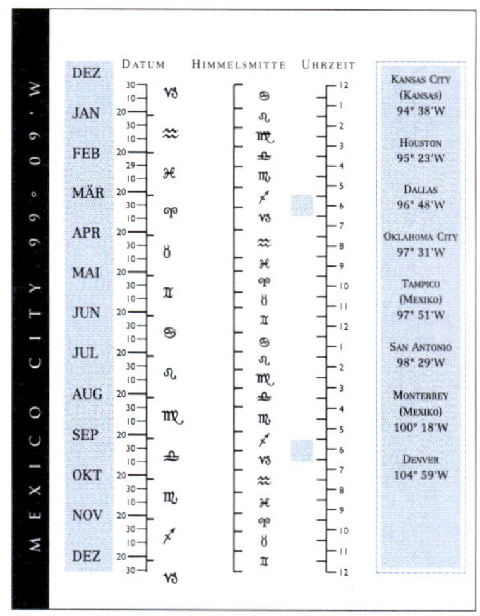
MEXICO CITY 99° 09' W
DATUM
HIMMELSMITTE
UHRZEIT
DEZ
JAN
FEB
MÄR
APR
MAI
JUN
JUL
AUG
SEP
OKT
NOV
DEZ
KANSAS CITY (KANSAS) 94° 38'W
HOUSTON 95° 23'W
DALLAS 96° 48'W
OKLAHOMA CITY 97° 31'W
TAMPICO (MEXIKO) 97° 51'W
SAN ANTONIO 98° 29'W
MONTERREY (MEXIKO) 100° 18'W
DENVER 104° 59'W

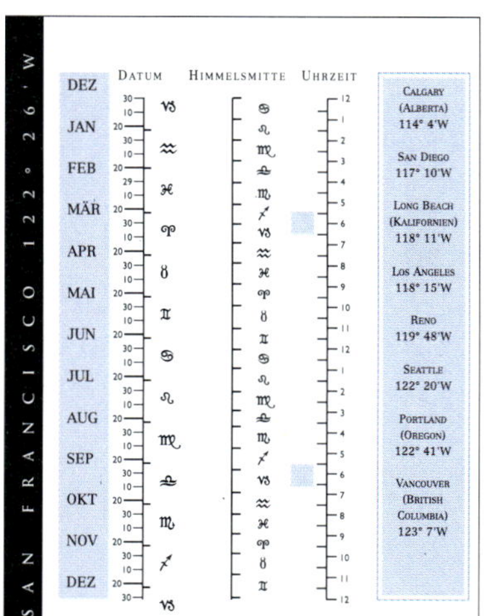
SAN FRANCISCO 122° 26' W
DATUM
HIMMELSMITTE
UHRZEIT
DEZ
JAN
FEB
MÄR
APR
MAI
JUN
JUL
AUG
SEP
OKT
NOV
DEZ
CALGARY (ALBERTA) 114° 4'W
SAN DIEGO 117° 10'W
LONG BEACH (KALIFORNIEN) 118° 11'W
LOS ANGELES 118° 15'W
RENO 119° 48'W
SEATTLE 122° 20'W
PORTLAND (OREGON) 122° 41'W
VANCOUVER (BRITISH COLUMBIA) 123° 7'W

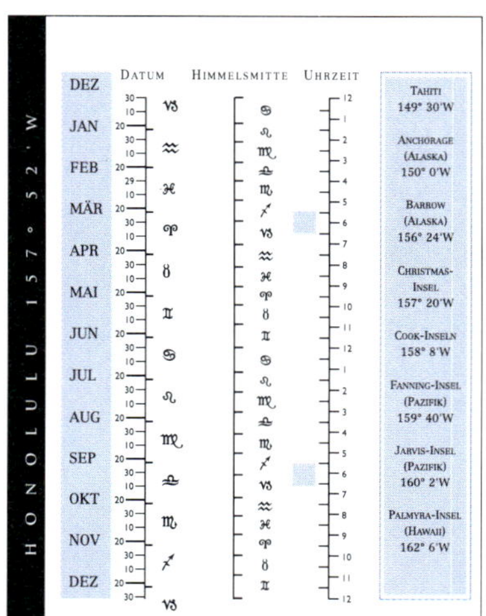
HONOLULU 157° 52' W
DATUM
HIMMELSMITTE
UHRZEIT
DEZ
JAN
FEB
MÄR
APR
MAI
JUN
JUL
AUG
SEP
OKT
NOV
DEZ
TAHITI 149° 30'W
ANCHORAGE (ALASKA) 150° 0'W
BARROW (ALASKA) 156° 24'W
CHRISTMAS-INSEL 157° 20'W
COOK-INSELN 158° 8'W
FANNING-INSEL (PAZIFIK) 159° 40'W
JARVIS-INSEL (PAZIFIK) 160° 2'W
PALMYRA-INSEL (HAWAII) 162° 6'W

# Weitere Quellen

## Bücher

Jedes Jahr kommen unzählige neue Astrologiebücher auf den Markt. Von Werken, die sich lediglich mit Sonnenzeichen beschäftigen bis hin zu theoretischen und philosophischen Abhandlungen ist für jeden etwas dabei: Der erfahrene Astrologe wie auch der Neuling auf diesem Gebiet werden hier sicherlich interessante und informative Literaturvorschläge finden. Die meisten Bücher sind in Astrologie-Fachgeschäften sowie in normalen Buchläden zu erwerben oder im Internet zu bestellen.

*Testament der Astrologie.* Adler, Oskar. Heinrich Hugendubel Verlag, München 2000. Eine ausgezeichnete Einführung in die Gedankenwelt der Astrologie in vier Bänden, sehr empfehlenswert für ein vertieftes Studium.

*Deutung von Aspekten und Aspektfiguren.* Hamaker-Zondag, Karen M. Heinrich Hugendubel Verlag, München 1998. In diesem vierten Band ihrer astrologischen Deutungsreihe beschreibt die Autorin die Wirkungsweise aller Aspekte, vom psychologischen Standpunkt aus betrachtet. Auch die wichtigsten Aspektfiguren werden behandelt.

*Die Kunst der Horoskopsynthese.* Marks, Tracy. Ullstein, Berlin 1997. Ein gutes Handbuch zum Zusammenfassen, Auswerten und Verstehen aller Komponenten in einem Horoskop.

*Astrologie.* Parker, Derek und Julia. Heyne Verlag, München 1984. Eine kenntnisreiche und unterhaltsam geschriebene Geschichte der Astrologie von den Anfängen bis zur Gegenwart.

*Welt der Astrologie.* Parker, Derek und Julia. Urania Verlags AG, Neuhausen am Rheinfall 1998. Ein illustriertes Handbuch zu allen Aspekten der Astrologie, das Ihnen dabei helfen kann, vom Anfänger zum Profi zu werden. Nach intensivem Studium dieses Buches wären Sie wahrscheinlich fit genug, um die Zwischenprüfung der meisten Astrologieschulen zu bestehen.

*Lebenshilfe Astrologie.* Riemann, Fritz. Pfeiffer bei Klett-Cotta, Stuttgart 1999. Das Buch führt in die Bedeutung der Tierkreiszeichen und Planeten ein und fesselt durch die Verbindung von psychoanalytischen und astrologischen Konzepten.

*Astrologische Häuser und Aszendenten.* Sasportas, Howard. Knaur, München 1987. Eine sehr ausführliche Abhandlung der Eigenschaften und Einflüsse der zwölf Häuser des Horoskops.

*Horoskopanalyse Band I und II.* Weiss, Jean Claude. Edition Astrodata, Wettswil. Der erste Band behandelt die Planeten in den Häusern und Zeichen, der zweite Band die Aspekte. Hier finden Sie eine Fülle hochinteressanter Aussagen und Deutungen.

*Lehrgang der Astrologie.* Xylander, Ernst von. Origo Verlag, Zürich 1974. Sehr klar durchdachte und verständlich geschriebene Einführung in die Astrologie.

## Schulen

Wenn Sie die Astrologie ernsthaft studieren möchten, bieten diese Schulen einen interessanten Stundenplan. Die für ein Studium erforderlichen Voraussetzungen und andere wichtige Informationen können Sie schriftlich, telefonisch, per Fax oder per E-Mail bei den Schulen erfragen. Einige geben nur Anfängerkurse, andere wiederum nehmen nur Fortgeschrittene auf. Siehe auch »Astrologieschulen online« unter *Websites*.

**Deutschland**
Institut für psychologische Astrologie (Hermann Meyer)
Sendlinger Str. 28/II
80331 München
Tel: 089-2608842
(Mo. - Fr. 9-12 Uhr)

Astrologie-Seminare
Hajo Banzhart und Brigitte Theler
Mauerkircherstr. 29/IV
81679 München
Tel: 089-984212
Fax: 089-980086

Astrologen-Zentrum Berlin DAV
Möchernstr. 68
10965 Berlin
Tel: 030-7858459
Fax: 030-7858459

DAV Ausbildungszentrum Köln
Heumarerstr. 79a
51149 Köln
Tel: 02203-301986
Fax: 02203-39580

Astrologieschule Ernst Ott (DAV)
Ettlinger Str. 5
76137 Karlsruhe
Tel: 0721-357827
Fax: 0721-357827

Ausbildungszentrum Stuttgart (DAV)
Detlef und Katja Hover
Schlossstr. 94
70176 Stuttgart
Tel: 0711-610503
Fax: 0711-610503

TPA - Schule für transpersonale Astrologie
Michael Roscher und Brigitte Homann
Postfach 310201
90202 Nürnberg
Tel: 0911-5047165
Fax: 0911-5047165

**Schweiz**
Fernlehrgang Astrodata
Astrodata AG
Albisriederstr. 232
CH-8047 Zürich

**Großbritannien**
Faculty of Astrological Studies
54 High Street
Orpington, Kent BR6 0QJ
Tel: 07000-790143
Fax: 01689-603537
www.astrology.org.uk

The Astrological Lodge of London
50 Gloucester Place
London W1H 3HJ
The Mayo School
Alvara Gardens
Tregovethan
Truro, Cornwall TR4 9EN
www.astrology-world.com/mayoside.html

The Company of Astrologers
P.O. Box 3001
London N1 1LY
Tel: 01227 362427
E-Mail: admin@coa.org.uk

The Centre for Psychological Astrology
BCM Box 1815
London WC1N 3XX
Tel: 0208-749 2330
E-Mail: 106342.736@compuserve.com

Qualifiying Horary Correspondence Course
Mongeham Lodge Cottage
Great Mongeham
Deal, Kent CT14 0HD
Tel: 01304-375667

## Organisationen

Bei diesen Organisationen können Sie die Namen bekannter Astrologen in Ihrer Umgebung sowie Lernmaterial erfragen.

**Deutschland**
Deutscher Astrologen Verband e.V.
Wilhelmstr. 11
69115 Heidelberg
Tel: 06221-182010
Fax: 06221-182010
E-mail: daver@t-online.de
www.dav-astrologie.de

**Großbritannien**
The Astrological Association
BM Box 3935
London WCIN 3XX
Tel: 0207-700-3746
Fax: 0207-700-6479
www.astrologer.com/aanet/index.html

## *Websites*

Im Internet gibt es zahlreiche Websites zum Thema Astrologie. Einige davon sind nicht ganz ernst zu nehmen, andere wiederum sind hochprofessionell; es gibt jedenfalls viele, die es sich wirklich lohnt zu besuchen. Die nachfolgende Liste kann Ihnen natürlich nicht alle Websites vorstellen, weil viele von ihnen genauso schnell wieder verschwinden wie sie gekommen sind. Es ist gut möglich, dass Sie bei Ihrer Suche auf zahlreiche neue Sites treffen.

### Astrologie, allgemeine Informationen

*www.bernadettebrady.com*
Bietet eine gut strukturierte Hilfe für Anfänger ohne Vorkenntnisse in Astrologie.

Auf folgenden Sites finden Sie allgemeine Informationen:

*www.astrologynow.com/about.Astrology*
*www.astrology.net/understanding*
*www.crownjewels.com/links/astrology*
*www.astropro.com/features/conxions*
Eine reichhaltige Quelle für Newsgroups, Newsletters, Konferenzen und Mailinglisten.

*www.astrologix.de*
Allgemeine Auskünfte zu Schulen im deutschen Raum

*www.hermes-astrologie.com*
Werkverzeichnis für Astrologieliteratur

*www.dav-astrologie.de*
*www.astrologer.com*
Schule der bekannten Astrologin Liz Green

*www.hermann-bauer.de*
Verlag für Astrologiebücher in Freiburg, Versandbuchhandel

*www.astrodata.ch*
Fernlehrgang, Hg. von Astrologie heute, Computer-Horoskop-Service

### Astrologiebücher, Diagramme und Karten

*www.lhl.lib.mo.us/pubserve/hos/stars/toc.htm*
Eine hervorragende Quelle für Sternkarten

*www.astrologyetal.com*
Ein toller Astrologie-Buchladen mit vielen Second-Hand-Büchern

### Astrologiemagazine

Es gibt zahlreiche sehr gute Online-Astrologiemagazine, die Sie abonnieren können. Hier eine repräsentative Auswahl:

*Astrologie heute*
*www.astrodata.ch*

*The Cosmic Times*
*www.onelist.com/subscribe/CosmicTimes*
*The Planetary Outlook*
*www.skyguides.com/planetary_outlook.html*

*Astrology World*
*www.astrology-world.com*

*The Mountain Astrologer*
*www.mountainastrologer.com*
Vermutlich das beste Astrologiemagazin in den USA.

*Asmail*
*www.astrologer.com/aanet*
Das angesehene Journal der United Kingdom's Astrological Association.

### Astrologie-Newsgroups

*www.alt.astrology*
*www.alt.astrology.marketplace*
*www.alt.jyotish*
*www.alt.astrology.metapsych*
*www.alt.astrology.moderated*

### Astrologieschulen online

*Online College of Astrology*
*www.astrocollege.com*

*Classical Studies*
*www.leelehman.com*
Theorien und Techniken der Astrologie

*www.members.tripod.com/~junojuno2*
Für den Anfänger, der Kosmobiologie und andere Mittelpunkttheorien studieren möchte.

*www.thenewage.com/community/act.htm*
Eingeladene Astrologen diskutieren hier Theorien und Techniken der Astrologie.

*www.onelist.com/subscribe.cgi/JAAL*
Eine Site zu den astrologischen Einflüssen von Asteroiden, unbedeutender und so genannter hypothetischer Planeten.

*www.egroups.com/group/all_ancient*
Der amerikanische Astrologe Robert Hand hat sich mit alten astrologischen Techniken beschäftigt und sie mit der modernen Astrologie in Einklang gebracht. Auf dieser Site wird über seine Arbeit diskutiert.

### Informationen zu astrologischen Zeitzonen

*www.astro.ch/cgi-bin/atlw3/aq.cgi?lang=g*
Diese Site enthält nützliche Informationen zu den Zeitzonen auf der ganzen Welt.

### Astrologischer Einfluss auf Familie und Beziehung

*www.egroups.com/list/child-family*
Diese Site beschäftigt sich vorrangig mit Familie und Kindern.

### Astrologie in Finanzdingen

*www.citystats.co.uk*
Enthält Informationen über die Verwendung von Astrologie in den weltweiten Aktienmärkten.

### Stunden-Astrologie

Die nachfolgenden Websites beschäftigen sich speziell mit der Stunden-Astrologie, einer lange Zeit populären Methode der astrologischen Vorhersage. Hierbei stellt man eine bestimmte Frage, woraufhin für den Zeitpunkt der Fragestellung ein Diagramm erstellt wird. Die Antworten ergeben sich dann aus den Daten dieses Diagramms.

*www.horary.com/cwiggers/Pcs.html*

### Medizinische Astrologie

*www.medicinegarden.com*
Diese Website behandelt die medizinische Astrologie und holistische Heilverfahren.

### Psychologische Astrologie

*www.astrologer.com/psychast*
Diese Site beschäftigt sich mit dem Gebiet der psychologischen Astrologie.

# Ein einfaches Glossar

*Die kursiv erscheinenden Begriffe sind an anderer Stelle im Glossar erklärt.*

**Alltagsastrologie** Ein bestimmter Bereich der Astrologie, der sich mit der Interpretation und Vorhersage politischer, sozialer und lebensweltlicher Ereignisse und Tendenzen beschäftigt.

**Aspekte** Wenn sich zwischen zwei Planeten in einem Geburtsdiagramm eine bestimmte Anzahl Grade befindet, sagt man, dass sich der eine Planet im Aspekt zum anderen befindet. Sind sie 90° voneinander entfernt, stehen sie in quadratischem Aspekt zueinander. Weitere Aspekte sind Trigon (120° Abstand), Sextil (60° Abstand), Opposition (180° Abstand), Halbquadrat (45° Abstand), Eineinhalb Quadrat (135° Abstand), Halbsextil (30° Abstand) und Quincunx (150° Abstand). Planeten befinden sich in Konjunktion, wenn sie (fast) den selben Grad besetzen. Der Einfluss der planetären Aspekte in einem Geburtsdiagramm kann positiven oder negativen Charakter und mächtige, starke, moderate oder schwache Kraft haben.

**Aspektlose Planeten** Planeten, die in keinem Aspekt zu einem anderen stehen. Die Bedeutung dieser Planeten ist strittig. Die meisten Astrologen vertreten die Meinung, dass die Qualitäten, die normalerweise mit solchen Planeten in Verbindung gebracht werden, entweder unerkannt bleiben oder von der Person nicht genügend genutzt werden. Manchmal können aspektlose Planeten stark konfliktgeladene Bereiche darstellen.

**Asteroide** Kleine Planeten

**Astronomen** Jahrhundertelang hatten die Begriffe Astronom und Astrologe die gleiche Bedeutung: Astrologen waren stets auch Astronomen und umgekehrt. Heutzutage beschränken sich Astronomen jedoch darauf, Beschaffenheit und Bewegung der Himmelskörper zu studieren. Astrologen befassen sich damit, wie sie sich auf das Leben des Planeten Erde auswirken.

**Aszendent** Der Aszendent entspricht dem Grad des Tierkreises, der zum Zeitpunkt Ihrer Geburt über dem östlichen Horizont aufsteigt und stellt gleichzeitig die Schwelle des ersten Hauses dar. Das Emporsteigen eines jeden Grades dauert etwa vier Minuten. Astrologen nennen das Zeichen, das am östlichen Horizont aufsteigt, auch aufsteigendes Zeichen.

**Aufsteigendes Zeichen** Das Tierkreiszeichen, das zum Zeitpunkt Ihrer Geburt am östlichen Horizont aufstieg, allgemein *Aszendent* genannt. In einem Geburtsdiagramm erscheint der Aszendent stets im ersten 30 Grad großen Segment (unter dem Aszendentengrad oder der »Neun-Uhr-Linie«). Nach dem Aszendenten werden alle anderen elf Sternzeichen in ihrer richtigen Reihenfolge entgegen dem Uhrzeigersinn in die Segmente 2 bis 12 des Geburtsdiagramms eingetragen. Ist Ihr Aszendent beispielsweise der Krebs, wird dieser in das erste Segment des Diagramms eingetragen.

**Äußere Planeten** Planeten, die weiter von der Sonne entfernt sind als die Erde (d. h., die sich von der Sonne aus gesehen im Raum jenseits der Erdumlaufbahn befinden). Die äußere Planeten sind Mars, Jupiter, Saturn, Uranus, Neptun und Pluto.

**Belastung** Ein Planet ist belastet, wenn zwischen ihm und anderen Planeten ungünstige Aspekte bestehen.

**Bewegliches Zeichen** Siehe *Qualität*.

**Deszendent** In einem Geburtsdiagramm wird der Punkt, der sich genau gegenüber dem Aszendenten am linken Rand des Kreises befindet, als Deszendent bezeichnet.

**Detrimentum** Man sagt, dass der Einfluss eines Planeten etwas abgeschwächt ist, wenn er sich im Detrimentum befindet. Dies ist der Fall, wenn er sich in seinem Polarzeichen, d. h. gegenüber dem Sternzeichen befindet, das er beherrscht. Siehe auch *Exaltation* und *Fall*.

**Dualität** Siehe *Geschlecht*.

**Ekliptik** Die scheinbare Bahn, die die Sonne im Laufe eines Jahres am Himmel beschreibt.

**Element** Astrologen teilen die 12 Zeichen des Tierkreises in die vier Elemente Feuer, Erde, Luft und Wasser ein.

**Elevation** In der Astronomie bezeichnet die Elevation den Abstand oder die Höhe eines Planeten über dem Horizont. Der Planet, der sich am nächsten an der Himmelsmitte befindet, gilt als eleviert.

**Ephemeriden** Tabellen, die die genaue tägliche Position der Sonne, des Mondes und der Planeten eines bestimmten Jahres enthalten. Ephemeriden werden jährlich veröffentlicht und sind für die Arbeit der Astrologen wie bei der Navigation von großer Wichtigkeit.

**Erdzeichen** Siehe *Element*.

**Exaltation** Der Einfluss eines Planeten ist stärker, wenn er sich in Exaltation befindet. Eine alte Definition, die auch heute noch ihre Gültigkeit hat, besagt, dass sich Planeten in bestimmten Zeichen in Exaltation befinden. die moderne Astrologie kennt durch neu entdeckte Planeten entsprechend mehr Exaltationen. Siehe auch *Detrimentum* und *Fall*.

**Fall** Der Einfluss eines Planeten ist schwächer, wenn er sich im Fallen befindet. Der Planet befindet sich dabei gegenüber dem Zeichen, zu dem eine Exaltation besteht. Siehe auch *Detrimentum* und *Exaltation*.

**Festes Zeichen** Siehe *Qualität*.

**Feuerzeichen** Siehe *Element*.

**Geburtsdiagramm** Ein im Allgemeinen rundes Diagramm, in das die genaue Position von Sonne, Mond, Planeten und Sternzeichen zum Zeitpunkt der Geburt einer Person eingezeichnet ist. Traditionell sprach man von einem »Horoskop«; heutzutage sind Geburtsdiagramm und Horoskop identische Bezeichnungen der gleichen Sache. Die kurzen Sonnenzeichen-Vorhersagen, wie man sie in Tageszeitungen und Zeitschriften findet, tragen fälschlicherweise den Namen »Horoskop«.

**Geburtszeit** Die auf die Minute genaue Uhrzeit der Geburt, anhand derer Astrologen ein Geburtsdiagramm erstellen.

**Geozentrisch** Die (erst durch Galileo Galilei widerlegte falsche) Vorstellung, dass die Erde, nicht die Sonne, den Mittelpunkt des Universums darstellt. Selbstverständlich wissen auch Astrologen, dass sich Erde und Planeten um die Sonne drehen, ihnen bleibt aber zur Erstellung eines Geburtshoroskopes notgedrungen nur die Erdperspektive.

**Geschlecht** Traditionell wurden die Sternzeichen in die Kategorien männlich/positiv und weiblich/negativ unterteilt, eine auch heute noch gültige Übereinkunft unter Astrologen. Zu den männlichen/positiven Zeichen gehören Widder, Zwillinge, Löwe, Waage, Schütze und Wassermann; zu den weiblichen/negativen zählen Stier, Krebs, Jungfrau, Skorpion, Steinbock und Fische. In diesem Zusammenhang ist mit »Geschlecht« nicht der Sexus gemeint (denn eine Frau kann ein männliches und ein Mann kann ein weibliches Zeichen haben), sondern die archetypischen Eigenschaften, die dem Männlichen und dem Weiblichen zugeschrieben werden. Symbolisch gesehen kann man das astrologische Geschlecht mit dem chinesischen Konzept des Yin (weiblich) und Yang (männlich) vergleichen.

**Haus** Der Kreis des Geburtsdiagramms ist in zwölf Segmente oder Häuser unterteilt, von denen jedes einen bestimmten Aspekt des Lebens darstellt, z.B. den Bereich der Arbeit oder Wohnsphäre. Das erste Haus befindet sich direkt unter der Aszendentenlinie (unter der »Neun-Uhr-Linie«). Diesem Segment folgen die weiteren zwölf Häuser gegen den Uhrzeigersinn. Früher hatten die Häuser Namen, die ihren jeweiligen Zuständigkeitsbereich beschrieben; heutzutage werden sie lediglich durchnummeriert.

**Hauseinteilung** In der Geschichte der Astrologie gab es zahlreiche verschiedene Arten, das Geburtsdiagramm in zwölf Häuser einzuteilen. In diesem Buch wird das Hausgleichheitssystem verwendet, bei dem jedes Haus die gleiche Größe hat, nämlich eine Breite von 30 Grad. Des weiteren gibt es das Placidus-, Regiomontanus-, Campanus-, Porphyry- und Morinus-System.

**Hausgleichheitssystem** Ein System der Hauseinteilung (wie in diesem Buch verwendet), bei der die zwölf Häuser im Geburtsdiagramm gleich groß sind. Auch andere Haussysteme finden Anwendung, am häufigsten das so genannte Placidus-System.

**Herrscher des Horoskops** Der Herrscherplanet des Aszendenten im ersten 30 Grad großen Segment eines Geburtsdiagramms wird Herrscher des Horoskops genannt. Das Phänomen heißt Herrschaft. Der Planet Merkur beispielsweise dominiert die Zwillinge. Sind die Zwillinge in einem Geburtsdiagramm der Aszendent, ist demzufolge Merkur der Herrscher des Diagramms.

**Herrscherplanet** Jedes Tierkreiszeichen wird von einem bestimmten Planeten beherrscht und von den Qualitäten nur dieses Planeten beeinflusst.

**Himmelsmitte** Siehe *Medium Coeli*.

**Horoskop** Siehe *Geburtsdiagramm*.

**Imum Coeli/IC** Der Imum Coeli (IC), was »niedrigster Teil der Himmel« bedeutet, ist der unterste Punkt im Geburtsdiagramm direkt gegenüber der Himmelsmitte. Siehe auch *Winkel*.

**Innere Planeten** So werden die Planeten genannt, deren Umlaufbahn zwischen Erde und Sonne liegt. Venus und Merkur sind untere Planeten. Siehe auch *Obere Planeten*.

**Kardinalzeichen** Siehe *Qualität*.

**Knoten** Die beiden Schnittpunkte der Bahn eines Himmelskörpers mit einer Grundebene, der Ekliptik, von der aus sie nach Norden oder Süden wandern (aufsteigender und absteigender Knoten). Traditionell gehören die wichtigen Knoten in einem Geburtsdiagramm zum Mond; sein nördlicher Knoten wird Drachenkopf, sein südlicher Drachenschwanz genannt.

**Konjunktion** Zwei Planeten befinden sich in Konjunktion (Verbindung) zueinander, wenn sie (fast) den selben Grad im Geburtsdiagramm besetzen. Siehe auch *Aspekte*.

**Leerlauf** Ein Planet befindet sich im Leerlauf, wenn er ein Zeichen durchläuft, ohne in einem Aspekt zu einem anderen Planeten zu stehen (siehe auch *aspektloser Planet*).

**Luftzeichen** Siehe *Element*.

**Männliches Zeichen** Siehe *Geschlecht*.

**Medium Coeli/MC** Das Medium Coeli, allgemein Himmelsmitte genannt, ist der höchste Punkt im Geburtsdiagramm und befindet sich direkt gegenüber dem Imum Coeli. Siehe auch *Winkel*.

**Medizinische Astrologie** Mehrere Jahrhunderte lang gab es eine enge Verbindung zwischen Astrologie und Medizin. Es wurden Geburtsdiagramme und Stundenastrologie zur Diagnose und Behandlung von Krankheiten eingesetzt. Außerdem konnten Informationen über die menschliche Konstitution und möglichen Heilverfahren gewonnen werden.

**Meridian** In einem Geburtsdiagramm ist der Meridian die Linie, die die Himmelsmitte (oben im Kreis) und den Imum Coeli (unten im Kreis) verbindet, der den Kreis in die rechte und linke Seite teilt.

**Mittelpunkt** Der halbe Punkt (in Grad gemessen) zwischen zwei bedeutungsvollen Komponenten in einem Geburtsdiagramm, z.B. zwischen zwei Planeten, zwei Winkeln oder einem Planeten und einem Winkel (insbesondere Himmelsmitte und Aszendent). Manche Astrologen sind der Meinung, diesen Mittelpunkten komme wichtige Bedeutung bei der Auswertung eines Geburtsdiagramms zu. Es handelt sich um eine zusätzliche (ziemlich komplizierte) Ebene der Diagrammauswertung, die wahlweise Mittelpunkttheorie, Kosmobiologie oder Ebertin-Methode (nach Reinhold Ebertin benannt) genannt wird.

**Neue Planeten** Uranus, Neptun und Pluto sind als »neue« Planeten bekannt, da sie erst vor relativ kurzer Zeit entdeckt wurden. Einige Astrologen bezeichnen außerdem die Asteroiden als neue Planeten.

**Opposition** Siehe *Aspekte*.

**Placidus-System** Ein weit verbreitetes System der Hauseinteilung.

**Planet** Himmelskörper, der sich auf elliptischer Bahn um die Sonne bewegt. In unserem Sonnensystem gibt es neun solcher Wandelsterne: Merkur, Venus, Erde, Mars, Jupiter, Saturn, Uranus, Neptun und Pluto. In der Astrologie haben auch Sonne und Mond den Status eines Planeten.

**Polarität** Jedem Tierkreiszeichen liegt ein Zeichen gegenüber, zu dem eine besondere Beziehung besteht und mit dem es sich in Polarität befindet. Die Polaritäten im Tierkreis lauten Widder/Waage, Stier/Skorpion, Zwillinge/Schütze, Krebs/Steinbock, Löwe/Wassermann und Jungfrau/Fische.

**Positivität** Siehe *Geschlecht*.

**Präzession der Äquinoktien** Der Begriff, mit dem die stufenweise rückwärtige Verschiebung der Planeten mit der Zeit bezeichnet wird. Dies geschieht aufgrund der Drehung der Erde um ihre Achse. Als Folge davon haben sich die verschiedenen Sternenkonstellationen (gemäß derer die Sternzeichen ursprünglich benannt wurden) langsam vorwärts bewegt. Aus diesem Grund befinden sich die Sternzeichen nicht mehr in der ursprünglichen Konstellation, die ihnen ihre Namen gegeben hat.

**Quadranten** Die vier Viertel des Geburtsdiagramms.

**Quadruplizität** Siehe *Qualität*.

**Qualität** Den Zeichen wird eine von drei Qualitäten (auch Quadruplizitäten genannt) zugeschrieben: kardinal, fest oder beweglich. Widder, Krebs, Waage und Steinbock sind kardinale Zeichen, Stier, Löwe, Skorpion und Wassermann sind feste Zeichen und Zwillinge, Jungfrau, Schütze und Fische sind bewegliche Zeichen. Von kardinalen Zeichen sagt man, dass sie zum Handeln ermutigen; feste Zeichen stärken den Widerstand gegen Änderungen und bewegliche Zeichen fördern die Anpassungs- und Veränderungsfähigkeit.

**Rektifikation** Astrologen berichtigen das Geburtdiagramm einer Person dann, wenn z. B. die genaue Geburtszeit nicht bekannt ist. Hierzu betrachten sie Eigenschaften Ereignisse im Leben einer Person und stellen anhand dessen anschließend Vermutungen zu planetären Einflüssen und Aspekten an. Ein Geburtsdiagramm kann auch auf der Basis eines sehr ungenauen Geburtsdatums (bei dem z. B. nur das Wissen um Mond- oder Sonnenaufgang vorliegt) erstellt werden. Dazu braucht es allerdings eines schwierigen und ungenauen Verfahrens, das nur als letzte Möglichkeit angewendet wird.

**Retrograd** Ein Planet wird als retrograd betrachtet, wenn er sich von der Erde aus gesehen scheinbar rückwärts durch den Tierkreis bewegt. Astrologen in früheren Zeiten glaubten, dass ein retrograder Planet ein böses Omen war. Moderne Astrologen sind jedoch der Auffassung, dass sich die Wirkung eines Planeten auf den Menschen durch die retrograde (rückläufige) Bewegung lediglich etwas verzögert.

**Schwelle** Die imaginäre Linie, die ein Zeichen oder ein Haus im Tierkreis vom sich daneben befindlichen Zeichen bzw. Häusern trennt.

**Siderische Zeit** Die durch die Sterne, nicht durch die Sonne bestimmte astrologische Zeit . Ein siderischer Tierkreis basiert auf den Sternenkonstellationen, nicht auf den traditionellen Tierkreiszeichen.

**Sonnensystem** Die Gesamtheit der Körper, die dauernd der Anziehung der Sonne und der Planeten unterworfen sind. Zu ihnen gehören in erster Linie Sonne, Mond, Merkur, Venus, Mars, Jupiter, Saturn, Uranus, Neptun und Pluto, deren Monde sowie andere kleinere Himmelskörper wie z. B. Asteroiden und Kometen.

**Sonnenzeichen** Das Tierkreiszeichen, das die Sonne (von der Erde aus gesehen) zum Zeitpunkt der Geburt einer Person durchwanderte. Sagt z. B. jemand »ich bin Steinbock«, befand sich die Sonne zum Zeitpunkt seiner Geburt im Steinbock. Astrologen haben sich darauf geeinigt, das Sonnenzeichen als die Seite einer Person zu betrachten, die sie der Welt vermittelt (der Aszendent dagegen zeichnet für die verborgenen, sozusagen authentischen Eigenschaften einer Person verantwortlich).

**Sonnenzeichen-Astrologie** Die einfachste Form der Astrologie, die sich lediglich mit den Charakterzügen einer Person befasst, die aus dem Stand der Sonne in einem bestimmten Sternzeichen zum Zeitpunkt seiner Geburt resultieren (siehe *Sonnenzeichen*). Die Sonnenzeichen-Astrologie berücksichtigt den Einfluss anderer wichtiger astrologischer Faktoren wie z. B. Planeten, Häuser und Aspekte nicht. Die bekannten »Horoskope« in Zeitungen und Zeitschriften basieren auf derartigen Sonnenzeichen-Eigenschaften und fallen daher recht allgemein aus.

**Stellium** Eine Gruppe von drei oder mehr Planeten, die sich in Konjunktion zueinander befinden, d. h. in einem Bereich des Geburtsdiagramms (Zeichen oder Haus) sehr dicht beieinander stehen.

**Stunden-Astrologie** Eine Methode der astrologischen Vorhersage, bei der eine Person eine bestimmte Frage stellt und der Stunden-Astrologe ein Diagramm zum Augenblick der Fragestellung erstellt. Die Antworten ergeben sich dann aus den Daten dieses Diagramms. Die Stunden-Astrologie war vor Beginn des 20. Jahrhunderts äußerst populär. William Lilly, Autor des ersten großen Astrologiebuches in englischer Sprache, war ein Meister auf diesem Gebiet. Einige zeitgenössische Astrologen haben sich Lillys Methoden zu Eigen gemacht und erzielen damit nach wie vor beachtliche Ergebnisse.

**Symbole** Die von Astrologen verwendeten Zeichen zur Darstellung der verschiedenen Planeten, Tierkreiszeichen und Aspekte, z. B. ☉ für die Sonne, ♉ für den Stier und ☌ für den Konjunktionsaspekt von Planeten.

**Tierkreis** Die Folge der zwölf Sternbilder auf der scheinbaren Bahn (Ekliptik) der Sonne um die Erde, auch Zodiakus genannt; er ist in zwölf 30 Grad große Segmente unterteilt, die Tierkreiszeichen.

**Transit** Die Wanderung eines Planeten durch ein Zeichen oder ein Haus. Astrologen dienen Transite in einem Geburtsdiagramm häufig dazu, zukünftige Tendenzen im Leben einer Person erkennen zu können.

**Triplizität** Siehe *Element*.

**Umlaufbahn** Der Weg eines Himmelskörpers um einen anderen Himmelskörper herum wie z. B. die Umlaufbahn des Monds um die Erde oder die Umlaufbahn der Erde um die Sonne.

**Voraussage** Astrologen haftet häufig der Ruf an, sie meinten in der Lage zu sein, zukünftige Ereignisse mit absoluter Gewissheit voraussagen zu können. Es kann nicht oft genug darauf hingewiesen werden, dass die Astrologie diese Fähigkeit für sich nicht in Anspruch nimmt, sondern lediglich mögliche zukünftige Tendenzen mitteilen kann.

**Weibliches Zeichen** Siehe *Geschlecht*.

**Winkel** Dieser Begriff bezieht sich auf die vier oberen, unteren, rechten und linken Winkel eines Geburtsdiagramms, die darin ein Kreuz bilden. Am oberen Punkt dieses Kreuzes befindet sich das Medium Coeli (MC), allgemein Himmelsmitte genannt. Am unteren Punkt befindet sich der Imum Coeli (IC), am rechten der Aszendent und am linken der Deszendent.

**Zeichen/Sternzeichen/Tierkreiszeichen** Eines der 30 Grad großen Segmente des Tierkreisbands: Widder, Stier, Zwillinge, Krebs, Löwe, Jungfrau, Waage, Skorpion, Schütze, Steinbock, Wassermann oder Fische.

**Zenit** Der höchste Punkt am Himmel genau über dem Beobachter. Die Sonne befindet sich z. B. um 12 Uhr mittags im Zenit.

**Zukunfts- Geburtsdiagramm/ Zukunfts-Horoskop** Um Mutmaßungen über die Zukunft anzustellen, können Astrologen ein Geburtsdiagramm auf die eine oder andere Weise »vorrücken«, so dass es anstelle von Informationen zum Zeitpunkt der Geburt Aufschluss über eine Zeit in der Zukunft gibt. Dies kann auf verschiedene Arten erfolgen; am bekanntesten ist das System »Tag eines Jahres«. Wird ein Geburtsdiagramm/Horoskop zu einem zukünftigen Datum erstellt, werden die Auswertungen des Astrologen Entwicklungen, nicht Voraussagen genannt.

# Register

# Danksagung

Die Illustrationen mit freundlicher Genehmigung von Dorling Kindersley: 36, 49, 85, 216, 217, 218, 219, 220, 222, 223, 225, 226, 227, 229b, 231b, 232, 236, 237

Die Cartoons mit freundlicher Genehmigung von Barry Robson © Dorling Kindersley

Die restlichen Illustrationen mit freundlicher Genehmigung von Foundry Arts/Douglas Hall und Foundry Arts/Jennifer Kenna.

Alle Fotobearbeitungen wurden von The Foundry ausgeführt.

Alle Fotorechte liegen bei Dorling Kindersley, außer:

Bridgeman Art Library: 32, 34, 35, 37, 54, 55, 56, 57, 58, 59, 60, 61, 62, 63, 64, 65, 66, 68, 70, 71, 73, 74, 75, 76, 77, 78, 79, 80, 104, 116

Galaxy Picture Library: 24

Mary Evans Picture Library: 50

NASA: 390

Science Photo Library: 26, 94

Science and Society Picture Library: 40

Still Pictures: 16-17

Topham Picturepoint: 43, 47

Ein besonderer Dank an Chester Kemp für seine Arbeit an den Mond- und Planeten-Tafeln.